Herausgegeben von
Thomas M. Schmidt
und Annette Pitschmann

Religion und Säkularisierung

Ein interdisziplinäres
Handbuch

Verlag J. B. Metzler
Stuttgart · Weimar

Die Herausgeber
Thomas M. Schmidt ist Professor für Religionsphilosophie
am Fachbereich Katholische Theologie der Goethe-Universität Frankfurt.
Annette Pitschmann ist wissenschaftliche Mitarbeiterin
am Fachbereich Katholische Theologie der Goethe-Universität Frankfurt.

Bibliografische Information der Deutschen Nationalbibliothek
Die Deutsche Nationalbibliothek verzeichnet diese Publikation in der Deutschen
Nationalbibliografie; detaillierte bibliografische Daten sind im Internet
über http://dnb.d-nb.de abrufbar.

ISBN 978-3-476-02366-7
ISBN 978-3-476-05313-8 (eBook)
DOI 10.1007/978-3-476-05313-8

Dieses Werk einschließlich aller seiner Teile ist urheberrechtlich geschützt.
Jede Verwertung außerhalb der engen Grenzen des Urheberrechtsgesetzes ist
ohne Zustimmung des Verlages unzulässig und strafbar. Das gilt insbesondere
für Vervielfältigungen, Übersetzungen, Mikroverfilmungen und die Einspeicherung
und Verarbeitung in elektronischen Systemen.

© 2014 Springer-Verlag GmbH Deutschland
Ursprünglich erschienen bei J. B. Metzler'sche Verlagsbuchhandlung
und Carl Ernst Poeschel Verlag GmbH in Stuttgart 2014

www.metzlerverlag.de
info@metzlerverlag.de

Inhaltsverzeichnis

I. Einleitung 1

II. Konzepte

1. Säkularisierung ohne Profanisierung? Durkheim über die integrative Kraft religiöser Erfahrung 7
2. Entzauberung der Welt und okzidentale Rationalisierung (Weber) 14
3. Rationalisierung der Gesellschaft als Versprachlichung des Sakralen (Habermas) 20
4. Säkularisierung als immanente Eschatologie? (Hegel, Troeltsch, Löwith) 36
5. Eigenständigkeit der Moderne (Blumenberg) 49
6. Religiöser Pluralismus und unsichtbare Religion in der säkularen Gesellschaft (Berger, Luckmann) 63
7. Zivilreligion (Rousseau) 77
8. Religion in der Perspektive der Systemtheorie Luhmanns 90
9. Religion als Sinn für das Mögliche (James, Dewey) 99
10. Öffentliche Religionen im säkularen Staat (Casanova) 114
11. Immanente Ausdeutung und religiöse Option: Zur Expressivität des säkularen Zeitalters (Taylor) 127
12. Wiederkehr der Götter? Die These von der Revitalisierung der Religion (Riesebrodt, Pollack) 139
13. Postsäkulare Gesellschaft? Zur Dialektik von Säkularisierung und De-Säkularisierung 151
14. Multiple Modernities (Eisenstadt) 164

III. Kategorien

1. Das Böse 173
2. Fortschritt 180
3. Freiheit 188
4. Fundamentalismus 194
5. Das Heilige 200
6. Kritik 210
7. Moderne 217
8. Moral 224
9. Neutralisierung/Neutralität 233
10. Öffentlichkeit 237
11. Pluralismus 244
12. Rationalität 250
13. Religiosität 258
14. Souveränität 265
15. Toleranz 272
16. Welt 277
17. Werte 283

IV. Konflikte

1. Glauben und Wissen 291
2. Religion und Wissenschaft 305
3. Religion und Menschenrechte 318
4. Religion und säkularer Rechtsstaat 330
5. Säkularisierung und Weltgesellschaft 343
6. Säkularisierung und die Weltreligionen 356

V. Anhang

1. Auswahlbibliographie 371
2. Die Autorinnen und Autoren 372
3. Personenregister 374

I. Einleitung

›Religion‹ und ›Säkularisierung‹

Die beiden Begriffe, die im Titel dieses Bandes aufeinander bezogen werden, erscheinen auf den ersten Blick asymmetrisch. Das Konzept der Religion bezieht sich auf ein durch die Zeit konstantes Phänomen; das Konzept der Säkularisierung beschreibt im Unterschied dazu einen Prozess des Wandels. Wer von ›Religion‹ spricht, verbindet damit in der Regel ein Ensemble von Überzeugungen, Praktiken und Einstellungen; die Rede von der ›Säkularisierung‹ dagegen bezeichnet nicht etwa ein alternatives Set an Sätzen, Ritualen und Haltungen, sondern vielmehr eine gesellschaftliche Dynamik, die offenlegt, dass die Religion keineswegs alternativlos ist.

Während die Leitbegriffe dieses Buchs also zunächst grundlegend Verschiedenes bezeichnen, weisen sie andererseits im Hinblick auf ihren definitorischen Status eine Gemeinsamkeit auf. So handelt es sich bei beiden um problematische, d.h. nicht einschlägig bestimmbare Konzepte, die in jedem Einzelfall ihrer Verwendung der erneuten Klärung bedürfen. Die Beobachtung, dass sich der Begriff der *Religion* nicht allgemeingültig abgrenzen lässt, ist dabei in Religionswissenschaft, Religionsphilosophie und Theologie gleichermaßen zum Allgemeinplatz geworden. Funktionalistische Ansätze, die das Phänomen der Religion über seine Effekte, wie beispielsweise die Kontingenzbewältigung durch den Einzelnen oder die Stabilisierung eines sozialen Kollektivs zu bestimmen versuchen, haben dabei ebenso wenig das letzte Wort behalten wie substanzialistische Versuche, das mit ›Religion‹ Gemeinte über ein gemeinsames inneres Strukturmerkmal einzugrenzen.

Aber auch darüber, was das Konzept der *Säkularisierung* besagt, herrscht keineswegs Einigkeit. Die klassische Säkularisierungsthese, der zufolge die Modernisierung geradlinig und unaufhaltsam zum Bedeutungsverlust und schließlich zum Verschwinden der Religion führt, hat kritische Resonanz erfahren. Unter den Stimmen, die das Konzept der Säkularisierung infrage stellen, lassen sich dabei zwei Stoßrichtungen unterscheiden. Auf der einen Seite stehen solche Kritiker, die eine neue Sichtbarkeit der Religion im öffentlichen Raum konstatieren und die Säkularisierungsthese angesichts dessen als faktisch überholt betrachten. Unter Stichworten wie dem des »postsäkularen Zeitalters« (Habermas 2003), der »desecularization« (Berger 1999) und der »Rückkehr der Religionen« (Riesebrodt 2001) charakterisieren sie die Gegenwart als ein Zeitalter, das maßgeblich durch eine dialektische Gegenbewegung zur Säkularisierung gekennzeichnet ist.

Auf der anderen Seite finden sich solche Ansätze, die zwar die Säkularisierungsthese im Sinne des eben genannten deterministischen Kausalzusammenhangs zurückweisen, sie deshalb jedoch nicht als überholt, sondern vielmehr als differenzierungsbedürftig ansehen. Hans Joas etwa betrachtet die »Krise der Säkularisierungstheorie« keineswegs als den Appell, das mit ihr behauptete empirische Phänomen zu bestreiten, sondern vorrangig als die Aufforderung, »nach dessen Erklärung erst richtig [zu] frag[en]« (Joas 2012, 606). Ähnlich spricht sich Volkhard Krech dafür aus, das Säkularisierungskonzept nicht als »Mythos«, sondern als »These« zu verstehen, »die es – unter bestimmten Präzisierungen – zu festigen gilt« (Krech 2012, 567). Maßgeblich ist für ihn dabei die Beobachtung, dass die Unterscheidung zwischen ›religiös‹ und ›säkular‹ in der Debatte über den gesellschaftlichen Status des Religiösen faktisch zur unhintergehbaren Leitdifferenz geworden ist. Im Anschluss an eine u.a. von Talal Asad artikulierte Einsicht räumt er ein, dass es sich bei dieser Differenz um eine »kontingente soziale Konstruktion« handelt. Dessen ungeachtet strukturiere sie jedoch nach wie vor nicht nur die theoretische Reflexion auf den Stellenwert der Religion, sondern zugleich auch die Denk- und Gefühlsmuster unserer Praxis (ebd., 569).

Der Ansatz, der diesem Handbuch zugrunde liegt, schließt an diese Einsicht an. Dementsprechend werden die skizzierten Ambivalenzen nach keiner Seite hin aufgelöst. ›Religion‹ und ›Säkularisierung‹ werden vielmehr als Begriffe betrachtet, deren Bedeutung der Dynamik anhaltender Diskurse unterliegt, während sie eben diese Diskurse zugleich strukturieren. Damit wird anerkannt, dass der Gehalt beider Konzepte durch ihren spezifischen Kontext bedingt ist. Gleichzeitig wird unterstellt, dass die Leitkategorien von ›religiös‹ und ›säkular‹ im Sinne induktiv ermittelter Arbeitshypothesen dazu geeignet sind, neue Erkenntnisse einerseits über das spannungsreiche Verhältnis zwischen Glaube und Vernunft, andererseits über die Beschaffenheit gegenwärtiger Gesellschaften zu generieren. Indem wir darüber reflektieren, auf welche Weise wir diese Kategorien verwenden, stoßen wir auf alternative Optionen, sie zu deuten. Diese Alternativen wiederum erhellen unseren Blick darauf, welche Themen mit den fraglichen Konzepten auf dem Spiel stehen.

Konkret bedeutet dies im Hinblick auf den *Religionsbegriff*, dass die bereits angedeutete Kontroverse zwischen funktionalistischen und substanzialistischen Bestimmungsversuchen nicht zu entscheiden, sondern vielmehr daraufhin auszuwerten ist, inwieweit sie über die Struktur des Phänomens Aufschluss gibt. Dabei wird deutlich, dass Religion einerseits eine Außenansicht aufweist, die sich in Begriffen ihrer Dienste für andere Dimensionen menschlicher Existenz beschreiben lässt. Das Phänomen des Religiösen, so der Ertrag des funktionalistischen Ansatzes, lässt sich betrachten in seiner Beziehung auf soziale oder psychologische Phänomene. Betrachtet man im Gegensatz dazu die Intuition, die den substanzialistischen Zugriffen auf den Religionsbegriff zugrunde liegt, tritt die komplexe Binnenstruktur der unter diesem Konzept subsumierten Erscheinungen in den Vordergrund. Religion erweist sich dann als Geflecht von Überzeugungen und Einstellungen, das an erster Stelle eine Analyse von Geltungsansprüchen zu fordern scheint.

Ähnlich lässt sich die Rede von der *Säkularisierung* einerseits als die Beschreibung eines nach außen sichtbaren gesellschaftlichen Vorgangs, andererseits als die Analyse der Bedeutung und Geltung von Wertvorstellungen und Ideen lesen. In diesem Sinne unterscheidet Detlef Pollack in einer 2013 erschienenen Bestandsaufnahme zum Säkularisierungsdiskurs zwischen der »deskriptiv-quantitativen« und der »genealogisch-qualitativen« Verwendung des Säkularisierungskonzeptes. Erstere fokussiere die »Verschiebungen des Bedeutungsanteils, den Religion in Gesellschaften einzunehmen vermag« (Pollack 2013, 8), während letztere die »Transformation des Bedeutungsgehalts« (ebd.) in den Blick nehme, die ursprünglich im theologischen Kontext verwurzelte Begriffe durch ihren Übertritt in die Denkvoraussetzungen der Moderne erfahren.

Eine interdisziplinäre Perspektive

Folgt man dieser Analyse der gegenwärtigen Debatte, so bilden die genannten Verwendungsweisen nicht so sehr konkurrierende Deutungen des Säkularisierungsbegriffs, als vielmehr komplementäre Perspektiven auf seinen Gehalt ab: Während der in den Gesellschaftswissenschaften geführte Diskurs vorrangig auf den »quantitativen« Sinn des Konzepts abzielt, steht im Kontext von Philosophie und Geschichtswissenschaften seine »qualitative« Bedeutung im Vordergrund (vgl. Pollack 2013, 8).

Dieser Einsicht entspricht die Konzeption dieses Handbuchs, indem sie Beiträge aus unterschiedlichen Disziplinen versammelt. Auf der einen Seite finden sich Einträge aus sozial- und religionswissenschaftlicher Perspektive, wie beispielsweise die Diskussion der *Revitalisierungsthese* im Rahmen der Konzepte (Julien Winandy), die Auseinandersetzung mit dem Phänomen des *Fundamentalismus* im Rahmen der Kategorien (Tom Kaden) und die Analyse des Spannungsfeldes zwischen *Säkularisierung und Weltreligionen* (Karsten Schmidt). Daneben stehen Überlegungen aus dem Blickwinkel der politischen Philosophie, wie etwa die Erörterung der Stichworte *Neutralität* (Christian Polke), *Toleranz* (Rainer Forst) oder *Souveränität* (Francesca Raimondi) oder des Konfliktes zwischen *Religion und Menschenrechten* (Kirstin Bunge).

Als Besonderheit des hier vorgelegten Bandes mag dabei gelten, dass die begrifflich-qualitative Sicht auf das Verhältnis zwischen Religion und Säkularisierung nicht der politischen Philosophie vorbehalten bleibt, sondern darüber hinaus vom Standpunkt der Religionsphilosophie bzw. der systematischen Theologie untersucht wird. Neben die Reflexion auf die Geltungsvoraussetzungen gesellschaftlicher Werte tritt damit die kritische Analyse der Geltungsbedingungen spezifisch religiöser Überzeugungen. Als Beispiele dafür lassen sich die Beiträge zu den Kategorien von *Religiosität* (Michael Reder, Dominik Finkelde) und *Welt* (Knut Wenzel) sowie zum Konflikt zwischen *Glauben und Wissen* (Sebastian Maly) anführen.

Entscheidend ist dabei, dass weder die Blickwinkel der Soziologie und der politischen Philosophie noch jener der Religionsphilosophie eine Vorentscheidung darüber bedeuten, wie die Veränderung der Existenzbedingungen von Religion durch die Säkularisierung zu bewerten ist. Auch in dieser Hinsicht schließt sich die Konzeption des Handbuchs implizit an eine Beobachtung Pollacks an, der zufolge »Wertungen« im Kontext säkularisierungstheoretischer Analysen »oftmals seitenverkehrt ausfallen« (Pollack 2013, 5). So fänden sich einerseits Theologen, die der Säkularisierung einen positiven Effekt auf die Religion zuschreiben – Pollack verweist hier auf die programmatische Rede Benedikts XVI. von einer »Entweltlichung« der Kirche (vgl. ebd., 5) – als auch umgekehrt Gesellschaftsphilosophen und Soziologen, welche die Säkularisierung als eine »Verlustgeschichte« beschreiben (vgl. ebd., 8.).

Zum Aufbau des Handbuchs

Dieser Band widmet sich der Situation der Religion in der Moderne, indem er ihre dialektische Beziehung zum Phänomen der Säkularisierung in den Blick nimmt. Dabei beleuchtet er das Verhältnis zwischen Religion und Säkularisierung aus drei verschiedenen Perspektiven. Die Beiträge des ersten Teils unter der Überschrift »Konzepte« stellen Positionen vor, welche die Säkularisierungsdebatte in Vergangenheit und Gegenwart maßgeblich geprägt haben bzw. prägen. Sie haben zum Ziel, die zentralen Werke von einschlägigen Autoren vor ihrem jeweiligen geschichtlichen Hintergrund kritisch zu rekonstruieren. Auf diese Weise schaffen sie ein Bewusstsein für die vielfältigen Möglichkeiten, die Situation der Religion in der Moderne zu beschreiben.

Die unter der Überschrift »Kategorien« versammelten Beiträge analysieren diese Situation jeweils aus der Perspektive eines Leitbegriffs. Dabei wurden Schlagworte gewählt, die im Kontext der Säkularisierung in den Vordergrund treten und dabei eine spezifische Prägung erfahren. Zugleich – so die Arbeitshypothese – wirken sie ihrerseits auf das Phänomen der Säkularisierung und stellen von daher geeignete Kategorien zu seiner Deutung dar. Die säkulare Moderne tritt hier also unter der Rücksicht in Erscheinung, dass sie den konstitutiven Verwendungszusammenhang von Begriffen darstellt. Die spezifische Bedeutung, die den hier erörterten Stichworten dabei jeweils zukommt, erhellt ihrerseits die charakteristischen Bedingungen, unter denen sich die Religion in der jüngeren Vergangenheit und der Gegenwart wiederfindet und lässt die spezifischen Problemstellungen, die damit verbunden sind, hervortreten.

Im letzten Teil des Handbuchs werden »Konflikte« dargestellt und diskutiert, die für die Situation einer säkularen Welt symptomatisch sind. Dabei wird das Paradigma des säkularen Zeitalters auf einige seiner Aspekte hin verdichtet, darunter das Phänomen der globalisierten Gesellschaft, die Institution des säkularen Rechtsstaats und die Vorherrschaft wissenschaftlicher Rationalitätsstandards. Aus diesen Gesichtspunkten erwachsen spezifische Rahmenbedingungen, in deren Horizont sich religiöse und säkulare Tendenzen gleichermaßen zu verorten haben. Diese Spannungsfelder werden im vorliegenden Band als ein dritter Weg herangezogen, um das komplexe Verhältnis zwischen Religion und Säkularisierung zu klären.

Der zu Beginn dieser Einleitung skizzierten Annahme folgend, dass die Schlüsselbegriffe von Religion und Säkularisierung eine prinzipielle

Ambiguität aufweisen, wurde darauf verzichtet, die Autoren dieses Bandes auf ein einheitliches Verständnis festzulegen. Stattdessen wurden sie aufgefordert, den jeweils unterstellten Sinn des Religiösen bzw. des Säkularen im erforderlichen Maß transparent zu machen. Als Resultat dieses Vorgehens spiegeln die Einträge des Handbuchs die Vielfalt der Deutungen wieder, die mit den Phänomenen von Religion und Säkularisierung sowie mit der Bestimmung ihres Verhältnisses verbunden werden.

So wird *Religion* im Kontext der Überlegungen von Thomas Luckmann und Peter L. Berger (Sebastian Schüler) oder Émile Durkheim (Arvi Särkelä) als das Zusammenspiel spezieller Vorstellungen bzw. Überzeugungen mit bestimmten Formen von Institution und Ritus betrachtet, welches in der Rekonstruktion Georg Wilhelm Friedrich Hegels (Jörg Dierken) als Form des ›absoluten Geistes‹ reflektiert wird, während sie in der Säkularisierungstheorie José Casanovas (Hermann-Josef Große Kracht) vorrangig in Begriffen des Gegensatzes zwischen ›öffentlich‹ und ›privat‹ beschrieben wird. Ähnlich uneinheitlich markiert das Konzept der *Säkularisierung* beispielsweise bei Charles Taylor (Michael Kühnlein) die durch die Optionalität des Religiösen geprägte Rahmenbedingung spiritueller Erfahrungen, während es bei Hans Blumenberg (Michael Moxter) als leitende Metapher dient, um die Emanzipation gesellschaftstragender Gedanken aus der Vorherrschaft der theologischen Terminologie zu beschreiben und die Legitimität dieses Vorgangs herauszustellen. In den Reflexionen auf das Verhältnis zwischen Säkularisierung und Weltreligionen (Karsten Schmidt) schließlich wird die Bedeutungsvielfalt der Konzepte von Religion und Säkularisierung prägnant thematisiert.

Auch was das *Verhältnis zwischen Religion und Säkularisierung* betrifft, legen insbesondere die zu den »Kategorien« und »Konflikten« vorgelegten Beiträge nahe, auf schlichte Antagonismen zu verzichten und stattdessen die Dynamik und Vielgestaltigkeit ihrer Beziehung in den Blick zu nehmen. Das säkulare Zeitalter, darauf weist beispielsweise der Eintrag »Moderne« (Julien Winandy) hin, lässt sich nicht einseitig auf eine Ära der Religionskritik reduzieren, in deren Folge die Religion ihre Plausibilität verliert. Vielmehr ist in ihm zugleich auch das Bestreben angelegt, Religion ihrerseits als ein kritikfähiges Phänomen auszuweisen. Unter anderem die unter den Überschriften »Kritik« (Michael Reder) und »Glaube und Wissen« (Sebastian Maly) angestellten Überlegungen schreiben diese Einsicht fort, indem sie unterstreichen, dass religiöse und säkulare Positionen jeweils Potenziale zu einer wechselseitigen Kritik bergen. Die für das moderne Bewusstsein maßgeblichen normativen Ansprüche, so zeigen es beispielsweise die Beiträge zu »Neutralität« (Christian Polke) und »Rationalität« (Annette Pitschmann), stellen demnach keine einseitigen Forderungen des säkularen Denkens an die Angehörigen der Religionen dar, sondern erweisen sich als der gemeinsame Rechtfertigungshorizont säkularer und religiöser Perspektiven.

Die Konzepte von Religion und Säkularisierung als solche sind ebenso wie das Verhältnis zwischen ihnen durch eine hohe Komplexität geprägt. Der vorliegende Band reagiert darauf nicht mit dem Versuch, diese Komplexität zu reduzieren und eine weitere Erklärung für die genannten Phänomene zu entwerfen. Vielmehr verfolgen die hier vorgelegten Texte das Anliegen, jeweils einen Ausschnitt der angedeuteten Verflechtungen unter die Lupe zu nehmen und damit zu ihrer Klärung beizutragen.

Vorbereitende Untersuchungen, die in diesem Band ihren Niederschlag fanden, wurden in erheblichem Maße ermöglicht durch großzügig gewährte Forschungsaufenthalte am Helsinki Collegium for Advanced Studies und am Max Weber-Kolleg der Universität Erfurt. Allen Autorinnen und Autoren danken die Herausgeberin und der Herausgeber dafür, dass sie die Aufgabe angenommen haben, sich im hier skizzierten Sinne mit dem Verhältnis von Religion und Säkularisierung auseinanderzusetzen. Ein besonderer Dank gilt gleichzeitig Frau Ute Hechtfischer und Frau Franziska Remeika vom Metzlerverlag für ihre fachliche und strategische Expertise, mit der sie das Projekt dieses Handbuchs geleitet haben. Der Dank der Herausgebenden geht ferner an Frau Franziska Schmitt, welche die die vielfältigen Beiträge in ein einheitliches Format gebracht hat, sowie an Herrn Julien Winandy, der das Projekt mit seiner versierten Kenntnis des Themas vervollständigt hat. Allen Beteiligten schließlich ist zu danken für den langen Atem, mit dem sie die durchaus lange Entstehungszeit dieses Sammelwerks durchgestanden haben.

Frankfurt a. M. im Mai 2014
Annette Pitschmann und Thomas M. Schmidt

Literatur

Berger, Peter L.: The Desecularization of the World. A Global Overview. In: Ders. (Hg.): The *Desecularization of the World. Resurgent Religion and World Politics*. Washington D.C./Grand Rapids 1999, 1–18.

Habermas, Jürgen: Glauben und Wissen. Friedenspreisrede 2001. In: Ders.: *Zeitdiagnosen. Zwölf Essays*. Frankfurt a. M. 2003, 249–262.

Joas, Hans: Gefährliche Prozessbegriffe. Eine Warnung vor der Rede von Differenzierung, Rationalisierung und Modernisierung. In: Karl Gabriel/Christel Gärtner/Detlef Pollack (Hg.): *Umstrittene Säkularisierung. Soziologische und historische Analysen zur Differenzierung von Religion und Politik*. Berlin 2012, 603–622.

Krech, Volkhard: Über Sinn und Unsinn religionsgeschichtlicher Prozessbegriffe. In: Karl Gabriel/Christel Gärtner/Detlef Pollack (Hg.): *Umstrittene Säkularisierung. Soziologische und historische Analysen zur Differenzierung von Religion und Politik*. Berlin 2012, 565–602.

Pollack, Detlef: Säkularisierungstheorie. Version: 1.0. In: *Docupedia-Zeitgeschichte*, 7.3.2013, URL: http://docupedia.de/zg/ (14.05.2014).

Riesebrodt, Martin: *Die Rückkehr der Religionen. Fundamentalismus und der ›Kampf der Kulturen‹*. München ²2001.

II. Konzepte

1. Säkularisierung ohne Profanisierung? Durkheim über die integrative Kraft religiöser Erfahrung

Zeit seines Lebens hat sich Émile Durkheim um die soziologische Aufklärung insbesondere von drei Problemkomplexen bemüht. Auf den ersten antwortet ein Unterfangen, das man Durkheims Theorie der *sozialen Konstitution von Kategorien* nennen könnte. Hier geht es Durkheim zuerst darum zu zeigen, dass die Normen des Denkens, des logischen Schließens und der grundlegenden Klassifikation, die die Mitglieder einer Gesellschaft befolgen müssen, eine höchst soziale Angelegenheit darstellen: Sie sind sozialen Ursprungs, drücken soziale Verhältnisse aus und drängen sich jedem individuellem Bewusstsein mit einem unsichtbaren sozialen Zwang auf, der mit demjenigen der Naturgesetze zu vergleichen ist. Zweitens ist es die *soziale Konstitution der moralischen Gültigkeit*, die ein Kernproblem für das soziologische Programm Durkheims darstellt. Denn nicht nur die Regeln des Denkens bedürfen der Enthüllung ihrer sozialen Genese und Funktion. Durkheim nimmt sich vielmehr zusätzlich vor, die soziale Natur der moralischen Verbindlichkeit zu rekonstruieren. Der dritte Problemkomplex ist der der *Normativität in der Moderne*. Die soziologische Aufklärung des Wandels der moralischen Ordnung moderner Gesellschaften und insbesondere das Phänomen ihrer Entnormativisierung, der Anomie, bildet einen Leitfaden im Werk Durkheims.

In Durkheims Religionstheorie nun werden seine Erkenntnissoziologie, Moralsoziologie und Zeitdiagnose auf einen gemeinsamen Nenner gebracht. Alle diese drei Bereiche seines Denkens sind in je spezifischer Weise auf die Religionstheorie verwiesen, und die Religionstheorie ihrerseits soll für Durkheim Beiträge zur Lösung von sowohl moral- und erkenntnistheoretischen als auch zeitdiagnostischen soziologischen Problemen liefern. Diese gegenseitige Durchdringung der Forschungsinteressen fordert nun auch von einer Darstellung der Religionstheorie Durkheims eine Erläuterung der Frage, wie diese Forschungsbereiche von der Religionstheorie profitieren, sowie der Frage, wie sie sich in der Religionstheorie integrieren lassen. Aus diesem Grund wird der vorliegende Beitrag, nachdem in einem ersten Schritt die Grundzüge von Durkheims Definition des Religiösen dargestellt wurde, seine Idee der integrativen Kraft religiöser Erfahrung erst in deren Konsequenzen für sein erkenntnis- und moralsoziologisches Werk veranschaulichen, um dann schließlich den Stellenwert der Religionstheorie in seiner Zeitdiagnose zu erläutern.

Das Heilige und das Profane

Durkheim ist der Auffassung, dass die beständigen Elemente der Religion am leichtesten mit Blick auf solche Gesellschaften darzustellen sind, die eine möglichst geringe Komplexität aufweisen. Daraus ergibt sich für ihn die methodische Entscheidung, die Grundzüge einer Soziologie der Religion anhand von den zu seiner Zeit zugänglichen ethnologischen Reiseberichten über die seiner Überzeugung nach primitivsten vorhandenen Gesellschaften herauszuarbeiten. In seiner umfassendsten religionstheoretischen Schrift, *Die elementaren Formen des religiösen Lebens* (1912/2007), geht Durkheim zunächst mit den Religionen des australischen Totemismus um. Da nach Durkheim die Religion immer ein *Bild* von der Gesellschaft entwirft, in der sie ausgeübt wird, lässt sich dieses Bild umso klarer herausarbeiten, desto geringer die Komplexität der Gesellschaft ist, um dann auf diesem Wege verallgemeinerbare Hypothesen über die Institution der Religion zu gewinnen.

Mit dieser Auffassung der Religion als einem Bild der Gesellschaft gehen auch zwei weitere

Umstände einher, die geklärt werden sollen, bevor Durkheims Definition des Religiösen zu erläutern ist. Der erste ist Durkheims Kritik aller Spielarten der zu seiner Zeit weit verbreiteten Hypothese, dass sich die Religion auf *Täuschung* gründe. Ganz im Gegenteil soll die Soziologie die Religion als ein *reales* und *wirksames* Bild von der Gesellschaft verstehen. Denn eine soziale Institution – die die Religion im höchsten Grad bildet, wie noch zu erläutern ist – könnte nicht bestehen, wenn sie auf Irrtum beruhte; solch eine Institution fände sich unüberwindbaren Widerständen in der gesellschaftlichen Praxis gegenüber (Durkheim 2007, 15). Dass die Religion ein Bild der Gesellschaft darstellt, heißt dann einerseits, dass die ›primitiven‹ Religionen, die Durkheim untersucht, von der gesellschaftlichen Praxis abhängen; dem Glauben korrespondiert ein realer Grund in den Verhältnissen der Gesellschaft, der als solcher vom Soziologen nicht bloß als Unsinn abgetan werden kann.

Der zweite Umstand ist Durkheims Kritik an der Auffassung seiner Zeitgenossen, dass der Begriff Gottes oder des Übernatürlichen als Grundlage einer Definition der Religion dienen sollten. Nicht nur sind diese Begriffe als Bilder religiöser Lebensformen mittlerweile willkürlich und reduktiv, da die Mehrheit aller bekannten Religionen ohne eine Gotteskonzeption auskommt und der Begriff des Übernatürlichen einen Begriff des Natürlichen voraussetzt, der, so behauptet Durkheim, in einem unten zu erläuternden Sinn, selbst religiösen Ursprungs ist. Überdies sind noch viele religiöse Riten zu beobachten, aus denen die Götterkonzeptionen erst abgeleitet werden. Dass die Religion ein Bild der Gesellschaft darstellt, heißt dann andererseits, dass die Religion von der gesellschaftlichen Praxis nicht nur abhängt, sondern sie auch *ausdrückt*; dem Glauben entspricht ein reales Bedürfnis in der Gesellschaft, und die Aufgabe des Soziologen sei es, die Wirklichkeit hinter den symbolischen Riten und dem Glauben auszumachen (ebd.).

Statt also von Religion als Täuschung oder von einem Begriff Gottes auszugehen, beobachtet Durkheim anhand dieser Spannung zwischen religiösen Vorstellungen und gesellschaftlicher Praxis, dass alle bekannten Religionen aus *Glaubensvorstellungen* und *rituellen Praktiken* bestehen. Da Vorstellungen nun ihrer Natur nach immer Bewusstsein *von etwas* und Praktiken stets *auf etwas* gerichtet sind, fragt sich Durkheim nun nach dem intentionalen Objekt der Glaubensvorstellungen und rituellen Praktiken. Dieses Objekt, auf das sich das religiöse Handeln und Bewusstsein richten, nennt Durkheim das *Heilige*. Allen Religionen ist somit zunächst das Kennzeichen gemeinsam, dass sie eine grundlegende Zweiteilung aller Dinge in *heilige* und *profane* voraussetzen und ausdrücken.

Das besondere Merkmal aller heiligen Dinge besteht in ihrem *Doppelcharakter* des gleichzeitig Verbietenden und Anziehenden: Einerseits flößt das Heilige, als verbotenes Ding, den Gläubigen Achtung oder sogar Furcht ein und hält sie von ihm fern; in dieser Gestalt tritt das Heilige als etwas Restriktives aber auch Verpflichtendes auf. Andererseits aber stellt das Heilige, als anziehendes Ding, ein Liebesobjekt für die Gläubigen dar, womit es sich als etwas Erstrebenswertes aber auch Stärkendes und Motivierendes darstellt. Während das Profane als das bloß Technische und Eigennützige verstanden wird, ist im Gegensatz dazu in der Liebe zu und Achtung vor dem Heiligen immer eine Überwindung des Selbst implizit. Das religiöse Gefühl ist somit, Durkheim zufolge, zerrissen zwischen Verbot und Liebe zum Heiligen; es ist ein widersprüchliches Gefühl, das dennoch höchst wirklich und wirksam ist.

Anhand der Entdeckung der allen Religionen zugrundeliegenden Unterscheidung zwischen dem Heiligen und Profanen, gelangt Durkheim zur weiteren Bestimmung von drei Bestandteilen einer jeden Religion. Diese Bestandteile nennt er *Glaubensvorstellungen* (1), *Riten* (2) und *Kirche* (3). Sie zusammen bilden die beständige Struktur der Religion als einer gesellschaftlichen Institution.

(1) Religiöse Vorstellungen sind nach Durkheim solche, denen eine Distinktion zwischen dem Heiligen und dem Profanen zugrunde liegt oder die eine solche Unterscheidung vollziehen. Das religiöse Denken kennzeichnen Meinungen, Überzeugungen, Ansichten, Vorstellungen und Begriffe, in denen eine Aufteilung des bekannten Universums in zwei gegensätzliche Gattungen,

1. Säkularisierung ohne Profanisierung?

Heiliges und Profanes, hervortritt. In den Glaubensvorstellungen schließen sich Heiliges und Profanes gegenseitig aus: Das Heilige wird von den Vorstellungen geschützt und isoliert, wogegen das Profane von ihm auf Abstand gehalten werden muss. Die Andersartigkeit von heiligen und profanen Dingen wird als *absolut* konzipiert, denn sie können nicht in Kontakt miteinander treten, ohne dadurch ihre eigene Natur zu verlieren. Wenn nun eine mehr oder weniger einheitliche Hierarchie von heiligen Dingen feststeht, wobei jedoch eine qualitative Kluft zwischen den am wenigsten heiligen und den völlig profanen Dingen bestehen muss, kann vom religiösen Denken gesprochen werden.

(2) Der Ritus bezeichnet bei Durkheim allgemein das gesellschaftliche Handeln, das sich auf das Heilige als sein intentionales Objekt richtet. Durkheims Begriff birgt allerdings eine gewisse Zweideutigkeit: Einerseits beschreibt Durkheim Riten als menschliche *Handlungen*, die das Heilige als bestimmendes Ziel haben (vgl. etwa ebd., 61). In anderen Formulierungen aber tauchen die Riten als *Verhaltensregeln* für dasjenige Handeln auf, das das Heilige zum Ziel hat (vgl. etwa ebd., 67). Nun ist es sicherlich entscheidend für die Religionstheorie, ob die Riten das religiöse Handeln oder die handlungsregulierenden religiösen Normen bezeichnen. Da aber die Glaubensvorstellungen bei Durkheim allgemein die Kraft besitzen, das religiöse Handeln zu regulieren, ist wohl anzunehmen, dass die Riten die Handlungsweisen darstellen, die von den Glaubensvorstellungen normiert werden. Für die Gläubigen stellen sich die Glaubensvorstellungen als ein System von Verhaltensregeln dar, das sich durch die rituelle Praxis reproduziert; der Glaube des Kollektivs geht aus den Riten hervor, die er zugleich darlegt. In diesem Spannungsfeld zwischen den Riten und den Glaubensvorstellungen entsteht und rekonstruiert sich das Heilige als ein symbolisch und ideal gedachtes Bild der Gesellschaft.

(3) Die Glaubensvorstellungen bilden nun eine besondere Art von Kollektivvorstellungen und die Riten eine besondere Art von kollektivem Handeln. Damit ist schon gesagt, dass sie die Vorstellungen und Praxis *einer Gemeinschaft* sind. Religion ist nach Durkheim eine »eminent soziale Angelegenheit« (ebd., 25), eine soziale Institution im Kern des gemeinschaftlichen Lebens. Diesen sozialen Körper, in dem die Riten praktiziert werden und die Glaubensvorstellungen Geltung beanspruchen, nennt Durkheim die *Kirche*. Die Kirche bildet den dritten Bestandteil einer jeden Religion.

Anhand von diesen drei Bestandteilen und ihrer gegenseitigen Verwiesenheit gelangt Durkheim zu seiner Definition der Religion:

»Eine Religion ist ein solidarisches System von Überzeugungen und Praktiken, die sich auf heilige, d. h. abgesonderte und verbotene Dinge, Überzeugungen und Praktiken beziehen, die in einer und derselben moralischen Gemeinschaft, die man Kirche nennt, alle vereinen, die ihr angehören« (ebd., 76, kursiv im Orig.).

Die integrative Kraft religiöser Erfahrung

Obwohl Durkheim der religiösen Praxis einen gewissen Primat vor dem Glauben zubilligt, besteht immer noch eine Spannung zwischen den Riten und den religiösen Vorstellungen: Die Gläubigen orientieren sich in ihren Riten an der in den Glaubensvorstellungen festgestellten Auffassung des Heiligen, aber das Heilige wird zugleich in der rituellen Praxis interpretiert und stets rekonstruiert. Diese Spannung ist durchaus von Relevanz für die moral- und erkenntnistheoretischen Beiträge der Religionstheorie: Hieraus zieht Durkheim nämlich den Schluss, dass die Religion tatsächlich ganz im Zentrum der sozialen Integration steht, denn allein durch die Erfahrung der Selbsttranszendenz in ihrer Orientierung am Heiligen sind die Teilnehmer des Kultes in der Lage, Werte und Normen herauszubilden, die einen höheren Status als die bloß individuellen Vorstellungen und Interessen des profanen Lebens beanspruchen dürfen und dadurch das Eigenleben des Kollektivs zustandebringen. Dank solcher Normen und Werte – die Durkheim *Kollektivvorstellungen* nennt – ist soziale Integration möglich; der höhere normative Status der Kollektivvorstellungen bringt die Teilnehmer des Kultes dazu, gemeinsame Auffassungen des richtigen Denkens sowie des richtigen Handelns zu akzeptieren und von den bloß individuellen Interessen abzusehen. In der Religion sieht Durkheim mit anderen Worten den Inbegriff der Überzeugungen und Praktiken, die eine Gemeinschaft zusammenhalten. Durkheim interessiert sich vor allem für zwei Spielarten dieser Integration – die epistemische und die moralische; im Folgenden ist zuerst kurz die religiöse Konstitution der epistemischen Kategorien (1) und der moralischen Normen (2) zu erläutern, bevor dann auf die Struktur der kollektiven religiösen Erfahrung eingegangen wird (3).

(1) Obwohl sich Durkheim strikt gegen solche Theorien abgrenzt, die in der Religion nur eine Sammlung von Dogmen sehen und die rituelle Praxis nur als deren schlichten Ausdruck verstehen wollen, betont er stets die kognitive Bedeutung der Religion. Die Kategorien des Denkens, das menschliche Klassifikationsvermögen, sind für ihn »in der Religion und aus der Religion entstanden« (Durkheim 2007, 25). Durkheims Behauptung ist nun, dass die Autorität dieser »Denknormen« (ebd., 36) einen heiligen Charakter besitzt. Durch die kollektive Orientierung am Heiligen wird ein für den sozialen Zusammenhalt notwendiger epistemologischer Konformismus sichergestellt, der die grundlegenden epistemischen Leistungen nicht der Willkür des Einzelnen überlässt; jedes Kollektiv bedarf einer geteilten Auffassung von Kategorien wie Zeit und Raum, Kausalität und Normativität usw. Ohne die kollektive Geltung solcher Kategorien ist kollektive Intentionalität unmöglich; dass sich die Individuen über die grundlegenden Regeln der Klassifikation einigen können, stellt eine notwendige Bedingung des kollektiven Handelns dar (vgl. Durkheim 1993, 169 f.). Die Verletzung dieser Normen wird dahingehend sanktioniert, dass das Subjekt nicht mehr als »menschliche[r] Geist« (Durkheim 2007, 36) behandelt wird; es verliert das Signum des Heiligen, das das Kollektiv ihm zuerkannt hatte und das ihn zum legitimen Teilnehmer des Kultes gemacht hat. Allein durch die Befolgung der kollektiven Regeln des Denkens, kann sich das Individuum Durkheim zufolge als epistemisches Subjekt in seiner Gemeinschaft behaupten. Die Notwendigkeit der Kategorien ist somit bei Durkheim weder eine physische (wie in der Tradition des Empirismus) noch eine metaphysische (wie bei Kant); vielmehr versteht Durkheims soziologische Aufklärung der Konstitution von Kategorien sie als »eine besondere Art moralischer Notwendigkeit, die für das intellektuelle Leben das ist, was die moralische Verpflichtung für den Willen ist« (ebd., 37).

(2) Der Begriff der Moral weist nun Durkheim zufolge einen ähnlichen Doppelcharakter auf wie der des Heiligen. Wie religiöse Glaubensvorstellungen stellt auch die Moral einerseits ein »System von Geboten und Verhaltensregeln dar« (Durkheim 1976, 92); andererseits soll die Moral aber, genau wie das Heilige, als erstrebenswert erscheinen. So weist der Doppelcharakter des Obligatorischen und des Motivierenden in Durkheims Begriff der Moral eine Strukturähnlichkeit mit dem Begriff des Heiligen auf, die keinesfalls ein Zufall ist. Vielmehr behauptet er, dass moralische Gültigkeit gar nicht verstanden werden kann, wenn sie nicht in Verbindung mit dem Heiligen gestellt wird (ebd., 100). Dies heißt vor allem, dass die Geltung moralischer Normen eine sakrale Wurzel hat. Nicht nur war das moralische Leben Jahrtausende lang mit dem religiösen verbunden, vielmehr haben die moralischen Kollektivvorstellungen ebenso wie die Kategorien des Urteilsvermögens ihre Herkunft in der Religion. Jede menschliche Lebensform wird aus moralsoziologischer Sicht durch solche übergreifende Werte und tragende Ideale integriert, die als institutionalisierte ethische Ziele zu verstehen sind, an denen nicht nur der soziale Körper sein kollektives Streben orientiert, sondern woran sich auch die Individuen in ihrem Handeln ausrichten. Durkheims Behauptung ist nun, dass die Autorität solcher Werte einen heiligen Charakter besitzt. Durch die kollektive Orientierung am Heiligen wird ein für den sozialen Zusammenhalt notwendiger moralischer Konformismus sichergestellt, der die grundlegenden Maßstäbe des Guten und des Richtigen nicht der Willkür des Einzelnen überlässt; jedes Kollektiv bedarf einer mehr oder weniger gemeinsamen Auffassung über die als richtig und erstrebenswert zu geltenden Ziele. Der Angriff auf solche Werte erfüllt die Gläubigen mit einer religiös aufgeladenen Abscheu und die Verletzung der grundlegenden moralischen Normen wird als ein Sakrileg empfunden. Der Einzelne, der die moralischen Re-

geln nicht befolgt, wird der Verachtung durch andere Teilnehmer des Kultes ausgesetzt.

(3) Die Herausbildung solcher Kategorien, Werte und Ideale ist nach Durkheim ein natürliches Produkt des religiösen Lebens. Wenn sich die zwischenmenschlichen Beziehungen im Kult konzentrieren und eine gewisse Intensität erreichen, gerät das Kollektiv in einen »Gärungszustand« (Durkheim 2007, 618), in dem der Kult ein kollektives Gefühl seiner Selbst vermitteln kann. Diesen konzentrierten Zustand der Gemeinschaft versteht Durkheim als eine Art religiöser und moralischer Ekstase, die ideale Vorstellungen des Gemeinschaftslebens zum Ausdruck bringt. Der Kult ist sich seiner selbst bewusst, aber dieses Bewusstsein seiner Selbst ist im Grunde das Bewusstsein des Selbst *als eines Ideals*. Der Kult nimmt sich in idealer Gestalt wahr, wodurch aber auch das Ideal des Kultes *neu interpretiert* und *festgestellt* wird, oder besser: Hierdurch wird ein *neues* übergreifendes Ideal für das Gemeinschaftsleben herausgebildet. Jedes Kollektiv hat Durkheim zufolge das Bedürfnis, seine grundlegenden Werte und Normen »in regelmäßigen Abständen zu Leben zu erwecken und zu festigen« (ebd., 625). Für das Individuum bildet die Teilnahme an einer solchen »moralische[n] Wiederbelebung« (ebd.) einerseits die Erfahrung des Selbstverlusts; andererseits ist die kollektive Ekstase zugleich die Erfahrung einer ungeheuren Macht, die das Individuum in die Welt des Heiligen versetzt: Durch die kollektive Selbsttranszendenz verlassen die Einzelnen die Welt des Profanen und treten in die des Heiligen mithilfe einer höchst wirklichen Kraft, die sie als die Macht des Heiligen deuten. Diese Kraft stellt für Durkheim nichts anderes als die Macht des Kollektivs dar. Die kollektive Selbsttranszendenz *ist* die konkrete Verbindung der Menschen zu einer Gemeinschaft, wodurch die grundlegenden Werte und Normen sowohl des Denkens als auch des Handelns einem Wandel unterworfen werden und das Heilige als ideales Bild der Gesellschaft wiederbelebt wird. All das, was dieser Erfahrung zugehört, wird von den Gläubigen als heilig eingestuft. Profan wiederum sind all die Dinge, die keine Verknüpfung zur Erfahrung der Selbsttranszendenz aufweisen können.

Die »Religion, in der der Mensch zugleich Gläubiger und Gott ist«

Von den zwei Funktionen – der epistemischen und der praktischen –, die Durkheim der Religion beimisst, ist nur eine unter den säkularen Voraussetzungen der Moderne problematisch geworden. Die Säkularisierung soll eben kein Problem für die epistemische Integration der Gesellschaft stellen. Die ›spekulative‹ Funktion der Religion wird in der Moderne durch die Autorität der Wissenschaft ersetzt: Die Wissenschaft ist, nachdem sie sich vom religiösen Dogmatismus befreit hat, eine »vollkommenere Form des religiösen Denkens« (Durkheim 2007, 628) geworden und vermag epistemische Autorität in der modernen Gesellschaft auszuüben.

Was Durkheim hingegen beunruhigt, ist das Schicksal der praktischen Funktion der Religion. Die Frage, ob die modernen, sowohl arbeitsteilig hochdifferenzierten als auch ethisch pluralistischen, Gesellschaften fähig sind, sich auf der Basis als heilig aufgefasster übergreifender Ideale zu integrieren, bringt Durkheim zunächst ins Schwanken: In seiner expliziten Religionstheorie stellt er fest, dass »wir eine Phase des Überganges und der moralischen Mittelmäßigkeit durchqueren. Die großen Dinge, die unsere Väter begeistert haben, erzeugen bei uns nicht das gleiche Feuer […] Aber bislang gibt es nichts, das sie ersetzen könnte« (ebd., 625). In seiner Moralsoziologie hingegen nimmt Durkheim die religionstheoretischen Überlegungen in einer ganz anderen Hinsicht auf: Hier lässt er sich nämlich von der Hypothese leiten, dass der säkulare Individualismus die integrative Funktion der Religion zu erfüllen vermag.

Wenn der säkulare Individualismus nun den Standpunkt beinhaltet, dass die moralische Geltung auf die Interessen der Individuen zu reduzieren ist, ist Durkheim sicher nicht als unter seine Befürworter zu rechnen. Eine solche Tendenz sieht er mittlerweile im Aufstieg des wirtschaftsliberalen Individualismus. Die Reduktion der moralischen Gültigkeit auf die bloßen Neigungen der Einzelnen stellt für Durkheim keine gelungene *Säkularisierung* dar, sondern eine *Profanisierung* des moralischen Lebens, die jegliche moralische Integration versagt. Die moralische Integration einer Gemeinschaft bedarf vielmehr der Selbsttranszendenz der Individuen: »[...] jedes gemeinschaftliche Leben [wird] unmöglich [...], wenn nicht höhere als die individuellen Interessen vorhanden sind« (Durkheim 1986b, 55).

Statt also im Wirtschaftsliberalismus mehr als einen vereinseitigten Ausdruck der Säkularisierung zu sehen, versucht Durkheim auf dem Wege einer normativen Rekonstruktion die moralischen Grundlagen der Moderne in einem robusteren, in den Institutionen moderner Gesellschaften verankerten Individualismus nachzuweisen, den er mit dem profanistischen Individualismus kontrastiert. Die normative Rekonstruktion bei Durkheim zielt nun darauf ab, das ideale Bild, das die moderne Gesellschaft von sich hegt, durch die Darstellung der impliziten Normativität gesellschaftlicher Institutionen herauszuarbeiten. Die Durkheimsche »Wissenschaft von der Moral« will nicht einfach die vorhandenen willkürlichen Beweggründe der Einzelnen zur Darstellung bringen. Vielmehr beabsichtigt sie, die »moralischen Vorschriften in ihrer Reinheit und Unpersönlichkeit zu erfassen« (Durkheim 1986a, 49), so wie sie in den gesellschaftlichen Praktiken in Erscheinung treten, wenn von der teilweise willkürlichen Regelbefolgung der Einzelnen abgesehen wird. Diese methodische Entscheidung, in der Moralsoziologie rekonstruktiv das Ideale der Gesellschaft zu erfassen, erklärt auch die vermeintliche Oszillation Durkheims in Fragen der Möglichkeit einer moralischen Integration moderner Gesellschaften in seinen Theorien der Religion und der Moral: Wenn die Religionstheorie zu dem Schluss kommt, dass die übergreifenden Werte in der Moderne das religiös konzipierte Heilige unserer Vorfahren noch nicht zu ersetzen vermögen, setzt sich die Moraltheorie eben das Ziel, genau dieses unklare ideale Bild der zeitgenössischen Gesellschaft herauszuarbeiten.

Durkheim behauptet nun, dass der in den institutionellen Praktiken verankerte Individualismus als ein *Kult der menschlichen Person* zu verstehen ist. Für die »Modernen« zeigt sich nämlich die menschliche Person unter genau dem Doppelcharakter, der auch das Heilige und das moralische Faktum gekennzeichnet hat: Das Gefühl, das sich auf die menschliche Person richtet, entfernt zunächst von ihr; die Person ist von einer Aura umgeben, die bewirkt, dass jeder Übergriff auf sie als ein Sakrileg gilt. Der Kult der Person erfüllt somit die Voraussetzung, seinen Gläubigen Gebote auferlegen zu können. Zugleich aber tritt die menschliche Person als Objekt der Begierde auf; die Person ist ein Ideal, das es zu entfalten gilt. Der Kult der Person birgt somit wie alle anderen Religionen auch das Potential, seine Gläubigen zu stärken und zu motivieren. Diese gleichzeitige Achtung vor und Liebe zu der menschlichen Person geht – wie alle früheren Konzeptionen des Heiligen – so weit über jegliche utilitaristischen bzw. profanen Ziele hinaus, dass es selbstbewussten Einzelnen sogar vorkommt, als sei sie »völlig von Religiosität geprägt« (1986b, 56). Und diese Gefühle sind als religiös zu verstehen, denn sie bringen dieselbe wirkliche und wirksame Widersprüchlichkeit zum Ausdruck wie beispielsweise die Gefühle der australischen Ureinwohner gegenüber dem Totem.

Ihr Doppelcharakter stattet die menschliche Person Durkheim zufolge mit einer religiösen Kraft aus, die um sie herum einen unverletzbaren Raum schafft, der nur unter Voraussetzung bestimmter ritueller Praktiken zu betreten ist. Vor jedem Angriff auf die Würde der Person fühlen die Modernen eine Abscheu, die strukturell völlig dem Gefühl entspricht, das den Gläubigen erfüllt, wenn sein Gott profanisiert wird; dem profanen utilitaristischen Kalkül bleibt die menschliche Person unberührbar. Im Gegensatz zum profanistischen Individualismus des Wirtschaftsliberalismus verweigere es der Kult der Person, alle transzendent empfundenen Werte auf die Interessen des Einzelnen zu reduzieren. Vielmehr werde der Einzelne im Individualismus in die Sphäre der sakrosankten Dinge erhoben. Folgt man Durkheim, so ist es nämlich nicht der Einzelne als solcher, der den Gegenstand des Kultes ausmacht; es ist die menschliche Person *schlechthin*. Die menschliche Person *als Ideal, Wert und Norm* – kurz: als *Kollektivvorstellung* – ist es, die das Heilige darstellt. So wie die Teilnehmer des australischen totemistischen Kultes alle ein Stück des Totems in sich trugen, so ist auch jeder

Mensch in der Moderne ein Träger der verehrungswürdigen Heiligkeit der menschlichen Person. Nur in dieser *allgemeinen* Gestalt kann die menschliche Person aus Durkheims Sicht die integrativen Leistungen hervorbringen, die für eine Religion erforderlich sind. Nur wenn die Person den Einzelnen transzendiert, kann sie als ein Ziel seiner rituellen Praxis gelten, in der der Einzelne sich selbst überwinden kann. Allein in diesem Sinn ist der säkulare Individualismus eine »Religion, in der der Mensch zugleich Gläubiger und Gott ist« (ebd., 57).

Die menschliche Person bildet aber nicht nur *irgendein* tragendes Ideal für moderne Gesellschaften, sondern der Individualismus als ganzer macht eine *Reproduktionsbedingung* für sie aus. *Allein* der Kult der Person stellt nach Durkheim ein Glaubenssystem dar, das die moralische Integration moderner Gesellschaften leisten kann; nur er kann die Einzelnen jenseits der Pluralität von Lebensformen, Ethnizitäten und gesellschaftlichen Funktionen vereinen. Das Schicksal der Moderne ist mit dem des Individualismus tief verbunden: Sich gegen den Individualismus zu stellen, würde für Durkheim heißen, die fortschreitende Arbeitsteilung, die ethnische Ausdifferenzierung und die ethische Pluralisierung rückgängig machen zu wollen, kurz: die Struktur der modernen Gesellschaft schlechthin zu verleugnen. Der Kult der Person bietet, mit anderen Worten, die sakrale Grundlage für die moralische Doktrin, die die organische Solidarität moderner Gesellschaften gewährleisten soll.

Auf der Ebene der Glaubensvorstellungen ersetzt also der säkulare Individualismus die Götterbilder der alten Religionen durch die Vorstellung von einem einzigen zentralen Wert – dem der individuellen Freiheit (ebd., 60). Auf der Ebene der religiösen Praxis ersetzt der Kult der Person das Gebet mit dem Ritus der »freie[n] Prüfung« (ebd.). Seine Kirche stellt wiederum die demokratische Gesellschaft dar, so wie Durkheim sie in seiner *Physik der Sitten und des Rechts* auffasst (Durkheim 1999). So stellt sich Durkheim mit etwa John Dewey und Bruno Bauer in eine Reihe von Religionstheoretikern, die im Begriff des Heiligen eine Vorstufe dessen erblicken, was in der demokratischen Gemeinschaft vollendet wird. Der säkulare Individualismus weist somit genau die allen bekannten Religionen gemeinsame Struktur auf, der wir schon am Anfang von Durkheims expliziter Religionstheorie begegneten. Der Individualismus des modernen Menschen ist keine profane Weltanschauung, die der Religion entgegensteht; er ist eher der legitime Nachfolger der jüdisch-christlichen Tradition und soll all das enthalten, was ihn zum Ersatz der Vorgängerreligionen macht. Durkheim stellt somit das Säkulare und das Religiöse nicht strikt einander gegenüber; das gelungen Säkulare ist vielmehr als eine Rückkehr des Gläubigen zu sich selbst zu verstehen. Das Säkulare am säkularen Individualismus besteht nämlich darin, dass hier das geliebte und geachtete Objekt der Religion – die menschliche Person als Kollektivvorstellung – nichts anderes darstellt als einen anderen Aspekt des achtenden und liebenden Subjekts der Religion – der menschlichen Person als eines Einzelnen – und dass das Subjekt sich dieser Verbindung mehr oder weniger bewusst ist.

Literatur

Durkheim, Émile: *Soziologie und Philosophie*. Frankfurt a. M. 1976.
–: Einführung in die Moral. In: Hans Bertram (Hg.): *Gesellschaftlicher Zwang und moralische Autonomie*. Frankfurt a. M. 1986a.
–: Der Individualismus und die Intellektuellen. In: Hans Bertram (Hg.): *Gesellschaftlicher Zwang und moralische Autonomie*. Frankfurt a. M. 1986b.
–: *Schriften zur Soziologie der Erkenntnis*. Frankfurt a. M. 1993.
–: *Physik der Sitten und des Rechts. Vorlesungen zur Soziologie der Moral*. Frankfurt a. M. 1999 (frz. 1950).
–: *Die elementaren Formen des religiösen Lebens*. Frankfurt a. M./Leipzig 2007 (frz. 1912).

Arvi Särkelä

2. Entzauberung der Welt und okzidentale Rationalisierung (Weber)

Mit der »Entzauberung der Welt« bezeichnet Max Weber einen religions- und kulturgeschichtlichen Prozess der Rationalisierung und Intellektualisierung, der zugleich mit einer Zurückdrängung der Magie verbunden ist. Dieser Prozess, der sich über verschiedene Epochen und Kulturen hinweg vollzieht, setzt in der altjüdischen Offenbarungsreligion ein und entfaltet sich in der jüdisch-christlichen Tradition, um in den Strömungen des asketischen Protestantismus schließlich einen Höhepunkt und Abschluss zu erreichen. Der Begriff der Entzauberung ist keine Wortschöpfung Max Webers, sondern ein bereits im 18. Jahrhundert gebräuchlicher literarischer Topos. Christoph Martin Wieland wählt ihn als Titel seiner Erzählung »Die Entzauberung«; das *Wörterbuch der Deutschen Sprache* verzeichnet im Jahr 1807 das Verb »entzaubern« wie auch das Substantiv der »Entzauberung« (Campe 1807, 949).

Weber greift also auf eine eingeführte Metapher zurück und verwendet sie zur Beschreibung religions- bzw. konfessionsgeschichtlicher Entwicklungen. Dabei geht es ihm nicht um den Aufweis einer historischen Teleologie. Er beobachtet einen zwar fortschreitenden, aber keineswegs linear verlaufenden Prozess der Zurückdrängung der Magie, der zwangsläufig Gegenbewegungen der Wiederverzauberung hervorruft. Auch darin ist die Entzauberung mit dem von Weber konstatierten okzidentalen Rationalisierungsprozess verwandt, der steten Brüchen und irrationalen Gegenbewegungen ausgesetzt ist. In der *Protestantischen Ethik* zieht Weber überdies Parallelen zwischen dem Prozess der Entzauberung und dem der Säkularisierung. Er sieht die beiden Entwicklungen als korrespondierende, aber keineswegs kongruente Prozesse. Die Prioritäten sind insofern klar verteilt, als der Prozess der Säkularisierung ein Teil des weit umfassenderen religionsgeschichtlichen Prozesses der Entzauberung der Welt ist. Weber verwendet sein Entzauberungskonzept ab etwa 1911 häufig bei der Beschreibung religionsgeschichtlicher oder wissenschaftstheoretischer Entwicklungen, ohne es jedoch an irgendeiner Stelle detaillierter zu erläutern.

Entzauberung der Welt und Zurückdrängung der Magie

In den unterschiedlichen Kontexten bezieht Weber sich keineswegs nur auf moderne oder europäische Entwicklungen, sondern setzt bereits beim antiken Judentum an. In der überarbeiteten Fassung der *Protestantischen Ethik*, die 1920 in den *Gesammelten Aufsätzen zur Religionssoziologie* erschien, spielt das Entzauberungskonzept eine prominente Rolle. Hier heißt es:

> »Jener große religionsgeschichtliche Prozeß der *Entzauberung* der Welt, welcher mit der altjüdischen Prophetie einsetzte und, und im Verein mit dem hellenischen wissenschaftlichen Denken, alle *magischen* Mittel der Heilssuche als Aberglaube und Frevel verwarf, fand [im reformierten Protestantismus] seinen Abschluß. Der echte Puritaner verwarf ja sogar jede Spur von religiösen Zeremonien am Grabe und begrub die ihm Nächststehenden sang- und klanglos, um nur ja keinerlei ›superstition‹ […] aufkommen zu lassen« (RS I, 94 f.).

Das Entscheidende an diesem Entzauberungsprozess war zunächst also die Wendung gegen die Magie, nicht aber gegen die Religion als solche. Weber beschreibt damit zugleich die Entstehung der Theologie: Die religiöse Praxis der Magie weicht allmählich einer systematisierten, dogmatischen, nach Prinzipien geordneten Lehre, die im Falle der protestantischen und katholischen Theologie sogar als Universitätsfach betrieben wird. Aus Magie wird Dogmatik. Kaum anders verhält es sich im Falle des Judentums, dessen Lehre von nicht weniger geschulten Gesetzeslehrern unterrichtet wird. In der *Wirtschaftsethik der Weltreligionen* sieht Weber das antike Judentum als »eine in hohem Grade *rationale*, das heißt von Magie sowohl wie von allen Formen irrationaler Heilssuche freie *religiöse Ethik des innerweltlichen Handelns*« (RS III, 6; MWG I/21, 243). Darin aber befand sich das Judentum in einem dauernden Kampf mit den umliegenden Kulturen, die auf eine magische Praxis setzten.

2. Entzauberung der Welt und okzidentale Rationalisierung

Die Magie, die Weber als eine der »urwüchsigen Arten der Beeinflussung übersinnlicher Mächte« versteht (WuG 264; MWG 22–2, 167), rückt, wie die Entzauberung, erst relativ spät in das Blickfeld seiner religionssoziologischen Untersuchungen (vgl. Breuer 2001). Während sie in der ersten Fassung der *Protestantischen Ethik* noch keine Rolle spielt, dient sie in der überarbeiteten Fassung in den *Gesammelten Aufsätzen zur Religionssoziologie* als wichtiges Abgrenzungskriterium zur Beschreibung des asketischen Protestantismus. Weber beobachtet rationalisierende Entwicklungen allerdings nur in der jüdischen oder christlichen Religionsgeschichte. Den Konfuzianismus etwa grenzt er ausdrücklich von dieser Entwicklung ab, denn hier sei die Magie in ihrer positiven Heilsbedeutung unangetastet geblieben. Auch beim Taoismus stellt er einen Fortbestand der Macht der Magie fest. Die chinesische Kosmogonie habe »die Welt in *einen Zaubergarten*« verwandelt (RS I, 484; MWG I/19 407). »Die *Erhaltung* dieses Zaubergartens aber gehörte zu den intimsten Tendenzen der konfuzianischen Ethik« (RS I, 513; MWG I/19, 451).

Nimmt man Weber wörtlich, dann befand sich die religiöse Vorstellungswelt der verschiedenen Weltreligionen also keineswegs zu jeder Zeit einem verzauberten Zustand, der irgendwann entzaubert worden wäre. Vielmehr geht dem Prozess der Entzauberung ein Akt der bewussten Verzauberung voraus, wie Webers Bemerkung über die kosmogonische Verwandlung der Welt in einen Zaubergarten zeigt.

In der *Wirtschaftsethik der Weltreligionen* erscheint die Emanzipation von der Magie als regelrechter Maßstab des Rationalisierungsstandes. Die »Stufe der Rationalisierung« einer Religion ist für Weber ablesbar an dem »Grad, in welchem sie die *Magie* abgestreift hat« (RS I, 512; MWG I/19, 450). Die Stellung der Magie spielt insbesondere eine zentrale Rolle in seinem Vergleich zwischen Konfuzianismus und Puritanismus. Weber sieht letzteren gewissermaßen in der Vorhand, wenn er ihn mit dem chinesischen Konfuzianismus vergleicht. Während hier die »Erhaltung der magischen Tradition« gefördert wurde, habe der asketische Protestantismus eine radikale »Entzauberung der Welt« betrieben, indem er »der Magie am vollständigsten den Garaus gemacht« habe:

> »Die gänzliche *Entzauberung der Welt* war *nur* hier in alle Konsequenzen durchgeführt. Das bedeutete nicht etwa die Freiheit von dem, was wir heute als ›Aberglauben‹ zu werten pflegen. Die Hexenprozesse haben auch in Neu-England geblüht. Aber: während der Konfuzianismus die Magie in ihrer *positiven* Heilsbedeutung unangetastet ließ, war hier alles Magische *teuflisch* geworden, religiös wertvoll dagegen nur das rational Ethische geblieben: das Handeln nach Gottes Gebot« (RS I, 513; MWG I/19, 451).

Hier wie auch in anderen Kontexten zeigt sich, dass die Entzauberung keineswegs ein gegen die Religion gerichteter Vorgang ist. Sie ist für Weber nicht einmal mit einer Schwächung der Religion verbunden. Vielmehr erreiche die religiöse Kraft mit ihr eine neue Qualität, nämlich in einer umso strikteren Ausrichtung des Handelns an den göttlichen Geboten. Weber versteht diese Entwicklung als innerreligiöse Rationalisierung.

Insbesondere in den vergleichenden religionssoziologischen Betrachtungen zeigt Weber demgegenüber den spezifisch konservativen bzw. konservierenden Charakter der Magie, der sich über die Grenzen der verschiedenen Weltreligionen hinweg erstreckt. Dieser Charakter erweist sich auch und gerade in seiner Wirkung auf die gesellschaftlichen Ordnungen und Mächte. In den Betrachtungen zum Buddhismus etwa sieht Weber die »Ungebrochenheit der Magie« als einen der typischen Züge der »asiatischen sozialen Ordnung« (MWG I/20, 533), die weitgehend statisch und invariant blieb. Ähnlich fällt sein Resümee im Falle der magischen Praxis des chinesischen Konfuzianismus aus. Der magische Glaube, der zu den konstitutionellen Grundlagen der chinesischen Regierungsmachtverteilung gehörte, wirkte zugleich als Barriere gegen die ökonomische Rationalisierung (MWG I/19, 408, 406).

Aus der »höchst antirationalen Welt des universellen Zaubers« führt für Weber

> »daher kein Weg zu einer rationalen innerweltlichen Lebensführung. Zauber nicht nur als therapeutisches Mittel, als Mittel, Geburten und insbesondere

männliche Geburten zu erzielen, das Bestehen von Examina oder die Erringung aller nur denkbaren innerirdischen Güter zu sichern, Zauber gegen den Feind, den erotischen oder ökonomischen Konkurrenten, Zauber für den Redner zum Gewinn des Prozesses, Geisterzauber des Gläubigers zur Zwangsvollstreckung gegen den Schuldner, Zauber zur Einwirkung auf den Reichtumsgott für das Gelingen von Unternehmungen, – all das entweder in der ganz groben Form der Zwangsmagie oder in der verfeinerten der Gewinnung eines Funktionsgottes oder Dämons durch Geschenke, – mit solchen Mitteln bewältigte die breite Masse der aliterarischen und selbst der literarischen Asiaten ihren Alltag« (MWG I/20, 534f.).

Das Wort »Zauber« ist in Webers Werk generell keineswegs negativ konnotiert, aber in seiner Beschreibung der Welt der asiatischen Sektenreligionen schwingt gleichwohl ein pejorativer Ton mit. Dies bezieht sich vor allem auf die Allgegenwart und Universalität des Zaubers, da fast alle Lebensbereiche jener asiatischen Welt von der Magie regiert werden. Für Weber stellt diese Totalität der Magie nicht zuletzt ein Hindernis auf dem Weg zu einer rationalen Lebensführung dar. Dieser Befund verweist zugleich auf einen entscheidenden Unterschied zur christlichen Theologie. Während die Menschen in den asiatischen Sektenreligionen unter dem Zwang der universellen Zauberei stehen, ist die Ausrichtung der Lebensführung insbesondere im protestantischen Christentum durch die Auslegung der biblischen Schriften bestimmt.

Entzauberung, asketischer Protestantismus und Geist des Kapitalismus

Das Entzauberungskonzept ist zwar nicht nur auf neuzeitliche Institutionen und Prozesse gemünzt, spielt aber für Webers Sicht der Moderne eine zentrale Rolle (vgl. Schluchter 2009). Dies zeigt sich insbesondere in der überarbeiteten Fassung der *Protestantischen Ethik* von 1920 in den *Gesammelten Aufsätzen zur Religionssoziologie*. Hier rücken die Magie und ihre Gegenspielerin, die Entzauberung, ganz in den Vordergrund. Durch die Eliminierung der Magie als Mittel der Heilsvergewisserung wird insbesondere die calvinistische Prädestinationslehre zu einem maßgeblichen Faktor bei der »Entzauberung der Welt« (RS I, 94).

Die calvinistische Lebensführung, die wiederum mit einer spezifischen Berufsethik korrespondiert, wird von entscheidender Bedeutung für die wirtschaftliche wie auch die gesellschaftliche Entwicklung. Weber konstatiert eine »innere Verwandtschaft« zwischen dem Geist des Kapitalismus und der protestantischen Berufsethik mit ihrer rationalen, methodischen Lebensführung. Er zeigt anhand der Literatur des asketischen Protestantismus die Ausprägung von spezifischen Verhaltensweisen, die die Entstehung des modernen Kapitalismus beeinflussten: Der Gedanke, dass man seinem Beruf »*verpflichtet*« sei, die methodisch-kontrollierte Lebensführung, das rastlose Streben nach einer »rein auf *Gewinn* gerichteten Tätigkeit« (RS I, 60), – all diese Elemente werden zu Wegbereitern des Kapitalismus.

Die einmal erworbenen Muster wirken auch jenseits der religiösen Sphäre im säkularen Kontext weiter. In seiner Abhandlung *Die protestantischen Sekten und der Geist des Kapitalismus* bewertet Weber etwa die moderne Stellung der weltlichen Klubs und Gesellschaften Nordamerikas als Produkt eines Säkularisierungsprozesses. Er sieht diese Klubs und Gesellschaften als säkularisierte Sekten, da sie zwar in religiösen Kontexten entstanden seien, ihre Bedeutung aber erst infolge des Säkularisierungsprozesses erlangt hätten (RS I, 217, 212). Weber wendet sich gegen den von katholischer Seite erhobenen »Vorwurf des ›Materialismus‹, welcher die Folge der Säkularisation aller Lebensinhalte durch den Protestantismus sei« (RS I, 24). Insbesondere der Calvinismus mit seiner methodisch-rationalen Ausrichtung der Lebensführung und dem Gedanken der Notwendigkeit der Bewährung des Glaubens im Berufsleben aber sei für die Wirtschaftsentwicklung und speziell für die »Entwicklung des kapitalistischen Geistes förderlich gewesen« (RS I, 28).

Max Weber ist nicht der erste, der eine Verwandtschaft von Kapitalismus und Protestantismus postuliert, sondern knüpft an die zeitgenössische Diskussion an, die u. a. von Werner

Sombart, Ernst Troeltsch und Eberhard Gothein geführt wurde. Die *Protestantische Ethik*, zuerst 1904/05 in Form von zwei Aufsätzen im *Archiv für Sozialwissenschaft und Sozialpolitik* veröffentlicht, löst unmittelbar nach ihrem Erscheinen eine heftige Diskussion aus – und wird zu einem der international wirkungsmächtigsten Texte der Kultur- und Sozialwissenschaften. Bis heute hat sie nicht an Bedeutung verloren, auch wenn sie oft nur in vulgarisierter Form rezipiert wurde. Für Webers Entzauberungskonzept ist sie insofern zentral, als sie erstmals die gesellschaftliche und historische Relevanz des Entzauberungsprozesses deutlich macht. Weber zeigt in seiner Studie, wie Ideen »in der Geschichte wirksam werden« (RS I, 82). Er wendet sich gegen die Vorstellung des »naiven Geschichtsmaterialismus«, dass Ideen bloße Widerspiegelungen ökonomischer Verhältnisse seien (RS I, 37). Entgegen einem tradierten Missverständnis aber versteht er seine Studie keineswegs als antimaterialistische Streitschrift. Es geht ihm um die religiösen Einflüsse auf die Verbreitung des Kapitalismus; aber er behauptet nicht, dass dieser ein bloßes Produkt der Reformation gewesen sei.

Entzauberung, Rationalisierung, Wissenschaft

Weber verfolgt den Entzauberungsprozess nicht nur in der Geschichte der verschiedenen Weltreligionen, sondern auch in der okzidentalen Wissenschaftsentwicklung. Neben der jüdisch-christlichen Religion spielt insbesondere die moderne Wissenschaft eine tragende Rolle im Prozess der Entzauberung. Dies zeigt Weber in seinem Vortrag »Wissenschaft als Beruf«, den er im November 1917 vor Münchner Studenten hält und 1919 veröffentlicht. Er skizziert hier zunächst die Entwicklung der okzidentalen Wissenschaften, von der Entdeckung des hellenischen Geistes über die Erfindung des rationalen Experiments bis hin zum Universitätsbetrieb seiner Zeit, und er beschreibt, wie die Wissenschaft zu einem arbeitsteiligen, rationalisierten Betrieb wurde. Seine Diagnose lautet:

»Die zunehmende Intellektualisierung und Rationalisierung bedeutet also *nicht* eine zunehmende allgemeine Kenntnis der Lebensbedingungen, unter denen man steht. Sondern sie bedeutet etwas anderes: das Wissen davon oder den Glauben daran: daß man, wenn man nur *wollte*, es jederzeit erfahren *könnte*, daß es also prinzipiell keine geheimnisvollen unberechenbaren Mächte gebe, die da hineinspielen, daß man vielmehr alle Dinge – im Prinzip – durch *Berechnen beherrschen* könne. Das aber bedeutet: die Entzauberung der Welt. Nicht mehr, wie der Wilde, für den es solche Mächte gab, muß man zu magischen Mitteln greifen, um die Geister zu beherrschen oder zu erbitten. Sondern technische Mittel und Berechnung leisten das« (MWG I/17, 86 f.; WL 594).

Aus dieser Diagnose zieht Weber kein unbedingt rosiges Fazit: »Es ist das Schicksal unserer Zeit, mit der ihr eigenen Rationalisierung und Intellektualisierung, vor allem: Entzauberung der Welt, daß gerade die letzten und sublimsten Werte zurückgetreten sind aus der Oeffentlichkeit«. Dieses Schicksal gelte es »männlich« zu ertragen (MWG I/17, 109 f.). Hier wie auch sonst ist zu erkennen, dass Weber kein Apologet dieses Rationalisierungsprozesses ist. Er betrachtet ihn vielmehr eher skeptisch, wenngleich er ihn als unabwendbar ansieht. Seine Frage lautet, ob »dieser in der okzidentalen Kultur durch Jahrtausende fortgesetzte Entzauberungsprozeß und überhaupt: dieser ›Fortschritt‹, dem die Wissenschaft als Glied und Triebkraft mit angehört, irgendeinen über dies rein Praktische und Technische hinausgehenden Sinn« habe (MWG I/17, 87 = WL 594). Diese Frage ist für ihn eine rhetorische, denn die Wissenschaft kann nach seinem Verständnis einen solchen Sinn nicht vermitteln. Seine Skepsis gegenüber dem Rationalismus richtet sich nicht zuletzt auf dessen positivistisch-rechenhafte Dimensionen: »Wer – außer einigen großen Kindern, wie sie sich gerade in den Naturwissenschaften finden – glaubt heute noch, daß Erkenntnisse der Astronomie oder der Biologie oder der Physik oder Chemie uns etwas über den *Sinn* der Welt« lehren könnten? (MWG I/17, 92).

Die Verbindung, die Weber zwischen dem Rationalisierungs- und Entzauberungsprozess und einem fortschreitenden Wert- und Sinnverlust herstellt, ist zeitgenössischen Vorstellungen geschuldet. Bis weit ins 20. Jahrhundert hinein sind relevante Teile der Geistes- und Sozialwissenschaften von dem Gedanken geprägt, die Geschichte der Moderne sei eine Verfallsgeschichte, eine Geschichte des Wert- und Sinnverlusts. Auch Weber konstatiert eine solche Parallele, ohne jedoch eine Kausalität zwischen beiden Entwicklungen herzustellen. Seine Position bleibt in diesem Punkt ambivalent, da er den Rationalisierungsprozess für unabwendbar hält, aber nicht daran glaubt, dass dieser in eine gute Zukunft führe. Wie stark sein eigenes Interesse auf die Bedeutung der Werte und der Sinnfragen gerichtet ist, erweist sich insbesondere in seinen soziologischen, politischen und werturteilstheoretischen Schriften, in denen er sich auf die Interpretation des »Sinns« sozialen Handelns wie auch die zentrale Bedeutung von Werthaltungen in der wissenschaftlichen und politischen Praxis kapriziert. Damit relativiert er nicht nur die These des Wert- und Sinnverlusts, sondern zeigt auch, dass der Verlust keineswegs irreversibel ist, sondern vielmehr Gegenbewegungen einer neuer Sinnsuche auslöst.

Seine Skepsis gegenüber den Prozessen der Entzauberung und Rationalisierung kommt bereits in einem distanzierenden Wortgebrauch zum Ausdruck: Der Begriff »Fortschritt« steht in diesem Zusammenhang meist in Anführungszeichen. Für Weber stellt sich die Frage, um welchen Preis dieser Prozess erkauft wird, und welche Auswirkungen er sowohl auf menschliches Handeln als auch gesellschaftliche Institutionen hat. In den herrschaftssoziologischen Studien erscheint der Prozess der Rationalisierung in Gestalt der Versachlichung, Formalisierung und Bürokratisierung der Herrschaft, die im modernen Staat ihren vorläufigen Abschluss finden und mit der Rationalisierung des Rechts korrespondieren (vgl. Anter 2003). Auch die Prozesse der Rationalisierung enden aber nicht in einem ewigen Reich rationaler Herrschaft, sondern werden von immer neuen Gegenbewegungen und Irrationalisierungen konterkariert (WuG, 362).

Webers wissenschaftstheoretische Schriften, die bereits zu ihrer Zeit auf starke Resonanz stießen, gehören bis heute zu den grundlegenden Programmschriften zu den Voraussetzungen und Folgen der modernen Wissenschaft. Hier wie auch in den religionssoziologischen Schriften zieht er eine Parallele zwischen dem Entzauberungs- und Intellektualisierungsprozess und der Zurückdrängung der Magie. Im religionssoziologischen Teil von *Wirtschaft und Gesellschaft* heißt es:

> »Je mehr der Intellektualismus den Glauben an die Magie zurückdrängt, und so die Vorgänge der Welt ›entzaubert‹ werden, ihren magischen Sinngehalt verlieren, nur noch ›sind‹ und ›geschehen‹, aber nichts mehr ›bedeuten‹, desto dringlicher erwächst die Forderung an die Welt und ›Lebensführung‹ je als Ganzes, daß sie bedeutungshaft und ›sinnvoll‹ geordnet seien« (WuG, 308; MWG I/22-2, 273).

An dieser Stelle werden die Entzauberung und Intellektualisierung als wirkmächtige Faktoren im okzidentalen Rationalisierungsprozess benannt. Die Entzauberung aber provoziert stete Gegenbewegungen, nicht zuletzt die intensivierte Suche nach einer Sinnhaftigkeit des Weltgeschehens. Insofern kann man bei Webers Konzept von einer Dialektik der Entzauberung sprechen.

Wirkung und Interpretation

Die Formel der »Entzauberung der Welt« gehört zu Webers populärsten Wendungen; sie hat sich zu einem feststehenden Topos in der religions- und kulturwissenschaftlichen Literatur entwickelt (vgl. den Überblick bei Walsham 2008) und wird weltweit rezipiert. Ihr Erfolg beruht nicht nur auf der prägnanten, gut gewählten Metaphorik, sondern auch einer relativ unspezifischen Semantik, die auf verschiedenste religionsgeschichtliche Phänomene, Epochen und Kulturen anwendbar ist. Webers Konzeption wird seit Jahrzehnten in den verschiedenen Kultur- und Sozialwissenschaften als Synonym für den europäischen Prozess der Säkularisierung verwandt, obwohl sie diesen Rahmen weit überschreitet. Aus historischer Perspektive ist Webers Entzauberungskonzept gelegentlich relativiert worden, da die Territorien des asketischen Protestantismus nicht unbedingt immun gegen die Magie waren, wie etwa die Hexenprozesse zeigen (vgl.

Breuer 2006; Jenkins 2000). Im Blick auf die konfessionsgeschichtliche Entwicklung wird man sein Konzept also punktuell ergänzen müssen. Allerdings hatte Weber selbst die gegenläufigen Phänomene und Tendenzen stets im Blick. So greifen Interpreten neuerer Entwicklungen, etwa der der »Rückkehr der Religionen« (Riesebrodt 2001) oder der »Wiederkehr der Götter« (Graf 2007), auf Webers Pendant des Entzauberungsprozesses zurück: auf die von ihm nicht weniger deutlich herausgestellten Phänomene der Wiederverzauberung.

Ob und inwieweit Weber mit seiner Entzauberungsdiagnose auch eine wertende, normative Position bezieht, ist strittig. Gelegentlich wird seine Formel als Ausdruck einer Parteinahme für eine rationalistische, analytische Haltung gedeutet, die über die bloße Beschreibung hinausgehe (vgl. Lehmann 2009). Konkurrierende Deutungen indes betonen mit Recht Webers Skepsis gegenüber den Folgen und Begleiterscheinungen der Rationalisierung (vgl. Radkau 2005, 328). Auch die Frage, ob Webers Konzept eine »geschichtsphilosophische Implikation« birgt (Schluchter 1979, 36), wird verschieden beantwortet. Weber steht jedenfalls jeder Art von Geschichtsphilosophie skeptisch gegenüber. Die Faktoren, die beim Entzauberungsprozess zusammenwirken, sind vielfältig, komplex und heterogen. Sie lassen sich kaum auf einen Nenner bringen, zumal es sich nicht um eine teleologische Entwicklung handelt, die sich auf den verschiedenen Gebieten in gleicher Weise vollzogen hätte.

Literatur

Anter, Andreas: Charisma und Anstaltsordnung. Max Weber und das Staatskirchenrecht seiner Zeit. In: Hartmut Lehmann/Jean Martin Ouédraogo (Hg.): *Max Webers Religionssoziologie in interkultureller Perspektive*. Göttingen 2003, 29–49.

Breuer, Stefan: Magie, Zauber, Entzauberung. In: Hans G. Kippenberg/Martin Riesebrodt (Hg.): *Max Webers ›Religionssystematik‹*. Tübingen 2001, 119–130.

–: Die Geburt der Moderne aus dem Geist der Weltablehnung. In: Ders.: *Max Webers tragische Soziologie. Aspekte und Perspektiven*. Tübingen 2006.

Campe, Joachim Heinrich (Hg.): *Wörterbuch der Deutschen Sprache*. Bd. 1. Braunschweig 1807.

Graf, Friedrich Wilhelm: *Die Wiederkehr der Götter. Religion in der modernen Kultur* [2004]. München ²2007.

Jenkins, Richard: Disenchantment, Enchantment and Re-Enchantment: Max Weber at the millennium. In: *Max Weber Studies* 1 (2000), 11–32.

Kippenberg, Hans G./Martin Riesebrodt (Hg.): *Max Webers ›Religionssystematik‹*. Tübingen 2001.

Lehmann, Hartmut: *Die Entzauberung der Welt. Studien zu Themen von Max Weber*. Göttingen 2009.

Radkau, Joachim: *Max Weber. Die Leidenschaft des Denkens*. München 2005.

Riesebrodt, Martin: *Die Rückkehr der Religionen. Fundamentalismus und der »Kampf der Kulturen«* [2000]. München ²2001.

Schluchter, Wolfgang: *Die Entwicklung des okzidentalen Rationalismus*. Tübingen 1979.

–: Einleitung. In: Max Weber: *Politik als Beruf/Wissenschaft als Beruf*. Max Weber Gesamtausgabe Bd. I/17. Hg. von Wolfgang J. Mommsen und Wolfgang Schluchter in Zusammenarbeit mit Birgitt Morgenbrod. Tübingen 1992, 1–46.

–: *Die Entzauberung der Welt. Sechs Studien zu Max Weber*. Tübingen 2009.

Walsham, Alexandra: The Reformation and ›The Disenchantment of the World‹ Reassessed. In: *The Historical Journal* 51 (2008), 497–528.

Weber, Max: Der Sinn der »Wertfreiheit« der soziologischen und ökonomischen Wissenschaften [1917]. In: Ders.: *Gesammelte Aufsätze zur Wissenschaftslehre*. Hg. von Johannes Winckelmann. Tübingen ⁶1985, 489–540 [WL].

–: Die Protestantische Ethik und der Geist des Kapitalismus. In: Ders.: *Gesammelte Aufsätze zur Religionssoziologie*, Bd. 1 [1920]. Tübingen ⁹1988, 17–206 [RS I].

–: Die protestantischen Sekten und der Geist des Kapitalismus [1906]. In: Ders.: *Gesammelte Aufsätze zur Religionssoziologie*. Bd. 1 [1920]. Tübingen ⁹1988, 207–236 [RS I].

–: *Die Wirtschaftsethik der Weltreligionen. Das antike Judentum. Schriften 1911–1920*. Max Weber Gesamtausgabe Bd. I/21. Hg. von Eckart Otto unter Mitwirkung von Julia Offermann. Tübingen 2005 [MWG I/21].

–: *Die Wirtschaftsethik der Weltreligionen. Hinduismus und Buddhismus. Schriften 1916–1920*. Max Weber Gesamtausgabe Bd. I/20. Hg. von Helwig Schmidt-Glintzer in Zusammenarbeit mit Karl-Heinz Golzio. Tübingen 1996 [MWG I/20].

–: *Die Wirtschaftsethik der Weltreligionen. Konfuzianismus und Taoismus. Schriften 1915–1920*. Max Weber Gesamtausgabe Bd. I/19. Hg. von Helwig Schmidt-Glintzer in Zusammenarbeit mit Petra Kolonko. Tübingen 1989 [MWG I/19].

–: *Gesammelte Aufsätze zur Religionssoziologie*, Bd. 1 [1920]. Tübingen ⁹1988 [RS I].

–: *Gesammelte Aufsätze zur Religionssoziologie*, Bd. 3 [1921]. Tübingen ⁹1988 [RS III].
–: *Wirtschaft und Gesellschaft. Die Wirtschaft und die gesellschaftlichen Ordnungen und Mächte.* Nachlaß. Teilbd. 2: Religiöse Gemeinschaften. Max Weber Gesamtausgabe Bd. I/22-2. Hg. von Hans G. Kippenberg unter Mitarbeit von Petra Schilm und Jutta Niemeier. Tübingen 2001 [MWG I/22-2].
–: *Wirtschaft und Gesellschaft. Grundriß der verstehenden Soziologie.* Hg. von Johannes Winckelmann. Tübingen ⁵1985 [WuG].
–: Wissenschaft als Beruf. In: Ders.: *Politik als Beruf/Wissenschaft als Beruf.* Max Weber Gesamtausgabe Bd. I/17. Hg. von Wolfgang J. Mommsen und Wolfgang Schluchter in Zusammenarbeit mit Birgitt Morgenbrod. Tübingen 1992, 71–111 [MWG I/17].
Wieland, Christoph Martin: Die Entzauberung. In: Ders.: *Sämmtliche Werke*, Bd. 38. Leipzig 1805, 131–171.
Winckelmann, Johannes: Die Herkunft von Max Webers »Entzauberungs«-Konzeption. In: *Kölner Zeitschrift für Soziologie und Sozialpsychologie* 32 (1980), 12–53.

Andreas Anter

3. Rationalisierung der Gesellschaft als Versprachlichung des Sakralen (Habermas)

Durch die prägnante Verwendung des Ausdrucks ›postsäkulare Gesellschaft‹ in einem prominenten Kontext hat Jürgen Habermas wie kein zweiter Autor, mindestens im deutschsprachigen Raum, die aktuelle Debatte über Ausmaß und Tendenz des säkularen Charakters moderner Gesellschaften bestimmt. Einige Rezipienten haben diesen Schlüsselbegriff als weiteres Symptom der nunmehr weitverbreiteten allgemeinen Rede von der ›Rückkehr der Religion‹ oder der ›Wiederkehr der Götter‹ interpretiert. Nach dieser Lesart reiht sich Habermas damit in den Chor jener Stimmen ein, die von einer De-Säkularisierung der gegenwärtigen Gesellschaft ausgehen. Nicht wenige haben darüber hinaus in den jüngeren Äußerungen von Habermas eine späte Hinwendung zum Thema der Religion überhaupt erblickt und eine fundamentale Veränderung oder Selbstkorrektur seiner theoretischen Grundannahmen ausmachen wollen. Solche Einschätzungen erscheinen, nüchtern betrachtet, als Übertreibung. Zwar ist in den Arbeiten von Habermas ohne Zweifel über die letzten Jahre hinweg mit Blick auf die Wahrnehmung der öffentlichen Rolle von Religion eine Veränderung zu erkennen. Sie ist durchaus zu verstehen als Reaktion auf eine veränderte Selbstwahrnehmung und normative Selbstbeschreibung der pluralistischen Gesellschaft, die soziologisch vor allem durch einen veränderten Diskurs über Begriff und Phänomen der Säkularisierung reflektiert wird. Aber die Akzentverschiebungen, welche durch die Aufnahme der aktuellen Säkularisierungsdebatte im Habermasschen Werk ausgelöst wurden, lassen sich eher als konsequente Fortführungen eines im Ganzen als nachmetaphysisch und agnostisch angelegten Projekts verstehen.

Dies soll im Folgenden im Detail gezeigt werden. Der Fokus liegt dabei auf der Debatte über den Säkularisierungsbegriff und seiner theoretischen Aufnahme und Bearbeitung bei Habermas. Es geht nicht um eine umfassende Behandlung und Würdigung des Begriffs der Religion bei Habermas im Ganzen, die bei seinen frühesten Auseinandersetzungen mit Schelling und der Bezugnahme auf das jüdische Erbe der Kritischen Theorie anzusetzen hätte. Ebenso wenig liegt das Hauptinteresse in der internen Rekonstruktion einer immanenten Denkentwicklung eines Autors. Im Vordergrund steht vielmehr die Frage, welchen Erkenntnisgewinn die neueren Beiträge von Habermas für die gegenwärtige Debatte über das Verhältnis von Religion und Säkularisierung bringen.

Im Kontext dieser Debatte hat die Friedenspreisrede von Jürgen Habermas aus dem Jahr 2001 viel Beachtung gefunden, weil sie für eine komplexe gesellschaftliche Lage eine griffige Beschreibung anbietet. Dabei lädt der Ausdruck »postsäkulare Gesellschaft« zu dem »Missverständnis ein, dass es statt um das Ende aller Religion als Konsequenz der Aufklärung um die Wiederkunft der alten Religion am Ende der Moderne gehen könnte« (Hoibraten 2009). Dieser Begriff bezeichnet vielmehr ein gesellschaftliches Szenario der Differenzierung, eine Situation, in der religiöse »Gemeinschaften in einer sich fortwährend säkularisierenden Umgebung« (Habermas 2001, 13) fortbestehen. Die Rede von der postsäkularen Gesellschaft hat aber auch nicht zuletzt deshalb Aufmerksamkeit erregt, weil der prominente Gebrauch dieser Formulierung eben von manchen als Ausdruck einer signifikanten Gewichtsverlagerung von Habermas' religionstheoretischem Ansatz, ja seines philosophischen Denkens überhaupt gewertet wurde. In der Tat haben sich im Lauf der letzten Jahre die Gewichte im Säkularisierungskonzept von Habermas offensichtlich verschoben: von einer Gleichsetzung von gesellschaftlicher Modernisierung mit Säkularisierung über die vorsichtige Einschätzung einer permanenten Koexistenz von säkularen und religiösen Überzeugungen bis hin zu Forderung nach einer »rettenden Übersetzung« religiöser Gehalte durch die säkulare Vernunft (vgl. Trautsch 2004). Diese Gewichtsverlagerungen besitzen aber nicht den Charakter radikaler Brüche oder einer dramatischen Wende. Sie bringen vielmehr eine kontinuierliche Auseinandersetzung mit dem Begriff und Problem der Säkularisierung im Werk von Jürgen Habermas zum Ausdruck.

Säkularisierung als Versprachlichung

In seinem Hauptwerk, der *Theorie des kommunikativen Handelns*, hat Habermas in Anknüpfung an Max Weber dem Prozess der Säkularisierung die zentrale Rolle in der Erklärung der Entstehung der westlichen Moderne zugesprochen. Wie Weber verfolgt Habermas einen grundsätzlich handlungstheoretischen Ansatz der Gesellschaftstheorie. Soziale Ordnung wird als Resultat kollektiven Handelns verstanden. Zum elementaren Selbstverständnis der handlungstheoretischen Soziologie gehört die Auffassung, dass moderne Gesellschaften als rationale Ordnungen zu verstehen sind. Daher kann die Bindung des Handlungswillens an nicht durchschaute Autoritäten wie natürliche Gewalten oder unhinterfragte Traditionsmächte nicht als rational angesehen werden. Zu einem Begriff vernünftigen Handelns gehört daher wesentlich die Vorstellung, dass sich soziale Akteure ausschließlich durch vernünftige Handlungsgründe leiten lassen können. Darunter sind solche Gründe zu verstehen, die ihre Geltung allein vernünftiger Begründung verdanken und die allein aus vernünftiger Einsicht verfolgt werden können. Solche vernünftigen Gründe können daher auch nicht vollständig im Sinne von interessegeleiteten Zielen und klug gewählten Mitteln interpretiert werden. Die durch natürliche Bedürfnisse und kontingente Interessenlagen bestimmten Ziele bleiben wie die zu ihrer strategischen Durchsetzung gewählten Mittel von äußeren, nicht vollständig und ausschließlich durch die Vernunft selbst gegebenen Faktoren abhängig.

Die Folgen einer solchen Engführung von Handlungsrationalität auf instrumentelle Vernunft kritisiert Habermas gerade an Webers Gesellschaftstheorie, die seiner Analyse nach in der Folge dazu tendierte, die für die westliche Modernisierung charakteristischen Prozesse der Rationalisierung zu einseitig unter der Logik der Steigerung von technischer Verfügung und der Steigerung von Macht und Beherrschung zu sehen. Um eine ›reine‹ Form der Rationalisierung menschlichen Handelns im Sinne einer zunehmenden Fähigkeit der Selbstbindung an vernünftig eingesehene Gründe als mögliche Form gesellschaftlichen Handelns begreifen zu können, muss gezeigt werden, wie rein vernünftige Gründe kollektives Handeln motivieren, koordinieren und legitimieren können. Das Grundparadigma solcher reinen Vernunftgründe sind in der Tradition Kants moralische Normen. Diesen Normen kommt nämlich eine unbedingte Geltung qua rationaler Universalisierbarkeit zu. Eine Theorie des gesellschaftlichen Handelns, die sich an diesem kantischen Vernunftideal moralischer Autorität orientiert, muss zeigen können, dass Normen, die gesellschaftliches Handeln – also kollektive Aktionen und soziale Institutionen – generieren und koordinieren, eine solche moralische Autorität besitzen können.

Zu diesem Zweck greift Habermas auf Durkheims Religionssoziologie zurück, denn sie versucht zu erklären, wie aus Vollzügen kollektiven ritualisierten Handelns gesellschaftliche Normen generiert werden, denen eine solche Art moralischer Autorität zukommt. Durkheim entwickelt Habermas zufolge die Konzeption »sakraler Wurzeln der moralischen Autorität gesellschaftlicher Normen« (Habermas 1981, 75). Gerade weil Durkheims Soziologie bei den »elementaren Formen des religiösen Lebens« ansetzt, bietet sie einen geeigneten Einstieg, die Genese der sozialen Bindungs-, Koordinations- und Motivationskraft moralischer Normen aus Formen kollektiven Handelns zu erklären. Sie erlaubt zudem, die Entfaltung und Emanzipation dieses rationalen Potentials von seinen archaischen sakralen Wurzeln her zu rekonstruieren. Um die Logik dieser Entwicklung anzugeben, lässt sich Habermas »von der Hypothese leiten, daß die sozialintegrativen und expressiven Funktionen, die zunächst von der rituellen Praxis erfüllt werden, auf das kommunikative Handeln übergehen, wobei die Autorität des Heiligen sukzessive durch die Autorität eines jeweils für begründet gehaltenen Konsenses ersetzt wird. Das bedeutet eine Freisetzung des kommunikativen Handelns von sakral geschützten normativen Kontexten« (ebd., 118 f.). Auf diese Weise können nicht nur Prozesse der Effizienzsteigerung als Rationalisierung interpretiert werden, sondern auch als eine soziale Evolution des normenregulierten Handelns. Auf der Grundlage einer solchen Annahme der zunehmenden Versprachlichung des Sakralen kann Habermas zufolge eine Entstehungsgeschichte moderner Gesellschaften entfaltet werden, die Rationalisierung nicht auf den Zuwachs von Herrschaft und Technik reduziert.

Religionstheoretische Grundbegriffe wie ›Ritual‹ oder ›Sakralität‹ stehen bei Habermas also im soziologischen Kontext einer Entwicklungstheorie der modernen Gesellschaft. Diese ist wie bei Webers Theorie der Rationalisierung auf einem handlungstheoretischen Fundament aufgebaut, soll aber deren Fokussierung auf Zweckrationalität vermeiden. Der nicht allein in Macht, anpassungsschlauer Klugheit oder Zweckrationalität wurzelnde »verpflichtende Charakter gesellschaftlicher Normen« (ebd., 75) ist also das »erklärungsbedürftige Phänomen«, von dem Durkheim laut Habermas ausgeht. Um dieses Phänomen angemessen zu beschreiben, unterscheidet Durkheim zunächst »technische Regeln, die instrumentellen Handlungen zugrunde liegen, von moralischen Regeln oder Normen« (ebd., 75 f.). Der kategoriale Unterschied zwischen diesen beiden Arten von Regeln lässt sich am besten erläutern durch die unterschiedlichen Arten von negativen Handlungsfolgen, die aus den Verstößen gegen diese Regeln resultieren. Er besteht Habermas zufolge darin, dass der Verstoß gegen eine technische Regel gewissermaßen automatisch durch Misserfolg bestraft wird. Die negative Handlungsfolge ist in diesem Fall mit der Handlung auf natürliche oder kausale Weise verknüpft. Beim Verstoß gegen eine moralische Norm dagegen treten negative Handlungsfolgen nicht zwangsläufig auf, sondern müssen in Gestalt von Sanktionen verhängt werden. Im Unterschied zur äußeren Sanktion, wie etwa der durch externe Instanzen in einem Rechtsakt verhängten Strafe, hat der Vorstoß gegen die moralische Norm eine unmittelbare, innere Sanktion zur Folge. Genau dieses Phänomen der inneren Sanktion gilt es zu erläutern, um die spezifische Geltung und Bindungskraft moralischer Normen zu verstehen. Für Durkheim besteht eine strukturelle Ähnlichkeit zwischen der Geltung moralischer Regeln und der »Aura des Heiligen« (ebd., 78). Das Moralische umgibt wie das Heilige eine Aura, die durch die Ambivalenz des *mysterium*

3. Rationalisierung der Gesellschaft als Versprachlichung des Sakralen

tremendum und *fascinans* gekennzeichnet ist. Das Wesen moralischer Autorität lässt sich an der Erfahrung des Heiligen studieren und erläutern, denn die »Haltung gegenüber dem Sakralen ist, ähnlich wie die gegenüber der moralischen Autorität, durch Hingabe und Selbstentäußerung gekennzeichnet« (ebd.). In Habermas' Interpretation schließt Durkheim aus dieser »*strukturellen Analogie des Heiligen und des Moralischen*« letztlich »auf eine sakrale Grundlage der Moral« (ebd.). Die sakrale Grundlage der Moral darf aber nicht inhaltlich verstanden werden, etwa im Sinne des religiösen Glaubens an eine transzendente oberste gesetzgebende Gewalt. Sie ist vielmehr zu verstehen durch ihre soziale Funktion eines durch kollektive Rituale erzeugten und gesicherten grundlegenden normativen Konsenses. Die Regelverletzung hat den Charakter eines Sakrilegs, d. h. einer Handlung, deren Vollzug tabuisiert wird und nicht einer Überzeugung, die abgelehnt wird. Da die restlose Identifikation mit dem Heiligen den Einzelnen unmittelbar mit dem Kollektivbewusstsein der Gemeinschaft verbindet, führt das Sakrileg umgekehrt zu einem unmittelbaren Ausschluss aus diesem Kollektiv. Die Normverletzung besitzt in archaischen Gesellschaften also den Charakter einer Grenzüberschreitung, nicht den einer inhaltlichen Bestreitung der Gültigkeit bestimmter Normen.

Mit der so verstandenen These, dass die moralischen Regeln ihre bindende Kraft letztlich aus der Sphäre des Heiligen beziehen, will Durkheim Habermas zufolge erklären, »daß die moralischen Gebote Gehorsam finden, ohne daß sie mit äußeren Sanktionen verknüpft sind« (ebd., 80). Auf diese Weise sieht Habermas im Anschluss an Durkheim einen grundlegenden und geradezu unauflöslichen theoretischen Zusammenhang zwischen Religionswissenschaft, Moralphilosophie, Soziologie und Handlungstheorie.

In Durkheims Auffassung von den sakralen Wurzeln moralischer Autorität wird ein Konsens über soziale verbindliche Normen zunächst nicht durch die kognitive Einsicht in die Gültigkeit von Inhalten gestiftet, sondern durch eine kollektive Praxis, für das religiöse Ritual paradigmatisch ist. Im religiösen Ritual wird durch den gemeinsamen Gebrauch von Symbolen eine kollektive Identität hergestellt und erneuert; diese Symbole besitzen aber strikt interne Bedeutung innerhalb einer selbstbezüglichen rituellen Praxis, sie teilen nichts mit oder verweisen nicht auf eine Realität ›hinter‹ dem Ritual selbst. Das Sakrale ist Durkheim zufolge in der Perspektive von Habermas »Ausdruck eines normativen Konsenses [...], der regelmäßig aktualisiert wird« (ebd., 84). Daher verrät der Gebrauch religiöser Symbole im Ritual etwas über die eigentümliche Form kommunikativen Handelns, durch die eine kollektive Identität und gemeinsames Normbewusstsein hergestellt wird. Somit bestätigt Durkheims Theorie des religiösen Kollektivbewusstseins für Habermas die eigene grundlegende Auffassung von der Mehrdimensionalität der Rationalität, die er auf der Grundlage eines weiten sprachphilosophischen und handlungstheoretischen Fundaments zu entwickeln versucht.

Dieses Anliegen bildet den Kern der Theorie des kommunikativen Handelns, die Habermas seit den 1970er Jahren, ausgehend von den Studien zur kommunikativen Kompetenz, ausarbeitet. Habermas greift hier auf die von Austin und Searle entwickelte Sprechakttheorie sowie auf linguistische Forschungsansätze zurück, die Regeln einer Verwendung von Sätzen in Sprechhandlungen untersuchen. Mit Hilfe einer formalen und universalen Pragmatik soll das Regelwissen rekonstruiert werden, das Sprecher notwendigerweise besitzen müssen, wenn sie miteinander erfolgreich kommunizieren. Habermas greift hier die Analyse der Sprechakttheorie auf, die auf der Basis unterschiedlicher Satzarten unterschiedliche Formen von Äußerungen und damit verschiedene Formen des kommunikativen Handelns unterscheidet, darunter assertorische, expressive und performative und Sprachhandlungen. Mit diesen Sprachhandlungen referieren wir auf unterschiedliche Welten. So beziehen wir uns mit Behauptungen auf objektive Sachverhalte in der Welt, mit expressiven Sprachhandlungen drücken wir innere Erlebnisse und Einstellungen zu unserer subjektiven Welt aus. Mit performativen Akten stellen wir intersubjektive Beziehungen her, beziehen uns also auf eine soziale Welt. Diesen sprachlichen Handlungen und ihren Weltbezügen korrelieren nun unterschiedliche

Geltungsansprüche. Assertorische Sätze, die behaupten, dass etwas in der objektiven Welt der Fall sei, erheben den Anspruch, wahr zu sein. Expressionen, mit denen ein Sprecher etwas über Zustände und Erlebnisse seiner subjektiven Welt mitteilt, erheben den Anspruch auf Wahrhaftigkeit. Normative Aussagen, die sich auf die intersubjektiv geteilte soziale Welt beziehen, erheben nach Habermas den Anspruch auf Richtigkeit. Da nicht nur konstative Äußerungen oder assertorische Sätze, sondern auch normative, evaluative und expressive Äußerungen Geltungsansprüche erheben, die mit Gründen verworfen oder akzeptiert werden können – also wahrheitsanaloge Geltungsansprüche darstellen –, lässt sich behaupten, dass das Verstehen jeder sprachlichen Äußerung mit dem Wissen um diejenigen Bedingungen verbunden ist, die über die Gültigkeit des mit ihr erhobenen Anspruchs entscheiden. Das Verstehen einer sprachlichen Äußerung verweist implizit auf die Möglichkeit eines Einverständnisses über die Gültigkeit des damit erhobenen Anspruches.

Durkheims Theorie von den sakralen Wurzeln der moralischen Autorität verweist nun Habermas zufolge implizit auf die drei unterschiedlichen vorsprachlichen Wurzeln gemeinsamen kommunikativen Handelns. Denn die kollektive Identität, die das religiöse Ritual durch die Verwendung von Symbolen stiftet, unterscheidet sich sowohl von der äußeren Natur oder objektiven Welt als auch von der inneren Natur. Das religiöse Ritual konstituiert eine soziale Welt durch die Verwendung von Symbolen, die eine Eigentümlichkeit aufweisen: Sie repräsentieren keine natürliche Welt jenseits des kollektiven Rituals – und zwar weder eine natürliche Welt von Gegenständen, die wir wahrnehmen und manipulieren, noch eine innere Natur von Bedürfnissen, Sinnesreizungen, Erlebnissen etc., die wir darstellen. Die Symbole des Rituals verweisen auf nichts anderes als auf die intersubjektive Ebene des Rituals selbst. Diese ursprüngliche Sozialität, nicht die äußere oder innere Natur des Menschen, ist die vorsprachliche Welt, auf die religiöse Symbole verweisen. Genau aus diesem Grund sind religiöse Symbole Prototypen von Normen, die aus sich selbst bzw. nur in jener sozialen Welt gelten, die sie selbst hervorbringen und reproduzieren. Genau aus diesem Grund stellt die durch religiöse Symbole gestiftete kollektive Identität – neben der kognitiven Beziehung zur äußeren und der expressiven Beziehung zur inneren Natur – für Habermas eine der drei vorsprachlichen Wurzeln des kommunikativen Handelns dar.

Wie aber ist nun in der sozialen, normativ regulierten Welt Fortschritt möglich? Wie kann auf der Grundlage der Auffassung sakraler Wurzeln moralischer Autorität eine Theorie des moralischen Fortschritts entwickelt werden, die gesellschaftliche Modernisierung gerade durch einen Rationalitätszuwachs an moralischer Kompetenz erklärt? Eine solche Rationalitätssteigerung des moralischen Bewusstseins muss der Theorie des kommunikativen Handelns zufolge als Zunahme formaler Kompetenzen erklärt werden, also im Sinne einer Ablösung des moralischen Normbewusstseins von substantiellen Voraussetzungen. Der Fortschritt, die Rationalisierung im Bereich des normenregulierten Verhaltens, kann ja gerade nicht nach dem Muster der kognitiv-instrumentellen Rationalisierung im Sinne sich steigernder Zweckrationalität und Naturbeherrschung verstanden werden. Zu diesem Zweck greift Habermas hier abermals auf Durkheims Religionstheorie zurück. Denn diese habe nicht nur – durch die Theorie des religiösen Kollektivbewusstseins – eine Erklärung des eigenständigen Charakters des normativ gestifteten gesellschaftlichen Konsens geliefert, sondern zugleich eine These formuliert, die einen Ausgangspunkt für eine Theorie der zunehmenden Rationalisierung dieses normativen gesellschaftlichen Konsens bietet: die These von der Versprachlichung des Sakralen.

»Die Entzauberung und Entmächtigung des sakralen Bereichs vollzieht sich auf dem Wege einer *Versprachlichung des rituell gesicherten Grundeinverständnisses*; und damit geht die Einbindung des im kommunikativen Handeln angelegten Rationalitätspotentials einher. Die Aura des Entzückens und Erschreckens, die vom Sakralen ausstrahlt, die *bannende Kraft des Heiligen* wird zur bindenden Kraft kritisierbarer Geltungsansprüche zugleich sublimiert und veralltäglicht« (ebd., 119).

Säkularisierung als Versprachlichung der Bindungskräfte des Sakralen und die Entzauberung

3. Rationalisierung der Gesellschaft als Versprachlichung des Sakralen

der Weltbilder bilden die Voraussetzungen für die Umstellung der Grundkategorien moralischer Rechtfertigung, politischer Legitimation und sozialer Integration auf Prinzipien prozeduraler Rationalität: »Die bindende Kraft eines sakral begründeten moralischen Einverständnisses kann nur durch ein moralisches Einverständnis ersetzt werden, das in rationaler Form zum Ausdruck bringt, was im Symbolismus des Heiligen immer schon intendiert war: die Allgemeinheit des zugrundeliegenden Interesses« (ebd., 124). Diese als Ausdifferenzierung verstandene Genese und Entfaltung des okzidentalen Rationalismus schafft zugleich die methodischen Voraussetzungen für eine normative Betrachtung der Moderne. Der Sozialtheoretiker kann in der ›Arbeit rationaler Nachkonstruktion‹ die ›internen Sinn- und Geltungsbedingungen‹ sozialen Handelns deshalb von den je konkreten Inhalten ablösen, weil sich dieser Ablösungsprozess an jenen Inhalten selbst vollzieht. Der moderne Ausdifferenzierungsprozess führt in der gesellschaftlichen Praxis selbst zu einer Abstraktion allgemeiner Bewusstseinsstrukturen von konkreten Überlieferungsgehalten. Da dieser Prozess gerichtet ist, nämlich auf eine ständig zunehmende Universalisierung qua Formalisierung von Kompetenzen, bildet er zugleich die normative Grundlage der Bewertung von sozialgeschichtlichen Entwicklungen als fortschrittlich oder regressiv. Der moderne Prozess der Ausdifferenzierung, die Webersche Unterscheidung von formaler und materialer Rationalität bietet damit die methodische Grundlage, um angesichts eines zunehmenden Pluralismus an der Idee der Einheit und Allgemeinheit der Vernunft in Gestalt eines universalen Prozeduralismus festzuhalten. Säkularisierung im Sinn der Weberschen Ausdifferenzierungsthese bezeichnet also nicht nur ein epochales Ereignis *in* der modernen Geschichte, sondern zugleich die methodische Voraussetzung für eine normative Theorie *der* Moderne. Die These von der Versprachlichung des Sakralen und die Favorisierung eines Begriffs prozeduraler Rationalität bedingen sich in inhaltlicher wie in methodischer Hinsicht gegenseitig. So trägt die Diagnose von der vollständigen Entzauberung der religiösen Weltbilder und der restlosen Versprachlichung des Sakralen die argumentative Hauptlast der These vom unhintergehbar gewordenen, notwendig prozeduralen Charakter nachmetaphysischen Denkens (vgl. dazu Kühnlein 1996; Marsh 1993, 521–538; Ceppa 1998, 515–534).

Religion und nachmetaphysisches Denken

Der epochale gesellschaftliche Vorgang der Säkularisierung wird von Habermas im Anschluss an Weber als Prozess einer umfassenden Rationalisierung verstanden. Wie Weber erblickt Habermas in der Ausdifferenzierung der Wertsphären und der Entzauberung der religiös geprägten Weltbilder die entscheidenden Symptome dieser Rationalisierung. Den eigentlichen Kern dieses säkularisierenden Rationalisierungsprozesses bestimmt Habermas aber in einem ergänzenden Rückgriff auf Durkheim als zunehmende Versprachlichung des Sakralen. Diese zunehmende Verflüssigung religiöser Gehalte führt zu einer wachsenden Prozeduralisierung der Vernunft und ihrer Erkenntnis- und Begründungsleistungen. Dies artikuliert sich programmatisch im »nachmetaphysischen« Charakter philosophischen Denkens, der für Habermas seit Beginn des 20. Jahrhunderts zum unhintergehbaren Merkmal dieses Diskurses geworden ist (zum Folgenden vgl. Habermas 1988b).

Das klassische metaphysische Denken der philosophischen Tradition ist für Habermas vor allem durch drei Elemente gekennzeichnet. Metaphysik ist (1) Ursprungsphilosophie, das heißt, eine spezifische Art des Einheitsdenkens; sie ist (2) geprägt durch die Gleichsetzung von Denken und Sein und sie neigt (3) zu einer Bevorzugung der Theorie gegenüber der Praxis, einer Auszeichnung des kontemplativen Lebens. In seiner Deutung der Metaphysik als Ursprungsphilosophie und Einheitsdenken folgt Habermas dem bekannten Motiv, die Genese der antiken Metaphysik als Ausdruck einer Bewegung ›vom Mythos zum Logos‹ zu verstehen. Bereits in der frühen Gründungsphase der Metaphysik artikuliert sich also ein erster ideengeschichtlicher Säkularisierungsschub. Diese Säkularisierung ist aber als unvollständig anzusehen, weil die Metaphysik zentralen Motiven des mythologischen Denkens verhaftet bleibt. So erbt die Metaphysik vom Mythos den Blick auf das Ganze. Im Mythos stellt sich das Ganze als eine unendliche, narrativ verknüpfte Kette einzelner Ereignisse, Personen und Gegenstände mit anderen der gleichen Art dar. Paradigmatisch ist hier die mythologische Erklärung und Legitimation von menschlichen Zuständen und Verhaltensweisen durch Genealogien. Mythologisches Denken erzeugt also sinnstiftende Ganzheit durch die horizontale Verknüpfung von vielen besonderen Ereignissen der gleichen Art.

Im philosophischen Denken wird das Ganze hingegen gewissermaßen vertikal, als Verhältnis von Einheit und Vielheit gedacht. Es gibt ein Prinzip, einen vernünftigen Grund, der den mannigfaltigen Erscheinungen zugrunde liegt. Mit diesem Motiv ist das zweite konstitutive Merkmal metaphysischen Denkens verbunden, die Identität von Denken und Sein. Der logische Grund, das vernünftige Prinzip, mit dem die Einheit der Welt gedacht wird, ist zugleich der ontologische Grund aller Erscheinungen, der Ursprung alles Seienden. Die Ordnung, die der Mannigfaltigkeit der Phänomene zugrunde liegt und ihre Einheit stiftet, ist begrifflicher Natur. Die Idee, die wir von einer Sache haben, ist nicht eine bloße Vorstellung oder ein gemachter Begriff, sondern der Daseinsgrund der Sache. Etwas hat nur in dem Maße Dasein, in dem es an seinem Begriff, seiner Idee partizipiert. Dieses Grundmerkmal bleibt auch nach der Wende vom ontologischen zum mentalistischen Paradigma in der Philosophie erhalten. Auch mit der Wende vom Sein zum Bewusstsein als dem allen Erscheinungen Einheit verleihenden Prinzip bleibt das metaphysische Grundprinzip einer idealen All-Einheit erhalten, wie die großen Systeme des Rationalismus und des deutschen Idealismus eindrucksvoll belegen.

Das dritte konstitutive Merkmal metaphysischen Denkens besteht für Habermas in der Auszeichnung der *theoria*, der kontemplativen Schau, gegenüber einem operationalen Verständnis von Erkennen und Handeln. Dieser Theoriebegriff der Metaphysik unterscheidet sich vom Theoriebegriff der modernen Wissenschaften. Theorie ist in der Metaphysik nicht so sehr ein deduktives System aus Definitionen, Grundsätzen, Regeln und abgeleiteten Sätzen, sondern meint vor allem Kontemplation, Betrachtung, die noetische Intuition, die dem dianoetischen Diskurs entgegengesetzt ist. Nach diesem klassischen metaphysischen Verständnis ist *bios theoretikos*, ein der kontemplativen Schau gewidmetes Leben, jeder anderen Tätigkeit vorzuziehen. Während im Handeln vergängliche Dinge auf eine vorläufige Weise geregelt werden, widmet sich die Kontemplation der Schau des Ewigen und Wahren. Daher ist Metaphysik eine Haltung, die sich mit den Erlösungswegen der Weltreligionen vergleichen lässt. Sie tritt je nach Konstellation in Konkurrenz zu den religiösen Heilslehren oder geht Verbindungen mit ihnen ein.

Die große Umwälzung, die das Ende der Metaphysik einläutet, setzt nun Habermas zufolge nach Hegel ein, also in der zweiten Hälfte des 19. Jahrhunderts. Es waren »historische, von außen auf die Metaphysik zukommende, letztlich gesellschaftlich bedingte Entwicklungen, die diese Denkform problematisiert haben« (Habermas 1988b, 41). Hierin besteht also eine Entsprechung von gesellschaftlicher und ideengeschichtlicher Dimension des Säkularisierungsvorganges. Zu diesen Entwicklungen gehört eine zunehmende Arbeitsteilung der Vernunft, die den von Weber konstatierten Prozess der Ausdifferenzierung der Wertsphären, die Trennung von Wissenschaft, Recht und Moral von der Religion, reflektiert. Der Aufschwung der erfahrungswissenschaftlichen Methode der Naturwissenschaften seit dem 17. Jahrhundert und die wachsende Bedeutung der formalen Methode in der Moral- und Rechtstheorie im 18. Jahrhundert erschüttern das Erkenntnisprivileg der Philosophie. Ein neuer Typ funktionaler Verfahrensrationalität tritt an die Stelle substantieller Vernunftideen. Die historischen Wissenschaften des 19. Jahrhunderts bringen schließlich die Zeitlichkeit und Endlichkeit sowie die Kulturabhängigkeit menschlichen Erkennens zu Bewusstsein. Eine komplexer und unübersichtlicher werdende Welt lässt das menschliche Leben in stärkerem Maß als etwas Endliches und Kontingentes erscheinen. Die wachsende Entdeckung der Endlichkeit und Kontingenz menschlicher Erkenntnis führt letztlich zu einer Situierung der Vernunft in Leib und Geschichte.

Radikalisiert wird diese Bewegung der Situierung der Vernunft durch die linguistische Wende vom Paradigma des Bewusstseins zu dem der Sprache. Zu Beginn des 20. Jahrhunderts zeichnet sich Habermas zufolge eine Wende von der Bewusstseinsphilosophie zur Philosophie der Sprache ab. Begriffe werden nicht mehr als Vorstellungen und Repräsentationen von etwas in einem subjektiven Bewusstsein verstanden, sondern als sprachliche Ausdrücke, die eine intersubjektive, öffentlich zugängliche Bedeutung besitzen. Begriffe sind nicht mehr Ideen, sondern sprachliche Vorkommnisse in der Welt, Vernunft bemisst sich an der Art der Verwendung von Begriffen. Generell wird die »Einbettung theoretischer Leistungen in ihre praktischen Entstehungs- und Verwendungszusammenhänge« (Habermas 1988b, 41) immer deutlicher. Das Bewusstsein für die »Relevanz der alltäglichen Kontexte des Handelns und der Kommunikation« (ebd., 41 f.) nimmt zu. Hermeneutik, Existenzphilosophie, Pragmatismus und kritische Theorie sind philosophische Richtungen, die in den ersten Jahrzehnten des 20. Jahrhunderts die klassische Idee eines Vorranges der Theorie vor der Praxis erschüttern.

Insgesamt wird das nachmetaphysische Denken wesentlich durch die Grundannahme bestimmt, dass Philosophie nicht mehr auf das Ganze der Welt ausgreift. Philosophie liefert kein einheitliches Weltbild mehr, sondern wird zur Metatheorie, zur Reflexionsinstanz jener Rationalitätsunterstellungen, die wir in Alltag und Wissenschaft vornehmen. Vernunft wird in den Geltungsunterstellungen der alltäglichen und wissenschaftlichen Rede situiert. ›Rationalität‹ bezeichnet im Unterschied zu ›Vernunft‹ weder eine Substanz – im Sinne eines in der Natur verkörperten Logos – noch ein transzendentales Subjekt, das erfahrungsunabhängige, notwendig gültige logische Strukturen repräsentiert. ›Rationalität‹ meint vielmehr eine Eigenschaft, die Äußerungen und Handlungen von Personen zukommt. ›Rational‹ bedeutet dabei soviel wie ›begründbar‹ und ›kritisierbar‹. Genau aus diesem Grund kann Habermas die Grundeigenschaft der Philosophie im säkularen Zeitalter, nämlich nachmetaphysisches Denken zu sein, am besten durch das Programm einer kommunikativen Rationalität erläutern und begründen. Diese Theorie verhindert zugleich, dass der Prozess der Situierung, Verkörperung und Subjektivierung der Vernunft zu extremen Entwicklungen führt. Sie bewahrt das philosophische Denken davor, aus dem Scheitern der Metaphysik die Konsequenz einer vollkommenen Relativierung der Vernunft zu ziehen.

Das Programm eines »nachmetaphysischen Denkens« soll daher Habermas zufolge »einen schwachen aber nicht defätistischen Begriff sprachlich verkörperter Vernunft plausibel« (Habermas 1988c, 182) machen. Diesen schwachen oder auch skeptischen Vernunftbegriff will Habermas gegen Tendenzen zur Restitution von Metaphysik mit der gleichen Entschiedenheit verteidigen wie gegen eine totalisierende Kritik der Vernunft überhaupt. Während zu Beginn der 1980er Jahre, etwa in den Vorlesungen über den philosophischen Diskurs der Moderne (Habermas 1985), die Intention im Vordergrund stand, den normativen Gehalt eines spezifisch modernen Vernunftbegriffs gegenüber postmoderner und funktionalistischer Kritik zu verteidigen, richteten sich die Überlegungen zum nachmetaphysischen Denken vornehmlich gegen Versuche der Rehabilitierung einer metaphysischen Theorieform. Die kritisierten Tendenzen einer Rehabilitierung metaphysischen Denkens treten freilich nicht als naive Restaurationsbestrebungen einer – im kantischen Sinne – vorkritischen Ontologie auf. Metaphysisches Denken scheint sich gegenwärtig eher in der Wiederaufnahme des Problems von Einheit und Vielheit zu artikulieren, als Frage nach dem Sinn des Ganzen, vor allem in einer der idealistischen Tradition verpflichteten Theorie der Subjektivität, die das klassisch-metaphysische Totalitätsdenken bewusstseinsphilosophisch transformiert hat (vgl. die Auseinandersetzung mit Dieter Henrich in: Habermas 1988a).

Eine solche Wiederaufnahme idealistischen Totalitätsdenkens muss Habermas zufolge als rückwärtsgewandt angesehen werden, da die Wissenschafts- und Philosophiegeschichte des 20. Jahrhunderts eben einen fundamentalen Bruch mit der Tradition vollzogen hat. Diese Entwicklung erscheint als ein unumkehrbarer Prozess der Detranszendentalisierung und Situierung der Vernunft.

Habermas' Grundintention, die sich im Konzept eines nachmetaphysischen Denkens artikuliert, besteht also darin, dem irreversiblen wissenschaftstheoretischen Prozess einer Situierung der Vernunft Rechnung zu tragen, ohne den normativen Gehalt der Moderne durch die Extreme einer zunehmenden Verwissenschaftlichung und Verweltanschaulichung zu zerstören. Die nachmetaphysische Verfasstheit philosophischen Denkens ist also insgesamt das entscheidende Merkmal einer säkularen, von religiösen Gehalten restlos emanzipierten Vernunft. Sie ist in ihren elementaren Erkenntnisfunktionen und Begründungsleistungen von den Gehalten der religiösen Tradition unabhängig. Zugleich muss sie sich aber auch in ein Verhältnis zu ihr setzen, denn auch unter den Bedingungen eines säkularen, nachmetaphysischen Denkens bleibt ein ernsthaftes Konkurrenzverhältnis zwischen Philosophie und Religion bestehen. Habermas hat dies auf eindrückliche Weise in seiner Auseinandersetzung mit der Spätphilosophie Max Horkheimers verdeutlicht, der angesichts des Schwindens der Überzeugungskraft von klassischer Metaphysik und traditioneller Religion auch das Projekt der säkularen Vernunft als zum Scheitern verurteilt sieht. Der Vernunft gehe mit dem Abschied von der Metaphysik zugleich der Sinn für Absolutes, für Unbedingtheit überhaupt verloren. Rationalität verkomme so zum instrumentellen Denken, zum Klugheitskalkül im Sinne relativer, bedingter Ziele und Interessen. Dies zeige sich in der wachsenden Dominanz des positivistischen Denkens auf dem Feld der Philosophie. Habermas hat auf diese Skepsis des späten Horkheimers mit der Unterscheidung zwischen zwei Arten von Unbedingtheit reagiert und so das Profil des nachmetaphysischen Denkens geschärft und das Verhältnis von Religion und säkularem philosophischen Denken klarer bestimmt.

In seinem Kommentar zu Max Horkheimers Diktum »Einen unbedingten Sinn ohne Gott zu retten, ist eitel« (Habermas 1991, 110–126), hat Habermas zwischen dem philosophischen Sinn von Unbedingtheit und dem unbedingten Sinn, den Religionen stiften, unterschieden. Eine Theorie kommunikativer Rationalität kann seiner Überzeugung nach am philosophischen Sinn von unbedingter Geltung festhalten, ohne in begründungstheoretischer Hinsicht einen unbedingten Sinn, wie ihn religiöse Überzeugungen stiften, voraussetzen zu müssen. Der philosophische Sinn von ›Unbedingtheit‹ kann durch die als »Transzendenz von innen« (ebd., 125) bezeichnete Idealisierungsleistung bestimmt werden, die in jeder kommunikativen Handlung notwendig vorgenommen wird. Diese Art von immanenter Transzendenz lässt sich durch den doppelten Aspekt einer im konkreten kommunikativen Handeln situierten allgemeinen Rationalität erläutern; sie bezeichnet jene Eigenschaft konkreter, hier und jetzt in kommunikativen Handlungen erhobener Geltungsansprüche, mittels derer diese in der Lage sind, ihren jeweiligen situativen Kontext zu überschreiten. »Transzendenz von innen« meint jene pragmatisch rekonstruierte Idealisierungsleistung einer notwendigen Überschreitung lokaler Bedeutungskontexte, die mit der Erhebung von Geltungsansprüchen verbunden ist, und bezeichnet die nicht rein semantisch erklärbare Allgemeinheit von Geltungsidealisierungen. Der Begriff einer solchen immanenten Transzendenz stellt für das Konzept nachmetaphysischer, kommunikativer Rationalität keinen beiläufig gebrauchten Ausdruck dar, der seinen Ort etwa nur in einer speziellen Auseinandersetzung mit religionsphilosophischen oder theologischen Anfragen an die Theorie des kommunikativen Handelns hätte. Als Kernbegriff der Theorie der kommunikativen Rationalität beschreibt er vielmehr das systematisch zentrale Verhältnis von faktisch erhobenen Geltungsansprüchen und ihrer kontextüberschreitenden Geltungsallgemeinheit (Habermas 1992, 18 f.). Genau unter dieser Voraussetzung kann der philosophische Sinn von Unbedingtheit kategorial von jenem unbedingten Sinn unterschieden werden, den Religion stiftet.

Der Begriff der immanenten Transzendenz dient auf diese Weise auch einer Neubestimmung des Habermasschen Religionskonzepts. Eine eher skeptisch-agnostische Position tritt seit den späten 1980er Jahren neben die Vorstellung einer linearen Logik sozialer Evolution, wie sie in der *Theorie des kommunikativen Handelns* vertreten wurde. Habermas betont die Notwendigkeit der Enthaltsamkeit nachmetaphysischer Vernunft, die sich nicht an die Stelle des Glaubens setzen kann. Philosophie kann nicht den Trost ersetzen, den Religion spendet. Dies bedeutet nicht, dass sie in Zynismus oder Indifferentismus verfallen muss. Da die prozedurale, postmetaphysische Vernunft den kognitiven Sinn moralischer Urteile unterstreicht, kann sie sehr wohl am unbedingten Geltungssinn des moralisch Richtigen festhalten. Die Geltung dieser Urteile verdankt sich jener vernünftigen Einsicht, zu der alle Lebewesen fähig sind, die sich sprachlich verständigen können. Aber die unbedingte Bindungskraft, welche die moralische Einsicht zwingend in Handlungsmotivation überführt, kann die postkonventionelle kognitive Moral selbst nicht erzeugen. Nachmetaphysisches Denken kann den kognitiven Geltungssinn der Moral explizieren. Die Frage, warum wir überhaupt moralisch sein sollen, kann sie nicht beantworten. Vor diesem Hintergrund halten die religiösen Überlieferungen noch ein semantisches Potential bereit, das Bindungskräfte dieser Art zu generieren vermag. Habermas lässt hier offen, ob eine vollständige aneignende Übersetzung der religiösen Überlieferung langfristig gelingen wird und die Koexistenz von Religion und nachmetaphysischem Denken daher nur vorläufigen Charakter besitzt. Diese zweite Phase des Habermasschen Diskurses über Religion ist insgesamt geprägt durch die Haltung einer enthaltsamen Koexistenz. Die Enthaltsamkeit speist sich aus der Einsicht in die Persistenz des bislang noch nicht restlos säkularisierten semantischen Potentials der Religion.

Religion in der postsäkularen Gesellschaft

Die Friedenspreisrede von Jürgen Habermas erschien vielen als eine Selbstkorrektur seiner früheren Positionen, die stärker von einer internen Verknüpfung zwischen Moderne und Säkularisierung auszugehen schienen. In der *Theorie des kommunikativen Handelns* wurde, wie gesehen, der Prozess der Säkularisierung als Versprachlichung der Bindungskräfte des Sakralen beschrieben und damit als Grundvoraussetzung für die Entstehung einer modernen, rational organisierten und legitimierten Gesellschaft. Habermas zufolge haben uns aber spätestens die Terroranschläge des 11. Septembers die Spannung zwischen Religion und säkularer Gesellschaft in einem neuen Licht sehen lassen. Jene Ereignisse haben auf grelle Weise eine globale Wirklichkeit beleuchtet, in der religiöse Gemeinschaften nicht nur inmitten säkularer Milieus fortbestehen, sondern einzelne ihrer Mitglieder mit einem unvorstellbarem Maß an Gewalt und Fanatismus gegen Zustände protestieren, die sie als Erfahrung der Kränkung und Marginalisierung durch eine säkulare Mehrheitskultur interpretieren. Wenn die Entstehung einer modernen Gesellschaft, in der säkulare und religiöse Überzeugungen dauerhaft koexistieren, dennoch als ein vernünftiges Faktum angesehen werden soll, als eine Entwicklung, die als Lernfortschritt zu begrüßen und nicht als kulturelle Katastrophe zu perhorreszieren ist, dann müssen vernünftige Prinzipien der Gestaltung dieses Faktums anerkannt und durchgesetzt werden können.

Die Überlegungen zur postsäkularen Gesellschaft stellen daher keine Wende der philosophischen Grundauffassungen von Habermas dar, sondern deren konsequente Fortführung im Licht neuer gesellschaftlicher Entwicklungen. Habermas betont nun dezidiert seinen Abstand von extremen Lesarten des Vorganges der Säkularisierung, nämlich einer rein radikal modernitätskritischen Verfallsthese und einer naiv optimistischen Fortschrittshypothese. Weder läuten Säkularisierungsvorgänge den Untergang des Abendlandes ein und führen zu einer Zerstörung aller normativen Grundlagen humanen Zusammenlebens, noch führen Prozesse der Modernisierung zwangsläufig zum vollkommenen Verschwinden der Religion.

Habermas hält ohne Zweifel bis in seine jüngsten Äußerungen am Projekt des nachmetaphysischen Denkens fest. Dieses ist, wie er ausdrücklich betont, ein säkulares, Denken, das von jeder existenzsetzenden Positionierung in der Gottesfrage absieht. Zugleich wird nun stärker betont, dass es sich bei dieser postmetaphysischen Intellektualität zwar um säkulares, nicht aber um nachreligiöses Denken handelt. Als nachmetaphysisches Denken ist Philosophie agnostisch, aber nicht militant säkularistisch oder antireligiös. Umgekehrt kann sie aufgrund ihres säkularen Charakters religiöse Inhalte nicht als solche in das philosophische Denken aufnehmen, sondern nur in transformierter Gestalt. So wie sich das säkulare Denken der nachmetaphysischen Philosophie ins Verhältnis zu den Überlieferungsgehalten der religiösen Tradition setzen muss, so muss sich auch die durch säkulare Prinzipien bestimmte Gesellschaft angesichts der Resilienz der Religion in der Öffentlichkeit in ein reflektiertes Verhältnis zu diesen Lebensformen setzen. Dieses gesellschaftliche Verhältnis soll Habermas zufolge so wenig exklusivistisch sein, wie die nachmetaphysische Philosophie säkularistisch. Anders als in radikalen säkularistischen Modellen muss nach Habermas die Religion nicht vollkommen aus dem Raum der politischen Öffentlichkeit ausgeschlossen und in die Sphäre des Privaten verbannt werden. Allerdings muss der Zugang der Religion zur Öffentlichkeit eines rechtsstaatlich und demokratisch verfassten Gemeinwesens auf qualifizierte Weise erfolgen. Religiöse Überzeugungen, die im politischen Raum mit allgemeinem Geltungsanspruch auftreten, etwa als Begründung von rechtlichen Regelungen und gesetzlichem Zwang, dem alle Bürgerinnen und Bürger unterworfen sein sollen, müssen in Argumente transformiert werden, die prinzipiell allen Betroffenen allein aus Vernunftgründen einleuchten können müssen. Säkulare Vernunft hat somit gegenüber der Religion »weniger die Funktion eines Filters, der Traditionsgehalte ausscheidet, als die eines Transformators, der den Strom der Tradition umwandelt« (Habermas 2008, 29 f.)

Unter Bedingungen einer postsäkularen Gesellschaft ist das nachmetaphysische Denken aufgefordert, sich auf zweifache Weise in einem Transformationsprozess der Religion zu engagieren. Die nachmetaphysisch verfasste Philosophie muss sich zur Überlieferung der religiösen Tradition in ein kritisches und zugleich aneignendes Verhältnis setzen, und die durch nachmetaphysisches Denken – in Gestalt von prozedural begründeten Rechtsnormen – bestimmte pluralistische Gesellschaft in ein Verhältnis zu den Überzeugungen und Praktiken ihrer religiösen Bürgerinnen und Bürger.

In der postsäkularen Gesellschaft müssen religiöse und säkulare Bürgerinnen und Bürger unter gleichen und fairen Bedingungen am öffentlichen Diskurs partizipieren können. Es müssen daher Prinzipien des Rechts und der Gerechtigkeit formuliert werden, die religiösen wie säkularen Bürgern gleichermaßen einleuchten. Das von Habermas propagierte nachmetaphysische Denken unterscheidet sich dabei gerade in säkularisierungstheoretischer Hinsicht auch vom nicht-metaphysischen Projekt des politischen Liberalismus von John Rawls. Der politische Liberalismus setzt sich mit den methodischen Konsequenzen auseinander, die sich für eine politische Konzeption von Gerechtigkeit aus dem Umstand ergeben, dass sie gegenüber Bürgern gerechtfertigt werden soll, die in grundlegenden ethischen, politischen und religiösen Fragen divergierende Überzeugungen besitzen. Die Idee von Gerechtigkeit als Fairness soll allein aus politischen und allgemein vernünftigen Erwägungen einleuchten können, unabhängig von weiteren, inhaltlich divergierenden ethischen oder religiösen Überzeugungen. Die Gründe für die Zustimmung können bei den verschiedenen ethischen und religiösen Doktrinen ganz unterschiedlich beschaffen sein. Entscheidend ist, dass sich ihre Perspektiven in dem Fluchtpunkt einer allgemeinen politischen Gerechtigkeitskonzeption treffen. Öffentliche Institutionen und die wesentlichen Elemente einer politischen Verfassung sind dann gerechtfertigt, wenn sie auf die Zustimmung von vernünftigen Personen zählen können. Der moralische Wahrheitsanspruch, der mit bestimmten politischen Optionen verbunden ist, bleibt hingegen vollkommen in jene religiösen und metaphysischen Weltbilder eingebettet, die selbst nicht mehr durch öffentlichen Vernunftgebrauch gerechtfertigt werden können. Aber diese Trennung zwischen der Vernunft in ihrem öffentlichem Gebrauch und der privaten Wahrheit der umfassenden Lehren hat zur Folge, dass der übergreifende Konsens in der Tat nur in einer bloßen Überschneidung unterschiedlicher Perspektiven in einem gemeinsamen Fluchtpunkt besteht, nicht aber in einer aus Einsicht gewonnenen, auf der Basis öffentlich geteilter Gründe vollzogenen Zustimmung. Die säkularen liberalen Bürger würden dann aber ihre Überzeugung, dass Religionen inhaltlich falsch sind, nicht mehr dem diskursiven Test einer kooperativen Wahrheitssuche aussetzen. Sie würden nicht ernsthaft damit rechnen, dass die eigenen, säkularen Überzeugungen falsch und die religiösen wahr sein könnten; sie wären nur daran interessiert, dass ihre religiösen Mitbürger ihre unwahren Überzeugungen auf eine politisch vernünftige, d. h. zivilisierte Weise vertreten. Dieser sanft herablassende liberale Paternalismus provoziert einen Protest seitens der religiösen Bürger, die ja in ihrer Überzeugung von der Wahrheit der Religion ernstgenommen und respektiert werden wollen.

Aus diesem Grund der Vermeidung eines latenten säkularen Paternalismus fordert Habermas, dass die Übersetzung religiöser Gehalte kooperativ erfolgen muss. Denn anders als bei Rawls bleibt Religion für Habermas eine mögliche Ressource kognitiver Einsicht, die auch philosophisch in die Sprache öffentlicher Gründe ›übersetzt‹ werden kann. Für säkulare und religiöse Bürger gelten laut Habermas die gleichen normativen Regeln. So muss von der religiösen Person eine selbstkritische und distanzierende Einstellung zu ihren grundlegenden Überzeugungen erwartet werden. Dies gilt vor allem dann, wenn religiöse Überzeugungen als Begründungen von Gesetzen und Handlungen staatlicher Sanktionsgewalt herangezogen werden sollen. Unter diesen Bedingungen müssen die religiösen Überzeugungen in eine Sprache übersetzt werden, die auch den säkularen Mitbürgen nicht prinzipiell unverständlich bleiben darf. Religiöse Menschen müssen also eine Einstellung finden: zu *fremden* Religionen und Weltanschauungen, zum *Eigensinn* säkularen Wissens, zur Wissenschaft und zum *Vorrang* säkularer Gründe in der politischen Arena. Daher

bestehen die ›kognitiven‹ Voraussetzungen für eine moderne Religion darin, den Glauben zu konkurrierenden Heilslehren *selbstreflexiv* in ein Verhältnis zu setzen, das Verhältnis von dogmatischen Glaubensinhalten und säkularem Weltwissen *widerspruchsfrei* zu bestimmen und das Vernunftrecht und universalistische Moral in den Kontext religiöser Lehren zu *integrieren*.

Die Bedingung, dass in einer postsäkularen Gesellschaft säkulare Bürger in einen Prozess der inhaltlichen Auseinandersetzung und übersetzenden Aneignung der religiösen Gehalte einzutreten bereit sind, muss ein fairer öffentlicher Diskurs sein. Allerdings formuliert die säkulare Vernunft die Standards, unter denen Religion in einen Dialog mit anderen Religionen, mit der modernen Wissenschaft und dem demokratischen Rechtsstaat und der universalistischen Moral eintreten soll. Insofern Religion diese Bedingungen akzeptiert, kann sie für die säkulare Vernunft zum Bündnispartner im Kampf gegen eine einseitig rationalisierte Moderne werden, wie sie etwa in der Dominanz des naturwissenschaftlichen Paradigmas von Rationalität zum Ausdruck kommt. Diese Dominanz zeigt sich praktisch im Fortschritt der Biowissenschaften, theoretisch vor allem in der metaphysischen Überhöhung des naturwissenschaftlichen Weltbildes in Gestalt eines philosophischen Naturalismus. Gerade in der Auseinandersetzung mit den Bio- und Neurowissenschaften zeigt sich laut Habermas, dass bestimmte moralische Empfindungen »bisher nur in religiöser Sprache einen hinreichend differenzierten Ausdruck« (Habermas 2001, 29) gefunden haben. Durch die Übersetzung solcher religiöser Vorstellungen in die philosophischen Begriffe der säkularen Vernunft vollzieht sich nach Habermas eine »Säkularisierung, die nicht vernichtet« (ebd., 29). Eine solche säkulare Übersetzung stellt keine Destruktion der Religion, sondern ihre »rettende Dekonstruktion« (ebd., 23) dar. Die aneignende und rettende Übersetzung religiöser Gehalte durch die Philosophie »geschieht ohne Absicht der Einmischung und der ›feindlichen‹ Übernahme« (Habermas 2005c, 255). Anderseits ist diese Haltung auch nicht die ›religionsferne‹ Haltung einer vollkommenen Distanz und Neutralität, die auf jede inhaltliche Auseinandersetzung mit religiösen Geltungsansprüchen verzichten würde und sich darauf beschränkte, die politischen und kulturellen Effekte von Religion im öffentlichen Raum kritisch zu beurteilen und normativ zu kontrollieren.

»Säkularisierung, die nicht vernichtet«

Habermas hat ausdrücklich erklärt, dass er »das Phänomen des Fortbestehens der Religion in einer sich weiterhin säkularisierenden Umgebung nicht als bloße soziale Tatsache ins Spiel bringen« möchte (Habermas 2005a, 113). Vielmehr müsse die Philosophie »dieses Phänomen auch gleichsam von innen heraus als eine *kognitive Herausforderung* ernst nehmen« (ebd.). Die von Habermas eröffnete Diskussion zur Postsäkularität ist daher in religionsphilosophischer Perspektive zu vertiefen. Diese Diskussion wird sich auf die Frage konzentrieren, was denn genau unter der ›rettenden Aneignung‹ und ›kooperativen Übersetzung‹ religiöser Gehalte zu verstehen ist, wie also dieses Konzept im Sinnes eines theoretischen Programms durchzuführen und nicht nur als eine Metapher zu gebrauchen wäre. Es ist vor allem zu klären, ob diese aneignende Übersetzung der Religion durch die säkulare nachmetaphysische Vernunft, so hermeneutisch offen und wohlwollend sie auch erfolgen mag, nicht die radikalste Form der Säkularisierung von Religion darstellt. Wird das nachmetaphysische Denken auf diese Weise nicht zum alleinigen Maßstab der Wahrheitsansprüche religiöser Überzeugungen? Auf diesem Weg droht Religion zu verschwinden, gerade auch als ein mögliches Korrektiv und Gegengewicht zu einer entgleisenden Säkularisierung. Diese Beunruhigung kann auch das nachmetaphysische Denken nicht vollständig ignorieren. Denn die Befürchtung, dass sich mit der säkularen Übersetzung Religion tendenziell auflöst, führt in letzter Instanz zu der Sorge, dass mit der Religion auch die normative Substanz der prozeduralen Rationalität erodiert. Würde mit einer restlosen Versprachlichung des Sakralen nicht auch die Grundlage jeder unbedingten moralischen Autorität verschwinden?

Habermas hat angesichts solcher Befürchtungen eingeräumt, dass Verfahren der Legitimitätserzeugung auf »entgegenkommende« ethische Mechanismen angewiesen sind, die demokratische Tugenden wie Gemeinwohlorientierung erzeugen können. Solche demokratischen Tugenden sind Resultat der »Sozialisation und der Eingewöhnung in die Praktiken und Denkweisen einer freiheitlichen politischen Kultur« (Habermas/Ratzinger 2005, 23). Daher kann aus diskurstheoretischer Perspektive anerkannt werden, dass Staatsbürgerstatus und korrespondierende demokratische Tugenden in eine Zivilgesellschaft eingebettet sind, die aus spontanen »vorpolitischen« Quellen lebt. Daraus folgt aber nicht, dass der liberale Staat unfähig wäre, »seine motivationalen Voraussetzungen aus eigenen Beständen zu reproduzieren« (ebd.). Habermas räumt ein, dass die Motive für eine aktive Teilnahme am Prozess der politischen Meinungs- und Willensbildung von ethischen Lebensentwürfen und kulturellen Lebensformen gespeist werden, man dürfe jedoch nicht unterschätzen, »dass demokratische Praktiken auch eine eigene politische Dynamik entfalten« (ebd.). Diese Dynamik besteht vor allem in der Beteiligung der Bürger am Prozess der politischen Willensbildung. Diese Beteiligung wird durch das geltende Recht im demokratischen Verfassungsstaat garantiert. Gleichzeitig sorgt die uneingeschränkte Beteiligung aller Bürgerinnen und Bürger am politischen Diskurs dafür, dass dieses geltende Recht stets neu interpretiert, kritisiert und modifiziert werden kann. In dem Maße, in dem sich die Bürgerinnen und Bürger an diesem Prozess der kollektiven Willensbildung, der ständigen Verfassungsinterpretation und -gestaltung beteiligt wissen, bildet sich auch ihre Loyalität zu dieser verfassungsmäßigen Ordnung aus. Habermas betont daher, dass aus dem säkularen Charakter des demokratischen Verfassungsstaates nicht folgt, dass diese Art von politischer Ordnung als solche eine interne und notwendige Schwäche besitzt, »die in kognitiver oder motivationaler Hinsicht eine Selbststabilisierung [des politischen Systems] gefährdet« (ebd., 26).

Kann es aber unter bestimmten Bedingungen nicht zu einer ›Entgleisung‹ des Modernisierungs- und Säkularisierungsprozesses kommen, zu einer Auszehrung der Solidarität durch wachsenden Konkurrenzdruck, extreme Individualisierung, einseitige technisch-ökonomische Rationalisierung? Woher kommen angesichts solcher Krisen die motivationalen Ressourcen für gesellschaftliche Solidarität, für das Festhalten an demokratischen Prinzipien wie Freiheit, Gleichheit und Gerechtigkeit, an der Vorstellung einer unveräußerlichen Menschenwürde? Selbst wenn also eine vernunftrechtliche Begründung des säkularen Verfassungsstaates gelingt, zeigt dann nicht die Krise, in die die Demokratie unter dem Ökonomisierungsdruck der Globalisierung gerät, dass der Rechtsstaat in der Praxis auf starke Quellen gesellschaftlicher Solidarität und demokratischer Tugenden angewiesen ist, wie sie letztlich nur die Religion liefern kann?

Der Prozess einer entgleisenden Modernisierung ist aber nicht notwendig als Ausdruck einer prinzipiellen Schwäche der säkularen Vernunft zu verstehen, im Sinne einer logischen Entfaltung von destruktiven Potentialen, die in der abendländischen Vernunft immer schon angelegt waren. Gefährdungen für den Prozess einer gelingenden Selbstreproduktion der Demokratie werden nicht so sehr durch das (vermeintliche) Schwinden des öffentlichen Einflusses der Religion ausgelöst, sondern durch die Erosion der Öffentlichkeit selbst. Die demokratische Öffentlichkeit wird in dem Maße zu einem Opfer ungehemmter Globalisierung, in dem immer mehr gesellschaftliche Bereiche ökonomisiert und damit diskursiver Willensbildung entzogen werden. Damit verschwinden auch gesellschaftliche Lernorte gemeinsamer Willensbildung von Bürgerinnen und Bürgern mit unterschiedlichen religiösen und nichtreligiösen Überzeugungen. Diese Gefährdungen der normativen Substanz demokratischer Rechtsstaatlichkeit sind Resultat ökonomischer und politischer Entwicklungen und nicht der Ausdruck des theoretischen Defizits einer säkularen Begründung des Rechts. Denn selbst wenn die Reproduktion demokratischer Einstellungen auf die aneignende Übersetzung des semantischen Potentials der Religionen angewiesen ist, so geraten dadurch die Menschenrechte als normatives Grundprinzip des demokratischen Rechtsstaates nicht in eine begründungslogische Abhängigkeit von theologischen Argumenten.

Beinhaltet diese prinzipielle Erschütterungsresistenz vernunftrechtlicher Begründungen gegenüber religiösen Perspektiven dann aber nicht die Gefahr einer verschleierten Asymmetrie im vermeintlich kooperativen Übersetzungsvorgang? Wenn sich die durch die säkulare Vernunft repräsentierten Standards der Rechtfertigung durch religiöse Überzeugungen nur ergänzen, stützen, sensibilisieren, aber nicht prinzipiell in Frage stellen lassen, bedeutet dies nicht in letzter Instanz, dass die Übersetzung nur in Richtung von der Religion zur säkularen Vernunft erfolgt? Verschwindet somit nicht der authentische Gehalt der Religion im Übersetzungsvorgang? »Könnte eine Gefahr der säkularistischen Entgleisung nicht gerade in der Verflüssigung liegen?« (Hoibraten 2009, 280). Solche desaströsen Effekte der säkularen Übersetzung möchte Habermas vermeiden, indem er dem nachmetaphysischen Denken die Achtung vor dem undurchdringlichen Kern und dem fremden Wesen der Religion einschreibt. So muss nachmetaphysisches Denken nach Habermas auf Religionsphilosophie verzichten, weil religiöse Erfahrung und der epistemische Modus des religiösen Glaubens für die prozedurale Vernunft undurchsichtig bleiben. Dieser opake Kern könne vom philosophischen Denken nur umkreist, nicht aber durchdrungen werden (vgl. Habermas 2005b, 150).

Nachmetaphysische Philosophie ist gegenüber den Geltungsansprüchen der Religion bescheiden. Als Philosophie im strikten Sinn bleibt nachmetaphysische Philosophie zwar einem methodischen Atheismus verpflichtet. Denn »Philosophie kann sich das, wovon im religiösen Diskurs die Rede ist, nicht *als* religiöse Erfahrungen zu eigen machen« (Habermas 2009b, 427). Damit muss nachmetaphysische Philosophie zugleich auch auf radikale Religionskritik verzichten, denn sonst liefe sie Gefahr, den vernünftigen Gehalt religiöser Überlieferungen auf das zu reduzieren, was sich das nachmetaphysische Denken »jeweils nach eigenen Standards durch Übersetzung in diskursive Rede anzueignen vermag«

(ebd., 31). Eine philosophische Übersetzung religiöser Gehalte darf nach Habermas unter nachmetaphysischen Bedingungen weder als explanatorische Reduktion noch als logische Destruktion des semantischen Gehaltes und kognitiven Anspruchs der Religion betrieben werden. Wenn das nachmetaphysische Denken also auf Religionsphilosophie verzichtet, dann bedeutet dies, dass es die Frage nach der Vernünftigkeit religiöser Überlieferungen und Überzeugungen offen lässt. Dennoch bleibt es auf Religion in einer lernbereiten Haltung bezogen. Das »nachmetaphysische Denken verhält sich zur Religion lernbereit und agnostisch zugleich. Es besteht auf der Differenz zwischen Glaubensgewissheiten und öffentlich kritisierbaren Geltungsansprüchen, enthält sich aber der rationalistischen Anmaßung, selber zu entscheiden, was in den religiösen Lehren vernünftig und was unvernünftig ist« (Habermas 2005, 31). Gerade die »methodische Trennung der beiden Diskursuniversen ist mit der Offenheit von Philosophie gegenüber möglichen kognitiven Gehalten der Religion vereinbar« (Habermas 2005c, 255).

Ob die säkulare Übersetzung für die religiösen Gehalte rettend oder destruktiv ist, kann aus der Perspektive des nachmetaphysischen Denkens nicht endgültig und mit letzter Sicherheit entschieden werden. Die säkulare Vernunft kann sich nämlich nicht die Binnenperspektive des religiösen Glaubens zu eigen machen. Umgekehrt kann sie auch nicht jedem beliebigen Einspruch religiöser Personen und Gemeinschaften, die sich den kognitiven Zumutungen prozeduraler Vernunft widersetzen, stattgeben. Welcher Weg führt aus diesem Dilemma? Der Weg der klassischen Religionsphilosophie, die einen autonomen philosophischen Begriff vernunftgemäßer Religion als Maßstab der Rationalität und Legitimität an die konkreten religiösen Überzeugungen und Praktiken anlegte, ist dem nachmetaphysischen Denken Habermas zufolge versperrt. Es bleibt daher nur der Rückzug auf den Standpunkt des gesellschaftstheoretischen Beobachters, der das Verhältnis von religiösen Praktiken und den von ihnen generierten Überzeugungen studiert (Habermas 2012c). An diesen rituellen Praktiken lassen sich dann durchaus interne Lernfortschritte, also Formen einer gelungenen, d. h. transformierenden und bewahrenden Säkularisierung von einer desaströsen und die Religion zerstörenden unterscheiden. Aus der rekonstruktiven Perspektive des gesellschaftstheoretischen Beobachters lassen sich diese normativ relevanten Unterscheidungen treffen, ohne die Binnenperspektive der Religion einnehmen zu müssen. Umgekehrt werden religiöse Geltungsansprüche hier auch nicht einem externen Maßstab rein säkularer Vernunft unterworfen, sondern allein im Blick auf ihre Bildungswirkungen für moralisches Bewusstsein, gesellschaftliche Integration und persönliche Identität beurteilt.

Habermas kehrt auf diese Weise unter dem Stichwort der postsäkularen Gesellschaft gerade wieder zu Elementen seiner Rezeption der Weberschen Säkularisierungstheorie in der *Theorie des kommunikativen Handelns* zurück. Wie in diesem Hauptwerk der 1980er Jahre erfolgt dies durch die Umstellung einer aporetisch gewordenen Frage nach dem allgemeinen Charakter verbindlicher Vernunft auf methodologische und metatheoretische Fragen der Gesellschaftstheorie. Vernunft findet ihren Maßstab in der Rekonstruktion von gesellschaftlichen Rationalisierungsprozessen, deren Wirkungen in den Dimensionen Persönlichkeit, Gesellschaft und Kultur beobachtet werden können (Habermas 2012b). Besonders deutlich manifestiert sich die Kontinuität zum Säkularisierungskonzept der *Theorie des kommunikativen Handelns* in der erneuten Anknüpfung an Durkheims Religionssoziologie. Diese verstärkte Wiederaufnahme hat in den jüngsten Veröffentlichungen zu einer stärkeren Differenzierung im Konzept der Versprachlichung des Sakralen geführt (Habermas 2012a). Die Frage nach den Bedingungen und Formen einer Selbstsäkularisierung religiöser Tradition, die nicht autoaggressiv wirkt, sucht Habermas nun wieder verstärkt durch einen Blick auf die sozialgeschichtlichen Effekte der internen Rationalisierungsschübe der religiösen Tradition zu beantworten. Dies zeigt sich nicht zuletzt an seinem gestiegenen Interesse an den neueren modernitätstheoretischen und religionswissenschaftlichen Überlegungen zu den religiösen

Umwelten der Achsenzeit, die vor allem durch Robert N. Bellahs Arbeiten im Anschluss an Jaspers wieder prominent geworden sind. Sie dürften in nächster Zeit einen wichtigen Bezugspunkt in Habermas' künftigen Arbeiten zum Verhältnis von Religion und Säkularisierung darstellen.

Literatur

Ceppa, Leonardo: Disincantamento e Trascendenza. In: Jürgen Habermas: *Paradigmi. Rivista di Critica Filosofica* 16 (1998), 515–534.
Habermas, Jürgen: *Theorie des kommunikativen Handelns*. Bd. 2: *Zur Kritik der funktionalistischen Vernunft*. Frankfurt a. M. 1981.
–: *Der philosophische Diskurs der Moderne*. Zwölf Vorlesungen. Frankfurt a. M. 1985.
–: *Nachmetaphysisches Denken*. Philosophische Aufsätze. Frankfurt a. M. 1988.
–: Metaphysik nach Kant. In: Ders. 1988, 18–34 [1988a].
–: Motive nachmetaphysischen Denkens. In: Ders. 1988, 35–60 [1988b].
–: Die Einheit der Vernunft in der Vielheit ihrer Stimmen. In: Ders. 1988, 153–186 [1988c].
–: *Texte und Kontexte*. Frankfurt a. M. 1991.
–: *Faktizität und Geltung. Beiträge zur Diskurstheorie des Rechts und des demokratischen Rechtsstaats*. Frankfurt a. M. 1992.
–: *Glauben und Wissen*. Friedenspreis des Deutschen Buchhandels 2001. Frankfurt a. M. 2001.
–: *Zwischen Naturalismus und Religion. Philosophische Aufsätze*. Frankfurt a. M. 2005.
–: Vorpolitische Grundlagen des demokratischen Rechtsstaates? In: Ders. 2005, 106–118 [2005a].
–: Religion in der Öffentlichkeit. Kognitive Voraussetzungen für den »öffentlichen Vernunftgebrauch« religiöser und säkularer Bürger. In: Ders. 2005, 119–154 [2005b].
–: Die Grenze zwischen Glauben und Wissen. Zur Wirkungsgeschichte und aktuellen Bedeutung von Kants Religionsphilosophie. In: Ders. 2005, 216–257 [2005c].
–: Ein Bewusstsein von dem, was fehlt. In: Michael Reder/Josef Schmidt (Hg.): *Ein Bewusstsein von dem, was fehlt*. Eine Diskussion mit Jürgen Habermas. Frankfurt a. M. 2008, 26–36.
–: Einleitung. In: Ders.: *Philosophische Texte. Studienausgabe in fünf Bänden*. Bd. 5: *Kritik der Vernunft*. Frankfurt a. M. 2009a, 9–32.
–: Exkurs: Transzendenz von innen, Transzendenz ins Diesseits. In: Ders.: *Philosophische Texte. Studienausgabe in fünf Bänden*. Bd. 5: *Kritik der Vernunft*. Frankfurt a. M. 2009b, 417–450.
–: *Nachmetaphysisches Denken II*. Aufsätze und Repliken. Berlin 2012.
–: Versprachlichung des Sakralen. Anstelle eines Vorwortes. In: Ders. 2012, 7–18 [2012a].
–: Von den Weltbildern zur Lebenswelt. In: Ders. 2012, 19–53 [2012b].
–: Eine Hypothese zum gattungsgeschichtlichen Sinn des Ritus. In: Ders. 2012, 77–95 [2012c].
– / Ratzinger Joseph (Hg.): *Dialektik der Säkularisierung. Über Vernunft und Religion*. Freiburg i. Br. 2005.
Hoibraten, Helge: Religion, Metaphysik, Freiheit – *Glauben und Wissen* (2001). In: Hauke Brunkhorst/Regina Kreide/Cristina Lafont (Hg.): *Habermas-Handbuch*. Stuttgart/Weimar 2009, 273–282.
Kühnlein, Michael: Aufhebung des Religiösen durch Versprachlichung? Eine religionsphilosophische Untersuchung des Rationalitätskonzepts von Jürgen Habermas. In: *Theologie und Philosophie* 71 (1996), 390–409.
Marsh, James L.: The Religious Significance of Habermas. In: *Faith and Philosophy* 10 (1993), 521–538.
Trautsch, Asmus: Glauben und Wissen. Jürgen Habermas zum Verhältnis von Philosophie und Religion. In: *Philosophisches Jahrbuch* 111 (2004), 180–198.

Thomas M. Schmidt

4. Säkularisierung als immanente Eschatologie?
(Hegel, Troeltsch, Löwith)

Fortschritt als Säkularisierung von Endzeithoffnung?

Der Begriff der Säkularisierung bündelt verschiedene Dimensionen religionskultureller Veränderungen und deutet sie als Symptome moderner Entwicklungen. Darin berühren sich das enge juristische Verständnis der Überführung von Kircheneigentum in solches staatlicher Stellen, die sozialstatistischen Befunde abnehmender Kirchenbindung und die politisch-profane Verwendung sakraler Muster wie Souveränität und Opfer. Auch komplexere Theoriemodelle, die auf die Unterscheidung von Bekenntnis und Bürgerrecht, auf Rationalisierung in den Zusammenhängen im Diesseits oder auf zunehmend funktionale Differenzierung moderner Gesellschaften abstellen, beschreiben Strukturmerkmale moderner Gesellschaftszustände über Kontraste gegenüber anderen, zumeist älteren Konstellationen von Religion und sozialem Leben. Mit der historischen Verortung lässt der Säkularisierungsbegriff zugleich Leitdifferenzen sozialer Ordnungsprinzipien anklingen. An ihnen entzünden sich normative Kontroversen. Ihr Spektrum ist denkbar weit: Es reicht von Stichworten wie Verfall und Kulturschuld über Motive wie Autonomie und Aufklärung bis hin zur Verwirklichung von Idealen, die zuvor als religiös verpuppte Versprechungen im Umlauf waren. Säkularisierung hat als historiographisches Konzept normative Implikationen. Am prägnantesten zeigen dies Deutungen des Säkularisierungsbegriffs im Zeichen von Fortschritt – oder seiner kritischen Gegenrechnung.

Hegels Geschichtsphilosophie ist das wohl prominenteste Modell geschichtlicher Evolution, das das Wechselspiel von Religion und sozialer Welt mit dem aus der Aufklärung stammenden Fortschrittsbegriff deutet. Ihr galt die Geschichte überhaupt als »Fortschritt im Bewusstsein der Freiheit« (Hegel 1970, 32). Die Weltgeschichte mit ihrem abendländischen Gipfel sei als ›Realisierung‹ oder ›Verwirklichung‹ des christlichen Prinzips zu verstehen, die mit dessen ausdrücklicher Verweltlichung einhergeht. Doch während Begriffsbildungen im Umkreis von ›Weltlichkeit‹ mitsamt ihren Opposita recht häufig vorkommen, findet der Begriff der Säkularisierung kaum Erwähnung. Gleichwohl ist Hegel als Meisterdenker des geschichtlichen Fortschritts im Hintergrund neuerer Säkularisierungsdiskurse präsent. Er kann geradezu als Ahnherr für ein klassisches Säkularisierungskonzept gelten: die Verwirklichung der christlichen Religion im Modus ihrer übersetzenden Hineinbildung in das Weltliche. Dieses Verständnis von Säkularisierung unterscheidet sich diametral von einem solchen, das Säkularisierung als bloße und gegen das Religiöse gerichtete Weltlichkeit versteht. Freilich ist die Hegelsche Sicht von Säkularisierung in dem Maße als monströs verstanden worden und damit in ihrer Geltung verblasst, in dem der ökonomisch-politische Fortschritt im 20. Jahrhundert die Sensibilität für die mentalen, sozialen und ökologischen Kosten jenes ›Fortschritts‹ zu steigern erlaubte. Insofern steht Hegels Konzept auch nur im Hintergrund neuerer Säkularisierungsdiskurse, und sei es als Negativfolie. Dabei basiert die Bezeichnung von Hegels Konzept als Säkularisierung wesentlich auf einer wirkmächtigen Fremdbezeichnung. Sie wurde maßgeblich von Karl Löwith geprägt. Er hat Hegel zu einem Säkularisierungsdenker stilisiert, der die entsprechend gedeutete Geschichte zugleich als ›Fortschritt‹ vorbehaltlos bejahe. »Die sogenannte Säkularisierung des ursprünglichen Christentums [...] bedeutet also für Hegel keineswegs einen verwerflichen Abfall von seinem ursprünglichen Sinn, sondern im Gegenteil: die wahre Explikation dieses Ursprungs durch seine positive Verwirklichung« (Löwith 1981, 47 f.). Dabei dürfte es zur Ironie von Hegels Wirkungsgeschichte gehören, dass Löwith seine Hegel-Interpretation zum Katalysator eines Widerspruchs gegen Hegels Verbindung der deskriptiven und der normativen Dimension seiner Geschichtsdeutung zu machen suchte. Löwith vertrat nicht nur ein anderes, vom klassischen Griechentum inspiriertes Modell von Geschichte und Zeit, sondern er unterstellte Hegel auch eine »endgeschichtliche Konstruktion« (ebd.), die die ›ursprüngliche‹, auf Weltabkehr und Erlösungshoffnung gestimmte Eschatologie des frühen Christentums in die Immanenz der Weltgeschichte hineinziehe und dabei ihre Pointen umkehre. Hegel selbst hat die »trübe[n] Vorstellungen« eines eschatologischen Jenseits gegenüber der »erfüllte[n] Gegenwart« des Geistes scharf kritisiert (Hegel 1984, 167). Von ihnen her die evolutive Geschichtslogik zu rekonstruieren und im Gegensatzpaar von ›Abfall‹ und ›wahrer Explikation‹ im Verhältnis zum Christentum zu bewerten, entbehrt daher nicht einer gewissen Süffisanz.

Diese normative Antithese hat die Debatten um die Säkularisierung zumindest subkutan mitbestimmt – bis hin zu positivistischen Reflexen gegen jedes Denken, das die Thematik des Normativen in der Darstellung historischer Prozesse mit verhandelt. Löwith indes brachte gegenüber Hegels Verbindung von Historischem und Normativem beides gegeneinander in Stellung – und zwar im Medium von geistesgeschichtlichen Studien zum revolutionären ›Bruch‹ im Denken des 19. Jahrhunderts und seinen geschichtspolitischen Auswirkungen. Hierüber mit Blick auf Hegel und Löwith aufzuklären, dürfte zum Fortschritt in Sachen ›Fortschritt‹ gehören. Ernst Troeltsch kann dabei als Katalysator fungieren. Er nahm in manchem eine mittlere Position ein, indem er zwar Löwiths Deutung vorgearbeitet hat, aber mit Hegel ein Parteigänger von Aufklärung und Moderne war. Zudem hat er als Vertreter eines religions- und geschichtsphilosophischen Historismus auch Hegels Deutung historisch verortet – und nicht zuletzt im Sog ihrer Kategorien als kritischer Analytiker eines normativ blinden Historismus gewirkt.

Hegel: Moderne Freiheit als geschichtliche Realisierung des christlichen Prinzips

Hegels Theorie der Religion fokussiert nicht nur die Gehalte des religiösen Bewusstseins und deren innere Logik, sondern sie ist ebenso eine Theorie der sozialen und geschichtlichen Formationen, in denen Religion praktiziert wird und auf weitere Lebensgebiete ausstrahlt. Religionstheorie ist zugleich Sozial-, Geschichts- und Kulturtheorie. Deren Wechseldynamiken zu erörtern, gehört zu den elementaren Verständigungen eines Denkens, das auf die Vernünftigkeit des Wirklichen abstellt. Damit ist eine innere, relationale Ordnung mit universaler Tendenz der Vermittlung von Besonderem und Allgemeinem gemeint, deren implizite Normativität im Gegebenen und Gemachten, also in Daten und Fakten, Geltung entfaltet. Systematisch stehen hierfür der Begriff des Absoluten als Geist und seine Explikation in einem gegliederten Ganzen, dessen gedankliche Darstellung das kraft innerer Schließung dynamisch-offene ›System‹ ist. Die innere Schließung basiert auf den Wechselverhältnissen der mentalen Dimensionen des kulturellen Lebens mit entsprechenden institutionellen Formen, Kommunikationsmustern und Bewusstseinszuständen. Offen ist das System, da die Wechselverhältnisse immer auch Ungleichgewichte und Asymmetrien aufweisen, die die Dynamik weiterer Entwicklungen veranlassen. In diesem Sinne kennt Hegels Systemlogik sowohl relativ eigenständige Entwicklungsprozesse sozio-politischer Formationen wie Recht, Ökonomie und Machtadministration als auch solche der ästhetischen, religiösen oder begrifflichen Reflexionsgestalten des Lebens. Kunst, Religion und Philosophie haben als Gestalten des ›absoluten Geistes‹ durchaus Partialgeschichten – im Blick auf Religion etwa als Religionsgeschichte –, und sie korrespondieren in ihrer partiellen Andersartigkeit wiederum mit den Geschichten anderer Geistesgestalten, also den Institutionen des politischen Lebens, ihrer als ›Sitte‹ praktizierten inneren Sollensordnung und den jeweiligen individuellen Bewusstseinsdispositionen. Das Wechselspiel von partieller Differenz und Übereinstimmung zwischen den Sphären von subjektivem, objektivem und absolutem Geist eröffnet die geschichtliche Dynamik von Hegels System, dessen absolutheitstheoretische Grund- und Grenzreflexion am ehesten mit dem gegenwärtigen Begriff des Performativen gekennzeichnet werden kann.

Hegels Konzept des Geistes geht davon aus, das in Religion wie sittlich-politischer Welt Vernunft waltet. Religion ist selbst vernunfthaltig und mithin nicht ihr schlechthin Anderes. Schon darum können keine religiösen Sonderlehren die Säkularisierung begründen, die Hegel als Realisierung der Religion durch ›Einbildung‹ in die welthafte Wirklichkeit versteht. Das gilt auch für eine als Endzeiterwartung verstandene und von Hegel zurückgewiesene Eschatologie. Doch auch die eher dem Schöpfungsglauben entspringende Vorsehung, die Hegel in seinen geschichtsphilosophischen Vorlesungen mehrfach bemüht, kann nicht als einzelnes Lehrstück die Säkularisierung begründen. Im Kontext seines Christentumsverständnisses gilt die Vorstellung von einer göttlichen Vorsehung denn auch als religiöser Ausdruck dafür, dass »Vernunft die Welt regiere« (Hegel 1970, 25). Dies korrespondiere mit dem »einzige[n] Gedanke[n], den die Philosophie« bei ihrer Betrachtung der Weltgeschichte »mitbringt« und in der »historisch[en], empirisch[en]« Ansicht der Welt bestätigt findet: »Wer die Welt vernünftig ansieht, den sieht sie auch vernünftig an, beides ist in Wechselbestimmung« (ebd., 20, 22 f.). Der Vernunft als Gehalt des Vorsehungsglaubens entspreche denn auch ein »Vernehmen des göttlichen Werkes« (Hegel, 1970, 53), bei dem die Subjektivität des religiösen Bewusstseins eine ähnlich produktive Rolle spielt wie die Philosophie in der Anleitung des historiographischen Blicks. Das Göttliche, »von Anfang an Vernunft«, vollziehe sich ebenso in der selbstzwecklichen Tätigkeit des Menschen, also seiner Freiheit, und darin hätten wiederum »Religiosität, Sittlichkeit usf. […] ihren Boden und ihre Quelle« (ebd., 50). Vernunft als Vollzug von Freiheit, in der sich gemäß dem Prinzip autonomer Selbstbestimmung das Besondere und das Allgemeine durchdringen, ist für Hegel eine wesentliche Pointe des Christentums. Symbolisch verdichtet findet sie sich im Motiv der Menschwerdung Gottes. Hierin geht es nicht um die Inkarnation eines Himmelwesens in der Exklusivität Jesu, sondern um die Überführung einer Gottesvorstellung, in dem »die Individualität als positiv […] gewußt wird« (ebd., 70), in die kultisch vergegenwärtigten Freiheitsvollzüge der vielen einzelnen Individuen. Das ›Hineinbilden‹ der Freiheit in die Wirklichkeit ist mithin keine Nebenwirkung der historisch-kulturellen Erscheinung des Christentums, sondern entspricht seinem eigenen Zentrum, der Menschwerdung Gottes. Sie betrifft über die Aneignung des Einen tendenziell alle und zielt zugleich über den religiösen Kult der Gemeinde auf die sittliche Welt.

Wenn Hegel die religiöse Vorstellung von der göttlichen Vorsehung mit dem geschichtsphilosophischen Motiv des Fortschritts analogisiert, stellt das Bewusstsein der Freiheit in seinen unterschiedlichen Artikulationsformen das verbindende Glied dar. Freiheit impliziert Momente von Kontingenz im Geschichtslauf, keine mechanische Gleichförmigkeit. So sehr mit dem Fortschrittsgedanken eine teleologische Linearität der Geschichte verbunden ist – eben auf Freiheit hin –, so sehr korrespondiert der Fortschritt als »Trieb der Perfektibilität« zugleich mit »Veränderungsfähigkeit« (Hegel 1970, 74). Das Empirisch-Faktische unterliegt mithin der Möglichkeit des Anders-Werdens, und der Fortschritt geht über dialektische Negationen. Ohne sie wäre die Entstehung des Christentums im Kontext der antiken Religionsgeschichte nicht denkbar, aber auch nicht seine realisierende Einbildung in die Geschichte Europas bis hin zur Moderne. So ist das »Selbstbewußtsein der Freiheit« als Inbegriff des »christlichen Prinzips« (ebd., 32) bereits ein Resultat des konflikträchtigen Zusammentreffens der Religionen Israels, Griechenlands und Roms, in dem sich die Erhabenheit des monotheistisch All-Einzigen mit der im Schönen symbolisierten Freiheit der Aristokratisch-Vornehmen und der im tendenziell universalistischen Rechts-, Verwaltungs- und Verkehrswesen konzentrierten innerweltlichen Zweckmäßigkeit verbinden. Das Schema der vom Orient zum Okzident drängenden Geschichte, in der aus der Freiheit des Einen die der Einzelnen und schließlich die Aller wird, lässt sich nur durch die mehrfachen Negationen von Religionstraditionen hindurch konkretisieren. Sie betreffen die Exklusivität des Einzigen, die unübersichtliche Vielheit des idealisierten Menschlichen im Götterpantheon und die Verzweckung des Divinen im Kaiser- und Staatskult. Dabei habe auf jüdischer Seite die Enttäuschung messianischer Heilserwartungen den schmerzhaften Weg in die Innerlichkeit des religiösen Bewusstseins gebahnt, dessen Negativität auch vom griechischen Schein des Schönen im Anschaulich-Äußeren nicht verblendet werde und dessen Allgemeinheit sich mit der römischen privatrechtlichen Anerkennung von partikularem Besitz durch das Wechselverhältnis von Personen auch in realen Weltverhältnissen zeige. Allerdings ist auch für Hegel das christliche Prinzip der Freiheit auf dem Boden der antiken Kultursynthese vorerst nur ein Prinzip, das auf den Unterschied, »was nur erst an sich und dem, was wirklich ist«, aufmerksam werden lässt (ebd., 33). Das Christentum kommuniziert kulturgeschichtlich mithin ein Bewusstsein von Freiheit im Modus ihrer partiellen Defizienz, in deren Negativität sich ein religions- und kulturgeschichtlich vorbereitetes, aber eben in der synthetischen Zusammenführung auch neues normatives Prinzip artikuliert. Nicht zuletzt in diesem Sinne ist die für einen modernen Denker überraschende Auszeichnung der Entstehung des Christentums als »Angel« für die Umwälzung der Welt (Hegel 1995, 14) zu verstehen.

Es entspricht der inneren Logik der christlichen Religion, dass sie ihr universales freiheitliches Prinzip in die Welt einbildet. Der Menschwerdung Gottes korrespondiert im Kreuz der Tod einer göttlichen Allgewalt. Als Gott wird der Menschgewordene anerkannt im ihn erinnernden Bewusstsein der Gemeinde, das dessen Geltung durch seine Deifizierung kultisch artikuliert. Das Gemeindebewusstsein schließt ihn als Sohn mit dem Vater zusammen und vollendet damit die Verfasstheit Gottes als Geist. Die Voraussetzung hierfür wird sodann in dem trinitätstheologischen Prolog der Menschwerdung thematisch. Dass Gott in sich differenziert und sein Weltverhältnis zugleich als Selbstverhältnis zu denken ist, strahlt durch das Motiv der Schöpfungsmittlerschaft des Sohnes und das der Erlösung durch den Geist auf das Ganze der mythisch-religiös vorgestellten Weltgeschichte aus. Die Geltung freier Individualität als Pointe des trinitarischen Gottesgedankens wird damit universalisiert. Das auf das Einzelne fokussierte Freiheitsprinzip steht in Letztgeltung, und es betrifft eben alle besonderen Einzelnen. Darum kann das christliche Prinzip der Freiheit nicht in der Innerlichkeit des religiösen Glaubens verharren – so sehr es eben diese Innerlichkeit des subjektiven Bewusstseins selbst freigesetzt hat. Daher deutet Hegel die abendländische Kulturgeschichte als Geschichte der weltlichen Realisierung des christlichen Prinzips der Freiheit. In ihr erfährt das Christentum freilich auch erhebliche Umformungen. Die »Realisierung des Geistigen der Gemeinde zur allgemeinen Wirklichkeit […] enthält zugleich [ihre] Umwandlung« (Hegel 1984, 262).

Typologisch liegt deren erste darin, dass die christliche Gemeinde, die »das Reich Gottes [ist]«, sich zur Kirche mit interner »Organisation« zum kultischen ›Genuss‹ des Glaubens und der Kommunikation der ›Lehre‹ entwickelt (Hegel 1984, 87). Die weitere ›Hervorbildung‹ eines freien weltlichen Lebens »aus dem Schoße der Kirche« (ebd.) weist allerdings etliche Brüche auf. Sie zeigten sich schon in der Alten Kirche zwischen dem monastischen Ideal der Weltflüchtigkeit und einer hierarchisch fixierten Organisation in römischen Verwaltungsstrukturen, und das mittelalterliche Christentum ließ machtpolitische Interessen in die Kirche als Rückseite ihrer Weltherrschaft eindringen. Dies habe die interne Auseinandersetzung in der Reformation provoziert. Sie wird von Hegel allerdings nicht als Rückkehr zu einem ursprünglichen Christentum gedeutet. Bis auf die Fokussierung auf Herz und Gewissen als Nadelöhr aller Gehalte sei Luthers Lehre ganz die katholische geblieben. Die Pointe der Reformation für die Verwirklichung des christlichen Prinzips liegt nach Hegel vielmehr in der Spaltung kirchlicher Macht – und damit in der Brechung der ebenso exklusiven wie alles in sich beschließenden kirchlichen Form des Christlichen. Durch die konfessionellen Antagonismen hat sich der moderne Staat oberhalb der partikularisierten Religion gebildet, und er wird zum Ort und Garanten von Freiheit. Freilich impliziert dies die Entwicklung von Konstitutionalität, die sich in Rechtsstaatlichkeit und Gewaltenteilung niederschlägt. Sie korrespondieren mit der Freilassung von Subjektivität in ihrer pluralisierten Besonderheit, und zwar für alle. Im Äußeren geht dies mit Gewerbe- und Eigentumsfreiheit einher, im Inneren mit Religionsfreiheit, die in den korporatistisch verfassten Kirchen als Institutionen zur Pflege des innerlichen Seelenheils praktiziert wird. Diese soll freilich in religiöser Bildung des Freiheitsbewusstseins gipfeln. Als deren Kriterium darf die religiös begründete Einsicht in den »ungeheuren Überschritt des Inneren in das Äußere« gelten, an der »die ganze Weltgeschichte gearbeitet« habe (Hegel 1995, 223). Das lässt Hegel zugleich zum scharfen Kritiker anderer zeitgenössischer Religionsauffassungen werden. Hierzu zählen für ihn orthodoxe Reserven gegen die Überführung von Religion in den Geist des Sittlichen namens höherer Offenbarungsautorität, rationalistisch-positivistische Restriktionen gegenüber dem spekulativ verstandenen Geist des Christentums und schließlich neupietistische Formen von Herzens- und Gefühlsglauben, die die gefühlte Innerlichkeit gegen die begreifbare Äußerung von Religion in Stellung bringen.

Hegel vertritt im Blick auf die Moderne ein Konzept der Verschränkung von Sittlichkeit und Religion, das zugleich mit einer Trennung von Staat und Kirche einhergeht. Verbindendes Glied ist darin, dass »ein Begriff der Freiheit« in den Sphären des Sittlichen und Religiösen gelte – oder, wie Hegel selbst terminologisch unsauber sagt: »in Religion und Staat« (Hegel 1983, 340). Eben wegen solcher Freiheit können die Institutionen nicht in eins fallen. Zum klaren Begriff kommen die komplexen Freiheitsverhältnisse letztlich durch philosophische Einsicht. Deren Ort ist die staatlicherseits betriebene Universität als autonome Wissenschaftsorganisation, wie sie historisch durch die Folgen der Aufklärung entstanden ist. Die Philosophie steht dafür, dass die religiöse Symbolisierung von Kultur, die zunächst in Gestalt von mythischen Narrativen des religiös vorstellenden Bewusstseins erfolgt, in die selbstbewusste Form begreifenden Denkens aufgehoben wird. Darin sei der Inhalt ganz in seiner Form präsent. Darum könne nur die Philosophie Balance halten zwischen der Einsicht, dass die Religion »Grundlage« der Institutionen des Sittlichen und insbesondere des Staates sei, aber eben auch »nur Grundlage«, weshalb Religion und Staat »auseinandergehen« (Hegel 1995, 222). Hegels Theoreme der Aufhebung der religiösen Vorstellung in den philosophischen Begriff und der Realisierung des religiösen Geistes in den Gestalten der Sittlichkeit korrespondieren miteinander. Dass beides parallel geht, ist freilich nur an dem neuen historischen Ort möglich geworden, den Hegels eigene philosophische Gegenwart markiert. In ihrer herausgehobenen Stellung vermittelt sie, dass die moderne Sittlichkeit die Säkularisierung der Religion ist. Damit ist die philosophische Einsicht, dass ein Begriff der Freiheit in Religion und Sittlichkeit walte, gleichsam oberhalb der realen Freiheitsvollzüge angesiedelt. Für diese Einsicht stellt sich die Säkularisierung als eine Art Pantheismus der einen Freiheit dar – obwohl hierum die Sphären von Religion und Sittlichkeit nicht gleichermaßen als solche wissen können. Ihre reale institutionelle Differenz impliziert im Zeitalter der Säkularisierung, verstanden als verweltlichende Realisierung der Religion, Elemente, die sich planer Säkularisierung gerade widersetzen. Dies korrespondiert mit der empirischen Partikularität des philosophischen Ortes, von dem her um die gleichsam pantheistische Identität der Freiheit in Religion und Sittlichkeit gewusst werden kann. Diese Säkularisierungsresistenz ist einem von Hegel her konzipierten Säkularisierungsbegriff zu eigen.

Hegels geschichtsphilosophische Theorie des Christentums kann daher ebenso als dessen Säkularisierung gelesen werden – wie auch als Beleg für die inneren Grenzen eines Säkularisierungskonzepts, das als Begriffsform für eine fortschreitende Realisierung christlicher Prinzipien verstanden wird. Dass beide Lesarten gleich gültig sind, haftet an dem historisch-kontingenten Ort von Hegels Philosophie. Seine Selbstreflexion führt auf eine eigentümliche Spannung. Auf der einen Seite kann es demnach keinen weiteren Fortschritt mehr geben, sieht man von Vollzugsdefiziten der Freiheitsrealisierung ab. Nachdem sich »der Geist [...] in die Weltlichkeit [gefunden]« und diese »als ein in sich organisches Dasein aus[gebildet hat]« (Hegel 1970, 141), kann es in dessen bleibender Gegenwart kein anderes, neues geschichtliches Prinzip geben, das zur Realisierung anstünde. In der Moderne habe sich der Wille als Basis geschichtlichen Handelns selbst reflexiv eingeholt und befestigt. Als sich wollender und darin wissender wird der Wille zum Grund des Rechts, in dem das dezisionistische Moment des Willens sich mit dem Dauerhaften seiner Handlungsfolgen verbindet und so auf seine Vollzüge zurückwirkt. Auf der anderen Seite antizipiert Hegel weitsichtig die Entwicklung der Neuen Welt, mit der sich die geopolitischen Schwerpunkte von Europa nach Amerika verlagern. Dies geht aber nicht mit grundlegend neuen Formationen des Religiösen oder Sittlichen einher, sondern implementiert den mit dem Perfektivitätsideal verbundenen Kosmopolitismus. Er strahlt normativ auf die beginnende Moderne aus, die ihre verschiedenen Globalisierungswellen noch vor sich hat. Diese Wellen schreiben die von Hegel beschriebene Entwicklung vom Orient zum Okzident eigentümlich fort, wie wir inzwischen wissen. Dass der Weg geopolitischer Schwerpunkte auf der pazifischen Seite des Globus von West nach Fernost weiterführt, mag heute als Ironie des Geistes, dessen Auslegung die Zeit ist, gedeutet werden. Ob hierin die »List der Vernunft«, sich der »Leidenschaften« zu bedienen und diese dabei herabzusetzen (Hegel 1970, 49), am Werke ist, mag gefragt werden. Eine ungebrochene Hegelsche Antwort dürfte ihre Bewährungsprobe wohl in der Bewertung der Entwicklung der nachchristlichen monotheistischen Religion und ihrem gegenläufigen Verhältnis zur Säkularität haben, deren Zentrum vom nahen Osten inzwischen auch in den Westen ausstrahlt. Den Islam aber hat Hegels Religions- und Geschichtsdenken weitgehend ausgespart.

Troeltsch: Historisierung der christentumsgeschichtlichen Säkularisierungsthese

Ernst Troeltsch gilt als kritischer Diagnostiker der Moderne. Sein Denken ist stark von den Meisterdiskursen im Umfeld der klassischen deutschen Philosophie bestimmt gewesen, aber es hat ebenso deren Deutungsansprüche durch historistische Kritik relativiert. Stärker noch als Hegel hat Troeltsch die Bedeutung von Religion für die individuelle Lebensführung in ihrer Wechselwirkung mit den Institutionen sozialer Vergemeinschaftung akzentuiert. Dabei knüpfte er durchaus an Hegels These von der Religion als symbolischer Reflexion des Selbstbewusstseins einer Kultur an. Bei seiner Frage nach der »soziologische[n] Auswirkung des religiösen Phänomens« ging er aber stärker auf die »Soziallehren« (Troeltsch 1977a, 5) der christlichen Kirchen und Gruppen ein als Hegel, für den Religionsgehalte schon als solche soziale Formationen und Praktiken reflektieren und motivieren. Auch war Troeltschs Sicht auf den Zusammenhang von Christentum und moderner Sittlichkeit deutlich gebrochener als Hegels. Nach Troeltsch ist die Moderne von erheblich weiteren und anderen Kräften als dem christlichem Erbe bestimmt, und ob sie sich zukünftig überhaupt im Zeichen einer sittlich-sozialen Realisierung der christlichen Religion verstehen will, ist keineswegs ausgemacht. Das Christentum steht in Konkurrenz mit der Pluralität anderer Religionen und Weltanschauungsmächten und es weiß sich, jedenfalls in seinen aufgeklärten Eliten, eingestellt in die Relativität alles Historisch-Gewordenen, mithin auch wieder Veränderbaren. Schon daher muss Religion für Troeltsch, will sie wirksam bleiben, neben ihrer indirekten Präsenz in den kulturellen Lebensformen auch eine eigene kultische Kommunikation mit einer angemessenen Symbolsprache pflegen, wie spannungsvoll, vielleicht gar anachronistisch dies gegenüber der Rationalität der modernen Ordnung auch sein mag. Damit setzte sich Troeltsch partiell von Hegel ab. Er glättete die negationsdialektischen Figuren von Hegels ›Einbildung‹ und las deren Resultat als eher harmonische Balance. Diese Variante der Säkularisierungsthese habe ihren historischen Ort gehabt und sei angesichts der Entwicklung der Moderne obsolet geworden. Der Fortschritt schreitet auch über seinen Meisterdenker hinweg.

Für Troeltsch hat dies allerdings nicht die Konsequenz, die Grundmotive der Säkularisierungsthese im Blick auf das Selbstverständnis der Moderne abzustoßen. Auch er versteht das »Jenseits« primär als »Kraft des Diesseits«, und auch für ihn ist die Moderne in der Dynamik der Christentumsgeschichte mit ihren Kräften zur »Rationalisierung« der Lebensführung in entsprechenden Sozialformen zu verstehen (Troeltsch 1977a, 979; 1981a, 309). Auch Troeltsch verhält sich asketisch gegenüber dem Begriff der Säkularisierung. Dieser sei im Kontext der vom Fortschrittsgedanken geleiteten Geschichtsphilosophie zu sehen, die in der historischen Erbschaft der Aufklärung – dem Entstehungsdatum moderner Geschichtsphilosophie – zugleich deren Prinzipien in geschichtliche Höchstgeltung zu setzen gesucht habe. Als »Säkularisation der christlichen Eschatologie« sei es beim Fortschrittsdenken um ein menschheitliches Endziel der universalgeschichtlichen Durchdringung von Transzendenz und Immanenz gegangen (1977b, 57). Das Hegelsche Konzept des Fortschritts sei eine kongeniale Kompilation von kantischen und spinozaischen Gedanken, die die Motive von Aktivität und Passivität, Tätigkeit und Kontemplation, Aufbruch und Hinnahme des Gegebenen in einer pantheistischen Metaphysik des immanenten Absoluten verbunden habe (vgl. ebd., 263, 241).

Hegels Thema der Freiheit wird allerdings vom Hegel-Interpreten Troeltsch kaum fokussiert. Stattdessen fällt aus Troeltschs historischem Abstand ein Licht auf den kontingenten geschichtlichen Ort von Hegels geschichtsphilosophischem Denken, das seine Zeit im beginnenden 19. Jahrhundert, also vor den großen Industrialisierungsschüben, den Veränderungen im politischen System mit dem symbolträchtigen Datum 1848 und den wissenschaftsmethodologischen Neuerungen des Naturalismus und Historismus gehabt hat. Hegels Konzept der Verweltlichung steht zwar in der Konsequenz des mit der Aufklärung verbundenen Heraufkommens der modernen Welt, deren entschlossene Diesseitigkeit in Staat und Recht, Ökonomie und Wissenschaft, Moral und Kultur sowie einer autonom-individualisierten Lebensführung bei Hegel noch einmal von einem subjektivitätsmetaphysischen Letztgedanken überwölbt worden sei. Doch die nachmaligen Entwicklungen hin zum Industriekapitalismus, zur gleichheitsdemokratischen Massengesellschaft mit ihren permanenten Machtkämpfen und zur positivistischen Wissenschaft lassen sich nicht mehr ungebrochen mit einer vernunft-

philosophischen Vorsehungs- und Fortschrittslehre deuten – zumal die moderne Welt keine wirklich neuen Religionskräfte, sondern nur eine »schwere Religionskrisis« hervorgebracht habe (Troeltsch 1981b, 329). Die nachhegelschen Strömungen des Historismus und Naturalismus haben zudem die Geltung von Normen durch Einsicht in die Relativität ihres Gewordenseins untergraben und die Phänomene der natürlichen und kulturellen Welt auf eine blinde Kausalität ohne Telos reduziert. Ihre geschichtsphilosophischen Ersatzbegriffe zu dem des Fortschritts, insbesondere Entwicklung und Evolution, erschweren es für Troeltsch noch mehr, eine tendenziell seelenlose Welt im Zeichen eines weltgeschichtlichen Geistes zu verstehen. Das 19. und beginnende 20. Jahrhundert zeigen sehr viel deutlicher als das lange 18. Jahrhundert den massiven Bruch der Moderne gegenüber älteren Epochen der vergleichsweise homogenen christlichen Kultur und Gesellschaft vor dem Prozess der Aufklärung. Während Hegels Eule der Minerva in der Dämmerung ihren Flug beginnen und eine schon alt gewordene geschichtliche Gestalt im Modus des immer schon verspäteten Erkennens als verweltlichende Religionsbildung zeichnen konnte, sah sich Troeltsch in eine neue Dynamik von Kräften gestellt, die sich in der modernen Welt gegen ihre Herkunft aus einer kirchlich-christlichen Kultur verselbständigen. Sie betreffen insbesondere die mentalen Bedingungen der modernen kapitalistischen Erwerbsgesellschaft.

Troeltsch stand im Diskurs mit seinem ›Fachmenschenfreund‹ Max Weber für die religionsgeschichtliche Seite der These vom Zusammenhang zwischen Protestantismus und Kapitalismus ein. Während Weber die Selbstzweckhaftigkeit des modernen, um seiner selbst willen betriebenen Erwerbs über verschlungene Wege auf das calvinistisch-protestantische Berufsethos und seine innerweltliche Askese zurückführte, differenzierte Troeltsch die These vom Zusammenhang zwischen Protestantismus und Kapitalismus durch seine Unterscheidung von Alt- und Neuprotestantismus. Von dem supranaturalistischen Gepräge der altprotestantischen Gnadenanstaltskirche führt kein direkter Weg in die Moderne, vielmehr ist der »Gegensatz des Pro-

4. Säkularisierung als immanente Eschatologie?

testantismus gegen die moderne Kultur« massiv (Troeltsch 1925, 26, 32). Die größte Wirkung der bibelgläubigen altprotestantischen Autoritätsreligion auf die Bildung der Moderne habe in der Zerbrechung der Alleinherrschaft der römischen Kirche gelegen. Die damit eröffnete Unterscheidung von Religion und Politik liegt nahe bei Hegels diesbezüglicher These. Aus dem älteren Luthertum verweisen nach Troeltsch zwar einige religiöse Motive auf die Moderne, etwa die Hochschätzung von Berufsarbeit und Familie sowie ein Ethos von Schulbildung, arbeitsamer Aufrichtigkeit und Fleiß. Doch insgesamt überwiege eine klare Differenz zwischen lutherischem Altprotestantismus und Moderne. Kontinuitätslinien gebe es allenfalls von den kirchlich marginalisierten Gruppen spiritualistischer Mystiker und sektiererischer Täufer; hinzu kommen die auch von Weber fokussierten Entwicklungen des calvinistischen Protestantismus, v. a. in Gestalt der den festen Kirchenrahmen überschreitenden methodistisch-puritanischen Gruppen in der angloamerikanischen Welt. Dass der moderne Kapitalismus mitsamt seinem politischen Rahmen seine mentalen Entstehungsbedingungen schließlich geradezu überrennt und als gleichsam ausgebrannte Stufen seiner Triebkräfte zurücklässt, haben Weber und Troeltsch gleichermaßen diagnostiziert. Der moderne Kapitalismus zehrt die Ideale personaler Individualität aus, so sehr er auf der Selbsttätigkeit der wirtschaftlichen Akteure am Markt basiert. Wenn die moderne Rationalisierung der Lebensführung als säkularisierte Form des protestantischen Christentums verstanden wird, dann ist in eine solche Lesart der Säkularisierungsthese ihre immanente Zersetzung einzuzeichnen.

Trotz seiner Betonung der Differenz von Alt- und Neuprotestantismus beschreibt Troeltsch auch die Bedeutung christlicher und mehr noch protestantischer Motive für die Entstehung der Moderne. Dabei verweist er insbesondere auf die mit der protestantischen Akzentuierung des Glaubens einhergehende Auszeichnung der religiösen Subjektivität. In gewisser Spannung zu seiner Beobachtung, dass die Moderne keine Neuerung auf religiösem Gebiet hervorgebracht habe, wird die mit dem Glaubensprinzip verbundene Hochschätzung personaler Individualität als zentraler Faktor der Entstehung der modernen Welt aus dem Erbe des protestantischen Christentums benannt. Damit korrespondiert dessen geschichtliche Bedeutung mit dem »Zentralgebiet […] des religiösen Denkens und Fühlens selber« (Troeltsch 1925, 87). Es habe ausgestrahlt auf das moderne Prinzip der Individualität, das mit einem Ethos autonomer und verantwortlicher Weltgestaltung einhergegangen und in den Grundsätzen der Menschenrechte und Gewissensfreiheit auch politisch manifest geworden sei. Wenngleich sich die soziale und institutionelle Realisierung des Personalitätsprinzips auch von jenem religiösen Hintergrund gelöst hat, sei seine Pflege zum Thema des neuprotestantisch umgeformten Christentums geworden – allerdings um den Preis der umfassenden religiös motivierten Weltgestaltung. Der Neuprotestantismus wird als eine mit »Wissenschaft und Philosophie verbündete Bildungsreligion« beschrieben (ebd., 99). In soziologischer Hinsicht wird sie zu einem Element der ausdifferenzierten modernen Kultur, bildet aber keineswegs deren übergreifendes Integral.

Zugleich versucht Troeltsch als Geschichtsphilosoph und Theologe, den christlich-protestantischen Personalismus und sein Ideal freier Individualität für die moderne Kultur fruchtbar zu machen. In geschichtsphilosophischer Hinsicht rehabilitiert Troeltsch dazu den Entwicklungsgedanken und verbindet ihn mit einer letztlich nicht objektiv begründbaren, sondern nurmehr wähl- und bejahbaren Affirmation des Personalitätsmotivs. Geschichtsphilosophisch stellt er es ein in die Kräfte der ›Kultursynthese‹ des modernen ›Europäismus‹, der auch die Neue Welt einschließt. Die euroamerikanische Kultur basiere auf der griechischen Antike und ihrem Humanitätsideal, dem hebräischen Prophetismus als Aufgang des Individualitätsgedankens, dem römischen Imperialismus mit seiner Idee umfassender administrativ-rechtlicher Vergesellschaftung, dem mittelalterlichen Katholizismus und seiner Einheitskultur sowie eben auch den Entwicklungen zur modernen Welt mit ihrer verschlungenen Dialektik, in die der Protestantismus und die Aufklärung hineingehören. Von diesem Ende her werden viele Vorformen des Personalitäts- und Individualitätsprinzips identifiziert. Es gilt Troeltsch als wesentlicher Beitrag des Christentums zur Entwicklung der säkularen westlichen Moderne – sowenig diese einfach als seine Säkularisierung gedeutet werden kann. Neben der Erdung des Personalitätsmotivs in der Entwicklungsgeschichte der Moderne bemüht sich Troeltsch auch um dessen Verteidigung gegen eine historistische Nivellierung. Über die Einsicht in die ›Individualität‹ aller historischen ›Sinneinheiten‹ oder ›Totalitäten‹ sollen dazu zwei Hauptargumente zusammenwirken. Das eine stellt auf die Kontingenz des Evidentwerdens von Werten ab und verbindet dies mit der transrationalen Geltung von Normen für ein entsprechendes Bewusstsein. Während die Für-Relation als struktureller Anker für einen subjektivitätstheoretisch fundierten Personalismus fungieren kann, ist mit dem Kontingenzmoment allen praktischen Wollens eine untergründige Verbindung mit subjektiver Freiheit gesetzt, die ohne Personalität undenkbar wäre. Der andere Argumentationskreis rekurriert auf die hermeneutische Problematik des geschichtlichen Verstehens von Fremdem. Es werde letztlich nur möglich, wenn es ein Gemeinsames des ›Empfindens‹ gebe. Beide Argumentationsfiguren werden schließlich noch mit zwei theologischen Abschluss- oder Grundlegungsfiguren verbunden. Während die erste Figur mit Troeltschs Gedanken eines religiösen Apriori korrespondiert, führt die zweite auf Troeltschs – letztlich: pantheistischen – Gedanken eines Absoluten, das als ›Allleben‹ für die Einheit des geschichtlichen ›Lebens‹ und seiner subjektiven Erkenntnis und Praxis einsteht (vgl. Troeltsch 1977b, 87, 675 ff., 679 ff.).

In dieser Figur der deutenden Letztgründung wird das Motiv der personalen Individualität und subjektiven Freiheit jedoch selbst gefährdet. So sehr Troeltsch mit seiner pantheistischen Figur wieder nahe bei Hegel angekommen zu sein scheint, so sehr verschiebt er das Hegelsche Motiv der Freiheit hin zum Begriff des Lebens. Anders als der der Freiheit vermag aber der pantheistisch gedachte Lebensbegriff schwerlich die inneren Gründe für moderne personale Individualität symbolisch zu artikulieren. Freilich wirft auch ein im Zeichen von Freiheit gedachter pantheistischer Gott die Frage auf, ob er einen symbolischen Ort für die mit Freiheit verbundene Differenz des Endlichen in personaler Vielfalt enthält. Der Gottesgedanke als solcher könnte insbesondere die Grundlosigkeit und Selbständigkeit von freier Subjektivität zur Sprache bringen, muss damit aber zugleich kraft innerer Logik auch überschritten werden. Wenn Gott als grundloser Grund von Subjektivität gedacht wird, ließe sich von einem solchen Gottesgedanken zugleich ein Weg zum Normativen mitsamt seinen Momenten des Kontrafaktischen bahnen. Dies würde gegenüber der Figur des ›Alllebens‹ eine konstruktivere Aufnahme monotheistischer Figuren erlauben.

Der werttheoretischen Intention von Troeltschs Verhältnisbestimmung von Personalität und Gott entspricht eine religionstheoretische These. Religion gilt ihm als ein Phänomen eigener Art – unbeschadet des soziologischen Fokus auf ihre Bedeutung für Lebensführung und Sozialwelt. Daran ändern auch die vielfältigen Interferenzen mit anderen Kulturfaktoren nichts. So sehr Troeltsch nach der ›Zusammenbestehbarkeit‹ von Religion und moderner Welt fragt, so sehr betont er die »Selbständigkeit der Religion« (Troeltsch 1895/96). Sie hänge neben dem selbstvergewissernden Vollzug der Subjektivität der Frommen an einer kommunikablen religiösen Gehaltlichkeit. Deren Zentrum ist das für das fromme Bewusstsein unkonstruierbare, von ihm vielmehr geradezu überwältigend erlebte Gottesverhältnis. Mag es auch der tragende Grund für die Geltung der Werte des Personalen mit Ausstrahlung auf entsprechende Handlungsnormen sein, so kulminiert es doch in einer fraglosen Einheit mit Gott, dem Inbegriff des Ganzen. Troeltschs Religionskonzept ist auf einen mystischen Grundton gestimmt. Dessen Funktion besteht darin, gegen einen Intellektualismus der religionsphilosophischen Begründung des in Gott verankerten Personalitätsideals das fraglose Erleben seiner Gültigkeit zu kommunizieren. Auf der Ebene der religiösen Gehalte führt dies zur christologischen Gestalt des Menschgewordenen. Auf der Ebene der sozialen Ordnung religiöser Kommunikation geht dies mit einer Aufwertung des Kultes und

4. Säkularisierung als immanente Eschatologie?

seiner Orientierung an der Symbolik des Bildes der »Persönlichkeit« Jesu Christi einher (Troeltsch 2003b, 87; vgl. 77). Und geschichtsphilosophisch korrespondiert dies mit Troeltschs überraschender These, dass die Organisationsgestalt der Kirchen auch in der Moderne für die Kulturbedeutung des Christentums unverzichtbar ist. Diese These überrascht nicht nur angesichts des Verständnisses der Mystik als der dem modernen Individualismus eher entsprechenden Religionsform, sondern auch angesichts Troeltschs Ausrichtung am Neuprotestantismus gegenüber dem kirchlich geprägten Altprotestantismus. Doch nur die »elastisch gemachte Volkskirche« (Troeltsch 1981a, 105) erlaube es, das Christentum als gesellschaftliche Kraft zu tradieren. Seine neuprotestantischen Transformationen im Interesse der ›Zusammenbestehbarkeit‹ mit der säkularen Moderne laufen mithin nicht auf plane Säkularisierung hinaus.

Das gilt insbesondere für Troeltschs Deutung der Eschatologie als dem zu jeder Religiosität gehörenden Verständnis letzter Dinge, »d. h. von letzten Wirklichkeiten und Werten« (Troeltsch 1910, 622). Während es für den Typus der Sekte charakteristisch ist, das Gottesreich anbahnen zu wollen, ist für den aufgeklärten Mystiker der Soziallehren das Reich Gottes »inwendig in uns« (1977a, 986 f.). Damit kommt zugleich die Frage nach der Letztgültigkeit des irdisch-zeitlichen Individuums auf. Sie ist Thema der eschatologischen Heilshoffnung. Die Vollendung des Individuums wird zusammen mit der Vollendung der Anderen in einem Gottesreich erhofft, das die Antinomie von Einzel- und Gesamtbewusstsein durch Ein- und Untergehen in der »Ewigkeit« des »göttlichen Leben[s]« vorstellt (Troeltsch 1910, 630). Schon die christliche Eschatologie sei von der Spannung zwischen personalistischen und pantheistischen Motiven durchzogen. Während hier schließlich zugunsten der ersteren gewichtet werde, komme es in den Religionen des östlichen Kulturkreises zu einem Primat der letzteren, freilich unter Verwendung anderer Traditionsbestände mit anderen Vorstellungs-, Handlungs- und Rollenmustern. So wenig Zweifel Troeltsch daran lässt, dass im euroamerikanischen Kulturkreis an der relativen Absolutheit des Christentums festzuhalten ist, so wenig versucht er, es im Gefolge der Entwicklungen von Welthandel und Verkehr zu globalisieren (vgl. Troeltsch 2003a, bes. 57; 1912, bes. 80 ff., 92 ff.). Dies entspricht der mit Troeltschs entschlossener Wendung zur europäischen Kulturgeschichte verbundenen Skepsis gegenüber universalgeschichtlichen Bestrebungen, die den Für-Bezug zur subjektiven Perspektive des historischen Bewusstseins überblenden. Ob auf dem europäischen Boden neue Religionsbildungen entstehen oder alte abblassen und umgeformt werden, muss für Troeltsch dahingestellt bleiben. Nicht nur im Blick auf die Welt als Ganzes bleibt es bei einem Säkularisierungsvorbehalt. Auch im Blick auf Europa und Amerika lässt sich die Kulturbedeutung der christlichen Religion nur taxieren, wenn zugleich ihre Selbständigkeit wahrgenommen wird.

Löwith: Die Säkularisierungsformel als Abweisung von Geschichtsphilosophie

Löwiths Deutung, wonach die im Zeichen des Fortschritts gedachte Geschichtsphilosophie eine Säkularisierung der christlichen Eschatologie sei, steht in verschiedener Hinsicht in den Fußstapfen von Troeltsch. Löwith bestätigt Troeltschs These, dass die Geschichtsphilosophie die »Kulturerneuerung der Aufklärung« gerade in der »Kulturkrise« der Moderne fortzusetzen suchte (Troeltsch 1977b, 107), und er beschreibt seinerseits den »revolutionäre[n] Bruch im Denken des 19. Jahrhunderts« (Löwith 1981), dem Troeltsch selbst das umfangreichste Kapitel seines Historismusbandes widmete. Für beide gilt Hegel als Kulminationspunkt eines Denkens, das die diesseitsorientierte Moderne konstruktiv mit der Dynamik der Christentumsgeschichte verbunden hat. Der Fortschritt galt dabei als Klammer, welche historische Selbstverständigung mit geschichtspolitischer Orientierung verknüpfen sollte. Dass Hegel mit seinem spekulativen Denken immer schon zu spät zu kommen meinte, spielte angesichts des in der Generation nach Hegel vehement betonten Primats der revolutionär verändernden Praxis nur eine untergeordnete Rolle. Löwith unterscheidet sich von Troeltsch jedoch darin, dass er als Nahtstelle der säkularisierenden Christentumsdeutung die Eschatologie identifizierte – jedenfalls, sofern dieser Topos aus dem Lehrgefüge nicht immer schon das Ganze der christlichen Religion repräsentiert. Wenn er in jenem spezifischeren Sinn genommen wird – und Löwith dürfte seine These auf ein solches Verständnis stützen –, dann stellt sich indes die Frage nach einem andersartigen Verständnis des Christentums. Anders als Hegel, aber auch Troeltsch verstand Löwith das Christentum denn auch als eine Religion, die nicht von dieser Welt ist und auch von ihr hinweg führen möchte. Sie in der Welt verwirklichen zu wollen, verkehre sie gänzlich.

Die Möglichkeit der Umschmelzung der christlichen Religion in Geschichtsphilosophie liege darin, dass mit dem eschatologischen Verständnis des Christentums der Gedanke eines Zieles verbunden ist, das trotz aller Wirren von Sünde, Bösem und Übel durch Gott heraufgeführt wird und allem Geschehen ein letztlich zusammenstimmendes Gepräge bringt. Ziel und Einheit seien die Zentralmotive, die lange vor der neuzeitlichen Geschichtsphilosophie die religiöse Figur der universalen Heilsgeschichte hervorgebracht hätten. Die moderne Geschichtsphilosophie habe indes die Heilsgeschichte zum Weltgeschehen gemacht. Während hierfür bei Hegel noch die Identifikation von Vorsehung und Fortschritt durch den als Geist gedachten Gott gestanden habe und bei Marx dann das Proletariat für die Einbildung von Vernunft in Wirklichkeit realisieren sollte, sei im Denken des 19. Jahrhunderts, insbesondere unter dem Einfluss des Positivismus, der Fortschritt als solcher von seinen theologischen Hintergründen abgelöst worden und habe deren Stelle eingenommen. Diese Diagnose nimmt die positivistische Reduktion von Hegels dialektischer Komplexität zugunsten automatisch ablaufender Geschichtsprozesse oder geschichtsmächtiger Handlungsvermögen auf. Ein Optimismus der Planbarkeit der Welt in der Kraft der Vernunft war allerdings bereits der älteren Aufklärung zu eigen. Löwiths Beschreibung der Ersetzung von Vorsehung durch Fortschritt reagiert aber nicht primär auf den Verlust von kategorialer Differenziertheit in geschichtspolitischen Standortbestimmungen, sondern sie zielt auf ein im weitesten Sinne lineares Verständnis der geschichtlichen Zeit als solcher. Sie sei vor dem Hintergrund der jüdisch-christlichen Heilserwartung aufgekommen und in Augustins Verständnis des auf Zukunft gerichteten Glaubens sowie seinem Entwurf des heilsgeschichtlichen Ringens zweier *civitates* ausgeformt worden. Damit sei ein Gegenentwurf zum zyklischen Zeitverständnis der paganen Antike formuliert. Löwith versteht das sich kulturell formierende Christentum also gerade nicht im Sinne einer Kultursynthese, sondern im Zeichen der Opposition gegen die – v. a. griechische – Antike. Damit wird ein Motiv aufgenommen und umgeschmolzen, das bereits Löwiths – in Zeitgenossenschaft zur Dialektischen Theologie artikuliertes – Verständnis des anfänglichen Christentums kennzeichnete: Der Gegensatz zur bestehenden Welt.

Für Löwith ist die »moderne Welt […] gleichermaßen christlich und unchristlich«, da sie als »Ergebnis eines Jahrhunderte alten Säkularisierungsprozesses« nicht nur unchristliche Elemente enthält, sondern zugleich einen Bruch mit dem ›ursprünglichen‹ Christentum darstellt (Löwith 1961, 183). Diese Diagnose steht im Zusammenhang mit Löwiths grundsätzlichen Vorbehalten gegen die moderne Welt. Es geht ihm um eine Verabschiedung des linearen Denkens zugunsten einer Rückkehr zu einem zyklisch-kreisenden, an der Himmelsastronomie orientierten Verständnis der Zeit als Ewigkeit. In Nietzsches Gedanken der ewigen Wiederkehr findet er einen Verbündeten, Burckhardts Pessimismus gegenüber der Moderne und seine geschichtsphilosophische Skepsis werden zu Belegen für eine in düsteren Farben gezeichnete Zeitdiagnose. Wie auch immer man hierzu stehen mag: Dass geschichtliches Verstehen und Handeln vom Bemühen um einen konstruktiven Umgang mit Leiden geleitet sind und dass schon darum »das Problem der Geschichte innerhalb ihres eigenen Bereichs nicht zu lösen« ist (ebd., 175), wird auch der nicht in Abrede stellen wollen, der Löwiths Beitrag zum Säkularisierungsbegriff eher als Problemindikator denn als eine überzeugende Beschreibung versteht – lassen sich jene Motive Löwiths doch zugleich durch das verästelte Gedankengeflecht der inkriminierten Meisterdenker der Säkularisierung hindurch verfolgen.

Christentum, Fortschritt und Geschichtsphilosophie: Prüfsteine in Säkularisierungsdiskursen

Wenn die Formel von der Säkularisierung als immanenter Eschatologie von schillernder Griffigkeit scheint, zeigen sich bei strikterem Verständnis von Eschatologie Verkürzungen. Dennoch lässt sich die mitschwingende Ambivalenz – oder mit Löwiths Ausdruck: »Zweideutigkeit« (Löwith 1981, 356) – von Säkularisierung nicht einfach übersehen. Sie liegt aber nicht darin, dass die christliche Religion wie bei Hegel gedanklich angeeignet und spekulativ re-konstruiert wird, was ebenso Rechtfertigung wie Kritik impliziert. Das Christentum ist kein monolithischer Block, sondern von Anfang an mit Prozessen der Umformung, Neudeutung und Veränderung mit Folgen für Lebenspraxis und Sozialgefüge einhergegangen. Hierzu gehören auch moderne Phänomene wie Einbildung in das Weltliche oder die Akzentuierung des Jenseits als Kraft des Diesseits – zumal gewichtige normative Orientierungen wie die soziale Anerkennung des Subjektiven in seiner Individualität und Freiheit damit verbunden sind. Dass sich dies mit gewissen Ansichten des Christlichen nicht zusammenreimen lässt, hat bereits Hegel betont. Und dass hierbei auch andere als christliche Kräfte eine Rolle spielen und mit diesen verschlungene Zusammenhänge und Konkurrenzen bilden, hat insbesondere Troeltsch hervorgehoben. Darum lassen sich innere Ambivalenzen des mit den Namen Hegel, Troeltsch und schließlich auch Löwith verbundenen Säkularisierungsdiskurses nicht einfach auflösen. Sie können vielmehr in einer gegenwärtigen Verständigung über Säkularisierung, Geschichtsdenken und Fortschritt die Rolle von Prüfsteinen einnehmen.

So greift es zu kurz, die Säkularität der Moderne entweder nur als direktes Resultat der Christentumsgeschichte oder nur als simplen Abfall von ihr begreifen zu wollen. Schon Hegels Figur der Differenzierung von Religion und Politik, mehr noch aber Troeltschs komplexe Ansicht über die auch in der Moderne nicht hinfällige kirchliche Institutionalität der christlichen Religion zeigen, dass die Moderne in ihrer Säkularität kein uniformes Phänomen ist. Ebenso wenig wie die Christentumsgeschichte als solche lässt sich etwa ein einfacher profan- oder gar universalgeschichtlicher Rahmen zur Beschreibung der Modernität der Gesellschaft festlegen. Hegels Philosophiebegriff und seine geschichtstheoretische Dynamisierung im Zeichen des Fortschritts lassen sich wohl als artifizielle Reflexionsgestalten, nicht aber als letzte Einheitspunkte zur Übersicht über die innere Differenzierung moderner Lebens- und Sozialgestalten fortschreiben. Doch die Reflexion muss in diesen selbst verortet werden – als immer neu auszuhandelnde Bestimmung der inneren Grenzen und ihrer Überschreitung von Religion und Politik, Kirche und Rechtsordnung, individualisiertem Glauben und seiner öffentlichen Kommunikation. In deren Horizont gehört auch die im säkularen Zeitalter erstmals gegebene Möglichkeit, ohne Religion sozial anerkannt zu leben. Dies gilt freilich in diesem Maße nur für den europäischen Westen, der global eine Sonderstellung einnimmt. Ob es demgegenüber religionsanaloge Phänomene gibt, etwa im politischen Bereich zwischen Zivilreligion und Staatskult, im ökonomischen im Sinne des Erwerbs als Lebenssinnquelle, im ästhetischen als Inszenierung von neuen Kulten oder im privaten durch synkretistische Mythenbildung und Kombination verschiedenster Heilsmuster, lässt sich nur beurteilen, wenn ein weiter Religionsbegriff Verwendung findet. Er muss den Hybridcharakter von Religion einbeziehen, also den Umstand, dass Religion immer auch noch etwas anderes im Leben ist als bloßer Gottesglaube, reine Heilsgewissheit oder Zustimmung zur kirchlichen Lehre. Ebendies war bereits ein Thema klassischer Säkularisierungsdiskurse.

Diese fokussierten allerdings normative Orientierungen und ihre soziale Ordnung. Zentrale Begriffe aus der Gründungsphase der Moderne wie Freiheit, Individualität, Autonomie und die für alle geltenden Menschenrechte sind auch gegenwärtig nicht obsolet. Sie liegen in der Fluchtlinie der Geschichte des Christentums, lassen sich aber nicht christlich monopolisieren. Es kommt darauf an, weitere Kräfte für solche Orientierung wahrzunehmen, ohne umgekehrten Eingemeindungsversuchen zu erliegen. In diesem Sinne ist auch nach Analogien in anderen globalen Kulturen zu fragen. Damit lässt sich die beanspruchte Universalität jener Normen gegen einen kulturellen Imperialismusverdacht verteidigen. Das schließt auch andere Formen von Säkularität und Moderne ein. Sie anzunehmen ist naheliegend, wenn Religion eine umfassende Lebensform ist – und darum für Partikularität und Differenz offen sein muss. Eine zentrale Rolle im Spektrum der Prüfsteine ist daher die religiös symbolisierte und kulturell institutionalisierte Anerkennung von Abweichen und Anderssein – das damit seinerseits vor die Herausforderung gestellt ist, solches Anerkanntsein anzuerkennen.

Ein wesentliches Merkmal säkularisierter Gesellschaften besteht darin, dass die Integration ihrer Mitglieder nicht durch überwölbende Normen im Namen Gottes – und sei es auch ein auf die Erde verpflanzter Gott wie die Nation –, sondern durch Verfahren der Beteiligung geschieht. Gleiches gilt für die Umkehrung zu einer aggressiv-antireligiösen Normativität. Damit ist jedoch das Thema ›Religion und Normativität‹ auch für säkulare Gesellschaften nicht erledigt. Das zeigt etwa das in westlichen, auf ökonomische Integration umgestellten Gesellschaften beobachtbare Paradox, dass ihre Stabilisierung über eine beschleunigte Dynamik des technischen Fortschritts zur Steigerung ökonomischen Wachstums geschieht, obwohl eben der Status quo gehalten werden soll. Schon damit ist ein normativer Konservatismus verbunden. Gesteigert wird er noch, wenn die normativen Diskurse zwischen der Erinnerung an die Grundlagen der Moderne, ihre Umschmelzung zu einer religionsfernen Säkularität und deren postsäkulare Umkehrung schwanken. Damit steht dem technischen Fortschritt ein normativer Rückgang zur Seite. Dem kann im Rahmen von Säkularisierungsdiskursen begegnet werden, wenn mit der Performanz der normativen Gefüge der Moderne zugleich deren Fortschritt gegenüber anderen Normen kommuniziert wird – seien solche ältere oder anderer Kulturen, seien es solche, in denen Entwicklungen der modernen Gesellschaften selbst jene normative Gefüge unterhöhlen. In dem damit verbundenen Widerspruch bewährt sich die transformative Kraft der Säkularisierung. Im Kontrafaktischen solchen Widerspruchs kommt zugleich das Unabgegoltene religiöser Ideale und theologischer Normbegründungen zur Sprache – und zwar in den Lebensprozessen der säkularisierten Moderne selbst.

Literatur

Quellen

Hegel, Georg Wilhelm Friedrich: *Vorlesungen über die Philosophie der Geschichte*. Theorie-Werkausgabe, Bd. 12. Hg. von Eva Moldenhauer und Karl Markus Michel. Frankfurt a. M. 1970.

–: *Vorlesungen über die Philosophie der Religion*. Vorlesungen. Ausgewählte Nachschriften und Manuskripte, Bde. 3–5. Hg. von Walter Jaeschke (Teil 1: *Einleitung. Der Begriff der Religion*. Hamburg 1983; Teil 2: *Die Bestimmte Religion*. Anhang. Hamburg 1985; Teil 3: *Die Vollendete Religion*. Hamburg 1984).

–: *Grundlinien der Philosophie des Rechts* [1821]. Hamburg 1995.

Löwith, Karl: *Von Hegel zu Nietzsche. Der revolutionäre Bruch im Denken des 19. Jahrhunderts* [1941]. Hamburg ^{8}1981.

–: *Weltgeschichte und Heilsgeschehen* [engl. 1949; dt. 1953]. Stuttgart 1961.

Troeltsch, Ernst: Gesammelte Schriften Bde. 1–4. Bd. 1: *Die Sozialleheren der christlichen Kirchen und Gruppen* [1922], Nachdr. Aalen 1977a; Bd. 2: *Zur religiösen Lage, Religionsphilosophie und Ethik* [^{2}1922], Nachdr. Aalen 1981a; Bd. 3: *Der Historismus und seine Probleme, Erstes (einziges) Buch: Das logische Problem der Geschichtsphilosophie* [1922], Nachdr. Aalen 1977b; Bd. 4: *Aufsätze zur Geistesgeschichte und Religionssoziologie* [1925], Nachdr. Aalen 1981b.

–: Art. Eschatologie IV., dogmatisch. In: *Die Religion in Geschichte und Gegenwart*. Bd. 2. Tübingen 1910, Sp. 622–632.

–: *Die Bedeutung des Protestantismus für die Entstehung der modernen Welt* [1902]. München/Berlin ^{4}1925.

–: *Die Absolutheit des Christentums und die Religionsgeschichte* [1902]. Tübingen ^{2}1912.

–: *Die Selbständigkeit der Religion*. In: *Zeitschrift für Theologie und Kirche* 5 (1895), 361–436 (Teil 1), *Zeitschrift für Theologie und Kirche* 5 (1896), 157–218 (Teil 2).

–: *Die Stellung des Christentums unter den Weltreligionen* [1924]. In: *Ernst Troeltsch Lesebuch*. Hg. von Friedemann Voigt. Tübingen 2003a, 45–60.

–: Die Bedeutung der Geschichtlichkeit Jesu für den Glauben [1911]. In: *Ernst Troeltsch Lesebuch*. Hg. von Friedemann Voigt. Tübingen 2003b, 61–92.

Sekundärliteratur
Barth, Ulrich: Säkularisierung und Moderne. Die soziokulturelle Transformation der Religion. In: Ders.: *Religion in der Moderne*. Tübingen 2003, 127–165.
Dierken, Jörg: *Säkularisierung zwischen Schwund und Wiederkehr der Religion. Religionskulturelle Entwicklungen in theologischer Perspektive*. In: Ders.: *Selbstbewusstsein individueller Freiheit. Religionstheoretische Erkundungen in protestantischer Perspektive*. Tübingen 2005, 49–67.
–: *Fortschritte in der Geschichte der Religion? Aneignung einer Denkfigur der Aufklärung*. Leipzig 2012.
Graf, Friedrich Wilhelm: *Die Wiederkehr der Götter. Religion in der modernen Kultur*. München 2004.
–: Ernst Troeltsch (1865–1923). In: Ders (Hg.): *Klassiker der Theologie. Zweiter Band. Von Richard Simon bis Karl Rahner*. München 2005, 171–189
Jaeschke, Walter: *Die Suche nach den eschatologischen Wurzeln der Geschichtsphilosophie. Eine historische Kritik der Säkularisierungsthese*. München 1976.
–: *Vernunft in der Religion. Studien zur Grundlegung der Religionsphilosophie Hegels*. Stuttgart 1986.
Lehmann, Hartmut (Hg.): *Säkularisierung, Dechristianisierung, Rechristianisierung im neuzeitlichen Europa*. Göttingen 1997.
Luhmann, Niklas: *Die Religion der Gesellschaft*. Hg. von André Kieserling. Frankfurt a. M. 2000, bes. 278 ff.
Wagner, Falk: *Metamorphosen des modernen Protestantismus*. Tübingen 1999, bes. 75 ff.

Jörg Dierken

5. Eigenständigkeit der Moderne (Blumenberg)

Kein anderer Philosoph des 20. Jahrhunderts hat den Begriff der Säkularisierung so scharf kritisiert wie Hans Blumenberg (1920–1996). Freilich richtet sich seine Kritik nicht gegen dessen soziologische Verwendung, und darum dementiert sie auch nicht die empirischen Befunde zur Rolle der Religion in der modernen Gesellschaft. Blumenberg attackiert (das Wort ist hier angemessen) die ideengeschichtliche Verwendung des Säkularisierungsbegriffs, also einerseits Versuche, die Genese der Neuzeit als ›Verweltlichung‹ christlicher Vorstellungen zu erklären, und andererseits die aus solchen Deutungen resultierenden Geltungsansprüche. Geht es dort zunächst um Transformationsprozesse, in denen ›religiöse‹ in ›weltliche‹ Vorstellungen übersetzt werden, so hier um die Diagnose einer generellen Abhängigkeit der Moderne von Voraussetzungen, die erst die jüdisch-christliche Religion bereitgestellt habe – oder sogar: nur sie hat bereitstellen können. Ein entsprechendes Säkularisierungstheorem sah Blumenberg in weiten Teilen zeitgenössischen Denkens, vor allem aber bei Carl Schmitt (1888–1985) und bei Karl Löwith (1897–1973) wirkmächtig gegeben.

Vor diesem Hintergrund meint ›Eigenständigkeit der Moderne‹ – in Anlehnung an einen programmatischen Buchtitel Blumenbergs: *Die Legitimität der Neuzeit*. (Dieser 1966 veröffentlichte Band wurde später überarbeitet und in den drei Teilen: *Säkularisierung und Selbstbehauptung*, 1974, *Der Prozeß der theoretischen Neugierde*, 1973, und *Aspekte der Epochenschwelle: Cusaner und Nolaner*, 1976, neu publiziert.) Während ideengeschichtliche Säkularisierungstheoretiker das Bild einer Moderne zeichnen, die sich an das Christentum anlehnt und dessen Ideenvorrat unter Missachtung dieser Abkünftigkeit aneignet, beschreibt Blumenberg die Moderne als Auflehnung gegen das Christentum und als Abwehr seiner Vorstellungen. Sie setze die christliche Kultur nicht mit säkularisierten Mitteln fort, sondern rette Vernunft- und Freiheitsgedanken angesichts einer (an ihren eigenen Ansprüchen) scheiternden Religion. Weil das Säkularisierungstheorem vor allem auf Defizite der Moderne hinweise, auf Begriffe, deren Prägung und Wert allein im Christentum gedeckt sei, erscheine es als »ein letztes Theologumenon, das den Erben der Theologie das Schuldbewußtsein für den Eintritt des Erbfalls auferlegt« (Blumenberg 1974, 139). Insofern ist Blumenbergs Kritik der Säkularisierungsvorstellung nicht nur ein Protest gegen ihre ideengeschichtliche Verwendung, sondern vor allem ein Plädoyer für eine Moderne, die ihre Eigenart und ihr Eigenrecht selbst behauptet. Das ist im Blick auf spezifische Konstellationen zu präzisieren.

Säkularisierung als Metapher: Die Moderne zwischen Recht und Unrecht

Der Streit um die Deutung der Moderne ist für Blumenberg auch ein Experimentfeld in Sachen *Metaphorologie*. Das stand der Leserschaft der 1960er Jahre noch nicht in derselben Deutlichkeit vor Augen, wie es aus der weiteren Entwicklung der philosophischen Studien Blumenbergs erkennbar ist, auch wenn damals »Licht als Metapher der Wahrheit« (1957), »Paradigmen zu einer Metaphorologie« (1960) und »Beobachtungen an Metaphern« (1971) bereits erschienen waren. Aber erst im Zusammenhang der späteren Arbeiten, insbesondere im *Ausblick auf eine Theorie der Unbegrifflichkeit* (1979, 75 ff.) und der posthum erschienenen *Theorie der Unbegrifflichkeit* (2007) erschließt sich der prägnante theoretische Hintergrund. Es ist die Aufmerksamkeit für Metaphern, die Blumenbergs Beitrag zur Säkularisierungsdebatte formatiert und zwar sowohl im Blick auf deren genuine Leistung, ein Ganzes der Weltauffassung und -orientierung zur Anschauung zu bringen, als auch im Sinne einer Warnung vor der Großzügigkeit und Unbestimmtheit des Wortes ›Säkularisierung‹, die wesentlich für dessen Funktion in den vermeintlichen Analysen sei (vgl. Blumenberg 1974, 10).

›Säkularisierung‹ ist Metapher in einem doppelten Sinne: Zunächst geht es schon thematisch um einen Vorgang des Übertragens (nämlich der Überführung eines ursprünglich in kirchlichem Eigentum befindlichen Gutes meist in Staatseigentum, wie dies klassisch in der ›Säkularisierung der geistlichen Fürstentümer‹ im Reichsdeputationshauptschluss von 1803 vollzogen wurde). Zugleich aber dient dieser Übertragungsprozess als Metapher für Transformationen, die im weitesten Sinne als ›Verweltlichung‹ nicht nur von materiellen Gütern, sondern von Ideen, Begriffen und Vorstellungen konzipiert werden. ›Säkularisierung‹ markiert in dieser weiteren Fassung den »kulturpolitischen Programmwert der Emanzipation von allen theologisch-kirchlichen Dominanzen, der Liquidation von Restbeständen des Mittelalters« und wird darin zum »Programmwort« (ebd., 12) einer Epoche. Spricht man im Spannungsfeld beider Dimensionen von der ›säkularisierten‹ Moderne, so bewegt man sich in einem Kontext, der von Haus aus an die Sprache des Rechts und also an die Differenz von ›legitim/illegitim‹ gebunden ist.

Der metaphorische Kontext fokussiert die Selbstbeschreibung der Moderne folglich auf Prozesse der Enteignung. Letztere kann man beklagen, weil man sie aus der Perspektive des Enteigneten für unrechtmäßig hält, aber auch begrüßen (etwa aus der Perspektive der Revolution, die Säkularisierungen als Rücküberführung der von der Kirche usurpierten Güter in den Gebrauch aller legitimiert), und schließlich kann man auch vermittelnde Positionen einnehmen (etwa mit der Überzeugung, es liege im recht verstandenen Eigeninteresse des ursprünglichen Besitzers, seine Sache im öffentlichen Gebrauch allererst ihre eigentliche Bestimmung finden zu lassen). Das sind kurz gesagt drei klassischen Positionen, die sich in der Säkularisierungsdebatte nahelegen: (1) die traditionalistische (häufig katholische) Auffassung, die Moderne habe sich rücksichtslos und rabiat gegen ihre eigenen Ursprünge gewendet und diese in einem Akt der Hybris in die eigene Regie genommen, (2) das laizistische Plädoyer für eine Expropriation der Expropriateure, die dem Volk zurückgibt, was sich der Klerus zu Unrecht angeeignet habe, und schließlich (3) die (häufig kulturprotestantische) Überzeugung, es sei die Eigenart wahrer Religion, rechte Weltlichkeit zu ermöglichen und selbst herbeizuführen.

Alle drei Positionen kommen trotz ihrer gegensätzlichen Bewertungen darin überein, dass sie die Entwicklung der Moderne als Prozess der Säkularisierung im Sinne einer Überführung von Gütern von einem Eigentümer zu einem anderen begreifen. Diese kann rechtswidrig (gemessen am status quo ante oder gar an einem ewigen Naturgesetz) oder in revolutionärer Setzung neuen Rechts oder schließlich rechtsförmig (in Anknüpfung an das Eigeninteresse und kompensiert durch finanzielle Entschädigungen und rechtliche Ausgleichsleistungen) vollzogen werden. Stets wird in Kategorien des Rechts gedacht und mit der Annahme einer unabhängig vom Übertragungsvorgang fixierbaren Identität der zugrundeliegenden Sache gerechnet. Die sich ergebende Streitfrage betrifft ausschließlich das weitere Geschick der in fremde Hände geratenen Güter: Entfalten diese im neuen Kontext die ihnen immanenten Möglichkeiten oder kommen sie unter die Räder einer Praxis, in der sie ihre eigentümliche Bedeutung verlieren?

Weil die Wahl einer Leitmetapher weder zufällig ist noch folgenlos bleibt und u. U. nicht-triviale Voraussetzungen in Theoriebildungen einschleust, kommt es im Spannungsfeld zwischen Metapher und Begriff auf kritische Aufmerksamkeit an. Das gilt umso mehr, als das Säkularisierungsparadigma in einer selbstverständlichen Geltung steht und dies in mehrfacher Hinsicht. Zunächst historisch: Nach Blumenberg ist die neuzeittheoretische Verwendung des Wortes ›Säkularisierung‹ kein Epiphänomen der Säkularisierungsbeschlüsse des Jahres 1803. Sie leitet sich auch nicht direkt aus dem im Kanonischen Recht vorgesehenen Vorgang der *saecularisatio*, der Entlassung eines Geistlichen aus dem gemeinsamen Leben eines Ordens, oder aus den schon früher (in der Reformationszeit oder im Westfälischen Frieden) vollzogenen Akten der Enteignung kirchlicher Güter her. Statt von einem sekundären Übergang eines Begriffs der Rechtssphäre in eine Metapher der Geschichtsdeutung und der Neuzeitinterpretation zu sprechen, sei es zutreffender, die von Anfang an vorhandenen metaphorischen Spielräume des Wortes als Inbegriff der Chance zu begreifen, unterschiedliche Bedeutungsdimensionen zu bündeln und an einer Leitalternative auszurichten.

Blumenberg verweist darauf, dass bereits in den 1790ern unter Überschriften wie: »Die Vernunft fordert die Säkularisierungen« und »Die Vernunft fordert die Säkularisierungen nicht« mit geschichtsphilosophischen Untertönen um das Verhältnis von Rationalität und Säkularisierung gestritten wird (ebd., 28). Als eine Art Urstiftung einer spezifischen Neuzeitdeutung geht diese Debatte den Ereignissen, die zum Reichsdeputationshauptschluss führen, voraus. Gestritten wird um ein Entwicklungsschema, nach dem die Epoche der europäischen Aufklärung (das Zeitalter der Vernunft) mit der Französischen Revolution in einen Prozess von Enteignungen münde und das gegensätzlich interpretiert werden kann: unter der Zielvorstellung einer sich historisch durchsetzenden Vernunft, zugleich aber auch unter dem Verdacht einer Wiederkehr des uralten Frevels eines Raubs von Kirchenschätzen.

Die Einschlägigkeit und Attraktivität der Metapher ›Säkularisierung‹ resultiere aus der Ambivalenz von Erfüllungserwartung und Verwüstungserinnerung, die ihre Karriere als Deutungsschema stärker bestimme als die Möglichkeit, Abhängigkeiten und Vorläuferschaften zwischen geistlichen und weltlichen Ideen konkret aufzuweisen. Dass Prozesse der Modernisierung, der Transformation von Vorstellungen oder der Wanderung von Ideen als Säkularisierungen identifiziert werden, verdankt sich der Prägnanz einer Hintergrundmetaphorik, die in einem akuten Stadium produktiv wird. Von einer kontinuierlichen begriffsgeschichtlichen Entwicklung, die erst sekundär metaphorisiert wurde, könne keine Rede sein. Blumenbergs Verweis auf den metaphorischen Gehalt des Säkularisierungsbegriffs zielt also nicht auf die Behauptung, aus einem Rechtsvorgang werde im 19. Jahrhundert durch Metaphorisierung ein Interpretationsschema gewonnen, vielmehr unterstellt er, dass ein von Anfang an vieldeutiger und laxer Gebrauch des Wortes in einer spezifischen Situation polarisiert wird, weil sich das Deutungspotential auf den Aspekt gewaltsamer Enteignung fokussiert.

Doch nicht nur die Geschichte der Metapher, auch der Bedarf an Metaphorisierung bedarf der Aufklärung. Blumenberg hat an unterschiedlichen Paradigmen gezeigt, dass Metaphern nicht durch Rückgang auf das eigentlich Gemeinte ersetzbare Restbestände älterer anschaulicher Redeformen sind, sondern dass sie gerade die exakten Begriffsbestimmungen der Wissenschaften orientieren und vorstrukturieren. Neben solchen Grundbeständen des wissenschaftlichen Weltzugangs hat er auch auf die eigentümliche Funktion sogenannter ›absoluter Metaphern‹ hingewiesen. Diese seien einschlägig, wo immer es um die Repräsentation des Ganzen der Wirklichkeit oder um die Darstellung der Freiheit geht (vgl. Blumenberg 1960, 25). Weil sich weder die Idee der Totalität des Weltganzen noch die Idee der Freiheit im Horizont empirischer Verstandeserkenntnis widerspruchsfrei bestimmen lässt (wie Kant im Antithetikkapitel der *Kritik der reinen Vernunft* gezeigt hat), die Vernunft andererseits auf solche Ideen auch nicht verzichten kann, sind bereits bei Kant die Darstellungsformen des Symbols und der Metapher Platzhalter und Vehikel eines spezifischen Bewusstseins für die Grenzen der Vernunft (vgl. Kant: KdU § 59, A 251 f.).

Das darf auch für die Metapher der Säkularisierung in Anspruch genommen werden, bringt sie doch die Selbstdeutung der Gesellschaft insgesamt zum Ausdruck. Der Versuch, eine Totalitätsaussage zu machen, die die moderne Gesellschaft als ganze bestimmt, ruft die Metapher auf den Plan. Insofern ist es für den Metaphorologen nicht verwunderlich, dass die Selbstverständigung einer Zeit in dem Maße, in dem sie eine absolute Grenze gegenüber ihrer eigenen Geschichte zu markieren sucht, auf eine Metapher zurückgreift. Aber die Einsicht in den Metaphorisierungsbedarf kann durchaus mit der radikalen Kritik an einer Metapher einhergehen. Der Blick Blumenbergs auf die in neuzeittheoretischer Absicht zentral gestellte Rede von der Säkularisierung unterscheidet also zwischen einem berechtigten und einem überschwänglichen Gebrauch. Nachvollziehbar ist der Bedarf, berechtigt ist die soziologische Verwendung, kritisch zu betrachten ist die inflationäre Verwendung des Wortes und vor allem die Suggestion der Illegitimität. Das Recht der Metapher bliebe unbestritten, verlangte man vom Säkularisierungsbegriff ein höheres Maß an Präzision.

Fehlt es sowohl an Metaphorisierungsbewusstsein wie an terminologischer Schärfe, so verfällt die Säkularisierungsvorstellung an die Differenz von Recht und Unrecht, so dass die einschlägigen Debatten die Einfärbung von Kulturschuldfragen annehmen (vgl. Blumenberg 1974, 34). Historische Fragen nach den Ursprüngen der Moderne in der religiösen Kultur des Christentums werden dann als Bindungsfragen diskutiert, die den modernen Menschen zwischen Vergesslichkeit und Undankbarkeit gegenüber den eigenen Ursprüngen bzw. zwischen Hybris und Bindungsangst schwanken sehen.

Gerät die soziologische Kategorie der Säkularisierung unter den Druck solcher weltanschaulichen Konfigurationen, wird es Zeit, die Eigenständigkeit der Moderne zu behaupten und also die Verwendung von ›Säkularisierung‹ als »eine Kategorie des geschichtlichen Unrechts« (Blumenberg zitiert nach Schmitt 1970, 86) einzuschränken.

Säkularisierung als Umformung

Neben der Lösung von Bindungen und der Überführung von Eigentum spielt in der Säkularisierungsmetaphorik die Transformation von Ideen eine zentrale Rolle. So heißt es beispielsweise, die im *Grundgesetz der Bundesrepublik Deutschland* oder in der *Allgemeinen Erklärung der Menschenrechte* verankerte Würdekategorie sei die ›säkularisierte Form‹ der biblisch-theologischen Rede von der Gottebenbildlichkeit des Menschen, das moderne Arbeitsethos sei die weltliche Gestalt einer auf Askese ausgerichteten Frömmigkeit oder die Selbstentblößungsrituale in Talkshows seien die Umformung des Beichtinstituts im Medienzeitalter. Es ist diese Form einer keine Grenzen phantasiereicher Analogiebildung scheuenden Wiedererkennung von Inhalten, die Blumenbergs Ärger auslöst – und auch seinen Spott, wenn er vorschlägt, das Examen als säkularisierte Form des Jüngsten Gerichts, mindestens aber der Inquisition, in die Liste moderner Umformungen christlicher Leitideen aufzunehmen (vgl. Blumenberg 1974, 22).

Während unter ›Verweltlichung‹ umgangssprachlich das allmähliche Nachlassen religiösen

Eigensinns und insofern Bedeutungsschwund gemeint ist, wird in Diagnosen der Bedeutungsumformung auf Bedeutungsidentität gesetzt. Die dabei in Anspruch genommene Denkfigur changiert zwischen ›dieses ist in Wahrheit nichts anderes als jenes‹ und ›dieses wäre nicht möglich geworden ohne jenes‹. Das Verfahren der Wiedererkennung funktioniert dabei auch unabhängig von Sachzusammenhängen oder historischen Kontexten. Es reicht vollständig aus, die entdeckte Entsprechung mit einer Umformungsthese zu verbinden. Die Suggestion eines explanativen Wertes stellt sich auch ohne kritische Kontrolle alleine dadurch ein, dass Erklären als Rückführung eines neuen Inhalts auf einen bereits bekannten erscheint.

Allerdings geht es Blumenberg nicht um die weichen Varianten des Säkularisierungstheorems, wie sie kulturkritische Betrachtungen gerne vortragen, die Fußball und Fernsehen als säkularisierte Rituale oder das Kino als weltlichen Sakralraum betrachten. Sein Interesse richtet sich auf zwei Theorieentwürfe, von denen im Folgenden gesondert gesprochen werden muss. Für eine erste Orientierung sei zunächst auf Thesen von Blumenbergs früherem Hamburger Kollegen Carl Friedrich von Weizsäcker verwiesen.

Weizsäcker hatte das Verhältnis von (christlicher) Religion und (moderner) Wissenschaft neu zu bestimmen versucht – und zwar mit der These, in der Neuzeit sei die zentrale Orientierung an Gott durch eine Fokussierung auf die Welt ersetzt worden, was zur Krise des gegenwärtigen reduktionistischen und eindimensionalen Selbstverständnisses des Menschen beigetragen habe. Um die Veränderung des Weltverhältnisses zu beschreiben, diagnostiziert er im Blick auf die klassische von Newton geprägte Physik eine Wanderbewegung derjenigen Idee, die in der klassischen Metaphysik etwa bei Descartes als Inbegriff des Gottesgedankens galt: der Idee des Unendlichen. Mit deren Relativierung im frühen 20. Jahrhundert werde der Preis für die feindliche Übernahme als Krise des Weltbildes erstattet:

»In der Neuzeit übernimmt die Welt dieses Attribut Gottes; die Unendlichkeit wird säkularisiert. Unter diesem Aspekt ist es sehr bemerkenswert, dass unser Jahrhundert an der Unendlichkeit der Welt zu zweifeln begonnen hat. Ich glaube, dass in unserer Zeit eine kritische Prüfung der Säkularisierung beginnt, genau gleichzeitig damit, dass die Säkularisierung eine nie zuvor gekannte Konsistenz gewinnt« (Weizsäcker 1964, 180).

Blumenberg nennt dieses Zitat exemplarisch »für das ganze Syndrom der Säkularisierungsthematik« (Blumenberg 1974, 92). Denn die historische Behauptung der Abkünftigkeit der modernen Wissenschaft von den Voraussetzungen der Religion wird bei Weizsäcker zugleich zum Hinweis auf Fehleinschätzungen, die erst in der dramatischen Korrektur eines deterministischen Weltverständnisses bzw. der Überwindung der Vorstellung von Raum und Zeit als absoluten Größen zum Vorschein kommen. Insofern wird die damals aktuelle Entwicklung der Physik zugleich als Chance zur Neujustierung des Verhältnisses zwischen christlichem Glauben und moderner Wissenschaft begriffen.

Das wird besonders deutlich, wenn Weizsäcker von einem »tief irrationalen Zug des Wissenschaftsglaubens« spricht, der die Welt auf den Thron des Allerhöchsten versetze und kritische Nachfragen geradezu als Blasphemie behandele: Ein solcher Szientismus geriere sich als säkularisierte Gestalt einer Zweifel unterdrückenden Orthodoxie (unter der er als junger Physiker persönlich gelitten habe, Weizsäcker 1964, 169).

Die Suggestion ist deutlich: Der Zugriff auf das Göttliche gelingt nicht nur nicht, sondern lässt den Rationalismus der Wissenschaft ins Gegenteil seiner selbst umschlagen. Im Grunde wird hier im Paradigma der Säkularisierung eine Hybris-Geschichte erzählt, deren Grundstruktur im biblischen Mythos vom Turmbau zu Babel vorgezeichnet ist.

Um das erzeugte Gesamtbild als eine willkürliche Konstruktion der Geschichte der modernen Wissenschaft zu entlarven, fokussiert Blumenberg die Aufmerksamkeit auf die vergessenen Traditionen aristotelischer Weltauffassung, die in der Ablösung des christlich-mittelalterlichen Weltbildes eine zentrale Rolle spielten: Für Aristoteles war Unendlichkeit immer schon ein Attribut der Welt. Zur Gewinnung dieses Weltattributes bedurfte es keines Aktes der Enteignung göttlicher Eigenschaften, sondern nur der Aristoteles-Rezeption. Im Übrigen werde von der Unendlichkeit von Raum und Zeit durchaus nicht im Modus anmaßender Usurpierung des Göttlichen gesprochen, sondern eher im Modus der Resignation angesichts einer letztlich durch Unbestimmtheit gekennzeichneten Welterfahrung (vgl. Blumenberg 1974, 100). Das schiefe Bild der Genese neuzeitlicher Wissenschaft, das Weizsäcker zeichne, motiviert den Wunsch nach Korrektur der gegenwärtigen Weltauffassung, den Blumenberg schlicht für ideologisch hält, so sehr dieser als »kritische Prüfung der Säkularisierung« auftritt (Weizsäcker 1964, 180).

Das in diesem Erklärungsmuster entworfene Bild rekonstruiert die Genese der Neuzeit im Schema eines Substantialismus. Die Geschichte wird erklärt, indem auf die Identität einer substantiellen Bestimmung (Unendlichkeit) in zweierlei Formen rekurriert wird: auf die genuine und für die Sache wesentliche Form des religiösen Hintergrundes und auf die durch sekundäre Umformung entstandene säkulare Form. Soll diese aus jener um den Preis einer Abschwächung ihrer ursprünglichen Prägnanz hervorgehen, so ist die Konstanz des Inhaltes vorausgesetzt. Blumenberg erkennt darin einen historischen Substantialismus, der Identität und zeitübergreifende Konstanz konstruiert und die latenten und unausgeschöpften Alternativen übersieht, die in geschichtlichen Situationen bereitliegen (vgl. Blumenberg 1974, 37). Das Gegenmodell, das Blumenberg vorschlägt, folgt der seit Ernst Cassirer beinahe sprichwörtlichen Umstellung von Substanz auf Funktion (vgl. Cassirer 1910/1994). Nicht die ›Selbigkeit‹ des Inhalts, sondern die Kontinuität von Funktionen ist das Erklärungsmodell, das die *particula veri* des Säkularisierungsgedankens für ein historisches Verständnis der Neuzeit zur Geltung bringen kann (vgl. Blumenberg 1974, 76). In diesem kommt es nicht auf die ›Umsetzung‹ identischer Inhalte, sondern auf die ›Umbesetzung‹ von Funktionsstellen an.

Gemeint ist damit, dass jedes Zeitalter auf eigentümliche Weise Ordnung in einen Haushalt letzter Fragen zu bringen versucht, ohne jemals in der Lage zu sein, diese unabweisbaren, weil durch die Vernunft selbst aufgegebenen Fragen definitiv zu beantworten. Insofern vollzieht sich die Geschichte weder als Wechsel von Mythos und Glaube zu Vernunft und Wissenschaft noch als Übergang von metaphysischen Fragen zu aufgeklärten Antworten. Aber es gibt Überlappungen von Fragehorizonten und immanente Krisen, die zum Wechsel von Erklärungsmustern herausfordern. Im Klartext: Die Neuzeit übernimmt Blumenberg zufolge nicht die Begriffe und Überzeugungen des Christentums, um diese zu säkularisieren, sondern sie ersetzt unglaubwürdig gewordene Lösungen unter Beibehaltung der Frage- und Problemlasten. Insofern sind durchaus Analogien zwischen Christentum und Neuzeit erkennbar. Aber sie sprechen keineswegs für die Annahme, dass die Neuzeit auf dem Christentum aufbaut. Es könnte sich auch um eine spezifische Form der Abwehr handeln: um Selbstbehauptung der Vernunft angesichts von Krisen, die innerhalb des Christentums nicht mehr zu lösen waren, aber auf die reagiert werden musste. Nicht »*Umsetzung* authentisch theologischer Gehalte in ihre säkulare Selbstentfremdung, sondern […] *Umbesetzung* vakant gewordener Positionen von Antworten […], deren zugehörige Fragen nicht eliminiert werden konnten« (Blumenberg 1974, 77), zeichnen die Genese der Moderne und darin zugleich ihre Eigenständigkeit aus.

Die Auseinandersetzung mit Carl Schmitt

Carl Schmitts 1922 erschienene *Politische Theologie. Vier Kapitel zur Lehre von der Souveränität* mit ihrer These, alle prägnanten Begriffe der modernen Staatslehre seien säkularisierte theologische Begriffe (ebd., 43), nennt Blumenberg die »stärkste Form des Säkularisierungstheorems« (Blumenberg 1974, 106). Schmitt reagierte auf Blumenbergs *Die Legitimität der Neuzeit* (1966) in *Politische Theologie II. Die Legende von der Erledigung jeder Politischen Theologie* (1970) und beklagt nicht nur die »pauschale Vermischung meiner Thesen mit allen möglichen konfusen Parallelisierungen religiöser, eschatologischer und politischer Vorstellungen«, sondern formuliert auch deutliche Kritik: Blumenberg setze »die Nicht-Absolutheit absolut« (Schmitt 1970, 85 f.), er kenne einzig Neuheit als Rechtfertigungsinstanz (vgl. ebd., 87) und ziele auf »Selbstermächtigung des Menschen«, eines Menschen, der Transzendenz leugne und sich in Immanenz verschließe (ebd., 88). Blumenbergs Umarbeitung der ersten beiden Teile von *Die Legitimität der Neuzeit*, wie sie in *Säkularisierung und Selbstbehauptung* vorliegt, war vor allem der Auseinandersetzung mit Schmitt geschuldet (Blumenberg/Schmitt 2007, 105, 130 f.). Überhaupt bestätigt der posthum publizierte Briefwechsel mit Schmitt den Eindruck einer tiefgreifenden Auseinandersetzung Blumenbergs mit dessen Schriften.

Im Zentrum der Debatte um die Politische Theologie steht mit dem Souveränitätsbegriff die Frage nach der möglichen Einhegung höchster Macht. Die Souveränität des politischen Herrschers ist für Schmitt säkularisierte göttliche Allmacht. Die Lage der Moderne und insbesondere ihrer Verfassungsbewegung zeichne sich durch den Versuch einer Neutralisierung der Macht aus, die im Liberalismus und im Kantianismus der zeitgenössischen Rechtsphilosophie unsichtbar gemacht werde zugunsten von Rechtsverfahren, demokratischen Prozeduren und der romantischen Idee des ewigen Gesprächs. In Wahrheit aber beruhe die staatliche Ordnung auf der Macht der Entscheidung, wie sie im Ausnahmezustand als Sistierung aller Regeln in höchster Reinheit zum Ausdruck komme. Souveränität meine transzendente Freiheit gegenüber der Ordnung. In der Umdeutung des Staates zum Rechtsstaat werde sie eskamotiert. Macht als die Möglichkeit, Ordnung auch dann noch zu setzen, wenn keine Rechtsordnung mehr bestehe, sei der Ausdruck absoluter Freiheit, wie Gott sie in der Durchbrechung der Naturordnung ausübt. Insofern habe der Ausnahmezustand »für die Jurisprudenz eine analoge Bedeutung wie das Wunder für die Theologie« (Schmitt 1922, 43), also Offenbarungsqualität hinsichtlich des vorausgesetzten Absoluten.

Gegenüber den Verlusten der Moderne finde sich nur noch in der katholischen Kirche – Schmitt schreibt seine ›Politische Theologie‹ gleichzeitig und in sachlicher Entsprechung zu seinem Aufsatz »Die politische Idee des Katholizismus« (1922) – echte und glaubwürdige Repräsentation höchster Macht. Die Marginalisierung des Christentums in der Weimarer Republik sei die Spitze einer Verfallsgeschichte, die aus der zunehmenden Lösung der staatlichen Rechtsordnung aus dem Zusammenhang mythisch-religiöser Symbolisierungen resultiert. Im Übrigen gründet das Politische Schmitt zufolge in einer radikalisierten Freund/Feind-Unterscheidung (Schmitt 1932/1996, 26 f.), die wiederum als säkularisierte Form religiösen und insbesondere apokalyptischen Gefährdungsbewusstseins erscheint.

Seine These zur Theologizität des Souveränitätsbegriffs steht jedoch im Zentrum der Säkularisierungsdebatte. Schmitt zielt auf Delegitimierung des demokratischen Rechtsstaates, ersetzt Normen durch absolute Entscheidungen und denkt den Staat als Einheit von höchster Willkür und höchster Macht und insofern als Umformung eines (spezifischen) Gottesgedankens.

Wenn Blumenberg die Eigenständigkeit der Moderne als Selbstbehauptung der Vernunft gegenüber den unerträglich gewordenen Zumutungen eines theologischen Absolutismus begreift, geht es implizit immer auch um eine Abwehr der Position Carl Schmitts. Dieser diskutiert Blumenbergs Überzeugungen daher durchaus zutreffend, wenn er sich bemüht, die *Legende von der Erledigung jeder Politischen Theologie* (so der Untertitel von Schmitt 1970) zurückzuweisen. Zu Recht erkennt er, dass Blumenberg – wenn auch auf andere Weise als sein eigentlicher Gegner Erik Peterson – die theoretischen Voraussetzungen seiner Position zu unterminieren sucht. Im Blick auf die zentrale Behauptung Petersons, mit der Entwicklung der katholischen Trinitätslehre sei die im Gedanken absoluter Monarchie gipfelnde Politische Theologie definitiv überwunden (vgl. Peterson 1935), sucht und erreicht er die ausdrückliche – und für dessen weiteren Arbeiten wegweisende – Zustimmung Blumenbergs: Beide sind der Überzeugung, dass die Trinitätslehre einen Dualismus von Schöpfer- und Erlösergott verewigt, der keine Lösung der Probleme, sondern einen Rückfall in Gnosis und immanenten Aufruhr (*stasis*) nach sich zieht.

Schmitts vorsichtige Selbstkorrektur: »Alles, was ich zu dem Thema *Politische Theologie* geäußert habe, sind Aussagen eines Juristen über eine rechtstheoretisch und rechtspraktisch sich aufdrängende, systematische Struktur-Verwandtschaft von theologischen und juristischen Begriffen« (Schmitt 1970, 101. Anm. 1), akzeptiert Blumenberg allerdings nicht. Denn sie erscheint ihm als der Versuch, an der Generalthese festzuhalten, indem das Säkularisierungstheorem zu einer bloßen Entsprechungsthese abgeschwächt wird. Diesen Kompromiss lässt Blumenberg nicht zu. Stattdessen kehrt er den Spieß um. Schmitts Politische Theologie sei in Wahrheit Ausdruck eines Metaphorisierungsbedarfs, der in seinem radikalen Dezisionismus gründe. Ganz auf sich gestellt, bleibe der juristische Positivismus nämlich undurchführbar, stets müsse er sich an den Bereich bereits gefallener Entscheidungen andocken und also Anschluss an das bereits Geltende und Selbstverständliche suchen (vgl. Blumenberg 1974, 113). Der Verweis auf die geschichtliche Herkunft erfülle deshalb die Funktion einer stillschweigenden Legitimitätsbeschaffung, ohne die sich der Dezisionismus in die Aporien des Voluntarismus verstricken müsste. Insofern sei die Rückendeckung durch Theologie vor allem ein Ausdruck eines Bedarfs, den Schmitts Verständnis des Politischen schaffe: »die theologische Phänomenalität der politischen Begriffe« sei die »Folge der absoluten Qualität politischer Realitäten«, wie Schmitt sie unterstellt (ebd., 106). Im Klartext: Dass Schmitt den Staat als Repräsentation reiner Macht denkt, verrät mehr über den apokalyptischen Charakter seines Denkens als über die faktische Herkunft der Begriffe der Staatslehre. Schmitts Säkularisierungstheorem ist ein notwendiger Ausdruck seiner eigenen Theologisierung des Politischen.

Die Eigenart der Moderne zu verteidigen, heißt vor diesem Hintergrund: einen Vernunftbegriff zu befördern, der sich die Verstrickung in alle Formen des Absolutismus und Totalitarismus erspart und wesentlich von Pluralismus und Gewaltenteilung geprägt ist. Die These der *Legitimität der Neuzeit* besteht insofern in der Artikulation eines Vernunftbegriffs, der nicht die Lasten des Absolutismus trägt und sich folglich auch nicht als Nachfolgefigur absoluter Selbstsetzung und Selbstermächtigung begreifen lässt. Die neuzeitliche Vernunft ist eine, die sich gegen alle Zumutungen jedweder Absolutheit behauptet, gerade weil sie sich pragmatisch begreift und also zugibt, dass es vernünftig sein kann, nicht bis zum letzten vernünftig sein zu wollen (vgl. Blumenberg 1979b, 180 f.). Insofern mündet Blumenbergs Kritik des Säkularisierungsgedankens in einen Beitrag zu einem Rationalitätsverständnis, das sich theoretisch und praktisch-politisch als human auszeichnet. ›Vernunft‹ wird zum Inbegriff von Maßnahmen, die ein Lebewesen ergreift, dessen Überleben nicht gesichert ist. Es ist also der Hintergrund einer die politische Erfahrung des 20. Jahrhunderts aufnehmenden Anthropologie, der Blumenberg gegen das Syndrom des Säkularisierungskonzepts vorgehen lässt. Die Behauptung, die Epoche der Vernunft sei »nichts anderes als eine sich selbst nicht verstehende Aggression gegen die Theologie, aus der sie doch verborgenerweise all das Ihre genommen habe« (ebd., 112), verhindert eine angemessene Bestimmung humaner Rationalität.

Eschatologie und Geschichtsbewusstsein. Die Auseinandersetzung mit Karl Löwith

Dass die moderne Geschichtsphilosophie (insbesondere ihre Frage nach dem Sinn der Geschichte) und auch die bürgerliche Fortschritts- wie die antibürgerliche Revolutionsidee als Ganze dem biblischen Glauben an das geschichtliche Wirken Gottes entspringe und eine Säkularisierung der jüdisch-christlichen Eschatologie darstelle, war die Leitthese des 1949 erschienenen Buches *Meaning in History. The Theological Implications of the Philosophy of History* von Karl Löwith (dt. unter dem Titel *Weltgeschichte und Heilsgeschehen. Die theologischen Voraussetzungen der Geschichtsphilosophie*, 1953). Löwith knüpft an die zuerst von Hermann Cohen formulierte These an, erst die jüdische nachexilische Geschichtsprophetie habe den Sinn für die Zukunft entdeckt und damit den Horizont der Zu-

5. Eigenständigkeit der Moderne

kunftsoffenheit wie der Zielorientierung in das abendländische Denken eingespeist, das gegenüber dem an zyklischen Zeitstrukturen des Kosmos orientierten griechisch-heidnischen Denken ein echtes Novum bedeute (vgl. Löwith 1953, 15, 25). Einen Fortschrittsgedanken habe es nur (!) durch den jüdisch-christlichen Futurismus geben können, so sehr die Moderne der Geschichtsphilosophie und vor allem einer positivistischen Wissenschaft eine antichristliche Tendenz hervorkehre (vgl. ebd., 63, 106). Bei der Formulierung seiner These neigte Löwith – vor allem in seinem Marx-Kapitel – zu unmittelbaren Identifikationen des von Blumenberg kritisierten Typs: ›x ist nichts anderes als y‹. Das zeigen die folgenden Beispiele: »Das Proletariat ist [...] das auserwählte Volk« (ebd., 41), »[d]er historische Materialismus ist Heilsgeschichte in der Sprache der Nationalökonomie« (ebd., 48) und »[d]as dritte Testament der Joachiten erschien als ›Dritte Internationale‹ wieder und als ›Drittes Reich‹« (ebd., 146 f.). Daran zeigt sich das Interesse, die deutsche Empfänglichkeit für den Totalitarismus eines im Namen der Vorsehung operierenden Nationalsozialismus aus den Wurzeln einer christlichen und vor allem idealistischen Geschichtsphilosophie abzuleiten.

Löwith gebraucht das Säkularisierungstheorem letztlich kritisch: die christliche Geschichtsphilosophie sei letztlich ein künstliches Gebilde, der Versuch, der Geschichte einen allgemeinen Sinn abzugewinnen, sei maßlos, nur jüdisch sei eine Theologie der Geschichte möglich (vgl. ebd., 179). Die moderne Umformung des Vorsehungsglaubens, die an die Stelle der göttlichen Fürsorge den Glauben an die rationale Selbstvorsorge eines humanen Fortschrittes rücke, bleibe zweideutig. Sie sei ebenso antichristlich (Voltaire) wie sie zugleich durch Historisierung der Eschatologie (Joachim von Fiore) selbst christlich vorbereitet wurde.

Blumenberg bestreitet – wie in der Auseinandersetzung mit Weizsäcker – die Einlinigkeit der Herleitung: Es seien auch andere Thesen über die Genese der Fortschrittsidee gut begründet, etwa die des Selbstvergleichs der Gegenwart mit der Vergangenheit im Besonderen im Zusammenhang der Ablösung des ptolemäischen Weltbildes durch die bessere, weil genauere Erklärungskraft der kopernikanischen Astronomie. Vor allem aber wirke die christliche Eschatologie gerade in der Epoche, in der die von Löwith behauptete Umformung habe stattfinden sollen, überhaupt nicht als Hoffnungsvorstellung, sondern nur als »Inbegriff von Schrecken und Furcht« (Blumenberg 1974, 40). Allenfalls das frühe Christentum sei in Gestalt der Naherwartung auf Hoffnung angelegt; diese sei aber nie eine der innergeschichtlichen Realisierung des Heils gewesen. Mit der Enttäuschung der Naherwartung habe das Christentum eine institutionelle Gestalt angenommen, die Bitte um das Kommen des Reiches Gottes durch die Bitte um einen Aufschub zugunsten der eigenen Weltlichkeit und so Eschatologie durch Ekklesiologie ersetzt. Eschatologie ist für Blumenberg geradezu Verhinderung eines Sinns für Geschichte. Der Behauptung Gershom Scholems, noch in seiner säkularisierten Gestalt als Fortschrittsgedanke beweise der jüdische Messianismus seine ungebrochene Macht, widerspricht Blumenberg genauso energisch (ebd., 44) wie Rudolf Bultmanns Ausführungen zum Verhältnis von Geschichte und Eschatologie (s. u.).

Für Blumenberg ist das Säkularisierungstheorem ein vergeblicher Versuch, die von der historischen Theologie seines Erachtens geleistete Aufklärung der restlosen Abhängigkeit des Christentums vom paganen Synkretismus der Spätantike noch einmal zugunsten eines Pathos vermeintlicher Ursprünglichkeit einzutrüben (ebd., 47). Die Eigenständigkeit der Moderne zeige sich im frühneuzeitlichen Rückgriff auf die vom Christentum noch unberührte Stoa (der dieses im Übrigen den Begriff der Vorsehung, *pronoia*, seinerseits entlehnt habe) und in der bei Vico wie bei Kant wirksam werdenden, schwerlich christlichen Überzeugung, dass der Mensch selbst seine Geschichte mache. Bei ihr handele es sich nicht um die säkularisierende Umformung einer Heilsgeschichte, sondern »zunächst nur« um »ein Prinzip der Selbstbehauptung gegen die Verunsicherung der Erkenntnis durch das übermächtige theologische Fremdprinzip« (ebd., 44).

Es entbehrt nicht einer gewissen Pikanterie, dass Carl Schmitt in der harschen Löwith-Kritik

Blumenbergs eine Stützung seiner eigenen Position und insofern eine Schützenhilfe in seinem Streit mit Peterson sah. Alles Wesentliche habe Löwith nämlich von Peterson abgeschrieben. Die Debatte stellt eine interessante religionspolitische Konstellation dar. Der vom Protestantismus zum Katholizismus konvertierte Peterson erkannte in Schmitts Politischer Theologie die Rückkehr des Heidentums, Schmitt in Löwiths Position einen Versuch des Judentums, sich als die einzig legitime Quelle europäischen Geschichtsdenkens darzustellen. Gegen Peterson und Löwith meinte Schmitt, ein genuin politisch-geschichtlicher Sinn ergebe sich erst aus dem Selbstbewusstsein einer Kirche, die sich als diejenige Macht versteht, die das Ende der Geschichte aufzuhalten vermag, weil ihre Gebetsbitte um Zeit für die Mission das Kommen des Antichristen verzögert. Blumenbergs These zur Legitimität der Moderne unterscheidet sich von dem zwischen Peterson, Löwith und Schmitt manifesten Streit um die rechte religiöse Quelle für die Tiefendynamik der Moderne dadurch, dass er nicht länger auf umformende Fortsetzung von Religion, sondern auf deren Abwehr setzt (vgl. Blumenberg/Schmitt 2007, 284).

Theologische Legitimität der Neuzeit? Zeitgenössische Auseinandersetzungen in der protestantischen Theologie

Blumenbergs Verdacht, das Säkularisierungstheorem diene der Delegitimierung der Moderne, scheint zumindest im Blick auf die protestantische Theologie der zweiten Hälfte des 20. Jahrhunderts widerlegbar zu sein. Zeitgleich mit der deutschen Übersetzung von Löwiths Buch veröffentlichte Friedrich Gogarten (1887–1967) *Verhängnis und Hoffnung der Neuzeit. Die Säkularisierung als theologisches Problem* (1953), und bald darauf erschienen die Briefe Dietrich Bonhoeffers, die er aus der Haft in Tegel an Eberhard Bethge geschrieben hatte. Beide Publikationen kamen darin überein, die säkularisierte, mündig gewordene Welt als die legitime Folge christlichen Glaubens und in Sonderheit der reformatorischen Theologie wahrzunehmen.

Für Gogarten besteht Ethik in der Verantwortung der Glaubenden hinsichtlich der ihnen eigenen geschichtlichen Situation. Nachdem Gogarten in Nähe zu den Deutschen Christen und in Arbeitsgemeinschaft mit Carl Schmitt die geschichtliche Situation der frühen 1930er Jahre als eine Zeit gedeutet hatte, in der *Wider die Ächtung der Autorität* (1930) die Wiederherstellung der Ordnung angestrebt werden müsse, zieht er Anfang der 1950er Jahre eine Linie vom evangelischen Glauben zur Autonomie. (Andere Zeiten erfordern offenbar andere Formen rechter Weltlichkeit.) Wer Gott Gott sein lassen könne, werde vom Knecht zum Sohn, der das ihm aufgetragene Erbe in Freiheit selbst verantworte und darum in der Welt *sola ratione* handele. Die reformatorische Freiheit vor Gott im Dienst gegenüber dem Nächsten schließe die Bejahung der Autonomie menschlichen Handelns in der Welt ausdrücklich ein. Allerdings erteilt Gogartens theologische Rehabilitierung ›echter Weltlichkeit‹ dem ›Säkularismus‹ als eines irrlichternden und abgöttischen Selbstmissverständnisses der Moderne nach wie vor eine Absage.

Bonhoeffer betont vor allem die Unumkehrbarkeit der Genese einer »mündig gewordenen Welt«, deren konstitutive Religionslosigkeit er theologisch ausdrücklich anerkennt. Auch der Glaubende lebe in der Welt ›etsi deus non daretur‹ (als ob es Gott nicht gäbe):

»Das Prinzip des Mittelalters [...] ist die Heteronomie in der Form des Klerikalismus. Die Rückkehr dazu aber kann nur ein Verzweiflungsschritt sein, der nur mit dem Opfer der intellektuellen Redlichkeit erkauft werden kann. [...] Und wir können nicht redlich sein, ohne zu erkennen, dass wir in der Welt leben müssen – ›etsi deus non daretur‹. Und eben dies erkennen wir – vor Gott! [...] Der Gott, der uns in der Welt leben läßt ohne die Arbeitshypothese Gott, ist der Gott, vor dem wir dauernd stehen. [...] Gott läßt sich aus der Welt herausdrängen ans Kreuz, Gott ist ohnmächtig und schwach [...] und gerade nur so [...] hilft er uns [...]; nur der leidende Gott kann helfen. Insofern kann man sagen, daß die beschriebene Entwicklung zur Mündigkeit der Welt, durch die mit einer falschen Gottesvorstellung aufgeräumt wird, den Blick frei macht für den Gott der Bibel, der durch seine Ohnmacht in der Welt Macht und Raum gewinnt« (Bonhoeffer 1998, 533f.).

Bereits vor Bonhoeffer und Gogarten hatte Paul Tillich (1886–1965) jeder Heteronomie in Wissenschaft, Ethik und Ästhetik eine Absage erteilt und Autonomie in Theonomie begründet, die rechte Freiheit ermögliche, indem sie Autonomie vor der Inhaltslosigkeit leerer Formen bewahre (vgl. Tillich 1919/1990, 74).

Blumenberg kennt diese Varianten einer theologischen Anerkennung der Eigenständigkeit der Moderne durch die Lektüre von Helmut Gollwitzer (1908–1993) und kommentiert sie wie folgt: »Die Stärke dieser Säkularisierungstheoreme liegt darin, daß sie eine Zusatztheorie enthalten, die nicht nur nachträglich als gut befinden läßt, was da an Geltungsschwund und Deutungsverlust hereingebrochen ist, sondern dies selbst als Heilsvorgang aufzuwerten verhilft. So kann ein Verlust an Herrschaft« – und nun folgt ein Gollwitzer-Zitat – »*als providentieller Vorgang von reinigender Kraft für das Christentum* verstanden werden« (Blumenberg 1974, 13). Blumenberg sieht deutlich, dass Herrschaftsverlust als freiwilliger Verzicht auf Macht (im Sinne der *kenosis*-Christologie) interpretiert werden kann. Er nennt solche Deutungsstrategien jedoch Versuche, durch Reduktion auf einen der Erfahrung immer schon entzogenen Kernbestand den christlichen Glauben zu immunisieren bzw. diesen dem jeweils gerade aktuellen Schlagwort anzupassen.

Diese Strategie geißelt er vor allem in Auseinandersetzung mit Rudolf Bultmann (1884–1976), den Blumenberg von seinen frühesten bis zu seiner letzten Veröffentlichung immer wieder zur Zielscheibe seiner Theologiekritik macht. In unserem Zusammenhang betrifft das Bultmanns Überzeugung, die paulinischen und vor allem die johanneischen Schriften des Neuen Testamentes vollzögen eine Vergeschichtlichung der Eschatologie, die diese von spekulativen Zukunftsvisionen auf radikale Wahrnehmung je aktueller Gegenwart umstelle: Indem das Gericht über die Welt sich ›jetzt‹, im Hören der Botschaft des Evangeliums und in der existentiellen Entscheidung für den Glauben und gegen ein an eigene Werke gebundenes, weltliches Selbstverständnis entscheidet, wird der Mensch von Sorge um die Welt entlastet (›entweltlicht‹) und zugleich zur echten Weltlichkeit befreit. Blumenberg kritisiert, Bultmann habe den Prozess der Verweltlichung an den Anfang christlicher Theologie vorverlegt und entziehe sich damit sowohl der historischen Kritik wie dem Problemdruck der neuzeitlichen Situationen. Für ihn erübrige sich die Säkularisierung, weil sie immer schon vom christlichen Glauben vollzogen sei (vgl. Blumenberg 1974, 49 f.): Das reine Kerygma bewahre den Gnostiker vor der Weltverstrickung.

Dass Blumenbergs Plädoyer für das Eigenrecht der Moderne im Grunde nur die Umformung des hermeneutischen Interesses sei, Eigenrecht und Eigensinn der Texte zur Geltung zu bringen, wird man nicht behaupten wollen.

Neuzeit und Gnosis. Die Auseinandersetzung mit Eric Voegelin

Oben war von der These Petersons die Rede, das Christentum habe mit seiner Trinitätslehre das abstrakte Einheitsdenken der Monarchie wie den Dualismus der Gnosis überwunden und so den Voraussetzungen der Politischen Theologie die Grundlage entzogen (Peterson 1931, 38). Blumenbergs Widerspruch gegen diese Behauptung erfolgt in Auseinandersetzung mit Eric Voegelin (1901–1985), die den zweiten Teil von *Säkularisierung und Selbstbehauptung* bestimmt. Voegelin hatte – eher beiläufig – die Neuzeit »das Gnostische Zeitalter« zu nennen vorgeschlagen (Voegelin 1953/54, 43). Blumenberg interpretiert diese Bemerkung sozusagen als eine Säkularisierungsthese der anderen Art: Nicht die Umformung christlicher Gehalte mache die Neuzeit aus, sondern die weltliche Transformation derjenigen Häresie, die als »Urfeind«, dem jungen Christentum aus den eigenen Reihen erstand (Blumenberg 1974, 144). Die Unterstellung, der Abschied vom Christentum vollziehe sich als Rückfall in eine längst überwundene Irrlehre, und die Hinwendung zur Welt ende in Weltflucht und Weltverachtung, erscheint Blumenberg als noch einmal zugespitzte Form der Illegitimitätserklärung. Er kehrt daher den Zusammenhang von Gnosis und Neuzeit um und behauptet: »die Neuzeit ist die zweite Überwindung der Gnosis« (ebd.). Als solche ist sie zugleich die einzig erfolgreiche, denn das Christentum sei an dem Versuch gescheitert, der Gnosis zu entkommen. Diese sei als innere Angelegenheit des Christentums die konsequentere Darstellung seines Selbstwiderspruchs, den die Kirche nur verdrängt und an dessen Wiederkehr es sich selbst in der spätmittelalterlichen Krise ruiniert habe (ebd., 134).

Den gnostischen Dualismus sieht Blumenberg in Marcions radikaler Entgegensetzung des Schöpfer- und des Erlösergottes begründet, mithin in einer Form der Theodizee, die den Glauben an Gott nur zu rechtfertigen vermag, indem sie Gott grundsätzlich von jeder Verantwortung für die Weltverfassung entlastet. Der Gott, der erlöst, kommt als Fremder in eine fremde Welt, die er nicht erlöst und vollendet, sondern aus der er immer nur befreit. Die antijüdische Entgegensetzung des alttestamentlichen Schöpfergottes und des neutestamentlichen Erlösers bei Marcion sei die einzig realistische und konsequente Fassung, die ein Erlösungsglaube annehmen könne. Nur habe das Christentum sich diesen Sachverhalt selbst verheimlicht.

Diese Geschichtskonstruktion ist zu eigenwillig, um ihre Begründung ausschließlich in der These Adolf von Harnacks erhalten zu können, der Katholizismus habe sich in seiner Ämterstruktur, in der Kanonisierung der Heiligen Schrift und in der Ausbildung seiner *regula fidei* in Abwehr Marcions konstituiert und stabilisiert (vgl. ebd., 150). Es muss mehr aufgeboten werden, um die These zu plausibilisieren. Blumenberg meint denn auch, die kirchliche Trinitätslehre integriere die Gegenläufigkeit von Schöpfung und Erlösung nur oberflächlich und verdecke insofern den immanenten Dualismus. An dieser Überzeugung hat Blumenberg bis in seine letzte Buchveröffentlichung (*Matthäuspassion*, 1988) festgehalten. Freilich lässt der Weg von Marcion zum Nicaenum nur in Siebenmeilenstiefeln als zusammengehörige Abwehr einer Irrlehre darstellen. Mag das katholische Christentum ohne diese Dogmatisierungsprozesse nicht denkbar sein, so folgt daraus doch nicht die inhaltliche Konvergenz der Vorstellungen.

Blumenberg verweist mit größerem historischen Recht auf Augustinus und bemüht sich im Blick auf den lateinischen Kirchenvater um eine dritte Ebene der Begründung. Augustinus kommt in der Tat aus der Abkehr vom Manichäismus zum Christentum und ringt mit der gnostischen Frage ›Unde malum et qua re?‹ (Woher das Böse und welchen Sachgrund hat es?) gerade an den Stellen, an denen er die Schöpfung gegen die Formen der Weltverachtung zu verteidigen sucht. Nichts an ihr verdiene den Verdacht, alle Kreatur sei anders als sehr gut geschaffen, allein die (ihrerseits gute) menschliche Freiheit beschwöre eine Unordnung herauf, indem sie Gottes Schöpfung im Gebrauch pervertiert.

Aber trotz solcher Auskunft ist in Augustinus' Erbsündenlehre und in seiner Dämonisierung sexueller Begierde die manichäische Tradition leicht wiederzuerkennen. Blumenbergs These eines an seiner eigenen Gnosis gescheiterten Christentums ist Augustinus-Interpretation. Der Weg von Augustinus bis zum Spätmittelalter gilt Blumenberg als Einheit einer Verfallsgeschichte, in der der Versuch, die Welt aus ihrer Negativierung durch Weltverachtung zu befreien, unter den gegebenen Voraussetzungen sich als letztlich undurchführbar erwiesen habe. Insofern sei die einzig gelungene Theodizee in Gestalt der gnostischen Polemik gegen den Schöpfer und die vergebliche Gnosis-Überwindung in Gestalt des kirchlichen Christentums am Beginn der Moderne durch Anthropodizee abgelöst worden (Blumenberg 1974, 165): Noch immer erfährt und begreift der Mensch die Natur als feindliche Welt, aber nun entfaltet er die Kunst des Überlebens auf eigene Rechnung und zwar als Selbstbehauptung und rationale Selbstvorsorge gegen die Übermacht. Als zweite (und erstmals erfolgreiche) Überwindung der Gnosis ist die Neuzeit also auch für Blumenberg ›echte Weltlichkeit‹; nur lässt er sie nicht aus ›Verweltlichung‹ resultieren.

Das Eigenrecht der Selbsterhaltung. Ein Fazit

In seinen späteren Texten kommt Blumenberg nur noch selten auf das Säkularisierungsthema zu sprechen, während Fragen nach der Eigenart

5. Eigenständigkeit der Moderne

der Moderne leitend bleiben (so vor allem in: *Die Genesis der kopernikanischen Welt,* 1975), eine der wenigen Ausnahmen findet sich in *Lebenszeit und Weltzeit* (1986). Sie kann am Anfang unseres Fazits stehen, weil sie eine Bündelung erlaubt. Blumenberg setzt sich an dieser Stelle mit der Behauptung auseinander, Theorien der Revolution, des Umsturzes oder des Terrors seien säkularisierte Formen des apokalyptischen Wunsches nach Zeit- und Geschichtsbeschleunigung (Benz 1977). Blumenberg erklärt solche Annahmen für überflüssig und müßig und stellt dann fest: »Das Theorem der Säkularisierung macht aus der bloßen Beziehbarkeit oder Analogie eine Abhängigkeit der Umwandlung und damit des der Originalität entbehrenden Gebrauchs zweiter Stufe« (Blumenberg 1986, 245; vgl. 243 f.). Dies verdeutlicht noch einmal den Grundeinwand: Der Begriff der Säkularisierung, der in soziologischen Zusammenhängen konkrete Sachverhalte zu identifizieren erlaubt, erzeugt in geschichtsphilosophischen und historischen Ableitungen nur Pseudoerklärungen, die in der Regel den Vorwurf der heimlichen Entlehnung einschließen. Wer ›Säkularisierung‹ sagt, hätte auch vom Plagiat sprechen können. Auch scheint die Moderne bei der Säkularisierung den Fehler schlecht abschreibender Schüler zu wiederholen: Sie übernimmt nicht nur fremde Leistungen, sondern entstellt den ursprünglichen Inhalt, so dass der Vorwurf unerlaubter Anverwandlung mit dem missbräuchlicher Weiterverwendung gekoppelt wird. Wenn die Säkularisierung der Gottesherrschaft zur Herrschaft des Menschen führt und dann in Ausbeutung der Natur, Unterdrückung der Beherrschten und Terror gegen Widerstrebende umschlägt, dann soll mit solcher Geschichtserzählung aktuelles Ungemach auf ursprüngliches Unrecht zurückgeführt werden.

Stellvertretend für solche Argumentationsstrategien, die auch ohne Säkularisierungsbegriff funktionieren, sei Franz von Baader zitiert: »Die antireligiösen Philosophen fingen damit an, den Menschen gottleer und gottlos zu machen, und endeten damit, die Natur menschenlos und unmenschlich zu machen, und dieser Gott und Menschen leugnende oder vielmehr hassende Geist ist der alleinige Geist (Esprit) ihrer Physik wie ihrer Politik« (über eine Äußerung Hegels; Baader 1854, 250). In der Fassung Carl Schmitts lautet das entsprechende Argument: »In ihrem ersten Stadium arbeitete« die politische Mythenbildung »noch mit den Resten einer säkularisierten Theologie [...] Das folgende Stadium aber ist längst darüber hinaus und braucht keine theologischen Begriffe [...] mehr. Den Massen ist in weitem Maße eine reine Diesseitigkeit völlig selbstverständlich geworden. Sie sind [...] *gottunfähig* geworden« (Schmitt 1950, 10 f.).

Gegen solche Neuzeitdeutungen vertritt Blumenberg die These, am Anfang der Moderne stehe weder frevelhafter Raub noch listige Annexion christlicher Ideen, sondern ein Akt der Selbstbehauptung der Vernunft gegen die Zumutungen, die in deren Geltung lag. Die christliche Gottesvorstellung, die – seit der vergeblichen Bemühung um Überwindung der Gnosis durch den inneren Widerspruch zwischen Schöpfung und Erlösung gekennzeichnet – es nicht schafft, ein tragfähiges Weltverhältnis zu gewähren, gerate immer mehr in den Sog eines theologischen Absolutismus der sich auf die reine Willkür absoluter Macht verengt. Um der absoluten Freiheit Gottes willen wird die Welt für kontingent erklärt und der Vernunft jeder Gegenhalt in einer Notwendigkeit genommen, die auch für Gott gilt. Dementsprechend komme es zur Ausbildung der Lehre von der doppelten Prädestination, nach der Heil und Unheil des Menschen allein vom unerforschlichen Willen Gottes abhänge. Wenn bei Ockham und in der Folge bei Luther und Calvin Allmacht und Wille Gottes als *potentia absoluta* so seiner *potentia ordinata* entgegengesetzt werde, so dass Gott oberhalb der von ihm gesetzten Welt- und Heilsordnung absolut frei bleibt, genauso gut auch das Gegenteil zu realisieren, so sei die Gnosis nicht überwunden, sondern nur in die »Gestalt des verborgenen Gottes und seiner unbegreiflichen absoluten Souveränität« verlagert (Blumenberg 1974, 156). Selbst wenn der metaphysische Dualismus der zwei Götter vermieden sei, wirke sich dieses Theologumenon auf den Menschen faktisch analog bzw. äquivalent aus (vgl. ebd., 165). Der auf die Spitze des Freiheitsbegriffs getriebene theologische Absolutismus zeigt sich in »seiner humanen Unerträglichkeit« (ebd., 103). Nicht die säkularisierte Übernahme dieses Freiheitsbegriffs in humane Freiheit charakterisiere den Anfang der Neuzeit, sondern der Protest gegen ihn, also auch nicht Selbstermächtigung, sondern menschliche Selbstbehauptung.

Blumenberg will mit dieser Neuzeitdeutung keinen absoluten Anfang, keine Urstiftung europäischen Menschentums herleiten. Er kennt durchaus Kontinuitäten zwischen christlichem Mittelalter und Moderne, begreift diese aber eher als Hypothek von Fragen, die nicht abgewiesen werden konnten (vgl. ebd., 60). Zu ihnen gehören die Fragen nach der Herkunft des Leides bzw. nach dem ausbleibenden Glück, die gestellt werden, ohne beantwortbar zu sein. Die Eigenart der Moderne und ihrer Rationalität bestehe darin, dies zuzugeben, anzuerkennen und hinzunehmen. Dagegen erkläre die Theologie diese Situation als eine Krise, die durch Säkularisierung entstanden sei.

Wenn in Blumenbergs weiterer Entwicklung das Säkularisierungsthema keine größere Rolle mehr spielt, so liegt dies nicht allein am Zuwachs anderer Fragestellungen oder an der Überzeugung, die Debatte abgeschlossen zu haben. Denn die einmal herausgearbeitete Konstellation behält Blumenberg bei und vergrundsätzlicht sie. Was in der Genese der Moderne sich vollzogen haben soll, wird in den späteren Texten immer deutlicher als Ausdruck der anthropologischen Ursituation gekennzeichnet. Leben ist für den Menschen Selbstbehauptung gegenüber dem Absolutismus der Wirklichkeit, die Kultur der Inbegriff der Maßnahmen, in der Distanz zur Natur sich selbst zu erhalten. Das Thema der Legitimität der Moderne verliert sich, aber das der Eigenständigkeit und der Selbstbehauptung wird anthropologisch vertieft.

Die Kunst des Phänomenologen, gegen das zeitgenössisch herrschende Schema der Säkularisierung die Geschichte der Entstehung eines modernen Selbstverständnisses anders zu erzählen und an einer Fülle von unbeachtet gebliebenen Quellen Potentiale auszuweisen, wie es hätte auch gewesen sein können, erweitert den Sinn für Wirklichkeit und für Möglichkeit. Darüber hinausgehende Ansprüche mit Notwendigkeitsunterstellung (»nach dem theologischen Absolutismus des Mittelalters mußte [!] *Selbstbehauptung* die Implikation jedes philosophischen Systems werden«, Blumenberg 1974, 175) sind aber erkennbar. Wem es fraglich werden sollte, ob Blumenbergs Ausführungen zur Eigenständigkeit der Neuzeit nicht die Konstellationen wie die Ambivalenzen des Prometheus-Mythos allzu genau widerspiegeln, ist zur Fortsetzung der Arbeit am Mythos aufgefordert.

Literatur

Baader, Franz Xaver von: Gesammelte Schriften zur Religionsphilosophie. In: Franz Hoffmann/Julius Hamberger u. a. (Hg.): *Sämtliche Werke*, Bd. 7. Leipzig 1854.
Benz, Ernst: *Akzeleration der Zeit als geschichtliches und heilsgeschichtliches Problem.* Mainz/Wiesbaden 1977.
Blumenberg, Hans: Licht als Metapher der Wahrheit. In: *Studium Generale* 10 (1957), 432–447.
–: *Paradigmen zu einer Metaphorologie.* Bonn 1960.
–: *Die Legitimität der Neuzeit.* Frankfurt a. M. 1966.
–: *Beobachtungen an Metaphern.* In: Hans-Georg Gadamer u. a. (Hg.): *Archiv für Begriffsgeschichte*, Bd. 15. Bonn 1971.
–: *Der Prozess der theoretischen Neugierde.* Frankfurt a. M. 1973.
–: *Säkularisierung und Selbstbehauptung.* Frankfurt a. M. 1974.
–: *Die Genesis der kopernikanischen Welt.* Frankfurt a. M. 1975.
–: *Aspekte der Epochenschwelle: Cusaner und Nolaner.* Frankfurt a. M. 1976.
–: Ausblick auf eine Theorie der Unbegrifflichkeit. In: Ders.: *Schiffbruch mit Zuschauer.* Frankfurt a. M. 1979a.
–: *Arbeit am Mythos.* Frankfurt a. M. 1979b.
–: *Lebenszeit und Weltzeit.* Frankfurt a. M. 1986.
–: *Matthäuspassion.* Frankfurt a. M. 1988.
–: *Theorie der Unbegrifflichkeit.* Aus dem Nachlass hg. von Anselm Haverkamp. Frankfurt a. M. 2007.
– / Schmitt, Carl: *Briefwechsel 1971–1978. Und weitere Materialien.* Hg. von Alexander Schmitz/Marcel Lepper. Frankfurt a. M. 2007.
Bonhoeffer, Dietrich: Widerstand und Ergebung. Briefe und Aufzeichnungen aus der Haft. In: Christian Gremmels (Hg.): *Dietrich Bonhoeffer Werke.* Bd. 8. Gütersloh 1998.
Cassirer, Ernst: *Substanzbegriff und Funktionsbegriff. Untersuchungen über Grundfragen der Erkenntniskritik* [1910]. Darmstadt ⁷1994.
Gogarten, Friedrich: *Wider die Ächtung der Autorität.* Jena 1930.

–: *Verhängnis und Hoffnung der Neuzeit. Die Säkularisierung als theologisches Problem.* Stuttgart 1953.

Goldstein, Jürgen: *Nominalismus und Moderne. Zur Konstitution neuzeitlicher Subjektivität bei Hans Blumenberg und Wilhelm von Ockham.* Freiburg 1998.

Kant, Immanuel: *Kritik der Urteilskraft* [1790]. Werke in sechs Bänden. Hg. von W. Weischedel. Bd V. Darmstadt 1975.

Löwith, Karl: *Weltgeschichte und Heilsgeschehen. Die theologischen Voraussetzungen der Geschichtsphilosophie.* Stuttgart 1953 (engl. 1949).

Monod, Jean-Claude: *La querelle de la sécularisation. Théologie politique et philosophies de l'histoire de Hegel à Blumenberg.* Paris 2002.

Moxter, Michael (Hg.): *Erinnerung an das Humane. Beiträge zur phänomenologischen Anthropologie Hans Blumenbergs.* Tübingen 2011.

Schmitt, Carl: *Politische Theologie. Vier Kapitel zur Lehre von der Souveränität.* München 1922.

–: *Donoso Cortés in gesamteuropäischer Interpretation.* Köln 1950.

–: *Politische Theologie II. Die Legende von der Erledigung jeder Politischen Theologie.* Berlin 1970.

–: *Der Begriff des Politischen* [1932]. Berlin ⁶1996.

Tillich, Paul: Über die Idee einer Theologie der Kultur [1919]. In: Ders.: *Main Works II. Kulturphilosophische Schriften.* Hg. von Michael F. Palmer/Carl Heinz Ratschow. Berlin/New York 1990.

Peterson, Erik: Göttliche Monarchie. In: *Theologischen Quartalschrift* IV (1931), 537–564.

–: *Der Monotheismus als politisches Problem. Ein Beitrag zur Geschichte der politischen Theologie im Imperium Romanum.* Leipzig 1935.

Pfleiderer, Georg: »Säkularisierung«. Systematisch-theologische Überlegungen zur Aktualität eines überholten Begriffs. In: *Praktische Theologie* 37/2 (2002), 130–153.

Voegelin, Eric: Philosophie der Politik in Oxford. In: Hans-Georg Gadamer/Helmut Kuhn (Hg.): *Philosophische Rundschau.* Tübingen 1953/54, 23–48.

Weizsäcker, Carl Friedrich von: *Die Tragweite der Wissenschaft I. Schöpfung und Weltentstehung. Die Geschichte zweier Begriffe.* Stuttgart 1964.

Michael Moxter

6. Religiöser Pluralismus und unsichtbare Religion in der säkularen Gesellschaft (Berger, Luckmann)

Die These von der Säkularisierung der modernen Gesellschaft, wie sie von Max Weber zu Beginn des 20. Jahrhunderts in die prägnante Formel von der ›Entzauberung der Welt‹ gegossen wurde und die er mit der Metapher des ›eisernen Käfigs‹ des modernen Rationalismus und Bürokratismus untermalte, hat nicht nur das Denken und Selbstverständnis der europäischen Moderne geprägt, sondern konnte zudem auch in dem abnehmenden Einfluss der Kirchen auf individuelle Lebensgestaltung und andere gesellschaftliche Teilbereiche weitestgehend von jedermann beobachtet werden. Religion – vorwiegend repräsentiert von den christlichen Amtskirchen – war nunmehr nur noch ein bescheidener, wenn nicht sogar marginaler Teilbereich kultureller und gesellschaftlicher Pluralität und Heterogenität. Dass das Verhältnis von Religion und Moderne sich jedoch nicht ganz so einfach bestimmen lässt, haben vor allem die beiden Soziologen Peter L. Berger und Thomas Luckmann früh erkannt und darauf hingewiesen. Bergers (späteres) Konzept einer *Desäkularisierung* und Luckmanns These von der *unsichtbaren Religion* können als die beiden wichtigsten Anstöße zur Problematisierung der Säkularisierungstheorie seit den 1960er Jahren betrachtet werden. Beiden geht es in ihrem wissenssoziologischen Ansatz um eine umgreifende Diagnose des Phänomens moderner Gesellschaften und der darin wirkenden Prozesse von gesellschaftlicher Pluralisierung und Individualisierung, die – wie noch zu zeigen sein wird – gravierend auf den Bereich der Religion Einfluss nehmen und darüber hinaus zu zentralen Merkmalen moderner Gesellschaften geworden sind.

Im Folgenden soll zunächst ein kurzer Überblick über die wissenssoziologischen Voraussetzungen gegeben werden, für die Berger und Luckmann nicht nur mit ihrem Namen synonym stehen, sondern die auch den Schlüssel zum Verständnis von Mensch und Gesellschaft bei Berger und Luckmann beinhalten. Im Anschluss daran folgen separate Darstellungen ihrer jeweiligen Verständnisse über Säkularisierung bzw. der Rolle von Religion in modernen Gesellschaften. Abschließend werden einige weiterführende Diskurse dargestellt, die sich an die Ansätze von Berger und Luckmann anschließen und die aktuellen religionssoziologischen Debatten zu den Begriffen ›Individualisierung‹, ›Subjektivierung‹ und ›Privatisierung‹ skizzieren.

Wissenssoziologie als erkenntnistheoretische Voraussetzung zum Verständnis von Mensch und Gesellschaft sowie von Religion und Moderne

In ihrem Werk *Die gesellschaftliche Konstruktion der Wirklichkeit* (1969; hier 1999; Original in Englisch 1966) haben Berger und Luckmann den Grundstein der modernen Wissenssoziologie gelegt. Darin bauen sie zwar unmittelbar auf die Arbeiten von Alfred Schütz auf, dennoch zählt ihr Werk inzwischen als der Klassiker moderner Wissenssoziologie. Allgemein fragt die Wissenssoziologie nach den sozialen Bedingungen und Konstruktionen von Wissen sowie dessen Aneignung, Verbreitung und Anwendung durch das handelnde Subjekt. »Wissen definieren wir als die Gewißheit, daß Phänomene wirklich sind und bestimmbare Eigenschaften haben« (Berger/ Luckmann 1999, 1). Die soziologische Analyse von Wissen kann somit zeigen, wie einerseits subjektiver Sinn erzeugt und andererseits wie soziale Ordnung hergestellt wird. Sie fragt danach, was in einer Gesellschaft als Wissen gilt. Zentral ist dabei die These, dass Wissen aus Denken und Handeln besteht und daher die Erzeugung von Wirklichkeit als sozial objektivierter Sinn verstanden werden kann. Das Individuum und sein Bewusstsein lassen sich insofern nie unabhängig von der sozialen Umwelt sowie von Sozialisations- und Individuierungsprozessen begreifen. Umgekehrt ist es die Gesellschaft, die ihre eigene Wirklichkeit konstruiert und somit einen Wissensbestand für das Individuum vorgibt.

Im Unterschied zu den Klassikern der Wissenssoziologie wie etwa Max Scheler oder Karl Mannheim, die den Gegenstand der Wissenssoziologie noch in dezidierten Wissensarten sahen (Ideologie bei Mannheim, Erlösungs-, Bildungs- und Leistungswissen bei Scheler), verlagerten Berger und Luckmann die Perspektive auf das Alltagswissen der Menschen und fragten danach, wie sozialer Sinn in der Wechselwirkung von subjektiver Deutungen der Alltagswelt und den sozialen Strukturen der Gesellschaft entsteht. Dieser sozialkonstruktivistische Ansatz von Alltagswissen basiert auf der anthropologischen Grundannahme, dass der Mensch ein Mängelwesen sei und ohne einen langen Erziehungs- und Sozialisationsprozess nicht überleben könne. Das führt zum einen dazu, dass der Mensch in eine bereits bestehende soziale Umwelt hineinwächst und zum anderen bedeutet dies eine gewisse biologische Freiheit, nicht auf bestimmte (geographische) Umweltbedingungen angewiesen zu sein (Berger/Luckmann 1999, 54 ff.). Weiterhin externalisiere sich das Subjekt permanent selbst, etwa durch Sprache, Interaktionen, Schrift oder der Herstellung von Artefakten. Die Summe dieser Externalisierungen von vielen Menschen bildet das Grundgerüst für die Entwicklung einer Gesellschaft. Die Gesellschaft repräsentiert die Externalisierungen als objektive Wirklichkeit. Gesellschaft ist somit die Objektivierung von individuellen Externalisierungen (subjektiven Sinns) und erscheint daher als vom Individuum losgelöste Entität. Entsprechend geht die Wissenssoziologie davon aus, dass es nicht *eine* objektive Wirklichkeit gibt, die durch die Wissenschaft aufgedeckt werden kann, sondern Gesellschaften und gesellschaftliche Gruppen (auch Wissenschaftler) erzeugen jeweils ihre eigenen Sinnformen und Wirklichkeiten (Objektivierungen). Im Sinne des Thomas-Theorems wird dann das für wirklich gehalten, was zuvor als wirklich angenommen oder definiert wurde (Merton 1995) und was eine Mehrheit der Gesellschaft für wirklich hält (Berger 1992, 61). Auf diese Weise beeinflussen die externalisierten und objektivierten Wirklichkeitsformen wiederum die Wahrnehmung, das Bewusstsein und das Handeln der Individuen (vgl. auch Berger 1973, 3). Diesen dialektischen Gesamtprozess zur Konstruktion von Wirklichkeit umschreiben Berger und Luckmann mit den Begriffen ›Externalisierung‹, ›Objektivierung‹ und ›Internalisierung‹ und fassen diesen in

6. Religiöser Pluralismus und unsichtbare Religion

eine prägnante Formel: »Gesellschaft ist ein menschliches Produkt. Gesellschaft ist eine objektive Wirklichkeit. Der Mensch ist ein gesellschaftliches Produkt« (Berger/Luckmann 1999, 65). Die Gesellschaft erzeugt sich bzw. ihre Wirklichkeit einerseits permanent selbst, andererseits überdauern Objektivierungen oftmals mehrere Generationen und verfestigen sich in sozialen und kulturellen Traditionen, Weltanschauungen, Institutionen und Verhaltensweisen. Das Individuum internalisiert die Verhaltensweisen und orientiert sich kognitiv und normativ an den Traditionen. Individuum und Gesellschaft stehen also in einem dialektischen Zusammenhang, und solange die gesellschaftliche Wirklichkeit eine verbindliche und reale Größe in der Sinndeutung des Individuums gewährleistet, garantiert diese Dialektik den Bestand sozialer Ordnung.

Die wissenssoziologische Perspektive – wenn hier auch etwas verkürzt dargestellt – bildet die zentrale erkenntnistheoretische Voraussetzung für Berger und Luckmann in ihrer Analyse der Rolle von Religion in modernen Gesellschaften. Nicht nur gilt ihnen Religion allgemein als sozial konstruierte Wirklichkeit, die wiederum in ihrer institutionalisierten Form die Wahrnehmung und Handlungen der Individuen beeinflusst, sondern Religionen stellen auch ein Wissenssystem zur Verfügung, das aufgrund seiner Objektivierung zur sozialen Ordnung einer Gesellschaft beitragen kann bzw. lange beigetragen hat. So betont Luckmann: »Das System der religiösen Symbolik ist also eine spezifische Seite der gesellschaftlichen Daseinsauffassung. Als solche steht sie in einem Wirkungszusammenhang mit der Sozialstruktur« (Luckmann 1964, 5). Die Rolle von Religion in der modernen Gesellschaft hat sich jedoch gravierend geändert und entsprechend fragen Berger und Luckmann auch nach den Transformationsprozessen gesellschaftlicher Wirklichkeit, die zu dem Prozess der Säkularisierung geführt haben. Für beide, Berger und Luckmann, gehören Säkularisierung und Pluralismus im Sinne einer Ausdifferenzierung gesellschaftlicher Teilbereiche unweigerlich zusammen. Für die Moderne konstatieren sie entsprechend eine Konkurrenzsituation zwischen verschiedenen religiösen Anbietern, was wiederum den religiösen Pluralismus fördere. Zugleich führe dieser Pluralismus zur Marginalisierung der institutionalisierten Religion. Ihre Interpretationen zu den Folgen des Pluralismus und den damit einhergehenden Individualismus gehen jedoch ein wenig auseinander. Während Berger – zumindest anfänglich – von einer fortschreitenden Säkularisierung ausging, entwickelte Luckmann sein alternatives Modell der ›unsichtbaren Religion‹.

Dies soll jedoch nicht heißen, dass beide neben dem gemeinsamen Interesse an einer Wissenssoziologie grundlegend unterschiedliche Vorstellungen zur Rolle von Religion hätten. Ihr gemeinsames Buch war auch nicht ihre erste gemeinsame Autorschaft, so ging diesem bereits ein Artikel mit dem Titel »Sociology of Religion and Sociology of Knowledge« voraus (1963). In der Tat kennen sich beide bereits seit ihrem Studium an der New School for Social Research in New York. Als Kinder von slowenisch-deutschen (Luckmann) und österreichischen (Berger) Eltern sprachen beide Deutsch und Englisch und lernten sich – laut einer Anekdote von Luckmann –, gelangweilt einer Vorlesung lauschend, kennen (Luckmann 2001, 18). Ihre geteilten Interessen und ähnlichen Denkweisen führten letztendlich dazu, dass beide (gemeinsam und einzeln) einen unschätzbaren Beitrag zur Soziologie im Allgemeinen und zur Religionssoziologie im Besonderen leisteten. Ob nun bei beiden die Gemeinsamkeiten oder die Differenzen überwiegen (natürlich nur in wissenschaftlicher Hinsicht), lässt sich wohl kaum beantworten. Fakt ist hingegen, dass die aktuellen Debatten zur Säkularisierung bzw. Desäkularisierung nicht ohne die Theorien von Berger und Luckmann denkbar wären. Nach ihrem gemeinsamen Buch dauerte es fast ein Vierteljahrhundert, bis beide die Gelegenheit hatten, wieder zusammen zu schreiben (Berger/Luckmann 1995). Luckmann kommentiert dazu: »our collaboration was remarkably similar in its intellectual features to the earlier instances of thinking and working together« (2001, 22). In den Jahren, die zwischen dem gemeinsamen Denken und Schreiben lagen, veröffentlichten beide ihre wichtigen Werke zu Religion. Beide Ansätze werden im Folgenden einzeln vorgestellt und diskutiert.

Peter L. Berger: Religiöser Pluralismus und der Markt der Religionen

Nur ein Jahr nach dem Erscheinen von der *gesellschaftlichen Konstruktion der Wirklichkeit* veröffentlichte Peter L. Berger sein erstes zentrales Werk zur Religion mit dem Titel *The Sacred Canopy: Elements of a Sociological Theory of Religion* (1967). Die deutsche Übersetzung erschien 1973 unter dem Titel *Zur Dialektik von Religion und Gesellschaft*. Sein zweites zentrales Werk zu Religion erschien im englischen Original unter dem Titel *The Heretical Imperative. Contemporary Possibilities of Religious Affirmation* (1979), auf Deutsch *Der Zwang zur Häresie. Religion in der pluralistischen Gesellschaft* (1980; hier: 1992).

In beiden Werken knüpft Berger unmittelbar an die wissenssoziologischen Grundlagen an und fragt nach der Dialektik von Religion und Gesellschaft und deren strukturellen Ordnung unter den Bedingungen des Pluralismus der Moderne (1973, xii). Laut Berger sind die Ordnung der Alltagswelt und ihre Routinen stets durch Zufall, Tod oder Leid gefährdet und bedürfen daher interner Sinnstrukturen, um die Ordnung aufrechtzuerhalten. Eine solche Struktur, die Berger auch Kosmos nennt, bildet etwa der Prozess der Legitimation. Wird ein solcher Kosmos mit einer letzten Gewissheit ausgestattet, wie dies bei Religionen meist der Fall ist, spricht Berger auch von ›heiligem Kosmos‹ bzw. in Bergers Worten: »Religion ist Kosmisierung auf heilige Weise« (Berger 1973, 26). Die legitimatorische Kraft symbolischer Sinnwelten kann durch Institutionen (wie die Kirche) über lange Zeit getragen und tradiert werden. In der Tat versteht Berger Religion als das historisch erfolgreichste Instrument der Legitimation überhaupt. »Religion legitimiert gesellschaftliche Institutionen, indem sie ihnen einen ontologischen Status verleiht, d. h. sie stellt sie in einen heiligen kosmischen Bezugsrahmen« (ebd., 33). Die Gesellschaft stellt somit selbst die Legitimationen für institutionelles und individuelles Handeln durch symbolische Sinnwelten bereit, durch die sie Stabilität gewinnt. Für eine lange Zeit war diese dialektische Struktur stabil und vermittelte eine heilige Ordnung der Welt.

Für die sogenannte Moderne konstatiert Berger nun jedoch einen Prozess der Pluralisierung, der auch die gesellschaftlichen Strukturen der Legitimation nachhaltig beeinflusst. Ganz besonders sind hiervon die traditionellen religiösen Institutionen betroffen. Im Anschluss an Max Weber geht auch Berger von einer rationaler werdenden Gesellschaft aus und von einer zunehmenden Segmentierung gesellschaftlicher Teilbereiche. Diese Beobachtung bildet einen ersten zentralen Baustein für Bergers Verständnis von Säkularisierung. Er definiert diese wie folgt:

»Wir verstehen darunter einen Prozeß, durch den Teile der Gesellschaft und Ausschnitte der Kultur aus der Herrschaft religiöser Institutionen und Symbole entlassen werden. Wenn wir von Gesellschaft und Institutionen der modernen abendländischen Geschichte sprechen, verstehen wir Säkularisierung natürlich als Rückzug der christlichen Kirchen aus Bereichen, die vorher unter ihrer Kontrolle oder ihrem Einfluß gestanden haben« (ebd., 103).

Weiterhin betont er, dass Säkularisierung sich zudem »am Aufkommen der Naturwissenschaften als autonome, durch und durch säkulare Weltsicht beobachten« lässt (ebd.).

Der gesellschaftliche Pluralismus führt also zu einem Verlust an Einflussnahme religiöser Institutionen einerseits. Andererseits lässt sich die Säkularisierung auch auf individueller Ebene deutlich beobachten.

»Mehr noch, wir implizieren, daß der Säkularisierungsprozeß auch eine subjektive Seite hat. Wie eine Säkularisierung der Kultur und Gesellschaft, so gibt es auch eine Säkularisierung des Bewußtseins. Das heißt also, daß mindestens in Europa und den Vereinigten Staaten heutzutage eine ständig wachsende Zahl von Menschen lebt, die sich die Welt und ihr eigenes Dasein auch ohne religiösen Segen erklären können« (ebd., 103–104).

Dies erklärt sich Berger damit, dass der zunehmende gesellschaftliche Pluralismus unweigerlich zu einer Expansion an Wahlmöglichkeiten führe, um das eigene Leben zu gestalten. Das Individuum bekommt die soziale Rolle nicht mehr vorgeschrieben bzw. diese steht nicht durch Geburt fest, sondern kann selbst die Rollen aussuchen, was umgekehrt dazu führt, dass es geradewegs dazu gezwungen wird, eine Entscheidung zu treffen. Berger nennt dies auch den ›Zwang zur Häresie‹, wobei er den Begriff der ›Häresie‹ nicht im Sinne des Abweichens vom ›richtigen Glauben‹ benutzt, sondern im Sinne von Wahl und Wahlmöglichkeit. »Modernität schafft eine neue Situation, in der Aussuchen und Auswählen zum Imperativ wird« (Berger 1992, 41).

Dieser häretische Imperativ führt weiterhin dazu, dass das Individuum mehr über die (religiösen) Wahlmöglichkeiten und -bedingungen reflektiert (ebd., 46). Dies hat zur Folge, dass auch die Plausibilitätsstrukturen stärker hinterfragt werden. Kaum eine Institution kann eine gesamtgesellschaftliche Plausibilität für sich beanspruchen, auch die Religion hat ihre Symbolkraft verloren. »Die Situation heutigen Lebens und Denkens ist nicht nur durch die äußeren Kräfte der Modernität geprägt, sondern durch die Kräfte des modernen Bewußtseins, das der Innenwelt von Menschen ihr Gepräge gibt« (ebd., 18). Pluralismus sei entsprechend das soziale Korrelat einer Säkularisierung des Bewusstseins. Dies ist von besonderem Interesse, da Berger die Säkularisierung nicht primär als eine soziale Transformation begreift, sondern als eine Transformation der Privatsphäre. Letztere existiert aber nicht unabhängig von der sozial konstruierten Wirklichkeit. Berger verdeutlicht dies an einem Beispiel, wonach »der Durchschnittsdeutsche aus der Mittelschicht nach einer Dämonenvision aller Wahrscheinlichkeit eher einen Psychiater aufsuchen [würde] als einen Exorzisten« (ebd., 22). Die betroffene Person geht demnach nicht nur rationaler mit ihrer Situation um, sondern hat zudem auch die Wahl, wie sie sich von ihrem Leiden befreit bzw. mit welchem Symbolsystem sie ihre Erlebnisse interpretiert, diagnostiziert und behandeln lässt. Selbst im religiösen Kontext kann die Person zwischen unterschiedlichen Anbietern wählen und ist nicht zwingend auf die Kirche und ihre Exorzisten angewiesen. Um bei diesem Beispiel zu bleiben, könnte die betroffene Person auch zu einem Geistheiler gehen, eine Aurareinigung durchführen lassen oder in einer Séance mit dem Geist/Dämon Kontakt aufnehmen. Unter Pluralismus versteht Berger demnach, dass auch andere Religionen und alternative Weltanschauungen auf dem Markt der Religionen ihre Angebote lancieren konnten.

Die gesellschaftliche Pluralisierung wirkt sich somit auf den religiösen Bereich gleich doppelt aus, einmal in Form der Auflösung kirchlicher Hegemonie und zum anderen als Markt der Religionen, der aber nach Berger keine gesellschaftsübergreifende Revitalisierung von Religion bedeutet. Gerade weil religiöse Institutionen im Zuge der Moderne nur noch einen Teilbereich gesellschaftlicher Aufgaben erfüllen und Individuen in ihrer Privatheit selbst entscheiden können, welcher Plausibilitätsstruktur sie annehmen wollen, sei ein Markt der Religionen entstanden, der einerseits zu einer Konkurrenz zwischen den religiösen und vor allem christlichen Anbietern geführt habe, andererseits auch eine Konkurrenz zwischen religiösen und säkularen Weltdeutungen auslöste und somit nicht verhindern konnte, dass Religion dennoch an den Rand der Gesellschaft gerückt ist (ebd., 151). Der Tatsache, dass trotz solcher Tendenzen der Säkularisierung konservative bis fundamentale religiöse Bewegungen immer mehr Anhänger finden, erklärt Berger als einen Zwischenfall im Säkularisierungsprozess, der seiner Meinung nach kaum noch aufzuhalten ist.

Sicherlich greift dieses Erklärungsmodell, das Berger hier vorlegt, auf einen recht engen Begriff von Religion zurück, der eher dem christlichen Religionsverständnis geschuldet ist, weshalb es auch nicht verwundert, dass Berger in dem Theodizeeproblem die größte Herausforderung für die religiöse Legitimation sieht (ebd., 53). In der Tat bedient sich Berger eines recht substantialistischen Religionsverständnis mit Bezug auf Friedrich Schleiermacher, worin er sich deutlich von dem funktionalen Religionsverständnis von Thomas Luckmann unterscheidet. Berger geht sogar davon aus, dass der Protestantismus selbst den Samen für die Säkularisierung und damit seinen eigenen Untergang gelegt habe. Der Protestantismus stehe für eine rationale, individuelle Weltsicht und habe zu einer stärkeren Trennung von sakralen und säkularen Sphären geführt und somit die Säkularisierung vorangetrieben. In der modernen, pluralen Welt erhielt die säkulare Sphäre mehr Gewicht, was zu einer Marginalisierung des Christentums und der Religion allgemein führte.

Berger behauptet jedoch nicht, dass Religion in modernen Gesellschaften ganz verschwinde. Vielmehr geht er davon aus, dass auch das moderne Bewusstsein weiterhin Erfahrungen mit dem Heiligen bzw. Übernatürlichen machen kann. Das Heilige gehöre dem Bereich der Religion an, während das Übernatürliche auch außerhalb dieser Sinnsphäre erfahren werden kann (etwa in der Parapsychologie). Das Übernatürliche gehe daher dem Heiligen historisch voraus, weil es eine grundlegendere Erfahrung beschreibe (1992, 57 f.). In der Moderne kann das Individuum sich ebenso gegen eine solche Erfahrung entscheiden, aber auch diese Entscheidung geschieht vor dem Hintergrund des ›häretischen Imperativs‹. Bedeutsam ist vielmehr, dass Berger von einer generellen Betonung der Erfahrung in modernen Gesellschaften ausgeht. Denn gerade die »Schwächung der Tradition *muß* zu einer neuen Hinwendung in Richtung Erfahrung führen« (ebd. 47). Die religiöse Erfahrung bestimmt Berger allgemein als eine andere Realität, die jenseits der ›obersten Realität‹ des Bewusstseins stattfindet, also außerhalb der Wirklichkeit der Alltagswelt bzw. des Normalzustands des Alltagsbewusstseins, wie es Berger in Anlehnung an Schütz und in phänomenologischer Tradition formuliert. »Die Wirklichkeit der Alltagswelt ist um das ›Hier‹ meines Körpers und das ›Jetzt‹ meiner Gegenwart herum angeordnet« (Berger/Luckmann 1999, 25; vgl. auch Berger 1992, 50–54). Dagegen wird die Welt des Übernatürlichen »als ›draußen‹ erfahren, als eine Welt, die unwiderstehliche Realität besitzt, unabhängig vom Willen des einzelnen, und dieser überwältigend objektive Charakter stellt den Realitätsstatus der normalen Welt in Frage« (Berger 1992, 56). Diese Erfahrung des Übernatürlichen sei geradezu die (anthropologische) Grundlage, die auch den Kern religiöser Erfahrungen ausmache.

Da zwar alle Menschen prinzipiell eine übernatürliche Erfahrung machen können, aber nicht jeder eine religiöse Erfahrung mache, würden letztere oft auch in Traditionen verkörpert, um sie zu bewahren. Zugleich bewirkt die Institutionalisierung religiöser Erfahrungen ihre Vermittlung und Verbreitung in der Gesellschaft, bis hin zur Legitimation bestimmter Handlungen. In diesem Prozess geht laut Berger aber auch die Autorität der religiösen Erfahrung verloren bzw. geht diese auf die Tradition und Institution über und wird somit in die Realität der Alltagswelt verlagert. Religiöse Symbolik gehört dann zur Alltagswelt einer Gesellschaft und einige religiöse Praktiken oder Feste (wie Weihnachten) werden zu Routinen im Alltagshandeln. »Das Heilige ist zur Gewohnheitserfahrung geworden, das Übernatürliche ist gleichsam ›naturalisiert‹« (ebd., 61). Andererseits misst Berger der religiösen Institution die Funktion bei, die religiöse Erfahrung zu domestizieren und damit zu kontrollieren. Religiöse Erfahrung sei gefährlich, weil sie in die Wirklichkeit der Alltagswelt einbricht und dort alles zum erliegen bringt. Ausgehend von einer fortlaufenden Säkularisierung der Gesellschaft verschwinden laut Berger also zwei Bereiche, einmal die Religion als Gewohnheitssache und Legitimation in Form ihrer Traditionen und Institutionen und dann in Form der religiösen Erfahrung. Der heilige Kosmos dieser gesellschaftlichen Dialektik löst sich auf und die religiösen Inhalte verlieren zunehmend ihre objektivierte Faktizität. Ob die religiöse Erfahrung, die bei Berger in Form der übernatürlichen Erfahrung schon fast eine anthropologische Konstante darstellt, vom modernen Menschen dann gar nicht mehr gemacht würde oder ob dieser solche Erfahrungen nur verdränge, lässt er als zwei Hypothesen unbeantwortet stehen (ebd., 68).

Stattdessen bietet er drei idealtypische Optionen für religiöses Denken an, die sich dem modernen Menschen seiner Meinung nach unweigerlich stellen und ebenfalls als Konsequenz des häretischen Imperativs verstanden werden können. Diese nennt er die ›deduktive‹, die ›reduktive‹ und die ›induktive‹ Möglichkeit. In der ersten Möglichkeit kann die Autorität einer religiösen Tradition bekräftigt bzw. wiederhergestellt werden, indem versucht wird, deren Realität und Plausibilität in die Moderne zu überführen, was jedoch mit erheblichen Schwierigkeiten verbunden sein und zu einer kognitiven Dissonanz führen kann, da sich Tradition und Moderne gelegentlich ausschließen. Die reduktive

6. Religiöser Pluralismus und unsichtbare Religion

Möglichkeit versucht hingegen, die religiöse Tradition in die Gültigkeit des modernen Bewusstseins zu übersetzen. Letzteres steht dann auch über der religiösen Erfahrung selbst. Berger sieht hier jedoch die Gefahr, dass die religiösen Inhalte zugunsten der säkularen Anpassung verlorengehen. In der letzten, der induktiven Möglichkeit macht Berger die eigene Erfahrung zum Ausgangspunkt für religiöses Denken. Die religiöse Erfahrung dient als hypothetische Ergänzung zur rationalisierten Moderne, ohne Absolutheit zu beanspruchen. Die bestehenden religiösen Traditionen dienen dann der eigenen Erfahrung als Beweissysteme (ebd., 76). In dieser letzten Option sieht Berger die beste Möglichkeit, der modernen Situation zu begegnen. Für ihn ist es ein Mittelweg, ohne Religion auf etwas Säkulares zu reduzieren (etwa im Naturalismus) oder sich einer beliebigen religiösen Autorität anzuvertrauen (wie im Fundamentalismus). Für ihn gibt es also trotz Säkularisierung noch eine Chance für die Religion in der Moderne. Entsprechend behauptet er auch, »daß der häretische Imperativ statt zu einem Hindernis zu einer Hilfe sowohl für den religiösen Glauben wie für das Nachdenken darüber werden kann« (ebd., 49 f.). Er versteht sogar sein Buch *Der Zwang zur Häresie* als eine solche Hilfestellung, allerdings mehr in dem Sinne des Nachdenkens über, denn als eine praktische Einübung von religiösem Glauben. Mit dieser Absicht bewegt er sich allerdings auf einem engen Grad zwischen Religionssoziologie und eigener religiöser Weltanschauung, was auch dadurch deutlich wird, dass er zwar die Erfahrung des Übernatürlichen einerseits als gesellschaftlich konstruiert begreift (so wie jede Wirklichkeit), andererseits aber einer Semantik verfällt, die nicht mehr klar unterscheiden lässt, inwiefern er den Sinnbereich des ›Heiligen‹ ontologisiert bzw. inwiefern er die religiöse Erfahrung als ein Phänomen sui generis begreift, wie dies etwa Rudolf Otto tat, auf den er sich hier explizit beruft (ebd., 58).

Die Darstellung von Peter Bergers Verständnis von Säkularisierung, Pluralismus und der Rolle von religiöser Erfahrung in der Moderne könnte hier beendet werden, gäbe es nicht ein weiteres Kapitel in Bergers Schaffen, das jedoch eine ganz andere Geschichte erzählt. Erst selbst Befürworter und sogar bekannter Vertreter der Säkularisierungsthese, wurde Berger in den letzten Jahren teilweise zu einem Kritiker, zumindest was die Annahme einer Korrelation von Moderne und Säkularisierung betrifft. So kommt es einem Bekenntnis gleich, wenn er schreibt:

»In the interest of full disclosure, let me admit that I also adhered to this theory, indeed helped to articulate it, in my early career as a sociologist of religion. Gradually I changed my mind, not because of some philosophical or theological conversion, but because the weight of the empirical evidence made it increasingly difficult to adhere to the theory. I was not alone in this. Today, with just a few heroic holdouts, most sociologists of religion have given up on secularization theory« (Berger 2009, 69).

Als Evidenz gegen die Säkularisierungstheorie, hebt er die zunehmende Bedeutung von religiösen Erfahrungen (etwa im Pfingstchristentum) und religiöser Traditionen (Islam) in fast allen Kontinenten hervor. Dennoch betrachtet Berger die Theorie nicht als vollkommen falsch. Vielmehr sieht er zwei Ausnahmen zur Vitalisierung von Religion:

»One exception is geographical – western and central Europe. That is the one area where, by and large, secularization theory holds. Europe, for this reason, is, in my opinion, the most interesting problem for the sociology of religion – not because Europe is so important, but because exceptions have to be explained.« [...] »The other exception is sociological, not geographical. There exists an international intelligentsia which is indeed heavily secularized« (ebd., 70).

Die Frage, ob Europa in einer globalen Betrachtung tatsächlich die säkulare Ausnahme darstellt, wird weiterhin in den Sozialwissenschaften breit diskutiert (Lehmann 2004; Berger/Davie/Fokas 2008; Gabriel/Gärtner/Pollack 2012). Hierin, aber nicht allein hierin, unterscheidet sich auch Bergers Ansatz von dem Thomas Luckmanns. Letzterer stand schon früher der Säkularisierungsthese skeptisch gegenüber, was nicht zuletzt an dem zugrundeliegenden Religionsverständnis liegt. So haben bereits die Ausführungen zu Berger gezeigt, dass mit der Behauptung einer Säkularisierung nicht nur geklärt werden muss, in welchen Bereichen der Gesellschaft Religion abnimmt, sondern auch was unter Religion verstanden wird. Im Folgenden wird dazu die Perspektive von Thomas Luckmann erörtert.

Thomas Luckmann: Die unsichtbare Religion

Wie bei Berger bereits deutlich wurde, basiert das wissenssoziologische Vorgehen auf einer Anthropologie des Wissens. Die Übergänge zwischen Anthropologie und Soziologie sind dabei fließend, was besonders in der Bestimmung der religiösen Erfahrung und ihrer Objektivierungen zum Ausdruck kommt. Entsprechend basiert Luckmanns Religionsverständnis auf einer bestimmten anthropologischen Grundannahme von ›Transzendenzerfahrungen‹. Diesen Ansatz stellt er ausführlich in seinem zentralen Werk *Die unsichtbare Religion* vor (1967; hier 1991; Original unter dem Titel *The Invisible Religion*, 1967). Diesem Werk ging eine kleinere Studie mit dem Titel *Das Problem der Religion in der modernen Gesellschaft* (1963) voraus und erschien damit auch noch vor *Die gesellschaftliche Konstruktion der Wirklichkeit*.

Für Luckmann stellen religiöse Sinnstrukturen ein wesentliches Merkmal des Menschen dar; sie sind für ihn eine anthropologische Konstante. Nach dieser Anthropologie transzendiert der Mensch sich permanent selbst, um sich zu objektivieren und dadurch seinen unmittelbaren Erfahrungen Sinn zu verleihen. Die unmittelbare Erfahrung, etwa des eigenen Körpers, erhält erst dann Sinn, wenn sie in einen zeitlichen Bezug von Vergangenheit und Zukunft gesetzt wird. Das Erinnern von Ereignissen als auch das Antizipieren von Handlungen stellen somit Möglichkeiten dar, die Erfahrung zu transzendieren. Transzendenzerfahrungen entstehen darüber hinaus in sozialen Interaktionen. Die Begegnung mit dem Anderen wird zur Begegnung mit sich selbst und daher zum wesentlichen Bestandteil jeglicher Individuation und Sozialisation. Dieser Prozess der Personwerdung stellt für Luckmann nicht nur die anthropologische Basis dar, von der aus Sinnstrukturen objektiviert werden, sondern dieser ist für ihn zugleich schon ein »proto-religiöser Vorgang« (Luckmann 1964, 3).

Betrachtet man diese Anthropologie etwas näher, unterscheidet Luckmann systematisch drei Stufen von Transzendenzerfahrungen. Die sogenannten ›kleinen Transzendenzen‹ betreffen die unmittelbaren Erfahrungen, die den eigenen Körper und somit die biologische Begrenztheit des menschlichen Daseins übersteigen. Aber auch Erinnerungen oder Tagträume zählen zu den kleinen Transzendenzen. ›Mittlere Transzendenzen‹ erleben wir im Alltag vor allem dann, wenn wir in soziale Interaktionen eingebunden sind und uns selbst transzendieren müssen, um etwa das Gegenüber zu verstehen. Auf diese Weise transzendieren wir nicht nur uns selbst, sondern nehmen uns als ›Selbste‹ überhaupt erst wahr: »Der Organismus […] wird zum Selbst, indem er sich mit den anderen an das Unternehmen der Konstruktion eines ›objektiven‹ und moralischen Universums von Sinn macht« (ebd., 85). Dieses Sinnsystem des Alltags, in welches das Individuum hineingeboren wird, nennt Luckmann auch »Weltansicht« (ebd., 89). Diese ist für ihn auch die grundlegende Sozialform von Religion. Die institutionalisierten Religionen verweisen jedoch im Unterschied zu den mittleren Transzendenzen auf den Alltag übersteigende Situationen wie etwa den Tod oder die Frage nach dem Leid. Diese ›großen Transzendenzen‹ beinhalten somit grundlegende Fragen das Leben betreffend. Subjektiv sind große Transzendenzen nicht zugänglich, außer in ekstatischen oder tranceähnlichen Zuständen. Religionen bewältigen laut Luckmann traditioneller Weise große Transzendenzen, indem sie Antworten oder Zuversicht auf solche außeralltägliche Erfahrungen geben. Das Transzendieren gehört also zum Menschen – zu seiner Natur, wenn man so will –, während Religion nur eine bestimmte Ausprägung davon darstellt, die jedoch eine prägende Kraft gesellschaftlicher Wirklichkeit geworden ist.

Bereits hier wird deutlich, dass Luckmann – im Unterschied zu Berger – ein stark funktionales Religionsverständnis vertritt (Luckmann 2001, 20). Während Berger für sein zu enges Religionsverständnis kritisiert werden kann, wird Luckmann oft vorgeworfen, dass sich die drei

Transzendenzen nicht sauber voneinander trennen lassen. In der Tat sind die Übergänge von den kleinen zu den großen Transzendenzen fließend, was es manchmal erschwert, dieses Schema empirisch anzuwenden. Und auch sein Verständnis, dass bereits kleine Transzendenzen etwas ›Proto-Religiöses‹ besitzen, hat ihm den Vorwurf eingebracht, dass dann alles Religion sein kann (Gabriel/Reuter 2004, 24). Vor diesem Hintergrund seines Religionsverständnisses wird jedoch seine grundlegende Skepsis gegenüber der Säkularisierungstheorie deutlich. Religion verschwindet seiner Meinung nach nicht, sondern erfährt eine Transformation durch die Prozesse der Moderne.

Für Luckmann stellt die institutionelle Form von Religion eine historische Konsequenz von arbeitsteiligen Gesellschaften dar. Die subjektiven Transzendenzen werden in sozialen Strukturen objektiviert und erhalten in Form von spezialisierten Institutionen mit festen Doktrinen und Riten den Charakter von institutionalisierter Religion, wie er für die abendländische Tradition typisch geworden ist. Zugleich scheint sich hier ein gewisser Widerspruch bei Luckmann aufzutun: Zum einen sieht er in der gesellschaftlichen Differenzierung die Voraussetzung für die soziale Objektivierung und Institutionalisierung von Transzendenzerfahrungen. Zum anderen sind es eben die gleichen Prozesse der gesellschaftlichen Ausdifferenzierung in der Moderne, die Luckmann für den Niedergang der Institutionen verantwortlich macht. Dabei wird deutlich, dass Luckmann streng zwischen der anthropologischen Basis von Religion und deren sozialgeschichtlichen Entfaltung und Objektivierung unterscheidet. In der Transzendenz der (inter-)subjektiven Erfahrung sieht Luckmann bereits den Kern für Religion enthalten, weshalb für ihn Religion eine soziale Wirklichkeit darstellt, noch vor deren historisch gewachsenen Institutionen: »Die institutionalisierte Religion ist zunächst die bewahrende Kraft im gesellschaftlichen Vorgang.« Aber: »Institution ist nur eine unter den Sozialformen der Religion« (Luckmann 1964, 7).

Eine weitere zentrale Sozialform ist für Luckmann die Privatisierung von Religion:

»Die Sozialform der Religion, die in modernen Industriegesellschaften entsteht, ist dadurch charakterisiert, daß potentielle Konsumenten einen direkten Zugang zum Sortiment der religiösen Repräsentationen haben. Der Heilige Kosmos wird weder durch einen spezialisierten Bereich religiöser Institution noch durch andere öffentliche primäre Institutionen vermittelt. Es ist gerade diese unmittelbare Zugänglichkeit des Heiligen Kosmos oder – genauer – des Sortiments an religiösen Themen, die die Religion heutzutage zu einer Erscheinung in der Privatsphäre macht« (ebd., 146).

Luckmann teilt hier mit Berger die Auffassung, dass das vormoderne Europa lange Zeit im Zustand eines ›Heiligen Kosmos‹ verharrte, der die gesellschaftliche Ordnung garantierte. Erst mit der Moderne und ihrer Pluralisierung von Sinnstrukturen sei dieser Kosmos ins Wanken geraten. In der Moderne werden die religiösen Aufgaben immer mehr zu Teilzeitrollen degradiert, dadurch werden die Spuren des ›Heiligen Kosmos‹ zunehmend mit den weltlichen Normen verwischt und die religiösen Normen verlieren damit ihre Plausibilität. Das offizielle Modell der Religion stimmt immer weniger mit den subjektiven Erfahrungen überein. Entscheidend ist jedoch, dass die Modernisierungsprozesse sich nicht allein auf die Institutionen und gesellschaftlichen Organisationen beschränken, sondern auch zu »Wandlungen in der Struktur der Einzelperson führen«, die wiederum »Umformungen in der Daseinsauffassung« bewirken (ebd., 8). Hier wird deutlich, dass Berger und Luckmann zwar die gleiche Diagnose stellen und darauf hinweisen, dass die Prozesse der Modernisierung sowohl institutionelle als auch individuelle Folgen haben und dass die institutionelle Religion verschwinde, aber sie ziehen dennoch unterschiedliche Schlüsse, was die Rolle von Religion beim Individuum betrifft. »Auf jeden Fall ist es irreführend, wenn der als Säkularisierung bezeichnete Vorgang bloß als Geltungszerfall religiöser Institutionen, ihres Gehalts und ihrer sozialen Wirksamkeit interpretiert wird« (ebd., 8).

Die religiös legitimierten Grenzen zwischen sakral und profan verschwimmen laut Luckmann zunehmend in modernen Gesellschaften. Der Einzelne besitzt zudem nur noch fragmentarisches religiöses Wissen bzw. formt seinen subjektiven Sinn aus einem Sortiment von rhetorischen Figuren. Die religiösen Wissensinhalte können zudem nicht mehr mit anderen gesellschaftlichen Erfahrungen in Zusammenhang gebracht werden. »Die institutionell fixierten Normen und Vorstellungen verwirklichen sich nicht in Bewußtseinsprägung und Daseinsführung« (ebd., 9). Religiöse Vorstellungen besitzen demnach keine gesellschaftlich verbindliche Symbolstruktur mehr, sondern werden mit subjektiven Erfahrungen vermischt und kombiniert, was dazu führe, dass sich auch sprachliche Unschärfe durchsetze, weil es kein allgemeines Repertoire an symbolischer Kommunikation mehr gebe.

Die Privatisierung von Religion, die Luckmann auch als »unsichtbare Religion« bezeichnet, bedeutet jedoch nicht, dass nun jeder seine Privatreligion habe. Auch für Luckmann hat sich ein Markt der Religionen durchgesetzt. Aber die »Verflüchtigung der Religion ins Religiöse« (Knoblauch 1991) deutet Luckmann als eine Verlagerung der Transzendenzen. Nicht nur die für die großen Transzendenzen zuständigen religiösen Institutionen schwinden, sondern auch die großen Transzendenzen selbst scheinen eine immer geringere Rolle zu spielen. Stattdessen sind es nun die kleinen und mittleren Transzendenzen, über die sich jeder selbst religiöses Heil aneignen kann, sei dies durch Körperarbeit wie im Yoga oder spirituelle Erlebnisse wie beim Fasten, Meditieren oder in charismatischen Gottesdiensten. Der eigene Körper wurde gleichsam zu einem zentralen Mittel, um kleine und mittlere Transzendenzen zu kultivieren und damit alternative Heilserwartungen zu generieren (Eitler 2007; Höllinger/Tripold 2012). »Die vorherrschenden neu entstehenden religiösen Themen entspringen der Privatsphäre. Sie sind Dramatisierungen des subjektiv autonomen einzelnen, auf der Suche nach Selbstverwirklichung und Selbstbestätigung« (Luckmann 1964, 11). Die Privatsphäre ist somit nicht nur Ort der Entstehung neuer religiöser Themen, sondern zugleich deren Inhalt (Wohlrab-Sahr/Krüggeler 2000, 241). Diese neuen religiösen Themen sind für ihn auch kein Nischenphänomen, das statistisch eine untergeordnete Rolle spiele und daher der Säkularisierungsthese wieder die Tür öffne. Luckmann spricht hier auch allgemein von einer »modernen Weltanschauung«, die er zu charakterisieren versucht. »Sie ist ›Religion‹ eher als ›Ideologie‹, insofern als sie in der Gesamtgesellschaft verankert ist. Sie ist ›Ideologie‹ eher als ›Religion‹, insofern sie radikal diesseitig ist und im ›Interesse‹ faktischer Wirkungszusammenhänge fungiert« (Luckmann 1964, 13). Er deutet diese moderne Weltanschauung darüber hinaus als »individualistisch« und »illusionär«, wobei die These der Privatisierung im Zentrum dieser Merkmale steht. Er geht sogar soweit zu behaupten, dass die moderne Weltanschauung »Wunscherfüllungen innerhalb der Privatsphäre zu einer religiösen Daseinsauffassung erhebt« (ebd., 13).

Luckmann beschreibt hier eine Transformation von religiösen Sozialformen und die Entstehung von funktionalen Äquivalenten zu den traditionellen religiösen Institutionen, ohne dabei – wie Berger – Religion retten zu wollen. Zugleich ließe sich kritisieren, dass er ein etwas einseitiges Bild vom sozialen Wandel der Religion zeichnet, das den historischen Bedingungen der religiösen Landschaft in Europa nicht ganz gerecht wird. So wird in der neueren Forschung immer öfter betont, dass sich Europa seit jeher durch seine religiöse Pluralität auszeichnet, seien es die islamischen, esoterischen, freidenkerischen, freimaurerischen, heidnisch-germanischen oder keltischen Einflüsse oder aber das römisch-griechisch-ägyptische Erbe, wie es in der Renaissance und später in der Romantik wiederbelebt wurde (Bigalke/Kunert/Neef 2011). Und auch die christliche Religion war zu keiner Zeit die homogene Institution wie sie gern dargestellt wird. Vielmehr muss von einer hoch heterogenen religiösen Landschaft gesprochen werden, die sich durch religiöse Nonkonformisten und Sektierungen auszeichnet. Jedoch ist bei dieser Kritik zu berücksichtigen, dass Luckmann seine These formulierte, als nicht nur die Säkularisierungstheorie gerade auf einem Höhepunkt angelangt war, sondern dass er sich auch gegen eine zu enge Kirchensoziologie durchsetzte, welche die Säkularisierung fast ausschließlich an Kirchenmitgliedern festmachte. Er war es also, der den empirischen Blick auf andere Religionen und Weltanschauungen richtete. Es kann also kaum überschätzt werden, welchen wichtigen theoretischen Beitrag Luckmann für die moderne Religionssoziologie einerseits und für die Säkularisierungsdebatte andererseits geliefert hat.

Individualisierung, Subjektivierung oder Privatisierung?

Wie gezeigt wurde, beinhalten die Theorien von Berger und Luckmann eine dezidierte Kritik an einem bestimmten Säkularisierungsverständnis, das sich allein auf die Beobachtungen der Entkirchlichung bezieht. Die alternativen Erklärungen, die sie entgegenhalten heißen einerseits religiöser Pluralismus und andererseits die Verflüchtigung der Religion in die private Sphäre. Ihre unterschiedlichen Analysen und Einschätzungen zur Rolle von Religion in modernen Gesellschaften wurden bereits betont. Weiterhin bleibt an diesen Modellen jedoch unklar, inwiefern zwischen solchen Begriffen wie ›Individualisierung‹, ›Privatisierung‹ und ›Subjektivierung‹ unterschieden werden muss, da diese Begriffe nicht selten synonyme Verwendungen finden. Auch Luckmann scheint hier nicht deutlich zu trennen, wenn er schreibt, dass »moderne Religiosität ›individualistisch‹, d. h. durch ausgesprochene Subjektivierung beziehungsweise Privatisierung gekennzeichnet« ist (Luckmann 1964, 14). In der Folge haben sich jedoch unterschiedliche Debatten zu den einzelnen Begriffen entwickelt, die hier in aller Kürze nachgezeichnet werden sollen, da sie je eigene Diskurse in der Religionssoziologie entfacht haben.

Die erste Frage könnte daher lauten: »Sind die Menschen wirklich individueller geworden?« Eine solche Hypothese setzt einen Prozess voraus, wonach es eine Zeit gab (meist die ›Vormoderne‹), in denen Menschen weniger Individuell waren. Abgesehen von der Schwierigkeit, den Begriff ›Individualität‹ näher zu bestimmen, da dieser in unterschiedlichen Fachdisziplinen auch jeweils andere Verwendung findet, steht hinter dieser Annahme, dass Menschen früher in einen Stand geboren wurden und damit eine soziale Rolle regelrecht geerbt haben. Dies sei in der Moderne anders, da eine Pluralisierung der Gesellschaft dem Einzelnen mehr Wahlmöglichkeiten gebe (s. Peter L. Berger weiter oben; vgl. auch Berger/Hitzler 2010). Dagegen lässt sich jedoch einerseits einwenden, dass gerade die Religion – im Unterschied zum sozialen Stand – immer schon eine der wenigen Bereiche individueller Wahl darstellte. Sicherlich ging ein Religions- oder Konfessionswechsel oft auch mit sozialen Sanktionen einher, aber die Religionsgeschichte erhält ihre Dynamik nicht selten gerade durch den religiösen Wandel von Einzelnen. Andererseits hegen auch einige Soziologen Zweifel an der Freiheit des Individuums in der Moderne. Die Populärkultur ermöglicht zwar die Wahloptionen und das Diffundieren von religiösem Wissen, es bleibt aber die Frage, ob wir deshalb individueller geworden sind. Ulrich Beck geht etwa davon aus, dass die angenommene Individualisierung von dem modernen Massenmarkt vorgespielt wird. Das Individuum glaubt, individuelle Entscheidungen zu treffen, trifft diese jedoch aus einem klar abgesteckten und normierten Angebot von Konsumgütern (1986, 212). Anders betrachten es die Soziologen Monika Wohlrab-Sahr und Michael Krüggeler, die davon ausgehen, dass gerade der ausdifferenzierte institutionelle Bereich den Individuen einen »Modus der Zurechnung« ermöglicht, in dessen Rahmen eine strukturelle Individualisierung zu beobachten ist: »Individualisierung als Zurechnungsmodus bezeichnet eine institutionell gestützte Perspektive auf die »Welt«, eine Situationsdefinition, die selbst »Fakten« schafft« (Wohlrab-Sahr/Krüggeler 2000, 242). Die Frage nach der Individualisierung des modernen Menschen und dessen Autonomie der Entscheidung ist letztlich auch eine empirische und bedarf weiterer Untersuchungen.

Die nächste Frage lautet: »Lässt sich eine Subjektivierung von Religion beobachten?« Im Unterschied zur Individualisierung wird hier gezielt nach den subjektiven Wahrnehmungen und Aneignungen von Religion gefragt. Stichworte wie Synkretismus, Hybridität oder Patchwork-Religiosität gehören in dieses Feld und beschreiben eine Tendenz, sich aus dem ›(Super-)Markt der Religionen‹ die heilsbringenden Praktiken und Glaubenssätze herauszuholen, die am ehesten zu einem passen. Diese Form der »Selbstermächtigung des religiösen Subjekts« wurde idealtypisch mit der Figur des *spirituellen Wanderers* beschrieben (Gebhardt/Engelbrecht/Bochinger 2005). Dabei handelt es sich um Menschen, die in ihrer religiösen Heilssuche unterschiedliche religiöse Gruppen und Anbieter durchlaufen, um – nicht selten – am Ende mit ihrer eigenen Bastel-Religiosität herauszukommen. Von besonderem Interesse ist hier, dass in diesem meist ›holistischen Milieu‹ (Höllinger/Tripold 2012) auch eine besondere (Ethno-)Semantik vorherrscht. Nicht nur der Begriff der ›Ganzheitlichkeit‹ findet sich hier gehäuft wieder, sondern auch eine auffällige Selbstbezeichnung bzw. Selbstidentifizierung mit dem Begriff der ›Spiritualität‹. Dieser wird dabei oft dezidiert zu den Begriffen ›Religion‹ oder ›religiös‹ in Kontrast gesetzt, die zudem eine negative Konnotation erfahren. Religion wird hier fast ausschließlich mit der institutionalisierten Religion und insbesondere mit der christlichen Kirche in Verbindung gebracht. Die Selbstbezeichnung als ›spirituell Suchende(r)‹ scheint hingegen in der subjektiven Erfahrung weniger vorbelastet. Dieses Phänomen hat der amerikanische Soziologe Robert Fuller in seinem Buch *Spiritual but not Religious* ausführlich behandelt (2001) und verweist damit auf einen allgemeinen Trend, wobei die Suche nach persönlichen religiösen/spirituellen Erfahrungen zunehme, während die religiösen Institutionen immer mehr Kritik auch aus ihren eigenen Reihen erfahren. In ähnlicher Weise lässt sich eine zunehmende Beschäftigung mit Spiritualität auch in der Soziologie erkennen, wobei leider der Begriff der Spiritualität (etwa im Unterschied zu Religiosität) meist unterbestimmt bleibt. Vielmehr scheint hier die eben beschriebene Semantik des religiösen Feldes (*spiritual but not religious*) in der Soziologie unkritisch übernommen worden zu sein. Die Soziologen Paul Heelas und Linda Woodhead sprechen sogar von einer *spirituellen Revolution*, wonach die Suche nach subjektiven religiösen Erfahrungen die institutionelle Seite von Religion ganz abgelöst hätte (2005).

Der letzte Punkt betrifft die Frage: »Ist Religion wirklich nur noch Privatsache?« Die These der Subjektivierung legt nahe, dass die Suche nach religiösen Erfahrungen heutzutage weniger in den traditionellen religiösen Institutionen stattfindet, sondern zunehmend in losen Netzwerken, in kleinen, fluiden Gruppen bzw. ganz in die Privatsphäre verschwindet. Entgegen dieser Annahme spricht der Soziologe José Casanova von einer neuen Öffentlichkeit von Religion (1994). Religiöse Gruppen und Bewegungen seien einerseits durch solche Prozesse wie die Globalisierung und Migration nicht mehr auf lokale Kontexte angewiesen, andererseits führten die gleichen Prozesse zu einer Politisierung von Religion, die nicht selten auch die Privatsphäre von religiösen Überzeugungen und Praktiken beeinträchtige. Entsprechend plädiert Casanova dafür, dass auch religiöse Diskurse wieder mehr in der Öffentlichkeit ausgetragen und wahrgenommen werden sollten und dass das Religiöse nicht in das private Hinterzimmer verschwinden darf. Weniger normativ beobachtet der Soziologe Hubert Knoblauch, der ein direkter Schüler von Thomas Luckmann ist, dass zwar einerseits eine Subjektivierung von Religion die späte Moderne auszeichnet, jedoch andererseits parallel dazu eine Popularisierung des Religiösen in Form von alternativen Weltanschauungen und Spiritualität zu beobachten ist (2009). Dies nennt Knoblauch auch die *Populäre Religion*, um die Verwirrungen, die um die Begriffe ›Privatisierung‹ und ›unsichtbare Religion‹ entstanden seien, auszuheben. Denn laut Knoblauch behauptete auch Luckmann nicht, dass Religion ganz ins Private verschwinde, sondern lediglich dass Religion immer weniger in ihrer institutionalisierten Sozialform auftrete. Diese populäre Religion wurde laut Knoblauch immer mehr Teil der populären Kultur, so dass die Grenzen zwischen sakral und profan, aber auch die Grenzen zwischen Privatheit und Öffentlichkeit sich zunehmend auflösen. Der Einsatz moderner Kommunikationsmedien sowie die Entstehung eines Marktes für Massenwaren habe spätestens seit den 1960er Jahren zu einer populären Kultur (Massenkultur) geführt, die auch immer mehr von religiösen Anbietern genutzt werde. Jedoch sei die populäre Religion nicht einfach ein Teil der populären Kultur, sondern eine eigene Sozialform der Religion, die viele Parallelen zur populären Kultur aufweise. Im Unterschied zur populären Religion, die sich oft als gegenkulturelle Maßnahme gegen die Orthodoxie präsentierte, sei die populäre Religion in der Mitte der Gesellschaft angekommen und sozusagen salonfähig geworden. Der allgegenwärtige Zugang und der Konsum von etwa Yoga, Ayurveda oder Homöopathie habe deren religiöse und esoterische Wurzeln zwar (teilweise) nicht vergessen lassen, aber dieser Deutungsbezug stehe nicht mehr in Kontrast zu einer monopolisierten religiösen Tradition, sondern sei Teil einer populären Alltagskultur geworden. Die populäre Religion ist zudem medial aufbereitet, wie etwa beim Papstbesuch deutlich wird, weshalb Knoblauch auch von einer Mediatisierung von Religion spricht. Nicht immer sei es die unmittelbare Erfahrung (des Papstes), sondern die Erfahrung (via) der Medien, die zu einem Teil der religiösen Erfahrung wird und zur Sakralisierung des Events beiträgt.

Diese drei hier skizzierten Diskurse zu Individualisierung, Subjektivierung und Privatisierung lassen sich nicht immer voneinander trennen bzw. beziehen sie sich auch teilweise aufeinander. Diesen Ansätzen ist zumindest gemein, dass sie alle davon ausgehen, dass zwar religiöse Institutionen ihren Einfluss in der Gesellschaft immer mehr verlieren, Religion jedoch nicht aus der Gesellschaft verschwinde. Peter Berger und vor allem Thomas Luckmann haben zu dieser Betrachtungsweise den wichtigen Anstoß gegeben. Religiöse Erfahrungen im weitesten Sinn, scheinen demnach immer noch eine wichtige Rolle im Alltag vieler Menschen zu spielen. Und diese Erfahrungen finden ihren Ausdruck immer öfter in anderen Sozialformen. Hinzu kommt, dass transnationale religiöse Netzwerke, religiöse Bewegungen und die populäre Religion dazu geführt haben, dass Religion auch in der Moderne eine zentrale Quelle der Identitätsbildung bereitstellt. Inwiefern jedoch das Konzept der Individualisierung ebenfalls von der Meistererzählung einer säkularen Moderne geprägt ist, bleibt offen und wäre diskursanalytisch zu klären (Borutta 2010).

Gleiches gilt für die Behauptung, dass nach der Säkularisierung nun eine Desäkularisierung oder eine Wiederkehr der Religion zu beobachten sei (Berger 1999). Auch werden die Individualisierungstheorien gern zur Bestätigung dieser Hypothese herangezogen, wobei nicht selten übersehen wird, dass die meisten dieser Theoretiker gar nicht von einer Desäkularisierung oder Resakralisierung ausgehen, sondern schlicht von einer Transformation religiöser Sozialformen. Zudem wurde bemängelt, dass das Konzept der Desäkularisierung zu einem diskursiven Selbstläufer geworden ist, dabei jedoch vollkommen unterbestimmt bleibt (Karpov 2010). Die grundlegende Debatte zwischen Säkularisierungstheoretikern einerseits und den polyphonen Stimmen von deren Kritikern andererseits, wird auch in Zukunft sicherlich nicht so schnell abgeschlossen sein. Einen Ausweg versuchen etwa Monika Wohlrab-Sahr und Marian Burchardt (2011) mit ihrem Konzept der ›Multiplen Säkularitäten‹ anzubieten, das im Anschluss an das Konzept der ›Multiplen Modernen‹ von Shmuel N. Eisenstadt die einseitige Verhältnisbestimmung von Moderne und Säkularisierung auflöst und nach den unterschiedlichen Säkularitätsmodellen und -verständnissen fragt, die sich vor dem Hintergrund unterschiedlicher politischer, historischer und kultureller Kontexte entfaltet haben. Dabei legen sie auch eines der zentralen Probleme der gesamten Debatte frei, nämlich die Frage nach den Grenzziehungen zwischen dem Sakralen und dem Säkularen. Ohne eine konkrete Bestimmung dieser Grenzen, lässt sich kaum sagen, inwiefern Religion verschwindet, wiederkehrt oder sich in einem anderen Gewand präsentiert.

Literatur

Beck, Ulrich: *Risikogesellschaft. Auf dem Weg in eine andere Moderne*. Frankfurt a. M. 1986.
Berger, Peter A./Hitzler, Ronald (Hg.): *Individualisierungen. Ein vierteljahrhundert »jenseits von Stand und Klasse«?* Wiesbaden 2010.
Berger, Peter L.: *Zur Dialektik von Religion und Gesellschaft. Elemente einer soziologischen Theorie*. Frankfurt a. M. 1973 (engl. 1967).
–: *Der Zwang zur Häresie. Religion in der pluralistischen Gesellschaft* [1980]. Freiburg 1992 (engl. 1979).
– (Hg.): *The De-secularization of the World. Resurgent Religion and World Politics*. Washington D. C./Grand Rapids 1999.
–: Faith and Development. In: *Society* 46/1 (2009), 69–75.
– / Davie, Grace/Fokas, Effie: *Religious America, Secular Europe? A Theme and Variations*. Aldershot/Burlington VT 2008.

–/Luckmann, Thomas: Sociology of Religion and Sociology of Knowledge. In: *Sociology and Social Research* 47 (1963), 61–73.

–/Luckmann, Thomas: *Modernity, Pluralism and the Crisis of Meaning. The Orientation of Modern Man.* Gütersloh 1995.

–/Luckmann, Thomas: *Die gesellschaftliche Konstruktion der Wirklichkeit* [1969]. Frankfurt a. M. 1999 (engl. 1966).

Bigalke, Bernadett/Kunert, Jeannine/Neef, Katharina: Europa als religionswissenschaftliches Feld. Europäische Religionsgeschichte revisited. In: *Religion – Staat – Gesellschaft* 12 (2011), 317–342.

Borutta, Manuel: Genealogie der Säkularisierungstheorie. Zur Historisierung einer großen Erzählung der Moderne. In: *Geschichte und Gesellschaft* 36 (2010), 347–376.

Casanova, José: *Public Religions in the Modern World.* Chicago/London 1994.

Eitler, Pascal: Körper – Kosmos – Kybernetik. Transformationen der Religion im »New Age« (Westdeutschland 1970–1990). In: *Zeithistorische Forschungen* (Online-Ausgabe) 4/1+2 (2007).

Fuller, Robert C.: *Spiritual but not Religious. Understanding Unchurched America.* Oxford/New York 2001.

Gabriel, Karl/Gärtner, Christel/Pollack, Detlef (Hg.): *Umstrittene Säkularisierung: Soziologische und historische Analysen zur Differenzierung von Religion und Politik.* Berlin 2012.

Gabriel, Karl/Reuter, Hans-Richard: Einleitung. In: Dies. (Hg.): *Religion und Gesellschaft.* Paderborn 2004, 11–49.

Gebhardt, Winfried/Engelbrecht, Martin/Bochinger, Christoph: Die Selbstermächtigung des religiösen Subjekts. Der ›spirituelle Wanderer‹ als Idealtypus spätmoderner Religiosität. In: *Zeitschrift für Religionswissenschaft* 2 (2005), 133–151.

Heelas, Paul/Woodhead, Linda: *The Spiritual Revolution. Why Religion is Giving Way to Spirituality.* Malden, Mass. 2005.

Höllinger, Franz/Tripold, Thomas: *Ganzheitliches Leben: Das holistische Milieu zwischen neuer Spiritualität und postmoderner Wellness-Kultur.* Bielefeld 2012.

Karpov, Vyacheslav: Desecularization. A Conceptual Framework. In: *Journal of Church and State* 52/2 (2010), 232–270.

Knoblauch, Hubert: Die Verflüchtigung der Religion ins Religiöse. Thomas Luckmanns Unsichtbare Religion [Einleitung]. In: Luckmann 1991, 7–41.

–: *Populäre Religion. Auf dem Weg in eine spirituelle Gesellschaft.* Frankfurt a. M./New York 2009.

Lehmann, Hartmut: *Säkularisierung. Der europäische Sonderweg in Sachen Religion.* Göttingen 2004.

Luckmann, Thomas: *Das Problem der Religion in der modernen Gesellschaft.* Freiburg 1963.

–: Religiöse Strukturen in der säkularisierten Gesellschaft. In: *EZW-Information* 12, Stuttgart VIII (1964), 1–15.

–: *Die unsichtbare Religion* [1967]. Frankfurt a. M. 1991 (engl. 1967).

–: Berger and his Collaborator(s). In: Linda Woodhead (mit Paul Heelas und David Martin) (Hg.): *Peter Berger and the Study of Religion.* London/New York 2001, 17–25.

Merton, Robert K.: The Thomas Theorem and The Matthew Effect. In: *Social Forces* 74/2 (1995), 379–424.

Wohlrab-Sahr, Monika/Burchardt, Marian: Vielfältige Säkularitäten. Vorschlag zu einer vergleichenden Analyse religiös-säkularer Grenzziehungen. In: *Denkströme. Journal der Sächsischen Akademie der Wissenschaften* 7 (2011), 53–71.

Wohlrab-Sahr, Monika/Krüggeler, Michael: Strukturelle Individualisierung vs. autonome Menschen oder: Wie individualisiert ist Religion? Replik zu Pollack/Pickel: Individualisierung und religiöser Wandel in der Bundesrepublik Deutschland. In: *Zeitschrift für Soziologie* 3/29 (2000), 240–244.

Sebastian Schüler

7. Zivilreligion (Rousseau)

Zivilreligion und Säkularisierung

Für den mit ›Säkularisierung‹ bezeichneten Phänomenbereich ist das Verhältnis von Staat und Religion zentral. Die Entwicklung des modernen Staates als eigenständiger Handlungsraum, der eine Trennung von Bürgerschaft und Glaubensgemeinschaft überhaupt erst ermöglicht, und die Aufklärung als Reflexion über menschliche Denk- und Handlungsfähigkeit führen zur Neubestimmung dieses Verhältnisses. Eine paradigmatische Rolle übernimmt hierbei das Werk Jean-Jacques Rousseaus, das sowohl die radikal aufklärerische Position der Volkssouveränität also auch die aufklärungskritische Position eines begrenzten Rationalismus einnimmt. Diese Ambivalenz des Rousseauschen Werkes ergibt sich aus seiner Verbindung von Autonomie begründender Vertragstheorie mit Überlegungen über die kontingente soziale und moralische Formung des Menschen. Autonomie und gesellschaftliche Prägung – diese Verbindung führt dazu, dass die Frage, woher die am Allgemeinwohl orientierten Bürger des Gesellschaftsvertrages kommen, geradezu gegensätzliche Interpretationen hervorgerufen hat. Das Verhältnis von Staat und Religion im *Contrat social* (1762) wird somit je nach Perspektive als modern oder »voraufgeklärt« (Lübbe 1986, 309) bezeichnet. Trotz der möglichen unterschiedlichsten Interpretationen gilt Rousseaus Konzept der Zivilreligion als eine »erste systematische Antwort« (Maier 1975, 123) auf die Frage, welche Rolle die Religion für den sich selbst begründenden Staat einnehmen kann.

Neben einer pragmatischen Einführung der Religion im Kapitel über den Gesetzgeber im *Contrat social*, ist es vor allem das Kapitel »Religion civile«, das Trennung und Zusammenhang von Religion und Staat systematisch erfasst. Dieses Kapitel ruft seit seiner Veröffentlichung stark ablehnende Reaktionen hervor, zunächst aufgrund Rousseaus Kritik am Christentum, später wegen seiner sanktionsbeschwerten Forderung nach einem Bürgerbekenntnis (bis hin zum Totalitarismusvorwurf, z. B. Talmon 1970). Obwohl Rousseau selbst dem Verbot von »bürgerlicher und theologischer Intoleranz« (Rousseau 1964, 469) mindestens so viel Bedeutung einräumt wie der positiven Bestimmung der *religion civile*, zeigt die Rezeptionsgeschichte, dass es gerade die Verbindung und nicht die Trennung von Staat und Religion ist, die das Konzept der Zivilreligion für den Säkularisierungsdiskurs so interessant und ambivalent macht. Während die negative Bestimmung der Zivilreligion die genuine Forderung der Aufklärung nach (religiöser) Toleranz zu einer zentralen Forderung an den modernen Staat erhebt, ist die positive Bestimmung der Zivilreligion als Glaubensbekenntnis der Bürger an Moral, Gott und Verfassung Ausdruck des neuen Spannungsverhältnisses zwischen einer staatlichen Legitimation, die sich selbst schöpft und ihrer historischen oder eben transzendenten Bedingtheit. Damit fasst das Konzept der Zivilreligion die Problematik der modernen politischen Autonomievorstellung in einem Begriff zusammen, der in sich politische Immanenz und religiöse Transzendenz vereint. Insofern ist es nicht nur Rousseaus ideengeschichtliche Leistung, »die einzigen Argumente zu Gunsten der Trennung von Staat und Kirche im europäischen 18. Jahrhundert produziert zu haben« (Candaux 1964, 1577), die zu seiner paradigmatischen Rolle im Säkularisierungsdiskurs beiträgt, sondern auch und vor allem sein Konzept der *religion civile*.

Zivilreligion bei Rousseau

»Kein Kapitel des Gesellschaftsvertrages hat so viele Polemiken und Proteste im 18. Jahrhundert hervorgerufen wie jenes über die Zivilreligion, vor allem weil Rousseau über das Christentum zu schreiben wagte: ›Ich kenne nichts, was dem sozialen Geist entgegengesetzter ist‹« (Derathé 1964, 1499).

Es gibt vier Kontexte, in denen Rousseau das Konzept der Zivilreligion behandelt, und diese Kontexte führen zu einer jeweils unterschiedlichen Akzentuierung des Verständnisses der *religion civile*. Im *Lettre à Voltaire* (1756) tritt das Konzept im Zusammenhang mit Rousseaus Überlegungen zu seinem eigenen Glauben auf; in der ersten Fassung des *Contrat social* (*Genfer Ma-*

nuskript, 1758–60) bildet die Verurteilung religiöser Intoleranz den bestimmenden Kontext; im endgültigen *Contrat social* (1762) wird die Zivilreligion in Verbindung mit dem institutionellen Funktionieren der Republik behandelt; im ersten der *Lettres écrites de la Montagne* (1764) verteidigt Rousseau sein Konzept gegen den Vorwurf der Gottlosigkeit.

Rousseau entwickelt die Idee einer *religion civile* zuerst im *Lettre à Voltaire* vom August 1756, in dem er sich mit Voltaires pessimistischer Einschätzung des Schicksals der Menschheit angesichts des Erdbebens von Lissabon (*Poème sur le désastre de Lisbonne*, 1756) auseinandersetzt. Rousseau verbindet darin sein eigenes Glaubensbekenntnis mit der Forderung nach Glaubens- und Gewissensfreiheit im Rahmen eines »bürgerlichen Glaubensbekenntnisses« (Rousseau 1969, 1073). Dieser Zusammenhang – Glaube an die Unsterblichkeit der Seele und an eine wohlwollende Vorsehung, staatlich garantierte Glaubensfreiheit durch ein Verbot der Intoleranz, notwendiges Bekenntnis der Bürger auf einen moralischen Kode – stellt bereits die Struktur des Konzeptes der Zivilreligion dar, wie sie von Rousseau später in den beiden Fassungen des Gesellschaftsvertrages vorgestellt wird.

Im »Brief an Voltaire« wird jedoch im Gegensatz zu den anderen Textstellen die konstitutive Verbindung von religiösem Glauben und dem Konzept der *religion civile* aufgezeigt. Der Gedankengang geht von Rousseaus Theodizee aus, dass der Mensch Ursache allen Übels auf der Welt sei und folglich auch die Möglichkeit habe, dieses Übel zu vermindern oder zu beenden; abgesehen von den physischen Leiden, die Teil der Bedingung sensibler Materie seien. Wenn nun die Natur des Menschen – gemäß der natürlichen Gesetzmäßigkeiten – nur das Leiden an unangenehmen Empfindungen und nicht das Schlechte in der Welt herbeiführe, dann sei diese Natur zumindest nicht böse. Auch der Tod des Einzelnen sei Teil der natürlichen Ordnung, in der die körperliche Auflösung des Individuums dem Gedeihen des Ganzen zu Gute komme, so dass »das partikulare Übel eines Individuums zum allgemeinen Guten beiträgt« (ebd., 1068). Damit ist die Unterscheidung von einem prinzipiell guten Universum und einem akzidentiell schlechten Einzelschicksal geschaffen, die das Fundament für Rousseaus Glaubensbekenntnis legt: »Die wahren Prinzipien des Optimismus können sich weder aus den Eigenschaften der Materie noch aus der Mechanik des Universum ableiten lassen, sondern einzig durch Induktion der Perfektionen von Gott, der allem voran geht« (ebd., 1068). Aus diesem Glaubensbekenntnis, das Rousseau als *religion naturelle* im »Glaubensbekenntnis eines savoyardischen Vikars« (ebd., 636) ausarbeitet und welches er angesichts des 1756 von Voltaire veröffentlichten *Poème sur la loi naturelle* mit diesem zu teilen glaubt, folgen nun zwei politische Forderungen. Zum einen ist sich Rousseau bewusst, dass es keinen Beweis für die Existenz Gottes geben kann und dass er deswegen nicht fordern darf, an ihn zu glauben. In dieser Hinsicht haben die Theisten und die Atheisten einen gleichwertigen Anspruch auf ihre jeweilige Wahrheit. Daraus entsteht die politische Forderung, dass sich Gläubige und Ungläubige in der Unbeweisbarkeit ihrer jeweiligen Haltung akzeptieren müssen. Zum zweiten aber gibt der Glaube den Menschen Trost und Sinn und es wäre »unmenschlich, zufriedene Seelen zu verstören und die Menschen hoffnungslos verzweifeln zu lassen, indem man ihnen beibringt, daß nichts sicher noch nützlich ist« (ebd., 1072). Insofern sollen die ›philosophes‹ zwar den »Aberglauben, der die Gesellschaft stört, angreifen« aber »die Religion, die die Gesellschaft unterstützt, respektieren« (ebd., 1072).

Beide Forderungen, Glaubensfreiheit und Unterstützung eines gesellschaftlich nützlichen Glaubens, werden dann im Konzept der *religion civile* vereint, das als einzige staatliche Einmischung in Gewissensfragen rechtlich vorgeschrieben werden soll:

> »Es gibt eine Sorte von Glaubensbekenntnis, gebe ich zu, das die Gesetze durchsetzen können; aber abgesehen von den Prinzipien der Moral und des natürlichen Rechts muss dieses rein negativ sein, weil Religionen existieren können, die die Grundlagen der Gesellschaft angreifen und weil man damit beginnen muss, diese Religionen auszulöschen, um den Frieden des Staates zu sichern« (ebd., 1073).

Ohne die kontextuelle Einbettung in das eigene Glaubensbekenntnis und in die Forderung nach einer nützlichen, Trost spendenden Religion für die Gesellschaft, wäre diese Fassung des bürgerlichen Glaubensbekenntnisses ohne Anteil eines religiösen Glaubens, da der Verweis auf moralische und natürliche Prinzipien keinen voraussetzt. Bereits in dieser ersten Fassung der Zivilreligion liegt die Betonung des rechtlich verankerten bürgerlichen Glaubensbekenntnisses auf dem Ausschluss intoleranter Religionen. Dieser Ausschluss bezieht sich auf eine allgemeine intolerante Haltung wie Rousseau sie im Anschluss definiert: »Somit nenne ich aus Prinzip intolerant jeden Menschen, der sich vorstellt, dass man kein guter Mensch sein kann, ohne all das zu glauben, was er selber glaubt und unerbittlich alle verdammt, die nicht wie er denken« (ebd., 1073). Insofern werden hier, wie in den beiden Fassungen des Gesellschaftsvertrages, religiöse und bürgerliche Intoleranz gleichermaßen verneint, und folglich wird ein Verstoß gegen das bürgerliche Glaubensbekenntnis auch nicht als »ungläubig« sondern als »meuterisch« (ebd., 1073) bezeichnet. Der Brief schließt mit der Aufforderung an Voltaire, das bürgerliche Glaubensbekenntnis, das Rousseau hier auch als moralischen Kode bezeichnet, in einem »bürgerlichen Katechismus« (ebd., 1074) auszuformulieren. Diese inhaltliche Bestimmung der *religion civile* bleibt jedoch Rousseau selbst schuldig.

Auch in der ersten Fassung des Gesellschaftsvertrages (entstanden zwischen 1758–1760) geht Rousseau nur sehr vage auf die positiven Aussagen einer *religion civile* ein und betont weiterhin deren negative Aufgabe: das Verbot von Intoleranz. Das Kapitel über die »Religion civile«, das zusammen mit jenem über das Wesen der Regierung und dem Kapitel über die Diskriminierung der Protestanten das dritte Buch des Gesellschaftsvertrages bildet, welches insgesamt der »Institution der Regierung« gewidmet ist, untersucht systematisch und historisch die Verbindung von Religion und Staat. Dabei unterscheidet Rousseau drei mögliche Arten von Religion: die »Religion des Menschen«, die »Religion des Bürgers« und die »Religion des Priesters«. Letztere, worunter auch das »römische Christentum« (Rousseau 1964, 336) fällt, stelle eine eigene Autorität neben das politische Recht, so dass die »Religion des Priesters« immer im Widerspruch zum Staat stehe und damit politisch untauglich sei. Die »Religion des Bürgers« ist jene der antiken Stadtstaaten, in der Vaterlandsliebe und Gottesdienst, Verbrechen und Sakrileg, Stadtgrenze und Religionsgrenze in Eins fallen. Diese Religion habe Vor- und Nachteile für die politische Gemeinschaft; von Vorteil sei die Gesetzestreue und die Opferbereitschaft, von Nachteil die Neigung zur Tyrannei und blutigen Intoleranz. Die »Religion des Menschen« ist ein »rein spiritueller Kult für Gott«, die »reine und einfache Religion des Evangeliums« und der »wahre Theismus« (ebd., 336) ohne Kirche oder Bräuche und gemäß den Pflichten der Moral. Aber gerade weil sie die wahre Religion des Menschen sei, sei sie für den Staat schädlich, da sie fundamental apolitisch sei, indem sie »die Menschen von den irdischen Dingen löst« (ebd., 338). Darüber hinaus »predigt sie nur Dienstbarkeit und Abhängigkeit«, so dass die »wahren Christen dazu gemacht sind, Sklaven zu sein« (ebd., 339).

Aus dieser Analyse der politischen Untauglichkeit bestehender Auffassungen der Religion entwickelt Rousseau nun die Idee der *religion civile*. Es geht ihm hier um eine Kompatibilität von Religion und Staat und nicht um eine Sicherung der eigenen Glaubensauffassung. Diese Kompatibilität soll durch eine Grenzziehung erreicht werden: Das Recht des Staates auf Einsicht in individuelle Absichten wird durch den öffentlichen Nutzen bestimmt, so dass »die [Rechts-]Subjekte bezüglich ihrer Meinungen dem Souverän nur in dem Maße Rechenschaft schulden, wie diese Meinungen für die Gemeinschaft wichtig sind« (ebd., 340). Religion und Staat können also zusammen bestehen, wenn beide eine Grenze anerkennen, die einerseits durch die Zustimmung aller Bürger legitimiert ist – »Jeder Bürger muss dazu angehalten werden, dieses Glaubensbekenntnis vor einem Beamten auszusprechen und ausdrücklich all seine Dogmen anzuerkennen« (ebd., 340–41) – und andererseits bestimmten Kriterien entspricht. Diese Kriterien sind die Dogmen der *religion civile*, nämlich »die Existenz einer wohltuenden, mächtigen, intelligenten, vorsehenden und fürsorgenden Gottheit, das Leben nach dem Tod, das Glück der Gerechten und die Bestrafung der Bösen, die Heiligkeit des Gesellschaftsvertrages und der [Grund-]Gesetze« (ebd., 341) sowie das Verbot der Intoleranz. Obwohl das »Bekenntnis eines rein bürgerlichen Glaubens« (ebd., 340) immerhin die Existenz Gottes mit einschließt, stellt es für Rousseau nicht Ausdruck von Religiosität, sondern von Sozialität dar, weil es die »Gefühle von Sozialität, ohne die es unmöglich ist, ein guter Bürger noch oder ein treuer Untertan zu sein« (ebd., 340) versammelt. Diese vorrechtliche Einstellung – ein guter Bürger sein zu wollen – wird nun aber in einen rechtlichen Modus gefasst, nämlich in ein administrativ beglaubigtes Bekenntnis, dessen Verweigerung den staatlichen Ausschluss, allerdings mit dem Recht, das Privateigentum ins Exil mitzunehmen, nach sich zieht und dessen Verletzung bei vorher abgelegtem Bekenntnis mit dem Tod bestraft werden soll. Beide Sanktionen beziehen sich ausdrücklich – der Straftatbestand wird eben nicht »gottlos« sondern »unsozial« genannt (ebd., 340) – nicht auf die Ungläubigkeit, sondern auf die Nicht-Anerkennung der Grundlage des Staates, nämlich des Gesellschaftsvertrages und seiner Grundgesetze.

Dass die Grenze zwischen Staat und Religion nicht selbst Ausdruck eines religiösen Glaubens ist, sondern die Ermöglichungsbedingung für verschiedene Religionen innerhalb eines Staates, wird vor allem in der Darstellung der Auswirkung der Intoleranz deutlich. Der Intolerante ist der »Mensch von Hobbes«, die Intoleranz ist »der Krieg der Menschheit« und das »fürchterliche Dogma, das die Erde verzweifeln lässt«, ist der Ausspruch: »Man muss wie ich denken, um gerettet zu werden« (ebd., 341). Das bürgerliche Glaubensbekenntnis lässt nicht zu, den Mitbürger als Andersdenkenden zu verfolgen, weil sich zum Ersten alle Bürger darin zur Toleranz verpflichten und zum Zweiten diese Toleranz durch die Einhaltung der »bürgerlichen Pflichten« (ebd., 342) begrenzt wird. Mit anderen Worten steht das kollektiv verbindliche Bürger-Sein über dem individuellen Glauben. Das anschließende Kapitel über die Entrechtung der Protestanten durch die Übertragung der staatlichen Aufgabe der Eheschließung auf den katholischen Klerus, der den Protestanten das Heiraten nicht gestattet, stellt ein Beispiel für ein verwehrtes Bürger-Sein aufgrund eines übergeordneten partikularen Glaubens dar. Die Diskriminierung der Protestanten kann somit als Beispiel für die Notwendigkeit einer *religion civile* gelesen werden und spricht für das politische Ziel der Zeit, religiöse wie bürgerliche Toleranz in einer Gesellschaft zu sichern.

Auch wenn die publizierte Fassung des Gesellschaftsvertrages von 1762 in großen Teilen das Kapitel über die »Religion civile« aus dem Genfer Manuskript wiederholt, lässt sich eine Akzentverschiebung feststellen: Die Passage über die Intoleranz fällt deutlich kürzer aus und die Perspektive auf den Beitrag der *religion civile* zum Funktionieren der Republik verschärft sich. Während Rousseau im Genfer Manuskript die Notwendigkeit von Religion für eine Gesellschaft als soziologisches Faktum einführt (»Sobald die Menschen in Gesellschaft leben brauchen sie eine Religion, die sie darin erhält«, ebd., 336), geht er im Gesellschaftsvertrag von der genealogischen Perspektive auf Herrschaftsmodelle aus, an deren Ende überhaupt erst säkulare Herrschaft möglich erscheint: »Es brauchte eine lange Veränderung der Gefühle und Ideen, dass man sich entschließen konnte, seines Gleichen als Herr zu nehmen und sich damit brüstete, dass das gut sein wird« (ebd., 460). Rousseau rekonstruiert nun die Entwicklung der Herrschaftsmodelle von den antiken Theokratien zur Etablierung des Christentums, das zwar mit dem Anspruch eines jenseitigen Königreichs vorgab, der weltlichen Macht keine Konkurrenz zu machen, jedoch bald schon »unter einem sichtbaren Chef den gewaltigsten Despotismus dieser Welt einrichtete« (ebd., 462). Die aus dem Christentum folgende Konkurrenz von Staat und Religion sei unter den christlichen Denkern allein von Hobbes versucht worden, zu Gunsten des Staates zu lösen; aber dieser habe den »dominierenden Geist des Christentums« (ebd., 463) unterschätzt.

Der genealogischen Rekonstruktion folgt die Aufgabenstellung, aus der sich das Konzept der *religion civile* ergibt: Wenn auf der einen Seite gegen Bayle anzunehmen sei, dass »niemals ein Staat gegründet worden ist, dem nicht die Religion als Basis gedient hat« (ebd., 464), so sei auf der anderen Seite gegen Warburton festzustellen, dass aber diese Religion nicht die christliche sein könne, weil »das christliche Gesetz im Grunde mehr schädlich als nützlich für eine starke Verfasstheit des Staates ist« (ebd., 464). Aus der Frageperspektive einer geeigneten Basisreligion folgt die Einteilung der Religionsarten in »Religion des Menschen«, »Religion des Bürgers« und »Religion der Priester«, wie Rousseau sie bereits im Genfer Manuskript vorgenommen hat. Die Zurückweisung der christlichen Religion, also die Religion des Menschen, wird nun systematischer dargestellt. Beginnend mit dem bekannten Satz, dass er nichts kenne, was dem sozialen Geist entgegengesetzter sei (ebd., 465), geht Rousseau auf die verschiedenen Aspekte der politischen Dysfunktionalität der christlichen Religion ein. Zum Ersten führe die Jenseitsorientierung dieser Religion dazu, dass die Menschen gegenüber dem ökonomischen Erfolg gleichgültig eingestellt seien; zum Zweiten seien sie einem inneren Feind hoffnungslos ausgeliefert, weil ihr Glaube Gehorsam predige und die Jenseitsorientierung auch zur Gleichgültigkeit gegenüber der eigenen Freiheit führe; zum Dritten könnten sich wahre Christen nicht gegen einen äußeren Feind verteidigen, und ein solcher Staat würde zerstört werden.

Aus dieser Sicht wird nun die *religion civile* als funktional für die Republik eingeführt. Die Notwendigkeit einer Religion liegt nämlich darin, »dem Bürger seine Pflichten lieben zu lehren« (ebd., 468). Der Inhalt des »rein bürgerlichen Bekenntnisses« ist zwar wörtlich übereinstimmend mit jenem aus dem Genfer Manuskript, aber um den Zusatz bereichert, dass es »dem Souverän zusteht, die [Glaubens]Artikel festzulegen« (ebd., 468). Auch die Intoleranz wird nun vermehrt aus der Perspektive einer funktionierenden Republik wahrgenommen, so dass sie auf die Schädigung der Souveränität und nicht auf das Leid der diskriminierten Mitbürger bezogen wird: »Überall wo die theologische Intoleranz erlaubt ist, ist es unmöglich, dass sie nicht auch Auswirkungen auf das Bürgertum hat; und sobald sie das hat, ist der Souverän nicht mehr der Souverän, auch nicht im Weltlichen: dann sind die Priester die wahren Herren, die Könige sind nur ihre Beamten« (ebd., 469). Auch in der langen Fußnote über die zivilen Auswirkungen der Übertragung des Rechtsaktes der Eheschließung auf den Klerus bezieht sich Rousseau nun vermehrt auf den Schaden, der der »Autorität des Prinzen« (ebd., 469) zugefügt wird und nicht auf die Diskriminierungserfahrung der Protestanten, der er noch im Genfer Manuskript den Vorrang gegeben hat. Damit werden die Konsequenzen einer fehlenden Grenze zwischen Politik und Religion deutlich: Die übergriffig gedachte (und erlebte) christliche Religion verhindert das Funktionieren des souveränen Staates und damit auch der Volkssouveränität. Der säkulare Staat ist für Rousseau funktionale Voraussetzung der Demokratie. Mit der Fokussierung auf das Funktionieren der Republik des Gesellschaftsvertrages wird auch in diesem Text keine konkrete positive Bestimmung der *religion civile* vorgenommen.

Nicht viel konkreter aber präziser in der Trennung zwischen *religion naturelle* und *religion civile* ist die Darstellung im ersten der *Lettres écrites de la Montagne* (1764), die Rousseau anlässlich seiner Verurteilung durch den Genfer Stadtrat verfasst und die direkt auf die *Lettres écrites de la campagne* (1763) des Genfer Oligarchen Tronchin antworten. Neben der Verteidigung seiner in Genf verurteilten und verbrannten Werke *Du contrat social* und *Émile* geht es in den insgesamt neun Briefen auch um die konkrete Situation der Stadt Genf, die sich in einer politischen Krise befindet, seitdem die Finanzoligarchie den Stadtrat usurpiert hat und den noch bürgernahen Rat der Zweihundert zu entmächtigen versucht. In der Absicht, seine Ankläger einerseits von seiner eigenen, mit dem Christentum kompatiblen Religion und andererseits von der Notwendigkeit der Zivilreligion zu überzeugen, stellt Rousseau beide Ideen vor, wodurch ihre Unterscheidung deutlich wird.

Zunächst stellt er im Sinn der Zivilreligion das Recht des Genfer Stadtrates in Frage, über seinen Glauben zu richten, da Regierungen nur über die Moral einer Religion und nicht über deren Wahrheitsanspruch richten dürften und nur »dieser Punkt allein der Religion direkt der Jurisdiktion [der Regierung] unterliegt« (Rousseau 1964, 695). Die Moral wiederum definiert Rousseau als »Gerechtigkeit, das öffentliche Wohl, der Gehorsam gegenüber den natürlichen und positiven Gesetzen, die sozialen Tugenden und alle Pflichten des Menschen und Bürgers« (ebd., 694–95). Dass sein Glaubensbekenntnis dieser Moral nicht widerspreche, sondern sie in allen Punkten bestätige, möchte Rousseau durch das Gedankenexperiment nachweisen, sich vorzustellen, dass es eine wirkliche Glaubensgemeinschaft der *religion naturelle* gäbe. Diese hätte zwei Glaubensregeln, »Vernunft und Evangelium« (ebd., 697), und würde damit »die Toleranz des Philosophen mit der Nächstenliebe des Christen« (ebd., 697) vereinigen:

> »Die Religion, die daraus resultieren wird, wird durch ihre Einfachheit die nützlichste für die Menschen sein. Befreit von allem, was man an die Stelle der Tugenden gesetzt hat, und ohne abergläubische Riten sowie doktrinäre Subtilitäten, wird sie ganz in ihrer wahren Bestimmung aufgehen, die die Praktik unserer Pflichten ist« (ebd., 700).

Sie ist jedoch als Religion keine Institution der Menschen, sondern entspricht »der Ordnung des natürlichen Lichts« (ebd., 701) und wäre mit anderen Religionen sowie staatlichen Gesetzen kompatibel, solange diese nicht gegen die Moral verstoßen. Die Gläubigen dieser Religion hätten den Namen der Christen allein durch ihr Verhalten verdient, auch dann, wenn sie nicht an die unbedingte Autorität der Bibel glaubten.

Wenn es sich also nach diesem Verständnis der *religion naturelle* um ein ›wahres Christentum‹ handelt, wie kann Rousseau dann schreiben, dass das Christentum für die Gesellschaft schädlich sei? Diese Frage stellt Rousseau als angenommene Anklage der Genfer und argumentiert daraufhin, dass es sich bei der Aussage gegen das Christentum nicht um eine Bewertung der Religionen handle, »sondern einzig um deren Beziehungen zu den politischen Körpern und als Teil der Gesetzgebung« (ebd., 703). Und in dieser Perspektive sei das Christentum als »konstitutiver Teil des Systems der Gesetzgebung« (ebd., 704) sowohl für sich selbst als auch für den Staat schädlich. Das läge daran, dass das wahre Christentum eine »universelle soziale Institution« sei, die »nicht im Geringsten eine politische Einrichtung ist und nichts zu den guten partikulare Institutionen beiträgt« (ebd., 704). Eine passende Religion für die politischen Institutionen sei jedoch die *religion civile*, »die die fundamentalen Dogmen jeder guten Religion, alle Dogmen, die für die Gesellschaft wirklich nützlich sind, seien sie universell oder partikular, mit einschließt und all jene ausschließt, die für den Glauben wichtig sein können aber nicht für das irdische Wohl, dem einzigen Ziel der Gesetzgebung« (ebd., 705). Das Christentum könne in einem Staat gut sein, »vorausgesetzt, dass man aus ihm keinen Teil der Verfassung macht« (ebd., 706).

Die Unterscheidung von *religion naturelle* und *religion civile* sei schließlich jene der »Wissenschaft des Heils und jener der Regierung« (ebd., 706), die völlig unterschiedliche Ziele verfolgten: Die erste wolle die Seelen retten, die zweite ziele auf die Freiheit und das irdische Wohlergehen. Eine Vermengung des Christentums mit der Politik würde »seine Heiligkeit mit menschlichen Interessen beschmutzen und das wäre die wahre Gottlosigkeit« (ebd., 706). Mit dieser Umdrehung der Anklage endet der systematische Teil des Briefs. Rousseau bringt im Anschluss den Grundsatz der Zivilreligion für seinen eigenen Fall in Anschlag, nicht nach der Willkür der Inquisition, sondern nach Vernunft und Gesetzen gerichtet zu werden.

Zwei Interpretationsperspektiven der Zivilreligion

Die Interpretation des Konzeptes der Zivilreligion lässt sich maßgeblich von zwei Perspektiven aus angehen: Entweder Rousseau zielt auf die Klärung des Verhältnisses von Staat und Religion oder auf die Funktion der Religion für den Staat bzw. auf die Funktion des Staates für die Religion. Die Ambivalenz des Konzeptes ergibt sich aus Rousseaus zweifacher Zielsetzung, Verhältnis und Funktion in einem (kurzen) Entwurf zu klären. Folgt man der Perspektive, die auf das Verhältnis von Staat und Religion zielt, dann entsteht ein Bild der Abgrenzung, die Rousseau gegen die Religion ausführt. Nimmt man die Perspektive der Funktion der Religion für den Staat ein, sieht man die Verbindungen, die Rousseau zwischen Religion und Staat aufbaut.

Säkularisierung und Toleranz – das Verhältnis von Religion und Staat: Die Perspektive, das Konzept der Zivilreligion nicht als Verbindung – sei sie funktional oder religiös – zwischen Staat und Religion wahrzunehmen, sondern als eine Grenzziehung des Staates gegenüber der Religion, ergibt sich, wenn man sich die historischen Erfahrungen mit religiöser und bürgerlicher Intoleranz vergegenwärtigt, die Rousseau sowohl persönlich erlebt hat als auch in der Geschichte Europas sieht. Rousseau selbst ist von den Konsequenzen religiöser Intoleranz durch die Verurteilung und Verbrennung seiner Hauptwerke *Contrat social* und *Émile* (1762) sowie des Haftbefehls und des anschließendem Lebens auf der Flucht betroffen. Wie gefährlich die katholische Kirche noch im 18. Jahrhundert für die Philosophen in Frankreich sein konnte, zeigt der Inquisitionsfall des Chevalier de la Barre, der 1766 für den Besitz des *Philosophischen Wörterbuchs* Voltaires und wegen seines Nicht-Grüßens einer Mönchsprozession öffentlich gefoltert und hingerichtet wurde. Neben der persönlichen Betroffenheit sind es die kollektiven historischen Erfahrungen von Bürgerkrieg und Diskriminierung, die Rousseau vor Augen hat: »Es ist dieses Dogma [»Man muss so wie ich denken, um gerettet zu werden«] allein, das Fanatismus, die Religionskriege, die bürgerliche Zwietracht, alles aus Feuer und Eisen in die Staaten trägt, das die Väter und ihre Kinder bewaffnet, die einen gegen die anderen« (Rousseau 1964, 1429).

Insofern teilt Rousseau die Intention von Hobbes und Locke gleichermaßen: Die Religion ist ein Problem, das es zu neutralisieren gilt, um seine zerstörerischen Effekte zu vermeiden. Nur teilt Rousseau nicht die Lösungen von Hobbes, der eine Staatsreligion entwirft und auch nicht von Locke, der unter dem Vorbehalt der bürgerlichen Toleranz religiöse Intoleranz zulässt. Rousseau geht von einer Wirkung der theologischen Intoleranz auf die bürgerliche Sphäre aus, weswegen er intolerante, also übergriffige, Religionen verbieten möchte. Die Gewaltbereitschaft durch exklusives Denken und Glauben schreibt Rousseau auch den Polis-Religionen zu, die er aufgrund ihrer »Blutrünstigkeit und Intoleranz« (ebd., 469) ablehnt. Das Christentum aber habe die Neigung zur Intoleranz sogar noch verschärft, weil der christliche Wahrheitsanspruch die staatlichen Einheiten transzendiere und somit religiöse Konflikte des theologischen Christentums in die Staaten hineintrüge. So bliebe der christliche, dogmatische Glaube »durch die Menge und Dunkelheit seiner Dogmen, vor allem durch die Verpflichtung, sie zuzugeben, ein immer offenes Kampffeld zwischen den Menschen« (ebd., 705) und erfordere einen Schutz des Staates vor der Religion.

Es ist also nicht ein Mangel des Theologischen im Staat, sondern ein Zuviel des Theologischen im Staat, was den Ausgangspunkt der Toleranz-Perspektive ausmacht. Aus dieser Sicht erscheint auch die positive Bestimmung der Zivilreligion nicht als religiöses Fundament des säkularen Staates, sondern als »theologisches Dogma«, das »durch das bürgerliche Gesetz, den Respekt des Toleranz-Dogmas durchsetzt« (Bachofen 2010, 56). Angesichts der sich untereinander bekämpfenden und den Staat angreifenden Religionen »kann man die Zivilreligion als das geringste Übel beschreiben, wenn es darum geht, religiöse Institutionen in die Verfassung des Staates aufzunehmen« (ebd., 57). Dank seiner »anthropologischen Klarsichtigkeit, die ihn von Locke unterscheidet« (ebd., 58) traut Rousseau dem bürgerlichen Recht allein nicht zu, das Toleranz-Dogma gegen die Religionen durchzusetzen, so dass ein verinnerlichter Glaube durch affektive Bindung das Recht unterstützen soll. Das bürgerliche Glaubensbekenntnis ist dann also ein durch Gefühl getragenes Bekenntnis zu den Toleranz verbürgenden politischen Institutionen. Diese anti-religiös ausgerichtete aber mit religiösen Mitteln gedachte Unterstützung des Staates könnte genau dann auf jede Art von Religion verzichten, wenn entweder die Religionen selbst das Toleranz-Dogma verinnerlicht hätten oder die Bindung an die politischen Institutionen über eine säkulare Moral und Anerkennungsstruktur liefe. Während Rousseau in den christlichen Religionen durch ihren universellen Wahrheitsanspruch und ihre Jenseitsorientierung eine wesenhafte Asozialität erkennt, dass also das Christentum »durch seine Heiligkeit selbst dem partikularen sozialen Geist entgegengesetzt ist«

(Rousseau 1962, 166), bietet Rousseaus Sozialanthropologie der *amour-propre* reichlich Interpretationsmöglichkeiten, eine säkulare Bindung an die politischen Institutionen der Gesellschaft des Gesellschaftsvertrages zu denken (vgl. Neuhouser 2008).

Ein weiterer Aspekt der Säkularisierung im Konzept der *religion civile* taucht auf, wenn man den Zusatz Rousseaus, dass es »dem Souverän zusteht, die [Glaubens]Artikel festzulegen« (Rousseau 1964, 468) ernstnimmt. Während die Religionen ihre Dogmen und Normen den Gläubigen vorsetzen, wird die *religion civile* von ihrer Glaubensgemeinschaft selbst geschaffen. »Das souveräne, sittliche Volk darf keinem fremden Willen unterworfen werden. Das gilt auch für den Bereich der Religion, weshalb undenkbar ist, dass der Gesetzgeber dem Volk eine Religion vorschreibt« (Rehm 2000, 226). Die Zivilreligion kann insofern als Selbsttechnologie des Kollektivs auftreten, sich über das Recht hinaus durch einen selbst gegebenen Glauben an die eigene Verfassung binden zu können.

Das größte Problem der säkularen Toleranz-Perspektive auf die Zivilreligion stellen die Atheisten dar. Wenn das bürgerliche Glaubensbekenntnis das Dogma der Existenz Gottes umfasst, wie kann dann ein Atheist zustimmen, ohne sich des mit der Todesstrafe versehenen Verbrechens schuldig zu machen, das Gelöbnis abgegeben aber sich nicht danach verhalten zu haben? Obwohl »die Existenz einer wohltuenden, mächtigen, intelligenten, vorsehenden und fürsorgenden Gottheit« und »das Leben nach dem Tod« (Rousseau 1964, 341) eindeutig religiöse Glaubenssätze sind, lässt sich in der säkularen Lesart der Zivilreligion das theistische Dogma aufheben. Zum einen besteht der Verstoß gegen das bürgerliche Glaubensbekenntnis, der gerade nicht Gottlosigkeit sondern Asozialität genannt werden soll, in »jede[m] schädliche[n] Gefühl, das dazu neigt, den sozialen Knoten zu zerschneiden« (Rousseau 1969, 694–95), so dass nur das Verhalten der Bürger Auskunft über ihre Haltung geben kann. Wenn also das Verhalten der Atheisten, wie jenes des ›tugendhaften Atheisten‹ Wolmar aus Rousseaus Erziehungsroman für Frauen *Nouvelle Héloise*, nicht im Widerspruch zu den Grundgesetzen des Gesellschaftsvertrages steht und sogar tugendhaft zu nennen ist, dann trifft das Verbrechen des Bekenntnisbruchs gar nicht auf sie zu. Zum anderen darf der Souverän nicht über den Glauben der Individuen entscheiden, auch nicht über ihren Glauben an das Bürgerbekenntnis: nur jener Teil der Religion fällt unter die Rechtsprechung, der die Moral betrifft. Da diese außerdem nur in ihrer Anwendung relevant ist, bleibt die metaphysische Freiheit durch die Zivilreligion gewahrt und lässt damit auch moralisch handelnde Atheisten zu.

Die Figur des Wolmar wird allerdings unterschiedlich interpretiert: Während für die Anhänger der säkularen Perspektive Wolmar als skeptischer und tugendhafter Atheist für einen toleranten Atheismus steht, der sich als guter Bürger gleichermaßen vom »christlichen Spiritualisten« wie vom »philosophischen Materialisten« unterscheidet (Guénard 2010, 29), ist Wolmar für die religiöse Perspektive eine Figur der leeren, gleichgültigen Tugend, die »triumphiert ohne kämpfen zu müssen« (Waterlot 2010, 74). In der Tat ist Rousseaus Vergleich von irreligiösem Atheismus und religiösem Fanatismus eine Absage an die soziale Unschädlichkeit des kontemplativen, gleichgültigen Atheismus, der mit seiner »Todesruhe zerstörerischer ist, als der Krieg selbst« (Rousseau 1969, Fußnote, 632–633). Abgesehen von der strittigen Frage, ob der Atheismus von der Zivilreligion ausgeschlossen wird oder nicht, stellt sich außerdem die systematische Frage, ob das bürgerliche Glaubensbekenntnis nur zur Abgrenzung von Staat und Religion dient oder doch dem Gesellschaftsvertrag inhärent ist.

Politische Theologie und Versittlichung – die Funktion der Religion für den Staat: Es gibt zwei mögliche funktionale Perspektiven auf die Zivilreligion: Entweder der Staat dient der Religion oder umgekehrt. Die erste Perspektive ist jene der politischen Theologie, die nicht unbedingt von dem göttlichen Ursprung der politischen Institutionen ausgehen muss, aber in jedem Fall den letzten Zweck der politischen Institutionen in der Ermöglichung oder sogar Garantie der Religion erblickt. Diese Perspektive, prominent vertreten von Masson (1916), zieht Rousseaus Glaubensbekenntnis der *religion naturelle* mit der *religion civile* zusammen, so dass die *religion civile* zu einer Konfession wird, die in der Gegenüberstellung zu den antiken Polis-Religionen und dem historischen Christentum als eigentliches Christentum durch das Bürgerbekenntnis rechtlich institutionalisiert werden soll. Im Gegensatz zur negativen Deutung der Zivilreligion, die im Rousseauschen Konzept in erster Linie eine Abwehr von religiösen Inhalten im Staat sieht, ist für die Interpreten der politischen Theologie die Zivilreligion eine Religion, die sich entweder aus einem auf »politische Tauglichkeit« geprüften Kompromiss von historischem Christentum und antiker Polis-Religion ergibt (Asal 2007, 109) oder als deckungsgleich mit dem »Glaubensbekenntnis eines savoyardischen Vikars« aus dem *Émile* verstanden wird. Die Perspektive der politischen Theologie führt zusätzlich zu den Argumenten zugunsten einer religiösen Deutung der *religion civile* Vorteile der Zivilreligion für den Staat auf, so dass sie sich nicht klar von der umgekehrten funktionalen Perspektive trennen lässt, in der die Religion als notwendige Stütze für den Staat angenommen wird.

Die religiöse Deutung der Zivilreligion muss begründen, dass die *religion civile* ein religiöses Glaubensbekenntnis ist, was einerseits durch den Vergleich der Dogmen der *religion civile* mit jenen der *religion naturelle* geschieht (Waterlot 2004, 88) und andererseits durch eine Dechiffrierung des Wahrheitsbegriffs geleistet werden kann, welche aufdeckt, dass unter »›Wahrheit‹ das an die Zensur und an mögliche Kritiker gerichtete Zeichen, dass die Zivilreligion innerhalb des christlichen Konsenses angesiedelt werden soll« (Asal, 2007, 107–108) zu verstehen ist. Sieht man also Rousseaus Zivilreligion religiös *und* politisch – eine unpolitische religiöse Interpretation der Zivilreligion geht davon aus, »dass mit dem Christentum die politische Existenz geschichtlich überholt ist« (Spaemann 2008, 30), gerade weil das allein dem Christentum zugesprochene Wahrheitskriterium sich nicht mehr mit einer politischen Einheit verbinden lässt – dann handelt es sich entweder um die Bindung des Rousseauschen Staates an ein neues Glaubensbekenntnis einer natürlichen Religion oder an ein modifiziertes Christentum. Die Bemühungen, Rousseaus Zivilreligion christlich zu interpretieren und damit einen zentralen Gründungstext der abendländischen modernen Staatsauffassung intrinsisch mit dem Christentum zu verbinden, reichen trotz Rousseaus Angriffen auf die katholische Priesterreligion bis hin zu einer Deutung Rousseaus als »katholische Sozialphilosophie« (Willhoite 1965, 514).

Die religiöse Deutung der Zivilreligion muss für ihre Argumentation jedoch nicht nur ein religiöses Glaubensbekenntnis annehmen, wo Rousseau selbst von »Gefühlen der Sozialität« (Rousseau 1964, 340) spricht, sie muss außerdem Argumente der umgekehrten Funktionalität hinzufügen: Der Staat sichert also nicht nur einen (christlichen) Glauben, sondern er benötigt die religiöse Dimension der Zivilreligion für seine Konstitution oder Funktion. Eine konstitutive Rolle spielt die religiöse Deutung der Zivilreligion für den Staat dann, wenn die Konzeptionen einer radikalen, d. h. grundlosen, politischen Autonomie des Gesellschaftsvertrages und einer anthropologisch fundierten aber kontingenten Sittlichkeit als unzureichend für die Begründung von Moral und legitimer Herrschaft angesehen werden. Der Bezug auf einen Gott und ein Leben nach dem Tod werden als Sicherung eines objektiven Maßstabes eingesetzt, der damit zugleich der menschlichen Autonomie entzogen und transzendent ist. Eine solche Funktion der »Begründung der Moral und der Suche nach einem von gesellschaftlichen Vorgaben unabhängigen moralischen Maßstab« kombiniert Asal mit der pragmatischen Funktion der »Übertragung des Unbedingtheitsanspruches der Religion auf den Staat« (Asal 2007, 130), so dass aus dieser Sicht die religiös verstandene Zivilreligion sowohl für die Konstituierung der Staatsgewalt als auch für deren moralische Ausrichtung notwendig ist.

Waterlot sieht die Aufgabe der religiös verstandenen Zivilreligion vor allem im Funktionieren der Rousseauschen Republik. Er sieht in ihr sogar die Ermöglichung und Sicherung ethischen Verhaltens. Diese Moral konstituierende Wirkung der Zivilreligion weist er an einer bestimmten Interpretation des Atheismus gemäß der Leitfrage nach, ob »es möglich ist, eine tugendhafte Haltung zu haben, wenn man dem Atheismus anhängt« (Waterlot 2010, 71). Sein Nachweis an der Person Wolmars, dass der Atheismus kein tugendhaftes Verhalten ermöglicht und dass er darüber hinaus »der öffentlichen Sache gegenüber gleichgültig« mache und sogar »den Prozess der Ungleichheit auf die Spitze treibt und sich darin gefällt, ohne Skrupel bis zum Letzten die Hoffnung jener zu zerstören, die nichts mehr haben« (ebd., 77), ist für ihn Beweis genug für den »unabkömmlichen Halt« (ebd., 89), den die Religion dem politischen Körper gibt.

Aus der Perspektive der politischen Theologie ist das bürgerliche Glaubensbekenntnis also ein religiöses Bekenntnis, das der Staat benötigt, um sich moralisch und autoritativ zu legitimieren und um moralische sowie tugendhafte Bürger zu haben. Da das religiös verstandene Bekenntnis rechtlich verankert wird, steht der Staat aus dieser Perspektive im Dienst der Religion, auch wenn er von deren Institutionalisierung profitiert.

Die Ansicht, dass die Zivilreligion für den politischen Körper eine notwendige Funktion erfüllt, wird jedoch auch ohne religiöse Deutung vertreten. Da sich die Funktion der nicht religiös verstandenen Zivilreligion auf ethisches Verhalten der Bürger, Patriotismus, nationale Distinktion oder soziale Integration bezieht, ist das Gemeinsame dieser Perspektive die Fokussierung auf Bestand und Herausbildung ethischer Normen des Kollektivs, so dass diese Perspektive verallgemeinernd als ›Versittlichung‹ bezeichnet werden kann. Auch aus der Perspektive der Versittlichung ist die Notwendigkeit des bürgerlichen Glaubensbekenntnis in zwei Funktionen unterteilbar: Das Glaubensbekenntnis ist entweder für die Konstitution oder für das Funktionieren der Republik notwendig.

Eine konstitutive Funktion übernimmt die Zivilreligion dann, wenn der Akt der Selbstschöpfung des autonomen Kollektivs des Gesellschaftsvertrages in Frage gestellt wird. So sieht Cornelius Castoriadis in der Imagination einer religiösen Dimension die selbst erschaffene Unverfügbarkeit der eigenen Institutionalisierung (vgl. Guénard 2010, 24), da sich das Kollektiv nicht autonom denken kann. Diese selbstreflexive Perspektive auf die Figur der politischen Autonomie deutet sowohl den Gesetzgeber als auch die Zivilreligion als Konstruktionen, die bewusst eingesetzt werden, um ein Paradox der Autonomie zu lösen und nicht um die Religion zu schützen.

Die Rolle der Zivilreligion für das Funktionieren der Republik fokussiert ebenfalls soziale Probleme der politischen Philosophie: Die Sicherstellung der »Reziprozität der Pflichten« der Bürger (ebd., 31) oder der soziale Zusammenhalt durch einen – gegenüber den antiken Polis-Religionen – gemäßigten Patriotismus werden als notwendig für die Allgemeinwohlorientierung der Bürger und ihre Bindung an die Gesetze angesehen. Diese ethischen Einstellungen werden erst durch das Bürgerbekenntnis rechtlich verpflichtend, so dass die Zivilreligion eine soziale – nicht religiöse – Notwendigkeit darstellt, ohne die die Republik nicht funktionieren würde.

Ob eine Interpretation der Zivilreligion eher der Versittlichungsperspektive oder jener der politischen Theologie zuzurechnen ist, zeigt sich meist am Umgang mit den Atheisten: Während die Sittlichkeitstheoretiker den tugendhaften Atheisten integrieren, da für sie das Bürgerbekenntnis eine soziale Verpflichtung darstellt, ist für die religiöse Deutung des Bürgerbekenntnisses der Atheist notwendigerweise auszuschließen, weil ihm moralische Handlungsfähigkeit und damit die bürgerliche Pflichterfüllung abgesprochen wird.

Rezeptionsgeschichte der *religion civile*: *Civil Religion* in den USA und der BRD

Robert N. Bellah hat 1967 einen Aufsatz mit dem Titel »Civil Religion in America« veröffentlicht, der zwar auf die vorhandene Debatte in den USA antwortete, ob das Christentum die Religion der Nation sei oder der *American way of life*, aber weit über diese zeitlich und räumlich lokale Debatte hinaus einen neuen Begriff der Zivilreligion prägte. Der Anschluss an Rousseaus Begriff der Zivilreligion ist nur vermittelt durch die allgemeine »kulturelle Atmosphäre des späten 18. Jahrhunderts« (Bellah 1986, 24), zu der auch die Gründerväter der USA gehören, deren Texte einen Teil des Quellenkorpus von Bellah bilden. Die Grundthese Bellahs ist die Annahme, dass es in den USA eine eigenständige und institutionalisierte Zivilreligion gäbe, die »ihre eigene Integrität hat« (ebd., 19). Er weist die Existenz und Institutionalisierung dieser Zivilreligion durch die Analyse verschiedener Antrittsreden amerikanischer Präsidenten nach, in denen der Bezug sowohl des Präsidenten selbst auf Gott als auch der Bezug, den der Präsident zwischen amerikanischer Gesellschaft und Gott herstellt, vorkommt. Aus diesem Gottesbezug schließt Bellah zum einen, dass der Atheismus eine Grenze der amerikanischen Zivilreligion darstelle, die nur um die Gefahren »liberaler Entfremdung« und »fundamentalistischer Verknöcherung« (ebd., 35) überschritten werden könnte. Der Gottesbezug sei außerdem ein Verweis auf »gewisse gemeinsame Elemente der religiösen Orientierung«, die bei der »Entwicklung der amerikanischen Institutionen eine entscheidende Rolle gespielt [haben]« (ebd., 22).

Die Zivilreligion ist hier also ein minimaler religiöser Grundkonsens im Glauben an einen Gott und gleichzeitig die Kultivierung dieses Grundkonsenses in den bestehenden politischen Institutionen. Die Zivilreligion ist damit im Gegensatz zu Rousseaus Konzept keine staatliche Erfindung, sondern der staatliche Ausdruck von den vorgefundenen, privaten religiösen Orientierungen: »Diese öffentliche Dimension [der religiösen Orientierungen] drückt sich in einer Reihe von Überzeugungen, Symbolen und Ritualen aus, welche ich die amerikanische Zivilreligion nenne« (ebd., 22). Zu den öffentlichen Ritualen (Gedenktage, Denkmäler, Friedhöfe, Reden, Erinnerungskultur) kommt noch der Topos der Auserwähltheit des amerikanischen Volkes, das mit dem biblischen Volk Israels gleichgesetzt wird, und die Bindung an die Nation hinzu. Die Zivilreligion ist also ein nationales Distinktionsmerkmal und trotz universeller Gehalte wie den Gottesbezug und die Menschenrechte nicht auf andere Nationen ausdehnbar. »Gerade wegen dieser Eigentümlichkeit entging die Zivilreligion der Gefahr des reinen Formalismus und diente als echter Träger des nationalen religiösen Selbstverständnisses« (ebd., 27). Obwohl dieser neue Begriff der Zivilreligion mit der Betonung der Partikularität einer Nation, der Verbindung von Staat und Religion sowie der Tendenz zu einem Minimalkonsens Komponenten des Rousseauschen Konzept aufnimmt, ist die grundlegende Idee dadurch eine andere, dass es Rousseau nicht um die Institutionalisierung eines Minimalkonsenses der vorgefundenen Religionen ging, sondern um – je nach Perspektive – die Bindung der Bürger an den Staat bzw. die Grenze der Religionen.

Dass es sich bei Bellahs *Civil Religion* um ein »neuentwickeltes Konzept der Zivilreligion« (Lübbe 1986, 307) handelt, wird auch von der deutschen Rezeption so gesehen. Der Unterschied zu Rousseau wird nun aber auf einer systematischen Ebene verankert: Sowohl Hermann Lübbe als auch Niklas Luhmann gehen – aus unterschiedlichen Gründen – von einer vormodernen Fassung der Zivilreligion bei Rousseau aus. Für Lübbe ist das Konzept der Bellahschen Zivilreligion »Religion nach religionspolitisch vollendeter Aufklärung« (ebd., 309), das voraussetze, dass »konstituierte religiöse Bekenntnispflicht als Mittel zur Beförderung bürgerlicher Moral weder nötig noch tauglich ist« (ebd., 309). Abgesehen davon, dass Lübbe damit eine religiöse Deutung des Rousseauschen Konzeptes vertritt, steht hinter der Bewertung Rousseaus als »voraufgeklärt« (ebd., 309) die Auffassung, dass Böckenfördes Ausspruch über die nicht staatlichen Voraussetzungen des liberalen Staates ein »unwidersprechlicher und fundamentaler Sachverhalt« sei (ebd., 322). Denn nur wenn die Kritik an der Selbstgenügsamkeit des Staates geteilt und Rousseaus Konstruktion einer staatlich institutionalisierten Voraussetzung für das eigene Funktionieren als anti-liberal gebrandmarkt wird, kann das neue Konzept der Zivilreligion dagegen als aufgeklärt bezeichnet werden.

Lübbe kritisiert an Bellahs Konzept lediglich die Divergenz der Inhalte, die durch ein weit gefasstes Religionsverständnis möglich sei und verteidigt stattdessen einen strengeren Minimalkonsens, der sich nur auf die in einem Staat bestehenden Religionen beziehe. Während also das Konzept der Bellahschen *Civil Religion* »das Insgesamt der ideellen Bestände, auf die sich die

Legitimität des Staates gründet« (ebd., 320) umfasst, möchte Lübbe nur Zivilreligion nennen, was sich einerseits aus den »universalkonsensfähig unterstellten religiösen Orientierungen« (ebd., 316) speist und andererseits das »religiöse Implement herrschender politischer Kultur« (ebd., 317) geworden ist. Wie Bellah geht auch Lübbe sowohl von den vorgefundenen Religionen als auch von deren Minimalkonsens aus. Jedoch beschränkt er den Konsens auf die Religionen und weitet ihn nicht auf die vorgefundenen Werte aus. Schließlich ist es aus seiner Sicht ein »religiös geprägtes Staatsinteresse« (ebd., 317), das nach einem Begriff suchen lässt, diesen Minimalkonsens zu erfassen und ihn in der politischen Kultur »bis auf die Verfassungsebene hinauf« (ebd., 318) als argumentative Bezugsgröße – institutionell kann sie nicht sein – zu implementieren. Die so verstandene Zivilreligion soll damit auf die nicht verfügbaren Voraussetzungen des Staates verweisen, die nicht nur dem Staat, sondern »prinzipiell menschlicher Dispositionsfreiheit« (ebd., 321) entzogen sein soll. Eine Staatsauffassung, die diese übermenschliche Voraussetzung nicht anerkenne, ende in modernen Gesellschaften »zwangsläufig« (ebd., 323) im Terror, und so sei auch Rousseau zu verstehen.

Ein ganz anderes, jedoch in der Charakterisierung der Zivilreligion ähnliches Verständnis von Rousseau bietet Luhmann. Gemäß seiner Systemtheorie sieht Luhmann das Rousseausche Konzept der Zivilreligion als ein Übergangsmodell in dem Wechsel von dem alten zum neuen System (Moderne). Demnach konnte Rousseau gar nicht Politik und Religion trennen, weil der Anspruch des alten Systems, die Religion zu integrieren, von dem Entwurf eines neuen Systems befriedigt werden musste:

> »Träger religiöser Einstellungen können nicht als solche diskreditiert oder ignoriert oder von Mitwirkung in anderen Funktionszusammenhängen ausgeschlossen werden, besonders in einer Zeit, die der Bourgeoisie noch stabile religiöse Einstellungen unterstellt« (Luhmann 1986, 181).

Man könne deswegen nicht »schlicht von ›Säkularisierung‹ religiösen Gedankenguts« (ebd., 176) sprechen, sondern müsse sowohl den alten wie den neuen Begriff der Zivilreligion im Zeichen der Systemdifferenzierung sehen. Rousseau antworte auf die beginnende Ausdifferenzierung der Subsysteme (Religion und Politik) noch mit einer Anthropologie, die einerseits die Subsysteme Religion und Politik auf Distanz bringe, indem sie die menschliche Natur als Ausgangsbasis nähme, aber sie andererseits wiederum vereine, weil sie den religiösen Bezug des Menschen naturalisiere und damit das politische System auf diese Natur eingehen müsse.

Der neue Begriff der Zivilreligion gehe bereits von den getrennten Subsystemen aus und antworte einerseits auf die Problematik der Verbindung des Subsystems ›Religion‹ mit seiner säkularisierten Umwelt und andererseits auf das Verbindende in der Gesamtgesellschaft. Als »Grundwerte« (ebd., 175) der Gesamtgesellschaft, zu denen auch Religiosität gehört, könne die Zivilreligion zwar nicht die »Anspruchslage [erfassen], auf der Hochreligionen und religiös anspruchsvolle Menschen ihre Sache verstehen« (ebd., 187), aber sie könne als »Verständigungsmodus des Religionssystems mit einer gesellschaftlichen Umwelt« (ebd., 187) dienen und gleichzeitig das Selbstverständliche der Gesamtgesellschaft ausdrücken. Demnach gäbe es kein Problem mit den im Subsystem existierenden Konfessionen, aber die genauen Inhalte dieser Zivilreligionen seien, aufgrund ihrer lebensweltlichen Selbstverständlichkeit, schwer oder gar nicht formulierbar. Obwohl Luhmanns Zivilreligion mit Lübbes Konzept die Unverfügbarkeit, die Verallgemeinerbarkeit und die Distanz zu den Konfessionen teilt, ist sie als Folge der Systemlogik – und nicht des Säkularisierungsprozesses – zutiefst areligiös. Dennoch bietet auch Luhmanns Konzept wie schon jenes von Rousseau eine systematische Antwort auf den Zusammenhang von Religion und Politik im modernen Staat.

Literatur

Asal, Sonja: *Der politische Tod Gottes. Von Rousseaus Konzept der Zivilreligion zur Entstehung der Politischen Theologie.* Thelem 2007.

Bachofen, Blaise: La religion civile selon Rousseau: une théologie politique négative. In: Gishlain Waterlot

(Hg.): *La théologie politique de Rousseau*. Rennes 2010, 37–62.
Bellah, Robert N.: Zivilreligion in Amerika. In: Heinz Kleger/Alois Müller (Hg.): *Religion des Bürgers. Zivilreligion in Amerika und Europa*. München 1986, 19–41 (engl. *Civil Religion*. Boston 1967).
Candaux, Jean-Daniel: Notes et variantes. Lettres écrites de la Montagne. In: Bernard Gagnebin/Marcel Raymond (Hg.): *Rousseau œuvres complètes*. Bd. 3, Paris 1964, 1575–1725.
Derathé, Robert: Notes et variantes. Du contrat social. In: Bernard Gagnebin/Marcel Raymond (Hg.): *Rousseau œuvres complètes*. Bd. 3, Paris 1964, 1431–1508.
Guénard, Florent: ›Esprit social‹ et ›choses du ciel‹: religion et politique dans la pensée de Rousseau. In: Gishlain Waterlot (Hg.): *La théologie politique de Rousseau*. Rennes 2010, 15–36.
Lübbe, Hermann: Über die Zivilreligion. In: Ders.: *Religion nach der Aufklärung*. Graz/Wien/Köln 1986, 305–327.
Luhmann, Niklas: Grundwerte als Zivilreligion. Zur wissenschaftlichen Karriere eines Themas. In: Heinz Kleger/Alois Müller (Hg.): *Religion des Bürgers. Zivilreligion in Amerika und Europa*. München 1986, 175–195.
Maier, Hans: *Revolution und Kirche. Zur Frühgeschichte der christlichen Demokratie*. München 1975.
Masson, Pierre-Maurice: *La religion de Jean-Jacques Rousseau*. 3 Bde. Paris 1916.
Neuhouser, Frederick: *Rousseau's Theodicy of Self-Love*. Oxford 2008.
Rehm, Michaela: Ein rein bürgerliches Glaubensbekenntnis: Zivilreligion als Vollendung des Politischen? In: Reinhard Brandt/Karlfriedrich Herb (Hg.): *Jean-Jacques Rousseau. Vom Gesellschaftsvertrag oder Prinzipien des Staatsrechts*. Berlin 2000, 213–239.
Rousseau, Jean-Jacques: Brief an Usteri vom 30. April 1763. In: C. E. Vaughan: *The Political Writings of Jean Jacques Rousseau*. Bd. 2. Oxford 1962, 166.
–: Du contrat social ou essai sur la forme de la république (Genfer Manuskript). In: Bernard Gagnebin/Marcel Raymond (Hg.): *Rousseau œuvres complètes*. Bd. 3. Paris 1964, 277–346.
–: Du contrat social ou principes du droit politique. In: Bernard Gagnebin/Marcel Raymond (Hg.): *Rousseau œuvres complètes*. Bd. 3. Paris 1964, 347–470.
–: Lettres écrites de la montagne, premiere lettre. In: Bernard Gagnebin/Marcel Raymond (Hg.): *Rousseau œuvres complètes*. Bd. 3. Paris 1964, 687–710.
–: Lettre à Voltaire. In: Bernard Gagnebin/Marcel Raymond (Hg.): *Rousseau œuvres complètes*. Bd. 4. Paris 1969, 1057–1075.
–: Émile. In: Bernard Gagnebin/Marcel Raymond (Hg.): *Rousseau œuvres complètes*. Bd. 4. Paris 1969, 239–868.

Spaemann, Robert: *Rousseau – Mensch oder Bürger. Das Dilemma der Moderne*. Stuttgart 2008.
Talmon, J. L.: *The Origins of Totalitarian Democracy*. New York 1970.
Waterlot, Ghislain: Rousseau démontre-t-il l'affirmation: »Jamias peuple n'a subsisté ni ne subsistera sans religion?«. In: Ders. (Hg.): *La théologie politique de Rousseau*. Rennes 2010, 63–91.
Willhoite, Fred: Rousseau's Political Religion. In: *The Review of Politics* 27/4 (1965), 501–515.

Dagmar Comtesse
(alle Übersetzungen aus dem Französischen von der Autorin)

8. Religion in der Perspektive der Systemtheorie Luhmanns

Niklas Luhmann (1927–1998) begann seit Mitte der 1960er Jahre seine soziologische Systemtheorie auszuarbeiten. Das Programm entfaltete er 1970 im ersten Band der *Soziologischen Aufklärung* – selbst ein programmatischer Titel. Rund 25 Jahre später verabschiedet Luhmann in den *Sozialen Systemen* (Luhmann 1984) das, was er als alteuropäisches Denken bezeichnet. Seine soziologische Systemtheorie basiert im Wesentlichen auf drei Komponenten: auf der – insbesondere physikalischen und biologischen – Systemtheorie (Kybernetik zweiter Ordnung), auf bestimmten Varianten der Informations- und Medientheorie sowie auf der Evolutionstheorie. Das Besondere dieser Theorie besteht darin, dass alle drei aus den Naturwissenschaften (vor allem aus der Biologie und Physik) stammende Theoriebereiche nicht nur auf soziale und gesellschaftliche Sachverhalte übertragen werden, sondern dass sie auch durch ihre Kombination ein besonderes Gepräge erhalten. Darin steht Luhmann in der Tradition von Talcott Parsons (1902–1979). Durch die Entwicklung in den genannten Theoriebereichen kam es jedoch sehr bald zum ›Vatermord‹, mindestens aber zu einem Paradigmenwechsel. Luhmanns Grundbegriff sozialer und gesellschaftlicher Prozesse lautet nämlich nicht mehr Handeln, sondern Kommunikation (als einer Synthese aus Information, Mitteilung und Verstehen), und die Einführung des Konzepts der Selbstreferentialität bzw. später – im Anschluss an die Biologen und Erkenntnistheoretiker Humberto Romesín Maturana (geb. 1928) und Francisco Javier Varela (1946–2001) – des Autopoiesis-Konzepts hat weitreichende Folgen für die Frage nach der Steuerbarkeit sozialer und gesellschaftlicher Prozesse. Luhmanns Systemtheorie will das Abstraktionsniveau der Systemtheorie gegenüber dem Ansatz von Parsons steigern, um eine Distanz von den Gegenständen und darin einen zusätzlichen Erkenntnisgewinn zu erhalten.

Zu Beginn der 1970er Jahre, also wenige Jahre nach der Entdeckung und Förderung Luhmanns durch Helmut Schelsky (1912–1984), begann Jürgen Habermas (geb. 1929), mit Luhmann zu diskutieren (vgl. Habermas/Luhmann 1971). Diese Auseinandersetzung hat unter dem Namen »die Habermas-Luhmann-Diskussion« Theoriegeschichte gemacht und – jedenfalls zeitweilig – andere Wissenschaftlerinnen und Wissenschaftler, unter ihnen auch Historiker und Theoretiker gesellschaftlicher Entwicklung, auf den Plan gerufen. Eine der Metafragen dieser Auseinandersetzung war die nach der Steuerbarkeit gesellschaftlicher Entwicklung und die damit zusammenhängende Frage, ob man aus der Geschichte lernen könne.

In dieser Diskussion spielte für Luhmann der Kontingenzbegriff eine zentrale Rolle. Als ein biographischer Hinweis sei an dieser Stelle nur angedeutet, dass die Kriegserlebnisse auf Luhmanns Werdegang und seine spätere Systemtheorie einen nicht unwichtigen Einfluss ausgeübt haben. Wie auch Odo Marquard (geb. 1928), Klaus Heinrich (geb. 1927) und andere seiner Generation, war Luhmann noch in den letzten Kriegstagen Flakhelfer; zudem geriet er in Gefangenschaft (vgl. Fuchs 2012, 5). Bei seiner Entscheidung, Jura zu studieren, war er nach eigenen Aussagen von dem Wunsch geleitet, »eine Möglichkeit zu haben, Ordnung zu schaffen in dem Chaos, in dem man lebte« (Luhmann in Hagen 2004, 17).

Religion in gesellschaftstheoretischer Perspektive

Wenn man sich heute dem Thema Religion in sozialwissenschaftlicher Perspektive zuwendet, muss man die folgenreiche Entscheidung treffen, ob man einen anthropologischen oder einen gesellschaftlichen Ausgangspunkt zugrunde legt. Die Systemtheorie in der Ausprägung von Niklas Luhmann trifft diese Entscheidung zugunsten des gesellschaftlichen Ansatzes. Diese Wahl gründet in der Überzeugung, dass eine Bezugnahme auf »den Menschen«, auf seine Bedürfnisstruktur sowie die Motive und Intentionen von Akteuren (als einer physisch-psychosozialen Einheit) nicht ausreicht, um gesellschaftliche Dynamik zu erklären. Die Gesellschaft prozediert, wenn auch nicht unabhängig von psychischen Systemen, die aber zur gesellschaftlichen Umwelt gehören, in einer Komplexität, die jede Form der bloßen Aggregation von Individuen übersteigt. Die Gesellschaft kann nicht länger als Großgruppe nationalen Zuschnitts oder gar als Gesamtheit aller Menschen begriffen werden. Mit dieser Entscheidung wendet sich die Systemtheorie zum einen gegen jede Form eines ›methodologischen Individualismus‹ und aus ihm abgeleitete Handlungstheorien einschließlich der Rational Choice-Theorie und zum anderen gegen sozialphänomenologische Ansätze, die Sozialität im Bewusstsein konstituiert sehen. Diese Entscheidung hat zahlreiche Folgen für das sozialwissenschaftliche Verständnis von Religion, von denen im Rahmen dieses Beitrags nur einige genannt werden können und in genereller Hinsicht zunächst die beiden folgenden angeführt seien.

Eine der Konsequenzen besteht darin, dass Religion keine anthropologische Konstante darstellt. Die Notwendigkeit von Religion besteht nicht auf individueller Ebene, indem sie etwa Probleme des Bewusstseins bearbeitet, sondern kann allein mit Blick auf die Gesellschaft behauptet werden. Mit anderen Worten: Religion erfüllt in soziologischer Perspektive keine psychische, sondern eine gesellschaftliche Funktion. Worin diese besteht, wird später erläutert.

Eine zweite Konsequenz der Entscheidung zugunsten einer gesellschaftstheoretisch ausgerichteten Analyse von Religion besteht darin, dass der historische Prozess der Säkularisierung nicht in erster Linie den Rückgang religiöser Überzeugungen und Praktiken einzelner Menschen bedeutet (das kann zwar der Fall sein, ist es dann aber sekundär), sondern als Korrelat eines gesellschaftsstrukturellen Wandels zu verstehen ist: nämlich als Emanzipation der gesellschaftlichen Teilbereiche wie etwa Politik, Wirtschaft, Recht, Wissenschaft, Kunst und Erziehung aus der religiösen Herrschaft und umgekehrt als Unabhängigkeit des Religiösen von diesen. Niklas Luhmann macht auf den Zusammenhang aufmerksam, dass Funktionsspezifikation, die in der Selbstbeschreibung komplexer religiöser Traditionen im Modernisierungsprozess häufig als ›Säkularisierung‹ gedeutet wird, zu einer Zunahme an religiösen Gestaltungsfreiheiten führt. Dies ist vor allem deshalb möglich, weil mit dem Rückzug aus anderen Funktionsbereichen (einschließlich der Festlegung auf Moral) auch die Disziplinierung entfällt, die von ihnen ausging (vgl. Luhmann 2000, 146). Insofern handelt es sich bei dem Vorgang der Säkularisierung nicht (oder jedenfalls nicht zwangsläufig) um einen gesellschaftlichen Bedeutungsverlust von Religion, sondern vielmehr um die Spezifikation ihrer Funktion und somit um ihre (jedenfalls potentielle) Leistungssteigerung. In dieser Perspektive handelt es sich beispielsweise bei der US-amerikanischen Situation im Vergleich zu den europäischen Ländern möglicherweise um eine frühe Säkularisierung aufgrund der konstitutionellen Unterscheidung von Staat und Religion mit dem Effekt der nachhaltigen Leistungssteigerung von Religion.

Wenn man die gesellschaftstheoretische Perspektive auf Religion mit systemtheoretischen Mitteln einnimmt, so zieht das eine Reihe von Konsequenzen nach sich, von denen wiederum nur zwei hier angeführt werden können, die die beiden zuerst genannten Folgen explizieren: nämlich, Religion als einen kommunikativen Sachverhalt sowie als gesellschaftliches Subsystem zu fassen.

Religion als Kommunikation

Eine weitere Konsequenz der Luhmannschen systemtheoretisch ausgerichteten Gesellschaftstheorie besteht darin, im Unterschied zu phänomenologischen, den klassischen wissenssoziologischen und den handlungstheoretischen Ansätzen als Gegenstand seiner soziologischen Theorie ausschließlich Kommunikation zu bestimmen. Die Grenzen des Gegenstands dieser Theorie, also die der Gesellschaft, fallen mit den Grenzen der Kommunikation zusammen. Da Menschen mit ihrem Bewusstsein zur Umwelt der Gesellschaft gehören, sind subjektive Erfahrung und Wissen soziologisch nur relevant, insofern sie – unabhängig von ihrer bewusstseinsförmigen Verfassung – kommuniziert werden. Und ebenso ist Handeln nur von soziologischem Interesse, insofern es – unabhängig von bewusstseinsförmigen Motiven und Intentionen – als kommunikative Zurechnung, das heißt als Anschluss an vorangegangene Handlungen, prozediert. Folglich ist Gegenstand der Religionssoziologie ausschließlich religiöse Kommunikation.

Luhmann versteht Kommunikation als Synthese aus drei Komponenten: Sie muss sich auf etwas Bestimmtes beziehen und basiert daher auf *Information*. Damit aber Kommunikation überhaupt zustande kommt, ist außerdem die *Mitteilung* der Information notwendig. Für die Fortsetzung der Kommunikation ist schließlich hinreichendes *Verstehen* erforderlich, das sich an der Differenz von Information und Mitteilung orientiert. Keiner der drei Komponenten hat einen Primat; weder der sachliche Sinn der Information noch der Akteur, der etwas mitteilt, noch der gesellschaftliche Kontext mit seinen Institutionen und Organisationsformen, die ein Verstehen ermöglichen (vgl. Luhmann 1996a, 25). Allerdings nimmt eine konkrete Synthese verschiedene Gewichtungen vor.

Die Frage ist allerdings, wie Verstehen zu verstehen ist. Die Theorie des kommunikativen Handelns von Jürgen Habermas konzipiert Verständigung als einen intersubjektiven Vorgang, in dem sich Subjekte untereinander samt ihren Intentionen und Zielen zu verstehen suchen (Habermas 1981). In der soziologischen Systemtheorie von Luhmann ist Verstehen dagegen ein Vorgang innerhalb eines Kommunikationssystems jenseits von Subjekten als dessen Umwelt und meint den erfolgreichen, d. h. systemerhaltenden, Anschluss einer Kommunikationsoperation an eine vorgängige (Luhmann 2004, 288 ff.). Habermas begreift Kommunikation unter Rekurs auf die Sprechakttheorie als eine Form von intentionalem (nämlich verständigungs- und konsensorientiertem) Handeln, dessen Legitimität an auszuhandelnde Geltungsbedingungen geknüpft ist, während Luhmann Handeln als einen Fall von Kommunikation versteht, nämlich als eine Form von Kommunikation, die einem Subjekt sozial – und das heißt: kommunikativ – zugerechnet wird.

Vor dem Hintergrund des Zusammenspiels der drei zu unterscheidenden Komponenten von Information, Mitteilung und Verstehen ist Kommunikation unter den Bedingungen der kontingenten sowie unendlichen Menge und daher sozial einzugrenzenden Auswahl an Möglichkeiten zu sehen: Eine *Information* enthält etwas und nicht etwas anderes (beispielsweise kommt eine ›Hiobsbotschaft‹ nie gelegen); eine *Mitteilung* kann erfolgen oder – etwa bei Geheimnissen oder ›Herrschaftswissen‹ – auch nicht und nimmt verschiedene Formen an (z. B. als Sprechakt, als geschriebener Text oder als thematisierte Handlung); und *Verstehen* als die aktualisierte Differenz von Mitteilung und Information ist eine Selektion in dem Sinne, dass in vielfacher Weise verstanden werden kann (z. B. kann die Aussage des Einen von einem Anderen anders verstanden werden, als es vom Einen in der Anschlusskommunikation als ›gemeint‹ reklamiert wird; insofern bedeutet Verstehen nicht, die Gefühle, Motivationen, Gedanken des Anderen zu erfassen, sondern ist Bestandteil der Kommunikation, zu deren *Umwelt* Psychen gehören). Erfolgreiche Kommunikation ist diejenige, die Anschlüsse herstellt und durch die Anpassung an ihre jeweilige Umwelt (etwa in einer Interaktion unter Anwesenden an die Psychen der beteiligten Personen) nicht abbricht. Anschlüsse können aus prinzipiell unendlich vielen Möglichkeiten realisiert werden; allerdings bietet nicht jeder Kontext Anlass für jeden Inhalt (wenn z. B. eine des Mordes angeklagte Person vor Gericht versucht, ihre Tat religiös zu begründen, kann sie nicht auf rechtlichen Erfolg hoffen, da vor Gericht nur diejenige Argumentation gilt, die Recht und Gesetz und entsprechenden Verfahrensregeln folgt). Gegenüber dem Sender-Empfänger-Modell ist die Selbstbezüglichkeit der Kommunikation zu beachten. Sie ergibt sich aus der immer wieder herzustellenden Einheit der Unterscheidung von Information, Mitteilung und Verstehen.

Dementsprechend wird auch Religion vor dem kommunikationstheoretischen Hintergrund verstanden: »Nur als Kommunikation hat Religion […] eine gesellschaftliche Existenz. Was in den Köpfen der zahllosen Einzelmenschen stattfindet, könnte niemals zu ›Religion‹ zusammenfinden – es sei denn durch Kommunikation« (Luhmann 1998, 137). Neben theoretischen Entscheidungen hat diese Fassung den Vorteil, ein essentialistisches Verständnis von Religion zu vermeiden, ohne sie in dekonstruktivistischer Perspektive auflösen zu müssen. Ein weiterer Vorteil, Religion als einen kommunikativen Sachverhalt zu konzipieren, liegt darin, eine wissenschaftliche Sterilität vermeiden zu können. Die Religionsforschung kann beobachten, wie religiöse Kommunikation verfährt, sich selbst beschreibt und sich von anderen Arten des Kommunizierens abgrenzt. Auf diese Weise lassen sich Korrespondenzen zwischen der religiösen Selbstbeschreibung und der wissenschaftlichen Metasprache herstellen, ohne ausschließlich im Vorhinein und ein für alle Mal sowie vollständig festlegen zu müssen, was wissenschaftlich unter Religion zu verstehen ist.

Religiöse Kommunikation ist durch ein eigentümliches Wechselspiel von »Erweiterung und Einschränkung« gekennzeichnet (Luhmann 1989, 271 ff.). Einerseits erzeugt religiöse Kommunikation durch ihren tropischen Charakter Sinnüberschüsse, die den Sinn der Alltagssprache transzendieren und darin der Deckung und Kontrolle durch das sinnliche Wahrnehmen und praktische Erfordernisse weitgehend entzogen sind. Um aber mitteilbar, verständlich und akzeptabel zu sein, als Legitimations- und Vergewisserungsweise fungieren und somit als ›soziale Tatsache‹ gelten zu können, müssen ihre Sinnüberschüsse eingeschränkt werden. Dies erfolgt

- in sozial geregelten Diviniationspraktiken, durch die bestimmte Sachverhalte (etwa Ereignisse), Gegenstände, Zeiten und Orte als ›heilig‹ qualifiziert werden,
- durch die Festlegung auf bestimmte Zeichen und deren Handhabe,
- durch die Ausbildung von festen Sprachmustern (zum Beispiel Formeln und Sprachgattungen), Mythen, Texten und deren Kompilierung (zum Beispiel Talmud, Bibel oder Koran), rituellen Handlungen und religiösen Ethiken sowie
- durch die Verarbeitung von Themen der Alltagskommunikation, die religiöse Kommunikation nahelegen (zum Beispiel biographische und kollektive Krisensituationen und deren Lösung; das religionsaffine Thema *par excellence* ist der Tod).

Solcherart Einschränkungen der Sinnüberschüsse religiöser Kommunikation, durch die zugleich ein Gedächtnis und Traditionen ausgebildet werden, stellen eine Form der Institutionalisierung dar und können sich im Laufe der Zeit verdichten. Paradoxerweise lassen diese Formen der Einschränkung religiöser Kommunikation, die der Bearbeitung von Kontingenz dienen soll, zugleich die Kontingenz sichtbar werden: Andere religiöse Traditionen machen es anders, was im Religionskontakt besonders deutlich wird. Außerdem sind die Einschränkungen kontextgebunden und führen zu semantischen Verfestigungen, die mit gesellschaftlichen und kulturellen Entwicklungen und veränderten Rezeptionsbedingungen über kurz oder lang nicht mehr vereinbar sind. Aus diesen Gründen – und nicht zuletzt durch diachronen und synchronen Religionskontakt – kommt es immer wieder zu semantischen Erweiterungen der Sinnüberschüsse, zur Bildung neuer (oder amalgamierter) Zeichen, Sprachmuster, Visualisierungen und Texte. Die Erweiterung kann Deinstitutionalisierungsprozesse erzeugen, aber auch bestehende Sozialformen transformieren oder neue hervorbringen (etwa – als heterodox oder häretisch wahrgenommene – Strömungen, Gruppen, Schulen und Bewegungen). Institutionalisierungsprozesse werden von Luhmann in systemtheoretischer Perspektive rekonstruiert.

In kommunikationstheoretischer Hinsicht besteht soziale Praxis aus geregelten Erwartungen und Erwartungserwartungen.

Religion als gesellschaftliches Subsystem

Die systemtheoretische Gesellschaftstheorie beschreibt die moderne Gesellschaft mit zwei Strukturprinzipien: mit der funktionalen und der vertikalen Systemdifferenzierung. Bevor auf diesen Sachverhalt eingegangen wird, bedarf es einiger kurzer Ausführungen zum Systembegriff.

Systembildung: Der zentrale systemtheoretische Ausgangspunkt ist die Differenz von System und Umwelt; kein System existiert ohne Umwelt. Die

Differenz ist systemkonstitutiv und bleibt durch die Bezugnahme des Systems auf die Umwelt erhalten. Da die Umwelt als die Ausgrenzung des Systems verstanden wird, konstituiert sich Umwelt stets systemrelativ. Folglich hat jedes System eine andere Umwelt. In die Ausgrenzung fällt immer eine Vielzahl anderer Systembildungen, weshalb jede Beziehung zwischen System und Umwelt asymmetrisch ist und als Komplexitätsgefälle zu beschreiben ist.

Codierung: Jedes System konstituiert sich über einen binären, das heißt zweiwertigen Code. Da die Funktionsbestimmung zur Identifikation religiöser Kommunikation (s. u.) nicht ausreicht, gilt als weiteres Bestimmungskriterium der binäre Code, über den sich jedes gesellschaftliche Teilsystem konstituiert. Das Religionssystem basiert auf dem Code Transzendenz/Immanenz (vgl. Luhmann 1986, 185 ff.; 1989, 313 ff.; 1991; 2000, 53 ff., 58–64 *et passim*). Religion transformiert unbestimmbare Transzendenz in bestimmte oder jedenfalls bestimmbare Immanenz. Während Immanenz auf Bekanntes, Vertrautes und somit Beobachtbares rekurriert, bezieht sich Transzendenz auf das Unbekannte, Unvertraute und *prinzipiell* Unbeobachtbare. Das Immanente wird folglich ›im Licht‹ des Transzendenten gesehen. »Sinnformen werden als religiös erlebt, wenn ihr Sinn zurückverweist auf die Einheit der Differenz von beobachtbar/unbeobachtbar und dafür eine Form findet« (Luhmann 2000, 35). Zugleich garantiert Religion »die Bestimmbarkeit allen Sinnes gegen die miterlebte Verweisung ins Unbestimmbare« (ebd., 127). Aus dieser Aufgabe resultiert der notwendig tropische Charakter religiöser Kommunikation. Er liegt im Wesentlichen darin begründet, dass das ›Transzendente‹ (das ›Abwesende‹ – in welcher inhaltlichen Bestimmung auch immer), auf das sich religiöse Kommunikation bezieht, selbst nicht kommunikabel ist und daher mit ›immanenten‹ (bekannten, ›anwesenden‹) Mitteln bezeichnet werden muss. In religiöser Kommunikation werden als neu- und andersartig geltende Sachverhalte (z. B. subjektives Erleben, das mit etablierten Erfahrungsschemata nicht kommunikativ erfasst ist) mit Rekurs auf Bekanntes kommuni-

kabel gemacht, also Unvertrautes/Unbekanntes in Vertrautes/Bekanntes übersetzt. Wie der auf Transzendenz verweisende Sinn inhaltlich bezeichnet wird (zeitlich, räumlich, materiell, handlungsförmig und kognitiv-konzeptionell), hängt von den kulturellen Bedingungen ab und bestimmt sich in Abgrenzung – also relational – zu anderen Weltdeutungen wie etwa Politik, Wirtschaft, Recht, Kunst und Medizin. Damit ist ein Begriff für *spezifisch religiöse* Transzendenz gewonnen, der sich von anderen, allgemeinen Arten des Transzendierens unterscheiden lässt. Das ist wichtig, um einem inflationären Religionsbegriff vorzubeugen, der alles unter Religion fasst, was mit Transzendieren zu tun hat (etwa auch kleine und mittlere Transzendenzen im Sinne Thomas Luckmanns, vgl. Luckmann 1991.)

Um operieren zu können, muss die in der binären Codierung bestehende Paradoxie, das Nicht-zu-Beobachtende zur Sprache zu bringen, aufgelöst werden. Dies ist durch das Programm des jeweiligen Systems gewährleistet. Während ein System in der Codierung durch einen binären Schematismus ausdifferenziert wird und Geschlossenheit erlangt, stellen Programme vorgegebene Bedingungen für die Richtigkeit der Selektionen von Operationen dar und ermöglichen auf diese Weise die Offenheit des Systems. Als Kandidaten zur Herstellung der Einheit des Programms in Gestalt von Dogmen bestimmt Luhmann Offenbarungen (vgl. Luhmann 1986, 187 f. und 2000, 165 f.); allgemeiner kommen allerdings auch Divinationspraktiken in Betracht. Die Operation auf Programmebene erfolgt in den Regeln kodifizierter Texte, aber, wo keine schriftlich fixierten Dogmen existieren oder dominant sind, ebenso in Gestalt von Ritualen (als Formen der Kommunikation mit einer auf Wahrnehmung bezogenen Inszenierung; vgl. Luhmann 2000, 190) und einer religiösen Lebensführung.

Funktionale Differenzierung: Die funktionale Methode bezieht Religion auf ein Problem, das mit ihr gelöst wird (vgl. Luhmann 1977, 9 f.). Zudem ermöglicht sie eine Vergleichsperspektive auf verschiedene Möglichkeiten der Bearbeitung eines Bezugsproblems (vgl. Luhmann 2000, 115 ff.). Dem evolutionstheoretischen Paradigma

Luhmanns zufolge ist die moderne Gesellschaft funktional differenziert. Zu den wichtigsten gesellschaftlichen Teilsystemen zählen: Recht, Wissenschaft, Wirtschaft, Politik, Erziehung, Kunst und eben auch Religion (für einen kurzen Überblick vgl. Luhmann 1986 und 2004). Jedes Teilsystem erfüllt in Bezug auf die Gesellschaft eine systemspezifische Funktion. Allerdings hat sich im Gefolge Durkheims »eine funktionale Definition des Religionsbegriffs (z. B. durch Integration) entwickelt, die Mühe hat, die Funktion der Religion zu unterscheiden von der Funktion, die das Gesellschaftssystem selbst erfüllt« (Luhmann 1981, 301). Demgegenüber bestimmt Luhmann die gesellschaftliche Funktion der Religion darin, ein Zugleich von Bestimmtheit und Unbestimmbarkeit zu gewährleisten, also Kontingenz zu thematisieren und sie zugleich in Sinn zu überführen, indem unbestimmbare Transzendenz in bestimmte Immanenz transformiert wird. Auf diese Weise schließt Religion die ansonsten unabschließbare Kommunikation ab. Freilich bringt sie auch immer wieder Kontingenz hervor, weil religiöse Kommunikation darum weiß, dass Transzendenz stets nur mit immanenten Mitteln und also in unzureichender Weise symbolisiert werden kann. Die Notwendigkeit von Religion kann in systemtheoretischer Perspektive also, wie eingangs gesagt, nicht auf anthropologischer, sondern nur auf soziologischer Grundlage nachgewiesen werden (vgl. Luhmann 1989, 349). Religion löst demnach nicht spezifische Probleme des Individuums, sondern erfüllt eine gesellschaftliche Funktion.

Vertikale Differenzierung: Neben der gesellschaftlichen, horizontal-funktionalen Differenzierung ist als zweites Strukturprinzip die soziale, vertikale Differenzierung zu nennen. Dieses Strukturprinzip besagt, dass es Systembildungen auf unterschiedlichen Ebenen gibt. Die flüchtigste Systembildung besteht in der einfachen Interaktion unter Anwesenden (im Sinne von Erving Goffmans *encounter*). Demgegenüber handelt es sich bei der Organisation um einen stabilen, weil formalen und für psychische Irritationen weniger anfälligen Systemtypus. Für die Organisation sind Verstöße gegen die Normen auf interaktioneller Ebene »unter Umständen geradezu Bedingung des von der Organisation ebenfalls gesuchten Interaktionserfolgs« (Luhmann 1972, 270). Umgekehrt stellt die Organisation bestimmte formale Rahmenbedingungen zur Verfügung, ohne die in sich labile Interaktionen nicht wiederholt und auf Dauer gestellt werden könnten. Luhmann selbst hat nicht weiter zwischen der Interaktion und der Organisation unterschieden. Allerdings siedeln andere im Gefolge Luhmanns zwischen der Interaktion und der Organisation die Gruppe an (vgl. Neidhardt 1979 und Tyrell 1983); sie ist nicht mehr als flüchtige Interaktion zu verstehen, aber auch noch nicht als formale Organisation. Neben der Gruppe und der Organisation werden als weitere Sozialformen innerhalb der vertikalen Differenzierung die soziale Bewegung und das Netzwerk diskutiert. Die Gesellschaft schließlich ist der umfassendste Systemtypus, auf den sämtliche gesellschaftliche Subsysteme funktional bezogen sind. Die vertikale Differenzierung unterscheidet verschiedene Systemtypen, separiert sie jedoch nicht. Das bedeutet, dass jeder ›höhere‹ Systemtypus auf die ›niedrigeren‹ Systemtypen angewiesen ist: Die moderne Gesellschaft kann nicht auf Organisationen verzichten, und diese wiederum bleiben auf Interaktionen verwiesen.

Die Besonderheit von Organisationen liegt darin, dass sie zwar dem Funktionsprimat desjenigen gesellschaftlichen Teilsystems unterstellt sind, dem sie vorrangig zugehören. Allerdings erfolgen in ihnen Prozesse, die verschiedenen Systemen angehören. Beispielsweise geht es in einem Theater primär um Kunst. Allerdings hat es ebenso mit wirtschaftlichen und politischen Fragen zu tun. Insofern fungieren Organisationen als Brückenprinzip zwischen den einzelnen gesellschaftlichen Teilsystemen. Gleiches gilt auch für religiöse Organisationen wie die christlichen Kirchen: Sie stehen unter dem Primat des Religiösen, behandeln jedoch auch andere Systemrationalitäten wie etwa diejenigen der Wirtschaft, des Rechts, der Politik, Erziehung und Kunst.

Auch die Religion unterliegt dem Strukturprinzip der vertikalen Differenzierung. Sie bildet Interaktionen aus – zum Beispiel in Gestalt spontan-religiöser Kommunikation, sie bringt Gruppen hervor und bildet Bewegungen und Organisationen aus. Eine prominente Gestalt religiöser Organisationen stellen Orden und Kirchen dar. Dass Religion unter den Anforderungen der vertikalen Differenzierung prozedieren muss, wird nicht zuletzt daran deutlich, dass auch diejenigen Religionen, die historisch keine formale Organisationsform kennen, zumindest in rudimentärer Weise Organisationen (etwa in Gestalt von Vereinen) ausbilden müssen.

Die systemtheoretische Analyse von Religion im Test

Die gegenwärtige Religionssoziologie beschäftigt vor allem zwei scheinbar widerstreitende Phänomenkomplexe: die Individualisierung und die Politisierung von Religion. Beides lässt sich mit dem Mitteln der Luhmannschen Systemtheorie auf die folgende Weise erklären.

Religiöse Individualisierung: Dass im Bereich der Religion die Semantik des Erlebens und der Innerlichkeit Konjunktur hat, lässt sich gerade (und vielleicht nur) auf der Basis der Unterscheidung von Kommunikation und Bewusstsein verstehen. In der modernen Individuen-Religion reklamiert das an der religiösen Kommunikation beteiligte Bewusstsein, thematisiert zu werden. In diesem Sinne bestimmt Luhmann das Individuum als einen Kandidaten für die Transzendenz der modernen Gesellschaft (vgl. Luhmann 1989, 340; 2000, 110 ff.)

Ausgangspunkt der Überlegung ist die funktionale Differenzierung und der damit korrelierende strukturelle Individualismus. Auf diese beiden Strukturprinzipien der modernen Gesellschaft reagiert Religion »mit Intensivierung von Überzeugtseinserwartungen bei Freistellung der Teilnahme« (Luhmann 2000, 110). Eine Folge davon ist, dass das Individuum auf der Basis eines ihm selbst intransparenten Selbst identitätsbedürftig geworden ist. Zur Konstitution seiner Identität kann es zum Beispiel soziale Resonanz, Liebe oder Karriere verwenden. Allerdings sind dies prekäre und instabile, weil nicht individuell kontrollierbare Konstrukte. Eine mögliche Reaktion darauf ist, dass sich das Individuum als für sich selbst transzendent erfährt und seine Bestimmung folglich durch das Gegenüber einer selbstvollkommenen Transzendenz erhält – zum Beispiel durch einen personalen Gott, der das Individuum, weil es defizitär ist, als Sünder qualifiziert, es zugleich aber als ›ganzen Menschen‹ in seiner Unvollkommenheit annimmt. Eine andere Reaktion liegt in der Möglichkeit, dass das Individuum selbst zum transzendenten Bezugspunkt wird und dann allerdings darauf angewiesen ist, sich auf eine mit Blick auf dauerhafte Evidenz stets prekäre Selbstbestimmung festzulegen. In diesem Fall erfährt das Individuum die Paradoxie der Einheit von Immanenz und Transzendenz in sich selbst. Damit geht aber zugleich die Möglichkeit verloren, religiöse Vorstellungen und Praxisanweisungen aufgrund von (z. B. institutioneller oder tradierter Lehr-)Autorität anzunehmen. Religion bietet in diesem Fall, mit oder ohne Annahme eines personalen Gottes, von Karma, Kismet, Nirwana und Ähnlichem, »die Möglichkeit einer Kommunikation der Einheit von Immanenz und Transzendenz, einer Kommunikation also, die dem Individuum bestätigt, daß es in allem, was geschieht, sich selbst wiederfinden kann« (ebd., 111). Mit anderen Worten: In diesem Fall glaubt das Individuum tendenziell an sich selbst (im Falle eines weiterhin mitlaufenden Gottesglaubens etwa in Gestalt des ›göttlichen Funkens‹ in sich selbst) und vergewissert sich der Richtigkeit des Glaubens durch unmittelbare Selbstevidenz.

Diese Entwicklung führt dazu, dass die Werte der religiösen Leitunterscheidung von Immanenz und Transzendenz semantisch neu besetzt werden müssen. »Die Transzendenz liegt jetzt nicht mehr in der Ferne [...], nicht mehr im ›Himmel droben‹. Sie findet sich jetzt in der Unergründlichkeit des jeweils eigenen Selbst, des Ich« (ebd.). Allerdings muss, ebenso wie es bei traditionellen semantischen Besetzungen der Fall ist, die Seite der Transzendenz nicht nur markiert, sondern auch semantisch präzisiert, d. h. kommunikativ ausformuliert und die Differenz von Immanenz und Transzendenz verdeckt werden. Zugleich muss suggeriert werden, dass die Selbstbestimmung des Individuums nicht über

›äußere‹, soziale, d. h. kommunikativ etablierte Konstrukte wie Prestige, Karriere und andere Formen sozialer Resonanz erfolgt (das wäre aus der Perspektive des ›autonomen‹ Individuums Selbstbetrug). Innerhalb der Selbstbeschreibung der Individuen-Religion ist es stets das Individuum, das sich durch Transzendierung seiner selbst bestimmt.

Die Politisierung von Religion: Im Gegensatz zu Individualisierungstendenzen ist zugleich die öffentliche Präsenz von Religion (vgl. das Konzept der *public religion*, Casanova 1994) in Gestalt ihrer Politisierung zu verzeichnen. Vorgänge dieser Art werden häufig als mangelnde gesellschaftliche Differenzierung oder als Entdifferenzierung verstanden, so dass von der Wiederkehr der Religion oder der Wiederverzauberung die Rede ist. Zunächst aber besagt das Prinzip der funktionalen Differenzierung nicht, dass die gesellschaftlichen Teilsysteme voneinander isoliert werden. Bei der Differenzierung handelt es sich nicht um eine Separierung, sondern um eine Unterscheidung. Ein System prozediert erfolgreich, wenn es in der gesellschaftlichen Kommunikation in seinem spezifischen Code erkannt, von anderen Kommunikationsweisen unterschieden wird und seine Funktion erfüllt. Des Weiteren gäbe es nicht eine einheitliche Gesellschaft, wenn sich die Systeme nicht wechselseitig als jeweilige Umwelt aufeinander bezögen. Solche Interferenzen sind ständig zu beobachten. Beispielsweise erkennt die Wirtschaft, dass mit Kunst Geld zu machen ist, die Politik orientiert sich am Recht und die Wissenschaft rekurriert u. a. auf Erziehung. Immer aber handelt es sich um systemische Bezugnahmen auf die systemrelative Umwelt. Wenn also etwa Kunst in der Wirtschaft thematisch wird, handelt es sich nicht um ästhetische, sondern eben um wirtschaftliche Kommunikation, die auf dem Code von Haben und Nicht-Haben basiert und im Geldmedium erfolgt.

Gleiches gilt für Religion. Wie jedem gesellschaftlichen System ist auch ihr eine universalistische Perspektive eigen; d. h., sie konstituiert eine eigene Welt und bezieht sich zugleich auf ihre Umwelt in systemspezifischer Weise. Alles, was als Religion kommuniziert wird, wird mit der Unterscheidung von Transzendenz und Immanenz codiert. So kann etwa über bestimmte Kunstprodukte religiös kommuniziert und ihre göttliche Dignität behauptet werden oder als verwerflich gelten (so etwa im antiken Bilderstreit oder im heutigen Karikaturenstreit), ein religiöses Erziehungsprogramm aufgestellt werden (so etwa in der Kirchenzucht) oder politische und wirtschaftliche Prozesse religiös beurteilt werden. In diesen Fällen handelt es sich aber stets um Religion und eben nicht um Kunst, Wirtschaft, Politik oder Erziehung. Umgekehrt können sich auch andere gesellschaftliche Systeme auf Religion beziehen. So kann sich etwa die Politik den Faktor ›Religion‹ zu Wahlkampfzwecken zunutze machen, die Wirtschaft kann mit Religion Geld machen (etwa durch Devotionalienverkauf), oder die Kunst kann religiöse Motive unter ästhetischen Gesichtspunkten thematisieren. In diesen Fällen handelt es sich aber stets *nicht* um Religion.

Wenn von Politisierung der Religion die Rede ist, kann das zunächst auf die gerade geschilderte Weise interpretiert werden. Es kann der Fall sein, dass Religion Themen aufnimmt, die von der Politik nicht oder nur unzureichend behandelt werden. In diesem Sinn lässt sich etwa sowohl die religiöse Globalisierungskritik als auch der konservativ-religiöse Appell zur Stärkung der Familie verstehen. Zur Politik werden solche Arten der Kommunikation aber erst, wenn sie unter dem Code von Macht und Ohnmacht im politischen System reformuliert werden.

Umgekehrt kann es jedoch auch der Fall sein, dass sich Politik mit religiöser Semantik auflädt. Im Fall der Sakralisierung von Politik werden eine religiöse Rhetorik oder auch ansonsten religiös bestimmte Handlungen wie etwa Rituale für politische Zwecke verwendet. Solange das Kommunikationsmedium jedoch das der Macht ist, bleiben solche Sachverhalte politisch bestimmt. Ein Beispiel für die Sakralisierung von Politik ist Zivilreligion. Luhmann bestimmt sie als »Mindestelement[.] eines religiösen oder quasireligiösen Glaubens« (Luhmann 1981, 293). Eine Integrationsfunktion übt Zivilreligion insofern aus, als sie denjenigen religiösen Glauben umfasst, »für den man bei allen Mitgliedern der Gesellschaft Konsens unterstellen kann« (ebd.).

Den Grenzfall funktionaler Differenzierung stellt der als religiöser Fundamentalismus bezeichnete Phänomenkomplex dar. Hier lässt sich möglicherweise nicht mehr unterscheiden, ob Religion auf Politik oder Politik auf Religion rekurriert. Dann aber ist der Fundamentalismus als Fusionsversuch und damit als Reaktion auf die Durchsetzung des Prinzips funktionaler Differenzierung zu verstehen. In systemtheoretischer Perspektive ist der Fundamentalismus als Versuch zu interpretieren, das Prinzip der funktionalen Differenzierung rückgängig zu machen. Insofern ist er kein vormodernes, sondern ein spezifisch modernes Phänomen und stellt eine Antwort auf möglicherweise bestehende negative Folgen der modernen Gesellschaftsstruktur dar. Religiöser Fundamentalismus will den Funktionsprimat der Religion über alle anderen gesellschaftlichen Teilsysteme auf der Basis der gleichgesinnten Vergemeinschaftung im Unterschied zum Prinzip der Vergesellschaftung stellen:

»Gleichgesinntheit ist in der modernen Gesellschaft eine Ausnahmeerscheinung, eine überraschende, eine erfreuliche Erfahrung, die den Einzelnen dazu führen kann, sich einer Gruppe anzuschließen, in der man mit Wiederholung dieser Erfahrung rechnen kann. Fundamentalismen der verschiedensten Art, revivalism, Erneuerung des Glaubens als sakrale Inszenierungen, Re-mystifikationen etc. könnten in der Intensität der Zuwendung darin eine Erklärung finden, daß sie, durch Säkularisierung bedingt, sich gegen Säkularisierung wenden« (Luhmann 2000, 295).

Alle drei Sachverhalte, nämlich der religiöse Rekurs auf Politik, die politische Verwendung religiöser Semantik und der Fusionsversuch von Religion und Politik, lassen sich nicht aus den Intentionen einzelner Akteure heraus verstehen, sondern sind nur in gesellschaftsstruktureller Hinsicht zu begreifen.

Zusammenfassend lassen sich die scheinbar widerstrebenden Prozesse der Individualisierung und der Politisierung von Religion als Ausdruck der Tatsache verstehen, dass Religion einerseits als Kommunikation und andererseits unter den Bedingungen der funktionalen Differenzierung – inklusive der Reaktion darauf – systemisch prozediert. In dieser Perspektive hat Säkularisierung nicht unbedingt etwas mit dem Bedeutungsverlust von Religion zu tun, sondern stellt – auch und gerade unabhängig von der aggregierten Akzeptanz durch und Inklusion von Individuen – in erster Linie ihre Systemspezifikation dar. Zugleich aber kommt es immer wieder zu Umweltanpassungen und daraus resultierenden Diffundierungen bis hin zu Fusionstendenzen: zur Anpassung an psychische Systeme in Gestalt der Individuen-Religion und zur Anpassung an andere gesellschaftliche Teilsysteme, was ansatzweise am Beispiel des Verhältnisses zwischen Religion und Politik behandelt worden ist.

Literatur

Casanova, José: *Public Religions in the Modern World*. Chicago 1994.
Fuchs, Peter: Sphinx ohne Geheimnis – Zur Unkenntlichkeitsbiographie Niklas Luhmanns. In: Oliver Jahraus/Armin Nassehi u. a. (Hg.): *Luhmann-Handbuch. Leben – Werk – Wirkung*. Stuttgart/Weimar 2012, 4–6.
Habermas, Jürgen: *Theorie des kommunikativen Handelns*. 2 Bde. Frankfurt a. M. 1981.
– / Luhmann, Niklas: *Theorie der Gesellschaft oder Sozialtechnologie. Was leistet die Systemforschung?* Frankfurt a. M. 1971.
Hagen, Wolfgang (Hg.): *Warum haben Sie keinen Fernseher, Herr Luhmann?* Berlin 2004.
Kaufmann, Franz-Xaver: Selbstreferenz oder Selbstreverenz? Die soziale und religiöse Ambivalenz von Individualisierung. In: *Ehrenpromotion Franz-Xaver Kaufmann. Eine Dokumentation*. Hg. von der Pressestelle der Ruhr-Universität Bochum in Zusammenarbeit mit der Fakultät für Katholische Theologie. Bochum 1993, 25–46.
Krech, Volkhard: Über Sinn und Unsinn religionsgeschichtlicher Prozessbegriffe. In: Karl Gabriel/Christel Gärtner/Detlef Pollack (Hg.): *Umstrittene Säkularisierung: Soziologische und historische Analysen zur Differenzierung von Religion und Politik*. Berlin 2012, 565–602.
Luckmann, Thomas: *Die unsichtbare Religion*. Frankfurt a. M. 1991.
Luhmann, Niklas: *Soziologische Aufklärung. Aufsätze zur Theorie sozialer Systeme*. Köln 1970.
–: Die Organisierbarkeit von Religionen und Kirchen. In: Jakobus Wößner (Hg.): *Religion im Umbruch. Soziologische Beiträge zur Situation von Religion und Kirche in der gegenwärtigen Gesellschaft*. Stuttgart 1972, 245–285.
–: Interaktion, Organisation, Gesellschaft. In: Ders.: *Soziologische Aufklärung 2. Aufsätze zur Theorie der Gesellschaft*. Opladen 1975, 9–20.

–: *Funktion der Religion*. Frankfurt a. M. 1977.
–: Grundwerte als Zivilreligion. Zur wissenschaftlichen Karriere eines Themas. In: Ders.: *Soziologische Aufklärung 3. Soziales System, Gesellschaft, Organisation*. Opladen 1981, 293–308.
–: *Soziale Systeme. Grundriss einer allgemeinen Theorie*. Frankfurt a. M. 1984.
–: *Ökologische Kommunikation. Kann die moderne Gesellschaft sich auf ökologische Gefährdungen einstellen?* Opladen 1986.
–: Die Ausdifferenzierung der Religion. In: Ders.: *Gesellschaftsstruktur und Semantik. Studien zur Wissenssoziologie der modernen Gesellschaft*. Bd. 3. Frankfurt a. M. 1989, 259–357.
–: Religion und Gesellschaft. In: *Sociologia Internationalis* 29 (1991) 133–139.
–: Die Unterscheidung Gottes. In: Ders.: *Soziologische Aufklärung 4. Beiträge zur funktionalen Differenzierung der Gesellschaft*. Opladen ²1994, 236–253.
–: Kultur als historischer Begriff. In: Ders.: *Gesellschaftsstruktur und Semantik IV*. Frankfurt a. M. 1995, 31–54.
–: Die Sinnform Religion. In: *Soziale Systeme* 2 (1996a), 3–33.
–: Religion als Kultur. In: Otto Kallscheuer (Hg.): *Das Europa der Religionen. Ein Kontinent zwischen Säkularisierung und Fundamentalismus*. Frankfurt a. M. 1996b, 291–315.
–: *Die Gesellschaft der Gesellschaft*, Bd. I. Suhrkamp: Frankfurt a. M. 1997.
–: Religion als Kommunikation. In Hartmann Tyrell/Volkhard Krech/Hubert Knoblauch (Hg.): *Religion als Kommunikation*. Würzburg 1998, 135–145.
–: *Die Religion der Gesellschaft*. Suhrkamp: Frankfurt a. M. 2000.
–: *Einführung in die Systemtheorie*. Darmstadt ²2004.
Neidhardt, Friedhelm: Das innere System sozialer Gruppen. In: *Kölner Zeitschrift für Soziologie und Sozialpsychologie* 31 (1979), 639–660.
Simmel, Georg: *Soziologie. Untersuchungen über die Formen der Vergesellschaftung*. Hg. von Otthein Rammstedt (Gesamtausgabe, Bd. 11). Frankfurt a. M. 1992.
Tyrell, Hartmann: Zwischen Interaktion und Organisation I: Gruppe als Systemtyp. In: *Kölner Zeitschrift für Soziologie und Sozialpsychologie* (Sonderband Gruppensoziologie) 25 (1983), 75–87.

Volkhard Krech

9. Religion als Sinn für das Mögliche (James, Dewey)

Um die Wende vom 19. zum 20. Jahrhundert begründen die Amerikaner Charles S. Peirce, William James und John Dewey eine philosophische Strömung, die sie selbst als »Pragmatismus« bezeichnen, und die mit Denkern wie Richard Rorty, Robert Brandom und Hilary Putnam bis in die jüngste Vergangenheit bzw. in die Gegenwart hinein prominente Anhänger findet. Als ein prägendes Charakteristikum dieser Denkrichtung benennt William James »die Einstellung, sich von ersten Dingen, Prinzipien, ›Kategorien‹ und vermeintlichen Notwendigkeiten abzuwenden und sich den letzten Dingen, Ergebnissen, Konsequenzen und Tatsachen zuzuwenden« (James 2001, 65).

Während sich die Gründerfiguren des Pragmatismus in der Ausgestaltung dieser Einstellung stellenweise unterscheiden, kommen sie darin überein, dass sie die positive Aufnahme des Paradigmas moderner Wissenschaftlichkeit ins Zentrum ihrer Philosophie rücken. Der Fortgang von einer Problemstellung über Hypothesenbildung und Experiment hin zu einem geprüften und zugleich fallibeln Urteil gilt ihnen als Prototyp menschlichen Realitätskontakts. Unsere Erfahrung, so die Implikation dieser Sicht, vollzieht sich grundsätzlich als ein Fortschreiten von der Unklarheit zur Prägnanz, von einer vagen zu einer bestimmten Bedeutung. Unser Erleben und Handeln – sei es individuell oder kollektiv – erscheint unter dieser Voraussetzung prinzipiell als ein Fortschritt.

Mit seiner ausdrücklichen Zukunftsorientierung und seinem emphatischen Bekenntnis zur modernen Wissenschaft zeigt sich der Pragmatismus den gesellschaftlichen Tendenzen der Moderne gegenüber äußerst aufgeschlossen. In der Tat greift jeder der drei genannten Philosophen gesellschaftstheoretische Fragen auf, die für die Konstellation der Moderne typisch sind, wie etwa das Verhältnis zwischen Individuum und Gemeinschaft oder die Relevanz intersubjektiver Kooperation bzw. demokratischer Verhältnisse für das Zustandekommen und die Revision wissenschaftlicher Einsichten. Interessanterweise treffen sie sich jedoch zugleich darin, dass sie sich – mehr oder weniger ausführlich – mit dem Gegenstand der Religion auseinandersetzen. Peirces Text *A Neglected Argument for the Existence of God* (1908) und Deweys Buch mit dem Titel *A Common Faith* (1934) stellen ebenso wie James' *Varieties of Religious Experience* (1902), sein Essay *The Will to Believe* (1896) und seine Vorlesungen zum Pragmatismus (1907) Versuche dar, das Phänomen der Religion im Einklang mit den methodologischen und ontologischen Standards der säkularen Moderne zu rebuchstabieren.

Ausdrücklicher noch als Peirce, stellen James und Dewey ihre religionstheoretischen Überlegungen unter das Vorzeichen einer Zeitdiagnose. So beobachtet James, dass die »religiöse Stimmung« der Menschen durch das von der »säkularen Veränderung« erfasste »geistige Klima« in einschneidender Weise geprägt wird und setzt voraus, dass sich das Gottesverständnis am »allgemeinen säkularen Niveau« zu orientieren habe (James 1997, 338). In ähnlicher Weise verzeichnet auch Dewey einen »Wandel des intellektuellen Klimas« (Dewey 2004b, 270), den er wesentlich dadurch charakterisiert sieht, dass »neue Methoden der Forschung und Reflexion zum endgültigen Schiedsrichter in allen Fragen geworden sind, die sich auf Tatsachen, Realität und intellektuelle Zustimmung beziehen« (ebd., 251). Beide vertreten jedenfalls den Standpunkt, dass es auch unter den Bedingungen der Moderne legitim sein kann, an einer religiösen Einstellung zur Welt festzuhalten.

Angesichts der engen Entsprechung in der zeitdiagnostischen Fundierung ihrer Religionstheorie, sollen im Folgenden die Überlegungen von James und Dewey stellvertretend für den Beitrag der pragmatistischen Philosophie zur Verhältnisbestimmung von Religion und Säkularisierung dargestellt werden. In einer vergleichenden Darstellung sind in einem ersten Schritt drei Merkmale zu rekonstruieren, die aus Sicht der beiden Ansätze die Denkvoraussetzungen der Moderne ausmachen. Sodann wird zu zeigen sein, welche Vorzeichen sich aus dieser Zeitdiagnose für die religionstheoretische Auseinandersetzung im Allgemeinen ergeben. Dabei wird deutlich, dass die pragmatistische These einer bleibenden Berechtigung der Religion in der Moderne mit einer bestimmten Konzeption menschlicher Erfahrung sowie mit einer dezidierten Kritik am Selbstverständnis religiöser Institutionen und schließlich mit einer unkonventionellen Rekonstruktion der Struktur religiösen Glaubens einhergeht. Diese drei Aspekte sollen im dritten, vierten und fünften Abschnitt beleuchtet werden.

Drei Charakteristika modernen Denkens

Die Ansätze von James und Dewey gleichen sich darin, dass sie die Geltung philosophischer und weltanschaulicher Entwürfe in einen engen Zusammenhang mit den Voraussetzungen ihrer Genese stellen. Diese umfassen die historisch bedingten Verhältnisse der Gesellschaft ebenso wie die biographisch gefärbte Bedürfnisstruktur der Einzelnen. Zum Ausdruck kommt diese Einsicht unter anderem in der viel zitierten Passage aus James' Pragmatismus-Vorlesungen, in der er die Geistesgeschichte nicht vorrangig als eine Dialektik konträrer Beschreibungen der Wirklichkeit, sondern als ein »Aufeinanderprallen verschiedener Mentalitäten« (James 2001, 46) interpretiert. Demnach geht der philosophische »Rationalismus« im Sinne der Orientierung an unwandelbaren Prinzipien und der Voraussetzung zeitloser metaphysischer Wahrheiten zurück auf die Überlegungen »empfindsamer Gemüter«. Der »Empirismus« auf der anderen Seite resultiert aus der Arbeit »robuster Gemüter«, die die »Fakten in all ihrer rohen Vielfalt lieb[en]« (ebd., 44) und ihre Überzeugungen dementsprechend nicht von abstrakten Grundsätzen, sondern von konkreten Erfahrungen herleiten.

Deutlicher als James bindet Dewey diese beiden Typen an spezifische politische Machtkonstellationen. Demnach beruht die augenscheinlich introvertiert-harmlose Jenseitsorientierung der »Empfindsamen« auf den Privilegien einer durchaus unempfindlich herrschenden Klasse, die sich die Kontemplation weltenthobener Güter allein auf Kosten einer praktisch tätigen Schicht leisten kann. Der kooperative und kreative Umgang mit den Erfahrungstatsachen, der das Denken der »Robusten« ausmacht, setzt dagegen Meinungsfreiheit und Chancengleichheit voraus und wurzelt damit in den Grundsätzen der Demokratie.

Vor dem Hintergrund dieser Überlegungen lassen sich drei Merkmale nachzeichnen, die sich in der pragmatistischen Analyse des Eintritts der Moderne als besonders signifikant darstellen. An erster Stelle steht die allgemeine *Aufwertung der Sinneserfahrung* zum notwendigen Bezugspunkt einer jeden Aussage, die als vernünftig zu gelten beansprucht. So beschreibt James den Epochenwandel zur Moderne, seiner eben wiedergegebenen Terminologie folgend, als einen Landgewinn der Vertreter einer robusten Perspektive. »Niemals«, so seine Bestandsaufnahme im Jahr 1907, »gab es so viele Menschen mit einer so entschieden empiristischen Orientierung wie heute. Man möchte beinahe sagen, unsere Kinder kämen bereits als Wissenschaftler zur Welt« (ebd.). Eine Überzeugung, die dem intellektuellen Standard der Moderne gerecht werden soll, muss demnach auf die Beobachtung eines konkreten Sachverhalts zurückgeführt werden können.

Dewey bezeichnet dieses Verfahren als »Methode der Intelligenz« (Dewey 2004b, 257). Dabei ergänzt er James' Einsicht um den in gesellschaftstheoretischer Hinsicht bedeutsamen Aspekt, dass die im Experiment vollzogene Beobachtung und Dokumentation von Sachverhalten wesentlich die Möglichkeit intersubjektiver Kooperation voraussetzt. Erst der Austausch von Erwartungen und Resultaten innerhalb der Forschergemeinschaft eröffnet nach seiner Analyse den Übergang von einer blinden Bejahung vorgegebener Lehren zu einem bewussten Gebrauch des Verstandes. Die mit der Aufklärung eröffnete Möglichkeit demokratischer Kommunikationsverfahren ist die Voraussetzung für die »Aufklärung« (dt. im engl. Orig., Dewey 1984a, 145) der Unwissenheit der Einzelnen. Dieses wiederum ist nach Auffassung Deweys deshalb so bedeutsam, weil es der Haltung des Aberglaubens und zugleich der Institution des Dogmas den Nährboden entzieht (vgl. Dewey 2008, 145 f.). Nachdrücklicher als James weist Dewey also darauf hin, dass die für die Religion so herausfordernde »Revolution« am »›Sitz der intellektuellen Autorität‹« (Dewey 2004b, 251) in den gesellschaftlichen Umwälzungen zu Beginn der Neuzeit grundgelegt ist.

Ein zweites Merkmal, durch das James und Dewey das geistige Klima ihrer Zeit charakterisiert sehen, ist die *Pluralisierung der Weltanschauungen*. An die Stelle klar umrissener Positionen und Überzeugungssysteme tritt eine Vielfalt konkurrierender Versuche, einzelne Gesichtspunkte der vormals in festen ideologischen Milieus verankerten Ideen in stimmige Weltsichten zu überführen. So sieht James die philosophische Landschaft seiner Zeit gekennzeichnet durch die »Aufhebung bisheriger Grenzmarkierungen« und die »Aufweichung von Oppositionen« (James 2006a, 28). Jede Beschreibung der Welt wird damit zu einer Option neben anderen; jede Deutung des menschlichen Daseins zu einer im Lichte konkurrierender Beschreibungen zu überprüfenden Annahme. Dewey lenkt den Blick in diesem Zusammenhang insbesondere auf die Pluralisierung moralischer Systeme. Die Ausdifferenzierung der Gesellschaft und die Mobilität ihrer Angehörigen führt nach seiner Beobachtung dazu, dass die Einzelne mit einer Vielfalt an »Sittenmustern« konfrontiert ist (vgl. Dewey 2004a, 59). Dies eröffne die Option, Elemente aus diversen gegebenen Sets zu einem persönlichen System sittlicher Überzeugungen zu rekombinieren, was schließlich nicht allein die Verhaltensweise des Einzelnen, sondern auch die Beschaffenheit der Sittenkodizes als solcher modifiziere.

Als ein drittes Charakteristikum modernen Denkens schließlich erweist sich in der pragmatistischen Perspektive das *durch Darwin geprägte Weltbild*. Sowohl James als auch Dewey widmen der Frage nach dem Einfluss Darwins auf das moderne Denken neben zahlreichen, über das Werk verstreuten Überlegungen, je einen eigenen Beitrag (Dewey 2004c; James 2006c). Beide würdigen Darwin insbesondere mit Blick auf seine Hinwendung zu den Daseinsmomenten der Unbestimmtheit und Ungewissheit. Sie sehen darin ein Modell für einen kritischen Umgang mit der vormodernen Tendenz, geschichtliche Phänomene und ihre Entwicklung anhand fixer Klassifikationsschemata und deterministischer bzw. teleologischer Muster zu erklären.

James' Darstellung der Verdienste Darwins lässt dabei eine kritische Differenzierung erkennen. Auf der einen Seite unterstreicht er in seinem Aufsatz »Great Men and Their Environment« (James 2006c), Darwin hebe sich deutlich von Theoretikern wie Spencer ab, welche die Evolution einfachhin als eine die Geschichte steuernde ›unsichtbare Hand‹ auffassen. Auf der anderen Seite behandelt er Darwin im Kontext der *Vielfalt religiöser Erfahrungen* in einem Atemzug mit solchen Tendenzen, die zu einer aus James' Sicht äußerst bedrohlichen Relativierung der individuellen Perspektive führen. In der Geistesstimmung der Moderne werde »[d]er Darwinsche Begriff der Zufallsproduktion und nachfolgender […] Zerstörung« (James 1997, 479) zur Leitkategorie unserer Wirklichkeitsdeutung erhoben und jeder teleologische Zusammenhang zugunsten einer kontingenten Aneinanderreihung der Phänomene geleugnet. Die Entstehung unserer Welt erscheine unter dieser Voraussetzung als ein »lokales Unglück […] in einer entsetzlichen Weltenwüste«; alle Phänomene, die wir beobachten, stellten sich als »eine Art zielloses Wetter« dar und wiesen aus sich heraus keinerlei geschichtliche Bedeutung auf (ebd., 478 f.).

In der Philosophie folge daraus die in der Konjunktur naturalistischer und positivistischer Tendenzen paradigmatisch umgesetzte Vorgabe, radikal von allem Subjektiven zu abstrahieren. In der Betrachtung von James führen diese Strömungen im Ergebnis gleichermaßen zur vollkommenen Entwertung der eigentlich menschlichen Perspektive: »Die Natur ist das Konstante, der Mensch hat sich anzupassen. Er muss die Wahrheit anerkennen, auch wenn sie unmenschlich ist, und hat sich ihr zu unterwerfen!« (James 2001, 47). Indem das Subjekt seine konkreten Erfahrungen, dieser Maxime folgend, in abstrakte Grundsätze überführe, vollziehe es eine Trennung zwischen dem »Kosmischen« und dem »Privaten« und nehme zugleich davon Abstand, seine Beobachtungen in einen übergreifenden Sinnhorizont einzuordnen. Als äußerstes Ziel gelte der modernen Mentalität also die »Deanthropomorphisierung des Denkens« (James 1997, 480), in deren Folge die Welt um die Vielfalt persönlicher Sinnentwürfe beraubt werde.

Im Vergleich dazu bewertet Dewey die Auswirkungen der Darwinschen Einsichten auf das »geistige Allgemeinbefinden« (Dewey 2004c, 36) weniger kritisch. In der Tat, so räumt Dewey ein, stellt sich die Annahme einer ursächlichen Kraft, die allen innerweltlichen Veränderungen vorausliegt und von diesen kategorial verschieden ist, angesichts der Lehre Darwins als redundant heraus. Dessen entscheidenden Verdienst sieht Dewey nämlich darin, dass er den Fokus des erkennenden Subjekts weg vom »unerkennbaren Absoluten« (ebd., 41), hin zu den empirisch beobachtbaren Veränderungen lenkt. Damit öffne er uns den Blick dafür, dass unsere Werte nicht aus der Ferne des transzendenten Jenseits, sondern schlicht aus den »erkennbaren Energien« (ebd.) innerweltlicher Vollzüge erwachsen. Wer mit Darwin die Transformationsprozesse unter die Lupe nehme, die das Verhalten einfacher Lebewesen ebenso aufweise wie die Handlungsvollzüge des Menschen, werde in ihren »besonderen Ursachen und Wirkungen« (ebd., 39) ein hinreichendes Maß an »gegenwärtigem Sinn und Nutzen« (ebd., 40) entdecken, um die Frage nach einer »umfassenden ersten Ursache« (ebd., 39) als überflüssig zu entlarven und schließlich aufzugeben.

Ebenso wie James kommt auch Dewey zu dem Schluss, dass das Darwin'sche Selektions- und Mutationsprinzip einen Theismus, der durch teleologische Argumente gestützt wird, untergräbt. Gleichzeitig wendet er sich gegen die – sinngemäß auch von James geäußerte – Kritik, Darwin »sei Materialist und habe den Zufall zur Ursache des Universums gemacht« (ebd., 38). Ein solcher Vorwurf setzt nach Deweys Analyse voraus, dass die starken metaphysischen Annahmen des klassischen Theismus einerseits und die fatalistische Hingabe an den Zufall andererseits eine ausschließliche Alternative darstellen. Dies wiederum beruhe auf der Unterstellung, dass zwischen den Mitteln und dem Zweck organischen Verhaltens, zwischen »besonderen Veränderungen« und ihrem »allgemeinen Wesen« eine dualistische Beziehung herrscht. Dagegen zeige Darwins Theorie der Selektion, dass das Gegenteil der Fall ist – dass nämlich der Zweck eines organischen Prozesses niemals einen absoluten, d. h.

irreversiblen Abschluss darstellt, sondern als ein vorübergehender Wendepunkt zur Neuausrichtung des Vorgangs führt. »Endzwecke«, so schreibt Dewey in seiner verhaltenspsychologischen Studie *Die menschliche Natur* aus dem Jahr 1922, »sind vorausgesehene Folgen, die im Lauf des Tuns auftauchen und die dazu verwertet werden, dem Tun vermehrte Bedeutung zu geben und seinen weiteren Verlauf zu lenken« (Dewey 2004a, 161).

Zwischen den Mitteln und Zwecken unseres Handelns herrscht demnach eine bruchlose Verbindung. Beide bezeichnen eine »Reihe von Akten« (ebd., 31), so dass sie in ontologischer Hinsicht keinerlei Differenz aufweisen. Eine solche ergibt sich für Dewey erst in begrifflicher Hinsicht, insofern wir uns mit dem Konzept des Mittels auf eine naheliegende Handlungssequenz beziehen, wohingegen wir den Begriff des Zwecks verwenden, um eine Sequenz am Horizont unseres jeweiligen Aktes zu identifizieren (vgl. ebd., 32). Während James darauf hinweist, dass die moderne Wissenschaft, zumindest in ihrer szientistischen Verabsolutierung, die Dominanz des Zufalls anerkennt und dadurch den unbedingten Sinn menschlicher Existenz in Frage stellt, unterstreicht Dewey also die Kontinuität zwischen Kontingenz und Notwendigkeit. Während jener die Gefahr erkennt, dass ein von Darwin beeinflusstes Weltbild die Bedeutung individueller Erkenntnis herabwürdigt, sieht dieser in ihm vorrangig die Chance für das erkennende Individuum, seine vormals für den Ausgriff auf vermeintlich höhere Zwecke vergeudete Energie für die Entdeckung der Bedeutungsfülle des konkreten Daseins zu nutzen.

Die Situation der Religion in der Moderne

Die Feststellung, dass die Denkvoraussetzungen der Moderne durch einen Primat der Empirie, durch die Pluralisierung der Weltanschauungen sowie schließlich durch bestimmte inhaltliche Einsichten moderner Wissenschaft geprägt sind, ist für sich genommen keineswegs originell. Was die Zeitdiagnose von James und Dewey von anderen unterscheidet, ist die Tatsache, dass sie diese Phänomene nicht als zwangsläufige Indikatoren für einen Bedeutungsschwund religiösen Denkens einstufen. Prima facie nämlich führen die genannten Tendenzen geradezu mit logischer Notwendigkeit dazu, dass die Plausibilität der religiösen Weltsicht abnimmt – hat es die Religion in ihrer Kernfrage nach der Erlösung doch gerade mit demjenigen zu tun, was einerseits über die menschliche Erfahrung hinausgeht, andererseits aber aufs Engste mit der subjektiven Perspektive des Einzelnen verbunden ist. Entgegen dieser Mehrheitsmeinung unternehmen James und Dewey – unter verschiedener Akzentsetzung und mit teils konträren Ergebnissen – das Projekt, die religiöse Perspektive den skizzierten Rahmenbedingungen entsprechend zu rekonstruieren.

Dabei ist zunächst festzuhalten, dass James und Dewey wiederholt die Überzeugung äußern, die religiöse Orientierung sei in ihrer herkömmlichen Form mit den eben nachgezeichneten Rahmenbedingungen der Moderne nicht kompatibel. Sie teilen die Position, dass sich die Ausrichtung auf zeitlos gültige Notwendigkeiten nicht mit dem Common Sense des 20. Jahrhunderts vereinbaren lässt. Die ideengeschichtlichen Errungenschaften der Moderne, darin sind sich James und Dewey einig, enttarnen jede auf die Vorstellung reiner und unveränderlicher Vernunftprinzipien konzentrierte Denkgewohnheit – gleich, ob sie im philosophischen oder religiösen Gewand daherkommt – als Ausdruck einer unreflektierten Weltflucht. Unter der Voraussetzung neuzeitlicher Erkenntnismittel im Allgemeinen und der Einsichten der modernen Psychologie im Besonderen verliert diese von James als »Rationalismus« bezeichnete Haltung jede Erklärungskraft. Zugleich entpuppt sie sich als »Wunschdenken« – als »ein Ersatz, ein Heilmittel, eine Fluchtmöglichkeit« (James 2007, 50), das allein dem menschlichen Zurückweichen vor wahrer Verantwortlichkeit und Mündigkeit geschuldet ist (vgl. Dewey 2001b, 300 f.).

Wer sich dagegen seiner intellektuellen Verantwortung als aufgeklärter Mensch stellt, in dessen Augen scheidet eine solche Strategie als unredlich aus. In seiner religionstheoretischen

Schrift *A Common Faith* spezifiziert Dewey den Grund für diese Ablehnung, die seiner Beobachtung nach in eine Konjunktur skeptischer und agnostischer Distanzierung von religiösen Gehalten und somit in eine »Krise in der Religion« (Dewey 2004b, 249) mündet. Inakzeptabel ist die traditionelle Religion aus der Sicht moderner Menschen demzufolge deshalb, weil die für sie konstitutiven Überzeugungen »mit dem Übernatürlichen verknüpft« (ebd., 250) sind. Wer sich im Angesicht der immerzu bewegten und veränderlichen Erfahrungswirklichkeit am Ewigen und Absoluten orientiert, muss die Existenz einer Realität jenseits dieser Erfahrungswirklichkeit unterstellen. Diese Annahme jedoch wird mit dem Fortschritt der modernen Naturwissenschaft zunehmend unglaubwürdig:

> »Alle Religionen begreifen [...] spezifische intellektuelle Überzeugungen in sich ein, und sie messen der Zustimmung zu diesen Doktrinen als wahr, wahr im intellektuellen Sinne, mehr oder weniger Bedeutung bei. [...] Es genügt, darauf hinzuweisen, dass all die fraglichen Überzeugungen und Ideen, ob sie nun mit historischen und literarischen Fragen oder mit Astronomie, Geologie und Biologie oder mit der Schöpfung und Struktur der Welt und des Menschen zu tun haben, mit dem Übernatürlichen verknüpft sind und dass diese Verbindung der Faktor ist, der Zweifel an ihnen geweckt hat; der Faktor, der vom Standpunkt der historischen und institutionellen Religionen aus das religiöse Leben selbst untergräbt. [...] [D]as Anwachsen des Wissens und seiner Methoden und Überprüfungen [machte es] einer großen Zahl kultivierter Männer und Frauen zunehmend schwieriger und sogar unmöglich, diese Glaubensinhalte zu akzeptieren« (ebd.).

Wenn James und Dewey sich um eine pragmatistische Theorie der Religion bemühen, so tun sie dies also im klaren Bewusstsein darüber, dass unter den gesellschaftlichen Vorzeichen ihrer Zeit die Beweislast auf der Seite derer liegt, die an der Relevanz dieser Thematik festhalten. Welche Überlegungen aber veranlassen sie dazu, angesichts dieser Situation noch zwischen unangemessenen und angemessenen Konzepten der Religiosität zu differenzieren, statt die Religionsthematik als Ganze zu verwerfen? Aus welchem Motiv heraus unternehmen sie die Anstrengung, eine Perspektive auf die menschliche Religiosität zu etablieren, die das eben angesprochene strukturelle Problem des »Standpunkts der historischen und institutionellen Religionen« überwindet?

Blickt man auf James, so speist sich seine Überzeugung, dass zwischen Modernisierung und Säkularisierung keinerlei zwingende Verbindung besteht (vgl. hierzu auch Joas 2007, 39 f.) aus einer empirischen Beobachtung. Selbst unter der Maßgabe ständiger Orientierung an der konkreten Erfahrung, dies ist das Fazit seiner Studien, zeigen zahlreiche Menschen, und zwar »Robuste« ebenso wie »Empfindsame«, ein bleibendes Bedürfnis nach religiösen Überzeugungen. Zwar mag die theoretische Reflexion auf die Leitbegriffe der Moderne nahelegen, dass die Religion in ihrem Klima nicht überlebensfähig ist. In der Praxis jedoch geht die »Wertschätzung der Fakten« keineswegs zwangsläufig mit einer »Immunität gegenüber jeglicher Religiosität« (James 2001, 46) einher. Stattdessen bringt die Moderne in den Augen von James einen neuen Typus des religiös Interessierten hervor, der die Orientierung an menschlichen Werten mit der Mentalität aufgeklärter Wissenschaftlichkeit in Einklang zu bringen beansprucht. Auf der begrifflichen Ebene weisen diese beiden Perspektiven die Spannung eines Widerspruchs auf. Auf der empirischen Ebene dagegen macht James eine nennenswerte Nachfrage nach einem konsistenten Modell einer »robusten« Religiosität aus, die eine entsprechende religionstheoretische Begriffsarbeit zu legitimieren bzw. zu fordern scheint.

Auch Dewey geht vom Vorhandensein einer Zielgruppe aus, die sowohl die Leitideen der Moderne, als auch die der Religion zu kultivieren trachtet (vgl. Eldridge 1998, 148) und stellt seine Überlegungen unter den Anspruch, ihr »einen den gegenwärtigen Bedingungen angemessenen intellektuellen und moralischen Ausdruck« (Dewey 2004b, 235) des Religiösen anzubieten. Die bei James festgestellte existenzielle Dringlichkeit, ein zeitgemäßes Verständnis der Religion zu entwickeln, spiegelt sich in seiner Einschätzung wieder, »das Problem, die Überzeugungen des Menschen über die Welt, in der er lebt, mit seinen Überzeugungen über die Werte und Zwecke, die sein Verhalten lenken sollten, zu verbinden und zu harmonisieren« sei »das tiefste Problem des modernen Lebens« (Dewey 2001b, 255).

Anders als James interessiert er sich jedoch nicht für das Phänomen, dass auch im Zeitalter der Moderne Menschen auftreten, die neben dem Bereich der wissenschaftlichen, politischen oder ästhetischen Erfahrung einen separaten Bereich der religiösen Erfahrung als Grundlage ihrer Überzeugungen anerkennen. Stattdessen treibt ihn der Gedanke an, dass gerade der durch die Moderne zum Standard avancierte experimentelle Zugang zur Wirklichkeit den Blick für die Allgegenwart der religiösen Daseinsdimension öffnet. Wo immer Menschen in iterativen Verfahren durch Versuch und Irrtum zu einem tragfähigen Urteil zu gelangen suchen, streben sie Deweys Theorie der Forschung zufolge nach der Verwirklichung eines individuell oder gemeinschaftlich ausgebildeten Ideals. In diesem Sinne folgen moralische und künstlerische, soziale und alltagspraktische Urteilsbildungsprozesse gleichermaßen dem Muster experimenteller Einsicht. Bei näherer Betrachtung, so Deweys These, beinhaltet jeder dieser Vollzüge eine doppelte Modifikation: Auf der einen Seite werden die realen Faktoren der Handlung – seien es manifeste Gewohnheiten des Handelnden oder Rahmenbedingungen seiner Umgebung – an die Anforderungen des jeweils angestrebten Wertes angeglichen. Auf der anderen Seite werden die angestrebten Ziele an die realen Voraussetzungen anschlussfähig gemacht und sind damit der fortlaufenden Revision unterworfen. In dieser »*aktiven* Beziehung zwischen dem Ideal und dem Wirklichen« (Dewey 2004b, 265) sieht Dewey ein Moment der Unverfügbarkeit, das die Verwendung religiöser Beschreibungskategorien zwar nicht erzwingt, aber durchaus nahelegt. Während James also sein wissenschaftliches Interesse für die Religiosität vorrangig an die Beobachtung knüpft, dass diese Gattung auch unter modernen Bedingungen durch zahlreiche Menschen zur Beschreibung bestimmter Erfahrungen genutzt wird, wird Deweys Neugier durch ein Moment der Realität geweckt, dass gemeinhin nicht mit dem Konzept der Religiosität in Verbindung gebracht wird – nämlich durch die »Kräfte in der Natur und in der Gesellschaft, die die Ideale erzeugen und tragen« (ebd.).

Ungeachtet dieser unterschiedlichen Aspekte, die für James und Dewey hinsichtlich der Wirklichkeit religiösen Denkens in der Moderne im Vordergrund stehen, gelangen beide zu derselben, für die Säkularisierungsdebatte maßgeblichen Konsequenz. Weder der Standard des Erfahrungsbezugs oder der Verlust der Monopolstellung religiöser Weltdeutung, noch die durch das postdarwinistische Denken nahegelegte Abwendung von transzendenten Idealformen widerlegen demnach die Möglichkeit des religiösen Zugangs zur Wirklichkeit. Sie weisen lediglich darauf hin, dass diese Möglichkeit nur dann aufrechterhalten werden kann, wenn wir unser Konzept der Erfahrung ebenso wie unsere Methoden zur Deutung der Welt und unser Verständnis des Idealen einer kritischen Revision unterziehen. Im Folgenden soll skizziert werden, in welcher Weise James und Dewey dieser Anforderung entsprechen.

Erfahrung als »doppelläufiger Begriff«

Der Ansatz der pragmatistischen Religionstheorie lässt sich in James' Terminologie als der Versuch charakterisieren, die Religion aus ihrer angestammten Heimat im empfindsam-rationalistischen Umfeld zu lösen und sie in empiristisch-robuster Weise zu rekonstruieren. Damit steht sie allerdings vor der widersprüchlichen Aufgabe, die Religion als einen Phänomenbereich, der gemeinhin durch seinen Bezug auf eine Größe jenseits der menschlichen Erfahrung gekennzeichnet wird, anhand der Grammatik eben dieser Erfahrung zu beschreiben. Zumindest aus Sicht der westlichen Religionen, die in den Überlegungen von James und Dewey im Vordergrund stehen, zeichnet sich Gott als der spezifische Betrachtungsgegenstand dadurch aus, dass er von der konkreten Wirklichkeit radikal verschieden ist und die in ihr gegebenen Möglichkeiten transzendiert. Eine empiristische Lesart der Religion hat demnach offenbar mit einer Revision des Erfahrungsbegriffs zu beginnen.

Eine solche unternimmt James, indem er den Begriff der Erfahrung als »double-barrelled term« (James 2006b, 10), das bedeutet wörtlich: als »doppelläufigen« Ausdruck konzipiert. ›Erfahrung‹, so die darin zusammengefasste Beobachtung, bezeichnet zugleich den Gedanken an einen Gegenstand wie den Gegenstand selbst. Sprechen wir von einer menschlichen Erfahrung, so meinen wir immer zugleich ihre subjektive und ihre objektive Dimension. Die traditionelle Erkenntnistheorie zeigt entsprechend der pragmatistischen Kritik die Tendenz, diese Zweidimensionalität als einen Dualismus innerhalb der Erfahrung zu deuten. Derart in die Privatheit des Erfahrenden eingeschlossen, wird die Unterscheidung zwischen Wahrnehmung und Wahrgenommenem zu einer »mysteriösen und schwer definierbaren« (ebd., 12) Differenz. Auf diese Weise entsteht eine prinzipiell unüberbrückbare Erklärungslücke zwischen dem »Universum des Habens«, d. h. des Gewahrseins über einen Sachverhalt, und dem »Universum des Diskurses«, d. h. seiner reflexiven Aufarbeitung (Dewey 2007, 144), die gemäß Deweys Beobachtung über Jahrhunderte hinweg die erkenntnistheoretische Kontroverse genährt hat.

Mit der Beschreibung menschlicher Erfahrung als »doppelläufig«, beabsichtigt der Pragmatismus, diese Kontroverse als redundant zu entlarven. Sie besagt im Kern, dass die Unterscheidung zwischen Akt und Material nicht auf der Ebene der Erfahrungsstruktur selbst, sondern auf der Ebene ihrer nachträglichen Analyse angesiedelt ist. Aller Unterscheidung vorgängig ist jedoch zunächst eine »ungeteilte Erfahrungseinheit« (James 2006b, 11), eine »unanalysierte Totalität« (Dewey 2007, 25) oder auch eine »integrierte Einheit« (ebd., 26). Die Erfahrung selbst umfasst die »Fülle ungeteilter Bedeutung« (ebd., 25), die mit dem Modus und dem Gegenstand des Erlebens zugleich gegeben ist. Erst in der Perspektive nachgeordneter Reflexion wird die Komponente sinnlich-konkreter Beobachtung von der Komponente abstrakt-begrifflicher Verarbeitung getrennt.

Ausgehend von diesem Verständnis erhält der Bezug auf die »empirische Methode« (Dewey) bzw. die »empiristische« (James) Perspektive als Vorzeichen unseres Realitätskontakts einen neuen Sinn. Unsere Erkenntnis an die Tatsachen der Erfahrung rückzubinden, bedeutet nicht länger, Materie zum einzig validen Element unserer Erkenntnis zu erheben und damit einen diametralen Gegenentwurf zum idealistischen Fokus auf das menschliche Bewusstsein vorzulegen. Nach pragmatistischem Verständnis heißt »Erfahrungsbezug« vielmehr, dass die in der Erfahrung gegebene ursprüngliche Einheit von Materie und Geist zum Ausgangspunkt der Überlegungen gewählt und damit eine Alternative zu jedweder Isolierung der einzelnen Dimensionen von »Gegenstand« und »Gedanke« (James 2006b, 12) vorgelegt wird. »Empirismus« meint somit einen dritten Weg jenseits von Materialismus auf der einen und Idealismus auf der anderen Seite. »Empiristisch« ist eine Philosophie, die im ersten Schritt die primäre Gegebenheit des Erfahrungsganzen in den Blick nimmt, und erst im zweiten Schritt die »reflexiven Produkte« (Dewey 2007, 26) der nachgeordneten Unterscheidung zwischen subjektivem Bewusstsein und objektiven Tatsachen betrachtet. Als Leitgedanke für diesen zweiten Schritt dient ihr dabei die Frage, »welche Rolle die unterschiedenen Faktoren bei der weiteren Kontrolle und Bereicherung der Stoffe der rohen, aber totalen Erfahrung spielen« (ebd.).

Der pragmatistische Empirismus grenzt sich von den herkömmlichen Positionen eines materialistischen Empirismus auf der einen und eines idealistischen Intellektualismus auf der anderen Seite also nicht dadurch ab, dass er das Vorhandensein der dort fokussierten Aspekte der Erfahrung leugnet. Sein spezifisches Merkmal besteht stattdessen darin, dass er ihren Status anders bewertet – dass er weder das »gekannte Ding«, noch den »mentalen Zustand« (James 2006b, 11) als das Eigentliche der Erfahrung anzusehen bereit ist, sondern beide gleichermaßen als »Rollen« oder »Funktionen« einstuft, die eine ihrem Ursprung nach als »umfassende Ganzheit« (Dewey 2007, 26) angelegte Erfahrung je nach dem Kontext ihrer Thematisierung annimmt.

In welcher Weise trägt diese Revision der Kategorie des Empirischen dazu bei, das Phänomen des Religiösen als modernitätskompatibel auszuweisen? Das religionstheoretische Potential des pragmatistischen Erfahrungsbegriffs wird deutlich, wenn man seine Konsequenzen für die Konzeption der Wirklichkeit betrachtet. Wenn »Erfahrung« nämlich im skizzierten Sinne als eine »umfassende Ganzheit« aufgefasst wird, so bedeutet dies im Umkehrschluss, dass unsere Erfahrungen die hinreichende Kategorie zur Konstitution unseres Weltbildes darstellen. Wenn unsere Erfahrung eine Totalität darstellt, so erweist sich die Wirklichkeit als eine Kombination aus den »verschiedenen Teilen […], von denen wir bereits eine Erfahrung gewonnen haben« (James 1994, 5). Dem durch James und Dewey vertretenen erkenntnistheoretischen Empirismus entspricht also auf der ontologischen Ebene die Position eines »Pluralismus«, der besagt, dass das Universum eine Vielheit darstellt« (ebd., 208) und die Welt »mehr ein Aggregat oder eine Ansammlung von höheren und niedrigeren Dingen und Prinzipien ist als eine absolute Einheit« (James 1997, 157).

Negativ impliziert dies zwar, dass das pragmatistische Weltbild keinen Raum lässt für eine die Gesamtwirklichkeit von außen umspannende Klammer, die die Kohärenz unserer vielfältigen Erfahrungen garantieren würde oder auf welche die teils disparate Vielheit der Ereignisse reduziert werden könnte (ebd.). Positiv gesprochen heißt dies jedoch, dass beide Dimensionen unserer Erfahrung – unsere gedanklichen Konstruktionen ebenso wie die harten Fakten; unsere Deutungen des Geschehens ebenso wie seine äußeren Manifestationen – als gleichrangige Bestandteile der Wirklichkeit anerkannt werden:

> »Er [der Pragmatismus, A. P.] steht auf dem Standpunkt eines emanzipierten Empirismus […]. Für ihn ist ›Realität‹ […] ein Wort, das benutzt wird, um unterschiedslos alles zu bezeichnen, was geschieht. Lügen, Träume, Wahnsinn, Täuschungen, Mythen, Theorien sind samt und sonders genau die Ereignisse, die sie spezifisch sind. Der Pragmatismus ist damit zufrieden, sich an die Wissenschaft zu halten; denn für die Wissenschaft sind alle solche Ereignisse der Gegenstand von Beschreibung und Forschung – genau wie Sterne und Fossilien, Moskitos und Malaria, Kreislauf und Sehvermögen. Er hält sich darüber hinaus an das alltägliche Leben, dem es selbstverständlich erscheint, dass man mit solchen Dingen so rechnen muss, wie sie, verwoben in das Gewebe der Ereignisse, eben geschehen« (Dewey 2004d, 185).

Als Realität gilt dem Pragmatismus demnach die Alltagswelt, d. h. die »effektive Welt des Individuums« (James 1997, 174). Sie ist dadurch gekennzeichnet, dass »emotionale Werte« und »physikalische Tatsachen« (James) bzw. »ideale Qualitäten« und durch die Naturforschung ermittelte Eigenschaften (Dewey) eine untrennbare Totalität bilden. Durch die Wahl seines Ausgangspunkts in der alltäglichen Praxis der Menschen überwindet der pragmatistische Pluralismus also die Dichotomie zwischen Fakten und Werten. Auf diese Weise löst er zugleich die mit dem herkömmlichen Materialismus einhergehende zwangsläufige Verknüpfung zwischen naturalistischem Weltbild und areligiöser Lebenshaltung. Denn ausgehend von einem Verständnis der *Natur* als einer Größe, die »unterschiedslos alle« Geschehnisse in ihrer materiellen ebenso wie in ihrer ideellen Dimension umfasst, lässt auch eine *naturalistische* Ontologie Raum nicht nur für ästhetische oder moralische, sondern durchaus auch für religiöse Werte. Der pragmatistische Empirismus, den Dewey auch als »empirischen Naturalismus« bezeichnet, stellt sich somit als die Strategie heraus, mit deren Hilfe man »den Standpunkt und die Schlußfolgerungen der modernen Wissenschaft uneingeschränkt akzeptieren kann: den Weg, auf dem wir wirklich naturalistisch sein und gleichwohl an den vertrauten Werten festhalten können, vorausgesetzt, sie werden kritisch geklärt und verstärkt« (Dewey 2007, 8).

Die pragmatistische Kritik religiöser Institutionen

Der hier formulierte Anspruch der »kritischen Klärung« schließt für James und Dewey nicht zuletzt die Überprüfung der institutionell verbürgten idealen Gehalte, d. h. der kirchlichen Lehre, ein. Vorausgesetzt wird dabei ein Verständnis von »Kritik«, demzufolge jede kritische Prüfung mit dem Zugeständnis einsetzt, dass jede vorgefundene Annahme oder Haltung eine grundlegende Daseinsberechtigung aufweist. James fasst diese Überzeugung in dem »pragmatistischen Grundsatz« zusammen, dass wir »keine Hypothese ablehnen« dürfen, »wenn man aus ihr Konsequenzen ableiten kann, die für unser Leben brauchbar sind« (James 2001, 169). Ob und inwieweit eine Hypothese brauchbare Konsequenzen nach sich zieht, ermitteln wir gemäß Deweys Modell menschlichen Denkens und Handelns dadurch, dass wir sie aus ihrem Ursprungszusammenhang lösen und sie im Modus der geistigen Vorwegnahme oder »imaginativen Probe« (Dewey 2008, 275) auf eine neue Situation anwenden. »Kritik« meint demnach nicht die Verurteilung einer problematisch gewordenen Annahme, sondern den Vorgang des »unterscheidenden Urteilens« (Dewey 2007, 372) über ihr Potential und ihre Grenzen. »Kritik« ist damit nach pragmatistischem Verständnis nichts anderes, als der in der experimentellen Naturwissenschaft prototypisch realisierte Prozess, anhand dessen eine Hypothese auf ihre allgemeine Tragfähigkeit hin geprüft wird.

Diesem liberalen Zugang zu anderen Überzeugungen entsprechend, räumt James einer »absoluten Version der Welt«, d. h. ihrer Beschreibung als zugeschnitten auf eine Raum und Zeit transzendierende Wirklichkeit, den Status einer »legitimen Hypothese« ein (James 2001, 164). Mehr noch: In der »dogmatischen Theologie«, die sich die Entfaltung dieser Weltsicht zur Aufgabe macht, erkennt er eine Stoßrichtung, die dem skizzierten pragmatistischen Verständnis einer kritischen Vernunft entspricht – nämlich das Bestreben, religiöse Überzeugungen »von ihrer ungesunden Privatheit zu befreien« und sie »auf die geistige Landschaft, die der Verstand bewohnt« abzustimmen (James 1997, 427).

Dass die Theologie dennoch an der pragmatistischen Prüfung ihrer Modernetauglichkeit scheitert, liegt aus der Sicht von James vorrangig an ihren methodischen Voraussetzungen. So nehme sie in Anspruch, ihre Lehren »auf *apriorischem* Wege«, »allein aus den Quellen der logischen Vernunft« (ebd., 428) zu gewinnen und schreibe ihnen damit implizit den Status der logischen Notwendigkeit zu. Die Unterstellung aber, dass sich unabhängig von jeglicher Erfahrung tragfähige Urteile bilden lassen und der Anspruch, über infallible Wahrheiten zu verfügen, erwiesen sich ihrerseits als nicht anschlussfähig an die Logik außerreligiöser Lebenszusammenhänge des modernen Menschen. Eine Kompatibilität mit der Perspektive des in der pluralen Gesellschaft beheimateten Individuums lässt sich für James nur erreichen, wenn auch der Umgang mit religiösen Überzeugungen am empiristischen Maßstab ausgerichtet wird. An die Stelle universeller Aussagen tritt dann eine »Ansammlung von Einzelurteilen«, die naturgemäß nicht zu letztgültigen Lehren, sondern zu als fallibel anerkannten Urteilen führt (ebd., 336f.). Die »dogmatische Theologie« wird ersetzt durch eine empirische »Religionswissenschaft«, die die als religiös interpretierte Erfahrung des Einzelnen als legitime Sicht der Welt ernstnimmt und sich um eine übersichtliche, weitgehend wertfreie Darstellung der entsprechenden Deutungsmuster verschreibt (ebd., 477).

Wie James wertet auch Dewey den Rekurs auf das »höchste Sein« als eine Methode, die in der durch einen empiristischen Rationalitätsstandard und eine pluralistische Struktur gekennzeichneten modernen Gesellschaft jeder Plausibilität entbehrt. Während James diese Problematik zunächst durch den erkenntnistheoretischen Begriff des »Intellektualismus« anzeigt, hebt Dewey von vornherein ihre politische Dimension hervor, wenn er die Kirche angesichts der Tatsache, dass sie ihre Lehre entscheidend auf die Annahme einer übernatürlichen Wirklichkeitssphäre stütze, als Angehörige der »Intellektuellenklasse« (Dewey 2001b, 254) beschreibt. Damit entfaltet er die bereits bei James angelegte Kritik, die Grundhaltung der Kirche sei durch das Streben nach Dominanz der Gesellschaft sowohl in korporativ-praktischer, als auch auf dogmatisch-intellektueller Hinsicht und damit durch einen doppelten »Herrschaftsgeist« geprägt (James 1997, 347). Wenngleich sich dieser Anspruch zu keinem Zeitpunkt argumentativ habe einholen lassen, so habe die Kirche diesen Mangel doch über lange Zeit hinweg durch ihre faktische gesellschaftliche Vormachtstellung kompensiert.

Nach Deweys Beobachtungen untergraben die Rahmenbedingungen der modernen Gesellschaft diese Strategie jedoch in mindestens vierfacher Weise. Erstens zeigten die Erkenntnisse der Naturwissenschaft wie oben ausgeführt, dass das als unfehlbar deklarierte Überzeugungsfundament kirchlicher Theologie »nur scheinbar solide« ist (Dewey 2001b, 254). Zweitens habe die Modernisierung die vormals gegebene »Koinzidenz des Bereichs sozialer Interessen und Aktivitäten mit einer Stammes- oder bürgerlichen Gemeinschaft« (Dewey 2004b, 289) zum Verschwinden gebracht. Mit der Ausprägung »säkularer Interessen und Aktivitäten […] außerhalb organisierter Religionen« (ebd.) entfalle die für ihren korporativen Herrschaftsanspruch unverzichtbare gesellschaftliche Vormachtstellung der Kirche. Drittens herrsche in Politik und Ökonomie eine Grundstimmung, die »gegen die Idee des *Laissez-faire*« (ebd., 285) und stattdessen für die Einflussmöglichkeiten der menschlichen Intelligenz auf den Verlauf sozialer Prozesse plädiere. Diese Haltung stelle auch die unter der Voraussetzung religiöser Transzendenzkonzepte gängige Einstellung, nach der unser Handeln in den entscheidenden Momenten durch eine außerhalb unserer Verfügbarkeit stehenden Kraft bestimmt ist, grundlegend in Frage (vgl. ebd.). Viertens – und dies ist für Deweys religionstheoretische Perspektive ohne Zweifel die wichtigste Überlegung – ist die moderne Gesellschaft vor allem anderen eine demokratische Gesellschaft.

Für Dewey impliziert diese Tatsache im Wesentlichen drei Gesichtspunkte: Für die Einzelne ist sie gleichbedeutend mit dem Anspruch auf verantwortliche Teilhabe an der Entwicklung ihrer Gesellschaft; für jede Gemeinschaft meint sie umgekehrt die Forderung, den individuellen Potentialen ihrer Angehörigen zur Entfaltung zu verhelfen; und schließlich setzt die demokratische Idee für ihre Realisierung in einer ausdifferenzierten Gesellschaft voraus, dass die ihr Angehörigen Gruppen ungehindert interagieren (vgl. Dewey 2001a, 128). Die in der Kirche seit jeher vollzogene Grenzziehung zwischen innen und außen, die Beschränkung der Überprüfbarkeit kirchlicher Lehren auf einen kleinen Kreis mystisch Begabter, kurz: die in der Kirche herrschende »spirituelle Aristokratie« (Dewey 2004b, 289) erscheint in dieser Perspektive nicht länger tragfähig.

Der zuletzt genannte Aspekt impliziert eine Radikalisierung der Jamesschen Kritik an der Struktur kirchlicher Doktrin. Während jener die Bemühungen philosophischer Theologie, die exklusive Privatheit religiöser Erfahrung auf dem Wege ihrer Abstraktion zu umgehen und die Gehalte dieser Erfahrung damit intersubjektiv zugänglich zu machen, als redlich ansieht, erkennt Dewey hier lediglich einen raffinierten Versuch, den eigenen willkürlichen Überzeugungen ein objektives Gewand anzulegen. Tatsächlich färbe der opake Charakter religiöser Erfahrung auf die »dogmatische Methode« ab. Denn insofern die Deutung solcher Erfahrungen immer schon kulturell vorstrukturiert sei, bliebe auch jeder Versuch ihrer Abstraktion und Verallgemeinerung grundsätzlich »beschränkt und privat« (Dewey 2004b, 257). Die dogmatische Methode stehe damit in bleibendem Kontrast zu der für das moderne Denken standardbildenden »Methode der Intelligenz«, die sich durch ihren »öffentlichen Charakter« auszeichne (ebd.).

Mit der »Methode der Intelligenz« bezeichnet Dewey dabei nicht allein das Charakteristikum moderner Wissenschaft, deren Urteilsbildungsverfahren sich durch eine diskursive Struktur auszeichnen. »Kooperative Intelligenz« ist nach Deweys Verständnis vielmehr zugleich auch der Modus, in dem sich jeglicher Erkenntnisfortschritt in sozialer Hinsicht vollzieht. Sie umfasst damit nicht weniger als das demokratische Grundrecht auf Meinungsfreiheit, in der Dewey in seinem späten Aufsatz »Religion and Morality in a Free Society« die Wurzel aller anderen politischen Freiheiten erkennt (Dewey 1984b, 177). Wenn Dewey seine Kritik an der institutionalisierten Religion in die Forderung münden lässt, die »doktrinäre Methode« zugunsten der »intelligenten Methode« zu verwerfen, so geht er dementsprechend über James' Appell hinaus, die dogmatische Theologie durch eine empirische Religionswissenschaft abzulösen. Für Dewey lässt sich die Anschlussfähigkeit religionstheoretischer Überlegungen an das moderne Denken nicht durch eine bloße Revision der entsprechenden wissenschaftlichen Disziplin erreichen. Notwendig ist für ihn stattdessen eine Revision des Gegenstandes religiösen Glaubens. Erst wenn der von den Institutionen verordnete Glaube an einen »festen doktrinalen Apparat« einem aus der Erfahrung gewonnenen »Glauben an die Möglichkeiten kontinuierlicher und strenger Forschung« (Dewey 2004b, 248) Platz macht; erst wenn das Bekenntnis zu diversen Dogmen durch ein umfassendes Bekenntnis zum demokratischen Ideal abgelöst wird, lässt sich Dewey zufolge die Haltung des Glaubens als ein integraler Bestandteil modernen Lebens rekonstruieren.

Diese Differenz spiegelt sich schließlich auch in dem Bild wieder, das James und Dewey von der möglichen Erscheinungsform der Kirche in der Moderne zeichnen. Aus James' Perspektive eröffnet der mit der Modernisierung einhergehende Individualismus den Blick auf die religiöse Erfahrung des Einzelnen als den eigentlichen Kern der Religiosität. Die dogmatische Theologie stelle sich in diesem Licht als sekundär heraus: Anders als über Jahrhunderte hinweg suggeriert, trage sie nicht zur ursprünglichen Genese religiöser Überzeugungen bei, sondern stehe lediglich für deren nachträgliche begriffliche Aufarbeitung, d. h. für die Erweiterung und Plausibilisierung der zuvor in der individuellen Erfahrung gewachsenen Einsichten (vgl. James 1997, 426 ff.).

Aus Deweys Sicht, für den nicht die Individualisierung, sondern die Demokratisierung im Vordergrund der Modernisierung steht, lässt sich die Kirche in ihrem herkömmlichen Selbstverständnis auch dann nicht länger erhalten, wenn man ihre Bedeutung für das religiöse Leben einschränkt. Vielmehr bedürfe es einer grundlegenden Revision dieses Selbstverständnisses – und zwar dahingehend, dass die Kirchen als Gegenstand ihrer Achtung nicht länger eine übernatürliche Entität, sondern »die natürlichen menschlichen Beziehungen« betrachte (Dewey 2004b, 288). Erst wenn die religiösen Institutionen einsähen, dass die Rede von einer »mysteriösen Totalität des Seins« keine transzendente Wesenheit bezeichne, sondern schlicht die »Gemeinschaft von Ursachen und Folgen, in die wir, zusammen mit den noch nicht Geborenen, verstrickt sind« (ebd., 290; vgl. Dewey 1984c, 19 f.), könnten sie auch unter den Bedingungen der Moderne auf die Anerkennung der Menschen zählen. Mehr noch: Indem die institutionalisierte Religion die säkulare Gestalt ihres Verehrungsgegenstandes akzeptierte, würde sie erst zu ihrer eigentlichen Form zurückgeführt, denn »auf diese Weise würden die Kirchen tatsächlich kat-holisch, allgemein, werden« (Dewey 2004b, 288).

Ein moderner Sinn des Religiösen

Angesichts der Forderung, dem Gegenstand religiösen Glaubens einen säkularen Sinn zu geben, stellt sich unmittelbar die Frage, welchen Gehalt James und Dewey dem Gottesbegriff beimessen. Der Maßgabe, sich vom Übernatürlichen abzuwenden und die Aufmerksamkeit auf natürliche Strukturen und Mechanismen zu richten, entspricht die Beobachtung, dass sowohl James als auch Dewey bei der Bestimmung des Gottesbegriffs als Bezugspunkt die metaphysisch zunächst indifferente Kategorie der Totalität als Bezugspunkt angeben und darüber hinaus sichtbare Effekte seiner Verwendung unter seine Spezifika rechnen. So meint »das Göttliche« für James zum Entstehungszeitpunkt der *Vielfalt religiöser Erfahrungen* »das Ursprüngliche und Umfassende und Wirkliche« – und zwar ausschließlich insofern es »das Individuum zu einer feierlichen und ernsthaften Antwort drängt, und nicht zu einem Fluch oder zu einem Scherz« (James 1997, 71). In vergleichbarer Weise bezeichnet »Gott« für Dewey »eine klare und intensive Vorstellung von einer Verbindung idealer Ziele mit den wirklichen Bedingungen« – und zwar in der Hinsicht, dass sie »stetige Emotionen hervorzurufen« vermag (Dewey 2004b, 266) und vom gläubigen Individuum faktisch als »autoritativ für sein Wollen und Fühlen« behandelt wird (ebd., 259). Ein noch deutlicheres Beispiel für die pragmatistische Distanzierung von einem Verständnis Gottes im Sinne eines absoluten Prinzips findet sich in James' späteren Werken, den Vorlesungen zum Pragmatismus und der Studie *Ein pluralistisches Universum*. Hier charakterisiert er Gott als »primus inter pares« (James 2001, 181) und plädiert angesichts der prinzipiellen Unlösbarkeit der mit dem klassischen Theismus verbundenen Schwierigkeiten für die Annahme, Gott sei »endlich […], entweder nach der Seite seiner Macht oder seines Wissens oder gleichzeitig nach beiden Seiten« (James 1994, 201).

Dass die pragmatistische Theorie der Religion den Fokus auf die Wirkung der Gottesidee im Kontext menschlichen Lebens verschiebt, spiegelt sich auch in ihrem Umgang mit dem Religionsbegriff wieder. Sowohl James, als auch Dewey spezifizieren das Phänomen der Religion in Begriffen des Effekts religiöser Überzeugungen auf die Perspektive, in der ein Mensch seine Existenz betrachtet. In diesem Sinne sieht James das primäre Bestimmungsmerkmal der Religion im »glücklichen Geisteszustand« des religiösen Subjekts, der ihm eine »neue Kraftsphäre« und einen »neuen Freiheitsraum« eröffne (James 1997, 80). Er betont dabei zugleich, dass dieser Zustand in seiner eigentlichen Form auf der persönlichen Erfahrung beruhe und dass er als ein aus der institutionell vermittelten Überlieferung gewonnenes Resultat lediglich zu einem »religiösen Leben aus zweiter Hand« führe (ebd., 42).

Stilistisch etwas kühler, aber dem Gehalt nach ähnlich, kennzeichnet Dewey die Religion in einer ersten Darstellung dadurch, dass sie »in die fragmentarischen und sich verschiebenden Episoden der Wirklichkeit eine Perspektive« einführe (Dewey 2004b, 246). Auch für seine Religionstheorie ist dabei der Gedanke zentral, dass dieser Moment einer neuen Ansicht des Daseins nicht als das Resultat eines vorgängig etablierten Systems von Überzeugungen missverstanden werden dürfe, das den Namen »Religion« trage. Stattdessen führt er »das Religiöse« als eine Kategorie ein, die diesen Moment nachträglich beschreiben kann und die dabei auf seine Bedeutung und zugleich auf seine Unverfügbarkeit verweist (ebd.). Ausgehend von dieser Wendung formuliert er seine Religionstheorie als das Programm einer »Emanzipation des Religiösen von der Religion« (ebd., 248) und meint damit einen Vorgang, in dem die Wertschätzung für die Wachstumskräfte im menschlichen Denken und Handeln aus jedem institutionellen oder dogmatischen Zusammenhang herausgelöst wird.

Die religionstheoretischen Überlegungen von James und Dewey kommen also in der grundlegenden Intuition überein, dass die Befreiung der persönlichen Religiosität aus ihrer Bindung an einen institutionellen Rahmen zu den Überlebensbedingungen religiösen Glaubens in der Moderne zählt. Bei der Entfaltung dieser Intuition nehmen sie allerdings eine abweichende Akzentsetzung vor, die als in ihrer unterschiedlichen Interpretation des postdarwinistischen Paradigmas begründet angesehen werden kann.

Dementsprechend konzipiert James die Pflege einer religiösen Einstellung zur Welt als Gegenprogramm zur »Deanthropomorphisierung«, die für ihn die Perspektive moderner Wissenschaft beherrscht. Zwar gesteht er der aus der Abstraktion vom Persönlichen gewonnenen Sachlichkeit durchaus eine gewisse »Anziehungskraft« zu. Nachdem jedoch das Phänomen des ›robusten Religiösen‹ belegt, dass die Kategorie des individuellen Ergehens auch nach der Akzeptanz empirischer Grundsätze relevant bleibt, erscheint das Objektivitätsideal der Wissenschaft als ausschnitthaft und »oberflächlich« (James 1997, 481 f.). Religiös zu sein, heißt für James im Kern, die Frage nach dem persönlichen Schicksal als eine »echte Frage« (ebd., 482) anzuerkennen. Wer den Maßstab der Wissenschaftlichkeit in der Weise absolut setzt, dass er die Religiosität als einen »atavistischen Rückfall« in eine vormoderne Denkweise und damit als ein anachronistisches Überbleibsel brandmarkt, der übersieht die durchaus moderne Einsicht, dass das in dieser Anerkennung bekundete »Interesse des einzelnen an seiner persönlichen Bestimmung« (ebd., 477 f.) den prinzipiell unhintergehbaren Rahmen jeglicher Erfahrung darstellt.

Diese Rehabilitation der subjektiven Perspektive findet ihren Ausdruck in James' Verständnis der Erlösung als der Realisierung von je besseren Möglichkeiten. Entsprechend seiner Gottesvorstellung lehnt er es ab, diesen Vorgang als die Tat eines allmächtigen und allwissenden übermenschlichen Wesens zu interpretieren. Dabei räumt er zwar ein, dass zu den »komplementären Bedingungen« der Erlösung auch solche Faktoren zu rechnen seien, die sich unserem Einfluss entziehen. Zugleich betont er jedoch, dass die Verwirklichung des Möglichen zu einem entscheidenden Anteil auf unsere Handlungen zurückgeht. Diese wiesen immer wieder »Wendepunkte« auf, »an denen wir uns selbst zu erschaffen glauben« (James 2001, 176). Diesem subjektiven Eindruck, so seine These, ist zu trauen: Tatsächlich seien diese Momente »die einzige Art und Weise […], auf die sich die Welt entwickeln kann«, und in diesem Sinne sei es durchaus zutreffend zu behaupten, die Erlösung der Welt werde »durch unser Handeln erschaffen« (ebd.). In Übereinstimmung damit erachtet er die religiöse Einstellung wesentlich als eine durch heitere Gelassenheit oder gar durch Enthusiasmus begleitete »Begrüßungshaltung« (James 1997, 74) gegenüber den Möglichkeiten des persönlichen Wachstums und gegenüber dem moralischen Gesetz als dem Ausdruck der damit verbundenen Anforderungen. Eine »robuste«, d. h. mit der intellektuellen Grundstimmung der Moderne vereinbare Religiosität zeichnet sich demnach dadurch aus, dass die Erlösung der Welt für möglich gehalten und die eigene Rolle für den Weg dorthin als entscheidend anerkannt wird.

Dewey gelangt zu einem etwas anderen Bild davon, was die Gestalt einer seiner Zeit angemessenen religiösen Haltung ausmacht. Für seine Überlegungen prägend ist die Voraussetzung der Einsicht Darwins, dass »das Leben nur dank der Unterstützung der Umwelt« (Dewey 2004d, 150) fortdauert. Selbsterhaltung und persönliches Wachstum hängen demnach in maßgeblicher Weise davon ab, dass die Gesamtheit der äußeren Bedingungen unseres Handelns ebenso zum Gegenstand unserer aktiven Modifikation wird, wie unser eigenes Verhältnis zur Welt. Der Vorgang der Anpassung (*adjustment*), in dessen Zuge wir die Welt zum Besseren verändern, beinhaltet notwendig eine Perspektive auf »die verschiedenen Elemente unseres Seins«, d. h. schließlich auf das »Dasein in seiner Gänze« (Dewey 2004b, 240). Wenn Dewey – ähnlich wie James – die Erlösung der Welt als eine Verwandlung der »Hindernisse in Mittel« (Dewey 2004d, 150) beschreibt, so legt er dabei – anders als James – einen starken Akzent auf die Einsicht, dass »uns die Umwelt nur höchst unvollständig zu Diensten« stehe (ebd.).

Zwar gleichen Deweys Überlegungen der Darstellung von James dahingehend, dass auch er die Erlösungshoffnung an die Macht intelligenten Handelns bindet. Damit meint er ein Handeln, das auf der Grundlage von »Impulsen und Gewohnheiten, Aufzeichnungen und Entdeckungen« die für uns »wünschenswerten« künftigen Möglichkeiten zu bestimmen und unser Verhalten auf diese Möglichkeiten hin auszurichten vermag (Dewey 2004d, 195). Vergleichbar mit James beschreibt er die diesem Handeln zugrundeliegende religiöse Einstellung als eine »aktive«, »bereitwillige und fröhliche« Haltung der Anpassung (Dewey 2004b, 240). Im Unterschied zu James jedoch sieht er diese Haltung erst dann als vollständig an, wenn sie die Einbettung unserer individuellen Handlungen in den umfassenden Interaktionszusammenhang der Wirklichkeit reflexiv einholt. Eine religiöse Haltung besteht für Dewey dementsprechend in einem wachen Bewusstsein dafür, dass jeder unserer Akte durch unsere Abhängigkeit von der physischen Natur und unseren Mitmenschen gekennzeichnet ist. »Natürliche Frömmigkeit« meint dementsprechend einen »angemessenen Sinn für die Natur als dem Ganzen […], dessen Teil wir sind« (ebd., 247). Vor diesem Hintergrund schließlich nimmt die Gemeinschaft, in der wir uns angesiedelt finden, den Status eines religiösen Symbols an. Die »Riten und Zeremonien« der modernen Religiosität bestehen für Dewey in all den Handlungen, in denen unser Bewusstsein über die »Bänder, durch die wir mit den Anderen verwoben sind« zum Ausdruck kommt (Dewey 2004a, 235).

Ausblick

Das pragmatistische Unternehmen, nicht nur die grundlegende Vereinbarkeit, sondern auch das bemerkenswerte Potential des Religiösen für die Moderne nachzuweisen, steht und fällt mit der Konzeption menschlicher Erfahrung. Allerdings ist es gerade die fundamentale Rolle der Alltagserfahrung, die den Pragmatismus generell dem Verdacht der Oberflächlichkeit aussetzt. Indem er die Realität auf die beobachtbare Praxis der Menschen reduziere, so der Einwand, verliere er jedes kritische Potenzial gegenüber dem je herrschenden Zeitgeist.

Im religionstheoretischen Zusammenhang gewinnt dieser Vorwurf nun besondere Brisanz, da dem Phänomenbereich des Religiösen üblicherweise die Funktion eines Kontrasts zur Alltagserfahrung zugeschrieben wird. In diesem Sinne kritisiert Émile Durkheim den pragmatistischen Umgang mit dem Phänomen des Religiösen mit den Worten, dass er »selbst dann nicht die Welt der Erscheinungen verläßt, wenn er etwas anzuerkennen scheint, was diese Welt übersteigt, was über ihr liegt« (Durkheim 1987, 15). Speziell mit Blick auf Dewey und in Anspielung auf den Titel von *A Common Faith* bemerkt George Santayana spöttisch, die pragmatistische Re-Interpretation religiöser Kategorien führe zu deren Reduktion auf soziale Phänomene bzw. Konventionen und münde so schließlich in einen in der Tat ›*very* common faith‹. Folgt man der Stoßrichtung dieser Einwände, so stellt sich die vermeintliche Transformation der Konzepte von Gott und Religion als eine Variante ihrer Säkularisierung heraus. Während die Pragmatisten in Anspruch nehmen, den Glauben an das Göttliche mit einer neuen, der Moderne adäquaten Bedeutung zu versehen, so liefern sie bei näherem Hinsehen nichts anderes als eine neue Beschreibung der alten These seines Bedeutungsverlustes.

Wer jedoch den pragmatistischen Umgang mit der Religion als deren Immanentisierung oder Säkularisierung, als ihre Übersetzung in eine »this-world-philosophy« (Reichenbach 1989, 160) charakterisiert, bedient sich dabei genau der Unterscheidung, die James und Dewey anhand des »doppelläufigen« Konzepts der Erfahrung zu überwinden suchen. Ihr Weg, die Moderne zu bejahen, besteht eben nicht darin, deren Affinität zum Materiellen und Objektiven bedingungslos zu folgen, sondern darin, den Dualismus zwischen Material und Idee, Objekt und Subjekt, Diesseits und Jenseits hinter sich zu lassen und dadurch erst den Blick auf die Errungenschaften der Moderne freizulegen. Der pragmatistische Gestus ist nicht der einer Entzauberung der Welt durch ihre Reduktion auf die Dimension innerweltlicher Erfahrung. Dem Pragmatismus geht es vielmehr darum, den Zauber aufzuzeigen, der in den vielfältigen Dimensionen und Welten unserer Erfahrung angelegt ist.

Wenn wir der methodischen Anregung von William James folgen und den pragmatistischen Anti-Dualismus als »legitime Hypothese« ernstnehmen, so lässt sich für die durch James und Dewey vorgelegte Verhältnisbestimmung zwischen Religion und Moderne ein Alleinstellungsmerkmal gegenüber anderen Perspektiven auf diese Konstellation verzeichnen. Diese lassen sich grob in zwei Gruppen unterteilen, von denen die Erste die Säkularisierung als notwendige Implikation der Modernisierung betrachtet, während die Zweite eine »Revitalisierung« des Religiösen als Gegenreaktion auf die Lücken oder gar Entgleisungen des modernen Weltbildes verzeichnet. Im Gegensatz dazu lässt sich in der pragmatistischen Religionstheorie die Überzeugung erkennen, dass die Kategorie des Religiösen nicht trotz, sondern genau *aufgrund* der Voraussetzungen der Moderne Bestand haben kann. Unabhängig davon, ob sich die durch sie vorgenommene Neucodierung des Religiösen im Einzelnen als tragbar herausstellt, verweist sie doch zumindest in kraftvoller Weise auf den Bedarf und zugleich auf die Möglichkeit, die Kernbegriffe religiösen Denkens und Glaubens im Licht der Moderne – und nicht in ihrem Schatten – zu deuten.

Literatur

Dewey, John (zus. mit James Hayden Tufts): Ethics [1932]. In: *The Collected Works of John Dewey, 1882–1953*. Bd. 7: *The Later Works (1925–1953)*. Hg. von Jo Ann Boydston. Carbondale 1984 [1984a].

–: Religion and Morality in a Free Society [1942]. In: *The Collected Works of John Dewey, 1882–1953*. Bd. 14: *The Later Works (1925–1953)*. Hg: von Jo Ann Boydston. Carbondale 1984, 170–183 [1984b].

–: The Church and Society [1885]. In: *The Collected Works of John Dewey, 1882–1953*. Bd. 17: *The Later Works (1925–1953)*. Hg. von Jo Ann Boydston. Carbondale 1984, 19–20 [1984c].

–: *Die Öffentlichkeit und ihre Probleme* [1927]. Aus dem Amerik. von Wolf-Dietrich Junghanns. Hg. und mit einem Nachwort versehen von Hans-Peter Krüger. Berlin 2001 [2001a].

–: *Die Suche nach Gewissheit. Eine Untersuchung des Verhältnisses von Erkenntnis und Handeln* [1929]. Aus dem Amerik. von Martin Suhr. Frankfurt a. M. 2001 [2001b].

–: *Die menschliche Natur. Ihr Wesen und Verhalten* [1922]. Mit einem Nachwort neu hg. von Rebekka Horlacher und Jürgen Oelkers. Zürich 2004 [2004a].

–: Ein allgemeiner Glaube [1934]. In: Ders.: *Erfahrung, Erkenntnis und Wert*. Hg. und übers. von Martin Suhr. Frankfurt a. M. 2004, 229–292 [2004b].
–: Der Einfluss des Darwinismus auf die Philosophie [1909]. In: Ders.: *Erfahrung, Erkenntnis und Wert*. Hg. und übers. von Martin Suhr. Frankfurt a. M. 2004, 31–43 [2004c].
–: Die Notwendigkeit einer Selbsterneuerung der Philosophie [1917]. In: Ders.: *Erfahrung, Erkenntnis und Wert*. Hg. und übers. von Martin Suhr, Frankfurt a. M. 2004, 145–195 [2004d].
–: *Erfahrung und Natur* [1925]. Aus dem Amerikanischen von Martin Suhr. Frankfurt a. M. 2007.
Durkheim, Émile: *Schriften zur Soziologie der Erkenntnis*. Aus dem Frz. von Michael Bischoff. Hg. von Hans Joas. Frankfurt a. M. 1987.
Eldridge, Michael: *Transforming Experience. John Dewey's Cultural Experimentalism*. Nashville 1998.
James, William: *Das pluralistische Universum. Vorlesungen über die gegenwärtige Lage der Philosophie* [1909]. Ins Dt. übertragen von Julius Goldstein. Mit einer neuen Einführung hg. von Klaus Schubert und Uwe Wilkesmann. Darmstadt 1994.
–: *Die Vielfalt religiöser Erfahrung. Eine Studie über die menschliche Natur* [1902]. Übers. von Eilert Herms und Christian Stahlhut. Frankfurt a. M. 1997.
–: *Pragmatismus. Ein neuer Name für einige alte Denkweisen* [1907]. Übers. und mit einer Einleitung versehen von Klaus Schubert und Axel Spree. Darmstadt 2001.
–: Eine Welt der reinen Erfahrung [1904]. In: Ders.: *Pragmatismus und radikaler Empirismus*. Frankfurt a. M. 2006, 28–57 [2006a].
–: Gibt es ein ›Bewußtsein‹? [1904]. In: Ders.: *Pragmatismus und radikaler Empirismus*. Frankfurt a. M. 2006, 7–27 [2006b].
–: Great Men and Their Environment [1896]. In: Ders.: *The Will to Believe and Other Essays in Popular Philosophy*. New York 2006, 216–254 [2006c].
Joas, Hans: Führt Modernisierung zur Säkularisierung? In: Gerd Nollmann/Hermann Strasser (Hg.): *Woran glauben? Religion zwischen Kulturkampf und Sinnsuche*. Essen 2007, 37–45.
Reichenbach, Hans: Deweys Theory of Science. In: Paul Arthur Schilpp (Hg.): *The Philosophy of John Dewey*. La Salle 1989, 159–192.
Seibert, Christoph: *Religion im Denken von William James. Eine Interpretation seiner Philosophie*. Tübingen 2009.

Annette Pitschmann

10. Öffentliche Religionen im säkularen Staat (Casanova)

Der 1951 im spanischen Zaragoza geborene José Casanova gilt international als einer der bedeutendsten Religionssoziologen der Gegenwart. Seit 2008 arbeitet er am Berkley Center for Religion, Peace, and World Affairs der Georgetown University in Washington, wo er das »Program on Globalization, Religion, and the Secular« leitet. Casanova verfolgt in den letzten Jahren das global angelegte Forschungsprogramm einer historisch-vergleichenden Religionssoziologie, das vor allem auf nichtwestliche Perspektiven der Religionsforschung fokussiert und sich in diesem Zusammenhang zusehends kritisch gegen die nordatlantischen Modernisierungs- und Säkularisierungstheorien in Stellung bringt.

Bekannt geworden ist Casanova mit seiner 1994 erschienenen Studie *Public Religions in the Modern World*, in der er die These einer ›Deprivatisierung der Religionen‹ entwickelt. Auch wenn eine deutschsprachige Ausgabe dieser Studie noch immer fehlt, liegen zwischenzeitlich Übersetzungen in fünf verschiedene Sprachen vor, darunter arabische und indonesische Ausgaben, die den Konzepten der *public religion* und der *deprivatization* eine hohe Aufmerksamkeit sichern. Casanova selbst hat sich im Jahr 2008 allerdings vom Erkenntnisinteresse und Theorieprofil seiner damaligen Studie deutlich distanziert, ohne jedoch Abstriche an der empirischen Tragfähigkeit des Motivs der Deprivatisierung der Religionen vorzunehmen. Gegenwärtig geht es ihm vor allem darum, sich über ›typisch westliche‹ Wahrnehmungsverzerrungen in den vorherrschenden Religions- und Säkularisierungstheorien aufzuklären, von denen er auch seine frühe Schrift aus dem Jahr 1994 noch deutlich beeinflusst sieht. Mehr denn je sei heute eine »vergleichende Analyse der Modelle von Differenzierung und Säkularisierung in anderen Zivilisationen und Weltreligionen« (2009, 89) notwendig, um der Einsicht zum Durchbruch zu verhelfen, dass wir es innerhalb wie außerhalb Europas mit *multiple secularities* zu tun haben, die von den gängigen Theorien soziologischer

Modernisierung nicht angemessen erfasst werden können.

Im Folgenden sollen zunächst die religionsempirischen Phänomene der in den 1980er Jahren aufkommenden *public religions* zur Sprache kommen, denen Casanova seine frühe Studie widmet. Auf ihrer Grundlage kritisiert er zum einen die herrschende Religionssoziologie seiner Zeit, die unfähig sei, diesen Phänomenen empirisch wie theoretisch angemessen zu begegnen. Noch energischer wendet er sich jedoch gegen den politischen Liberalismus, der dem religiösen *going public* der 1980er Jahre mit erheblichen normativen Aversionen begegne und von den Öffentlichkeitsansprüchen politisierender Religionsgemeinschaften – ähnlich wie auch die republikanische Tradition des politischen Denkens – nicht wenig irritiert werde. Abschließend werden dann die jüngsten Revisionen des Konzepts der *public religions* nachgezeichnet, die Casanovas aktuelles Forschungsprogramm kennzeichnen und ihn zu einem scharfen Gegner der in weiten Teilen des europäisch-nordamerikanischen Gegenwartsdiskurses grassierenden ›Angst vor der Religion‹ werden lassen.

Eine religionsempirische Beobachtung: »traditional religions went public«

Casanovas Studie zu den *public religions* richtet die Aufmerksamkeit auf ein seit den späten 1970er Jahren aufkommendes Sozialphänomen, das mit den sozialwissenschaftlichen Forschungskonzepten seiner Zeit nicht in Einklang zu bringen war: das *going public* traditioneller Religionsgemeinschaften. Als Beispiele verweist Casanova auf so unterschiedliche Entwicklungen wie die Islamische Revolution im Iran, die katholisch geprägte Gewerkschaftsbewegung *Solidarnosc* in Polen, die Rolle der katholischen Kirche Lateinamerikas im Kampf gegen autoritäre Militärregime und die öffentliche Massenmobilisierung eines protestantischen Fundamentalismus in den Präsidentschaftswahlkämpfen der USA; allesamt religiös motivierte Aufbrüche, die für die vorherrschenden Interpretationsmuster der Religionssoziologie eine erhebliche Irritation darstellen. In diesem Sinne hatte Mary Douglas, die große alte Dame der britischen Sozialanthropologie, im Blick auf »the explicitly Catholic uprising in Poland« und »the rise of the fundamentalist churches in America« schon im Jahr 1982 notiert:

»Events have taken religious studies by surprise. […] No one however, foresaw the recent revivals of traditional religious forms. According to an extensive literature, religious change in modern times happens in only two ways – the falling off of worship in traditional Christian churches, and the appearance of new cults, not expected to endure. No one credited the traditional religions with enough vitality to inspire large-scale political revolt« (Douglas 1982, 1).

Und Casanova ergänzt 1994, dass von den 1980er Jahren eine doppelte Lektion ausgegangen sei: zum einen, »that religions are here to stay«; und zum anderen, »that religions are likely to continue playing important public roles in the ongoing construction of the modern world« (1994, 6).

Vor diesem Hintergrund spricht Casanova von einer ›Deprivatisierung‹ der Religionen, der zufolge »religious traditions throughout the world are refusing to accept the marginal and privatized role which theories of modernity as well as theories of secularization had reserved for them« (1994, 5). Deutlich erkennbar verdankt sich der theoretische Zuschnitt dieser Deprivatisierungsthese zentralen Motiven der jüngeren Kritischen Theorie und der gesellschafts- und demokratietheoretischen Ansätze von Jürgen Habermas, wie sie sich in den USA vor allem mit den Arbeiten von Andrew Arato, Jean Cohen, Seyla Benhabib und anderen Autoren aus dem Umfeld der linksliberalen Theoriezeitschrift *Telos* verbinden. Casanova notiert denn auch explizit, dass die Idee zu dieser Studie »first originated in the ›public sphere‹ of *Telos*« (ebd., ix; Herv. i. O.), denn diese Zeitschrift habe seine intellektuelle Entwicklung wesentlich geprägt. Noch einflussreicher dürfte allerdings sein Studium der katholischen Theologie bei den Jesuiten in Innsbruck gewesen sein, wo er zu Beginn der 1970er Jahre die stürmischen Aufbrüche der Konzilszeit erlebte und in seinem akademischen Lehrer Franz Schupp SJ einem kritischen Theologen begegnete, von dem er gelernt habe, »that critical theory can be a form of religious practice« (ebd.). Dem Dogmatiker Schupp wurde allerdings im Jahr 1974 die kirchliche Lehrerlaubnis entzogen; und Casanova nennt ihn deshalb »one of the first victims of the post-Vatican II purges« (ebd.).

In seiner 1994er Studie versammelt Casanova historisch-systematische Länderstudien, in denen er im Blick auf Spanien, Polen, Brasilien und die USA die Entstehung höchst unterschiedlich verfasster *public religions* beschreibt. Dabei nimmt er vor allem die *going public*-Aufbrüche der nachkonziliaren katholischen Kirche in den Blick. Auf dem II. Vatikanischen Konzil (1962–65) hatten sich, so Casanova, die in Rom versammelten Bischöfe – vor allem in der Erklärung über das ›bürgerliche Recht auf Religionsfreiheit‹ – programmatisch auf das Ziel einer »transformation of the Catholic church from a state-centered to a society-centered institution« (1994, 71) verpflichtet; mit der Folge, dass die katholischen Kirchen in den verschiedenen Ländern der Welt nun herausgefordert waren, sich nicht länger als quasistaatliche Herrschaftsinstitutionen zu fühlen, sondern »zu freien religiösen Einrichtungen der Zivilgesellschaft« (1996, 193) zu werden.

Für Spanien beschreibt Casanova den mühsamen Transformationsprozess, in dem sich die katholische Kirche nach der Franco-Ära nur widerwillig von ihrem staatskirchlich-hierarchischen Selbstverständnis distanziert habe. Sie habe sich zwar damit abgefunden, »nicht länger eine ›Kirche‹ im Sinne einer monopolistischen, die gesamte Nation umfassenden und allgemein verbindlichen Glaubensgemeinschaft« (1996, 195 f.) zu sein; es sei ihr aber nicht gelungen, ein modernisiertes Selbstverständnis als zivilgesellschaftlicher Akteur zu entwickeln und sich ohne religiös-institutionelle Überlegenheitsansprüche in die öffentlichen Meinungsbildungsprozesse der postfranquistischen spanischen Republik einzubringen. Von daher sei es eine offene Frage, ob die katholische Kirche in der Lage sei »to use its remaining institutional and moral weight to become a critical moral voice that, by participating on an equal basis in Spain's public debates, may help to enliven the public sphere of Spains's civil society« (1994, 90).

Für Polen rekonstruiert Casanova – im Blick auf den Siegeszug der *Solidarnosc*-Bewegung – die Entwicklung der katholischen Kirche von einer »disestablished church that protects the nation against foreign rule to a national church that promotes the emergence of civil society against a Polish authoritarian state« (1994, 8). Nach 1990 hätten sich die Bischöfe schließlich auch in Polen, »dem einzigen Land, in dem sich die katholische Kirche zur Staatskirche hätte aufschwingen können« (1996, 200), damit abgefunden, das Prinzip der Religionsfreiheit anzuerkennen und sich auf die verfassungsrechtliche Trennung von Kirche und Staat einzulassen. Allerdings sei noch nicht absehbar, ob sich die katholische Kirche in Zukunft vorbehaltlos auf die Seite der Zivilgesellschaft stellen oder weiterhin als autoritative Hüterin der nationalen Tradition verstehen werde.

Im Falle Brasiliens dagegen handele es sich um die Transformation einer cäsaro-papistischen Kolonialkirche von Gnaden der portugiesischen Könige zu einer ›Kirche des Volkes Gottes‹ (*Igreja do povo*), die sich mit dem Siegeszug der Befreiungstheologie seit den späten 1960er Jahren als ›Stimme der Sprachlosen‹ verstanden und sich mehrheitlich in eine klare Opposition zu den herrschenden Militärregierungen gebracht habe. Mit dem Prozess der politischen Öffnung (*abertura*) und der beginnenden Demokratisierung habe sie ihre exklusive Rolle als alleinige Opposition zum autoritären Staat jedoch zunehmend eingebüßt, so dass sich heute die Frage stelle, ob und wie sie angesichts zunehmender religiöser Konkurrenz ihre Rolle als *public religion* im Rahmen einer pluralistischen Zivilgesellschaft neu definieren könne.

In den Vereinigten Staaten, in denen das evangelikale Christentum in der Bewegung der *New Christian Right* ebenfalls ein massives *going public* erlebe, habe der Katholizismus dagegen lange Zeit nur den prekären Status einer »minority sect, at times persecuted, at times barely tolerated« (1994, 74), inne gehabt. Die Aufbrüche des II. Vatikanischen Konzils hätten aber auch die katholische Kirche der USA vor die Aufgabe gestellt, ihren eingelebten religiösen Privatismus aufzugeben, die Identität einer *public denomination* anzunehmen und sich in die Meinungs- und

Willensbildungsprozesse ihrer Gesellschaft einzubringen. Exemplarisch verweist Casanova hier auf die großen Pastoralbriefe der US-amerikanischen Bischofskonferenz zur Friedensfrage und zur Sozialpolitik (*The Challenge of Peace*, 1983; *Economic Justice for All*, 1986), auch wenn damit noch nicht entschieden sei, ob sich die katholische Kirche in Zukunft ernsthaft als integraler Teil der amerikanischen *civil society* verstehen könne und wolle.

Casanovas Länderstudien können also für die 1980er Jahre durchaus einen veritablen Trend des *going public* traditioneller Religionsgemeinschaften in der politischen Moderne belegen. Zugleich machen sie jedoch deutlich, dass dieser Trend prekär und diffus verläuft. Noch sei keineswegs geklärt, ob diese religiösen Aufbrüche nachhaltig und stabil sein werden und ob sie sich dauerhaft auf die politische Ebene der in vielen Ländern gerade erst im Entstehen befindlichen Zivilgesellschaften einpendeln können. Casanova scheint hier eher skeptisch zu sein und betont, dass die Kirchen in Europa von den Säkularisierungsprozessen schon so stark betroffen seien, dass sie insgesamt »nur zögernd – und wenn sie es tun, zumeist erfolglos – in die öffentliche Sphäre der Zivilgesellschaft eingreifen« (1996, 194). Auch den US-amerikanischen Hirtenbriefen attestiert er lakonisch, dass sie »keinen großen Einfluß haben« (2000, 265). Und ohnehin spreche vieles dafür, dass nennenswerte *going public*-Aufbrüche der Religionsgemeinschaften »bloß eine Übergangsform« (1996, 193) darstellen, die vor allem in den historischen Ausnahmesituationen eines tiefgreifenden politischen Umbruchs entstehen, anschließend aber schnell wieder abebben und dann erneut den weiterlaufenden Trends religiöser Erosion und Privatisierung ausgesetzt sind. Insbesondere die katholische Kirche, die mit ihrem traditionellen Selbstverständnis als über den streitenden Parteien thronende Vertreterin unantastbarer Wahrheiten zu einem eindrucksvollen Engagement in der Öffentlichkeit in den Zeiten des Kampfes gegen autoritäre Regimes geradezu prädestiniert sei, dürfte diese Kompetenz, so Casanova, in dem Moment schlagartig verlieren, in dem dieser Kampf gewonnen ist, denn:

»Once civil society is reconstructed, the Church can no longer claim to represent the people or to be the voice of those who have no voice. The voice of the Church becomes then only one among the many voices of civil society« (1984, 28).

Ob die Deprivatisierungsthese an historisch-empirischer Substanz am Ende also mehr zu bieten hat als die Beschreibung einer kurzlebigen Aufbruchsphase der 1980er Jahre, ist auch für Casanova selbst durchaus fraglich. Er betont denn auch mit Nachdruck, dass seine Studie keineswegs die Absicht verfolge »to counter the general, teleological theory of privatization with a general, teleological theory of deprivatization. To claim that we are witnessing a historical process of deprivatization of modern religion does not mean to imply that this is a new, general, historical trend« (1994, 223).

Eine religionssoziologische Defizitanzeige: Fehlende Differenzierungen im Säkularisierungskonzept

Casanovas Studie zu den *public religions* zielt nicht in erster Linie darauf, empirisch-deskriptive Ergänzungen zum bisherigen Kenntnisstand der Religionsforschung zu liefern. Vielmehr geht es ihm um eine Fundamentalkritik der vorherrschenden Wahrnehmungsmuster der Religionssoziologie seiner Zeit. Sein Hauptaugenmerk gilt dabei der Auseinandersetzung mit den europäisch-nordamerikanischen Säkularisierungstheorien, die »angesichts neuer empirischer Ergebnisse neu konzeptualisiert werden« sollten, ohne dass man gleich »das gesamte Säkularisierungsparadigma vorschnell und unkritisch« verabschieden und sich stattdessen »auf zyklische Theorien vom Wiederaufleben der Religion und der ›Rückkehr des Heiligen‹« (1996, 183 f.) zurückziehen müsse.

Die Anhänger des sozialwissenschaftlich vorherrschenden Säkularisierungskonzepts seien davon überzeugt, dass die überlieferten Religionen im Verlauf gesellschaftlicher Modernisierung irreversiblen Erosionsprozessen unterliegen, denen sie sich nicht entziehen könnten. Ferner gingen sie davon aus, dass sich die neuzeitlichen Standards individueller Freiheit und demokratischer Politik in entscheidender Weise jener Trennung von Kirche und Staat verdankten, die sich prototypisch auf den historischen Wegen zur europäischen Moderne herausgebildet habe. Und schließlich unterstellten sie eine einheitliche, mit teleologischer Dynamik ausgestattete Entwicklungslogik des gesellschaftlichen Wandels, die nicht nur in Europa, sondern in ähnlicher Weise auch in den weltweiten Modernisierungsprozessen des 20. Jahrhunderts am Werke sei. Angesichts der unerwarteten *going public*-Aufbrüche der 1980er Jahre müsse dieses Konzept jedoch, so Casanova, grundlegend reformuliert und auf ein neues Komplexitätsniveau gebracht werden.

Casanova sieht das klassische Säkularisierungstheorem näherhin durch drei spezifische »prejudices« geprägt: »its bias for Protestant subjective forms of religion, its bias for ›liberal‹ conceptions of politics and of the ›public sphere‹, and its bias for the sovereign nation-state as the systemic unit of analysis« (1994, 39). Solange sich die Religionssoziologie nicht überzeugend von diesen Voreingenommenheiten emanzipiere, könnten die neuen Phänomene religiöser Deprivatisierung nur als antimodernistische Reaktionen auf unvermeidbare Differenzierungsprozesse wahrgenommen werden, statt sich zu fragen, ob hier nicht ambivalente Phänomene am Werk sein könnten, die man nicht zwangsläufig und eindimensional als Bedrohung der Säkularitäts- und Freiheitsgrade moderner Gesellschaften interpretieren müsse.

In diesem Zusammenhang sei zunächst einmal zu beklagen, dass es der Religionssoziologie seit langem und offensichtlich notorisch misslinge, dem sozialen Phänomen des Katholizismus die ihm gebührende sozialwissenschaftliche Aufmerksamkeit zuteilwerden zu lassen. Aber nicht nur der Katholizismus komme zu kurz; auch richte sich das Interesse allzu sehr auf die neuen religiösen Bewegungen, die in der nordatlantischen Welt seit den 1960er Jahren eine bunte, facettenreiche und schwer einzugrenzende Religiosität markieren, die von Motiven individueller Sinnsuche getragen werde und zumeist auf die Begriffe der *invisible religion* (Thomas Luckmann) bzw. des *return of the sacred* (Daniel Bell) gebracht würden. Thomas Luckmann und Daniel Bell zufolge seien universale anthropologische Grundbedürfnisse nach Sinn und Erlösung als entscheidende Quellen neuer bzw. wiederkehrender religiöser Aufbrüche anzusehen, von denen gerade auch hoch säkularisierte Gesellschaften nicht dauerhaft loskommen könnten (vgl. Bell 1977; Luckmann 1991). Demnach aber müsse sich, so Casanova, eine solche Rückkehr am ehesten in denjenigen Gesellschaften beobachten lassen, in denen sich unbefriedigte religiöse Bedürfnisse seit langer Zeit angesammelt haben dürften, also etwa in besonders stark säkularisierten Gesellschafen wie Schweden, Frankreich, Uruguay oder Russland. Dies sei in den 1980er Jahren aber nicht zu beobachten gewesen, so dass die Religionssoziologie lernen müsse, in Zukunft »weniger auf ›unsichtbare‹ oder exotische ›neue‹ Religionen zu achten, sondern auf alte religiöse Traditionen, denen es entgegen den Vorhersagen der Säkularisierungs- und Modernisierungstheorien gelungen ist zu überleben« (2000, 264).

Casanova schlägt deshalb grundlegende Differenzierungen am Theorem der Säkularisierung vor. Er plädiert dafür, drei voneinander unabhängige Dimensionen dieses Konzepts zu unterscheiden: die historisch-systematische These einer funktionalen Differenzierung von Religion und Politik bzw. von Kirche und Staat im Prozess gesellschaftlicher Modernisierung seit dem Hochmittelalter (*strukturelle Differenzierung*); die empirisch-analytische These einer kontinuierlich fortschreitenden Erosion alltäglich gelebter religiöser Verhaltensmuster in modernen Gesellschaften (*empirische Erosion*); und schließlich die nicht nur empirisch, sondern auch politisch-programmatisch gemeinte These einer notwendigen Privatisierung der Religionen im Blick auf die Bestandsbedingungen westlicher Demokratien und deren mutmaßliche Gefährdung durch politisierende Religionen (*politische Privatisierung*). Diese drei Dimensionen kennzeichne, dass sie »in Europa zufällig gemeinsam auftraten«, was die »tonangebenden soziologischen Theorien« zu der irrigen Vermutung veranlasst habe, sie seien »nicht nur historisch, sondern auch strukturell und ihrem Wesen nach miteinander verbunden« (1996, 182). Allerdings lasse sich diese Vermutung empirisch nicht aufrechterhalten, denn schon das Beispiel der Vereinigten Staaten mache deutlich, dass eine verfassungsrechtlich früh und streng durchgeführte strukturelle Differenzierung von Kirche und Staat sehr wohl mit anhaltend hohen Raten gelebter Religiosität im Alltag einhergehen könne.

Dennoch bleibt für den frühen Casanova vor allem die Dimension der *strukturellen Differenzierung* historisch-empirisch in hohem Maße plausibel und auch in normativer Hinsicht eine unbedingt zu verteidigende Errungenschaft. Der historische Trennungsprozess von religiöser und weltlicher Herrschaft, der seinen rechtlichen Ausdruck im Verfassungsprinzip der Religionsfreiheit finde, gilt ihm als »ein durchgängiger und für alle modernen Gesellschaften charakteristischer Trend«, der auch in globaler Perspektive »als eines der wichtigsten Definitionsmerkmale der Moderne« (1996, 184) überhaupt gelten könne. Hier habe die bürgerlich-liberale Kritik der Aufklärung an den usurpatorischen Macht- und Herrschaftsansprüchen der Religion und die damit verbundene Forderung nach strikter Trennung von Kirche und Staat bis heute nichts an ihrer Legitimität verloren, denn grundsätzlich müsse gelten: »Staatskirchen sind unvereinbar mit modernen ausdifferenzierten Gesellschaften; und jede Verschmelzung zwischen der politischen und der religiösen Gemeinschaft verstößt daher gegen das Grundprinzip moderner Staatsbürgerschaft« (ebd.).

Die Dimension der *empirischen Erosion* markiert für Casanova dagegen kein unabdingbares Strukturprinzip gesellschaftlicher Modernisierung. Der Niedergang religiöser Verhaltensweisen stelle, wie etwa das Beispiel der USA, aber auch die religiöse Situation im heutigen Polen beweise, »keinen strukturell notwendigen Trend der Moderne dar«, sondern lediglich eine in vielen europäischen Gesellschaften »faktisch vorherrschende historische Tendenz« (1996, 185). Die Vermutung eines funktionalen Zusammenhangs zwischen struktureller Differenzierung von Religion und Politik einerseits und kontinuierlicher Abnahme religiöser Überzeugungen und Verhaltensweisen andererseits sei empirisch schlechterdings nicht haltbar und mache die Suche nach alternativen Erklärungen für diese historisch kontingente, in Europa aber auffällig häufig anzutreffende Koinzidenz notwendig. Casanova will die unterschiedlichen Säkularisierungsmuster verschiedener Länder deshalb nicht länger als Folge des allgemeinen Siegeszuges von Aufklärung und Wissenschaft, Urbanisierung und Industrialisierung erklären. Er vermutet viel eher, dass hier heterogene historische Institutionalisierungen des Verhältnisses von Staat und Kirche ursächlich seien. In denjenigen Ländern nämlich, in denen es keine enge Verflechtung von Nationalstaat und Nationalkirche gegeben habe, sei auch heute noch oft eine hohe Religiosität anzutreffen. Dagegen sei in Ländern mit langer staatskirchlicher Tradition, etwa in Skandinavien, die Erosion des Religiösen weit fortgeschritten. Von daher spreche vieles für die Vermutung, dass »die cäsaro-papistische Vereinigung von Thron und Altar im Absolutismus mehr als alles andere für den Niedergang der kirchlich organisierten Religion in Europa verantwortlich« (1996, 185 f.) sei. So seien massive Entchristlichungstendenzen vor allem in denjenigen Ländern zu beobachten, in denen die katholische Kirche lange Zeit eng mit den Trägern staatlicher Herrschaft verbunden war, während es in nach wie vor stark katholisch geprägten Ländern wie Irland und Polen eine vergleichbare Nähe zwischen Kirche und Staat nie gegeben habe.

Casanova vermutet deshalb, dass in Europa vor allem diejenigen Religionsgemeinschaften die größten Zukunftschancen haben werden, die – nach dem Strukturmuster des US-amerikanischen Denominationalismus – nie durch eine enge Staatsnähe gekennzeichnet waren, der modernen Differenzierung von Religion und Politik keine Widerstände entgegenbringen und in ihrem Selbstverständnis in der Lage sind, »dem modernen Grundsatz freiwilliger Konfessionszugehörigkeit zuzustimmen« (1996, 186). Allerdings sei davon auszugehen, dass es noch »einige Zeit dauern könnte, bevor sich das amerikanische Modell allgemein in Europa durchsetzt« (ebd., 202).

Während Casanova also die strukturelle Differenzierung von Religion und Politik vorbehaltlos verteidigt und der These der empirischen Erosion weitgehend zustimmt, auch wenn er sie nicht modernisierungstheoretisch-universal, sondern historisch und länderspezifisch kontingent fasst, formuliert er eine denkbar scharfe Kritik am Konzept der *politischen Privatisierung,* und zwar vor allem an ihrer normativen Aufladung durch den klassischen politischen Liberalismus. Zwar sei unbestreitbar, dass sich die Religionen in vielen europäischen Ländern zunehmend auf das Feld des Privaten beschränken; aber auch dies sei »kein zwangsläufiger, struktureller Entwicklungstrend der Moderne, sondern nur eine ihrer historisch möglichen Optionen« (1996, 187). Denn wie sich die sozialen Phänomene der Erosion des Religiösen von Nation zu Nation erheblich unterscheiden, so seien auch die Phänomene der Privatisierung in unterschiedlichen Religionsgemeinschaften höchst unterschiedlich ausgeprägt. Und gerade das Phänomen der *public religions* mache deutlich, dass die soziologische Vermutung einer mit dem Modernisierungsprozess zwangsläufig verbundenen Privatisierung der Religionen empirisch auf sehr schwachen Füßen stehe.

Casanovas Studie aus dem Jahr 1994 verbindet ihre empirischen Befunde zu den *going public*-Aufbrüchen der überlieferten Religionen also mit der Hoffnung, dass sich die eingelebten Plausibilitätsstrukturen der nordatlantischen Religionssoziologie von diesen überraschenden Phänomenen produktiv irritieren lassen, um einer mehrdimensional verfassten und stärker historisch-kontingent angelegten Säkularisierungstheorie zum Durchbruch zu verhelfen. Diese könne dann zwar noch immer mit Nachdruck betonen, dass die mit dem Auseinandertreten von geistlicher und weltlicher Herrschaft im Hochmittelalter begonnene Differenzierung von Staat und Kirche, von Religion und Politik nicht nur historisch unumkehrbar, sondern in seiner freiheits- und modernitätskonstituierenden Kraft auch normativ unverzichtbar sei. Allerdings sei daraus dann nicht länger die empirisch-historisch unzutreffende und auch theoretisch-normativ wenig aussichtsreiche Konsequenz zu ziehen, alle Religionen müssten in der Moderne früher oder später definitiv zu ›Privatangelegenheiten‹ mutieren, weil sie nur als solche mit den Säkularitätsstandards moderner Staatlichkeit kompatibel und für die Freiheitsgrade liberaler Gesellschaften hinreichend ungefährlich sein und bleiben könnten.

Eine religionspolitische Perspektive: Politische Theorie jenseits von Liberalismus und Republikanismus

Casanovas Kritik der monolithischen europäischen Säkularisierungstheorien bildet aber nur eines seiner beiden zentralen Theoriemotive. Als gelernter katholischer Theologe geht es ihm zugleich um die normative Perspektive einer überzeugenden Vermittlung der Politik- und Öffentlichkeitsansprüche der *public religions* mit dem Selbstverständnis moderner Rechts- und Verfassungsstaaten. Hier gilt ihm die u. a. von Andrew Arato im Kontext der polnischen *Solidarnosc*-Bewegung entwickelte politikwissenschaftliche Dichotomie von Staatsapparat und Zivilgesellschaft (Arato 1981; vgl. Casanova 1994, 106) als eine aussichtsreiche Perspektive, um die Säkularitätsstandards demokratischer Staatlichkeit mit den politisch-moralischen Gestaltungsambitionen der Religionsgemeinschaften über die Wege einer öffentlichen Meinungs- und Willensbildung *at the level of civil society* in eine angemessene Verbindung zu bringen. Das demokratietheoretische Konzept der *civil society* eröffnet für Casanova nämlich die Chance, die neuen Deprivatisierungen der Religion nicht kurzschlüssig als Angriffe auf den säkularen Staat zu verstehen, gegen den sich die politische Moderne zu verteidigen habe. Vielmehr könne man politisierende Religionen und die nachdrückliche öffentliche Artikulation ihrer spezifischen moralischen Geltungsansprüche im Blick auf die Vitalität einer politisch und moralisch sensiblen Zivilgesellschaft durchaus für begrüßenswert halten, denn derart agierende Religionen »nötigen moderne Gesellschaften dazu, öffentlich und kollektiv über ihre normativen Strukturen nachzudenken, indem sie ihre eigenen normativen Traditionen als Grundlage für

Debatten über öffentliche Streitfragen geltend machen und sich bestimmten Thesen mit religiösen Argumenten widersetzen« (1996, 209).

Eine solche zivilgesellschaftliche Verortung der religiösen *going public*-Aufbrüche sei mit den vorherrschenden Wahrnehmungsmuster des politischen Liberalismus jedoch kaum in Einklang zu bringen. Viel eher sei zu konstatieren, dass die normativen Standardüberzeugungen des europäischen Liberalismus »die Beschränkung der Religion auf den Privatbereich ideologisch verordnen« (1996, 187 f.). Sie arbeiten Casanova zufolge mit der Vermutung, dass alle Formen öffentlich artikulierter religiöser Wahrheitsansprüche die Freiheits- und Autonomiestandards einer demokratisch-egalitären Meinungs- und Willensbildung per se gefährden; und genau gegen diese Unterstellung richtet sich das demokratietheoretische Interesse des Konzepts der *public religions*. Die Kategorien des politischen Liberalismus neigten dazu, »Staat, Öffentlichkeit und Politik in einen Topf zu werfen und miteinander zu verwechseln«, so dass »mit der Trennung der Religion vom Staat zugleich deren Entpolitisierung und Beschränkung auf den Privatbereich vorgeschrieben« (ebd., 189) sei und Religion zur Privatsache werden müsse. Die »liberale Furcht vor der Politisierung der Religion« (ebd.) richte sich insofern nicht nur – wie Casanova betont, völlig zurecht – gegen »eine die persönliche Gewissensfreiheit gefährdende Staatskirche«; sie richte sich gleichermaßen – und hier rechts- und demokratietheoretisch zu Unrecht – auch gegen »eine religiöse Moral, die nicht auf den Privatbereich beschränkt bleiben will und so eigene Vorstellungen von Gerechtigkeit, öffentlichem Interesse, Gemeinwohl und Solidarität in die ›neutrale‹ Sphäre der liberalen Öffentlichkeit einführen könnte« (ebd.).

Mit Rekurs auf den US-amerikanischen Politikwissenschaftler Alfred Stepan erinnert Casanova in diesem Zusammenhang daran, dass man in der politischen Theorie mit den Ebenen des *state*, der *political society* und der *civil society* drei verschiedene Arenen des Politischen unterscheiden könne (Stepan 1988), mit denen sich je unterschiedliche – und unterschiedlich legitime – Politik- und Öffentlichkeitsansprüche von *public religions* verbinden. Was die jahrhundertealte Tradition des ›Bündnisses von Thron und Altar‹ und die enge Verbindung von Religion und Politik auf der Ebene des staatlichen Herrschaftsapparats (*state*) angehe, so habe man es gegenwärtig nur noch mit einigen anachronistischen Restbeständen, etwa mit der *Church of England* und einigen lutherischen Kirchen Skandinaviens, zu tun. Insgesamt sei diese staatskirchliche Tradition in den europäischen Gesellschaften aber aufgegeben worden. Auch auf der Ebene der staatsnahen Parteien und der direkt auf den staatlich-administrativen Bereich zielenden Organisationen (*political society*) seien die *going public*-Ambitionen der überlieferten Religionen seit langem auf dem Rückzug. Casanova verdeutlicht dies u. a. am Beispiel der katholischen Parteien, die in vielen europäischen Ländern seit dem späten 19. Jahrhundert den dominanten Organisationsmodus des politischen Katholizismus bildeten, heute aber kaum noch als zukunftsfähig gelten. Die katholische Kirche jedenfalls habe seit dem Zweiten Weltkrieg nahezu überall ihre Versuche aufgegeben, »offizielle katholische Parteien entweder zu gründen oder zu fördern« (1996, 194), so dass man auch im Blick auf die *political society* eine endgültige Entkopplung von Religion und Politik konstatieren könne.

Damit komme dann als dritte Ebene die durch zahlreiche Organisationen, Bewegungen und Initiativen gespeiste Zivilgesellschaft und die von ihr getragene politische Öffentlichkeit (*civil society*) als Arena der Artikulation kirchlicher Politik- und Öffentlichkeitsansprüche in den Blick. Wenn Kirchen und Religionen beginnen, die Sphäre der Zivilgesellschaft als politische Arena zu entdecken und hier überzeugend aufzutreten, dann können sie Casanova zufolge entgegen den Privatisierungszumutungen des politischen Liberalismus mit Nachdruck eine öffentliche politische Rolle einnehmen, ohne direkt auf die politische Gesetzgebung durchgreifen zu wollen und zu können. Sie könnten hier ihre ureigenen religiösen Überzeugungen selbstbewusst in die Meinungs- und Willensbildungsprozesse des Gemeinwesens einbringen, ohne sich dem liberalen Erwartungsdruck beugen und »selbst zu individualistischen oder demokratisierten Organisationen« (1996, 208) werden zu müssen. Dabei würden die verfassungsrechtliche Trennung von Religion und Politik und die Säkularitätsstandards demokratischer Staatlichkeit in keiner Weise gefährdet, da nun lediglich eine ungehinderte Teilnahme an den der Gesetzgebung vorgelagerten Prozessen der öffentlichen Meinungs- und Willensbildung angestrebt würde. Je stärker die *public religions* also vom *state* getrennt, von der *political society* abgekoppelt und in vollem Umfang auf die *civil society* verwiesen seien, um so eher könnten sie zur Vitalisierung der öffentlichen Meinungsbildung beitragen und dafür sorgen, dass die gesellschaftlichen Willensbildungsprozesse unter der kulturellen Dominanz bürgerlich-liberaler Weltanschauungen nicht vorschnell enggeführt werden, sondern sich politisch und moralisch dauerhaft auch mit den sittlichen Themen und Traditionen der Religionsgemeinschaften auseinandersetzen.

Casanova distanziert sich aber nicht nur von den unterkomplexen Religionswahrnehmungen des politischen Liberalismus; er kombiniert seine Deprivatisierungsthese auch mit einer klaren Absage an die im politischen Republikanismus beheimateten Denkmuster einer die gesamte Gesellschaft umfassenden Integrations- bzw. Zivilreligion, die sich nicht nur in der religionssoziologischen Tradition Émile Durkheims, sondern auch in der zeitgenössischen politischen Theorie – insbesondere in Folge von Robert N. Bellahs Essay zur *Civil Religion in America* (Bellah 1986) – hoher Aufmerksamkeit erfreuen. Dass moderne Gesellschaften eine sozialintegrative Zivilreligion ausbilden, die in der Lage sei, die Individuen in religiöser oder religionsanaloger Weise moralisch und affektiv an das politische Gemeinwesen zu binden und so die soziale Kohäsion der Gesellschaft als ganzer zu gewährleisten, hält Casanova – nicht zuletzt unter Bezug auf Niklas Luhmann (vgl. 1994, 37 f.) – unter heutigen Bedingungen für höchst unwahrscheinlich. Und er ergänzt, dass dies »auch normativ keineswegs wünschenswert« (1996, 189 f.) sei. Man müsse sonst zumindest latent in Kauf nehmen, dass die in der Moderne erreichten Differenzierungsgrade, denen sich die hohen Freiheits- und Autonomiestandards der Einzelnen verdanken, wieder ›religiös‹ gefährdet würden. Erst durch eine Wahrnehmungsperspektive nämlich, die sich religionspolitisch konsequent vom Paradigma ›Zivilreligion‹ auf das Paradigma ›Zivilgesellschaft‹ umstellt, werde es möglich, die Pluralität und Partikularität verschiedener *public religions* auf den Meinungsmärkten der politischen Öffentlichkeit vorbehaltlos anzuerkennen. In den funktionalistischen Integrationsperspektiven einer einheitlichen *civil religion* müssten sie dagegen eher als religiöse Fragmentierung und damit als Gefahr für die erhofften sozialmoralischen Integrationsleistungen einer wie auch immer gearteten nationalen Einheitsreligion wahrgenommen werden, was dann eine durchaus pluralitätsunfreundliche Religionspolitik nach sich ziehen könnte.

Casanovas Studie aus dem Jahr 1994 präsentiert sich also gleichermaßen als religionspolitische Alternative zum Liberalismus mit seiner vorrangigen Option für Religionsprivatisierungen wie auch zum Republikanismus mit seinen Affinitäten zu sozialintegrativen Religionsfunktionalisierungen. Und gerade mit dieser doppelten Absage schafft das Konzept der *public religions* die theoretischen Voraussetzungen dafür, das für Liberale wie Republikaner gleichermaßen irritierende Faktum des *going public* traditionaler Religionsgemeinschaften zunächst einmal unvorbelastet anzuerkennen und zum Ausgangspunkt weiterer religionspolitischer Suchbewegungen zu machen.

»Public Religions Revisited«: Eine Verabschiedung des westlichen Säkularisierungsnarrativs

In den letzten Jahren hat Casanova massive Umakzentuierungen seiner wissenschaftlichen Arbeitsschwerpunkte vorgenommen, das theoretische Profil seiner früheren Studien aufgegeben und sich stattdessen auf das globale Forschungsprogramm einer »komparativen historischen Religionssoziologie« (2009, 118) verpflichtet, mit dem er vor allem den *western centrism* seiner bisherigen Arbeiten zu überwinden versucht. In seinem 2008 zugleich in englischer und deutscher

Sprache erschienenen Text »Public Religions Revisited« (2008) legt er von diesen forschungsstrategischen Veränderungen Rechenschaft ab, beklagt seine damalige »westlich-säkulare Voreingenommenheit« und attestiert seiner 1994er Studie ein bestimmtes, »durch die Erfahrung des ›offiziellen‹ katholischen *Aggiornamento* der 1960er Jahre« (2008, 321) geprägtes »›katholisches‹ und ›kirchliches‹ Vorverständnis« (ebd., 320), von dem er sich nun explizit zu distanzieren versucht.

Das demokratietheoretische Motiv der *civil society* spielt in seinen jüngeren Texten keine prominente Rolle mehr; und auch die naheliegende Frage, inwiefern sich in den letzten 15 Jahren seine damaligen, durchaus skeptischen Einschätzungen zur Zukunftsfähigkeit der *going public*-Aufbrüche insbesondere der katholischen Kirche bestätigt haben, wird von Casanova nicht mehr aufgegriffen. Vielmehr ersetzt er das normativ anspruchsvolle ›westliche‹ Motiv der *public religions at the level of civil society* nun durch das eher deskriptiv angelegte Konzept der *twin tolerations* (vgl. Stepan 2001). Mit ihm könne man »die eigentlichen Fragen, die sich für die Gestaltung demokratischer Politik heute in der Welt stellen« (Casanova 2008, 320 f.), in globaler Perspektive weitaus produktiver bearbeiten. Alfred Stepan habe nämlich darauf hingewiesen, dass aus der Sicht der empirisch-analytischen Demokratieforschung – anders als für die liberalen Demokratietheorien von John Rawls bis Bruce Ackerman – das säkulare Prinzip der Trennung von Religion und Politik nicht zu den konstitutiven Merkmalen moderner Demokratien zu rechnen sei. Statt demokratische Gemeinwesen also auf die Anerkennung und Durchsetzung säkularistischer Normen und Prinzipien zu verpflichten, reiche ein Minimum an wechselseitiger Akzeptanz, eine *twin toleration* zwischen Politik und Religionen, vollkommen aus:

> »Religiöse Autoritäten müssen demnach die Autonomie der demokratisch gewählten Regierungen ›tolerieren‹, ohne die konstitutionellen Privilegien eines Vertretungs- oder Einspruchsrechts zu beanspruchen. Umgekehrt müssen demokratische politische Institutionen religiöse Individuen und Gruppen ›tolerieren‹ – und nicht nur die vollständige Freiheit der privaten Religionsausübung garantieren, sondern auch die Freiheit, öffentlich religiöse Werte in der Zivilgesellschaft zu vertreten und Organisationen und Bewegungen zu unterstützen, solange diese die demokratischen Spielregeln nicht verletzen und sich an die Grundsätze der Rechtsstaatlichkeit halten« (2008, 329).

In Rahmen einer solchen *twin toleration* könne es dann, was das Trennungsprinzip angeht, »eine außerordentlich breite Vielfalt konkreter Modelle des Verhältnisses zwischen Religion und Staat« (ebd.) geben, die allesamt als legitim und schützenswert gelten dürften und dabei »alle möglichen Abstufungen zwischen den Polen ›feindselig‹ und ›freundschaftlich‹« (2010, 41) annehmen könnten. Von daher sei zwar das Prinzip der freien Religionsausübung »als notwendige Bedingung für Demokratie« (ebd., 42) unbedingt zu verteidigen; daraus folge jedoch nicht, dass auch das säkulare Prinzip der Trennung von Kirche und Staat, von Religion und Politik demokratietheoretisch von gleicher Relevanz und Dignität sei. Es stelle nämlich keinen »Wert an sich« (ebd.) dar, sondern nur ein in manchen historischen Konstellationen bitter nötiges, nicht aber für alle Staaten und Gesellschaften gleichermaßen unabdingbares Instrument, um der Demokratie, der staatsbürgerlichen Gleichheit und der Legitimität eines kulturellen und religiösen Pluralismus zum Durchbruch zu verhelfen.

Casanovas neues Hauptinteresse gilt jedoch nicht den Fragen einer zukunftsfähigen politischen Theorie des Verhältnisses von Staat und Religionen, sondern einer nachdrücklichen empirischen Zurückweisung des europäischen Säkularisierungskonzeptes in seiner Gänze. Es gelte, den sozialwissenschaftlichen Diskurs der Gegenwart für die Vielzahl der »multiplen Säkularisierungen und multiplen Modernen« (2008, 317) diesseits wie jenseits der europäischen Welt zu sensibilisieren. Und hier seien gerade die nicht-westlichen und nicht-christlichen Gesellschaften am ehesten in der Lage, den europäischen Säkularisierungsprozess als das zu erkennen, »was er wirklich war, nämlich ein partikularer, christlicher und postchristlicher historischer Prozess, und nicht, wie Europäer gerne meinen, ein allgemeiner und universaler Prozess der menschlichen und gesellschaftlichen Entwicklung« (2009, 103).

Hatte Casanova die These der strukturellen Differenzierung von Religion und Politik in seiner Schrift zu den *public religions* noch mit Nachdruck verteidigt, so will er das europäische Säkularisierungskonzept in seiner explanativen Kraft nun vollständig verabschieden. Es könne zwar dazu beitragen, »bestimmte interne und externe Dynamiken der Transformation der westlichen europäischen Christenheit vom Mittelalter in die Gegenwart zu erklären«; es werde aber unbrauchbar, sobald es »auf andere Weltreligionen und Zivilisationen bezogen wird, die ganz andere Dynamiken der Strukturierung des Verhältnisses und der Spannung zwischen Religion und Welt oder zwischen Transzendenz und Immanenz aufweisen« (2008, 319). Das westliche Säkularisierungstheorem vermöge weder die Entwicklungen im Christentum insgesamt zu erklären, noch lasse es sich auf die Kulturen von Konfuzianismus oder Taoismus anwenden, denen die aus eurozentrischer Perspektive so fundamentale Trennung zwischen ›weltlicher‹ und ›geistlicher‹ Sphäre schlicht unbekannt sei. Mit seinen theoretischen Vorannahmen, die die Freiheitsstandards moderner Demokratien stets eher von säkularen Philosophien als von religiösen Identitäten erwarten, hindere es im Gegenteil daran, einen unverstellten Blick auf die komplexe Vielfalt der global höchst unterschiedlichen Beziehungsmuster von Religion und Demokratie zu gewinnen. In diesem Zusammenhang markiere etwa der Aufbruch zu einer ›muslimisch-kulturellen Moderne‹ im türkischen Staat der Gegenwart ein besonders interessantes Beispiel, denn »je ›moderner‹ oder zumindest demokratischer die türkische Politik wird, desto öffentlich muslimischer und weniger säkularistisch scheint sie zu werden« (2009, 25); und es sei offensichtlich genau »dieser Anspruch, gleichzeitig ein modernes europäisches und ein kulturell muslimisches Land zu sein, das sowohl die säkularen als auch die christlichen europäischen Vorstellungen von staatsbürgerlicher Identität durcheinander bringt« (ebd., 26). Deshalb müsse man sich heute dringlich darauf einstellen, dass wir in Zukunft verstärkt mit verschiedenen Spielarten einer ›religiösen Moderne‹ konfrontiert werden könnten, denen man nicht per se jede Legitimität absprechen dürfe.

Aber auch im Blick auf die historischen Verhältnisse Westeuropas sei die Säkularisierungsthese mehr als brüchig. So erweise sich schon die »große säkulare europäische Erzählung« (2008, 324), auf die sich das politische Selbstverständnis der westeuropäischen Staaten normativ gründe, als ein irreführender »historischer Mythos« (ebd., 325). Aus den blutigen Religionskriegen der Neuzeit habe nämlich keineswegs eine säkularisierende Trennung von Religion und Politik herausgeführt. Die Religionskriege seien vielmehr durch das Aufkommen des absolutistischen Staates pazifiziert worden; und dessen Herrschaftsprinzip des *cuius regio eius religio* habe nicht zu Säkularisierung und Religionsverlust, sondern zur religiös vereinheitlichenden Territorialisierung und Konfessionalisierung von Staat und Gesellschaft geführt: »Religiösen Minderheiten, die sich im ›falschen‹ Territorium befanden, wurde nicht säkulare Tolerierung angeboten, geschweige denn Religionsfreiheit, sondern bestenfalls die ›Freiheit‹ auszuwandern« (ebd.). Casanova zufolge dürfte sich nicht zuletzt aus den bis heute nachwirkenden Folgen dieser konfessionellen Territorialisierungsprozesse erklären lassen, warum »europäische Gesellschaften große Schwierigkeiten haben, mit der durch die Einwanderer eingeführten religiösen Vielfalt und Unterschiedlichkeit umzugehen« (ebd., 329). Denn »ganz offensichtlich erfüllt keiner der europäischen Staaten vollständig das Neutralitätskriterium eines säkularen Staates, das darin besteht, gegenüber allen Religionen und Konfessionen innerhalb des Staatsgebietes gleiche Offenheit, gleiche Distanz, gleichen Respekt und gleiche Unterstützung walten zu lassen« (ebd., 328). Von daher sei auch für Westeuropa festzuhalten, dass die meisten Staaten »keineswegs streng säkular sind oder auch nur annähernd dem Mythos der säkularen Neutralität gerecht werden« (ebd., 327), auch wenn die europäischen Gesellschaften längst hochgradig und offensichtlich irreversibel säkular sind. Im Blick auf die europäische Staatenwelt treffe man auf eine Vielfalt beibehaltener Traditionen des Staatskirchentums und auf zahlreiche Formen korporatistischer Verflechtungen zwischen Religionen und Staat etc., »die für sehr ›unsäkulare‹ Verquickungen sorgen« (2010, 41). Von ihnen sehe jedoch kaum jemand ernsthafte Gefährdungen der freiheitlich-demokratischen Identität dieser Staaten ausgehen. Umgekehrt sei aber festzuhalten, so betont Casanova bewusst provokativ, dass es »zahlreiche historische Beispiele europäischer Staaten gibt, die zwar säkular, aber undemokratisch waren (das kommunistische Sowjetregime ist das augenfälligste Beispiel)« – und daraus könne man »sicher den Schluss ziehen, dass die strenge säkulare Trennung von Kirche und Staat eine weder hinreichende noch notwendige Bedingung der Demokratie ist« (ebd., 328).

Vor dem Hintergrund der komplexen Vielfalt höchst unterschiedlicher Modernen und höchst verschiedener Säkularitäten sei schließlich auch der westliche Kosmopolitismus und die mit ihm verbundene These eines *clash of civilizations* aufzugeben. Stattdessen sei anzuerkennen, dass wir es mit transnationalen Prozessen religiöser Vergemeinschaftung zu tun haben, weil heute »alle Weltreligionen erstmals als entterritorialisierte globale Gemeinschaften vorgestellt werden können, die sich von den Zivilisationskontexten, in die sie traditionell eingebettet waren, in gewisser Weise gelöst haben« (2008, 333). Dies gelte für so unterschiedliche Religionen wie den globalen, aber streng zentralisierten Katholizismus, die hierarchiefreien und weltweit agierenden protestantischen Pfingstkirchen oder auch für die Bewegungen eines transnationalen Islam mit seinen internationalen Netzwerken muslimischer Erneuerung in ähnlicher Weise. Es gebe hier einen »zunehmenden globalen *Denominationalismus*« (ebd., 335; Herv. i. O.), der »sowohl für die Theorien der internationalen Beziehungen, die in der Regel noch vom ›westfälischen‹ System der Nationalstaaten ausgehen, als auch für jede auf dem Säkularisierungsparadigma beruhende, ›kosmopolitische‹ Interpretation der Globalisierung eine grundsätzliche Herausforderung« (ebd., 336) darstelle. Von daher sei es »höchste Zeit, dass wir unsere teleologischen Konzeptionen einer globalen kosmopolitischen und säkularen Moderne, gegenüber der wir das ›religiöse Andere‹ als ›fundamentalistisch‹ bestimmen, überdenken« (ebd.) und uns durchringen zur »Anerkennung der unabänderlichen *Pluralität der Universalismen* und der *Vielzahl der Modernen*« (ebd., 337; Herv. i. O.), in der sich die verschiedenen Religionen und Kulturen der Welt im permanenten Austausch miteinander befinden und zahlreiche Hybridkulturen und Hybridreligionen hervorbringen.

Casanovas Plädoyer für einen radikalen Abschied von allen Spielarten des *western centrism* verbindet sich für ihn auch nicht mit der Gefahr, das universalistische Moralkonzept der ›unantastbaren Würde des Menschen‹ kulturell zu relativieren, denn eine ernsthafte Bedrohung dieses menschenrechtlichen Fundamentalprinzips durch die Mentalitäten und Überzeugungen der pluralen Religionen kann er empirisch nicht erkennen. Im Gegenteil: historisch hätten schon »die protestantischen Sekten bei der Durchsetzung des neuzeitlichen Grundsatzes der allgemeinen Menschenrechte als transzendenter und offensichtlicher Wahrheiten« (1996, 206) eine zentrale Rolle gespielt. Und in den welthistorischen Umbrüchen im Kontext des Epochenjahres 1989 habe auch die katholische Kirche, allen voran Papst Johannes Paul II. auf seinen zahlreichen Weltreisen, mit Nachdruck ›die geheiligte Würde der menschlichen Person‹ eingeklagt und verteidigt. Damit habe sich das paradoxe Phänomen eingestellt, dass der sogenannte ›Kult des Individuums‹ mit seiner Sakralisierung der Menschenwürde, dessen Aufkommen der laizistische französische Religionssoziologe Émile Durkheim am Ende des 19. Jahrhunderts als republikanische Alternative zum untergehenden Katholizismus des *ancien regime* angekündigt hatte (vgl. Durkheim 1986), nun gerade von der Hierarchie der katholischen Kirche mit Nachdruck und Verve praktiziert werde: »Man könnte fast sagen, dass die Päpste die Rolle von Hohepriestern einer neuen globalen Zivilreligion der Menschheit übernehmen möchten« (2009, 117). Dass sich mit der »Sakralisierung der Menschheit durch die Globalisierung der Menschenrechte« (ebd., 115) seit dem Zweiten Weltkrieg eine solche globale Zivilreligion tatsächlich überall abzuzeichnen beginnt, lässt sich Casanova zufolge nicht bestreiten; ebenso wenig wie die Tatsache, dass sich die Entstehungs- und Formierungsprozesse dieser ›Zivilreligion der Menschheit‹ nicht an den westlich gedachten Schnittstellen von ›säkular‹ und ›profan‹ entzünden, sondern innerhalb der komplexen Wechselbeziehungen unterschiedlicher Religionen, multipler Modernen und heterogener Säkularitäten, die sich untereinander im ständigen kulturellen Austausch befinden und permanent miteinander interagieren.

Casanova schlägt deshalb vor, »Prozesse der Säkularisierung, der religiösen Transformationen und Erweckungen, sowie der Sakralisierung als fortlaufende, sich wechselseitig konstituierende, globale Prozesse statt als sich gegenseitig ausschließende Entwicklungen« zu betrachten und dementsprechend »als simultane und nicht als einander ausschließende Prozesse zu analysieren« (2009, 94). Die antagonistisch angelegten Dichotomien von heilig/profan, transzendent/immanent und religiös/säkular, die den westlichen Religionsdiskurs so fundamental prägen, verleiten dagegen, so Casanova, zu erheblichen Wahrnehmungsverengungen, denn offensichtlich tendiere auch in Westeuropa »ein großer Teil der gegenwärtigen säkularen Wirklichkeit (die Nation, die Staatsbürgerschaft, das Individuum, die unveräußerlichen Rechte auf Leben und Freiheit) dazu, in unserem modernen, säkularen Zeitalter heilig zu sein« (ebd., 95). Insgesamt spreche deshalb vieles dafür, dass die Religionen »keine ernstliche Gefahr für die europäische Demokratie« (ebd., 30) darstellen. Viel eher sei zu befürchten, dass die gängigen Wahrnehmungsmuster des europäischen Säkularisierungstheorems, die ›typisch westliche‹ Skepsis gegenüber öffentlicher Religiosität und die damit verbundenen Vorab-Sympathien für säkulare Standards des Politischen einem angstfreien Umgang mit den Religionen massiv im Wege stehen. In diesem Sinne vermutet Casanova, dass erst diese »säkularistischen Annahmen Religion zu einem Problem machen und so die Möglichkeit ausschließen, mit religiösen Themen auf pragmatische und sensible Weise umzugehen« (ebd., 29). Wenn die europäische Moderne den neuen globalen Herausforderungen zunehmender religiö-

ser Pluralität angemessen begegnen wolle, müsse sie sich jedenfalls auf den Weg machen, ihr politisch-demokratisches Selbstverständnis in Zukunft »nicht nur post-christlich, sondern auch post-säkular« (ebd., 30) zu entwerfen.

Literatur

Arato, Andrew: Civil Society Against the State: Poland 1980–1981. In: *Telos* 47 (Spring 1981), 23–47.
Bell, Daniel: The Return of the Sacred? The Argument on the Future of Religion. In: *The British Journal of Sociology* 28/4 (1977), 419–449.
Bellah, Robert N.: Zivilreligion in Amerika. In: Heinz Kleger/Alois Müller (Hg.): *Religion des Bürgers. Zivilreligion in Amerika und Europa*. München 1986, 19–41 (amerik. 1967).
Casanova, José: The Politics of the Religious Revival. In: *Telos* 59 (Spring 1984), 3–33.
–: *Public Religions in the Modern World*. Chicago 1994.
–: Chancen und Gefahren öffentlicher Religion. Ost- und Westeuropa im Vergleich. In: Otto Kallscheuer (Hg.): *Das Europa der Religionen. Ein Kontinent zwischen Säkularisierung und Fundamentalismus*. Frankfurt a. M. 1996, 181–210.
–: Private und öffentliche Religionen. In: Hans-Peter Müller/Steffen Sigmund (Hg.): *Zeitgenössische amerikanische Soziologie*. Opladen 2000, 249–280 (amerik. 1992).
–: Public Religions Revisited. In: Hermann-Josef Große Kracht/Christian Spieß (Hg.): *Christentum und Solidarität. Bestandsaufnahmen zu Sozialethik und Religionssoziologie*. Paderborn 2008, 313–338 (amerik. 2008).
–: *Europas Angst vor der Religion*. Berlin 2009.
–: Säkularismus – Ideologie oder Staatskunst? In: *Transit. Europäische Revue* 39 (Sommer 2010), 29–43 (amerik. 2009).
Douglas, Mary: The Effects of Modernization on Religious Change. In: *Daedalus. Journal of the American Academy of Arts and Science* 11/1 (1982), 1–19.
Durkheim, Émile: Der Individualismus und die Intellektuellen. In: Hans Bertram (Hg.): *Gesellschaftlicher Zwang und moralische Autonomie*. Frankfurt a. M. 1986, 54–70 (frz. 1898).
Luckmann, Thomas: *Die unsichtbare Religion*. Mit einem Vorwort von Hubert Knoblauch. Frankfurt a. M. 1991 (amerik. 1967).
Stepan, Alfred: Military Politics in Three Political Arenas: Civil Society, Political Society, and the State. In: Ders.: *Rethinking Military Politics. Brazil and the Southern Cone*. Princeton 1988, 1–12.
–: The World's Religious Systems and Democracy: Crafting the ›Twin Tolerations‹. In: Ders.: *Arguing Comparative Politics*. Oxford 2001, 218–225.

Hermann-Josef Große Kracht

11. Immanente Ausdeutung und religiöse Option: Zur Expressivität des säkularen Zeitalters (Taylor)

Ausgangspunkt: Charles Taylors Entzauberung der Entzauberungstheorie

Charles Taylors monumentale Studie über die Entstehungsbedingungen des säkularen Denkens in der nordatlantischen Welt hat das soziologische Genre der klassischen Säkularisierungstheorie von Grund auf umgeschrieben; kein Geringerer als José Casanova bezeichnet nämlich *A Secular Age* (= SZ) als »the best analytical, phenomenological, and genealogical account that we have of our modern, secular condition« (Casanova 2010, 265). In philosophisch-systematischer Hinsicht kann sogar davon gesprochen werden, dass Taylor mit seinem Meister-Narrativ über die Entwicklung der Moderne nicht weniger als eine Revolution der sozialwissenschaftlichen Denkungsart unternimmt, die er in wesentlichen Bereichen als eine Kritik an den herrschenden »Subtraktions«- bzw. Entzauberungstheorien der Moderne vorträgt und die sich in ihrer Deutung der Moderne folgender Erklärungsmuster bedienen:

> »Die Menschheit habe sich von bestimmten früheren Horizonten, Täuschungen und Erkenntnisgrenzen getrennt, gelöst oder befreit. Das Resultat dieses Vorgangs der zur Moderne führenden Entwicklung oder Säkularisierung sei durch Bezugnahme auf grundlegende Merkmale der menschlichen Natur zu verstehen – Merkmale, die immer schon vorhanden waren, aber von den inzwischen ausgeräumten Beschränkungen in ihrer Entfaltung behindert wurden« (SZ 48; erhellend: Steinfath 2011).

Allen diesen Theorien ist nach Taylor also gemeinsam, dass sie aus einer neutralen Beobachterperspektive heraus eine naturalisierende Fortschrittsideologie zu entwerfen versuchen, die das säkulare Denken als immanente Teleologie menschlichen Vernunftstrebens bestimmt. In ihren Erzählungen wird Religion so auf multiple Weise ›entzaubert‹, ›rationalisiert‹, ›umgewertet‹, ›depotenziert‹ oder ›versprachlicht‹, um das darin wiederkehrende Subjekt auf sich selbst zurückzuführen: In Bildern von großer emanzipatorischer Prägekraft wird dabei ein Aufklärungspositivismus beschworen, der den Kern menschlicher Selbsttätigkeit in den natürlichen Individualismus der Subjekte verlegt. Mit diesen postmetaphysischen Strategien des Selbst- und Weltumgangs geht in den Augen Taylors aber zugleich auch eine fragwürdige Veralltäglichung des Guten einher, welche die moderne säkulare Selbstbeschreibung allein von den Anforderungen der menschlichen Natur her denkt; die Immanenz dieser Natur wird hier zu etwas, was nach der erzähltheoretischen ›Dekapituierung‹ Gottes (Nietzsche; Voegelin) nunmehr *clare et distincte* eingesehen werden soll: »Dieser Subtraktionsgeschichte zufolge ist die Moderne das Ergebnis des Wegwischens des alten Horizonts [...]. Es besteht die Tendenz, die Moderne als einen Prozeß zu sehen, durch den ein fortwährender Kern« menschlichen »Strebens von einer ihn verzerrenden und hemmenden Schale metaphysischer oder religiöser Illusionen befreit wird« (SZ 954/957).

In dieser Perspektive entpuppt sich die neuzeitliche Säkularisierungsgeschichte als eine lineare Erfolgsstory, welche in ihrer inneren Folgerichtigkeit den Fortschritt der Vernunft in Wissenschaft, Technik und Moral widerspiegelt. Die umfassende und auf alle Lebensbereiche ausgreifende Rationalisierung des menschlichen Logos reklamiert dabei für sich den Anspruch, hinter den falschen Bildern einer die Subjektivität mit Jenseitshoffnungen aushaltenden Metaphysik die ›wahre‹ individualistische Natur und zeitlos-liberale Identität des Menschen *entdeckt* zu haben (vgl. SZ 943; kritisch zu diesem »Pfad der Entdeckung« bereits Walzer 1987, 11 ff.). Der subtraktionstheoretischen Nomenklatur zu Folge geht also die Entwicklung der Moderne unweigerlich über die Religion hinweg; sie kann für den Einzelnen, wenn überhaupt, nur noch als »irrationale oder antirationale überpersönliche Macht schlechthin« in Erscheinung treten (Weber 1920, 564).

Seit mehr als zwei Dekaden, beginnend mit der großen Untersuchung über die konstitutiven Quellen der neuzeitlichen Identität (vgl. Taylor

1994; dazu Kühnlein 2005; 2008), schreibt Taylor nun gegen dieses säkularistische Selbstverständnis der Moderne an; philosophisch und literarisch findet diese Kritik ihren Höhepunkt in der Publikation von *A Secular Age*, ein *opus magnum* von enzyklopädischen Ausmaßen, mit dem Taylor die ultimative *Gegen*erzählung zu den Subtraktionsnarrativen der Neuzeit vorlegt. In pragmatisch-ethischer Hinsicht hält Taylor nämlich den expliziten Befreiungsmaterialismus der Säkularisierungstheorie für ein objektivistisches Selbst-Missverständnis; seiner Auffassung nach bleibt jede noch so forcierte emanzipatorische Fortschrittsrhetorik in den expressivistisch-anthropologischen Zirkel der menschlichen Sinn- und Verstehensbedingungen eingebunden – und d. h.: der entwicklungsgeschichtliche Erfolg des metaethischen Naturalismus kann eben *nicht* von seiner auf der Ebene der Selbstinterpretation implizit in Anspruch genommenen Ontologie des Guten getrennt werden. Historisch-hermeneutisch gibt es für Taylor keinen privilegierten »Blick von nirgendwo« (Nagel 1986), der nicht schon durch vorgängige Wertüberzeugungen vermittelt wäre. Seine Erzählung über den Weg des säkularen Zeitalters setzt daher hermeneutisch anders an als die auf Wissenszuwachs fokussierten Selbstbeschreibungstechniken der Moderne; sie versucht, den säkularen Wandel in den Auffassungen der menschlichen Natur vor allem als ein *Ausdruck* der substanziellen Veränderung unserer moralischen Selbstwahrnehmung zu erschließen (vgl. SZ 938 f.; MacIntyre 1995, 75 ff.).

Die hermeneutischen Vorgaben einer philosophischen Anthropologie der starken Wertungen verändern somit auf signifikante Weise die Erzähldynamik der Moderne: So bietet Taylor in seinem Narrativ über die Entstehung des säkularen Zeitalters keine weitere theoretische Beschreibung über die historisch-soziologischen Voraussetzungen dieses Entwicklungsprozesses an; vielmehr akzentuiert er eine kulturalistische Interpretation der modernen Säkularität, die das Aufkommen von neuen Immanenzformen des Denkens als moderne gesellschaftliche Imaginationen begreift (im Sinne von Castoriadis 1984), die unsere Vorstellungen von sozialer Existenz und normativer Fülle *verkörpern*. Dieses transzendental-hermeneutische Bedeutungsfeld unseres Handlungs- und Orientierungsvermögens zu erschließen, ist nach Taylor die vordringlichste Aufgabe jeder modernen Selbst-Narration. Damit werden aber zugleich jene konstitutiven Interpretationsgrundlagen von Grund auf umgewertet, die unser Verständnis dessen, was ein ›säkulares Zeitalter‹ ist, naturalisierend festschreiben wollen: Während subtraktionstheoretische Lesarten die Medien der Erkenntnisgewinnung und der Wissens(re)produktion ›neutralisieren‹ und ›horizontalisieren‹, schlägt eine existenzial-phänomenologisch orientierte Hermeneutik der Moderne den umgekehrten Weg ein, insofern sie den Prozess der Säkularisierung aus dem unmittelbaren Verstehens- und Artikulationskontext handelnder – und d. h.: in die Welt gestellter – Individuen zu erschließen versucht. Mit anderen Worten: Taylor will »in der hier beschriebenen naturalistischen Ablehnung des Transzendenten« vor allem »die *ethische* Einstellung erkennen, die zur Abgeschlossenheit drängt« (SZ 913; Herv. M. K.).

Expressivistische Wende

Mit der Umstellung der Säkularisierungstheorie von einem eindimensionalen materialistischen Erklärungsansatz hin zu einem multi-perspektivischen Narrativ der Selbst- und Welterfahrung leitet Taylor so etwas wie eine expressivistische Wende in der Soziologie ein, die von ihrer Bedeutung her mit der kopernikanischen Wende Kants in der Erkenntnistheorie durchaus vergleichbar ist (freilich unter der gebotenen Beachtung der kategorialen Verschiedenheit apriorischer Ordnungsfunktionen und ausdrucksanthropologischen Orientierungsleistungen): Denn wie sich bei Kant die objektive Gegenstandserkenntnis von den Konstitutionsbedingungen des Subjekts nicht trennen lässt, so ist auch bei Taylor der sozialwissenschaftlich rekonstruierbare Prozess der Entzauberung nicht von den konstitutiven Selbstinterpretationen der modernen moralischen Identität abzulösen. In beiden Fällen kommt eine unvermeidliche Subjektivierung ins Spiel, die den *schöpferisch-konstruktiven* Aspekt betont, wenn man die Bedingung der Möglichkeit der Metaphysik als Wissenschaft (Kant) bzw. die Bedingung der Möglichkeit der Säkularität als konstitutives Gut der Moderne (Taylor) denken will.

Der transzendental-hermeneutische Erzähl-Ansatz von Taylor bringt somit nicht weniger als einen fundamentalen Paradigmenwechsel in der theoretischen Orientierung zum Ausdruck, sozusagen eine (kantisch inspirierte) ›Revolution der Denkungsart‹, welche die erfahrungskonstitutiven Aspekte unserer Selbstinterpretationen betont (vgl. Taylor 1995b, 41). Denn in dieser Perspektive tritt uns die Welt nicht einfach als Fakt gegenüber, sondern sie ist, darauf macht Taylor mit Heidegger (1986) und Merleau-Ponty (1974) aufmerksam, immer schon Lebenswelt und daher unhintergehbar an Sinntätigkeit und Ausdruckspraxis des Menschen rückgebunden: Es gibt also nach Taylor keinen unabhängigen epistemologischen Weltzugang; vielmehr lässt sich dieser nur als konstitutiver Bestandteil unseres sozialen Handelns hermeneutisch erschließen und verstehen. Eine solche Verzeitlichungs- bzw. Temporalisierungsontologie unseres Selbst- und Weltverhältnisses verändert allerdings von Grund auf den säkularen Erzählrhythmus – eben weil sich unter diesen Voraussetzungen die Begriffe der Immanenz erst durch eine umfängliche mentalitätsgeschichtliche Rekonstruktion ihrer sozial-konstitutiven Bedeutung und starken Wertung im Alltagshandeln der Menschen zu einer kohärenten Sinn-Geschichte des ›Säkularen‹ zusammenfassen lassen.

Die Säkularität der Moderne lässt sich demnach nicht von einem neutralen meta-ethischen Null-Punkt der Erfahrung her analysieren, sondern sie muss selbst als Teil einer umfassenden Selbstbeschreibung gedeutet werden, die als Hintergrundbild unsere Vorstellungen von sozialer Existenz und normativer Fülle verkörpert. In dieser Perspektive sind die Erfahrungen der Immanenz nicht selbstgenügsam, sondern sie bringen immer schon die anthropologische Unhintergehbarkeit des wertenden Selbstbezugs zum Ausdruck, welcher unter dem Begriff der *Fülle* erst jene Sinn-Voraussetzung formt, die die Dinge in der (säkularen) Welt für uns besitzen:

»Wir alle begreifen unser Leben und/oder den Raum, in dem wir unser Leben führen, als etwas, das eine bestimmte moralisch-spirituelle Form aufweist. Irgendwo – in irgendeiner Tätigkeit oder in irgendeinem Zustand – liegt eine gewisse Fülle (in dieser Tätigkeit oder in diesem Zustand): An diesem Ort ist das Leben voller, reicher, tiefer, lohnender, bewundernswerter und in höherem Maße das, was es sein sollte. [...] Jede realisierbare Vorstellung vom menschlichen Leben muß ein Bild beinhalten, aus dessen Perspektive dieses Leben gut, unversehrt, richtig und angemessen erscheint. Würde diese Möglichkeit völlig fehlen, gerieten wir in schreckliche, unerträgliche Verzweiflung« (SZ 18/1000; vgl. dazu: de Vries 2009; Rentsch 2010 und 2011; Endreß 2012).

Taylor weist damit den von den Subtraktionstheorien der Neuzeit propagierten monokausalen Begründungszusammenhang zwischen Wissenschaft und Moral zurück; auf der Grundlage einer philosophischen Anthropologie starker Wertungen skizziert er vielmehr eine *ethische* Prioritätsrelation, die den Erfolg und die Überzeugungskraft wissenschaftlicher Entdeckungen als *Ausdruck* dafür nimmt, was für die Interpretation eines sich auf diese moderne Welt hin *verstehenden* Subjektes ausschlaggebend geworden ist. Taylors Säkularisierungsgeschichte ist deshalb vor allem eine Resonanzgeschichte der Fülle und nicht eine der institutionellen Durchschlagskraft; sie setzt einen Artikulationsprozess in Gang, der »das gewandelte Verständnis von Moralität selbst mit Mitteln der veränderten moralischen Einstellungen« zu deuten versucht (Taylor 1986, 104).

Im Unterschied also zu rein diachronisch-›horizontalen‹ Erklärungsansätzen, die den inneren Einstellungswandel auf institutionelle, wissenschaftliche und ökonomische Faktoren zurückführen, schlägt Taylors Existenzialhermeneutik eine ›vertikale‹ Denkrichtung ein, insofern sie die jedem menschlichen Erkennen vorgelagerten subjektiven Verstehens- und Erlebnishorizonte zu artikulieren trachtet. Die Analyse der existenziellen Verfasstheit unseres Daseins ist somit *nicht* von der Resonanz des Guten in den Selbstbeschreibungen der handelnden Subjektivität zu trennen; und das macht nach Taylor zwingend eine narrative Form der Darstellung erforderlich, die die Herausbildung spezifisch moderner und d. h. säkularer Erfahrungen vor dem Hintergrund des darin zum Ausdruck kommenden Selbstverständnisses zur Sprache bringt: »Um zu erklären, wie die Selbstinterpretationen der Menschen und ihre Anschauungen des Guten entstehen, muss man sie zunächst verstehen« (Taylor 1994, 363; vgl. auch SZ 18).

Neue Verstehensoptionen

Taylors existenzial-analytische Hermeneutik verändert nun auf innovative Weise das Nachdenken über den Entwicklungsverlauf der Moderne; denn von einem »dekonstruktivistischen« (SZ 933) Standpunkt aus besehen bringen jene Erklärungsmuster, die den Prozess der Säkularisierung auf einen Wandel in den theoretischen Überzeugungen zurückführen, in Wirklichkeit einen Wandel in unseren *inneren* Erfahrungen zum Ausdruck. Hier zeichnen sich nach Taylor substanzielle Veränderungen des »Erlebens« und des »Empfindens« ab (SZ 34/957), also Veränderungen in den Vorstellungsweisen unseres In-der-Welt-Seins: »In diesem Sinn hängt Säkularität vom gesamten Verstehenskontext ab, in dem sich unsere Erfahrung und unser Streben auf moralischem, spirituellem oder religiösem Gebiet abspielt.« Dabei bezieht sich der Verstehenskontext nicht nur auf die artikulierten Optionen, sondern er schließt auch jene Dinge mit ein, »die den impliziten, weitgehend unscharfen Hintergrund dieser Erfahrung und dieses Strebens bilden« (SZ 16) – mit anderen Worten: Taylor geht es hier vor allem um eine Versprachlichung der in unseren Artikulierungen implizit immer schon mit gesetzten Rahmenvorstellungen des Guten, die wir gewissermaßen *bezeugen*, wenn wir darüber Auskunft geben, was für uns wichtig oder bedeutsam ist.

Mit dieser Reflexion auf das (mit Heidegger gesprochen) ›vorontologische‹ Fundament unserer Selbst- und Weltbeziehung verabschiedet sich Taylor von rein materialistischen Erklärungsansätzen in der Säkularisierungstheorie, die dem Verständnis der menschlichen Motivation in ihren reduktionistischen Darstellungen des Guten keinen Platz einräumen. (Nebenbei bemerkt: Taylor überführt hier seine moralphilosophisch gewonnene Einzelkritik am liberalistischen Primat des Rechten, die noch durch seinen frühen Hegelianismus geprägt ist, systematisch konsequent in eine pragmatistisch-expressivistische Sozialontologie der menschlichen Verstehensbedingungen überhaupt; zur Adaption von Hegels Kant-Kritik durch Taylor und die Auswirkungen auf seine Habermas-Rezeption vgl. Taylor 1986; ferner auch die Beiträge in Kühnlein 2010.)

Taylors interpretatorischer Ansatz will allerdings *nicht* die historische Erklärung selbst ersetzen; vielmehr verfolgt er den Anspruch, die ›blinden Flecken‹ der materialistischen Analyse zu beseitigen, die aus einer Vernachlässigung der inneren Erfahrungsdimension des Menschen entstehen. Taylor stellt also den Subtraktionstheorien der Moderne eine hermeneutische Ontologie zur Seite, die in ihrer Darstellung der neuen Identität erkennen lässt, »worin ihre Anziehungskraft besteht« (Taylor 1994, 362). Insofern ist es ihre vornehmliche Aufgabe, die mit dieser Identität zusammenhängenden Anschauungen des Guten zu artikulieren und aufzuzeigen, warum die Menschen von diesen Werten angesprochen wurden und auf sie reagiert haben, warum sie sie ergreifend oder anerkennenswert fanden. Eine angemessene Erklärung des neuzeitlichen Entzauberungsprozesses bleibt somit zwingend auf ein Verständnis der moralischen Motivation angewiesen. Nur so lässt sich nach Taylor überhaupt ergründen, warum die säkulare Selbstbeschreibung zu einem allgemeinen Leitwert menschlich-immanenter Fülle-Vorstellungen aufsteigen konnte. In der Subtraktionstheorie bleibt indes genau dieser Sachverhalt ungeklärt: Sie kann im Nachgang keine plausible Erklärung für den sich in der Moderne abzeichnenden Bedeutungswandel in unseren Hintergrunderfahrungen des Guten anbieten. Konkret macht Taylor das Ungenügen der Subtraktionstheorie dabei an vier Punkten fest:

Erstens lässt die naturalistische Verschiebung der sozialen Ordnungsvorstellungen aus seiner Sicht die Wende zum Säkularen *rhetorisch* weniger bedeutsam erscheinen, als ihr eigenes Befreiungsnarrativ zu denken vorgibt. Aus dem ursprünglich aufzuwendenden Mut, sich seines eigenen Verstandes zu bedienen, wird de facto »ein normales Ergebnis der menschlichen Selbstachtung« (SZ 955).

Zweitens können Taylor zufolge Subtraktionstheorien *genealogisch* nicht erklären, wie aus den Forderungen der Natur überhaupt transsubjektive, universalistische Wertbindungen entstehen können, denn »daraus, daß mir nur noch menschliche Belange bleiben, geht weder hervor, daß das allgemeine Wohlergehen der Menschheit mein Ziel sein soll, noch daß Freiheit, Erfüllung oder Gleichheit mir wichtig sind« (SZ 956).

Drittens sind Subtraktionstheorien *kulturtheoretisch* unterbestimmt, weil sie sich in ihrem Bemühen um eine Normalisierungslegende erzähltechnisch gegen jene romantisch-expressivistischen Gegenkulturen und Konterrevolutionen weitestgehend abschotten müssen, die sich gerade als Reaktion auf einen alles nivellierenden Humanismus gebildet haben. Damit schneiden sie sich aber von innovativen Bedeutungsquellen ab, die unser modernes Verständnis von Freiheit und Würde mit konstruiert haben und die nicht mehr durch die Negation des Vorhergehenden, sondern erzähldialektisch (und im Geiste Hegels) durch eine Negation der Negation konstituiert werden: Diese kulturtheoretisch äußerst fruchtbare ›Folgenparadoxie‹ (Weber) reicht vom atheistischen Anti-Humanismus Nietzsches und der Postmoderne (Foucault) über den existenzialistischen Humanismus Camus' bis hin zu jenen vielgestaltigen anti-humanistischen Transzendenzformen des Humanums, die das ganze christliche Erfahrungsspektrum an selbstkonstituierenden und selbsterweiternden (Kierkegaard, James), aber auch an selbst*verfälschenden* Weisen des In-der-Welt-Seins (vgl. besonders Illich 2006) ausdeuten (SZ 624–627; 915 f.; 973–978; 1219–1230; 1205–1279).

Viertens schließlich ist die Subtraktionstheorie *zeitdiagnostisch* limitiert; aufgrund ihrer naturalistisch-linearen Ausrichtung ist sie begrifflich nicht anschlussfähig an paradoxale oder dialektische Konzeptionen einer dynamisch verfassten Moderne, die die eigene Widersprüchlichkeit zum Motor einer teils innovativen, teils aber auch pathogen zu nennenden Fortschrittsentwicklung

nimmt (vgl. Weber 1994; Horkheimer/Adorno 1988). So zeigt sich die mangelnde theoretische Reflexivität des Subtraktionsdenkens darin, dass es selbst unempfänglich ist für die von ihm mit verursachte, ethisch prekäre Situation des Menschen. Taylor spricht hier auch von einem »gegenläufigen Druck«, dem das Individuum in der naturalistischen Umdeutung der sozialen Ordnung fortwährend ausgesetzt ist und die letztlich zu seiner Selbst-Entfremdung führt: »Einerseits ist man tief in diese Identität eingebettet und ziemlich gefeit gegen alles, was über die Welt des Menschen hinausginge; doch andererseits hat man das Gefühl, gerade durch die Sicherheit gewährende Abgeschlossenheit könne etwas ausgesperrt werden« (SZ 513/515; vgl. Taylor 1991). Taylor zieht daraus den bemerkenswerten Schluss, dass es in der Folge nur darum gehen könne, den immanenten Rahmen der sozialen Ordnung so auszudeuten, »daß er als völlig offen für die Transzendenz empfunden wird« (SZ 909).

Glaube und Nicht-Glaube

Taylors transzendentalhermeneutischer Perspektivenwechsel auf die der neuzeitlichen Entwicklung zu Grunde liegenden Denk- und Erfahrungsbedingungen führt terminologisch zu markanten Verschiebungen in der säkularen Begriffsanalytik. So finden sich in den klassischen Moderne-Theorien zwei Bedeutungen von Säkularität, die zwar nicht immer empirisch unterschieden werden, aber doch in ihrem Verhältnis zur Religion unterschiedliche Akzente setzen: In der *ersten* Verwendungsweise ist Säkularität durch die Bezugnahme auf eine ausdifferenzierte und von religiösen Normen unabhängig agierende Öffentlichkeit definiert; in der *zweiten* Verwendungsweise geht die Bedeutung von Säkularität mit der Negation von Religion einher (vgl. SZ 13 f.). Beide Ansätze, sowohl das Emanzipations- als auch das Negationsmodell, bleiben jedoch nach Taylor einer materialistischen Erklärungslogik verhaftet, die über den Zusammenhang von Sein und Zeit hinweggeht. In diesem *dritten* Sinne gilt es aber für Taylor die Säkularität der gegenwärtigen Gesellschaft zu untersuchen:

»Der Wandel, den ich bestimmen und nachvollziehen möchte, ist ein Wandel, der von einer Gesellschaft, in der es praktisch unmöglich war, an Gott zu glauben, zu einer Gesellschaft führt, in der dieser Glaube auch für besonders religiöse Menschen nur *eine* menschliche Möglichkeit neben anderen ist. […] Der Glaube an Gott ist heute keine unabdingbare Voraussetzung mehr. Es gibt Alternativen« (SZ 15).

Während also materialistische Erklärungsansätze den Grad der Säkularität einer Gesellschaft von den in Gang gesetzten Prozessen der Rationalisierung, Differenzierung, Autonomisierung und Privatisierung her denken, geht es in Taylors Verstehensmodell vorrangig um die Artikulation der »Bedingungen der Erfahrungen des Spirituellen«, die erst das emanzipatorische Bewusstsein bzw. das emanzipatorische Gedächtnis einer Gesellschaft zum Ausdruck bringen: »Demnach läge es an den Bedingung der Erfahrung des Spirituellen, ob ein Zeitalter oder eine Gesellschaft als säkular gilt oder nicht« (SZ 16). Mit dieser Reflexion auf die Erfahrungsbedingungen des Glaubens grenzt sich Taylor nicht nur deutlich von historisch-institutionellen Erklärungen ab, sondern er nimmt darüber hinaus auch eine terminologisch interessante Akzentverschiebung gegenüber der in den *Quellen des Selbst* (1994; vgl. Rosa 1998) noch vorherrschenden Begriffsanalytik vor: Aus der triangulär vermessenen Moderne mit ihren naturalistischen, romantischen und theistischen Quellen wird in Taylors Säkularisierungsnarrativ eine über den Begriff der Fülle vermittelte Polarität von Glaube und Nicht-Glaube.

Dieser Argumentationszug ist deshalb erwähnenswert, weil Taylor es dadurch schafft, auf einer *modalen* Ebene das Wissen an den Glauben anzugleichen. Taylors Vorgehen erinnert hier an Jaspers große Konzeption des philosophischen Glaubens, der sein Wissen durch den Glauben an die Vernunft bestimmt:

> »Da steht nicht Wissen gegen Glaube, sondern Glaube gegen Glaube. […] Offenbarungsglaube und Vernunftglaube stehen polar zueinander, sind betroffen voneinander, verstehen sich zwar nicht restlos, aber hören nicht auf im Versuch, sich zu verstehen. Was der je einzelne Mensch in sich für sich selbst verwirft, kann er im Anderen als dessen Glauben doch anerkennen« (Jaspers 1962, 100 f.).

Und analog dazu heißt es bei Taylor, dass der Niedergang des christlichen Glaubens »großenteils als Resultat des Aufstiegs anderer *Glaubens*formen gesehen« werden könne: nämlich »als Ergebnis des *Glaubens* an die Wissenschaft oder die Vernunft« (SZ 17; Herv. M. K.).

Darüber hinaus kann man aus Taylors Hinweisen auf die modale Ähnlichkeit unserer Erfahrungsbedingungen von Vernunft und Glauben auch eine wichtige Kritik an den methodisch-formellen Voraussetzungen der materialistischen Religionsanalytik extrapolieren: Denn vom Standpunkt der hermeneutischen Dekonstruktion aus gesehen sind die gegen die Religion mannigfach erhobenen Projektions-, Entfremdungs-, Infantilitäts- und Ideologievorwürfe selbst nur motiviert durch einen in ihren Artikulationen irreduzibel vorgelagerten und nie zur Gänze eingeholten Glaubensanspruch, der wahlweise durch den Glauben an den Menschen selbst (Feuerbach), durch den Glauben an die proletarische Weltrevolution (Marx), durch den Glauben an die Intellektualisierbarkeit von Kultur (Freud) oder durch den unbeirrbaren Glauben an das nachmetaphysische Denken (Habermas) zum Ausdruck gebracht wird.

Fragilität

Auf der historisch-hermeneutischen Ebene gibt es also für Taylor zwischen Glaube und Nicht-Glaube, zwischen Theismus und Atheismus keine Paradigmenkonkurrenz und somit auch keinen Erklärungswettbewerb um die theoretische Konzeptionalisierungskraft ihrer wahlverwandtschaftlichen Beziehungen, an deren Ende sich dann doch nur die Religion unter der Voraussetzung ihrer ›Selbstaufhebung‹ in der Moderne behaupten könnte (zumindest haben Nietzsche und Weber diese Schlussfolgerung gezogen); vielmehr bezieht Taylor die Polarität von Glaube und Nichtglaube, von Transzendenz und Immanenz, von Übernatürlichem und Natürlichem auf die unterschiedlichen inneren Erfahrungen im Empfinden von Fülle, die im Rahmen eines sakral oder säkular ausgedeuteten Lebens gemacht werden. In dieser Perspektive bringt der Prozess der Säkularisierung eine umfassende Bedeutungsverschiebung in den moralisch-spirituellen Formen unseres Erlebens zum Ausdruck, einen tief greifenden Wandel unseres Hintergrundverstehens, der uns »alle die eigene Option als eine unter mehreren« begreifen lässt (SZ 31). Demnach gründet eine säkulare Gesellschaft in ihrem Selbstverständnis weder allein auf die Prinzipien einer emanzipierten Öffentlichkeit (= Säkularität I) noch bestimmt sie sich ausschließlich vom Grad ihrer religiösen Entzauberung her (= Säkularität II), sondern sie definiert sich Taylor zufolge wesentlich durch die hermeneutische Durchlässigkeit ihrer spirituellen Optionen, die »die Deutung eines jeden als Deutung in Erscheinung« treten lassen (SZ 34).

Mit anderen Worten: Die Säkularität einer Gesellschaft zeichnet sich dadurch aus, dass ihr die grundsätzliche *Fragilität* ihrer moralisch-spirituellen Optionen bewusst ist (vgl. SZ 517/525). Wenn es also trotz aller von Taylor angemahnten Kontingenzen in der Geschichte so etwas wie einen (säkularen) Sperrklinkeneffekt gibt, dann ist dieser eben nicht in der Verdrängung von Religion, sondern in der Vervielfältigung unserer Denk- und Erfahrungsräume gegeben, die die menschliche Existenz wohl endgültig aus seiner Gliedstellung in der ›großen Kette der Wesen‹ (Lovejoy) herausbricht. In diesem Sinne ist auch Taylors Definition von Religion ganz auf die »Unterscheidung zwischen Immanenz und Transzendenz« zugeschnitten (SZ 37), die beide nunmehr wählbare Optionen *verkörpern*:

> »Wir haben nämlich eine Welt verlassen, in der außer Frage stand, daß der Ort der Fülle außerhalb oder ›jenseits‹ des menschlichen Lebens liegt, und ein konfliktreiches Zeitalter betreten, in dem dieser Deutung von anderen Deutungen widersprochen wird, die diesen Ort (in jeweils einer von vielen grundverschiedenen Formen) ›ins Innere‹ des menschlichen Lebens verlagern« (SZ 36).

Postsäkulare Subtraktionen

In dieser existenzial-phänomenologisch ausgereizten Tiefenhermeneutik der Moderne wird Taylors eigener singulärer Beitrag zur Säkularisierungsdebatte und der ›Spin‹ oder ›Pfiff‹ seiner Argumentation erst recht erkennbar. Für sich allein betrachtet ist nämlich Taylors Kritik an der orthodoxen Säkularisierungstheorie und ihren wissenschaftlichen Ablegern (exemplarisch Bruce 1996; 2002) nur wenig originell; seit vielen Jahren schon wird in der Religionssoziologie genau über diese Zusammenhänge geforscht. Und hier haben vor allem die Arbeiten von Martin (1978), Luckmann (1991), Casanova (1994) und Joas (2007; 2012) ganz erheblich dazu beigetragen, dass das säkularistische Erklärungsmodell an Renommee eingebüßt und den »Status eines nahezu unbestrittenen Paradigmas« längst verloren hat (König 2011, 650). Die vormals meisterhaften Erzähltraditionen über die Linearität des Geschichtsverlaufs werden heute vielmehr in den »de-säkularisierenden« bzw. »postsäkularen« Perspektivenreichtum einer modernen Gesellschaftstheorie überführt (Berger 1999; Habermas 2001). Ist der wissenschaftliche Sachstand also eindeutig, dann erscheint vor diesem Hintergrund Taylors eigenes historisch-hermeneutisches Dekonstruktionsprojekt, um es vorsichtig auszudrücken, nicht gänzlich frei von methodischen Manierismen und inhaltlichen Redundanzen zu sein – zumindest, was die Rezeption der jüngeren Religions- und Sozialgeschichte betrifft (vgl. Gerhardt 2011).

Doch um es kurz zu machen: dieser Anschein trügt. Zwar kritisiert Taylor den Säkularismus, doch ist diese Kritik eingebunden in eine existenziell-pluralistische Resonanzgeschichte der Fülle, in deren Verlauf die Vernunft gegenüber der Religion *nicht* mehr äußerlich bleibt. Gewissermaßen überbietet Taylor also methodisch den Postsäkularismus der modernen Gesellschaftstheorie, indem er die Idee der Vernunft selbst transzendental-hermeneutisch zu einem Erfahrungsexistenzial des Glaubens umwertet. Dadurch bleibt der philosophisch eigenständige Charakter seiner Analysen gewahrt, denn in dieser Perspektive lässt sich die moderne Säkularität auf eminente

Umwälzungen und Bedeutungsverschiebungen in den Erfahrungsbedingungen des Glaubens zurückführen: »So aufgefaßt, besteht der Wandel hin zur Säkularität unter anderem darin, daß man sich von einer Gesellschaft entfernt, in der der Glaube an Gott unangefochten ist, ja außer Frage steht, und daß man zu einer Gesellschaft übergeht, in der dieser Glaube eine von mehreren Optionen neben anderen darstellt, und zwar häufig nicht die bequemste Option« (SZ 14). Eine Interpretation der Moderne in diesem (historisch-hermeneutisch) »dritten Sinn« (ebd.) hebt die religionssoziologischen Analytiken von Säkularität I und II insofern auf, als dass sie den Begriff der Säkularisierung überhaupt aus seiner Umklammerung von der Religion zu befreien sucht; Taylor spricht hier von einer »Fixierung auf die Religion«, die es zu lösen gelte: »Es gibt keinen Grund, der Religion eine von nichtreligiösen, ›säkularen‹ (in einem anderen gebräuchlichen Sinn des Wortes) oder atheistischen Standpunkten abgehobene Sonderstellung zuzuweisen« (Taylor 2012, 62/57).

Doch gerade diese epistemische Sonderrolle wird der Religion in den postsäkularen bzw. vernunftöffentlichen Transformationen der modernen Gesellschaftstheorie nach Einschätzung Taylors geradezu aufgedrängt, so dass sich daran noch *ex negativo* deren Abhängigkeit von einem subtraktionslogischen Denken zeigt: Die Vorstellung, dass der Fortschritt der Wissenschaft das Verschwinden der Religion quasi ›natürlich‹ bedingt, bringt sich hier gewissermaßen *a tergo* in zahlreichen Übersetzungsvorbehalten der Philosophie gegenüber dem Glauben (vgl. Habermas 2005; dazu kritisch Kühnlein 2009) oder gar in der Exklusion des Religiösen aus einer politisierten Öffentlichkeit (vgl. Rawls 1998) zum Ausdruck.

Taylors transzendentale Hermeneutik der Moderne zielt also vorrangig auf die Dekonstruktion der subtraktionslogischen Erfahrungsvoraussetzungen ab, die unser modernes Selbstverständnis auch dort noch existenziell prägen, wo das säkularistische Erklärungsmodell an wissenschaftlicher Überzeugungskraft eingebüßt hat. Taylors Einsicht in die wert- bzw. willenstheoretische Vorpositionierung des menschlichen Handelns geht dabei auf William James zurück, dessen religionspragmatischer Erfahrungsbegriff Taylor seinerseits existenzial-phänomenologisch zu rekonstruieren versucht (Taylor 2002; James 2002; zur Verbindung von James und Taylor: Joas 1998): Beiden Autoren geht es nämlich darum, gegen die Zwänge einer szientistisch eng gestellten Vernunft die Möglichkeit (und das Recht) des Glaubens in einem wissenschaftlichen Zeitalter zu verteidigen. Taylor bringt dies auf die pointierte Formulierung, dass es keinen Wahrheitsapriorismus geben könne, der uns an der Anschauung hindert, zu glauben, »Gott oder das Gute sei wesentlich für die beste Erklärung der moralischen Welt des Menschen« (Taylor 1994, 599/142; kritisch allerdings Hösle 2009).

Immanente Ausdeutung

Taylors transzendental-hermeneutische Rekonstruktion des modernen Erfahrungsbegriffs macht deutlich, dass das säkulare Zeitalter unter einer immanenten »Ausdeutung« leidet. Der Begriff »impliziert, daß das Denken des Betreffenden durch ein potentes Bild vernebelt oder eingezwängt wird, so daß er wichtige Aspekte der Realität nicht erkennen kann« (SZ 918). Für Taylor stellt nun die Subtraktions-Idee eine solche interpretatorische Vereinnahmung der modernen Identität dar, weil sie im Bild der Entdeckung noch die Natürlichkeit immanenter Selbst-Vorstellungen zu evozieren weiß. Doch in dieser Sichtweise stellt die Ausdeutung der menschlichen Natur als rationale Selbstverständlichkeit eine »bleibende Einschränkung unserer Erkenntnis« dar (SZ 919), weil sie die grundbegrifflichen Vorannahmen des Guten in ihren eigenen Willensrepräsentationen nicht mitdenkt. Taylor stößt daher die Prioritätsrelationen der Erkenntnistheorie vollständig um, wenn er in seiner transzendentalen Hermeneutik darauf aufmerksam macht, dass die in unseren Handlungen mit vollzogene Sinn-Antizipation sich reflexiv nicht beliebig einholen lässt, sondern als erfahrungskonstitutive Hintergrundontologie unseren angeführten Gründen stets schon bedeutend vorausliegt. Taylor spricht daher auch von einem

Moment des »Ungedachten« in den Hintergrundeinstellungen der neuzeitlichen Säkularisierungstheorie, die in Einstellungen zum Tragen komme, nach denen die Religion »untergehen« müsse, »weil sie, wie die Wissenschaft gezeigt habe, falsch sei«, »weil sie immer belangloser werde« oder weil sie »auf Autorität basiere, während moderne Gesellschaften immer größeren Wert auf Autonomie legen« (SZ 714).

Die von einer emanzipierten Vernunft in Anspruch genommene Legitimität der immanenten Ausdeutung ist somit nicht selbstbezüglich, sondern sie versteht sich nur von dem präreflexiven *Glaubens-* oder Vertrauenshorizont her, den die Vernunft in ihren Äußerungen immer schon mit bezeugt und in dem sie performativ eingebettet ist. Taylor macht hier einen vorphilosophischen »Glaubenssprung« aus, eine Art des »vorgreifenden Vertrauens« (SZ 917 f.) in der Rationalität der Vernunft selbst, die weit über die Diskursivität von Argument und Gegenargument hinausgeht. In diesem Sinne ist es die Einstellung zur Welt, die über den Ausdruck der Welt entscheidet.

Transzendentalhermeneutisch kann also durchaus von einem ›Kampf der Glaubensmächte‹ (Weber) gesprochen werden, in die der neuzeitliche Säkularismus auf ganz eigentümliche Weise verstrickt ist: Hier haben wir es nämlich nach Taylor nur mit einer weiteren *Ethik* zu tun, in der der *Glaube* an die Methodologie der modernen Naturwissenschaften die Rolle der Rechtfertigung übernimmt; der Szientismus kann deshalb retorsiv widerlegt werden, wenn man die Begründungsfrage radikalisiert: »Wie kam es, dass sie [die Atheisten, M. K.] so sicher waren? [...] Und was hat diese Menschen dazu veranlasst, das zu glauben? Zwingende Gründe waren es nicht, denn dergleichen gibt es nicht. Es gibt keine Gewähr dafür, daß sich alle Streitfragen, mit Bezug auf die wir ein Credo formulieren müssen, in dieser Weise entscheiden lassen. *Der Szientismus selbst setzt einen auf nichts als Glauben basierenden Sprung voraus*« (Taylor 1994, 704; Herv. M. K.; vgl. auch SZ 939 ff.)

Im Kern ist also die Transformations- und Anziehungskraft rationaler Kodizes auf ein »Gesamtdispositiv« (vgl. dazu Foucault 1978) des Glaubens zurückzuführen, welche ihre säkulare Überzeugungsstärke nicht aus ihrer kognitiv-methodischen Neutralisierungskraft, sondern vor allem aus einer veränderten moralischen Einstellung gegenüber dem von den modernen Naturwissenschaften produzierten Materialismus gewinnt:

»Was diesem Glauben Kraft verleiht, ist seine eigene moralische Sichtweise. [...] In ihrem Zentrum steht eine ›Ethik des Glaubens‹ [...]. Man *sollte* nichts glauben, wofür man keine ausreichenden Belege hat. Hier kommen zwei Ideale zusammen, um dieses Prinzip zu untermauern. Das erste ist das Ideal der selbstverantwortlichen rationalen Freiheit, [...]: Wir haben die Pflicht, uns anhand der vorliegenden Indizien eine eigene Meinung zu bilden, ohne uns vor irgendeiner Autorität zu beugen. Das zweite Ideal ist eine Art Heroik des Unglaubens: die tiefe geistige Befriedigung über das Wissen, der Wahrheit über die Dinge ins Auge geblickt zu haben, wie düster und trostlos sie auch sein mag« (Taylor 1994, 704 f.; SZ 946 ff.; vgl. dazu Kühnlein 2011).

Hermeneutischer Ikonoklasmus

Taylors Reflexion auf das Glaubensdispositiv der Säkularisierung bringt somit den vorgängigen Willensexpressivismus der modernen Wissenschaft zur Geltung. Deren modale Verwandtschaft mit der Religion untergräbt sozusagen existenzial-performativ den eigenen erkenntnistheoretischen Atheismus, eben weil beide Einstellungen, die immanente und die transzendente, nach Taylor dahingehend übereinkommen, dass sie jeweils einen antizipierenden »Schritt« voraussetzen, »der über die verfügbaren Gründe hinausgeht und in den Bereich des vorgreifenden Vertrauens führt« (SZ 918). In diesem Sinne bringen die Selbstbehauptungs- und Legitimitätsinterpretationen der Moderne ›nur‹ einen fundamentalen moralischen Einstellungswandel zum Ausdruck (neben Weber zielt Taylor hier vor allem kritisch auf Blumenberg 1966 ab, vgl. SZ 501): Religion beugt sich hier nicht einfach dem metaethisch-wissenschaftlichen Fortschritt, sondern es triumphiert ein anderes »Modell des Höheren« (SZ 940), demzufolge in der Neuzeit Bedingungen aufgekommen sind, die es uns nur um den Preis von Infantilität und Kleinmut erlauben, zur Religion zurückzukehren. Was sich also in der Moderne abspielt, ist vom historisch-hermeneutischen Standpunkt aus gesehen ein moralischer Perspektivenwechsel, der die Identitätsbedingungen eines unverfälschten Selbstseins nunmehr naturalisiert. Taylor nennt diese Entwicklung auch eine »anthropozentrische Verschiebung« (SZ 494) unseres kategorialen Erlebnisrahmens, welche zu einer Erfahrungstransformation bzw. zu einem Erfahrungswandel führt, der das Empfinden von Fülle nun ausschließlich von der Immanenz her deutet (vgl. SZ 23/34).

Dieser Unterschied in den Optionen des Guten ist nach Taylor das, was für die Moderne charakteristisch ist. Allerdings wird dieser Unterschied in den Erfahrungen des Guten häufig geleugnet, weil er nicht mit dem Bild zusammenpasst, welches wir von den Weisen unseres In-die-Welt-Gestelltseins machen. Die exegetischen Voraussetzungen der Moderne verändern somit auch Taylors Philosophie, insofern ihr im engeren Sinne die *ikonoklastische* Aufgabe zufällt, uns von jenen Bildern zu befreien, die uns »gefangenhalten«, wie Taylor selbst in Anlehnung an eine berühmte Metapher von Wittgenstein schreibt (SZ 915; vgl. Wittgenstein 1953, 300). Die hermeneutische Herausforderung, die das säkulare Zeitalter für die Philosophie bereithält, liegt demnach in der Urbanisierung von Deutungshorizonten, die den immanenten Rahmen der unabhängigen Ordnung in Richtung auf transzendierende Konzeptionen der Selbstbejahung zu vertiefen wissen; es kann deshalb nach Taylor nur darum gehen, den humanistischen Bewertungshintergrund der sozialen Ordnung interpretatorisch so auszurichten, »daß er als völlig offen für die Transzendenz empfunden« und dabei jeder Anflug von »rationaler Selbstverständlichkeit« der immanenten Perspektive vermieden wird (SZ 909/927; vgl. Joas 2010).

Taylors Ziel, jene Hintergrundeinstellungen zu versprachlichen, die als soziales Vorstellungsschema unsere Sicht auf die Welt und unsere Erfahrungen prägen, ist somit eine Gegen-Erzählung gegen die Art von Narrativ, welche die Naturalisierung von ihrer subtraktionslogischen Entstehung angibt; in der Vorstellung vom ›Tode Gottes‹ wird nach Taylor ein scheinbarer Objektivierungsgrund mobilisiert, der die Ergebnisse der Naturwissenschaften und die zeitgenössischen moralischen Denkprozesse zu einer abgeschlossenen, verriegelten »Weltstruktur« der Erfahrung formt (SZ 919/930 f./933 ff.). Doch vom Standpunkt der Dekonstruktion aus gesehen gehen die veränderten Bedingungen der modernen Welt auf eine »Neubildung der menschlichen Identität« zurück (SZ 934); der maßgebliche Wandel vollzieht sich also in den vorgängigen ontologischen Festlegungen, der eben »auch eine neue Vorstellung von unserer Identität, unserem Ort in der Welt und den impliziten Werten beinhaltet« (SZ 943). So liegt die Attraktivität der naturwissenschaftlichen Lesart der Tod-Gottes-Erklärung nicht so sehr in den materialistischen Schlüssen der Wissenschaft begründet, sondern in der mit ihr zum Ausdruck gebrachten Ethik der souveränen Selbstbehauptung:

»In Wirklichkeit ist die Erfahrung durch eine leistungsfähige Theorie zurechtgestutzt worden, die den Primat des Individuellen, des Neutralen und des Innerpsychischen als Ort der Gewissheit fordert. Welcher Motor treibt diese Theorie? Nun, bestimmte ›Werte‹, Tugenden, Vorzüge – nämlich die des unabhängigen, desengagierten Subjekts, das reflektiert und selbstverantwortlich‹ […] seine eigenen Denkprozesse steuert. Darin liegt eine bestimmte Ethik der Unabhängigkeit, der Selbstbeherrschung, der Selbstverantwortung und des Kontrolle ermöglichenden Denkens. Diese Haltung setzt Mut voraus sowie die Weigerung, sich mit den billigen Bequemlichkeiten der Autoritätshörigkeit, den Tröstungen der verzauberten Welt oder der Kapitulation vor den Regungen der Sinne abzufinden. Diese ganze von ›Werten‹ durchsetzte Bild, das ein Ergebnis der sorgfältigen, objektiven und voraussetzungslosen Forschung sein soll, wird jetzt so präsentiert, als sei es von Anfang an da gewesen und habe den ganzen Prozeß der ›Entdeckung‹ vorangetrieben« (SZ 933 f.).

Ähnlich verhält es sich nach Taylor im moralischen Bereich: Das Bild vom ›Tod Gottes‹ suggeriert, dass die Entwicklung des Humanismus mit seinen säkularen Ideen wie Menschenrechte, Gleichheit und Wohlergehen eine unmittelbare *Reaktion* auf den im Übergang zur Moderne erfahrbaren Traditions-, Loyalitäts- und Glaubensverlust darstellt – der recht verstandene Humanismus ist sozusagen ein Produkt dieser naturalisierten Verlustgeschichte; tatsächlich handelt es sich hier aber Taylor zufolge um einen Vorgang, der selbst durch die positiven individualistischen Wertvorstellungen eines neuen ethischen Selbstverständnisses, eines neuen Erlebens der *conditio humana*, »angetrieben« wird (SZ 953). Diesen Wandel nun im menschlichen Erfahrungsbegriff nachzuzeichnen und den blinden Fleck von Subtraktionstheorien auszudeuten, ist die zentrale Aufgabe von Taylors Großerzählung über die Säkularität der Moderne.

Existenzieller Pluralismus

Taylors transzendental-hermeneutische Rekonstruktion der Glaubensdispositive der Moderne stellt nach Art und Anspruch eine normative *Kontra*-Erzählung dar: Sie zielt darauf ab, die subtraktionslogische Gleichsetzung von Entzauberung und Religionskritik zu dekonstruieren, indem sie uns in eine Geschichte hineinversetzt, die darüber Aufschluss zu geben versucht, wie das säkulare Denken überhaupt zu einem Ort der Fülle werden konnte. Diese Reflexion auf die expressivistischen Vorbedingungen einer naturalisierten Konzeption des Geistes sieht die Erfolgsgeschichte des aufgeklärten Denkens vor allem in dessen Kraft zur *Selbst-Idolisierung*: Solange die immanenten Rahmenkonstruktionen des Guten dabei »Bilder bleiben, können sie nicht in Frage gestellt werden, ja, Alternativen sind unvorstellbar. Das genau bedeutet es, weiterhin gefangengehalten zu werden« (SZ 945; vgl. auch SZ 922). Als gläubiger Katholik hegt Taylor also nicht nur einen persönlichen Argwohn gegenüber dem unbekümmerten Fröhlichkeitssound, mit dem die digital vernetzten und zweckrational optimierten Wissens- und Popkulturen der Gegenwart ihr eigenes Selbstverständnis auratisieren; vielmehr geht es ihm *philosophisch* um die Bedingung der Möglichkeit, die moderne moralische Ordnung in ihrer Vielgestaltigkeit wahrzunehmen und zu erleben.

Um dieses Ziel zu erreichen, legt Taylor einen transzendental-hermeneutischen Querschnitt durch die Motivlagen der neuzeitlichen Identität, um Einsicht in ihre Konstruktionsweise und existenzial-ontologischen Beschaffenheit der sie bewegenden Fülle-Vorstellungen zu nehmen; Taylor spricht im Zusammenhang mit dem Aufkommen von Immanenz auch von einem »abgepufferten« Selbst, welches sich die Welt instrumentalistisch vom Leibe hält (SZ 72–79; vgl. Rosa 2011; 2012). Doch transzendental-hermeneutisch gesehen verbirgt sich dahinter nur eine weitere spirituelle Einstellung, die ihr Fülle-Erleben nunmehr von den Zugehörigkeiten zu gemeinschaftlich geteilten Symbolsystemen entpflichtet; also nicht mehr epistemische Überlegenheit, sondern Resonanz- und Mobilmachungsfähigkeiten einer konkurrierenden Idee über das menschlich Auszeichnende machen die Kernkompetenzen unserer immanenten Weltbeziehung aus: Was fragilisiert wird, ist nicht die religiöse Option per se, sondern vielmehr die ontologische Rahmenkonstruktion unseres In-die-Welt-Gestelltseins (darauf zumindest bezieht sich der von Taylor sogenannte »Nova-Effekt« der Moderne; SZ 507).

Als historisch-hermeneutisch gewachsener Begriff unserer expressiven Selbstverständigung lässt Taylor das säkulare Denken als Kennzeichen der Gegenwart somit durchaus gelten; was er jedoch kritisiert, ist eine Vorstellung von Säkularisierung, die quasi als neutrales Esperanto die Entwicklung pluralistischer Deutungssysteme in eine Zielsprache der Ausdifferenzierung und Rationalisierung überführt, in deren Konsequenz religiöse Argumente in der Öffentlichkeit nur dann Anerkennung finden können, wenn sie erst ›übersetzt‹ werden (Habermas). Hier macht Taylor unmissverständlich klar, dass der Pluralismus der Moderne von intrinsischer oder existenzieller Natur ist: Glaubensdispositive, seien sie von materialistischer, humanistischer oder religiöser Art, drücken spirituelle Bezugnahmen aus, die in ihrer Fülle-Exposition unhintergehbar und deshalb gerade nicht zu übersetzen sind (vgl. Taylor 2012). Inhaltlich wird Religion dadurch nicht aufgewertet, aber zumindest *formal* mit den anderen Wert- und Orientierungssystemen humanistischer und anti-humanistischer Provenienz gleichgestellt – und das bedeutet für Taylor: Anerkennung und nicht Säkularität ist der Preis der Moderne.

Literatur

Berger, Peter L.: *The Desecularization of the World. Resurgent Religion and World Politics*. Washington 1999.

Blumenberg, Hans: *Die Legitimität der Neuzeit*. Frankfurt a. M. 1966.

Bruce, Steve: *Religion in The Modern World: From Cathedrals to Cults*. Oxford 1996.

–: *God is Dead. Secularization in the West*. Oxford 2002.

Casanova, José: *Public Religions in the Modern World*. Chicago 1994.

–: A secular age: Dawn or twilight? In: Michael Warner/Jonathan Van Antwerpen/Craig Calhoun (Hg.): *Varieties of Secularism in an Secular Age*. Cambridge 2010, 265-281.

Castoriadis, Cornelius: *Gesellschaft als imaginäre Institution*. Frankfurt a. M. 1984 [frz. 1975].

de Vries, Hent: Tiefendimension von Säkularität. In: *Deutsche Zeitschrift für Philosophie* 57 (2009), 301-318.

Endreß, Martin: Säkular oder Postsäkular? Zur Analyse der religiösen Konturen der Gegenwart im Spannungsfeld der Beiträge von Jürgen Habermas und Charles Taylor. In: Thomas M. Schmidt u. a. (Hg.): *Herausforderungen der Modernität*. Würzburg 2012, 213-237.

Foucault, Michel: *Dispositive der Macht. Über Sexualität, Wissen und Wahrheit*. Neuwied 1978.

Gerhardt, Volker: Säkularisierung: Eine historische Chance für den Glauben. In: Kühnlein/Lutz-Bachmann 2011, 547-572.

Habermas, Jürgen: *Glauben und Wissen*. Frankfurt a. M. 2001.

–: *Zwischen Naturalismus und Religion. Philosophische Aufsätze*. Frankfurt a. M. 2005.

Heidegger, Martin: *Sein und Zeit* [1927]. Tübingen ¹⁶1986.

Horkheimer, Max/Adorno, Theodor W.: *Dialektik der Aufklärung. Philosophische Fragmente* [1947]. Frankfurt a. M. 1988.

Hösle, Vittorio: Eine metaphysische Geschichte des Atheismus. In: *Deutsche Zeitschrift für Philosophie* 57 (2009), 319-327.

Illich, Ivan: *In den Flüssen nördlich der Zukunft. Letzte Gespräche über Religion und Gesellschaft mit David Cayley* [2005]. München 2006.

James, William: Der Wille zum Glauben [1897] In: Ekkehard Martens (Hg.): *Pragmatismus. Ausgewählte Texte*. Stuttgart 2002, 128-160.

Jaspers, Karl: *Der philosophische Glaube angesichts der Offenbarung*. München 1962.

Joas, Hans: *Die Entstehung der Werte*. Frankfurt a. M. 1997.

–: Gesellschaft, Staat und Religion. In: Ders. (Hg.): *Säkularisierung und die Weltreligionen*. Frankfurt a. M. 2007, 9-43.

–: Die säkulare Option. Ihr Aufstieg und ihre Folgen. In: Kühnlein 2010, 231-241.

–: *Glaube als Option. Zukunftsmöglichkeiten des Christentums*. Freiburg 2012.

König, Matthias: Jenseits des Säkularisierungsparadigmas? Eine Auseinandersetzung mit Charles Taylor. In: *Kölner Zeitschrift für Soziologie und Sozialpsychologie* (2011), 649-673.

Kühnlein, Michael: Liberalismuskritik und religiöser Artikulationsvorsprung: Charles Taylors theistische Freiheitsethik. In: *Theologie und Philosophie* (2005), 176-200.

–: *Religion als Quelle des Selbst. Zur Vernunft- und Freiheitskritik von Charles Taylor*. Tübingen 2008.

–: Zwischen Vernunftreligion und Existenztheologie: Zum postsäkularen Denken von Jürgen Habermas. In: *Theologie und Philosophie* 84/4 (2009), 524-546.

– (Hg.): *Kommunitarismus und Religion*. Berlin 2010.

–: Religion als Auszug der Freiheit aus dem Gesetz? Charles Taylor über die Vermessungsgrenzen des säkularen Zeitalters. In: Ders./Lutz-Bachmann 2011, 388-445.

– / Lutz-Bachmann, Matthias (Hg.): *Unerfüllte Moderne? Neue Perspektiven auf das Werk von Charles Taylor*. Frankfurt a. M. 2011.

Luckmann, Thomas: *Die unsichtbare Religion*. Frankfurt a. M. 1991.

MacIntyre, Alasdair: *Der Verlust der Tugend. Zur moralischen Krise der Gegenwart*. Frankfurt a. M. 1995 (engl. 1981).

Martin, David: *A General Theory of Secularization*. Oxford 1978.

Merleau-Ponty, Maurice: *Phänomenologie der Wahrnehmung*. Berlin 1974 (frz. 1945).

Nagel, Thomas: *Der Blick von nirgendwo*. Frankfurt a. M. 1992 (engl. 1986).

Rawls, John: *Politischer Liberalismus*. Frankfurt a. M. 1998 (engl. 1993).

Rentsch, Thomas: Transzendenz und Moderne, Religion und Philosophie: Kritische Bemerkungen zu Charles Taylors *A Secular Age*. In: Kühnlein 2010, 243-250.

–: Wie ist Transzendenz zu denken? Kritische Thesen zu Charles Taylors Säkularisierungskonzept. In: Kühnlein/Lutz-Bachmann 2011, 573-598.

Rosa, Hartmut: *Identität und kulturelle Praxis. Politische Philosophie nach Charles Taylor*. Frankfurt a. M. 1998.

–: Is there anybody out there? Stumme und resonante Weltbeziehungen – Charles Taylors monomanischer Analysefokus. In Kühnlein/Lutz-Bachmann 2011, 15-43.

–: Poröses und abgepuffertes Selbst: Charles Taylors Religionsgeschichte als Soziologie der Weltbeziehung. In: *Soziologische Revue* 35 (2012), 3-11.

Steinfath, Holmer: Subtraktionsgeschichten und Transzendenz. Zum Status der ›modernen moralischen Ordnung‹. In: Kühnlein/Lutz-Bachmann 2011, 623-649.

Taylor, Charles: Die Motive einer Verfahrensethik. In: Wolfgang Kuhlmann (Hg.): *Moralität und Sittlichkeit. Das Problem Hegels und die Diskursethik*. Frankfurt a. M. 1986, 101–135.
–: *Quellen des Selbst. Die Entstehung der neuzeitlichen Identität*. Frankfurt a. M. 1994 (engl. 1989).
–: *Das Unbehagen an der Moderne*. Frankfurt a. M. 1995a (engl. 1991).
–: Was ist menschliches Handeln? In: Ders.: *Negative Freiheit? Zur Kritik des neuzeitlichen Individualismus*. Frankfurt a. M. 1995b, 9–51 (engl. 1977).
–: *Die Formen des Religiösen in der Gegenwart*. Frankfurt a. M. 2002.
–: *Ein säkulares Zeitalter*. Frankfurt a. M. 2009 (engl. 2007) [= SZ].
–: Replik. In: Kühnlein/Lutz-Bachmann 2011, 821–861 (engl. 2011).
–: Für eine grundlegende Neubestimmung des Säkularismus. In: Eduardo Mendieta/Jonathan Van Antwerpen (Hg.): *Religion und Öffentlichkeit*. Frankfurt a. M. 2012, 53–88.
Walzer, Michael: *Kritik und Gemeinsinn. Drei Wege der Gesellschaftskritik*. Frankfurt a. M. 1993 (engl. 1987).
Weber, Max: *Wissenschaft als Beruf* [1917/19]. Max-Weber-Studienausgabe I/17. Tübingen 1994, 1–23.
Weber, Max: *Gesammelte Aufsätze zur Religionssoziologie*. Bd. I. Tübingen 1920.
Wittgenstein, Ludwig: *Philosophische Untersuchungen* [1953]. Werkausgabe Bd. 1. Frankfurt a. M. 1984.

Michael Kühnlein

12. Wiederkehr der Götter? Die These von der Revitalisierung der Religion (Riesebrodt, Pollack)

Bis vor knapp zwei Jahrzehnten war die Säkularisierungsthese in der Religionssoziologie zur Erklärung des Verhältnisses von Religion und Moderne größtenteils unangefochten. Diese These, deren Kern sich schon in den Überlegungen von Emile Durkheim und Max Weber finden lässt, behauptet, dass Prozesse der Modernisierung mit großer Wahrscheinlichkeit dazu führen, dass die gesellschaftlich integrierende Kraft von Religionen sowie die Robustheit religiöser Überzeugungen einzelner Gruppen und Individuen abgeschwächt werden und Religion generell in modernen Gesellschaften an Bedeutung verliert. Dazu gibt es unterschiedliche Erklärungsmodelle: Peter L. Berger (vgl. Berger 1980) sieht die Gefahr für die Bedeutung des Religiösen hauptsächlich in der kulturellen und religiösen Pluralisierung moderner Gesellschaften. Dort wo unterschiedliche letztbegründende Antworten auf die Frage nach dem Sinn des Lebens gegeben werden, werden die einzelnen Anschauungen durch die jeweils anderen relativiert und können daher ihren Allgemeingültigkeitsanspruch nur schwer verteidigen. Ferner, so Steve Bruce (vgl. 2002), führe dies dazu, dass die unterschiedlichen religiösen Vorstellungen in pluralen Gesellschaften gleich behandelt werden müssen, also die Religion der Mehrheit kein Privileg gegenüber Minderheitsreligionen mehr besitzt. Das führe zur Säkularisierung öffentlicher Einrichtungen, was wiederum nicht ohne Wirkung für das Alltagsleben bliebe.

Für Bryan Wilson (vgl. 1969) hingegen liegt der Grund für den Bedeutungsverlust von Religion in der sozialen Differenzierung. Je mehr einzelne Gesellschaftsbereiche an Autonomie gewinnen, desto weniger Einfluss haben andere Bereiche auf sie. Der Bereich des Religiösen wird somit zu einem Gesellschaftsbereich unter vielen und kann daher keine privilegierte Stellung mehr beanspruchen, nach der sich auch das Verhalten in anderen Bereichen entlang religiöser Maßgaben zu bewegen hätte. Karel Dobbelaere (vgl. 2004), schließlich, sieht zusätzlich – aber nicht nur, seine Theorie ist wesentlich komplexer – einen Prozess der Säkularisierung innerhalb der Kirchen selber. Diese reagieren auf Modernisierungsprozesse durch eine interne Rationalisierung und treiben den Prozess der Säkularisierung somit selber weiter voran.

Seit einigen Jahren hat die Säkularisierungsthese aber einen solchen Gegenwind erfahren, dass Steve Bruce sie in seinem neuesten Werk gar eine »unfashionable theory« (Bruce 2011) nennt. Als besonders prominent erwiesen sich vor allem eine Rational-Choice-Theorie der Religionen und die These der Privatisierung und Individualisierung von Religion in modernen Gesellschaften. Erstere Theorie kommt vor allem aus den Vereinigten Staaten, die als eine der modernsten Gesellschaften der Welt nichtsdestotrotz eine hochreligiöse Gesellschaft, und besagt, wie vor allem Rodney Stark und Roger Finke (vgl. Stark/Finke 2000) argumentieren, dass der Grund für diesen auf den ersten Blick paradoxen Umstand im religiösen Pluralismus der Vereinigten Staaten bei gleichzeitiger starker Trennung von Staat und Kirche liege. Diese Bedingungen erlauben es den religiösen Organisationen, sich an den Bedürfnissen der Menschen zu orientieren und auf einem freien Markt der Weltanschauungen um Anhänger zu werben. Das ermögliche es gleichzeitig den religiös Suchenden, ohne größere politische oder gesellschaftliche Sanktionen sich der religiösen Gruppe anzuschließen, der sie sich am ehesten hingezogen fühlen – und diese bei Bedarf auch zu wechseln. Die Individualisierungsthese hingegen besagt, dass es durchaus sein kann, dass Religion gesamtgesellschaftlich gesehen an Bedeutung verliert und traditionelle Religionsgemeinschaften und Kirchen ihre Bindungskraft verlieren. Diese Entwicklung führe jedoch keineswegs dazu, dass jegliche persönliche Religiosität verloren ginge. Im Gegenteil ermöglicht diese Individualisierung die Erfahrung eigener, genuiner religiöser Erfahrungen, die für ihre Deutung nicht von ausformulierten Lehren etablierter Institutionen abhängig sind (vgl. Hervieu-Léger 2004). Um einen religiösen Glauben zu haben, so die These, sei es nicht mehr notwendig, auch zu einer religiösen Gemeinschaft zu gehören (vgl. Davie 2002). Die steigende Popularität neuer religiöser Phänomene wie der Astrologie, dem Spiritualismus oder Okkultismus werden dabei als Indikatoren für diese Tendenz hin verstanden.

Anhand zweier der prominentesten deutschen Religionssoziologen soll im Folgenden die These der Revitalisierung der Religionen sowie ihre Kritik aus Sicht der Säkularisierungsthese diskutiert werden. Martin Riesebrodt sieht im Aufkommen fundamentalistischer Bewegungen in unterschiedlich modernisierten Gesellschaften des zwanzigsten Jahrhunderts eine Rückkehr der Religion, die auch bis auf weiteres nicht aufzuhalten ist. Detlef Pollack sieht diese Revitalisierung hingegen nur als ein Minderheitenphänomen, das es nicht erlaubt, pauschal von einer Rückkehr des Religiösen zu sprechen. Durch empirische Studien untermauert, vertritt er die Auffassung, dass die Säkularisierungsthese, wie sie oben beschrieben wurde, weiterhin die beste Erklärung für das Verhältnis von Religion und Moderne liefert.

Martin Riesebrodt: Die Rückkehr der Religion als fundamentalistische Protestbewegung

In seinem im Jahr 2000 erschienenen und vielbeachteten Buch *Die Rückkehr der Religionen* konstatiert Martin Riesebrodt »eine weltweite Revitalisierung von Religion als einer Macht [...], die erfolgreich religiöse Subjekte formt und öffentlichen Einfluss gewinnt« (Riesebrodt 2001, 9). Ausgangspunkt seiner Überlegungen ist seine Auseinandersetzung mit dem Phänomen des Fundamentalismus in unterschiedlichen historischen, geographischen, gesellschaftlichen und politischen Kontexten, die er in seiner Studie *Fundamentalismus als patriarchalische Protestbewegung* zur protestantischen fundamentalistischen Bewegung in den Vereinigten Staaten zu Beginn des zwanzigsten Jahrhunderts sowie der schiitischen Protestbewegung im Vorfeld der Iranischen Revolution 1961 bis 1979 detailliert beschrieben hat (Riesebrodt 1990; auch Ders.

1988). Der Fundamentalismus, so seine These, sei keineswegs als ein letztes Aufbäumen traditionalistischer Kräfte zu verstehen, die sich schließlich zwangsläufig dem sozialen und politischen Wandel unterworfen sehen werden und daher über kurz oder lang in der Bedeutungslosigkeit versinken werden. Genauso wenig handele es sich dabei um ein Phänomen, das sich primär in vermeintlich rückständigen, ländlichen Regionen oder Gesellschaften mit niedrigem Bildungsgrad und wenig Anbindung zum rasanten Wandel städtischer Ballungsgebiete manifestiere. Ebenso könne nicht davon die Rede sein, wie der islamische Fundamentalismus häufig interpretiert werde, dass es sich dabei um »eine typische Dritte-Welt-Bewegung [handele], die gegen den Neokolonialismus der Großmächte protestiert« (Riesebrodt 1990, 16). Sein Vergleich der fundamentalistischen Bewegungen in den USA sowie im Iran zeige vielmehr, dass wir es sich dabei mit einer Bewegung zu tun haben, die in unterschiedlichen historischen, sozialen und politischen Konstellationen eine Vielzahl ähnlicher struktureller und ideologischer Merkmale aufweise, die gerade im Zuge sozioökonomischer, politischer und moralischer Wandlungsprozesse ein hohes Mobilisierungspotenzial entwickeln und somit einen ernstzunehmenden gesellschaftlichen und politischen Faktor darstelle. Aus dieser Erkenntnis heraus sei es notwendig, eine Religionstheorie zu entwickeln, die einen Interpretationsapparat zu Verfügung stellt, der der Revitalisierung der Religion im letzten Jahrhundert gerecht wird und dabei weder, auf der einen Seite, Säkularisierungsprozesse leugnet, noch, auf der anderen Seite, so tut, als haben wir es am Ende gar nicht mit einer Rückkehr der Religion zu tun. Um Riesebrodts These zur Rückkehr der Religionen besser nachvollziehen zu können, bietet es sich an, den Blick auf seine Hauptschriften in der umgekehrten Reihenfolge ihres Erscheinens zu werfen.

Eine Theorie der Religionen

In seinem Buch *Cultus und Heilsversprechen* aus dem Jahr 2007 entwickelt Riesebrodt seine Religionstheorie. Ausgangspunkt der Theorie sind die religiösen Praktiken, die von den Gläubigen vollzogen werden. Bislang sei Religion, so kritisiert Riesebrodt, von der Soziologie vor allem entweder unter ihren ethisch-moralischen sowie herrschaftlichen Dimensionen behandelt worden oder aber in Form von Analysen ihres Einflusses auf die Lebensführung Einzelner beziehungsweise unter dem Aspekt ihrer Rolle für gesellschaftliche Zusammenhänge und soziale Systeme. Darüber sei vernachlässigt worden, was den Kern einer jeden Religion ausmache, nämlich die Handlungen, die die einzelnen Gläubigen vollziehen, wenn sie ihre Religion praktizieren. Religion ist für Riesebrodt demnach ein »Komplex sinnhafter Praktiken [...], also von Handlungen, die in einem relativ systematischen Sinnzusammenhang stehen« (Riesebrodt 2007, 109). Diese Praktiken gelte es zu verstehen, wenn man eine Theorie der Religion entwickeln wolle. Bislang sei man dazu auf zwei unterschiedliche Weisen vorgegangen, die beide letztlich jedoch nicht vermocht hätten, das Phänomen adäquat zu erfassen. Zum einen gebe es intellektualistische Deutungen, die versuchen, Religion von den komplexen Weltbildern aus zu interpretieren, die im Laufe der Entwicklung der einzelnen religiösen Traditionen von ihren Intellektuellen entworfen worden sind. Das Problem dabei sei allerdings, dass versucht werde, religiöse Praktiken, die von den unterschiedlichsten Gläubigen durchgeführt werden, anhand von Theologien zu erfassen, die einem Großteil der religiös Praktizierenden zumindest weitestgehend unbekannt sind. »Wenn aber die systematisierten Glaubensvorstellungen den religiösen Praktikern gar nicht bekannt sind, wie hilfreich sind sie dann eigentlich zur Erklärung religiösen Handelns und wie stark wird unser Religionsverständnis dadurch verfälscht, dass Religion wesentlich auf ›Theologie‹ reduziert wird?« (ebd., 121).

Die zweite Deutung religiöser Praktiken wird so vollzogen, dass man, um religiöse Handlungen zu verstehen, einfach die Menschen befragt, die diese Handlungen vollziehen. Das Problem dabei sei aber, dass viele Handlungen – religiöse wie nichtreligiöse – zu einem großen Teil unreflektiert vollzogen würden und auch die Versuche, sie zu artikulieren und zu erklären, wenig systematisch, beziehungsweise von der jeweiligen Situation in der sich die Befragte gerade befindet, abhängig seien. Diese stets schwankenden Selbstinterpretationen seien nicht verlässlich genug, um von ihnen auf den tatsächlichen Sinn der beschriebenen Praktiken schließen zu können.

Daher schlägt Riesebrodt vor, die religiösen Praktiken, so wie sie vollzogen werden, zu untersuchen und ihren Sinn zu deuten. Im Zuge dieser Untersuchung entdeckt er drei Kernannahmen, die allen religiösen Praktiken zugrunde liegen: Religiöse Praktiken seien solche, »die auf der Prämisse der Existenz in der Regel unsichtbarer persönlicher oder unpersönlicher übermenschlicher Mächte beruhen« (ebd., 113). Diesen Mächten wird »Einfluss auf oder Kontrolle über Dimensionen des individuellen oder gesellschaftlichen menschlichen Lebens und der natürlichen Umwelt zugeschrieben [...], die sich direkter menschlicher Kontrolle gewöhnlich entziehen« (ebd.). Der Sinn religiöser Praktiken besteht darin, mit diesen übermenschlichen Kräften Kontakt aufzunehmen (*interventionistische Praktiken*), über diese Mächte im weitesten Sinne zu kommunizieren (*diskursive Praktiken*) und sein Alltagsleben mit Rücksicht auf diese Mächte zu gestalten (*verhaltensregulierende Praktiken*). Um Religion in ihrem Kern verstehen zu können, geht es laut Riesebrodt vor allem darum, die interventionistischen Praktiken richtig zu deuten. Das liege daran, dass die anderen beiden Formen religiöser Praktik – diskursive und verhaltensregulierende Praktiken – von der Möglichkeit der Kontaktaufnahme mit den angenommenen übermenschlichen Mächten abhängen: »Erst die Tatsache, dass man nicht nur an die Existenz übermenschlicher Mächte ›glaubt‹, sondern mit ihnen verkehrt, gibt allen anderen Praktiken ihre Rechtfertigung« (ebd., 127).

Wenn man diese interventionistischen Praktiken nun richtig deutet, so Riesebrodt, kommt man zu dem Schluss, dass es sich dabei um Praktiken handelt, die dazu da sind, den praktizierenden Menschen oder die Gemeinschaft, im Rahmen derer er die Handlungen vollzieht, vor Unheil zu beschützen, drohende Krisen abzuwenden oder bestehende zu bewältigen sowie Heil für den Einzelnen und die Gemeinschaft zu stiften. Das gelte für alle religiösen Traditionen und alle Zeitpunkte (vgl. Riesebrodt 2000, 42). Am Beispiel unterschiedlichster Traditionen zeichnet er die Belege für seine These in seinem Buch detailliert nach. Diese Krisen können unterschiedlicher Natur sein. Zum einen gibt es Krisen der Naturbeherrschung, wie etwa die Tatsache der Unkontrollierbarkeit von Wetterbedingungen für eine gute Ernte in vormodernen Gesellschaften oder, drastischer, Naturkatastrophen. Weiter gibt es Krisen des menschlichen Körpers, also Fälle von Krankheit oder Tod, mit denen es umzugehen gilt. Schließlich kann es auch Krisen sozialer Beziehungen und Identitäten geben, die sich beispielsweise in sozialen Konflikten, Krisen der Solidarität, Ungleichheit etc. äußern. Wenn man diesen Sinn religiöser Praktiken erfasst hat, nämlich die Vorbeugung von Unheil und die Bewältigung von Krisen durch Kontaktaufnahme mit übermenschlichen Mächten, die das irdische und kosmische Geschehen vermeintlich kontrollieren, dann lässt sich verstehen, wie es auch in modernen Gesellschaften zu einer Revitalisierung der Religion kommen konnte und weshalb mit einem Verschwinden der Religion in naher Zukunft nicht zu rechnen ist.

Krisenbewusstsein und die Rückkehr der Religionen

Während Krisenzeiten nicht zwangsläufig dazu führen müssen, dass übermenschliche Mächte erdacht und angerufen werden, um diese zu bewältigen, so stellt Riesebrodt doch fest, dass der Zusammenhang zwischen religiösen Entwicklungen und Krisenbewusstsein nicht zu leugnen sei. So haben nahezu alle Religionsgründungen aus einer Wahrnehmung von Krisensituationen heraus stattgefunden, wie auch Neuorientierungen in einzelnen Glaubensvorstellungen und religiösen Praktiken zu Zeiten vorgenommen wurden, die mit großen Umbrüchen für die Betroffenen verbunden waren und als Krisen interpretiert wurden. Es sei ein Wesensmerkmal des Menschen, diese Krisen auf eine Art und Weise zu deuten, die es ihm ermöglichen, trotz faktischer eigener Ohnmacht ein gewisses Maß an Kontrolle darüber zu erlangen. Eine Möglichkeit – wenn auch nicht die einzige – sei es, die Krise beziehungsweise das Unheil als Werk einer übermenschlichen Macht zu deuten, mit der man über bestimmte Praktiken in Kontakt treten kann, und die man entweder durch rituelle Handlungen oder einen bestimmten, den Mächten wohlgefallenden Lebenswandel dazu bewegen kann, die Krise abzuwenden oder zu bewältigen (vgl. ebd., 45 ff.). Diese Erkenntnis führt dazu, dass die von Riesebrodt konstatierte Revitalisierung der Religion in ihrem gesellschaftlichen Kontext interpretiert und zusätzlich überprüft werden muss, ob wir es in den beschriebenen Fällen einer Rückkehr von Religion nicht mit Situationen zu tun haben, die von den Gläubigen als krisenhaft interpretiert werden. Das ermöglicht es auch, die Rückkehr der Religionen zu erklären, ohne Säkularisierungstendenzen leugnen zu müssen. Vielmehr handelt es sich, so Riesebrodt, um zwei Seiten derselben Medaille.

Riesebrodt stellt fest, dass in dem, was sowohl von den Vertretern einer Säkularisierungsthese (vgl. Bruce 2002; 2011; Pollack 2003; 2009) als auch von ihren Widersachern (vgl. Stark/Hadden/Bainbridge 1996; Finke/Iannaccone 1993; Stark/Finke 2000) als Säkularisierung bezeichnet wird, sich eigentlich drei unterschiedliche Phänomene erkennen lassen, die unzulässigerweise unter demselben Begriff subsumiert wurden. Auf der einen Seite ist es nicht zu leugnen, dass in allen westlichen Gesellschaften Prozesse einer Emanzipation unterschiedlicher gesellschaftlicher Institutionen vom Einfluss der Religion und der sie repräsentierenden Kirchen stattgefunden haben. Bereiche wie Wirtschaft, Bildungswesen, Kultur und Politik sind für ihr Funktionieren nicht mehr von religiösen Deutungen und Legitimationen abhängig und somit zu weitestgehend autonomen Institutionen des gesellschaftlichen Lebens geworden. Mit dieser *Säkularisierung* gehen die anderen beiden Phänomene jedoch nicht notwendigerweise einher: Eine *Entzauberung* des Denkens, also eine Verwissenschaftlichung von Annahmen zur empirischen Welt beziehungsweise eine Reduktion religiöser Inhalte auf ihre ethischen Handlungsanleitungen muss genauso wenig eine Folge von Säkularisierung sein, wie es eine *Deinstitutionalisierung* von Religion oder ein genereller Verlust religiösen Glaubens sein muss. Die Verhältnisse zwischen diesen drei Phänomenen seien vielmehr hochkomplex und könnten sich je nach Situation völlig unterschiedlich gestalten (vgl. Riesebrodt 2007, 244 ff.). Es sei zwar richtig, so Riesebrodt, dass wissenschaftliche Forschung und technologische Entwicklungen viele Gegebenheiten, die ehemals ohne Rekurs auf übernatürliche Mächte unbeherrschbar erschienen und als Krisen wahrgenommen wurden, unter unsere Kontrolle gebracht haben. So sind viele Krankheiten heilbar geworden, die noch vor einigen Jahrzehnten unweigerlich zum Tod geführt hätten. Auch soziale Entwicklungen, wie beispielsweise die Gleichstellung der Frau, haben dazu geführt, dass einige Krisen in diesem Bereich abgewandt worden sind. Dennoch hat gerade auch diese Entwicklung neue Krisenbereiche eröffnet, die vorher nicht vorhanden waren: unbeabsichtigte Folgen wissenschaftlicher und technischer Innovationen, neue Epidemien, die Gefahr durch die Verbreitung atomarer Waffen, Gefährdung der Gesundheit durch industrielle Produktion, Klimawandel, Unfälle, die Umwälzung der sozialen Verhältnisse je nach Marktbedingung und technischen Innovationen, Unterminierung traditioneller Machtverhältnisse und patriarchalischer Autorität, die Zerstörung verwandtschaftlicher Bindungen, die Unberechenbarkeit des Marktes etc. – all dies sind Krisen, denen sich der moderne Mensch ausgesetzt sieht, und die er abzuwenden oder zu bewältigen sucht (vgl. ebd., 255 f.). Nach wie vor versprechen religiöse Praktiken Lösungen, um diese Krisen abzuwenden, zu bewältigen oder wenigstens sinnhaft zu deuten. »Auch wenn keineswegs alle Menschen auf dieses Versprechen vertrauen oder überhaupt an die Existenz übermenschlicher Mächte glauben, wäre es unrealistisch, angesichts der nicht zu bewältigenden Bedrohungen des Menschen ein Ende der Religion zu erwarten« (ebd., 257). Wo aber genau manifestiert sich dieses Krisenbewusstsein und wo haben wir es mit einer Revitalisierung der Religion zu tun?

Revitalisierung von Religion in Form des Fundamentalismus

An diesem Punkt ist es nun möglich, den Bogen zurück zu Riesebrodts Fallstudien zum US-amerikanischen protestantischen und iranischen schiitischen Fundamentalismus zu spannen. Diese Fundamentalismen seien nämlich religiöse Revitalisierungsbewegungen, die als Reaktion auf ein Krisenbewusstsein in jeweils einer konkreten historischen und gesellschaftlichen Situation entstanden sind. Die fundamentalistische ist nicht die einzige Form von religiöser Revitalisierungsbewegung, die Riesebrodt identifiziert. Es entstehen auch liberalere, linksorientierte, wie er sie nennt, »utopische« (Riesebrodt 2000, 54) Bewegungen wie die katholische Befreiungstheologie in Lateinamerika oder die protestantische Befreiungstheologie in Südafrika. Sein Hauptaugenmerk liegt allerdings auf dem Fundamentalismus. Gemein ist allen Spielarten des Fundamentalismus, dass sie »sich kritisch mit der gesellschaftlichen Realität auseinander [setzen] und [...] den Anspruch [erheben], dass die von ihnen diagnostizierte abgrundtiefe Gesellschaftskrise nur durch eine Rückkehr zu den Grundlagen der jeweiligen religiösen Tradition zu überwinden sei« (ebd., 53). Daher wird von den fundamentalistischen Protagonisten zunächst festgestellt, was genau es an der jeweils gegenwärtigen Lage zu kritisieren gilt – worin also die Krise besteht – um sodann Lösungen anzubieten.

Als Kern der fundamentalistischen Gesellschaftskritik lässt sich auf der einen Seite die Feststellung eines moralischen Verfalls – der sich manifestiert durch den Zerfall der Familie und die Verbreitung von Homosexualität, Pornographie, Alkoholismus, Glücksspiel etc. –, auf der anderen Seite der »religiöse Identitätsverlust der Nation« (ebd., 86) erkennen. Diese Entwicklungen seien nicht unintendierte Folgen bestimmter gesellschaftlicher Prozesse, sondern das Tun konkreter Menschen, die die Macht der religiösen Tradition unterminieren wollen und sich klar identifizieren lassen. Die Lösungen, die für diese Probleme angeboten werden, weisen auch ähnliche Züge auf, können aber zu unterschiedlichen Konsequenzen führen. Während die Fundamentalismen, die Riesebrodt untersucht, zu gesellschaftlichen und politischen Bewegungen werden (vgl. auch Riesebrodt 1996), kann dieselbe Krisendiagnose auch zu einem weitestgehenden Rückzug aus einem Großteil der gesellschaftlichen Zusammenhänge führen, bei dem einfach das kommende Heil abgewartet wird, während rundherum die Welt im Chaos versinkt (zu dieser Spielart des Fundamentalismus vgl. exemplarisch Ammerman 2002). Hier kommt es dann lediglich auf einen angemessenen Lebenswandel an, den man allerdings nicht in der Gesellschaft zu verbreiten versucht. Gemeinsam sind den unterschiedlichen fundamentalistischen Entwürfen die Definition einer idealen Sozialordnung sowie eine konkrete Imagination frommer Lebensführung. Wenn wir, wie Riesebrodt, den eben erwähnten Fall des Rückzugs aus gesellschaftlichen Zusammenhängen ausklammern, wird nicht nur von den Anhängern der Bewegung erwartet, sich diesem Lebenswandel zu unterwerfen, sondern man versucht gleichzeitig, seine Forderungen gesamtgesellschaftlich durchzusetzen. Dieser Lebenswandel beruht zum einen auf einer patriarchalischen Vorstellung von Geschlechterverhältnissen. Allen fundamentalistischen Bewegungen ist gemein, dass die Autorität sowohl in der öffentlichen Manifestation der Bewegung wie auch in ihren internen Strukturen eindeutig bei den Männern liegt. Gleichzeitig betonen alle eine Ablehnung der modernen Freizeit- und Konsumkultur. Glücksspiel, das Konsumieren von Alkohol, die Zurschaustellung des Körpers und ähnliches werden aufs Schärfste zurückgewiesen. Diese Vorgaben sind Teil der Konzeption einer idealen sozialen Ordnung, die es durch politische Aktionen – und wenn möglich durch Machtübernahme – gesamtgesellschaftlich durchzusetzen gilt. Auch hier betont Riesebrodt wieder den Vorrang religiöser Praktiken vor den weltanschaulichen Inhalten:

»Versucht man, Lebensführung und Sozialutopie in ihrer prägenden Wirkung auf die fundamentalistische Identitätsbildung gegeneinander abzuwägen, so muss man wohl den pragmatischen Aspekten eine größere Breitenwirkung zumessen, während die idealen Ordnungsvorstellungen innerhalb der intellektuellen Kader von nicht zu unterschätzender Bedeutung sind« (Riesebrodt 2000, 89).

Noch wichtiger als die fromme Lebensführung der Fundamentalisten ist jedoch die heilsgeschichtliche Dimension (zum Folgenden vgl. Riesebrodt 1990, 223 ff.) Die in der Lebenswelt der Betroffenen ausgetragenen Krisen werden stilisiert als ein allumfassender, kosmischer Kampf zwischen Gut und Böse. Die fundamentalistische Minderheit und die von ihr angerufenen übernatürlichen Mächte vertreten dabei das Gute, das sich gegen den Ansturm der Einflüsse des Bösen zur Wehr setzt. Diese Interpretation des gesellschaftlichen Geschehens kann zu zwei unterschiedlichen Konsequenzen führen. Auf der einen Seite ist es möglich, dass die Hoffnung an den Sieg des Guten noch in diesem Bereich des Irdischen Überhand gewinnt und der Vollzug der religiösen Handlungen sowie das gesellschaftliche und politische Engagement der Fundamentalismen als dazu beitragend verstanden werden. Die andere mögliche Entwicklung ist ein Rückzug aus jeglichem Aktivismus und eine Konzentration auf den eigenen Lebenswandel im Bereich des Privaten. Dabei wird nicht an einen Sieg des Guten in diesem irdischen Leben gehofft, sondern damit gerechnet, dass das Heil letztendlich im Jenseits wartet.

Die Tatsache, dass Säkularisierungsprozesse keineswegs ein Krisenbewusstsein in Situationen sozialen, ökonomischen, politischen und technologischen Wandelns haben verschwinden lassen, – so eine Zusammenfassung von Riesebrodts These – sorgt dafür, dass auch mit dem Verschwinden religiöser Praktiken, welche Deutungen und Lösungen zur Bewältigung dieser Krisen versprechen, nicht zu rechnen ist. Vielmehr wird es in diesen Umbruchsituationen zu immer neuen religiösen Revitalisierungsbewegungen kommen.

Detlef Pollack:
Keine Rückkehr des Religiösen

Detlef Pollack stimmt Martin Riesebrodt dahingehend zu, dass mit gesellschaftlichen Modernisierungsprozessen einzelne religiöse Revitalisierungstendenzen einhergehen, die sich nicht zuletzt in fundamentalistischen Bewegungen manifestieren können. Mit Berufung auf eigene empirische Studien argumentiert er jedoch, dass es sich dabei um Minderheitenphänomene handele, die es nicht erlauben, von einer generellen Rückkehr des Religiösen zu sprechen. Insgesamt haben wir es in modernen westlichen Gesellschaften mit einer stetigen Säkularisierung zu tun, die als Verlust sowohl von kirchlichem Bindungspotenzial als auch von individueller Religiosität zu verstehen ist (vgl. Pollack 2003, 173 ff.).

In seinen beiden Studiensammlungen *Säkularisierung – ein moderner Mythos?* (2003) und *Rückkehr des Religiösen?* (2009) präsentiert Pollack eine Fülle an empirischem Material zur religiösen Entwicklung in modernen west- wie osteuropäischen Gesellschaften und stellt diese in den theoretischen Rahmen unterschiedlicher prominenter soziologischer Thesen zum Verhältnis von Religion und Moderne. In Auseinandersetzung mit der klassischen Säkularisierungsthese sowie der Rational-Choice-Theorie eines religiösen Marktes und der These einer Privatisierung und Individualisierung von Religion kommt Pollack zu dem Schluss, dass wir es in Europa in einzelnen Fällen mit religiösen Revitalisierungsphänomenen sowie dem Aufkommen neuer religiöser Bewegungen zu tun haben, dass diese aber gleichzeitig den massiven Verlust an traditioneller Religiosität, sowohl auf institutioneller als auch auf individueller Ebene, in keiner Weise kompensieren können. Wie Riesebrodt legt auch Pollack Grundzüge einer Theorie der Religion dar, die dann in Bezug zu dem gesetzt wird, was er als Modernisierung versteht.

Religion, Säkularisierung und Moderne

Der Religionsbegriff, mit dem Pollack operiert, ist dem von Riesebrodt ziemlich ähnlich. Er wendet sich gegen rein funktionalistische Definitionen von Religion ebenso wie gegen rein substantialistische und schlägt stattdessen eine Kombination aus beiden vor. Das Problem der substantialistischen Definitionen bestehe darin, dass sie alle auf Phänomene verweisen, unter die zwar auch die Religionen fallen, die aber genauso gut andere Dinge mit einschließen können. So stimme es zwar, dass Religionen sich auf Übernatürliches beziehen. Unter dieses Übernatürliche können jedoch auch solche Dinge gefasst werden, die mit Religion nichts zu tun haben müssen, so beispielsweise Kunst, Literatur, Ekstase etc. Auch ein Bezug auf etwas Absolutes kann in anderen Kontexten als der Religion stattfinden, z. B. in der Politik, Wissenschaft etc. Daher konzentriert sich Pollack, wie Riesebrodt, auf das Problem, das Religionen zu lösen versuchen, auf die Frage, die sie zu beantworten versuchen. Was Riesebrodt als Krisenerfahrung bezeichnet, ist für Pollack im Anschluss an Niklas Luhmann, Jürgen Habermas und Hermann Lübbe das Problem der Kontingenz. Kontingenz wird verstanden als die Frage, warum die Dinge so sind, wie sie sind, obwohl sie auch anders sein könnten. Diese Frage gehe einher mit einem »Gefühl der Unsicherheit und Ungewissheit [...] und [einem] Bedürfnis nach Sicherheit, Ordnung, Beruhigung und Trost« (Pollack 2009, 65). Während nicht nur Religionen Antworten auf die Kontingenzfrage geben können, so stellen sie in Ungewissheitssituationen doch ein besonders starkes Sinngebungspotenzial zur Verfügung. Pollack sieht dieses in der Unterscheidung von Immanenz und Transzendenz. Durch die Berufung auf Gewissheiten im Transzendenten könnten Unsicherheiten im Immanenten erklärt und ihnen Sinn gegeben werden. Zudem bieten Religionen die Möglichkeit zur Kontrolle des Immanenten durch das Transzendente, indem sie Transzendentes in immanenten Handlungen manipulierbar machen. Diese Handlungen sind das, was Riesebrodt als religiöse Praktiken bezeichnet, also solche Handlungen, die den Sinn haben, Unheil abzuwenden und Krisen zu bewältigen. Pollack erwähnt konkret das evangelische Abendmahl als solche Handlung (vgl. ebd., 276 ff.), letztendlich haben aber alle »typischen religiösen Formen wie Rituale, Gebete, Meditationen, Ikonen, Prozessionen, Predigten oder Heilige Schriften [...] die Aufgabe, Zugang zum Transzendenten zu gewähren« (ebd., 66). Da sich jedoch die Ungewissheiten und Ängste, also die Vorstellungen von Kontingenz, je nach Kontext ändern, sind auch die Antworten, die von der Religion gegeben werden, einer gewissen Dynamik unterworfen und sind abhängig von der jeweiligen historischen, politischen und gesellschaftlichen Situation, in der sie sich bewähren müssen. Pollack sieht aber gerade in modernen Gesellschaften die Möglichkeit, dass zwar Kontingenzerfahrungen weiterhin bestehen, aber die religiösen Antworten darauf nicht mehr als valide gesehen werden können. Das hängt mit dem Phänomen der Modernisierung, wie Pollack es beschreibt, zusammen. Pollack führt fünf Merkmale an, die seiner Meinung nach moderne von traditionalen Gesellschaften unterscheiden, um anschließend jeweils zwei Hypothesen darüber aufzustellen, welche Konsequenzen diese Merkmale auf die Religiosität in modernen Gesellschaften haben können. Anhand eigener empirischer Studien und der Zweitauswertung anderweitig generierten Datenmaterials zeigt er dann auf, dass bis auf einige wenig bedeutende Ausnahmen diejenigen Hypothesen verifiziert werden, die einen Bedeutungsverlust der Religion sowohl auf der individuellen als auch auf der gesamtgesellschaftlichen Ebene postulieren – und zwar für West- wie für Osteuropa.

Folgende fünf Merkmale sind es, die laut Pollack moderne von traditionalen Gesellschaften unterscheiden (vgl. zum Folgenden ebd., 69 ff.): eine massive wirtschaftliche und technologische Entwicklung und der damit einhergehende Anstieg des Wohlstandsniveaus, funktionale Differenzierung, Individualisierung, kulturelle und religiöse Pluralisierung sowie eine Erweiterung des Wissens- und Erfahrungshorizonts.

Diese Merkmale moderner Gesellschaften können theoretisch zu ganz unterschiedlichen Entwicklungen führen: Wirtschaftlicher und technologischer Fortschritt kann entweder ein stärkeres Kontrollgefühl hervorrufen, Kontingenzfragen abschwächen und daher die religiösen Antworten darauf irrelevant erscheinen lassen. Gleichzeitig kann gerade dieses Gefühl von Sicherheit aber auch dazu führen, dass man sich weniger auf die Existenzsicherung konzentrieren muss und sich daher auf Sinn- und Selbstverwirklichungsfragen besinnen kann, auf die Religion eine mögliche Antwort bietet. Eine weitere Möglichkeit, die Pollack an anderer Stelle auch als empirisch bestätigt nachweist, ist, dass gerade dieser Fortschritt eine »moderne Unübersichtlichkeit« (Pollack 2003, 145) kreiert, die dann zur Folge haben kann, dass man sich fundamentalistischen, charismatischen oder evangelikalen Bewegungen zuwendet, die einem Orientierung durch »eindeutige religiöse Normen und Werte« (ebd.) bieten.

Funktionale Differenzierung kann zum einen dazu führen, dass Religion insofern an Bedeutung und Einfluss verliert, als die einzelnen voneinander differenzierten gesellschaftlichen Bereiche weder von einer konkreten religiösen Organisation, wie beispielsweise einer Kirche, kontrolliert werden können, noch »der Einzelne in seinem Handeln, Denken und Fühlen in den unterschiedlichen, voneinander differenzierten Lebensbereichen […] von einem Funktionssystem her, etwa dem Religionssystem, bestärkt zu werden vermag, dass also die Möglichkeiten einer einheitlich religiös motivierten Lebensführung im familialen, politischen, beruflichen, nachbarschaftlichen Bereich und einer einheitlichen religiös begründeten Interpretation dieser unterschiedlichen Bereiche abnehmen« (Pollack 2009, 71 f.). Gleichzeitig gewinnt aber im Zuge dieses Prozesses auch der Bereich der Religion an Autonomie, was dazu führt, dass religiöse Antworten auf die Kontingenzfrage unabhängig von anderen Interessen formuliert werden können.

Moderne Individualisierungsprozesse können einerseits zur Folge haben, dass der Einzelne sich in seinen Weltanschauungen weniger darauf verlassen kann, dass seine religiösen Überzeugungen von einer Mehrzahl der Mitbürger geteilt wird, religiöse Praxis also nicht mehr als Gewohnheit gelten und die zu ihrer Einhaltung nötige Eigeninitiative leicht aufgeweicht werden kann. Gleichzeitig kann diese Individualisierung aber auch Möglichkeiten neuer, individueller religiöser Erfahrungen eröffnen, die frei von der Macht der Gemeinschaft und der Gewohnheit und daher umso vitaler sind – so die These der religiösen Individualisierung, wie sie von Danièle Hervieu-Léger (vgl. 2004) prominent vertreten wird.

Kultureller und religiöser Pluralismus kann zum einen eine Relativierung religiöser Vorstellungen hervorrufen, da diese nun nicht mehr als selbstverständlich gelten können (so noch Berger 1980). Zum anderen kann das neue religiöse Konkurrenzverhältnis aber auch dazu führen, dass die einzelnen religiösen Angebote sich den unterschiedlichen Bedürfnissen der Menschen anpassen und für diese dadurch umso attraktiver werden (so die Rational-Choice-Theorie von beispielsweise Stark/Finke 2000). Die Wissens- und Horizonterweiterung kann entweder zur Folge haben, dass sämtliche ehemalige Gewissheiten infrage gestellt werden, inklusive der religiösen Vorstellungen, womit die Antworten auf die Kontingenzfrage selber kontingent werden. Möglicherweise kann aber gerade diese immer größere Ungewissheit zur Rückbesinnung auf religiöse Weltanschauungen führen, die probieren, solche Gewissheiten entgegen den Erfahrungen der Moderne wiederherzustellen, also vor allem fundamentalistische Bewegungen.

Während diese Hypothesen ausnahmslos eine gewisse Plausibilität für sich beanspruchen können, können sie sich nicht alle gleichermaßen empirisch bewähren. Pollack geht daher daran zu prüfen, welche dieser Hypothesen die Entwicklung von Religion in modernen Gesellschaften am adäquatesten beschreiben.

Religion im modernen Europa

Detlef Pollack stellt sowohl für West- wie für Osteuropa fest, dass die Säkularisierungsthese weiterhin das stärkste empirische Aussagepotential über die Entwicklung der Religion in modernen Gesellschaften zur Verfügung stellt. Einzelne Ausnahmen sind zu berücksichtigen, aber insgesamt, so sein Ergebnis, kann in Europa nicht von einer Rückkehr der Religion die Rede sein.

Die Unzulänglichkeit des ökonomischen Marktmodells der Rational-Choice-Theorie zeigt Pollack gleich in zweierlei Hinsicht: Weder die funktionale Differenzierung noch der kulturelle und religiöse Pluralismus moderner Gesellschaften haben in Europa zu einer Revitalisierung der religiösen Landschaft geführt (vgl. Pollack 2003, 183 f.). Es besteht, so Pollack, zwischen dem Grad der Trennung von Staat und Kirche und der Religiosität der Bevölkerungen keinerlei Zusammenhang. Die Kirchgangshäufigkeit ist beispielsweise in Frankreich, das sich durch eine extrem starke Trennung von Kirche und Staat auszeichnet, kaum höher als in Schweden oder Norwegen, zwei Ländern, in denen Staat und Kirche noch stark miteinander verwoben sind (vgl. ebd., 190 f.). Der Pluralismus hingegen wirkt sich negativ auf den Glauben aus: Ein relativ hohes Niveau an individueller wie institutioneller Religiosität manifestiert sich ausgerechnet in solchen Ländern, in denen der Anteil der Bevölkerung an der Mehrheitskonfession besonders hoch ist, also ein geringerer Grad von religiösem Pluralismus besteht. Das trifft auf alle von Pollack verwendeten Indikatoren zur Messung von Religiosität zu: Kirchgangshäufigkeit, Kirchenmitgliedschaft und Glaube an Gott (vgl. Pollack 2009, 98). Ferner stellt er fest, dass es zwar in allen Ländern mit einem traditionell sehr starken Staatskirchenrecht – also vor allem in Skandinavien – in den letzten Jahrzehnten erhebliche Liberalisierungen gegeben hat, diese jedoch in keiner Weise eine Revitalisierung der religiösen Landschaft zur Folge hatten. Im Gegenteil: Die Religiosität ist seit dieser Zeit in all diesen Gesellschaften sogar weiter gesunken (vgl. ebd., 102). Weiter wird bestätigt, dass der Grad an Religiosität bei den jüngeren Menschen dann am höchsten ist, wenn sie selber in einem religiösen, monokonfessionellen Haushalt erzogen wurden. Auch das spricht gegen das ökonomische Marktmodell: Nicht die Konfrontation mit einem religiösen Pluralismus scheint die eigene Religiosität vital zu erhalten, sondern die feste Verwurzelung in einer Tradition, die einem vom Elternhaus mitgegeben wurde (vgl. ebd., 90 f.).

In Osteuropa muss das Ganze, laut Pollack, ein wenig nuancierter betrachtet werden (vgl. zum Folgenden ebd., 105 ff.; auch Müller 2008): So haben in traditionell sehr christlichen Ländern wie Polen, Rumänien, Kroatien und der Slowakei alle drei Religiositätsindikatoren weiterhin sehr hohe Werte. Die Tendenz geht seit dem Untergang des Kommunismus allerdings – wenn auch sehr langsam – nach unten. In stark nichtreligiösen Gesellschaften, wie Russland, den baltischen Ländern und selbst Ostdeutschland (zu Letzterem vgl. Hartmann/Pollack 1998; Pollack 2000), hat die Pluralisierung für die Zeit nach 1989 aber durchaus zu einer religiösen Revitalisierung geführt. Diese lässt sich allerdings vornehmlich für das erste postkommunistische Jahrzehnt verzeichnen. Seitdem sinken die Werte der Religiositätsindikatoren wieder. Weiterhin sagt Pollack – und das sieht er als Beweis für den negativen Effekt der funktionalen Differenzierung auf die Religiosität –, dass zwar in einigen Fällen der Glaube an Gott gestiegen sein mag, die Rolle, die die Religion allerdings für andere Bereich des Lebens spielt, gleichzeitig stark gesunken ist. Für das Verhalten in der Partnerschaft, der Politik, der Wirtschaft, der Wissenschaft etc. wirken religiöse Überzeugungen immer weniger handlungsanleitend. Gerade was Partnerschaften angeht weise das auf einen weiteren Verlust von Religiosität hin, tradieren doch gerade die Familien ihre Religion am effektivsten, in denen beide Partner denselben Glauben vertreten.

Auch die Individualisierungsthese sieht Pollack als größtenteils gescheitert. Sie hat zwar den Verdienst, einige religiöse Entwicklungen in modernen Gesellschaften erklären zu können. So ist es tatsächlich so, dass in den letzten Jahrzehnten neue und alternative religiöse Bewegungen einen hohen Zuwachs erlebt haben. Okkultismus, Spiritualismus, Wunderglauben und Astrologie erfreuen sich immer größerer Beliebtheit. Gleichzeitig kann deswegen noch lange nicht davon gesprochen werden, dass diese alternativen Glaubensformen den traditionellen Gottesglauben ersetzen würden. Zum einen lässt sich nämlich auch bei den neuen Glaubensformen feststellen, dass ihre Bedeutung für andere Lebensbereiche recht gering bleibt:

»Diese Verlagerung ist beileibe nicht eine Art Kompensation der Verluste des traditionalen Gottesglaubens, vielmehr zeigt sich damit ein allgemeiner Bedeutungsrückgang an, denn der Glaube an ein höheres Wesen ist weniger verhaltensrelevant als der Glaube an einen persönlichen Gott, beeinflusst also etwa die Kindererziehung, das politische Verhalten oder auch die moralischen Einstellungen weniger als dieser. Die Verschiebung von traditionalen zu nichttraditionalen Inhalten geht also einher mit der Tendenz des Einzelnen, der Religion für sein Leben eine geringere Bedeutung, also ein geringere Zentralität, zuzuweisen« (Pollack 2009, 88 f.).

Zum anderen kann für Pollack schon deswegen nicht von einem Ersatz die Rede sein, da diese neuen außerkirchlichen Religionen gerade dort populär sind, wo auch noch eine relativ hohe traditionelle Religiosität zu verzeichnen ist. Dort wo die traditionellen Religiositätsverluste am höchsten sind, leiden die alternativen Religionsformen unter demselben Problem. Ferner können sich die außerkirchlichen Religionen auch zahlenmäßig nicht an den traditionellen messen: Numerisch ist der Zuwachs dieser Bewegungen so gering, dass sie den rasanten Abstieg traditioneller Religion auch nicht annähernd wettmachen können.

Warum, so fragt Pollack schließlich, erfreut sich angesichts dieser überwältigenden empirischen Bestätigung der Säkularisierungsthese die These der Rückkehr der Religion einer solchen Beliebtheit?

Die Popularität der These von der Rückkehr der Religion

Pollack sieht vier mögliche Gründe, weshalb die Revitalisierungsthese seit etwa zwei Jahrzehnten so außerordentlich populär ist (zum Folgenden vgl. Pollack 2003, 147 f.): Erstens glaubt er, dass sich die Wissenschaften an dem Bild orientieren, das in den Medien von der religiösen Entwicklung kreiert wird. Dort steht der dramatische Rückgang der Kirchenmitgliedschaftszahlen in vielen europäischen Ländern der Popularität neuer spiritueller Bewegungen gegenüber, ohne dass diese jedoch zahlen- und bedeutungsmäßig ins richtige Verhältnis zueinander gesetzt werden. Tatsächlich ist es so, dass Martin Riesebrodt in seinem Buch zur Theorie der Religionen den boomenden Markt für Selbsthilfeliteratur als Indikator für die steigende Bedeutung des Religiösen nimmt (vgl. Riesebrodt 2007, 249). Als zweiten Grund nennt Pollack das Interesse der Wissenschaft an Veränderungsprozessen. Eine starke Fokussierung auf die wahrgenommene Erosion der Kirchen auf der einen Seite und das Wachstum alternativer Religionsformen auf der anderen Seite könne dazu verleiten, diese beiden Entwicklungen unzulässigerweise in ein Verhältnis zueinander zu setzen, das die Realität nur unzureichend abbildet. Drittens, meint er, könne ein skeptisches Verhältnis zur Moderne auch in der Wissenschaft dazu verleiten, »die Kritik an der modernen Zivilisation in eine Besinnung auf angeblich vormoderne oder postmoderne Werte wie Emotionalität, Solidarität oder Ganzheitlichkeit« (Pollack 2003, 148) zu überführen. Die Individualisierungsthese, schließlich, könne als Selbstdeutungsmuster verstanden werden, das dem Einzelnen mehr Autonomie in den Entscheidungen über die eigenen Überzeugungen zuschreibt, als er tatsächlich besitze.

Schluss

Am Beispiel der oben besprochenen beiden deutschen Vertreter der These von der Revitalisierung der Religion auf der einen und der Säkularisierungsthese auf der anderen Seite lässt sich die Problematik dieser Debatte gut illustrieren. Beide gehen von einem ähnlichen Religionsverständnis aus, demzufolge es sich bei Religionen um bestimmte sinnbehaftete Praktiken handelt, deren Aufgabe es ist, eine bestimmte Frage zu beantworten, ja ein Problem zu bewältigen. Für Riesebrodt liegt dieses Problem in einem Bewusstsein vorhandener Krisen, die man ohne Rückgriff auf das Übernatürliche nicht zu kontrollieren vermag. Pollack bestimmt das Problem als die Kontingenzfrage, also die Frage, warum die Dinge so sind, wie sie sind und nicht anders. Ferner gehen beide Autoren bis zu einem gewissen Punkt von derselben Vorstellung dessen aus, was Säkularisierung bedeutet, nämlich der sozialen und funktionalen Differenzierung moderner Gesellschaften, im Zuge derer die Religion ihre gesamtgesellschaftliche Bindekraft verliert und keinen starken Einfluss mehr auf Bereiche ausübt, die nicht zum religiösen Feld gehören. Drittens gestehen beide zu, dass dieser Prozess des Verlusts der Bindekraft von Religion neue Fragen beziehungsweise Krisen entstehen lässt, auf die Religion – in traditionell beeinflusster oder moderner Form – Antworten zu geben vermag. Die Konsequenz, zu der beide kommen, ist jedoch völlig unterschiedlich. Martin Riesebrodt sieht in den modernen fundamentalistischen Bewegungen eine Rückkehr des Religiösen, die immer mehr Menschen mittelbar betrifft, sobald diese Bewegungen politisch werden. Die Tendenz dahin sieht er als gegeben an. Detlef Pollack hingegen schätzt diese neuen Bewegungen als Minderheitenphänomen ein, das den Verlust traditioneller, kirchlicher Religiosität nicht zu ersetzen vermag und daher keine Rede von einer Rückkehr des Religiösen legitimiert. Wie kann es zu dieser eklatanten Diskrepanz kommen?

Zum einen könnte das damit zu tun haben, dass beide Autoren sich auf unterschiedliche Orte und Zeitpunkte der ›Moderne‹ beziehen: Riesebrodt konzentriert sich auf die Vereinigten Staaten von Amerika und den Iran, Pollack spricht hauptsächlich von Europa. Zweitens könnte es aber auch daran liegen, dass Riesebrodt durch seine Einzelfallstudien die zahlenmäßige Bedeutung der fundamentalistischen Bewegungen überschätzt, in dem Sinne, dass sich ihnen gesamtgesellschaftlich über einen längeren Zeitraum tatsächlich nur Minderheiten anschließen. Auf der anderen Seite könnte man aber auch bemerken, dass Pollack zwar die numerische Bedeutung gegenwärtiger religiöser Bewegungen richtig einschätzt, dabei aber nicht darauf eingeht, wie stark die Wahrnehmung ihres Wachstums den öffentlichen Diskurs prägt und somit gesellschaftliche Bedeutung annimmt.

Literatur

Ammerman, Nancy Tatom: *Bible Believers: Fundamentalists in the Modern World* [1986]. New Brunswick, NJ [6]2002.

Berger, Peter L.: *Der Zwang zur Häresie. Religion in der pluralistischen Gesellschaft*. Frankfurt a. M. 1980.

Bruce, Steve: *God Is Dead: Secularization in the West* [2002]. Oxford [8]2008.

–: *Secularization: In Defence of an Unfashionable Theory*. Oxford 2011.

Davie, Grace: *Europe: The Exceptional Case: Parameters of Faith in the Modern World*. London 2002.

Dobbelaere, Karel: *Secularization: An Analysis at Three Levels* [2002]. Brüssel [2]2004.

Finke, Roger/Iannaccone, Laurence R.: Supply-side Explanations for Religious Change. In: *Annals of the American Academy of Political and Social Science* 527 (1993), 27–39.

Hartmann, Klaus/Pollack, Detlef: *Gegen den Strom. Kircheneintritte in Ostdeutschland nach der Wende*. Opladen 1998.

Hervieu-Léger, Danièle: *Pilger und Konvertiten. Religion in Bewegung*. Würzburg 2004 (frz. 1999).

Müller, Olaf: Religion in Central and Eastern Europe: Was There a Re-Awakening after the Breakdown of Communism? In: Detlef Pollack/Daniel V. A. Olson (Hg.): *The Role of Religion in Modern Societies*. New York 2008, 63–92.

Pollack, Detlef: Der Wandel der religiös-kirchlichen Lage in Ostdeutschland nach 1989: Ein Überblick. In: Detlef Pollack/Gert Pickel (Hg.): *Religiöser und kirchlicher Wandel in Ostdeutschland 1989–1999*. Opladen 2000, 18–47.

–: *Säkularisierung – ein moderner Mythos?* Tübingen 2003.

–: *Rückkehr des Religiösen?* Tübingen 2009.

Riesebrodt, Martin: Fundamentalismus und ›Modernisierung‹. Zur Soziologie protestantisch-fundamentalistischer Bewegungen in den USA im 20. Jahrhundert. In: Klaus Kodalle (Hg.): *Gott und Politik in USA*. Frankfurt a. M. 1988, 112–125.

–: *Fundamentalismus als patriarchalische Protestbewegung*. Tübingen 1990.

–: Zur Politisierung von Religion. Überlegungen am Beispiel fundamentalistischer Bewegungen. In: Otto Kallscheuer (Hg.): *Das Europa der Religionen*. Frankfurt a. M. 1996, 247–275.

–: *Die Rückkehr der Religionen. Fundamentalismus und der ›Kampf der Kulturen‹* [2000]. München [2]2001.

–: *Cultus und Heilsversprechen. Eine Theorie der Religionen*. München 2007.

Stark, Rodney/Finke, Roger: *Acts of Faith: Explaining the Human Side of Religion*. Berkeley/Los Angeles 2000.

Stark, Rodney/Hadden, Jeffrey K./Bainbridge, William S.: *A Theory of Religion*. New Brunswick, NJ 1996.

Wilson, Bryan: *Religion in Secular Society*. Harmondsworth 1969.

Julien Winandy

13. Postsäkulare Gesellschaft? Zur Dialektik von Säkularisierung und De-Säkularisierung

Die Geschichte der Religion ist in Westeuropa über die letzten 200 Jahre hinweg mit einem schleichenden Relevanzverlust verbunden. Religion hat weitgehend ausgedient als Zulieferer von Erklärungen zur Herkunft der Welt, als Legitimationsbeschaffer politischer Machtausübung, als kollektives Depot für Lebenssinn und als Generator moralischer Normen. Für sämtliche dieser Kompetenzen stehen in der Moderne Alternativen zur Verfügung. Weltentstehungstheorien liefern die Naturwissenschaften; die Grundlagen von Recht und Moral legt die autonome Vernunft, den Zusammenhang der (Welt-)Gesellschaft sichern die Leitsysteme ›Wirtschaft‹ und ›Medien‹; für den Sinn seines Lebens sorgt jedes Individuum selbst. Die alte These, Religion diene der gesellschaftlichen Integration, ist kaum mehr haltbar. Vor allem für religiös und weltanschaulich plurale Gesellschaften muss bezweifelt werden, ob Religionen für deren inneren Frieden und Zusammenhalt sorgen können – ganz zu schweigen vom Frieden unter ihnen. Vielfach trifft das Gegenteil zu: Religionen sind in der Vielfalt ihrer Formen und in ihrem Konkurrenzverhältnis selbst akzeptanzbedürftig und auf ein hohes Maß an gesellschaftlicher Integration angewiesen. Damit scheint der vorläufige Endpunkt im spannungsvollen Verhältnis von Religion und Moderne erreicht zu sein: Religiöse Pluralität bzw. Religion im Plural lebt von Voraussetzungen und Bedingungen, für deren Bestand und Erhalt sie selbst nicht einsteht oder bürgen kann. Es ist der liberale Rechtsstaat, der über den Schutz des Rechts auf freie Religionsausübung ihre Existenz sichert.

Als Sammelbegriff für die religionsspezifischen Prozesse gesellschaftlicher Modernisierung und ihren hochgerechneten Zielpunkt fungierte für geraume Zeit die Kategorie der Säkularisierung. Allerdings hat seit einigen Jahren dieser Schlüsselbegriff einer Gesellschaftstheorie der (europäischen) Moderne erheblich an Kurswert eingebüßt (vgl. Braun u. a. 2007). Das Vorhaben, einen höchst facettenreichen Vorgang der Entflechtung von Religion und moderner Kultur sowohl bündeln als auch in seinem Verlauf vorhersagen zu wollen, wird den Verfechtern des Säkularisierungstheorems als unerfüllbar vorgehalten. Stattdessen gilt es als ausgemacht, dass die Phänomene sozialen und religiösen Wandels zu vielgestaltig und zu heterogen sind, als dass sie in einem einzigen Begriffscontainer untergebracht werden können. Sie reichen von der Aufkündigung der Bündnisse von Thron und Altar und der Abschaffung einer Staatsreligion über den Bedeutungsverlust religiöser Gehalte im Ensemble der individuellen und kollektiven Lebensführungsgewissheiten bis zur Entdeckung der Autonomie des Säkularen gegenüber dem Religiösen und zur Konvertierung ursprünglich religiöser Sinngehalte in Elemente profanen Denkens (wenn etwa aus dem ewigem ›Heil‹ das irdische ›Glück‹ wird, sich ›Sünde‹ in ›Schuld‹ oder ›Erlösung‹ sich in ›Emanzipation‹ wandelt). Prekär am klassischen Säkularisierungstheorem ist auch die Verbindung deskriptiver und normativer Elemente. Dass die Arbeit, die einst der Logos am Mythos vollbracht hat, auch in der Moderne noch nicht vollendet ist, lässt sich sowohl im historischen Rückblick formulieren als auch als Aufforderung für die Zukunft verstehen. Beide Lesarten verdanken sich einem aufklärerischen Gestus. Beide gehören jedoch angesichts veränderter Konstellationen von Religion und Kultur auf den Prüfstand.

Religion – nach ihrem Ende

Obwohl in westlichen Gesellschaften die Prozesse einer Ersetzung und Ablösung, einer Profanierung und Verdunstung religiöser Traditionen, Themen und Symbole unbestritten virulent sind, hat sich dennoch ihre Projektion auf ein säkularisierungsbedingtes Ende der Religion nicht bestätigt. Sie transformiert sich, Gestalt und Funktion verändern sich, aber sie vergeht nicht. Nicht mit ihrem Verschwinden ist zu rechnen, sondern mit ihrer Persistenz – und dies nicht nur in den frommen Nischen und Refugien der Gesellschaft. Die fortwährende Antreffbarkeit des Religiösen im Säkularen ist nicht nur beschränkt auf die Verwendung religiöser Motive und Symbole im ökonomischen Kultmarketing, in den Liturgien sportlicher Großveranstaltungen oder in der *performance* von Mythen und Mysterien in der Popkultur. Immer öfter gelingt der Religion auch die Rückkehr in die politische und mediale Öffentlichkeit. Sie ist nicht mehr nur eine Sache des privaten Erlebens, sondern auch Medium der Darstellung kultureller Differenzen, des Austragens sozialer Konflikte und des Kampfes um öffentliche Anerkennungen bisher marginalisierter Gruppen, wie etwa die muslimischen Bemühungen um die Errichtung repräsentativer Moscheebauten in deutschen Großstädten belegen.

Die westliche Moderne kann nach etlichen Rationalisierungs- und Entmythologisierungswellen offenkundig nicht auf die Religion im Ganzen zurückschauen, sondern nur auf bestimmte Formate ihrer Säkularisierung. Nicht die Religion ist völlig am Ende, sondern das Proklamieren ihres völligen (und fälligen) Endens. Zunehmend machen sich sogar religionsproduktive Effekte von Modernisierungsprozessen bemerkbar. Die Moderne setzt Krisen frei, die sie mit ihren eigenen Mitteln nicht mehr zu bändigen vermag. Sie kann aber auch nicht riskieren, dass sie nicht thematisiert werden und unbearbeitet bleiben. Die Persistenz der Religion(en) verweist auf solche sozio-kulturelle Verwerfungen, die ein Unbehagen an der Moderne forcieren. In ihr spiegeln sich Suchbewegungen, welche die Ambivalenzen und Pathologien der Moderne überwinden wollen. Religion fungiert als identitätsstiftendes Widerlager von Fremdheitserfahrungen in Migrationsgesellschaften, als politische Gegenkraft eines moralischen Relativismus, als kultureller Gegenentwurf zu einer entfesselten ökonomischen Zweckrationalität. Religion rückt darum auch wieder in den Focus wissenschaftlicher Forschung: Die Politikwissenschaft interessiert sich für die religiösen Quellen von Werten, die gegen die Fliehkräfte eines liberalistischen Individualismus aufzubieten sind. Historiker entdecken neu, dass das kulturelle Gedächtnis einer Gesellschaft religiöse Erinnerungsarbeit nicht bloß als Sediment, sondern auch als Ferment betrachten kann. Soziobiologen machen darauf aufmerksam, dass Religiosität evolutiv erfolgreiche Anpassungsvorgänge stimuliert hat und schließen nicht aus, dass diese Funktion auch für späte Phasen der kulturellen Evolution relevant bleibt.

Auf der Bühne westlicher Gesellschaften werden zwei Schauspiele gleichzeitig aufgeführt – mit gegensätzlichem Inhalt: Verschwinden und Wiederkehr der Religion. Der widersprüchliche empirische Befund hinsichtlich der sozialen Antreffbarkeit von Religion macht Neubestimmungen von Relevanz und Funktion des Religiösen und seiner Zukunftschancen in spätmodernen Gesellschaften unausweichlich. Die Prognose eines modernisierungsbedingten Komplettverschwindens des Religiösen hat sich im globalen Maßstab ohnehin längst als unzutreffend erwiesen. Hatte man sich in der Soziologie für geraume Zeit darauf verständigt, den europäischen Weg einer Marginalisierung der Religion als die modernisierungstheoretisch gesetzte Regel und alles andere als deren Ausnahme zu betrachten, so geht es jetzt um die Frage, wie die europäische Ausnahme einer gesellschaftlich marginalisierten Religiosität von der globalen Regel politisch wirksamer und öffentlich antreffbarer Religion erklärbar ist. Inzwischen erscheint Europa als modernisierungstheoretische Ausnahme – und nicht als Regelfall (vgl. Lehmann 2004). Die Annahme, dass wissenschaftlich-technischer Fortschritt und die Emanzipation des Politischen vom Religiösen in Gestalt einer Trennung von Kirche und Staat sowie die Umstellung der Lebensführung auf Prinzipien zweckrationalen Handelns das Religiöse zum Verschwinden bringen, ist am prominentesten Fall einer derart modernisierten Gesellschaft – USA – eindeutig falsifiziert worden. Dies gilt auch für die Erwartung, ein wissenschaftlich-technischer Fortschritt führe über die Entmythologisierung von Weltbildern zur Irrelevanz des Religiösen für Formen und Inhalte kultureller Selbstverständigung. In Gesellschaften, die einen hohen Bevölkerungsanteil mit Migrationshintergrund aufweisen, wird diese Prognose dementiert. Muss darum das Verhältnis von Modernität, Säkularität und Religiosität neu bestimmt werden? War die Vermutung voreilig, dass sich das (west-)europäische Programm der Moderne mit seiner Verknüpfung von philosophischer Aufklärung, Entfesselung technologischer und ökonomischer Fortschrittspotentiale, politischer Gewaltenteilung und Ethos der Menschenrechte sowie Trennung von Staat und Religion weltweit ausbreiten und durchsetzen würde?

Unterscheidet man eine politische, ökonomische, technisch-wissenschaftliche und eine kulturelle Moderne, so müssen diese Formierungen von Modernität weder zwangsläufig miteinander gekoppelt sein, noch müssen sie je für sich oder gemeinsam in einem Verhältnis der Dissoziierung zur Religion stehen (vgl. Eisenstadt 2000). In außereuropäischen, islamisch geprägten Ländern (z. B. Iran) lassen sich etwa religionsdominierte Legierungen des Religiösen mit der technisch-wissenschaftlichen Moderne beobachten. Es existiert kein generelles Junktim zwischen Modernität und Säkularität. Dies gilt auch für die europäische Moderne, die am beständigsten bisher mit dem Religiösen ›fremdelte‹. Kann sie sich nach etlichen Rationalisierungs- und Entmythologisierungswellen dauerhaft ihrer Säkularität sicher sein, wenn sich auch hierzulande eine Wiederkehr des Religiösen *im* Säkularen ereignet? Begegnet die europäische Moderne nur deswegen dem Erstarken des Religiösen mit Argwohn, weil sie annimmt, dass nur säkulare Gesellschaften aufgeklärte und demokratische Gesellschaften sein können? Gibt es zwischen Modernität und Säkularität einen notwendigen entwicklungsgeschichtlichen Zusammenhang, so dass Modernität strukturell nicht ohne Säkularisierung bestehen kann? Oder ist diese – zumindest in Westeuropa – belegte Koinzidenz lediglich historisch zufällig und somit kontingent? Leben wir nicht in einer Welt der multiplen Modernitäten – und der multiplen Säkularisierungen?

Die späte Moderne: Postreligiös und/oder postsäkular?

Besonderen Auftrieb hat die Diskussion über diese Fragen durch die neueren religionstheoretischen Äußerungen von Jürgen Habermas erhalten (Habermas 2001). Im Oktober 2001 stellte er seine Rede bei der Entgegennahme des Friedenspreises des Deutschen Buchhandels unter die Überschrift »Glauben und Wissen«, rückte ins Zentrum seiner Zeitdiagnose den Begriff der »postsäkularen Gesellschaft« und versah diesen mit einer deskriptiven und zugleich prognostischen Note. Gegen alle Erwartungen einer religionslosen Zukunft setzte er den Befund einer Gesellschaft, die sich auf das Fortbestehen religiöser Gemeinschaften in einer sich fortwährend säkularisierenden Umgebung einstellen muss. Habermas schränkt diesen Fortbestand nicht auf folkloristische Bestände ein, sondern hält ihn auch für politisch und sozialethisch belangvoll. In immer neuen Anläufen weist er darauf hin, dass ungeachtet zahlreicher Entmythologisierungs- und Säkularisierungswellen religiöse Sinnsysteme eine wichtige ›vorpolitische‹ Ressource eines liberalen Gemeinwesens bilden können. Auch ein säkularer Rechtsstaat, der für seine Legitimität keiner religiösen Basis bedarf, ist auf ein Ethos angewiesen, das er selbst nicht garantieren kann (Habermas 2005, 2008, 2010). Es liegt in seinem eigenen Interesse, mit den Quellen dieses Ethos schonend umzugehen. Denn sie sind es, »aus denen sich das Normbewusstsein und die Solidarität von Bürgern speist« (Habermas/Ratzinger 2005, 33). Ersichtlich ist dieser Bedarf bei der Sicherung der Humanität und Moralität eines modernen Gesellschaftssystems angesichts szientistisch-naturalistischer Reduktionen des Humanums, aber auch bei der Überwindung von politischen und sozialen Krisen angesichts einer immer wieder aus dem Ruder laufenden Weltökonomie. Diese Herausforderungen werden weder ohne die säkulare Vernunftkultur der Moderne zu bestehen sein, noch können sie mit ihr allein bewältigt werden. Offensichtlich muss die Annahme korrigiert werden, dass Modernisierungsprozesse unweigerlich mit einer Verabschiedung des Religiösen einhergehen. Vielmehr offenbaren sie eine eigene Dialektik, welche die Gleichsetzung von Moderne und Säkularisierung, Rationalität und Fortschritt als kurzschlüssig erweist. Die Nachfrage nach dem religiösen Anderen der Vernunft nimmt zwar ab in dem Maße, wie die Vernunft (in Wissenschaft, Technik, Medizin, Politik) Modernisierungserfolge verzeichnen kann. Zugleich nimmt sie bisweilen proportional zur Verunsicherung zu, welche die fortschrittsbedingten »Entgleisungen« (J. Habermas) der Moderne auslösen. Sich solchermaßen »postsäkularen« Konstellationen verdankend, ist Religiosität kein Überbleibsel einer unaufgeklärten Vorzeit, sondern ein Phänomen avancierter, sich selbst in Frage stellender Modernisierungen.

In religiösen Kreisen wird diese Korrektur einer geschichtstheoretisch aufgeladenen Säkularisierungsthese mit großer Aufmerksamkeit registriert: Heißt dies nun, dass sich für die Religion eine zweite Chance als Instanz der Sinnstiftung auftut, nachdem szientistische Weltentwürfe und politische Ideologien ihren Anspruch auf letzte Wahrheiten aufgeben mussten und die Fortschrittsmythen der Moderne in eine Tradierungskrise geraten sind? Besteht diese Krise vielleicht in einer Überdehnung ihrer Säkularität, d. h. in dem Versuch, nur mit jenen Ressourcen der Daseinsgestaltung auszukommen, welche die autonome Vernunft mit ihren eigenen Mitteln erschließen und sichern kann? Steht darum die Rehabilitierung religiöser Weltbilder an? Hat sich Religion somit als säkularisierungsresistent erwiesen?

Allerdings verraten diese Fragen auch höchst prekäre Hoffnungen. Es könnte durchaus sein, dass die Moderne nur deswegen genötigt ist, noch einmal auf Religion Bezug zu nehmen, weil der erste Versuch ihrer Überwindung vergeblich bzw. unvollständig war. In diesem Fall wäre das Ende der Religion nur aufgeschoben, aber nicht endgültig abgewehrt. Dies gilt auch für etliche Phänomene einer vermeintlichen Wiederkehr des Religiösen. Was sich als Renaissance der Religion ausnimmt, erweist sich vielfach als nicht-religiöse Aneignung und Verwertung religiöser Stoffe und Traditionen sowohl in den nicht-religiösen Segmenten der Gesellschaft (Politik, Wirtschaft, Medien) als auch in der individuellen Lebenspraxis. Nicht wenige Zeitgenossen machen sich allein um der psychischen *wellness* willen auf den Pilgerweg nach Santiago de Compostela. Außerdem ereignet sich diese Wiederkehr keineswegs als Rückkehr. Es handelt sich nicht um eine Renaissance des bereits Dagewesenen, keine Reinstallierung in alte Funktionen und Kompetenzen. In den säkularen Segmenten der modernen Kultur kommt es vielfach zur Dekonstruktion, zum zerlegenden Zusammensetzen, zur Neukontextuierung religiöser Narrative und Ästhetiken. Dabei findet meist auch eine säkulare Inversion transzendenzorientierter Weltdeutungen statt oder es ereignet sich eine Diffusion von Religiösem und Säkularem. Abgelöst von seinem schöpfungstheologischen Hintergrund wird etwa das Heilwissen der Hildegard von Bingen neu arrangiert allein für therapeutische Zwecke. Hier wird nicht Mystik als Therapeutikum offeriert, sondern eine religionsanaloge Zweitcodierung des Medizinischen vorgenommen und Gesundheit zum ›Religiosum‹ erhoben. Vermehrt kommt es auch zu einer Durchmischung von Glaubensinhalten unterschiedlicher Herkunft und zur Herausbildung neuer religiöser Charaktere, die virtuos Versatzstücke aus verschiedenen Religionen mit säkularen Mustern kombinieren und für einen eigenwilligen Lifestyle neu aufbereiten. Dieses Comeback der Religion stellt insofern nur eine andere als bisher benannte Formen ihrer Säkularisierung dar (vgl. Höhn 2007). Vermutlich sind dies sogar weitere Indizien für eine ›postreligiöse‹ Verfassung des Sozialen.

Die Beschreibung ›postsäkularer‹ Konstellationen von Religion und Gesellschaft ist mit diesem Befund durchaus kompatibel. Ihr geht es ja um die Persistenz der Religion inmitten ungebremster Prozesse ihrer Bestreitung und Überwindung. Dieser Umstand ist bei etlichen kritischen Kommentaren zur zeitdiagnostischen Aussagekraft des Begriffs ›postsäkular‹ nicht immer zureichend beachtet worden (vgl. Philipp 2009). Weder steht der Terminus ›postsäkular‹ für eine Zeitangabe oder für eine Epochenschwelle, wonach das Zeitalter der Säkularisierung zu Ende sei und nach diesem Ende nun andere Kräfte – vielleicht sogar wieder die alten religiösen Mächte und Gewalten – den Lauf der Welt bestimmen. Noch ist er derart rekursiv zu verstehen, dass er nostalgisch auf religiös aktivere Zeiten vor dem Einbruch modernisierungsinduzierter Säkularisierungen z. B. in den letzten 100 Jahren zurückblickt und nach einer Renaissance dieser Frömmigkeitsintensität (etwa in religiösen Fundamentalismen) Ausschau hält. Er meint auch nicht eine Rückkehr der Religion in die Gesellschaft, denn sie war nie gänzlich verschwunden.

Vielmehr steht er zunächst für einen Perspektivenwechsel in der Reflexion des Verhältnisses von Gesellschaft und Religion angesichts der Einsicht in die kulturelle Unabgegoltenheit des Religiösen. Dieser Wechsel ergibt sich aus der Beobachtung, dass die modernen Rationalisierungsprozesse zwar Probleme der Daseinssicherung lösen, aber dabei neue erzeugen, die sie mit eigenen Mitteln nicht bewältigen können. Denn offensichtlich hat die modernisierungsbedingte Aufhebung vieler religiöser Annahmen und Hoffnungen nicht zugleich auch alle Fragen aus der Welt schaffen können, auf die religiöse Auskünfte die vielleicht unzureichende – oder bloß unzeitgemäße – Antwort waren. Erweist die Dialektik der Aufklärung die späte Moderne nicht auch derart als ›religionsproduktiv‹, dass sie Probleme erzeugt, mit denen vernunftgemäß umzugehen Thema und Rechtfertigung einer religiösen Einstellung zur Wirklichkeit sein könnte (vgl. Höhn 2010)?

›Postsäkular‹ meint dann, dass die Moderne zwar die Glaubwürdigkeit von überkommenen religiösen Daseinsdeutungen aufheben konnte, aber nicht die Nöte zu beseitigen vermochte, welche die anhaltende Nachfrage nach solchen Deutungen z. B. angesichts von Kontingenzerfahrungen im Kontext ökologischer, politischer und gesellschaftlicher Risikoproduktionen auslösen. Unter dieser Rücksicht gilt es auch, die geschichtstheoretische und normative Unterstellung des Säkularisierungstheorems zu relativieren bzw. zu revidieren, welche den Relevanz- und Funktionsverlust der Religion für unausweichlich hielt, ihn als fortschrittlich begriff und darin ein Ziel sozialer Evolution sah.

Ambivalenz der Moderne – Reflexive Modernisierung

Aus einem blinden Natur- und Geschichtszusammenhang herauszutreten, sich über die Bedingungen der eigenen Existenz autonom und in Freiheit klar zu werden, um einen Prozess in Gang zu setzen, welcher auf der gesellschaftlichen Verwirklichung der subjektiven Freiheit aller Vernunftsubjekte und ihres Selbstbestimmungswillens insistiert – das sind Anliegen und Ziele einer Zeit, die ohne die Religion auskommen will. Die Moderne will sich nicht einer höheren Autorität unterstellen, sondern dafür sorgen, dass alle Autorität von der Vernunft ausgeht. Sie »kann und will ihre orientierenden Maßstäbe nicht mehr Vorbildern einer anderen Epoche entlehnen, sie muß ihre Normativität aus sich schöpfen« (Habermas 1985, 16). Die mythenkritische Moderne schafft sich damit ihren eigenen Gründungsmythos: Allein unter den Imperativen der Vernunft (*sola ratione*) soll eine Gestalt gesellschaftlicher Existenz entstehen, der jeder Mensch aus freien Stücken zustimmen kann.

Dass diese Leitideen der Moderne in eine Krise geraten sind, hat nach Habermas ihre Ursache im internen Vorgang einer entgleisenden Modernisierung.

»Die Arbeitsteilung zwischen den integrativen Mechanismen des Marktes, der Bürokratie und der gesellschaftlichen Solidarität ist aus dem Gleichgewicht geraten und hat sich zugunsten wirtschaftlicher Imperative verschoben, die einen am eigenen Erfolg orientierten Umgang der handelnden Subjekte miteinander prämieren. Die Eingewöhnung neuer Technologien, die tief in die bisher als »natürlich« angesehenen Substrate der menschlichen Person eingreifen, fördert zudem ein naturalistisches Selbstverständnis der erlebenden Subjekte im Umgang mit sich selbst« (Habermas 2005, 247 f.).

Will man dieser Entwicklung entgegensteuern, muss man das Projekt der Moderne bzw. die Durchsetzung seiner Anliegen neu kalibrieren. Vor allem die von Wissenschaft, Technik und Ökonomie ausgelösten Rationalisierungsprozesse haben sich als höchst ambivalent herausgestellt und die aufklärerische Gleichsetzung von Vernunft und Fortschritt bzw. von Religion und Rückschritt als voreilig erwiesen. Bei dem Versuch, Geschichte zu machen, wurde von der Vernunft stets auch Un- und Widervernünftiges mitproduziert. Vermutlich hat sich die Moderne zu viel vorgenommen. Ihre Zielvorstellung hat sich verbraucht, wonach eine ständig weiter ausgreifende Naturbeherrschung, eine permanente Erweiterung des Wohlstands durch ökonomisches Wachstum sowie eine selbstbestimmte Identität des Subjekts durch die Emanzipation von überkommenen Traditionen je für sich und gemeinsam auf einem ungehemmten Geradeausweg zu realisieren sind.

Der Gang der Sozialgeschichte nimmt keinen linearen Verlauf. Er kennt zunehmend Phasen, in denen er weniger von der industriellen Nutzbarmachung natürlicher Ressourcen, sondern von der Bewältigung ihrer negativen Spätfolgen beherrscht wird. Die Moderne wird zunehmend ›reflexiv‹, d.h. wegen ihrer Ambivalenzen sich selbst zum Thema und Problem. Ihre Fortschrittsprojekte und Optionensteigerungsprogramme müssen den Umstand wahrnehmen und verarbeiten, dass sie an ihre Grenzen stoßen und ihre Finalitätsmythen an Faszination einbüßen. Zu den Grundannahmen ›linearer‹ Modernisierung gehört die fortschreitende funktionale Differenzierung der Gesellschaft, die zur Ausbildung arbeitsteilig agierender Teilsysteme (Bildung, Wissenschaft, Technik, Wirtschaft etc.) mit jeweils eigener Logik führt. Industrielle Gesellschaften gewinnen und entfalten ihre besondere Leistungsfähigkeit durch eine arbeitsteilige Organisation und die Verteilung von Zuständigkeiten auf verschiedene Teilsysteme mit speziellen Aufgaben. Diese Teilsysteme stehen unter der Herrschaft ihrer Eigengesetzlichkeit. Insofern ist lineare Modernisierung ein Rationalisierungsprozess, der die Steigerung und Entfaltung systemspezifischer Zweckrationalität verfolgt.

›Reflexive‹ Modernisierung beschreibt die Konfrontation moderner Gesellschaften mit Problemlagen, die im System der funktionalen Differenzierung mittels der dort geltenden Regeln und Institutionen nicht mehr erfolgreich be- und verarbeitet werden können. Funktionale Differenzierung wird in diesem Stadium der Gesellschaftsentwicklung selbst vom Problemlöser zum Problemfall. Hinter dem Rücken einer ›linearen‹ Modernisierung, die unter dem Anspruch steht, menschliche Lebenszusammenhänge zweckrational kontrollierbar, herstellbar und verfügbar zu machen, vollziehen sich Prozesse, die von den unabsehbaren Neben- und Spätfolgen des technisch-industriellen Kontrollanspruches bestimmt wird und die Wiederkehr von Ungewissheit, die Steigerung von Kontingenz, die Ausbreitung von Ambivalenz befördert. Typische Merkmale dieser Entwicklung sind die Koppelung von ökonomischen Fortschritten mit ökologischen Rückschlägen sowie die Verknüpfung von Verteilungskämpfen der klassischen Industriegesellschaft (um erzeugte Güter, Renditen, Konsumchancen und Arbeitsplätze) mit ökologischen Risikokonflikten. Unter den Bedingungen der reflexiven Moderne verschiebt sich das Verhältnis zwischen intendierten Handlungen und Zielen einerseits und den ungewollten Nebenfolgen andererseits in teilweise dramatischer Form. Wie etwa die ökologische Krise zeigt, konterkarieren die nicht intendierten Nebenfolgen die intendierten Absichten nicht selten in einer Weise, dass die Bearbeitung der Nebenfolgen mehr Aufmerksamkeit und Aufwand erfordert als das ursprüngliche Handlungsprogramm. Und zugleich wird immer deutlicher, dass etablierte Strategien der Problembewältigung an ihre Grenzen kommen. Technische und ökonomische Modernisierungen lassen sich nicht durchgängig und erfolgreich zur Bewältigung der negativen Nebenfolgen vorausgehender Modernisierungen einsetzen (vgl. Beck/Bonss 2001).

Vor diesem Hintergrund ist zugleich eine Krise der Rationalitätsunterstellungen und Rationalisierbarkeitserwartungen der Moderne zu beobachten. So kann offensichtlich nicht mehr davon ausgegangen werden, dass durch mehr Wachstum, Expertenwissen und funktionale Differenzierung die Strukturierung und Koordination sozialer Interaktion immer stabiler und effizienter wird. Stattdessen wird deutlich, dass die Moderne angesichts der Erfahrungen von Kontingenz und Kontraproduktivität eher instabiler und unsicherer wird. Es ist genau dieser Prozess, der trotz oder gerade wegen eines unabweisbaren Zuwachses an Handlungsoptionen und Steuerungswissen die bisherigen ›linearen‹ Rationalisierungs- und Spezialisierungsvorstellungen in Frage stellt und zu erheblichen Verlusten an Handlungssicherheit und Zukunftsorientierung führt.

Das Reflexivwerden von Modernisierungsprozessen lässt auch die klassischen Selbstbeschreibungen der Moderne als Zeitalter von Vernunft und Fortschritt als problematisch erscheinen. Ihre Spät- und Nebenfolgen schüren den Zweifel, dass bereits die Prämissen prekär waren. Offensichtlich hat die Moderne Voraussetzungen und Versprechungen ineinander gestellt. Sie war angetreten, eine Formation von Kultur und Gesellschaft hervorzubringen, die sich ihre normativen Grundlagen selbst legt und dabei keine andere Instanz anzuerkennen hat als die der autonomen Vernunft. Sie hat dabei nicht bedacht, ob es diesseits und jenseits der Vernunft Ressourcen für den Aufbau und Erhalt einer vernunftgemäßen Sozialordnung gibt, die auf einem regenerativen Niveau gehalten werden müssen. Solange sie dies nicht korrigiert, steht ihr Projekt einer Weltbeherrschung als uneingeschränkter Ausführung menschlicher Autonomie, die sich unabhängig macht von Bedingungen und Folgen, die sich menschlicher Selbstbestimmung und Verfügung entziehen, unter dem Verdacht menschlicher Hybris. Dieser Verdacht lässt die Krisen der Moderne als Krise ihrer Säkularität bzw. ihres Autonomieideals erscheinen. Für Wirtschaft, Technik und Politik gibt es offenkundig Unableitbares, Unverrechenbares und Unverfügbares, das im Prozess der Säkularisierung religiös grundierter Sichtweisen von Mensch, Welt und Geschichte verkannt oder verdrängt wurde. Wo es aus Gründen der ökonomischen oder technischen Rationalität bewusst ausgeklammert wurde, meldet es sich nunmehr als Leerstelle im Konzept wirtschaftlicher und technischer Vernunft. Verweist diese Leerstelle aber auch auf ein für säkulare Gesellschaften konstitutives Defizit, das nur mit den Mitteln der Religion überwunden werden kann?

Einstweilen ist lediglich unbestreitbar, dass hier Rationalitätsdefizite zu Tage treten. Die funktionale Differenzierung der Gesellschaft, die Herausbildung autonomer Funktionslogiken und Rationalitäten vollzog sich über lange Strecken der Moderne auf der Grundlage unbedenklicher Annahmen, was in den jeweiligen Handlungsfeldern und Teilsystemen als rational zu gelten habe. Angesichts gegenläufiger Prozesse und kontraproduktiver Effekte stehen diese Basisannahmen zur Diskussion und müssen neu ausgehandelt werden. Wo Gefahr besteht, stellt sich aber keineswegs das Rettende von selbst ein. Einstweilen lässt es sich etwa gegenüber der ökonomischen Vernunft nur im Bewusstmachen dessen artikulieren, was fehlt: Sozialer Zusammenhalt resultiert nicht bereits aus dem Vergemeinschaftungsmodus des Marktes. Das soziale Band menschlichen Miteinanders wird zwar aus gegenseitiger Anerkennung geknüpft. Diese Gegenseitigkeit erschöpft sich aber nicht in der allgemeinen Unterstellung, dass alle Beteiligten ihre Eigeninteressen auf dem Weg der zweckrationalen Organisation von Vorteils- und Nutzenmaximierungen durchsetzen wollen. Hier braucht es mehr und anderes als nur die ökonomische Vernunft. Sie vermag im Umgang mit Menschen stets nur ›halbe Wahrheiten‹ ans Licht zu bringen. Es geht wohl nicht ohne sie, aber allein mit ihr geht es auch nicht (*sola ratione numquam sola*).

In den von der Moderne verdrängten ›Weltanschauungen‹ jene Anregungen zu suchen, die für die Entdeckung der ›anderen‹ Wahrheitshälfte hilfreich sein können, ist ein nahe liegender Vorschlag. Sollte man also zurückkehren zu den Beständen vormoderner Kulturen, in denen das vermutet wird, was in der neuzeitlichen Vernunft vermisst wird: eine Leben, Denken und Handeln in all seinen Dimensionen integrierende, ›ganzheitliche‹ Orientierung, in der die eigentliche Wahrheit über Mensch, Welt und Geschichte schon enthalten ist? Sollte man sich nicht abwenden von jenen Instanzen, die ein für Mensch und Natur ruinöses, zweckrationales und instrumentelles, auf ein Unterwerfen der Wirklichkeit abgerichtetes Herrschaftswissen verwalten? Ist es nicht an der Zeit, sich um ein Verständigungswissen zu bemühen, das den Menschen wieder zu einem Leben im Einklang mit der inneren und äußeren Natur befähigt? Bergen nicht Mythos und Religion jene Weisheiten, mit denen sich die Grundkonflikte und Reifungskrisen des modernen Menschen kreativ bewältigen und seine Lebenspraxis sinnhaft strukturieren lassen? Repräsentieren nicht sie jene kulturellen Bestände, die der Mensch nicht hinter sich lassen darf, wenn er vorankommen will? Sind De-Säkularisierung und Re-Spiritualisierung von Kultur und Gesellschaft das Gebot der Stunde?

Dass es zur Sache der Vernunft gehören soll, sich für die Sache der Religion zu interessieren, mögen diese Fragen suggerieren. Aber die damit formulierte These ist keineswegs selbstverständlich. Sie steht sofort im Verdacht, dass sie verschleiern soll, hier werde ein Interesse *an* der Religion letztlich *im* Interesse einer Religion und nicht im Interesse der Vernunft bedient. Dieser Verdacht nährt die von einer publizistisch wieder erstarkten Religionskritik propagierte Überzeugung, sich aus Vernunftgründen für Religion zu interessieren dürfe eigentlich nur mit einer Abwehrhaltung verbunden sein. Nur auf dem Wege der Verhinderung religiöser Einflüsse auf das öffentliche Leben könne das Interesse an Religion letztlich auch der Sache der Vernunft zugutekommen. Ein affirmatives Verhältnis von Vernunft und Religion wird hier ausgeschlossen. Hier wirkt die radikale Religionskritik materialistischer, naturwissenschaftlicher oder soziologischer Prägung nach, die Religion überhaupt als falsches, von der inneren und äußeren Natur des Menschen (Feuerbach, Nietzsche, Freud) entfremdetes Bewusstsein betrachtet, das zudem obsolete gesellschaftliche und politische Verhältnisse rechtfertigt oder diese durch einen illusionären Verweis auf ein Jenseits erträglich machen will (Marx). Gleichwohl befinden sich auch die Religionskritiker, die für die Projekte der Moderne eintreten, in einem Zwiespalt. Nach wie vor sind die Gründe überzeugend, die dazu geführt haben, religiösen Weltentstehungstheorien, Herrschaftslegitimationen und Moralmonopolen keinen Kredit mehr zu geben. Unbestritten im Recht ist immer noch der Einsatz gegen religiös ummantelte Heteronomie. Und dennoch stellen sich hinter dem Rücken einer ›linearen‹ Säkularisierung, die unter dem Anspruch steht, menschliche Lebenszusammenhänge *sola ratione et sine religione* herstellbar und verfügbar zu machen, Entwicklungen ein, welche die Wiederkehr von Unvernunft und Aberglaube befördern. Auch die Betreiber von Säkularisierungsvorgängen müssen sich dem Faktum stellen, dass sich das Verhältnis zwischen intendierten Handlungen und Zielen einerseits und den nicht intendierten Nebenfolgen andererseits teilweise umkehrt und die Verrechnung von sozialen Fortschritten mit kultureller Regression eine Nullsumme entstehen lässt. Säkularisierungsbedingte Problemlösungen können neue Problemlagen erzeugen. Säkularisierungsprozesse können ›umkippen‹, auf sich selbst zurücklaufen und mit dem Gegenteil der erwarteten Wirkungen konfrontieren. Dabei entstehen höchst prekäre Konfigurationen von Postsäkularität.

Reflexive Säkularisierung

Dass sich religiöse Weltbilder und Sinnsysteme ebenso im Aufwind befinden wie sie sich religionskritischem Gegenwind ausgesetzt sehen, dürfte zu gleichen Anteilen dem Vorgang einer reflexiven Säkularisierung zuzuschreiben sein, der einen Ausläufer reflexiver Modernisierungsprozesse bildet. Reflexive Säkularisierung meint daher beides: Kontinuität und Brüche fortgeschrittener Säkularität. Beide Effekte verdanken sich dem Umstand, dass Säkularisierungen problemerzeugende Problemlösungen sein können.

Ein erstes Beispiel für diesen ›Doppelwirkung‹ bildet das Verhältnis von Aufklärung und Öffentlichkeit Am Beginn der Moderne stand die Devise: Damit aufklärungsfeindliche religiöse Ideologien keinen gesellschaftlichen Schaden anrichten können, muss man sie privatisieren, d. h. Religion wird als Medium sozialer Integration verdrängt und zur Angelegenheit individueller Lebenssinnstiftung gemacht. Im Privaten kann sie weniger Unheil anrichten als im öffentlichen Leben. Das hat jedoch zur Folge, dass nun Privatmythologien aufblühen, deren Irrationalität keinen geringeren Aufklärungsbedarf erzeugt als die alten Mythen. Der Hinweis, dass sie öffentlich kaum wirksam werden, verkennt die Tatsache, dass ihnen das Internet als Bühne medialer Öffentlichkeit zahllose Auftrittsmöglichkeiten gewährt. Der Versuch, eine aufgeklärte Sphäre der Öffentlichkeit durch Abdrängen des Unaufgeklärten und der Aufklärungsverweigerer in eine Privatsphäre herzustellen, kommt an sein gegenteiliges Ende, wenn die Grenze beider Sphären modernisierungsbedingt porös wird.

Ein ähnlicher Effekt ist dort beobachtbar, wo keiner Konfession in einer weltanschaulich pluralen Gesellschaft noch etwas kollektiv Verbindliches mehr eingeräumt oder zugetraut wird und allenfalls in Gestalt einer Zivilreligion das minimale Maximum multireligiöser Bekenntnisse aufscheint, im Übrigen alles andere dem freien Spiel des religiösen Marktes überlassen wird. Hier treten zunehmend fundamentalistische religiöse Partikularkulturen auf, die energisch bekämpfen, wovon sie selbst profitieren: Pluralität und Multikulturalität. Mit ihrer Partikularität haben sie keine Probleme, solange sie nicht Identität in Frage stellt. Ihre Identität nach innen, d. h. Vertrautheit und Gemeinschaft ihrer Angehörigen, vermögen sie nur durch eine Differenz nach außen, d. h. gegenüber dem Unvertrauten und als fremd oder befremdlich Empfundenen aufrecht zu erhalten. Wo nun die Anhänger einer Religion umso fundamentalistischer auftreten, je fremder ihnen der kulturelle Zusammenhang geworden ist, in dem sie leben, muss dies nicht linear auf eine religiös bedingte Weltfremdheit oder auf eine radikal-einfältige Infragestellung der säkularen Modernezurückgeführt werden. Vielmehr kann dies auch die Spätfolge einer von säkularen Kräften betriebenen Abstoßung des Religiösen sein. Dass das Religiöse nun mit der Moderne fremdelt, ist das Ergebnis einer vorausgehenden Aberkennung seines Heimatrechtes in der Moderne. Wer die Erfahrung einer Exklusion gemacht hat, verspürt wenig Neigung zur Wertschätzung eines Kontextes, aus dem er verstoßen wurde. Nicht das Bemühen um Reintegration gewinnt dabei die Oberhand, sondern die Forcierung einer Gegenexklusion.

Analog verhält es sich mit der Konjunktur alternativer Heil- und Gesundheitskonzepte, die sich von der Schul-, Apparate- und Verschreibungsmedizin abgrenzen. Auch hier bildet eine säkularisierungsbedingte Ausgrenzung die Basis einer ›postsäkularen‹ Wiederkehr. Nachdem das Gesundbeten verdrängt wurde und dem Gebet um Gesundung ein therapeutischer Wert abgesprochen wurde, haben sich Heil und Heilung dissoziiert. Kein Arzt schickt heute noch seine Patienten auf eine Wallfahrt, damit diese am Grabe eines bedeutenden Heiligen durch Berührung seiner Reliquie an Leib und Seele gesunden. Und dennoch boomt die Nachfrage nach ganzheitlichen Heilkuren, bei denen nicht nur bewährte Klosterarznei, sondern auch Quacksalberei vermarktet wird.

Ein drittes Beispiel für reflexive Säkularisierung liefern Theorie und Praxis des Rechts auf Religionsfreiheit im Gefolge der Trennung von Staat und Religion. Beseitigt wurden religiöse Legitimationen zur Ausübung von Herrschaft und Macht. Es gibt kein Königtum von Gottes Gnaden mehr. Das schließt nicht aus, dass Religion gleichwohl zum Politikum wird. Reklamiert wird jetzt – meist von islamischen Gruppen – ein eigenes Mandat politischen Agierens oder eine eigene Befugnis der Rechtsetzung (etwa in Gestalt der Scharia). In beiden Fällen wird durch Religion keineswegs die Beglaubigung staatlicher Autorität angestrebt. Vielmehr wird für die Autorität des Religiösen politische Anerkennung verlangt – und zwar als Konsequenz des Rechts auf freie Religionsausübung. Darf der liberale Rechtsstaat, der Thron und Altar geschieden hat, das Prinzip *cuius regio eius religio* abschaffte, dafür individuelle Religionsfreiheit gewährt und sich auf diese Weise die Loyalität seiner religiösen Bürger erhält, aber so weit gehen, dass er religiösen Gemeinschaften eine eigene Gerichtsbarkeit einräumt, die weitreichende Konsequenzen im nicht-religiösen Bereich hat? Darf er in multireligiösen Gesellschaften Dispens von Rechtspflichten erteilen, wenn sich jemand unter Berufung auf das Grundrecht der Religionsfreiheit einem koedukativen Sportunterricht entziehen will oder unter Berufung auf ein religiöses ›Bilderverbot‹ die Einschränkung der Pressefreiheit fordert? Kann man diesen Folgeproblemen fortgeschrittener Säkularisierung durch die Fortsetzung von Säkularisierungsprozessen beikommen oder werden sie dadurch verschärft?

Resakralisierung: Versuch und Versuchung

Ein zentrales Merkmal eines postsäkularen Verhältnisses von Religion und Gesellschaft besteht darin, dass sich die Religionen auf die »Prämissen des Verfassungsstaates einlassen, die sich aus einer profanen Moral begründen« (Habermas 2001, 14). Denn die Möglichkeit allgemeinverbindlicher ethischer Diskurse und politischer Beschlüsse in einem demokratischen Gemeinwesen muss einen Geltungsgrund moralischen Sollens voraussetzen, der universal als sittlich verbindlich einsehbar ist. Wer im Kontext eines weltanschaulichen Pluralismus ethische und politische Pflichten durch die Berufung auf einen Willen Gottes begründen will, stellt die unbedingte Verpflichtung zu ethischem Handeln offenkundig unter den Vorbehalt einer vorgängigen Anerkennung Gottes. Damit würde die Verbindlichkeit des Ethischen an eine Prämisse gebunden, die faktisch nicht von allen Mitgliedern dieses Gemeinwesens geteilt wird und deren Anerkennung in einem liberalen Rechtsstaat, der Bekenntnis- und Religionsfreiheit gewährleistet, auch grundsätzlich nicht von ihnen eingefordert werden kann. Politische Willensbildung und Entscheidungsfindung müssen daher auf säkularen Entscheidungsgrundlagen basieren, die grundsätzlich von allen Bürgerinnen und Bürgern anerkannt werden können. Dies gilt auch für den Verweis auf die vermeintliche Notwendigkeit einer Legitimations- und Begründungsinstanz der Gesetzgebung, die den Verfahren der Willensbildung, Entscheidungsfindung und Rechtsetzung vorgelagert oder übergeordnet ist. Die Geltung von Verfassungsprinzipien darf nicht von einem Geltungsgrund abhängig sein, der in einem pluralistisch verfassten Gemeinwesen nicht allgemein anerkennungsfähig ist. Sie bedarf nicht einer theonomen Legitimation, sondern verfügt mit der Anerkennung der unveräußerlichen Menschenrechte über ein entsprechendes säkulares Äquivalent ethischer ›Letztbegründung‹.

Schließlich ist der moderne Verfassungsstaat auch erfunden worden, »um einen friedlichen religiösen Pluralismus zu ermöglichen. Erst die weltanschaulich neutrale Ausübung einer rechtsstaatlich verfassten säkularen Herrschaftsgewalt kann das gleichberechtigte und tolerante Zusammenleben verschiedener, in der Substanz ihrer Weltanschauungen oder Doktrinen nach wie vor unversöhnter Glaubensgemeinschaften gewährleisten. Die Säkularisierung der Staatsgewalt und die positive wie negative Freiheit der Religionsausübung sind zwei Seiten derselben Medaille. Sie haben die Religionsgemeinschaften nicht nur vor den destruktiven Folgen der blutigen Konflikte untereinander, sondern auch vor der religionsfeindlichen Gesinnung einer säkularistischen Gesellschaft geschützt« (Habermas 2005, 9).

Wenn zum Signum postsäkularer Gesellschaften nunmehr eine Neubewertung der modernen Säkularisierungsprozesse gehört, dürfte es keinen Gewinn bedeuten, dem Staat eine andere als eine säkulare Legitimationsbasis zuzuweisen. Dies schließt jedoch nicht aus, dass eine neue Nachdenklichkeit einsetzt, ob ein demokratisches Gemeinwesen angesichts der religiösen Prägung seiner moralischen Ressourcen sich nur in historisierender Einstellung mit einer Erinnerung dieser Herkunft begnügen darf.

Ein säkularer Rechtsstaat kann nur bestehen, wenn es eine rechtlich nicht erzwingbare Solidarität von Staatsbürgern gibt, die sich gegenseitig als freie und gleiche Mitglieder ihres politischen Gemeinwesens achten. Er hat sich zwar von der Auffassung gelöst, dass für ihn die Bindungskräfte der Religion essentiell sind, aber für ihn besteht noch immer die Notwendigkeit der Bindung an ihm vorausliegende unverfügbare Bedingungen eines Daseins in Freiheit. Verfügt aber die säkulare Vernunft mit dem Vermögen, diese Prämissen zu erkennen auch schon über das Vermögen, ihre Umsetzung gewährleisten zu können? Kann von den formalen Arrangements und Verfahren einer diskursiven Willensbildung und Entscheidungsfindung erwartet werden, dass sie ihre Ressourcen gleichsam von selbst erzeugen? Vermag die säkulare Vernunft die Gehalte einer freiheitlichen Politik, die sie allein legitimieren kann, auch allein zu generieren? Es mag sein, dass Religionen in Fragen der Legitimationsbedingungen eines demokratischen Gemeinwesens nicht über Einsichten verfügen, die über das Potential der säkularen Vernunft hinausgehen. Sie besitzen hier kein höheres Erkenntnisvermögen. Unter dieser Rücksicht ist allen Versuchen einer Resakralisierung von Staat und Politik bzw. ihrer Legitimationsbasis zu widerstehen. Aber kann es nicht ebenso der Fall sein, dass ein religiöses Ethos den Horizont des Entdeckungszusammenhangs von Werten und Normen menschlichen Miteinanders und des Sinns menschlichen Daseins in Freiheit erweitert? Es sind unter dieser

Rücksicht zwar nicht die Legitimations-, wohl aber die Funktionsbedingungen, unter deren Rücksicht ein demokratisches Gemeinwesen bzw. ein liberaler säkularer Staat auf vorpolitische Vorgaben angewiesen ist. Wenn ein freiheitlicher Staat ein elementares Interesse an Sinnressourcen haben muss, die er um der Freiheit seiner Bürger willen selbst nicht verbürgen kann, widerspricht es seinen Grundlagen nicht, wenn er seine Angewiesenheit auf sie ausdrücklich benennt. Dies kann in der Weise geschehen, dass die bleibende Relevanz der religiösen Traditionen Europas als Vergewisserungsformen dieser Ressourcen z. B. in einer Verfassungspräambel herausgestellt wird. Sie stellt insofern einen zugleich prominenten wie angemessenen Ort dieser Erwähnung dar, als hier nicht normativ, sondern deskriptiv festgehalten wird, unter welchen Umständen und Bedingungen eine Verfassung beschlossen worden ist. Es handelt sich dabei um Feststellungen über Sachverhalte, die nicht Regelungsgegenstand einer politischen Ordnung und eines Rechtssystems sind, sondern diesen Regelungen inspirierend, stimulierend oder motivierend vorausliegen.

»Rettende Aneignung« des religiösen Erbes?

Nur wenige Zeitdiagnostiker sehen in der politischen Wiederkehr religiöser Geltungsansprüche lediglich regressive Restphänomene einer unumkehrbaren Entwicklung. Sie deuten vielmehr auf Risse im Fundament und im Tragwerk der Moderne. Strittig ist jedoch, in welchem Maß die Stabilität des Bauwerks gesichert werden kann und ob dabei Religion sogar als Stabilisator in Betracht kommt. Argumentativ rechtfertigungsbedürftig ist in diesem Kontext ein kritisches Verhältnis zur Religion nicht weniger als ein affirmatives. Die Dialektik der Aufklärung sollte jedem vernunftstolzen Szientismus auch eine deutliche Lektion über die Grenzen und Ambivalenzen der Vernunft erteilt haben. Sie setzt ebenso wie der Befund reflexiver Säkularisierung die Frage nach der möglichen sozio-kulturellen Unabgegoltenheit des Religiösen neu auf die Tagesordnung.

Soll die Philosophie angemessen auf diese Herausforderungen reagieren, kommt sie nicht daran vorbei, vom Standpunkt der Vernunft aus zu fragen, inwiefern es zur Sache der Vernunft gehört, sich für die Sprache und Sache der Religion zu interessieren. Dazu gehört insbesondere, in religiösen Traditionen nach jenem ›Anderen‹ der Vernunft zu fragen, ohne dessen Anerkennung die Vernunft ihre selbstgesteckten Ziele der Erschließung von Freiheit und Selbstbestimmung, der Gewähr von Frieden und Gerechtigkeit sowie der Sicherung der Lebensbedingungen künftiger Generationen nicht erreichen kann. Für einen behutsamen *religious turn* der Philosophie in einem modernitätskritischen Kontext plädiert auch Habermas. Er hält es für möglich, dass dort, wo die Fortschritte der sozio-kulturellen Rationalisierung abgründige Zerstörungen angerichtet haben, religiöse Überlieferungen »immer noch verschlüsselte semantische Potentiale enthalten, die, wenn sie nur in begründende Rede verwandelt und ihres profanen Wahrheitsgehaltes entbunden würden, eine inspirierende Kraft entfalten« (Habermas 2005, 13). Religiöse Überlieferungen besitzen »für moralische Intuitionen, insbesondere im Hinblick auf sensible Formen eines humanen Zusammenlebens, eine besondere Artikulationskraft. […] Im Gegensatz zur ethischen Enthaltsamkeit eines nachmetaphysischen Denkens, dem sich jeder generell verbindliche Begriff vom guten und exemplarischen Leben entzieht, sind in heiligen Schriften und religiösen Überlieferungen Intuitionen von Verfehlung und Erlösung, vom rettenden Ausgang aus einem als heillos erfahrenen Leben artikuliert, über Jahrtausende hinweg subtil ausbuchstabiert und hermeneutisch wachgehalten worden« (ebd., 115). Sie artikulieren ein Bewusstsein von dem, was in Säkularisierungsprozessen verlorengegangen ist; sie bewahren »hinreichend differenzierte Ausdrucksmöglichkeiten und Sensibilitäten für verfehltes Leben, für gesellschaftliche Pathologien, für das Misslingen individueller Lebensentwürfe und die Deformation entstellter Lebenszusammenhänge« (ebd.). Sollen diese Einsichten ihren kognitiven Gehalt zu erkennen geben, müssen sie jedoch in die säkularen Kontexte ethisch-politischer Selbstverständigung übersetzt werden. Dies ist nach Habermas nicht eine Aufgabe, die einseitig den Religionsgemeinschaften aufzubürden ist. Auch säkularen Bürgern ist zuzumuten, »religiöse Beiträge zu politischen Streitfragen ernst zu nehmen und in kooperativer Wahrheitssuche auf einen Gehalt zu prüfen, der sich möglicherweise in säkularer Sprache ausdrücken und in begründender Rede rechtfertigen lässt« (ebd., 145).

In einer postsäkularen Gesellschaft sind die Säkularisierungsfolgen und deren Bewältigung somit nicht mehr ungleich verteilt. Der Vernunftkultur ist die Aufgabe gestellt, das semantische Erbe religiöser Traditionen auf dem Wege einer »rettenden Aneignung« aus der religiösen Sphäre in eine allgemein zugängliche Sprache zu übersetzen. Sie ist gehalten, in religiösen Traditionen nach dem ›Anderen‹ der Vernunft zu fragen, ohne dessen Anerkennung die Vernunft ihre selbstgesteckten Ziele nicht erreichen kann. Die Bringschuld, welche die Vertreter religiöser Traditionen zu erfüllen haben, besteht in einer kognitiven Reorganisation ihrer Glaubensüberzeugungen, wobei sie sich den Erfordernissen der kommunikativen Vernunft zu stellen haben und sich im Kontext einer liberalen Demokratie als diskurs-, toleranz- und pluralitätsfähig erweisen müssen. Sie müssen zeigen, dass das Religiöse nicht den Widerpart, sondern das vernunftgemäße ›Andere‹ der Vernunft repräsentiert.

Wenn Religion nicht mehr für umso entbehrlicher und verzichtbarer gehalten werden muss, je moderner die Moderne wird, scheinen die Chancen zu steigen, dass sich religiöse Traditionen auch in Zukunft kulturell behaupten können. Allerdings darf auch nicht unterschlagen werden, dass Habermas mit einer Fortdauer von Säkularisierungsprozessen rechnet und die »rettende Aneignung« des kulturellen Erbes der Religionen weitgehend auf deren moralisch relevante Bestände bezieht. Damit ist keineswegs ihr Fortbestand als religiöse Traditionen, sondern ihre Anverwandlung in moralische Traditionen impliziert. Es stellt nur eine andere Form der Säkularisierung der Religion dar, wenn diese nicht mehr als Hypothek, sondern als Erbmasse verstanden wird, aus der man noch verwertbare Teile für moralische Lernprozesse übernimmt.

Zwar ist Habermas bemüht, dem religiösen Glauben einen eigenen epistemischen Status zuzuschreiben, welcher von der Vernunft als nicht schlechthin irrational zu respektieren ist. Dennoch hält er in religionskritischer Absicht daran fest, das Verhältnis zwischen Philosophie und Religion so zu bestimmen, dass die Grenze zwischen Glauben und Wissen nicht verwischt wird:

»Die Philosophie zehrt nur so lange auf vernünftige Weise vom religiösen Erbe, wie die ihr orthodox entgegengehaltene Quelle der Offenbarung für sie eine kognitiv unannehmbare Zumutung bleibt. Die Perspektiven, die entweder in Gott oder im Menschen zentriert sind, lassen sich nicht ineinander überführen« (Habermas 2005, 252).

Habermas sieht die Philosophie in der Rolle eines Übersetzers und Interpreten, der philosophisch relevante Gedanken, Sensibilitäten und Motive, die aus anderen Ressourcen stammen, neu in Geltung zu setzen hilft, sofern sich diese semantischen Potentiale in einen vom Sperrklinkeneffekt der Offenbarungswahrheit entriegelten Diskurs übersetzen lassen. Auf dem Wege einer solchen ›freundliche Übernahme‹ ist dann auch ein Import religiöser Weltdeutungen und Daseinsorientierungen in soziale Teilsysteme vorstellbar. Allerdings geraten sie dabei unter die Regie von deren jeweiliger Funktionslogik. Auch wenn Religiöses in den Teilsystemen Politik, Ökonomie, Medien vorkommt, so bleibt es dabei, dass diese funktionalen Teilsysteme nach jeweils eigener Logik agieren und einen möglichen religiösen Input nur nach Maßgabe dieser Logik (d. h. nichtreligiös) verarbeiten können. So wird Religion gegenüber der Ökonomie lediglich relevant als eine Quelle zur Bildung und Vermehrung jenes Vertrauenskapitals, ohne das Märkte nicht funktionieren können. Die Politik interessiert sich für Religion, sofern sie kommunitäre Bindungskräfte besitzt, die man als sozialmoralische Ressourcen einer Gemeinwohlorientierung gegen die Logik der Nutzenegozentrik aufbieten kann. Und die Medien geben ihr solange Raum, wie sich daraus Vorteile um Wettbewerb um Aufmerksamkeit ergeben.

Unter dieser Rücksicht ist es voreilig, den Begriff der Säkularisierung als eine kulturdiagnostische Schlüsselkategorie gänzlich zu verabschieden (Pollack 2003; 2009). Wer das Säkularisierungstheorem als einen Mythos der Moderne entzaubern will, sollte darauf achten, mit der Rede von der Wiederkehr der Religionen nicht die Projektion eines ebenso mythischen Gegenbildes zu befördern. Angezeigt ist für eine mythenkritische Religionstheorie stattdessen, ein Theoriedesign zu entwerfen, das höchst heterogene Transformationsprozesse des Religiösen erfasst und sie in Korrespondenz zu Prozessen kultureller, sozialer und politischer Modernisierung bzw. als Reaktion darauf beschreibt. Dazu bedarf es eines religionsphänomenologischen Ansatzes, der auch die gegenläufigen und einander widerstreitenden Tendenzen der ›Exkulturation‹ und ›Inkulturation‹ der Religion in ihrer Gleichzeitigkeit zu erklären vermag. Indizien für eine Wiederkehr der Religion beweisen nicht zwangsläufig die kulturelle Permanenz von Religion *als* Religion, sondern können auch eine Spielart ihrer fortdauernden, nunmehr anders formatierten Säkularisierung andeuten. Die Moderne wäre in diesem Fall so »sacrophag« wie eh und je.

Literatur

Beck, Ulrich/Bonss, Wolfgang (Hg.): *Die Modernisierung der Moderne*. Frankfurt a. M. 2001.
Berger, Peter L. (Hg.): *The De-Secularization of the World. Resurgent Religion and World Politics*. Washington/Grand Rapids 1998.
Braun, Christina von u. a.: *Säkularisierung. Bilanz und Perspektiven einer umstrittenen These*. Berlin 2007.
Eisenstadt, Shmuel N.: *Die Vielfalt der Moderne*. Weilerswist 2000.
Endreß, Martin: »Postsäkulare Kultur«? Max Webers Soziologie und Habermas' Beitrag zur De-Säkularisierungsthese. In: Agathe Bienfait (Hg.): *Religionen verstehen*. Wiesbaden 2011, 123–149.
Franzmann, Manuel u. a. (Hg.): *Religiosität in einer säkularisierten Welt*. Wiesbaden 2006.
Gabriel, Karl/Höhn, Hans-Joachim (Hg.): *Religion – öffentlich und politisch*. Paderborn/München/Wien/Zürich 2008.
Habermas, Jürgen: *Der philosophische Diskurs der Moderne*. Frankfurt a. M. 1985.
–: *Glauben und Wissen*. Frankfurt a. M. 2001.
–: *Zwischen Naturalismus und Religion*. Frankfurt a. M. 2005.
–: Die Dialektik der Säkularisierung. In: *Blätter für deutsche und internationale Politik* 52/4 (2008), 33–46.
–: *Nachmetaphysisches Denken II*. Berlin 2012.
– / Mendieta, Eduardo: Ein neues Interesse der Philosophie an der Religion? In: *Deutsche Zeitschrift für Philosophie* 58 (2010), 3–16.
– / Ratzinger, Joseph: *Dialektik der Säkularisierung. Über Vernunft und Religion*. Freiburg/Basel/Wien 2005.
Hildebrandt, Mathias u. a. (Hg.): *Säkularisierung und Resakralisierung in westlichen Gesellschaften*. Wiesbaden 2001.
Höhn, Hans-Joachim: *Postsäkular. Gesellschaft im Umbruch – Religion im Wandel*. Paderborn/München/Wien/Zürich 2007.
–: *Zeit und Sinn. Religionsphilosophie postsäkular*. Paderborn/München/Wien/Zürich 2010.
Johannsen, Friedrich (Hg.): *Postsäkular? Religion im Zusammenhang gesellschaftlicher Transformationsprozesse*. Stuttgart 2010.
Lehmann, Hartmut: *Säkularisierung. Der europäische Sonderweg in Sachen Religion*. Göttingen 2004.
Losonczi, Peter/Singh, Aakash (Hg.): *Discoursing the Post-Secular. Essays on the Habermasian Post-Secular Turn*. Wien/Berlin 2010.
Philipp, Thomas: Gesellschaft und Religion. In: *Berliner Journal für Soziologie* 19 (2009), 55–78.
Pollack, Detlef: *Säkularisierung – ein moderner Mythos?* Tübingen 2003.
–: *Rückkehr des Religiösen?* Tübingen 2009.
Reder, Michael/Schmidt, Josef (Hg.): *Ein Bewußtsein von dem, was fehlt. Eine Diskussion mit Jürgen Habermas*. Frankfurt a. M. 2008.
Rettenbacher, Sigrid/Gmainer-Pranzl, Franz (Hg.): *Religion in postsäkularer Gesellschaft. Interdisziplinäre Perspektiven*. Frankfurt a. M./Bern 2013.
Schweidler, Walter (Hg.): *Postsäkulare Gesellschaft*. Freiburg/München 2007.

Hans-Joachim Höhn

14. Multiple Modernities (Eisenstadt)

Klassische Modernisierungstheorie und multiple Modernen

Das Programm der Multiple Modernities, maßgeblich mit dem Namen des israelischen Soziologen Shmuel N. Eisenstadt (1923–2010) verbunden, lässt sich als eine Reaktion auf die sogenannte Modernisierungstheorie begreifen, wie sie sich in den 1950er und frühen 1960er Jahren in der westlichen Soziologie, politischen Wissenschaft und Ökonomie entwickelte. Kernannahme dieser Modernisierungstheorie bildete die Vorstellung, dass die Moderne, wie sie in Europa und den USA fortgeschritten war, nicht nur eine unter vielen möglichen Entwicklungen war, sondern gewissermaßen als Blaupause für dasjenige gelten könne, was auf langfristige Sicht in allen sich modernisierenden Gesellschaften weltweit geschehen müsste. Sie hatte nicht nur den Anspruch, zu erklären, welche Umstände in den Gesellschaften des Westens zu deren Modernisierung geführt hatten, sondern anhand der Analyse dieser Bedingungen gleichzeitig sagen zu können, nach welchen Mustern diese Entwicklungen in anderen Gegenden der Welt verlaufen würden (vgl. dazu exemplarisch Lerner 1965; Smelser 1960; McClelland 1961). Modernisierung wurde dabei verstanden als ein »*globaler Prozess* [...], der mit der industriellen Revolution seit Mitte des 18. Jahrhunderts [...] in Europa begann, nun aber zunehmend alle Gesellschaften betrifft und insgesamt irreversibel ist« (Joas/Knöbl 2004, 431), in dem sich traditionale, durch vorgegebene, askriptive und partikulare »Einstellungen, Werte und Rollenstrukturen« (ebd.) charakterisierte Gesellschaften, hin zu modernen Gesellschaften entwickelten, die sich durch »*leistungsbezogene* und *universalistische* Werte und *funktional-spezifische* Rollenmuster« (ebd.) auszeichnen. Die Moderne wird dieser Vorstellung nach also in einen starken Kontrast zur Idee von Tradition gestellt, womit gleichzeitig insinuiert wird, dass fortschreitende Modernisierung immer mit dem Verlust von Traditionen einhergehen müsse.

Einer der einflussreichsten unter den vielen Strängen der kritischen Diskussion der Modernisierungstheorie ist das Programm der Multiple Modernities, wie es von Shmuel N. Eisenstadt am ausführlichsten formuliert worden ist (einleitend vgl. Eisenstadt 2000). Eisenstadt teilt zwar viele der Ausgangsprämissen der Modernisierungstheorie, kommt aber zu völlig anderen Schlüssen. So bezeichnet Eisenstadt die Moderne als »eigene Zivilisation mit institutionellen und kulturellen Besonderheiten« (Eisenstadt 2006a, 141), deren Kern »erstens [war], dass die Prämissen und die Legitimation der ontischen, sozialen und politischen Ordnung nicht mehr für selbstverständlich gehalten wurden; zweitens, dass die ontologischen Prämissen wie auch die Grundlagen der sozialen und politischen Ordnung intensiv reflektiert wurden. Daran beteiligten sich selbst die radikalsten Kritiker dieses Programms, die im Prinzip die Legitimität dieser Prämissen leugneten. Der zweite Kern dieses Programms war, dass sich der Mensch von den Fesseln der ›äußeren‹ Autorität oder der Tradition zu emanzipieren suchte und, damit eng verbunden, den Kosmos, den Menschen und die Gesellschaft ›naturalisierte‹« (ebd., 142). Wie die Modernisierungstheoretiker versteht er die Moderne also als eine Lösung von traditionellen, vorgegebenen Mustern und Rollenvorstellungen hin zu einem erhöhten Maß an Autonomie in der Akzeptanz und Wahl selbiger. Die Prämissen und Grundlagen der vorherrschenden Ordnungen wurden reflektiert, und somit entwickelte sich auch die Möglichkeit, sie abzulehnen, zu reinterpretieren oder umzugestalten. Diese Infragestellung und potenzielle Ablehnung der gegebenen transzendenten Visionen führte schließlich auch zum Bewusstwerden darüber, dass es, wenn auch (noch) nicht faktisch, so zumindest in der Imagination eine potenziell unbegrenzte Vielzahl solcher Visionen geben könnte. Eine Konsequenz daraus war die nunmehr neu errichtete Möglichkeit einer »autonome[n] Partizipation der Gesellschaftsmitglieder an der Herstellung der sozialen und der politischen Ordnung und den autonomen Zugang aller Gesellschaftsmitglieder zu diesen Ordnungen und ihren Zentren« (ebd., 143).

14. Multiple Modernities

Soweit zu den Übereinstimmungen mit den Grundprämissen der Modernisierungstheorie.

Anders als jene Denker sieht Eisenstadt jedoch schon in diesen Ausgangsbedingungen des Programms der Moderne eine Möglichkeit, die die klassische Modernisierungstheorie nicht bedacht hatte. Schon in der Erkenntnis des Potenzials der Gestaltung unterschiedlichster sozialer und politischer Ordnungen, der Formulierung mannigfacher transzendenter Visionen und der Zugehörigkeit zu multiplen sozialen Gruppen ist laut Eisenstadt nämlich nicht nur die Möglichkeit unterschiedlicher Entwicklungen gegeben, sondern eben auch das Potenzial zu anhaltenden, nie ganz aufzulösenden Konflikten über den besten einzuschlagenden Weg. Die Möglichkeit des Abweichens von der herkömmlichen Auffassung über die angemessene politische und soziale Ordnung äußert sich im großen Stile zum ersten Mal in Protestbewegungen – am deutlichsten in den Großen Revolutionen Europas und der Vereinigten Staaten von Amerika (vgl. Eisenstadt 1987–1992) –, und dieses Protestpotenzial selbst wird zum elementaren Bestandteil des Bereichs des Politischen. »Mit der Aufnahme solcher Protestthemen in das Zentrum kündigte sich eine radikale Veränderung an: Sektiererische utopische Visionen verwandelten sich von peripheren Ansichten in zentrale Bestandteile des politischen und kulturellen Programms. Sie dienten dann auch als ideologische Legitimation moderner Regimes, wie etwa die Trilogie der Französischen Revolution, Freiheit, Gleichheit, Brüderlichkeit« (Eisenstadt 2006a, 145). Zum einen bedeutet das, dass viele Möglichkeiten gegeben waren, in welchen Formen politischer und sozialer Ordnungen diese Abkehr von den askriptiven Rollen und vorherrschenden transzendenten Visionen münden konnten. Die Existenz multipler Modernen lässt sich somit schon in den unterschiedlichen Ordnungen im Westen des 19. und 20. Jahrhunderts feststellen: der amerikanischen Demokratie, den unterschiedlichen totalitären – faschistischen und kommunistischen – und schließlich demokratischen Ordnungen in Europa und ihrer kontinuierlichen Infragestellung und Neuorientierung. Zum anderen betont Eisenstadt aber, dass alle modernen Ordnungen stets von einer Offenheit, Vorläufigkeit und Flexibilität geprägt waren und sind, wie es in vormodernen Zeiten nicht denkbar gewesen war – er zitiert häufig das Diktum von Leszek Kołakowski, die Moderne befände sich »on endless trial« (Kołakowski 1990), also stets von Neuem auf dem Prüfstand. Das gelte entgegen intuitiver Annahmen aber nicht nur für die modernen Demokratien des Westens, sondern diese Offenheit sei stets auch für die totalitaristischen Diktaturen charakteristisch gewesen. Einerseits hätten diese sich nämlich überhaupt erst durch erfolgreiche Protestbewegungen konstituiert. Andererseits seien aber auch diese immer wieder von mutigen Minderheiten – zum Schluss in den meisten Fällen mit Erfolg – infrage gestellt geworden, was überhaupt erst zur fortschreitenden Totalisierung geführt habe. Als der Schritt zur Moderne mit seiner Erkenntnis einer Vielfalt von Optionen zur Gestaltung der sozialen und politischen Ordnung erst einmal gemacht war, war eine völlige Rückkehr zu einer einzigen bestehenden gesellschaftlichen Vision auch mit Gewalt nur zu fingieren (vgl. Eisenstadt 2006a, 145). Dennoch bestand – und davor waren auch pluralistische, demokratische Ordnungen nicht völlig gefeit – die »Tendenz, diese Komponenten ideologisch zu verabsolutieren« (ebd., 146).

Bisher ist also deutlich geworden, dass laut Eisenstadt auch unter den Prämissen einer ähnlichen Definition von Moderne, wie sie der klassischen Modernisierungstheorie zugrunde liegt, stets eine Vielfalt an Möglichkeiten gegeben ist, wie sich diese Moderne entwickeln und welche Formen sie annehmen wird. Gleichzeitig ist dem Programm der Moderne selbst die Tatsache inhärent, dass auch für einzelne spezifische Gesellschaften nie eindeutig ist, ob die Form, in der sich die Moderne zu einem gegebenen Zeitpunkt manifestiert auch diejenige ist, die sie in Zukunft haben wird (vgl. dazu Knöbl 2007). Dennoch kann laut Eisenstadt nicht davon ausgegangen werden, dass die unterschiedlichen bisherigen Verlaufswege der Moderne völlig willkürlich gewesen seien. Im Gegenteil hingen sie immer von bestimmten historischen Gegebenheiten ab, die ihren Einfluss auf die jeweiligen Weltgegenden, Kulturen und Gesellschaften hatten und haben. Eisenstadt fasst das folgendermaßen zusammen:

»Die verschiedenen kulturellen Programme und institutionellen Muster der Moderne bildeten sich nicht – wie in einigen der früheren Modernisierungsstudien angenommen – aus dem natürlichen evolutionären Potenzial dieser Gesellschaften, ja womöglich aller menschlichen Gesellschaften. Sie bildeten sich auch nicht – wie die Kritiker dieser Annahme meinten – durch die natürliche Entfaltung der Traditionen in diesen Gesellschaften oder etwa durch deren neue internationale Platzierung. Vielmehr wirkten viele Faktoren zusammen« (Eisenstadt 2006a, 155).

Als Faktoren nennt er hierbei vor allem die Vorstellungen kosmischer und sozialer Ordnung und deren jeweilige Kosmologien in ihren orthodoxen und heterodoxen Formulierungen, die bestehenden Institutionen, Spannungen, Dynamiken und Widersprüche innerhalb der Gesellschaften, die Platzierung dieser Gesellschaften und Kulturen im Rahmen internationaler Systeme sowie der wechselnden Hegemonien innerhalb selbiger, die politischen Kämpfe und Konfrontationen zwischen Staaten einerseits sowie zwischen politischen und ökonomischen Machtzentren innerhalb der Staaten andererseits, die Konfrontation der unterschiedlichen Prämissen der Moderne mit anderen Kulturen während ihrer Expansionsphasen sowie die verschiedenartigen Interpretationen dieser Prämissen durch die unterschiedlichen Zentren und Eliten (vgl. ebd.).

Die Achsenkulturen als historischer Hintergrund multipler Modernen

Die Ursprünge dieser Elemente wiederum sind laut Eisenstadt zum Teil in der weit zurückliegenden Vergangenheit der jeweiligen Kulturen festzumachen und zwar in einer Zeit, die gemeinhin als »Achsenzeit« bezeichnet wird. Unterstützt durch zahlreiche empirische Studien, beruft sich Eisenstadt dementsprechend auf das Konzept der sogenannten »Achsenkulturen«, um zu erklären, wo und wann die Weichen zur Entwicklung dessen gelegt wurden, was wir heute als Moderne bezeichnen (zum Folgenden vgl. Eisenstadt 1982). Der Begriff der »Achsenzeit« wurde von Karl Jaspers in seinem Werk *Vom Ursprung und Ziel der Geschichte* (1949) geprägt. Er bezeichnet, vereinfacht gesagt, die Zeit zwischen grob 800 und 200 v. Chr. In dieser Zeit, so stellt Jaspers fest, bildeten sich alle großen Weltreligionen ebenso wie die griechische Philosophie heraus, und zwar in den unterschiedlichsten, nicht miteinander in Verbindung stehenden Teilen der Erde und somit weitestgehend voneinander unabhängig. Diese Feststellung wird von Eisenstadt mit Hilfe einer ganzen Reihe eigener und von anderen durchgeführter empirischer Untersuchungen (vgl. Eisenstadt 1987–1992; Bellah/Joas 2012) genauer analysiert, und er kommt zu dem Schluss, dass sich tatsächlich eine konkret benennbare Gruppe von sogenannten »Achsenkulturen« feststellen lässt, unter denen folgende besonders wichtig waren: das alte Israel, das antike Griechenland, das frühe Christentum, der Iran von Zoroaster, das chinesische Kaiserreich sowie die hinduistischen und buddhistischen Zivilisationen. Ferner zählt Eisenstadt auch die islamische Welt zu den Achsenkulturen, insofern sie sich auf die frühen jüdischen und christlichen Traditionen beruft, auch wenn die Gründungsphase des Islam nicht in die Achsenzeit fällt (vgl. Eisenstadt 1982).

Das Gemeinsame an diesen unterschiedlichen Achsenkulturen, so Eisenstadt, besteht darin, dass in all diesen Kulturen eine systematische Reflexion stattgefunden habe, die gewissermaßen in der »Entdeckung« von Transzendenz mündete. Transzendenz – im Gegensatz zu Immanenz – bedeutet in diesem Zusammenhang, dass ein Bewusstsein dafür entstand, dass die greifbare, physische Welt nicht die einzige Realität sei, sondern es darüber hinaus noch eine andere Welt gebe. In seiner christlichen Interpretation lässt sich das als die Unterscheidung zwischen den Sphären des Weltlichen auf der einen und des Göttlichen auf der anderen Seite beschreiben. Während das Göttliche, das Geistige in den Vor-Achsenkulturen stets in der Welt selbst verkörpert war – beispielsweise in den Naturgewalten oder der Präsenz der Seelen der Ahnen – wird ebendieses Göttliche nun in einem transzendenten, nicht unmittelbar zugänglichen oder erfahrbaren Bereich lokalisiert. Aber auch dort, wo wir es nicht mit monotheistischen Gottesbildern wie im Judentum oder dem Christentum zu tun haben – beispielsweise im polytheistischen Hinduismus

14. Multiple Modernities

oder dem Buddhismus, der keine klassische Gottesvorstellung kennt – wird eine Sphäre imaginiert, die über das rein Physische, Weltliche hinausgeht.

Diese Unterscheidung zwischen dem Weltlichen und dem Transzendenten führt nun zu einer Reihe möglicher Spannungen, die besonders für den Bereich der Legitimation von Herrschaft relevant sind. Den Gott-König, so stellt Eisenstadt fest, kann es nicht mehr geben, wenn der Bereich irdischer Herrschaft von demjenigen göttlicher Autorität getrennt ist. Der weltliche Herrscher kann sich nun nicht mehr gleichzeitig als Gott verehren lassen. Eine Konsequenz daraus ist, dass der Herrscher das göttliche Gesetz nun nicht mehr selbst festlegen kann, sondern rechenschaftspflichtig gegenüber diesem von ihm unabhängigen, höheren Gesetz wird. Die Idee der Rechtfertigung politischer Entscheidungen hat hier ihren Ursprung. Gleichzeitig tut sich nun ein Konkurrenzkampf um die richtige Interpretation dieses höheren Gesetzes auf, in dem neu entstehende Eliten, die diesbezüglich eine herausragende Autorität haben, eine wichtige Rolle spielen. Somit kann der irdische Herrscher sich auch nicht als einzige Autorität in Sachen göttlichen Willens verstehen, sondern wird sich stets auch vor anderen Interpreten dieses Willens rechtfertigen müssen. Ferner entsteht in der Achsenzeit auch die Möglichkeit – wenn auch nicht die Notwendigkeit – des Missionierens: Wenn eine bestimmte Kultur der Ansicht ist, die göttliche Wahrheit entdeckt zu haben, so liegt nahe, dass sie diese auch anderen Kulturen zu vermitteln habe, notfalls durch Gewalt und Expansion. Auch wenn das nicht zwingend der Fall ist, war diese Option nun zumindest gegeben. In Bezug auf das Thema der multiplen Moderne ist aber folgender Aspekt zentraler:

> »Mit dem Gedanken der Transzendenz ist auch der Gedanke der fundamentalen Rekonstruktionsbedürftigkeit weltlicher Ordnung aufgetaucht. Von nun an kann gesellschaftliche Ordnung entlang der göttlichen Vorgaben als veränderungswürdig begriffen werden; erstmals werden auch gezielte Umwälzungen denkmöglich! Durch die Wirkungsmächtigkeit von Ideen, die in der Achsenzeit ihren Ursprung haben, ist also eine neue gesellschaftliche Dynamik aufgetreten« (Joas/Knöbl 2004, 455).

Die Achsenkulturen bilden freilich keinen monolithischen Block und auch in ihnen haben die unterschiedlichsten Entwicklungen hin zur Moderne stattgefunden. Schließlich gibt es, wie schon angedeutet, sehr verschiedene Arten und Weisen, Transzendenz zu interpretieren, wie es sich an der Mannigfaltigkeit der unterschiedlichen religiösen Lehren und Praktiken deutlich manifestiert. Ferner kann auch die dabei entstehende Spannung zwischen Immanenz und Transzendenz, zwischen dem Weltlichen und dem Göttlichen, unterschiedlich aufgelöst (oder aufrechterhalten) werden. Aber auch hier kann laut Eisenstadt nicht von Willkür die Rede sein, sondern es lassen sich unterschiedliche Strukturen erkennen, die Aufschluss darüber geben, warum gewisse Entwicklungen in manchen Zivilisationen stattgefunden haben, und weshalb sie das dort ausgerechnet auf die vorgefundene Art und Weise getan haben.

Eisenstadt unterscheidet zwischen drei Möglichkeiten, die Spannung zwischen dem Weltlichen und dem Transzendenten aufzulösen (vgl. Eisenstadt 1981; 1983): die innerweltliche, die außerweltliche und eine Kombination aus innerweltlicher und außerweltlicher Auflösung. Die innerweltliche Auflösung der Spannung wird vor allem in der Philosophie des Konfuzianismus festgemacht. Dabei wird die Existenz des Transzendenten zwar anerkannt, für die Lebensentwürfe der Menschen allerdings als irrelevant betrachtet. Die Spannung wird aufgelöst, indem postuliert wird, dass menschliches Handeln dann gerechtfertigt ist, wenn es sich an der gegebenen Ordnung der vorliegenden physischen Welt orientiert: »Anders formuliert: Man dient dem göttlichen Willen am besten dadurch, dass man *in der Welt* seine jeweils zugeordneten Aufgaben bewerkstelligt und sich in die gesellschaftliche Ordnung einfügt und nicht etwa durch Rückzug ins Eremitendasein dieser Welt aus dem Weg geht« (Joas/Knöbl 2004, 456). Die außerweltliche Auflösung der Spannung zwischen Weltlichem und Transzendenten führt hingegen genau zu Letzterem: Erlösung wird einzig und allein in der transzendenten Sphäre gesucht, so dass die irdische Welt an Relevanz für gerechtfertigtes Handeln verliert. Die einzig wahre Welt ist nicht die physische Welt, und daher äußert sich gerechtfertigtes Handeln auch nicht durch die Anpassung an die durch sie vorgegebene Ordnung, sondern eben im Rückzug aus dieser Welt – ob dieser sich nun im Eremitendasein äußert oder in meditativen Praktiken. Klassische Beispiele hierfür sind Buddhismus und Hinduismus. In den drei großen monotheistischen Religionen hingegen sind beide Möglichkeiten angelegt: Der Rückzug aus der Welt durch Orientierung auf das Jenseits und das, was nach dem irdischen Leben kommt, einerseits, und die religiöse Ethik andererseits, die lehrt, wie gerechtfertigtes Handeln auf Erden auszusehen hat (vgl. Eisenstadt 1983). Diese drei Modelle, so sagt Eisenstadt mit Verweis auf Edward Tiryakian, seien nicht nur insofern von Bedeutung, als sie sich in den unterschiedlichen Achsenkulturen entwickelt und somit bestimmte historische Verläufe beeinflusst hätten, sondern auch, insofern sie den unterschiedlichen Entwürfen der Moderne als weiterhin bestehende »Metanarrative« zugrunde lägen:

> »In the background of this program [of modernity, J.W.] loomed several very powerful, even if sometimes hidden, meta-narratives. The most important among them were – to follow Tiryakian's felicitous expression – the Christian, in the sense of affirmation of this world in terms of a higher, not fully realizable vision, the agnostic which attempts to imbue the world with a deep hidden meaning, and the chthonic which emphasizes the full acceptance of the given world and of the vitality of its forces« (Eisenstadt 2005b, 171).

Diese drei möglichen Arten des Umgangs mit der Spannung zwischen Transzendenz und Immanenz hatten nun auch unterschiedliche Modelle des seit der Achsenzeit möglich werdenden und sich vor allem in der Moderne entwickelnden sozialen Wandels zur Folge. Die oben schon erwähnten großen Revolutionen – vor allem die Französische, die Amerikanische und die Russische – konnten, vereinfacht gesagt, vor allem innerhalb der großen monotheistischen (in diesen Fällen namentlich der christlichen) Achsenkulturen stattfinden, in denen ein starkes Potenzial innerweltlicher Transformation vor dem Hintergrund außerweltlicher Ideale gegeben war (vgl. Eisenstadt 2006b). Gleichzeitig spielten aber immer auch andere strukturelle, kulturelle und akteursbezogene Konstellationen eine Rolle dabei, in welchen dieser monotheistischen Achsenkulturen diese Revolutionen stattfanden und auf welche Art und Weise sie verliefen. In Achsenkulturen wie dem konfuzianischen China hingegen, in denen die Spannung zwischen Immanenz und Transzendenz zugunsten einer Orientierung an den bestehenden Strukturen gelöst wurde, liegt nahe, dass diese Transformation wesentlich langsamer stattfand – und immer noch stattfindet –, insofern diese Spannungsauflösung keine radikale Umwälzung gegebener Strukturen fördert. In den transzendenzorientierten Kulturen Asiens haben die Modernisierungsprozesse dagegen – verkürzt gesagt – stark im Kontakt mit dem europäischen Kolonialismus und Imperialismus stattgefunden, ebenso wie in Japan, welches nicht zu den Achsenkulturen gehört und mit dem sich Eisenstadt besonders intensiv auseinandergesetzt hat (vgl. Eisenstadt 1996). Diese empirischen Befunde hat Eisenstadt in zahlreichen empirischen Studien vorgelegt, auf die an dieser Stelle aber nicht im Detail eingegangen werden kann.

Religion und multiple Modernen

Worin genau besteht nun der Zusammenhang zwischen der Diskussion um multiple Modernen und Achsenkulturen auf der einen, sowie der Frage nach dem Verhältnis von Religion und Säkularisierung auf der anderen Seite? Es lassen sich aus den bisher getätigten Überlegungen diesbezüglich drei miteinander zusammenhängende Konsequenzen ableiten: Erstens wird in Eisenstadts Überlegungen die starke Dichotomie zwischen Tradition und Moderne wenn nicht ganz aufgehoben, so doch stark aufgeweicht. Es kann laut Eisenstadt keinen radikalen Bruch geben, in dem sämtliche Tradition aufgegeben wird, um der Moderne den Weg zu bahnen, sondern die Entwicklungen der Moderne selber gehen stets mit einer Auseinandersetzung mit den jeweiligen Traditionen einher. Insofern können die multiplen Modernen immer als eine Reflexion auf und Neuinterpretation sowie -formulierung dieser Traditionen verstanden werden. Freilich können hier starke Brüche vollzogen werden bzw. kann es geschehen, dass man sich von manchen Traditionen radikal abwendet und neue formuliert. Aber auch in diesen Fällen handelt es sich immer um eine Auseinandersetzung mit ebendiesen Traditionen. Da diese als historische Bedingung für die Entwicklungen der jeweiligen Modernen verstanden werden können, besteht also stets ein Zusammenhang zwischen Tradition und Moderne. Das gilt für religiöse Traditionen genauso wie für andere. Auch dort, wo Säkularisierungsentwicklungen stattfinden, läuft die religiöse Tradition stets gewissermaßen im Hintergrund als Folie mit, von der man sich abgrenzt. Und auch die Art der Abgrenzung von religiösen Traditionen hängt immer davon ab, welcher Art diese religiöse Tradition denn war (vgl. Casanova 2011, 263 f.). Was moderne von traditionalen Gesellschaften unterscheidet, ist also nicht so sehr eine radikale *Abgrenzung* gegenüber den Traditionen, sondern eine *reflektierende Beziehung* (»reflexive relationship«, ebd.) zu selbigen.

Zweitens steht das Programm der multiplen Modernen in direktem Zusammenhang mit der sogenannten Säkularisierungsthese, welche wiederum Hand in Hand mit der klassischen Modernisierungstheorie geht. Dieser These nach geht Modernisierung immer, auf gesetzmäßige Art und Weise, mit unumkehrbaren Säkularisierungsprozessen einher (vgl. Pollack 2003; Bruce 2008). Laut der These der multiplen Modernen liegt das Problem an der Säkularisierungsthese nicht so sehr in ihrer Konstatierung tatsächlicher Säkularisierungsprozesse, die in modernen Gesellschaften zweifelsohne stattgefunden haben und möglicherweise auch in einem kausalen – jedoch nicht monokausalen – Zusammenhang mit diesen Modernisierungsprozessen stehen. Problematisch – und empirisch nicht haltbar – ist hingegen ihre Behauptung einer Gesetzmäßigkeit, nach der Modernisierungsprozesse unweigerlich mit solchen Säkularisierungstendenzen einhergehen. Wenn Säkularisierung zum einen als Verlust der Bedeutung von Religion in der Öffentlichkeit und zum anderen als Verlust religiöser Bindungen schlechthin verstanden wird, so mag dieser Befund für einzelne europäische Länder gültig sein, für andere – sowohl innerhalb als auch außerhalb Europas – lässt sich eine solche Gesetzmäßigkeit jedoch nicht feststellen. Die USA sind nach wie vor eines der am stärksten religiösen Länder der Welt und sind im Zuge ihrer Modernisierung tendenziell noch religiöser geworden als sie es vorher waren. Auch im hochmodernen Südkorea sind Modernisierungsprozesse mit Evangelisierung einhergegangen, ebenso wie afrikanische und lateinamerikanische Staaten eine ungebrochen hohe Religiosität aufweisen (vgl. z. B. Davie 2002).

Drittens legen die Multiple Modernities nahe, im Sinne von Charles Taylor (vgl. 2007) von einem Zeitalter zu sprechen, das sich durch die »säkulare Option« auszeichnet. In modernen Gesellschaften ist nichtreligiöses Leben eine Option unter anderen, und in der Öffentlichkeit konkurrieren religiöse mit säkularen Deutungsmustern. Das bedeutet zum einen zwar, dass Religionen in den unterschiedlichsten Bereichen öffentlichen und privaten Lebens keinen Alleingeltungsanspruch mehr stellen können. Der Einzelne sowie religiöse Gemeinschaften müssen sich immer der Tatsache gewahr sein, dass es anders- und nichtgläubige Menschen gibt, deren Deutungsmuster ebenso legitim sind wie die eigenen, auch wenn sie für falsch gehalten werden. Umgekehrt bedeutet das aber auch, dass säkulare Menschen anerkennen müssen, dass es auch in modernen Gesellschaften weiterhin einen Platz für religiöse Deutungsmuster gibt und geben muss. Das gilt sowohl für die Ebene persönlicher Überzeugungen und Erfahrungen als auch für öffentliche Ansprüche. Makrosoziologisch heißt das, dass es sowohl stark religiöse als auch stark säkulare moderne Gesellschaften geben kann und dass sich diese jeweiligen Tendenzen aus unterschiedlichsten Gründen in die eine oder andere Richtung verändern können. Hans Joas spricht deswegen auch von einem »Zeitalter der Kontingenz« (Joas 2012).

Schließlich folgt aus Eisenstadts These auch, dass fundamentalistische religiöse Bewegungen als ein zutiefst modernes Phänomen verstanden werden müssen (vgl. Eisenstadt 2005a; 1998; auch Riesebrodt 1990). So konstatiert Eisenstadt, dass religiöse Bewegungen – im Übrigen ebenso wie national-ethnische Bewegungen – vor allem in zeitgenössischen Gesellschaften einen starken Aufwind erfahren haben, in denen der Nationalgedanke oder das revolutionäre Erbe keine starken Bindungen mehr erzeugen. Diese dürfen allerdings nicht als eine Rückkehr zu einer vormodernen Vergangenheit verstanden werden, sondern diese Berufung auf religiöse Traditionen – in den fundamentalistischen Bewegungen gar auf ein vergangenes ›goldenes Zeitalter‹ – bezeugt eine Auseinandersetzung mit religiösen Traditionen gerade vor dem Hintergrund der jeweiligen Moderne. Das zeigt sich beispielsweise in der Neuformulierung dieser Traditionen angesichts sich verändernder Bedeutungen der lokalen Ebene auf der einen und der globalen Ebene auf der anderen Seite sowie in dem Spannungsverhältnis zwischen der Formulierung von umspannenden Narrativen einerseits und der lokalen Aneignung religiöser Traditionen andererseits:

> »Indeed, one of the most important developments in the constitution of the political arenas and collective identities on the contemporary scene – attendant on the weakening or transformation of the nation and revolutionary scene – has been the ›resurgence‹ of the religious, as well as national-ethnic components, their move, as it were, into the centers of national and international political activity and in the constitution of collective identities; at the same time changing greatly the relations between the local and the global as well as the relations between overall, grand narratives and more localized – whether in spatial or temporal terms – of such visions. Religion has indeed acquired a prominent, in some cases even central role on the contemporary national and international scene« (Eisenstadt 2005a, 19).

Moderne religiöse Bewegungen, auch solche fundamentalistischer Art, streben laut Eisenstadt stets nach einer Transformation der Gesellschaft, nach der Bildung einer neuen sozialen Ordnung, nach der Anerkennung ihrer Antworten auf gesellschaftliche Probleme als die richtigen. Diese Bestrebungen sind nun aber solche, die überhaupt erst unter Bedingungen der multiplen Modernen und ihrer Reflexivität, wie sie sich vor allem im Kontext der Achsenkulturen entwickelt haben, entstehen und formuliert werden können.

> »In these movements the basic tensions inherent in the modern program, especially those between the pluralistic and totalistic tendencies, between utopian or more open and pragmatic attitudes, between multifaceted as against closed identities, are played out more in terms of their own religious traditions grounded in their respective Axial religions than in those of European Enlightenment – although they are greatly influenced by the latter and especially by the participatory traditions of the Great Revolutions« (ebd., 31).

So bleibt festzuhalten, dass laut Eisenstadt davon auszugehen ist, dass immer offen bleibt, in welche Richtung sich die Moderne je nach historischem und geografischem Kontext entwickeln wird, dass Prozesse, die in unterschiedlichen Modernisierungsphasen stattgefunden haben, nie unumkehrbar sind, und dass dementsprechend auch nie abschließend geklärt werden kann, in welchem Verhältnis Religion und Moderne zueinander stehen oder stehen sollten.

Literatur

Bellah, Robert N./Joas, Hans (Hg.): *The Axial Age and Its Consequences*. Cambridge 2012.
Bruce, Steve: *God Is Dead: Secularization in the West* [2002]. Oxford [8]2008.
Casanova, José: Cosmopolitanism, the Clash of Civilizations, and Multiple Modernities. In: *Current Sociology* 59/2 (2011), 252–267.
Davie, Grace: *Europe: The Exceptional Case: Parameters of Faith in the Modern World*. London 2002.
Eisenstadt, Shmuel N.: Cultural Traditions and Political Dynamics. The Origins and Modes of Ideological Politics. Hobhouse Memorial Lecture. In: *British Journal of Sociology* 32/2 (1981), 155–181.
–: The Axial Age. The Emergence of Transcendental Visions and the Rise of Clerics. In: *European Journal of Sociology* 23/2 (1982), 294–314.
–: Innerweltliche Transzendenz und die Strukturierung der Welt. Max Webers Studie über China und die Gestalt der chinesischen Zivilisation. In: Wolfgang Schluchter (Hg.): *Max Webers Studie über Konfuzianismus und Taoismus. Interpretation und Kritik*. Frankfurt a. M. 1983, 363–411.
– (Hg.): *Kulturen der Achsenzeit. 5 Bände*. Frankfurt a. M. 1987–1992.
–: *Japanese Civilization. A Comparative View*. Chicago/London 1996.
–: *Die Antinomien der Moderne. Die jakobinischen Grundzüge der Moderne und des Fundamentalismus*. Frankfurt a. M. 1998.

–: Multiple Modernities. In: *Daedalus* 129/1 (2000), 1–29.
–: The Transformations of the Religious Dimension in the Constitution of Contemporary Modernities. In: Bernhard Giesen/Daniel Šuber (Hg.): *Religion and Politics. Cultural Perspectives*. Leiden/Boston 2005, 17–38 [2005a].
–: The Religious Origins of Modern Radical Movements. In: Bernhard Giesen/Daniel Šuber (Hg.): *Religion and Politics. Cultural Perspectives*. Leiden/Boston 2005, 161–192 [2005b].
–: Die institutionellen Ordnungen der Moderne. Die Vielfalt der Moderne aus einer weberianischen Perspektive. In: Ders.: *Theorie und Moderne. Soziologische Essays*. Wiesbaden 2006, 141–166 [2006a].
–: *Die großen Revolutionen und die Kulturen der Moderne*. Wiesbaden 2006b.
Jaspers, Karl: *Vom Ursprung und Ziel der Geschichte* [1949]. Frankfurt a. M. 1956.
Joas, Hans: *Glaube als Option. Zukunftsmöglichkeiten des Christentums*. Freiburg i. Br. 2012.
– / Knöbl, Wolfgang: *Sozialtheorie. Zwanzig einführende Vorlesungen*. Frankfurt a. M. 2004.
Knöbl, Wolfgang: *Die Kontingenz der Moderne. Wege in Europa, Asien und Amerika*. Frankfurt a. M. 2007.
Kołakowski, Leszek: *Modernity on Endless Trial*. Chicago 1990.
Lerner, Daniel: *The Passing of Traditional Society. Modernizing the Middle East* [1958]. New York 1965.
McClelland, David: *The Achieving Society*. New York/London 1961.
Pollack, Detlef: *Säkularisierung – ein moderner Mythos?* Tübingen 2003.
Riesebrodt, Martin: *Fundamentalismus als patriarchalische Protestbewegung*. Tübingen 1990.
Smelser, Neil J.: *Social Change in the Industrial Revolution. An Application to the Lancashire Cotton Industry 1770–1840* [1958]. London 1960.
Taylor, Charles: *A Secular Age*. Cambridge 2007.

Julien Winandy

III. Kategorien

1. Das Böse

Definition und Erläuterung des Begriffs

Mit dem Bösen können alle Negativa bezeichnet werden, gleich welchen Ursprungs. Als Gegenbegriff zum Guten gehört das Böse zu den Kernfragen der Philosophie und tritt in wechselnder Bedeutung auf. In der Antike steht das Böse entweder im kosmologischen Zusammenhang für das uneigentliche Sein oder in der Tragödie für das Unvermeidliche. Im Christentum tritt das Böse als Gegensatz Gottes, als menschlicher Fehler oder als Schöpfungsfehler auf. Aus der Spannung zwischen fehlerfreiem Gott und fehlerhafter Schöpfung entwickelt die christliche Lehre verschiedene Konzepte der Theodizee, der Rechtfertigung des Bösen in der Welt. Aber erst mit der Entwicklung des Konzepts der Willensfreiheit wird das Böse zu einem rein innerweltlichen und menschlichen Phänomen, das von unabsichtlichem Übel unterscheidbar ist. Unter der Voraussetzung der Willensfreiheit wird das Böse entweder *sensualistisch* als absichtliches Zufügen von physischem oder psychischem Leiden (D'Alembert) oder *idealistisch* als gesetzeswidrige Maxime einer Handlung (Kant) definiert. Während somit am Anfang der Moderne die Trennung von moralischem und natürlichem Bösen steht, wird diese Trennung am Ende der Moderne durch die Kritik an der Subjektphilosophie in Frage gestellt. Die Postmoderne definiert das Böse *bedeutungstheoretisch* als aus Machtkämpfen hervorgegangene sprachliche Konvention (Nietzsche).

Merkmale des Begriffs im Kontext der Säkularisierung

Zwei Entwicklungen während der europäischen Aufklärung haben neben der allgemeinen Etablierung der menschlichen Erkenntnisfähigkeit einen unmittelbaren Einfluss auf die Entstehung der säkularen Kategorie des Bösen: das Aufkommen der ›Wissenschaft vom Menschen‹ und die Entdeckung der Urteilskraft als eigenständiges erkenntnistheoretisches Vermögen. Beide wissenschaftlichen Entwicklungen, Anthropologie und Erkenntnistheorie, werden von Rousseau und Kant mit dem Prinzip der Willensfreiheit verknüpft, woraus jeweils ein Konzept des säkularen Bösen entsteht. Rousseaus Entwurf des Naturzustandes trennt die nicht-aggressive Natur des Menschen von der sozialen Entwicklung des Bösen, und seine politische Philosophie zeigt den Weg zu einer voluntaristisch basierten sozialen Ordnung in Vermeidung des Bösen; Kant verbindet einerseits die Erkenntniskritik mit der Moralphilosophie, so dass er einen objektiven Begriff des Guten ableiten kann, während er andererseits die Willkürfreiheit an einen subjektiven Grund bindet und damit das Böse als subjektive Denkungsart des Menschen säkularisiert. Die Bewertung des subjektiven Grundes als böse leitet sich jedoch von dem objektiven moralischen Gesetz und nicht von der rein menschlich konzipierten Urteilskraft ab.

Kants idealistische Bestimmung des Bösen wird von Hannah Arendt zunächst mit einem neuen Begriff des Bösen, dem banalen Bösen, konfrontiert und in ihrer aus dieser Konfrontation hervorgehenden, systematisierten Handlungstheorie zugunsten des subjektiven Denkens und der intersubjektiven Urteilskraft abgelehnt. In ihrem Rückgriff auf antike und christliche Konzeptionen des denkenden Selbst fasst Arendt säkular als »Beratungen zwischen mir und mir selbst« (Arendt 2006, 97), wodurch das Gewissen als Resultat der denkenden Tätigkeit auftritt und zudem mit der subjektiven Willenskraft und schließlich der intersubjektiven, politischen Urteilskraft, die an Kants Urteilskraft anschließt, verbunden wird. Mit Arendts Bestimmung des Bösen wird die säkulare Kategorie des Bösen intersubjektiv konzipiert, ohne die subjektive Verankerung des Bösen aufzugeben, so dass ihr Begriff des Bösen auch der postmodernen Kritik an der Subjektphilosophie Stand halten kann.

dürfnisbefriedigung und Mitleid charakterisiert ist, für eine tendenziell gute Natur des Menschen.

Rousseau: Säkulare Theodizee

Es ist erklärtes Ziel Rousseaus das Böse nicht Gott oder der Natur zuzuschreiben, sondern den Menschen durch dessen Fähigkeit zur Freiheit dafür verantwortlich zu machen. In der Analyse der menschlichen Natur (*Abhandlung über die Ungleichheit zwischen den Menschen*, 1755) wird das Böse definitorisch in der Sozialform verankert, indem der Naturzustand als asozialer Zustand ohne Vernunft und Leidenschaften gedacht wird und somit weder Bewusstsein über Gut und Böse noch Möglichkeit zu guten oder bösen Handlungen vorkommen können. Erst mit der Sozialität entwickelt sich die Vernunftfähigkeit ebenso sehr wie die Eigenliebe, und die menschliche Freiheit der Bedürfniskontrolle kann zu guten oder bösen Handlungen führen. In *Émile* (1761) arbeitet Rousseau seine Theorie des Gewissens als Urteilskraft aus und kann damit nicht nur die sozialen Entwicklungen als Ursache des Bösen beschreiben, sondern vom Menschen Verantwortung gegenüber dem Bösen in der sozialen Welt fordern. Damit vereinigt Rousseau alle Elemente der säkularen Kategorie des Bösen: Das Böse wird als genuin menschliche Kategorie eingeführt und Gott sowie Natur explizit von einer Mitwirkung am Bösen freigesprochen; das Böse wird personalisiert, indem Urteilskraft und Willensfreiheit es jedem Menschen auferlegen, sich für oder gegen das Böse zu entscheiden; das Böse wird sozialisiert und historisiert, indem bestimmte Sozialformen eine Gewissensbefragung begünstigen oder behindern; das Böse wird überwindbar gemacht, indem die Willens- und Urteilskraft in der richtigen Sozialform das Gute wählen kann und wird. Rousseau entwirft damit ebenso sehr eine ›säkulare Theodizee‹ wie eine ›Genealogie des Bösen‹ (vgl. Neuhouser 2008) und steht, zumindest in seiner Rezeptionsgeschichte, gleichzeitig mit seinem Entwurf eines problemlosen Naturzustandes, der von Be-

Kant: Der subjektive Grund zum Bösen

Im ersten Stück der *Religion innerhalb der Grenzen der bloßen Vernunft* von 1793 wendet sich Immanuel Kant nicht nur gegen jede Art von Theodizee, sondern entwirft eine explizite Theorie des Bösen, die auf seiner praktischen Philosophie aufruht. Die allgemeine Bestimmung des menschlichen Willens durch das moralische Gesetz wird in dieser Schrift um die Willkürfreiheit erweitert, die im Gegensatz zur Willensfreiheit im letzten Ursprung nicht an das moralische Gesetz, sondern an einen subjektiven Grund gebunden ist. Diese Art Ur-Grund der Willkürfreiheit ist nicht weiter begründbar, sondern eine subjektive »Grundsatzentscheidung« (Pieper 1997, 81), die Kant in ihrer habitualisierten Form auch als ›Gesinnung‹ oder als ›Hang zum Bösen‹ beschreibt. Das heißt, dass die Gesinnung als »erster subjektiver Grund der Annehmung der Maximen« (Kant 1968, B 15/A 13) bzw. der Hang zum Bösen als »subjektiver Grund der Möglichkeit der Neigung« (Kant 1968, B 19/A 18) die Maximenwahl vorgängig beeinflusst. Die Maximenwahl ist jedoch nicht indifferent gegenüber dem moralischen Gesetz, sondern kann nur durch eine andere Triebfeder von einer gesetzmäßigen Wahl abgebracht werden, so dass die Wahl immer entweder gut oder böse ist. Der Mensch kann von Natur aus nur entweder gut oder böse sein, nicht beides auf einmal noch keines von beiden, wobei mit Natur die qua Geburt gegebene Fähigkeit der Willkürfreiheit gemeint ist. Die Ausbildung eines Hangs zum Bösen geschieht folglich nur aus Schwäche gegenüber dem moralischen Gesetz oder aus Selbstbetrug, das heißt einem Nichteingestehen einer vom Gesetz abweichenden Maximenwahl und ist insofern ›radikal‹, dass mit dem schlechten subjektiven Grund jede Maximenwahl böse ist. Das radikale Böse ist kein »Hang zur Annehmung böser Maximen« (Kant 1968, B 22, 23/A 20, 21), was einer Wirkungslosigkeit des moralischen Gesetzes gleichkäme und nur einem Teufel zugeschrieben werden könnte.

Kant formuliert eine Kategorie des Bösen, die nicht nur wie bei Rousseau entnaturalisiert und säkular ist, sondern allein auf der subjektiven Handlungsfreiheit gründet. Keine sinnliche Wahrnehmung, kein äußeres Objekt, folglich auch keine sozialen Umstände können den Menschen von seiner ›Zurechnungsfähigkeit‹ befreien. Das radikale Böse ist in zweifacher Weise radikal: Es ist in der menschlichen Natur als Möglichkeit in der unhintergehbaren Willkürfreiheit verwurzelt, und es bestimmt als subjektiver Grund die Maximenwahl, so dass nur eine Änderung in der subjektiven ›Denkungsart‹ den schlechten Menschen zu einem guten werden lässt.

Arendt: Ein neuer Begriff des Bösen

Hannah Arendt entwickelt den Begriff des banalen Bösen in ihrem Bericht über den Eichmann-Prozess (*Eichmann in Jerusalem*, 1964). Auch wenn Arendt bereits in *Elemente und Ursprünge totaler Herrschaft* (1951) die besondere Qualität des bürokratischen Bösen in seiner Affektfreiheit und Gewissenlosigkeit ausgemacht hat, arbeitet sie dort noch mit Kants Begriff des radikalen Bösen. Erst mit der Analyse der Person Eichmanns lässt sie diesen fallen und entwickelt die spezifische Verbindung von Gedankenlosigkeit und Gewissenlosigkeit als Grund für einen neuen Begriff des Bösen. Unter ›Gedankenlosigkeit‹ fasst Arendt das von Dummheit oder psychischer Pathologie eindeutig zu unterscheidende Phänomen von ›Realitätsferne‹ und einen »absolute[n] Mangel an Vorstellungskraft« (Arendt 2008, 126), der das völlige Ausbleiben des Perspektivenwechsels beinhaltet. Da sich Eichmann in der Organisation des Massenmordes an die Gesetze seines Landes und die öffentliche Meinung hielt, steht im Eichmann-Prozess die menschliche Urteilsfähigkeit selbst in Frage. Anhand der Aussage Eichmanns analysiert Arendt sein Verhalten als grundlegendes Fehlen von Denken, das sich ebenso sehr in seinem zur Sinnlosigkeit neigenden sprachlichen Ausdruck wie in seiner Motivlosigkeit äußert. Arendt sieht den Zusammenhang von Eichmanns klischeehafter Sprache, die jeder eigenen Beurteilung entbehrt, mit seiner Unfähigkeit zu denken in einem absoluten Mangel an Vorstellungskraft begründet, der Eichmann so empfänglich für äußere Vorschriften und Anerkennungsstrukturen machte. Diese Diagnose stellt Arendts Ausgangspunkt für die These dar, dass Denken an sich eine Disposition gegen das banale Böse bildet.

Arendt: Von der Gedankenlosigkeit zur Urteilskraft

Arendt legt in ihrer Ethik-Vorlesung (1965) an der New School for Social Research die Grundlage für die Weiterführung ihrer Handlungstheorie, die sie in den späteren Schriften *Das Denken* (1973), *Das Wollen* (1974) und *Das Urteilen* (posthum) systematisiert. Dabei greift sie auf Sokrates' Beschreibung der denkenden Tätigkeit zurück, der sich diese Tätigkeit als Zwiegespräch mit mir selbst vorstellt. In dem Zwiegespräch wird die moralische Vorschrift, dass es besser sei, Unrecht zu erleiden, als Unrecht zu tun, als Teil des Selbstbezuges mitgedacht. Arendt arbeitet anhand eines solchen Zwiegesprächs das Denken und das Erinnern als Voraussetzung für ein Rechts- und Unrechtsempfinden heraus: »Die größten Übeltäter sind jene, die sich nicht erinnern, weil sie auf das Getane niemals Gedanken verschwendet haben, und ohne Erinnerung kann nichts sie zurückhalten« (Arendt 2006, 77). Ohne Denken und Erinnern ist das Böse wurzellos und somit unangreifbar. Arendt richtet sich also gegen Kants Definition des radikalen Bösen, indem sie den Fokus von der einzelnen Handlung auf die Person lenkt, die ohne Selbstverhaftung zu einem wahrhaft grenzenlosen Bösen *ohne Weiteres* fähig ist. Der wurzelschlagende Denkprozess konstituiert die Persönlichkeit, die die Grenzen des eigenen Tuns im Zwiegespräch mit sich selbst festlegt. Während das Denken eine Tätigkeit ohne Handlungsfolge ist, entspringt aus dem Willen als dem Befehle gebenden Vermögen die individuelle Handlung. Das denkende Selbst und die moderne Willensfreiheit, die sich in der theoretisch nicht auflösbaren Willensschwäche zeigt, sind solipsistische Vermögen, die mit dem Entscheidungsvermögen, der Urteilskraft, verbunden sind, die aber zugleich von der Urteilskraft in ihrer Selbstbezüglichkeit und in ihrem Solipsismus gesprengt werden. Arendt zieht Kants Konzept der Urteilskraft heran, das auf dem Gemeinsinn einer Urteilsgemeinschaft aufruht und entwickelt daraus eine politische Fassung der subjektiven Urteilskraft. Indem das subjektive Urteilen die geäußerten und antizipierten Meinungen der Urteilsgemeinschaft notwendig berücksichtigt, wird die Chance auf Gültigkeit des subjektiven Urteils in der Urteilsgemeinschaft erhöht und gleichzeitig das subjektive Urteil intersubjektiv und repräsentativ strukturiert. Damit wird das Urteilen »von der Wahl unserer Gesellschaft, von der Wahl derjenigen, mit denen wir unser Leben zu verbringen wünschen« (Arendt 2006, 149) abhängig gedacht, so dass die Selbstbezüglichkeit des Denkens und die Willensfreiheit von der intersubjektiv formierten Urteilskraft beschränkt werden. Arendt kombiniert also in ihrem Begriff des Bösen ein antikes und christliches Konzept der Selbstverhaftung mit der modernen Willensfreiheit und der postmodernen Einsicht in die intersubjektive Formung des Subjektes.

Andere Verwendungskontexte des Begriffs

Im literarischen Kontext unterscheidet Georges Bataille in *La littérature et le mal* (1957) das Gesetze brechende Böse aus Leidenschaft vom Gesetzesbruch aus egoistischem Interesse. Bataille sieht in der Grenzüberschreitung von Gesetzen – gemeint sind sprachliche Gesetze ebenso wie die Gesetze der Vernunft – einen emanzipativen Teil des Menschen, der in der Grenzüberschreitung zugleich Souveränität und Sühne auslebt. Die Literatur und speziell die Poesie sind für Bataille Möglichkeiten, die Grenzen der Vernunft zu sprengen, so dass Autoren wie Baudelaire oder de Sade als Poeten radikal aber konsequenzlos die Ordnung verneinen und somit das Böse als Spiel ausleben. Das Böse als literarisch-poetische Expression ist nach Sartres Baudelaire-Interpretation (vgl. Sartre 1978) gerade aufgrund seiner Folgenlosigkeit ein Ausdruck von nicht vollendeter Emanzipation.

Der naturwissenschaftliche Umgang mit der Kategorie des Bösen findet vor allem in der Soziobiologie und Evolutionstheorie statt, wobei die Soziobiologie die Kategorie in zweifacher Hinsicht ablehnt.

(1) Die Soziobiologie nach Darwin entwickelt aus der Selektionsthese genetischer Konstellationen die Vorstellung eines »egoistischen Gens« (vgl. Dawkins 1976), nach der es in gleicher Weise zu Tötungen oder altruistischem Verhalten kommen kann, wenn dadurch ein Vorteil in der Weitergabe des Genmaterials entsteht. Menschen als Träger des Genmaterials handeln entsprechend dieser genetischen Programmierung und sind nur deskriptiv als böse oder gut zu bezeichnen. In der Soziobiologie gibt es kein Sollen, sondern nur Seinsbeschreibung. Das Böse ist hier die Deskription eines bestimmten menschlichen Verhaltens.

(2) In der normativen Biologie nach Lorenz wird das Böse als eine fehlerhafte menschliche Interpretation von tierischem Verhalten behandelt. In *Das sogenannte Böse* (1963) stellt Lorenz die Aggression als Kampftrieb und somit als instinkthaftes Verhalten vor, das der Arterhaltung dient und von einer Tötungshemmung begrenzt wird. Nicht nur die Tötungshemmung ermöglicht es, die Aggression als arterhaltend darzustellen, sondern auch die verbesserte Selbsterhaltung durch Kampf sowohl zwischen den Gattungen (Raub- und Beutetiere) in Form des Überlebenskampfs als auch innerhalb einer Gattung in Form eines Mechanismus zur gleichmäßigen Raumnutzung. Lorenz schließt von dem dargestellten Sein auf ein Sollen und erklärt die arterhaltende Aggressivität für eine Norm, die analog zur moralischen Norm des Tötungsverbotes zu sehen ist.

(3) Die kulturelle Evolutionstheorie trennt die biologische Evolution von der kulturellen, räumt jedoch der biologischen Evolution den Vorrang ein. Dementsprechend wird das Böse nicht als Produkt der Zivilisation, sondern als Teil der Natur des Menschen konzipiert. Da die Natur weder moralisch noch unmoralisch sein kann, die kulturelle Evolution jedoch genetisch mitbedingt ist und außerdem im prähistorischen Rudelverhalten bereits einen gattungsprägenden sozialen

1. Das Böse

Ausdruck gefunden hat, gibt es für die kulturelle Evolutionstheorie eine ›Naturgeschichte von Gut und Böse‹ (vgl. Wuketits 1993). Eigeninteresse, Aggression oder Inzestverbot werden biologisch erklärt und ihre Ausprägung von der Gesellschaft abhängig gemacht.

In der Rechtswissenschaft findet die Auseinandersetzung mit dem Bösen auf zwei Ebenen statt: auf der Anwendungsebene im Strafrecht und auf der Begründungsebene in der Rechtsphilosophie und -theorie.

(1) Das Böse kann in der Äquivalenzlogik des Strafrechts nur als eine besondere Qualifikation einer Tat auftreten (z. B. »niedere Beweggründe« im dt. Strafrecht § 211), wobei die jeweilige gesellschaftliche Bestimmung des Bösen durch ein höheres oder härteres Strafmaß ausgedrückt wird. Wie Durkheim in *Leçons de sociologie physique des mœurs et du droit* (1950) herausarbeitet, unterliegt das Strafrecht dabei den historisch veränderlichen gesellschaftlichen Vorstellungen des Bösen.

(2) Auf der Begründungsebene des Rechts wird das Böse entweder als zu berücksichtigende Möglichkeit (Kants »Volk von Teufeln«), als natürliches Faktum (Hobbes) oder als gesellschaftlich verursacht (Rousseau) behandelt, so dass das Recht je nach anthropologischer Prämisse entweder die Aufgabe der Vermeidung des Bösen oder die Förderung des Guten hat. Dieser funktionalen Auffassung des Rechts im Umgang mit dem Bösen steht ein expressives Rechtsverständnis gegenüber, das im positiven Recht den Ausdruck der öffentlichen Meinung oder der Moral sieht. Das expressive Rechtsverständnis kann in der Verbindung mit einer sozialpsychologischen Deutung des Rechts die böse Tat als Ausdruck des Bösen in der Gesellschaft begreifen (vgl. Neumann 1949). Während die funktionale Rechtsauffassung mit dem säkularen Begriff des Bösen korrespondiert, weil er Willensfreiheit und Urteilskraft voraussetzt, schließt der Umgang der expressiven Rechtsvorstellung mit dem Bösen an den psychologischen und soziologischen Verwendungskontext an.

In der Psychologie unterscheidet sich die psychoanalytische Deutung des Bösen fundamental von jener der entwicklungspsychologischen bzw. lerntheoretischen Ansätze.

(1) Freud entwickelt aus der ödipalen Konstellation des Kindes die elterliche Instantiierung des Bösen, die vom Kind als Über-Ich internalisiert werde. Im *Unbehagen in der Kultur* (1930) wird das Böse in dreifacher Weise eingeführt: als Frustrationserlebnis, das eine narzisstische Kränkung verursacht, als Aggression in Reaktion auf diese Kränkung und als strafendes Über-Ich in Reaktion auf die Aggression. Die Notwendigkeit der Frustrationserlebnisse und die Natürlichkeit der aggressiven Reaktion naturalisieren das Böse als Aggressionstrieb, den Freud in *Jenseits des Lustprinzips* (1920) der zweiten Gruppe der Triebe, den Tötungstrieben, zuordnet und auf den die Kultur in Form des Über-Ichs kontrollierend wirke. Im Laufe der kulturellen Entwicklung werde der Aggressionstrieb durch das Gewissen als Institution des Über-Ichs zunehmend unterdrückt, das »Unbehagen in der Kultur« nehme bei gleichzeitiger Ausdifferenzierung der Kontrollinstanzen zu. Das Böse ist nach Freud also zugleich ein ursprünglicher Trieb, der durch kulturelle Zähmung unterdrückt aber nicht beseitigt wird, und eine historisch veränderliche Größe.

Die psychoanalytische Konzeption des Bösen wird in der Sozialpsychologie in verschiedenen Weisen aufgenommen, und beschreibt das Böse mehr im Sinne der Soziologie als gesellschaftliches Phänomen. Der Philosoph Arno Plack interpretiert in *Die Gesellschaft und das Böse* (1967) die kulturelle Zähmung der Triebe als Deformation der Herrschaftssubjekte durch die sanktionsbewehrte Macht von Partikularinteressen. Das Böse ist hier also kein Trieb, sondern böse sind die gesellschaftlichen Herrschaftsverhältnisse, die die Triebbeherrschung zur Stabilisierung der Herrschaft gesellschaftlich strukturieren. Der Psychoanalytiker Arno Gruen sieht in *Der Fremde in uns* (2000) das Böse dagegen im generellen Verbot des Über-Ichs, die mitunter schwer verletzenden Methoden der Triebbeherrschung in Frage zu stellen. Durch die Nicht-Anerkennung des eigenen Opfers und Schmerzes sowie der Nicht-Infragestellung des ›Täters‹ mache der Mensch andere zu seinem Opfer. Der psychoanalytische Umgang mit dem Bösen neigt zu einer Ent-Schuldung von jenen, die Böses zufügen, ohne jedoch das Böse zu naturalisieren.

Die Gesellschaft nimmt eine sehr ambivalente Position zwischen Kontrolle und Vermeidung einerseits und Produktion des Bösen andererseits ein.

(2) In der Entwicklungspsychologie bzw. Lerntheorie wird nach dem Modell der Pawlowschen Konditionierung davon ausgegangen, dass aggressives Verhalten durch Konditionierung oder Imitation erlernt wird. Das Böse ist demnach vom Lernumfeld des Kindes abhängig. Die Entwicklungspsychologien von Jean Piaget oder Lawrence Kohlberg schreiben dem Kind darüber hinaus eine eigene Entwicklungslogik zu, die die Entstehung von Moral und Aggression zwar auch sozialisiert, gleichzeitig aber die psychische Werdung als Bedingung für das Bewusstsein von Gut und Böse nennt.

Die Begründer der Sozialwissenschaften, Max Weber und Émile Durkheim, gehen beide in ihren Soziologien von einer Veränderung der Vorstellung von Gut und Böse im Zusammenhang mit dem Ausdifferenzierungsprozess der Gesellschaft aus. Während jedoch Weber aus der Ausdifferenzierung und Hierarchisierung von vier Rationalitätsformen mit der Dominanz der Zweckrationalität ein Auflösen der Kategorie des Bösen in einem ›stählernen Gehäuse‹ einer technisch perfekten Bürokratie prognostiziert (vgl. Weber 1921), sieht Durkheim in der Individualisierung der Gesellschaft lediglich die Verschiebung des Bösen von einer Bedrohung des Kollektivs zu einer Bedrohung des Individuums. Daraus leitet Durkheim die veränderte Rechtspraxis bezüglich des Mordes ab (vgl. Durkheim 1999, 156–171).

Die Auseinandersetzung mit der Moderne und vor allem mit den totalitären Gesellschaften hat in der Soziologie zu einer Entsubjektivierung des Bösen geführt, die, im Gegensatz zu Arendts Beibehaltung der Kategorie des Bösen, das Böse entweder strukturell als einen ›Verhängniszusammenhang‹ (Adorno/Horkheimer: *Dialektik der Aufklärung*) oder konkreter als ›Herrschermoral‹ (Arno Plack: *Die Gesellschaft und das Böse*) begreift. In beiden Fällen wird das Böse historisiert, sozialisiert und entsubjektiviert, so dass in der Soziologie wie auch in der Psychoanalyse eine »Entbösung des Täters« stattfindet (Pieper 1997, 47). Die vollständige Auflösung der Kategorie des Bösen erfolgt in der Systemtheorie, die Moral als ›symbolische Generalisierung von Ego-Alter-Beziehungen in der binären Struktur von Achtung und Missachtung‹ begreift (vgl. Luhmann 1984) und derzufolge das Böse entsprechend der systemimmanenten Kodierung nur die notwendige Differenz zur ›Achtung‹ darstelle.

In den Religionen findet sich in verschiedenen Spielarten der Gedanke, dass die bestehende Welt nicht dem entspricht wie sie sein sollte. In religiöser Perspektive erhält die Kategorie des Bösen vor diesem Hintergrund den Status des Fehlerhaften in einer ursprünglich vollkommenen Ordnung. Trotz Individualisierung des Bösen durch das Konzept der subjektiven Willensfreiheit im Christentum zur »Sünde« (Häring 2003, 67), trotz Säkularisierung der Kategorie durch Naturwissenschaften, Soziologie und Psychologie bleibt das Böse im religiösen Kontext an den Gegensatz zu Gott gebunden. Damit erhält die Kategorie des Bösen für alle Weltreligionen die Bedeutung einer konstituierenden Differenz, die die Religionen zu einer privilegierten »Zuflucht der Leidenden und derjenigen, die Sühne für das getane Böse suchen« (Koslowski 2001, 8) macht.

Begriffsdiskussion: Determinismus oder Verantwortung

Der säkulare Umgang mit der Kategorie des Bösen zeichnet sich durch einen zunehmenden Gegensatz zweier Perspektiven aus: Entweder wird das Böse im Anschluss an Kant als ein individueller Willensakt konzipiert oder das Böse wird in Natur oder gesellschaftlichen Verhältnissen aufgelöst. Eine Zuspitzung der ersten Position stellt Sartres Baudelaire Interpretation dar, in der bedingungslose Freiheit als Verbindung von Verantwortung mit dem Bösen konzipiert wird. Aus Baudelaires dilemmatischer Begehrensstruktur, gleichermaßen radikale, schöpferische Freiheit wie auch göttliche Vorbestimmung zu begehren, folgt die Wahl des Bösen als das Verneinen der (göttlichen) Ordnung ohne diese abzulehnen. Also findet nach Baudelaires Konzeption die Wahl des Bösen mit der Akzeptanz statt, gegen die angenommene göttliche Ordnung zu verstoßen. Das Böse ist hier der freiheitliche Entschluss, das Böse um des Bösen willen zu wollen. Dieser radikalen Freiheit mit einer absoluten Verantwortung für das Böse steht die deterministische Perspektive gegenüber.

Die darwinistische Soziobiologie geht von einer Determinierung des Menschen durch Gene aus, so dass weder gute noch böse Taten dem Menschen zugerechnet werden können, womit nicht nur die Verantwortung, sondern auch deren Voraussetzung, die Willens- und Handlungsfreiheit, bestritten wird. Die neutrale Determinierung durch Gene verbietet außerdem die Begründung von Gut und Böse unter Rekurs auf die Natur. Aus Sicht der kulturellen Evolutionstheorie ist das Verhältnis zwischen genetischer und stammesgeschichtlicher Determinierung auf der einen und Verantwortung auf der anderen Seite unklar, weil der Übergang von der biologischen zur kulturellen Evolution durch ein angenommenes Weiterwirken der biologischen Evolution, sowohl im menschlichen Verhalten als auch in der Herausbildung moralischer Normen, verwischt wird. Der soziobiologische und evolutionstheoretische Determinismus, ergänzt durch jenen der Neurowissenschaften, wie er z. B. von Wolf Singer in *Der Beobachter im Gehirn* vertreten wird, wendet sich gegen die Kategorie des Bösen. Auch die soziologischen und psychologischen Verwendungskontexte schränken die individuelle Verantwortung (und somit die individuelle Willens- und Handlungsfreiheit sowie Urteilskraft) je nach Theorie mehr oder weniger stark ein: Von den soziologischen Funktionalismustheorien zu den Individuierungs- und Subjektivierungstheorien wird in dem Maße der Umgang mit der säkularen Kategorie des Bösen ausgeschlossen, in dem subjektive Zurechenbarkeit und Handlungsfreiheit verneint werden.

Hannah Arendt sieht im Determinismusglauben von Philosophen und Wissenschaftlern deren Ablehnung, »den Preis der Kontingenz für das fragwürdige Gut der Spontaneität« (Arendt 2008, 425) zahlen zu wollen. Unter dem Eindruck der Moderne und ihrer bürokratischen Herrschaftsform kann schließlich die subjektive Willens- und Urteilskraft mit Verweis auf den entsubjektivierten Menschen von Psychologie und Soziologie »hinwegeskamotiert« (Arendt 2006, 59) werden. Dagegen erfasst Arendt mit ihrem Begriff des banalen Bösen, durch den sie das Verhalten des Einzelnen in totalitären Regimen kennzeichnet, sowohl die gesellschaftliche Kultur der ›Verlogenheit‹ und ›Selbsttäuschung‹ als auch das Individuum in seiner Gedankenlosigkeit und Inkonsequenz. Damit verneint sie die Frage nach der Kollektivschuld am Holocaust, ohne die Verantwortung für das Böse allein dem Individuum zuzuschreiben, wie es gemäß der kantischen Vorstellung des radikalen Bösen geschähe.

Literatur

Arendt, Hannah: *Über das Böse. Eine Vorlesung zu Fragen der Ethik*. München 2006 (engl. 2003).
–: *Eichmann in Jerusalem. Ein Bericht von der Banalität des Bösen*. München ³2008 (engl. 1963).
Durkheim, Émile: *Physik der Sitten und des Rechts*. Frankfurt a. M. 1999 (frz. 1950).
Dawkins, Richard: *The Selfish Gene*. 1976.
Ehni, Hans-Jörg: *Das moralisch Böse. Überlegungen nach Kant und Ricœur*. Freiburg/München 2006.
Häring, Hermann: Das Böse in der christlichen Tradition. In: Johannes Laube (Hg.): *Das Böse in den Weltreligionen*. Darmstadt 2003, 63–130.
Kant, Immanuel: *Die Religion in den Grenzen der bloßen Vernunft* [1793]. In: Wilhelm Weischedel (Hg.): Werke in zwölf Bänden, Bd. VIII. Frankfurt a. M. 1968.
Koslowski, Peter: *Ursprung und Überwindung des Bösen und des Leidens in den Weltreligionen*. München 2001.
Lorenz, Konrad: *Das sogenannte Böse. Zur Naturgeschichte der Aggression*. Wien 1963.
Luhmann, Niklas: *Soziale Systeme. Grundriß einer allgemeinen Theorie*. Frankfurt a. M. 1984.
Marquard, Odo: Malum. In: Karlfried Gründer/Joachim Ritter (Hg.): *Historisches Wörterbuch der Philosophie*, Bd. 5. Darmstadt 1980, 652–706.
Neiman, Susan: *Das Böse denken. Eine andere Geschichte der Philosophie*. Frankfurt a. M. 2004 (engl. 2002).
Neuhouser, Frederick: *Rousseau's Theodicy of Self-Love. Evil, Rationality, and the Drive for Recognition*. Oxford/New York 2008.
Neumann, Erich: *Tiefenpsychologie und neue Ethik*. Frankfurt a. M. 1949.
Pieper, Annemarie: *Gut und Böse*. München 1997.
Sartre, Jean-Paul: *Baudelaire. Ein Essay*. Hamburg 1978 (frz. 1947).
Weber, Max: *Beamtenherrschaft und politisches Führertum*. München 1921.
Wuketits, Franz: *Verdammt zur Unmoral? Zur Naturgeschichte von Gut und Böse*. München/Zürich 1993.

Dagmar Comtesse

2. Fortschritt

›Fortschritt‹ ist eine geschichtsphilosophische Idee, deren Wurzeln teils im spätantiken Christentum, teils in den wissenschaftlich-technischen Erkenntnissprüngen des 17. Jahrhunderts liegen, eine Idee, die von der Philosophie der Aufklärung und dem Deutschen Idealismus geprägt und vor dem Hintergrund der industriellen Revolution durch den Historischen Materialismus, den Positivismus des 19. Jahrhunderts und die Rezeption der Evolutionstheorie zu einer geschichtlichen Macht sondergleichen avanciert ist. Ihr Inhalt kann in erster Näherung durch das Ziel einer *stetigen Verbesserung* der Lage der Menschheit bestimmt werden. Allerdings unterscheiden sich verschiedene Fortschrittsauffassungen zum Teil erheblich in den Fragen, in welchen Bereichen, nach welchen Maßstäben und nicht zuletzt bei wem im Einzelnen sich die konstatierte Verbesserung vollzogen hat oder noch vollziehen soll. Wurde ›dem‹ Fortschritt von seinen Gegnern schon immer mit Skepsis oder Widerstand begegnet, so mehren sich heute Stimmen, die behaupten, dass sich nicht nur der emphatische Bezug auf ihn (*Fortschrittsoptimismus*), sondern auch die Idee selbst angesichts der humanitären Katastrophen des 20. Jahrhunderts (zweier Weltkriege, des Holocaust und anderer Genozide) sowie der systematischen Zerstörung der Umwelt durch den Menschen (Klimakatastrophe, Artensterben) erledigt hat. Die Frage nach der Zukunft des Fortschritts als der Zukunft einer Idee kann aber nur dann angemessen beantwortet werden, wenn Klarheit darüber besteht, was sie systematisch beinhaltet und an welche ihrer Auffassungen angesichts der benannten Probleme heute noch angeknüpft werden kann.

Fortschritt als Kernbegriff der Moderne

Die Idee des Fortschritts ist ein Kernbegriff der Moderne, denn trotz mancher Überschneidungen besitzt die griechisch-römische Antike keine vergleichbare Vorstellung eines vom Menschen stetig vorangetriebenen und einheitlich zukunftsgerichteten Geschichtsverlaufs (vgl. Koselleck/Meier 1979, 353f.). Die Auffassung einer vorgegebenen kosmischen Vernunftordnung und das Konzept einer zyklischen Abfolge von Epochen und Staatsformen stehen bei den Griechen der Entwicklung einer umfassenden Fortschrittsidee entgegen. Zwar wird durchaus davon ausgegangen, dass sich die Erkenntnis der Natur und die künstlerischen Fähigkeiten erweitern und verbessern lassen. Der erreichten Blüte folgen jedoch unvermeidlich Verfall und Neubeginn. Fortschritt als Entwicklung zum Besseren kommt daher vorwiegend im Bereich der sittlichen *Vervollkommnung* des Individuums zum Tragen, die durch die Annäherung an das Ideal des tugendhaften Weisen bestimmt ist. Römische Autoren wie Lukrez, Cicero und Seneca erweitern die Ausdehnung der menschlichen Erkenntnis in dem ›Fortschreiten der Zeiten‹ zwar explizit auf die Zukunft, rücken ihre Überlegungen aber noch nicht in den Rang einer umfassenden geschichtsphilosophischen Idee, die erst später als solche gefasst wird.

Innerhalb der europäischen Säkularisierung und Modernisierung wirkt die Idee des Fortschritts als Katalysator. Sie ist nicht nur Reflexionsbegriff, sondern selbst Triebkraft: beschleunigendes und Richtung gebendes Element. Ihre Entstehung ist eng an den Vollzug einer ersten Stufe der Säkularisierung gebunden, auf der die Bereiche des Irdisch-Weltlichen und der göttlichen Transzendenz im frühen Christentum voneinander getrennt werden: Es sind das herausragende, einmalige Ereignis des Erscheinens Christi und die Verheißung seiner Wiederkehr, die Augustinus die Idee einer linear voranschreitenden Weltzeit (*saeculum*) formulieren lassen, die anders als die Ewigkeit Gottes zeitlich getaktet ist. Die unumkehrbar und einheitlich gedachte Weltzeit bildet das Medium, in dem eine stetige Entwicklung der gesamten Menschheit vorstellbar wird. Die erste Stufe der europäischen Säkularisierung ist somit keineswegs antireligiös, sondern stellt lediglich eine Binnendifferenzierung innerhalb des christlichen Denkens dar. Mit der Vorbereitung der Idee des Fortschritts enthält sie den Keim zur Moderne wie auch zur zweiten

Stufe der Säkularisierung, der üblicherweise mit diesem Begriff assoziierten Trennung von Kirche bzw. Religion und Staat.

Es dauert jedoch fast ein Jahrtausend, bis diese Keime zu sprießen beginnen und sich zu veritablen weltgeschichtlichen Mächten auswachsen. Die von Augustinus konzipierte Trennung von weltlichem und himmlischem Bereich wird in der Scholastik von Denkern wie Thomas von Aquin und Marsilius von Padua ausdifferenziert und radikalisiert, die zwischen einer himmlisch-ewigen (*eternum sive celestium*) und einer irdisch-politischen (*temporale sive mundanum*) Lebensweise des Menschen unterscheiden. Der säkulare Bereich des Irdisch-Politischen wird durch den Humanismus der Renaissance und die spätere Theorie der Staatsraison weiter verselbständigt. In der Französischen Aufklärung kulminiert diese Entwicklung in einer Philosophie der Geschichte, die dem Menschen die Macht zuspricht, seine Angelegenheit gänzlich aus eigener Kraft zu regeln, und bei Voltaire und d'Holbach in einen philosophischen Deismus bzw. Atheismus mündet. Die Vervollkommnung des Menschen ist damit nicht mehr an das Reich Gottes geknüpft; das mit diesem assoziierte Heil – der Himmel – soll schon auf Erden erreichbar sein.

Die Idee des Fortschritts als zentraler Bestandteil einer Philosophie der Geschichte

Wichtige Elemente des Fortschrittsdenkens der Geschichtsphilosophie sind der Bruch mit der biblischen Zeitrechnung und die Abkehr von der Vorstellung eines gemeinsamen Lebensalters, d.h. einer einheitlich-organischen Entwicklung der gesamten Menschheit. Ursächlich für diesen Wandel sind die Berichte der Entdeckungsreisenden über die Völker ferner Länder, die zu der Einsicht führten, dass an unterschiedlichen Orten gleichzeitig verschiedene Lebensformen und Kulturstufen des Menschen existieren, so dass von einer »Gleichzeitigkeit des Ungleichzeitigen« (Koselleck/Meier 1979, 375) ausgegangen werden musste. Mit diesem Bruch wurden eine echte ›Historisierung‹ der Zeit und eine komparative Erfassung der menschlichen Entwicklung an verschiedenen Orten und in unterschiedlichen Kulturbereichen möglich. Auch die Vernunft erschien nicht mehr als Signum einer vorgegebenen kosmischen Ordnung, sondern selbst als wachstums- und verbesserungsfähig. Teil dieser Entwicklung ist auch das Infragestellen der Autorität des Altertums, wie sie in dem Diktum Francis Bacons ›*veritas filia temporis*‹ zum Ausdruck kommt, mit dem die größere Erkenntnis dem späteren Zeitalter zugesprochen wird. In der von Charles Perrault 1687 ausgelösten *Querelle des Anciens et des Modernes* wurde demgemäß die Frage verhandelt, ob die Gegenwart dem Altertum nicht nur in technisch-wissenschaftlicher Hinsicht, sondern auch im Hinblick auf den Stand der Künste und die moralische Entwicklung überlegen sei.

In den geschichtsphilosophischen Schriften des 18. Jahrhunderts ist zunächst – etwa bei Turgot und weitgehend auch bei Kant – nur von einem ›Fortschreiten‹, ›Fortgehen‹, ›Vorangehen‹ und von vielgestaltigen einzelnen ›Progressen‹ (*les progrès*) die Rede. Die Idee eines Fortschritts im Singular steht zunächst nur schemenhaft im Hintergrund, wenn Kant von der Absicht spricht, das, »was an einzelnen Subjekten verwickelt und regellos in die Augen fällt, an der ganzen Gattung doch als eine *stetig fortgehende* obgleich langsame Entwickelung der ursprünglichen Anlagen derselben« (Kant 1983a, 33, Herv. E. B.) auszuweisen. Um die Idee eines Fortschritts der Menschheit abzusichern, greift Kant auf die teleologische (Re-)Konstruktion einer »Naturabsicht« (ebd., 34) zurück. Er geht davon aus, dass die Natur nicht nur als gesetzmäßig, sondern auch als planvoll betrachtet werden könne, dass sie dem Menschen Anlagen mitgegeben habe, die dazu »bestimmt« seien, »sich einmal vollständig und zweckmäßig auszuwickeln« (ebd., 35) – was nicht zuletzt für die Freiheit und die Vernunftfähigkeit gelte.

Kants geschichtsphilosophische Überlegungen sind auch deshalb bedeutsam, weil sein Modell auch gegenläufige Entwicklungen in den Fortschrittsprozess integriert: Angesichts der begrenzten Lebenszeit der Individuen sei eine vollständige Entwicklung der menschlichen Fähigkeiten nur über Generationen hinweg für die

Gattung als Ganze möglich. Diese Argumentation, die später von Hegel mit Formulierungen wie ›Das Wahre ist das Ganze‹ aufgegriffen wird, ermöglicht es einerseits, Rückschritte oder Stillstand bei einzelnen Völkern und Kulturen als nebensächlich abzutun; andererseits lässt sie es nicht nur als vertretbar, sondern sogar als ›natürlich‹ erscheinen, wenn der Fortschritt der Menschheit nicht allen Individuen zu Gute kommt. Als Triebkraft fungiert für Kant der antagonistische Charakter des Menschen, der sowohl sozial als auch egoistisch sei und als »ungesellige Geselligkeit« (ebd., 37) beschrieben werden könne. Das Verfolgen ihrer eigenen Interessen, der Wunsch nach Glück »so viel es auf Erden möglich ist« (ebd., 36), und die Einsicht, dass dieser Wunsch nur in Gesellschaft verwirklicht werden könne, bewege die Menschen dazu, sich in Staaten zusammenzuschließen und diesen eine republikanische Verfassung zu geben. Die einmal erfolgte Zivilisierung durch die Errichtung eines erst bürgerlichen, dann weltbürgerlichen Rechtszustands ziehe die weiteren Schritte einer Kultivierung und Moralisierung nach sich. Die Diskrepanz zwischen dieser idealen Rekonstruktion und der realen geschichtlichen Situation fängt Kant mit der Bemerkung auf, dass erst der historische Prozess der Aufklärung Licht in die vorher undurchschaute Tendenz der Natur bringe und den ›Ausgang aus der selbst verschuldeten Unmündigkeit‹ ermögliche.

Condorcet verwendet in seinem *Entwurf einer historischen Darstellung der Fortschritte des menschlichen Geistes* 1793 ›Fortschritt‹ auch als Kollektivsingular für die Summe der einzelnen Fortschritte in Wissenschaft, Kunst und Moral. Seine Konzeption einer Universalgeschichte basiert auf der Annahme einer immer neue Stufen erklimmenden Vervollkommnungsfähigkeit (*perfectibilité*) des Menschen. Eine verbesserte Zukunft verspricht insbesondere die Anwendung der Wahrscheinlichkeitsrechnung, des ›Kalküls‹, auf die Felder der Politik und der Gesetzgebung. Der Optimismus, »daß die Natur unseren Hoffnungen keine Grenzen gesetzt hat«, gründet sich zudem auf die Verbreitung von Bildung, die über einen technisch verfeinerten, an eine Universalsprache geknüpften »elementaren Unterricht« allen »das fürs Leben in der Gesellschaft nützliche Einzelwissen beibringen sollte« (Condorcet 1963, 349; 391). Zwar analysiert Condorcet auch Hindernisse, die der Vervollkommnung der Menschheit im Wege stehen; nachdem das Licht der Vernunft aber einmal zu scheinen begonnen habe, könne es keine großen Rückschritte mehr geben. Im Anschluss an Voltaire begründet Condorcet eine säkularisierte Geschichtsschreibung, die auf die Vorstellung einer göttlichen Voraussicht oder Fügung verzichtet. Reste einer Vorbestimmung bleiben aber in einem teleologischen Begriff der Natur erhalten, die zu einer vollständigen Entwicklung aller Anlagen bestimmt sei.

Das bei Kant und Condorcet deutlich vorhandene teleologische Element hat der neuen Philosophie der Geschichte den Vorwurf eingetragen, sie sei eine »säkularisierte Theologie« (Rohbeck 2008, 835) – ein Einwand, der sich auch auf die Idee des Fortschritts übertragen lässt. Hatte der späte Kant auch die »Gebrechlichkeit der menschlichen Natur« betont und angemahnt, man solle sich »von Menschen in ihren Fortschritten zum Besseren auch nicht zu viel versprechen« (Kant 1983b, 367 und 365), so kennt der Fortschrittsoptimismus des Deutschen Idealismus bald kein Halten mehr: Johann Gottlieb Fichte unterstreicht 1800 in *Die Bestimmung des Menschen* das normative Element des Fortschrittsbegriffs und spricht von der »absolute[n] Forderung einer besseren Welt« (Fichte 2000, 104 f.). Vom Standpunkt der Vernunft aus könne die »gegenwärtige Lage der Menschheit« mit all ihren Problemen – Krankheiten und Seuchen, dem Ringen um das physische Überleben vieler Menschen sowie politisch-sozialer Unterdrückung – nur »als Durchgangspunkt zu einem Höhern und Vollkommnern« (ebd., 105) akzeptiert werden. In einer neuen Zeit, deren Anfänge bereits sichtbar seien, müsse »die erleuchtete und durch ihre Erfindungen bewaffnete menschliche Kraft« die Natur mühelos beherrschen (ebd., 108). In einer Vorwegnahme der Marxschen Entfremdungskritik verlangt Fichte, dass die bloß mechanische Arbeit auf dasjenige Minimum zu verringern sei, das für die Sicherung der eigenen Existenz und der körperlichen wie geistigen Bildung erforderlich ist. Der Mensch als das vernünftige Wesen dürfe nicht mehr zum bloßen ›Lastträger‹ degradiert werden. Da die Fähigkeit zur Vervollkommnung gleichermaßen in allen Menschen, selbst in ›den Wilden‹ stecke und die Vernunft nach Ausbreitung strebe, werde es zu einer weltweiten Expansion von Bildung und Kultur kommen.

Der Vernunftoptimismus hinter diesem Fortschrittsideal hat allerdings auch bizarre Züge: Ausgehend von der Prämisse, dass kein vernünftiges Werk umsonst vollbracht sein könne, behauptet Fichte, dass sich die den Menschen und seine Arbeit bedrohenden ›sinnlosen‹ Naturgewalten bald gänzlich erschöpft haben müssten (vgl. ebd., 107).

Auch der Hegelsche Idealismus ist von einem starken Vernunftoptimismus beseelt. Der kantische Antagonismus der ungeselligen Geselligkeit wird dort zur ›List der Vernunft‹. An die Stelle des teleologisch gefassten Naturbegriffs tritt die innere und äußere Bewegung des (Welt-)Geistes, der sich in verschiedenen Erscheinungsformen in der Geschichte realisiert und dabei immer höhere Stufen des Bewusstseins seiner selbst erreicht. Fortschritt wird so zu einem konstitutiven »Strukturmerkmal« (Koselleck/Meier 1979, 405) der Geschichte. Die Macht des Geistes bzw. der Vernunft wird zwar einerseits gegen Kant als absolut begriffen, zugleich aber geschichtlich eingebettet und damit in den Bereich der menschlichen Entwicklung herabgezogen. Diese Ausrichtung läuft – so theologisch inspiriert sie auch bleibt – auf eine vollständige Historisierung und Säkularisierung des Absoluten hinaus. Die bis zu Augustinus zurückreichende Trennung der irdischen Sphäre vom überzeitlichen Reich des Ewig-Transzendenten wird von Hegel eingeebnet, wenn er die Geschichte zum Schauplatz der Erfahrungen macht, die der absolute Geist auf dem Wege zu sich selbst in seinen irdischen Entäußerungen macht. Die Weltgeschichte wird so zum notwendigen ›Fortschritt im Bewußtsein der Freiheit‹, den es in seiner Notwendigkeit philosophisch zu erkennen gilt. Dabei werden die Fortschritte einzelner Kulturen als dialektische Entwicklung einander widerstreitender ›Volksgeister‹ und in dieser Auseinandersetzung als Vollzug eines »absolute[n] Endzweck[s] der Welt« (Hegel 1986, 347) begriffen.

Hegels Analyse der bürgerlichen Gesellschaft, die auch deren soziale und wirtschaftliche Strukturen berücksichtigt, wird von Marx sowie den Materialisten und Sozialisten des 19. Jahrhunderts gegen den Idealismus gewendet. ›Vom Kopfe auf die Füße gestellt‹, bleiben die Historisierung des Absoluten und die Dialektik als das Gesetz eines sich in Widersprüchen vollziehenden, aber unaufhaltsamen Fortschritts der menschlichen Verhältnisse zum Besseren. Den Endpunkt dieser Entwicklung markiert bei Marx das Ideal einer kommunistischen Gesellschaft als eines vollständig auf Erden realisierten ›Reiches der Freiheit‹. Zu seiner Verwirklichung soll die gesamte wirtschaftliche Produktion, die Marx als Stoffwechsel des Menschen mit der Natur begreift, vernünftiger Planung statt ›chaotischer‹ Konkurrenz unterstellt werden; die im Kapitalismus zur Ausbeutung der Arbeiter eingesetzte Rationalisierung und Maschinisierung der Produktionsabläufe soll nun die Befreiung von stupider und verschleißender körperlicher Arbeit ermöglichen.

In Frankreich kommt Auguste Comte in seinen *Cours de philosophie positive* (1830–1842) im Anschluss an die französische Aufklärung und den utopisch-expertokratischen Sozialismus Henri Saint-Simons zu einem ähnlich positiven Bild der Zukunft: Comtes ›allgemeine Theorie des natürlichen Fortschritts der Menschheit‹ verbindet biologische und soziohistorische Erkenntnisse zu der neuen obersten Wissenschaft der Soziologie als einer ›sozialen Physik‹. Die Einheit der Menschheit wird dabei teils biologisch als Einheit der Gattung begriffen, teils über einen nationalistisch gefärbten Eurozentrismus postuliert, der die mit der sozialen Frage verbundenen Probleme Europas als ›Weltkrisis‹ versteht. In seinem ›Dreistadiengesetz‹ greift Comte auf die für die vormoderne Zeitsicht charakteristische Metapher von Lebensaltern der Menschheit zurück: Der durch theologische Fiktionen gekennzeichneten ›Kindheit‹ der Antike und des Mittelalters folge die metaphysisch-abstrakte ›Jugend‹ der Neuzeit und Aufklärung, die schließlich zum wissenschaftlich-positivistischen Alter erwachsener Reife führe, das sich von allen theologischen und metaphysischen Ideen befreit habe. Die Welt werde an den Erkenntnissen der positiven Wissenschaften genesen, deren komplexeste die neue Soziologie sei. Deren Verbindung empirischer Beobachtungen mit logischem Denken soll über induktive Schlüsse ebenso die Gesetze der natürlich-organischen Evolution erkennen lassen wie jene des an diese anknüpfenden sozialen Fortschritts. Bezüglich der sozialen Entwicklung unterscheidet Comte zwischen einem positiven und einem negativen Moment: Von negativem Fortschritt könne dann gesprochen werden, wenn überholte Ordnungen durch Kritik und soziale Unruhen destabilisiert und aufgelöst werden. Der anschließende positive Fortschritt beinhalte die Etablierung einer neuen, nachrevolutionären Ordnung, die den Bedürfnissen der Menschen nach Frieden und Glück in stärkerem Maße Rechnung trage. Die Bewertung als ›negativ‹ und ›positiv‹ fällt somit nicht mit der Gegenüberstellung von ›progressiven‹ und ›reaktionären‹ Kräften zusammen: Auflösende und neu organisierende Kräfte wirken gleichermaßen an der Weiterentwicklung der Menschheit mit. Comtes Philosophie eines ›Positivismus‹ verbindet die methodische Orientierung an den Verfahren empirischer Wissenschaft mit der Vorstellung eines neuen Stadiums der Menschheit, in dem der negativ-kritische Fortschritt der Aufklärung durch den positiven Fortschritt der Wissenschaften und die Arbeit des soziologischen ›Gesellschaftsingenieurs‹ zu einer neuen sozialen Ordnung geführt wird.

Es ist weniger die gedämpfte Hoffnung Kants, sondern der überschwängliche Fortschrittsoptimismus Fichtes und Condorcets, die von Deutschland aus über Hegel und Marx, von Frankreich aus über Comte, die Entwicklung der Moderne geprägt und den Zeitgeist der industriellen Revolution mitbestimmt hat. Dabei macht es offenbar keinen wesentlichen Unterschied, ob sich der Fortschrittsgedanke auf ein mehr oder weniger latentes Vertrauen in die göttliche Vorsehung, in die Evolution einer streng gesetzmäßig gefassten Natur oder in die Wissenschaft bzw. allgemeiner: in die Möglichkeiten des menschlichen Geistes stützt. Der Vorwurf an die Geschichtsphilosophie, sie sei eine säkularisierte Heilslehre, hat daher einiges für sich: Er verweist auf ein *normativ-metaphysisches Moment* innerhalb der Idee des Fortschritts, das sich im Fortschrittsoptimismus als ein säkularisierter Glaube zeigt. Dieses Glaubensmoment und der mit ihm verknüpfte *Wertcharakter* der Fortschrittsidee lassen sich genauer bestimmen, wenn man eine Differenzierung zwischen den Begriffen ›Entwicklung‹ und ›Fortschritt‹ vornimmt.

Fortschritt und Entwicklung

Die Begriffe ›Fortschritt‹ und ›Entwicklung‹ werden oft synonym verwendet, sind jedoch keineswegs deckungsgleich, da der Begriff der Entwicklung eine größere Ausdehnung besitzt. Der Neukantianer Heinrich Rickert unterscheidet im Zuge seiner Überlegungen zu einer Logik der historisch-kulturwissenschaftlichen Begriffsbildung sieben Begriffe von Entwicklung (vgl. Rickert 1929, 430 f.), von denen die ersten fünf unterhalb dessen bleiben, was mit Fortschritt als geschichtsphilosophischer Idee gemeint ist.

Der Begriff der Entwicklung kann (1) in allgemeinster Form den Vorgang eines bloßen Werdens oder Geschehens bezeichnen. Während ein solches Werden und Vergehen auch zyklisch gedacht werden kann, steht ›Entwicklung‹ (2) in der Moderne für eine irreversible und linear fortgesetzte Veränderung. (3) lassen sich mehrere Veränderungen im Hinblick auf einen gemeinsamen Zielpunkt in einem »konditional-teleologischen« Entwicklungsbegriff zusammendenken. Der dabei unterstellte Zweckbegriff ist insofern ein schwacher, als er noch nicht mit Wertgesichtspunkten verbunden ist. Der Natur können bspw. Zwecke unterstellt werden, ohne dass diese per se als wertvoll ausgezeichnet werden müssen. So verzichtet die Evolutions- bzw. Abstammungslehre Charles Darwins weitgehend auf den Begriff des Fortschritts – erst die ›sozialdarwinistische‹ Übertragung der Prinzipien der Evolution als einer Entwicklung der Arten auf die soziale Konkurrenz menschlicher Völker und Individuen, wie sie von Herbert Spencer angestoßen wurde, hat ihn fest an den Begriff der Evolution geknüpft. Zur Verbindung von ›Entwicklung‹ und ›Wert‹ kommt es, Rickert zufolge, dann, wenn einzelne Geschehnisse und Entwicklungen in ihrer Individualität als besonders herausgehoben werden. Dies kann entweder dadurch geschehen, dass die geschichtliche Entwicklung (4) theoretisch auf die Werthaltungen der betrachteten Subjekte bezogen wird (geschichtswissenschaftliche Rekonstruktion der faktischen Entwicklung), oder (5) praktisch gemäß den Wertvorstellungen der betrachtenden Subjekte bewertet wird. Die Auszeichnung einzelner historischer Ereignisse als wertvoll lässt sich auf ganze Entwicklungsreihen ausdehnen, die dann so betrachtet werden, »daß die Zunahme des Wertes ihrer einzelnen Stufen in einem notwendigen Zusammenhange mit ihrer zeitlichen Abfolge steht« (ebd., 431), wodurch (6) die Idee des Fortschritts im Sinne einer »Wertsteigerung« ins Spiel kommt, eine Idee, die sich (7) auch metaphysisch fassen und als kontinuierliche Entwicklung zum Guten oder zum Bösen überhöhen lässt. Wichtig an dieser Differenzierung ist zum einen die Erkenntnis, dass der Begriff des Fortschritts oft zu Unrecht mit ›Entwicklung‹ gleichgesetzt wird, während er tatsächlich nur mit der vorletzten oder den letzten beiden Verwendungsweisen dieses Begriffs zusammenfällt. Zum anderen, und hier liegt die eigentliche Stoßrichtung Rickerts, hat der Fortschrittsgedanke keinen Platz in den empirischen Arbeiten der Geschichtswissenschaft oder der nach historisch-individualisierender Methode verfahrenden Kulturwissenschaften. Wer Fortschrittsüberlegungen anstellt, wechselt vom objektiven Bereich der Geschichte als Wissenschaft in den spekulativen Bereich der Geschichtsphilosophie und steht bereits mit einem Bein in der Metaphysik. Nicht der Geschichtswissenschaft, sondern erst der Geschichtsphilosophie stelle sich die Frage nach einem umfassenden Sinn, einem Ziel der Geschichte. Die bejahende Auszeichnung eines solchen Sinns kann der Geschichte aber weder einfach als ›gegeben‹ entnommen noch der zukünftigen Entwicklung zugrunde gelegt werden.

Abschied von der Idee des Fortschritts?

Wie bereits angedeutet, gab es nicht nur Apologeten, sondern immer auch Gegner des Fortschritts bzw. Kritiker des Fortschrittsdenkens.

Die Einsprüche richten sich gegen bestimmte faktische Entwicklungen, gegen die positiv wertende Auszeichnung bestimmter Entwicklungen als ›fortschrittlich‹ oder ›progressiv‹, gegen den bei einer solchen Auszeichnung zugrunde gelegten Wertmaßstab oder gegen die in der Idee des Fortschritts enthaltene normative Überzeugung, man könne den Fortschritt bewusst vorantreiben, um das Los der Menschheit kontinuierlich zu verbessern. Rousseau verwies auf negative Folgen der Zivilisierung, Mendelssohn bezweifelte, dass tatsächlich von einer Vervollkommnung der Menschheit als Gattung die Rede sein könne:

> »Der Mensch geht weiter; aber die Menschheit schwankt beständig zwischen festgesetzten Schranken auf und nieder; behält aber im ganzen betrachtet, in allen Perioden der Zeit ungefähr dieselbe Stufe der Sittlichkeit, dasselbe Maß von Religion und Irreligion, von Tugend und Laster, von Glückseligkeit und Elend« (zit. nach Kant 1983b, 166).

Die sogenannten Maschinenstürmer kämpften zu Beginn des 19. Jahrhunderts. gegen die Industrialisierung der Textilproduktion; Sorel kritisierte 1908 die Fortschrittsidee als bloße ›Illusion‹, und Nietzsche sah in ihr das Produkt einer in sich fehlgeleiteten Moderne, die von der individuellen Aufgabe, das Hier und Jetzt zu leben und zu meistern, durch den vertröstenden Verweis auf die Zukunft der Menschheit abgekommen sei. Horkheimer und Adorno säten mit der *Dialektik der Aufklärung* (1944) Zweifel, ob die von den Aufklärern verherrlichte Vernunft des Menschen nicht den Keim zum Umschlag in ihr Gegenteil, in eine moderne Form der Barbarei, immer schon in sich trägt. Hans Jonas, mit dem die beispielhafte Nennung einiger Kritiker der Fortschrittsidee beschlossen sei, hat 1979 in *Das Prinzip Verantwortung* eine umfassende Kritik der marxistischen Utopien wie des kapitalistischen Wachstumsdenkens vorgelegt.

Problematisch geworden sind aus heutiger Sicht mindestens der Fortschrittsoptimismus der Moderne und die Verwendung des Fortschrittsbegriffs als Kollektivsingular: Ersterem widersprechen die eingangs genannten humanitären Katastrophen des 20. Jahrhunderts, Letzterem die mit dem sogenannten *cultural turn* vertiefte

Einsicht in die Pluralität je besonderer Kulturen, die sich zwar komparativ betrachten, aber nur schwer auf einen Nenner bringen lassen – vor allem dann, wenn es um die Auszeichnung eines übergreifenden Wertmaßstabs geht, an dem Fort- oder Rückschritte einer Universalgeschichte zu messen wären. Auch die in den ökonomischen Krisen, vor allem aber in der massiven Umweltzerstörung der modernen Industriegesellschaften offenkundig werdenden Grenzen des Wachstums scheinen einen Abschied von der Idee des Fortschritts nahezulegen: So hat Jonas dem Imperativ einer permanenten Erweiterung und Vergrößerung als dem »anerzogenen Hedonismus des reichlichen Lebens« (Jonas 1979, 265) eine Zukunftsethik entgegengestellt, die auf Erhaltung, Bewahrung und Verhütung setzt. Er unterstreicht »die menschlichen und animalischen Kosten« (ebd., 292) der modernen Zivilisation und der diese tragenden Fortschritts- und Wachstumsidee und betont, dass auch eine von vielen gewünschte und als ›Fortschritt‹ eingeschätzte Entwicklung nicht notwendig eine Entwicklung zum Besseren darstellen muss.

Eine Reaktionsmöglichkeit auf die genannten Probleme liegt darin, die Vorstellung eines als objektiv behaupteten Fortschritts durch den Begriff der Fortschritts*erzählung* zu ersetzen. Damit wird zwar vordergründig am Fortschrittsbegriff festgehalten, zugleich aber eine *distanzierte Abschwächung* vorgenommen, denn der Begriff der Erzählung rückt das, von dem erzählt wird, in den Bereich des Fiktionalen – es könnte sich auch um eine bloß subjektive Darstellung oder gar um ein Märchen handeln. Eine Kritik dieser Art trägt zwar den Problemen des Fortschrittsdenkens Rechnung, bleibt aber ebenso vage wie pauschal. Auch wenn der Fortschrittsbegriff Züge einer fixen Idee der Moderne trägt, scheint es dennoch nicht sinnvoll, ihn vorschnell zu verabschieden. Denn auch zugunsten des Fortschrittsdenkens und einer entsprechenden Geschichtsphilosophie lassen sich Argumente anführen: Ohne sie instrumentalisieren zu wollen, lässt sich feststellen, dass die humanitären Katastrophen des 20. Jahrhunderts zur Gründung der UNO und der Erklärung der Menschenrechte geführt, also auch Positives bewirkt haben. An die Stelle einer eurozentrischen Universalgeschichte sind interkulturelle Ansätze u. a. einer für Entwicklungen in allen Kulturen offenen *global history* getreten.

Systematisch gefasst wird eine revidierte Version der Idee des Fortschritts heute nur dann als akzeptabel gelten können, wenn sie mindestens fünf Kriterien erfüllt: Sie wird erstens der interkulturellen Auseinandersetzung erheblichen Raum geben müssen, und zwar sowohl hinsichtlich der Frage, welche faktischen Entwicklungen für Fortschritts- oder Rückschrittsurteile zu berücksichtigen sind, als auch hinsichtlich der Wertgrundlage, auf der solche Urteile kulturübergreifend gefällt werden können. Eine zeitgemäße Version des Fortschrittsdenkens wird zweitens möglichst zurückhaltend in ihren Aussagen über die zu erwartende Zukunft sein: Über eine rückblickende Selbstbesinnung des Menschen hinaus kann (und sollte) eine Philosophie der Geschichte zwar auch Visionen des Zukünftigen entwickeln, der Rückblick auf die fehlgegangenen Entwürfe der Vergangenheit mahnt jedoch zur sorgfältigen Unterscheidung zwischen Prognosen, Projizierungen, Hoffnungen und Wünschen sowie zur Reflexion auf die Bedeutung eines *eventuell prinzipiell nicht einholbaren* Nicht- oder Nicht-genau-genug-Wissens. Wenn es um die Beurteilung von Entwicklungen als ›fortschrittlich‹ und um eine weitere Förderung dieser oder alternativer Entwicklungen geht, wird drittens darauf geachtet werden müssen, dass die Auswirkungen so vielen Menschen wie möglich zu Gute kommen. Ein revidiertes Fortschrittsdenken kann viertens – der Hinweis auf die Menschenrechte deutet dies an – nicht das Wohl Vieler über die Grundrechte Einzelner stellen. Schließlich wird es fünftens eine überzeugende Antwort auf das Problem der Grenzen des Wachstums geben müssen.

Ansatzpunkte für den letzten Aspekt bietet etwa der Wechsel von einem rein quantitativen zu einem vorwiegend qualitativ ausgerichteten Wachstumsbegriff. Ein solcher Übergang deutet sich etwa im Begriff der *Lebensqualität* an, der sowohl objektiv-materielle als auch subjektiv-ideelle Faktoren berücksichtigt. Er zeigt sich weiterhin in dem Ansatz einer neuen Glücksforschung, die nicht-materiellen Faktoren wie etwa sozialer Gleichheit/Ungleichheit höhere Aufmerksamkeit schenkt. Um der Idee des Fortschritts eine Zukunft zu sichern, müsste ein derartiger Perspektivenwechsel allerdings deutlich stärker als bisher bis in die Bereiche von Wirtschaft, Technik und Politik hineinwirken: So sollte der rein quantitativ und formal gedachte Maßstab der Gewinnmaximierung durch einen auch für qualitative Verbesserungen und für ein materiales Verständnis von Wirtschaft offenen Begriff der Gewinn*optimierung* ersetzt werden. Der Vorstellung einer stetigen Steigerung der wirtschaftlichen Produktion, die durch die unverkennbaren Grenzen des Wachstums ad absurdum geführt ist, wäre das *Ideal einer nachhaltigen Reproduktionsökonomie* entgegenzustellen. Einer in diesem Sinne rekonzipierten Idee des Fortschritts könnte es gelingen, die ideologischen Engführungen des Fortschrittsdenkens der Moderne zu überwinden und gleichzeitig dessen emanzipatorisches Potenzial für die zukünftige Entwicklung der Menschheit nutzbar zu machen.

Literatur

Düwell, Kurt: Auguste Comte. Das Problem von Ordnung und Fortschritt. In: Peter Alter/Wolfgang J. Mommsen/Thomas Nipperdey (Hg.): *Geschichte und politisches Handeln. Studien zu europäischen Denkern der Neuzeit*. Stuttgart 1985, 146–163.

Comte, Auguste: *Soziologie* [1830–1842]. Aus dem frz. Orig. ins Dt. übertragen von Valentine Dorn und eingeleitet von Heinrich Waentig. 3 Bde. Jena 1907–1911.

Condorcet: *Entwurf einer historischen Darstellung der Fortschritte des menschlichen Geistes* [1793]. Dt.-frz. Parallelausgabe. Hg. von Wilhelm Alff. Frankfurt a. M. 1963.

Fichte, Johann Gottlieb: *Die Bestimmung des Menschen* [1800]. Auf der Grundlage der Ausg. von Fritz Medicus revidiert von Horst D. Brandt. Mit einer Einleitung von Hansjürgen Verweyen. Hamburg 2000.

Jonas, Hans: *Das Prinzip Verantwortung. Versuch einer Ethik für die technologische Zivilisation*. Frankfurt a. M. 1979.

Hegel, Georg Wilhelm Friedrich: *Enzyklopädie der philosophischen Wissenschaften im Grundrisse* [1830], Bd. 3. Werke in 20 Bänden. Bd. 10. Frankfurt a. M. 1986.

Kant, Immanuel: *Ideen zu einer Geschichte der Menschheit in weltbürgerlicher Absicht* [1784]. Werke in 10 Bänden. Hg. von Wilhelm Weischedel. Bd. 9. Darmstadt 1983a, 33–50.

–: *Der Streit der Fakultäten* [1798]. Werke in 10 Bänden. Hg. von Wilhelm Weischedel. Bd. 9. Darmstadt 1983b, 265–393.

Koselleck, Reinhart/Meier, Christian: Fortschritt. In: *Geschichtliche Grundbegriffe. Historisches Lexikon zur politisch-sozialen Sprache in Deutschland*. Hg. von Otto Brunner/Werner Conze/Reinhart Koselleck. Stuttgart 1979, 351–423.

Rapp, Friedrich: *Fortschritt: Entwicklung und Sinngehalt einer philosophischen Idee*. Darmstadt 1992.

–: Fortschritt. In: Helmut Reinalter/Peter J. Brenner (Hg): *Lexikon der Geisteswissenschaften. Sachbegriffe, Disziplinen, Personen*. Wien/Köln/Weimar 2011, 194–202.

Rickert, Heinrich: *Die Grenzen der naturwissenschaftlichen Begriffsbildung. Eine logische Einleitung in die historischen Wissenschaften*. Tübingen ⁵1929.

Rohbeck, Johannes: Geschichtsphilosophie. In: *Grundriss der Geschichte der Philosophie*. Begründet von Friedrich Ueberweg, hg. von Helmut Holzhey. Die Philosophie des 18. Jahrhunderts. Bd II, Frankreich 2. Basel 2008, 833–896.

Salvadori, Massimo L.: *Fortschritt – die Zukunft einer Idee*. Berlin 2008.

Eike Bohlken

3. Freiheit

»Stadtluft macht frei.« Dieser mittelalterliche Rechtsgrundsatz, dieses Losungswort, hatte zur Zeit seines Aufkommens nicht annähernd die Reichweite seiner Bedeutung erkennen lassen. Stand es zunächst doch nur für das Freisein von Dienst- und Fronverhältnissen, wenn auch um den Preis der Unterwerfung unter das städtische Regiment von Rat und Zünften oder das des Stadtherrn. Dennoch: Die metaphorische Vehemenz des Satzes von der befreienden Stadtluft zielt von Anfang an über den Rahmen von Herrschaft und gesellschaftlichen Bindungsstrukturen hinaus – wenn auch, wie es geschichtlich immer geht, Prinzipielles (oder Absolutes) sich *materialiter* kontingent und bedingt realisiert. Kurzum: Mag hier die reale Erfahrung einer sich mit dem Soziotop ›Stadt‹ verbindenden Freiheit zunächst als Ent-Lastung von Herrschafts- und sozialer Bindungsgewalt gemacht worden zu sein:

> »*Stadtluft* macht frei, weil Siedlung befreit; sie *macht* frei, indem sie das Siegel unter den Ausschluß des Herrenrechts, die Selbstbefreiung des Unfreien drückt; sie macht *frei* von privater Abhängigkeit und begründet die Unterstellung unter die öffentliche Gewalt des Stadtherrn, später die Einreihung in die autonome Stadtgemeinde« (Mitteis 1966, 202).

Dass die Stadt aber, realsymbolisch, für eine befreiende Lebenswelt schlechthin steht, dass mit der Stadt ein Versprechen freien Lebens sich verbunden hatte, dies konnte sich erst unter den Bedingungen einer diese Freiheitspotentiale des Städtischen umfassend zugänglich machenden, republikanisch konstituierten, demokratisch verfassten und bürgerlich (im Sinn des *citoyen*, nicht des *bourgeois*) kultivierten Gesellschaft erschließen.

Dieser Prozess, der als Urbanisierung der Gesellschaft, als Vergesellschaftung der Stadt, oder, sehr voraussetzungsreich und dennoch schlicht formuliert, als Säkularisierung bezeichnet werden kann, ist nicht nur ein ereignisgeschichtlicher Vorgang, sondern ein *normativer* Prozess: In der gesellschaftsweiten Verwirklichung (oder Ent-Deckung und asymptotischen Aneignung) von urbanen Freiheitspotentialen artikuliert sich ein *Sein-Sollendes*, das sich geschichtlich einmal geltend gemacht hat, dessen geschichtlich mögliche Verwirklichung jedoch von Deformation, Verdinglichung, Instrumentalisierung, Scheitern bedroht ist. Es zeichnet die Theorie und die Praxis der Moderne – einer reflexiv gewordenen, sich auf sich selbst besinnenden Moderne – aus, die reale Möglichkeit des eigenen Scheiterns im Prozess der Selbstverwirklichung mit zu bedenken. Dies nicht als Geste der Selbstabdichtung gegenüber, sondern als Aufnahme von Kritik und Revision des sowie der Formulierung von Alternativen zum Prozess der Modernisierung. Heute geübte Kritik an der Moderne ist ermöglicht und gerechtfertigt durch den Prozess der Modernisierung. Wenn reale Prozesse der Beanspruchung von Freiheit schief laufen können, spricht das nicht gegen, sondern für diese Beanspruchungen, sofern sie modern, also kritikfähig und revisionsoffen sich artikulieren.

Moderne als Projekt: Jener normative Prozess, der zwar auf Emanzipation justiert ist, deswegen aber trotzdem ohne teleologische Bestimmung auskommen muss, kein identifizierbares Ziel hat, auf das er unweigerlich zuläuft, ist riskierte Freiheitsgeschichte. Das 21. Jahrhundert, dessen Eröffnung auf das Jahr 1989 datieren mag (samt einer in das Polen von 1980 zurückweisenden Latenzgeschichte), zeigt in seiner Frühgeschichte, wie ein durchaus materielles Konglomerat aus ökonomischer Erstarrung oder Hyperdynamik, klepto-korrupter Autokratie und Demographie Lagen hervorbringen kann, in denen Menschen massenhaft sich auf diesen riskanten Freiheitsweg machen – von Mittelost- und Südosteuropa über Arabien bis, wer weiß, nach China. Unabhängig vom Ausgang dieser Aufbrüche stellen die Menschen damit das universale Geltungspotential solcher geschichtlich-politisch erstrittener, »realer Freiheit« (vgl. hierzu Krings 1980) faktisch unter Beweis; das Verlangen, in gerechten Strukturen und inkorrupten Institutionen zu leben (vgl. hierzu Ricœur 1996, 210), ist, so zeigt die Erhebungsgeschichte dieses frühen 21. Jahrhunderts, nicht kulturalistisch relativierbar. Es artikuliert sich nicht als Resultat einer Hegemonie des Westens, sondern zu den Bedingungen der jeweiligen kulturellen, politischen, ökonomischen Kontexte. Was sich durch die Kontexte identisch artikuliert, zeigt sich *de facto* als universal. Gerade wenn Geschichte als Universalgeschichte gedacht wird, kann die geschichtliche Realisation der universalen Geltung von Freiheitswerten nicht von einem Export von Werten (aus dem Westen in den Rest der Welt) erwartet werden; es kann nur das, was sich historisch kontingent unter den Bedingungen Europas und Nordamerikas hat ereignen und artikulieren können – das Bewusstsein für, das Streben nach und die wie immer fallible Verwirklichung bzw. Aneignung von Freiheitsautonomie –, in der je eigenen, kulturell-politisch-gesellschaftlich bestimmten Situation als nötig erkannt und aus eigenen lebensweltlichen und diskursiven Artikulationsquellen formuliert werden. Auf diesem Weg muss weder eine je eigensinnige kulturell-politische Modernisierungsentwicklung von der Tatsache eines historischen *prae* der europäisch-nordamerikanischen Entwicklung sich kränken lassen, noch muss der Westen sich gekränkt sehen, wenn weltweit Bewegungen der kulturell-gesellschaftlichen Modernisierung und der gesellschaftlich-politischen Emanzipierung sich nicht ausdrücklich auf ihn berufen.

Die Frühgeschichte des 21. Jahrhunderts ruft zudem noch einmal in Erinnerung, dass die »reale Freiheit« keineswegs Ausdruck eines fatal souveränen Subjekts ist, sondern eine der ausbeutenden, unterdrückenden, entfremdenden – kurz: der heteronom beanspruchenden – Herrschaft abgerungene, gegen diese verteidigte und aufrechterhaltene, stets von Überwältigung (äußerer wie innerer Natur) bedrohte Freiheit. Es mag diesem in einem wohlstandsstabilisierten Gesellschaftsrahmen an unmittelbarer Plausibilität ermangeln: Aber »reale Freiheit« wird ursprünglich stets unter Bedingungen ihrer Nicht-Selbstverständlichkeit, Relativierung, Vorenthaltung, Annihilierung geltend gemacht. Hatte schon das eingangs zitierte, im Recht gründende Losungswort Indizien dafür bereit gehalten, dass im Verlangen nach Freiheit nichts Isoliertes oder auf eine sehr relative Wirklichkeit Reduzierbares gefordert wird, sondern eigentlich das Leben-Können selbst – so dass jener Satz das Freisein-Können mit der ökonomischen, politischen, kulturellen und auch religiösen Dynamik der Stadt neuen Typs verbindet, wie er nach der ersten Jahrtausendwende in Europa entsteht –, so macht die Erhebungsgeschichte des frühen 21. Jahrhunderts auch deutlich, dass das Verlangen nach Freiheit in unmittelbarem Zusammenhang mit einem ganzen Fächer weiterer Forderungen steht, deren gemeinsamer Nenner in der Forderung nach Partizipation zu sehen ist: Teilhabe an der gesellschaftlichen Willensbildung, den politischen Entscheidungsprozessen, Zugang zu den kulturellen Formen und Diskursen der Selbstartikulation und Selbstverständigung der Gesellschaft, Teilhabe an dem in und von ihr produzierten Wohlstand, an der Sorge schließlich um dieses Gemeinwesen, dessen Gestalt in der Konsequenz dieser Forderungen liegt, in deren Zentrum das Verlangen nach Freiheit steht: nämlich als demokratisch konstituierte und säkular verfasste Republik.

Die Bestimmung des unmittelbaren Nexus von realer Freiheit und Säkularität hängt allerdings davon ab, was unter letzterer verstanden wird. Bei einer umstandslosen, nämlich negativen Inbezugsetzung von Säkularität auf Religion – Säkularisierung verstanden als aktiv, wenn nicht machtvoll und gar aggressiv betriebenes Verdrängen der Religion von den Bühnen einer Gesellschaft, ihres Staats und ihrer Kultur, mit einem Zustand der Säkularität als Ergebnis dieses Verdrängungskampfs – muss eine unmittelbar auf Säkularität bezogene Freiheit als wesentlich anti-religiöse Freiheit aufgefasst werden. Die Reaktion religiöser Gruppen und Körperschaften auf eine so wahrgenommene Freiheit ist erwartbar ablehnend; und genau nach diesem Deutungs- und Reaktionsmuster verlaufen nicht wenige Auseinandersetzungen zwischen gleichermaßen ideologisch hysterisierten laizistischen und religiös-integralistischen oder fundamentalistischen Positionen.

Allein, beide, Laizisten wie Integralisten, operieren mit einem Zerrbild von Säkularisierung und Säkularität. Denn nicht auf die Abschaffung von Religion lief und läuft der Prozess der Säkularisierung hinaus; vielmehr artikuliert sich in ihm die Zurückweisung von selbstverständlich in Anspruch genommenen und deswegen unausgewiesenen gesellschaftlich-politischen wie kognitiv-diskursiven Geltungsansprüchen von Religionen. In einer geschichtlichen Entwicklung, die durch die Bezeichnung als Säkularisierung nicht in eine bestimmte Epoche eingehegt werden kann, findet die Herausbildung von öffentlichen, also prinzipiell niemanden in ihrem oder seinem Zugangsrecht beschneidenden Strukturen und Verfahren der Überprüfung und gegebenenfalls Anerkennung der Legitimität von Ansprüchen auf öffentliche Artikulation und gesellschaftliche Geltung statt. Unter stabilen Bedingungen geschieht dies verteilt über eine vielfältig gestaffelte, vom Recht und von Institutionen gestützte Diskurslandschaft der Gesellschaft. Die hierin gesellschaftlich sich vollziehenden Überprüfungen sowie Anerkennungen oder Zurückweisungen von Geltungsansprüchen (etwa der Religionen) sind auch in dem Sinn prozedural zu verstehen, dass sie die Artikulierungen solcher Ansprüche begleiten: Religionen (nicht nur sie) haben den Prozess der Ausweisung ihrer Geltungs- und Wahrheitsansprüche nie hinter sich. Es besteht gewissermaßen eine prinzipielle, mitlaufende gesellschaftliche Skepsis gegenüber weltanschaulichen Äußerungen in der Öffentlichkeit. Das mag idealtypisch formuliert sein; doch nur weil es diese delegitimierende Kraft der säkularen Gesellschaft gibt, wird permanent versucht, sie zu instrumentalisieren, zu deformieren, zu diskreditieren und außer Kraft zu setzen. Dem nüchternen Blick zeigen sich hier mittlerweile nicht die religiösen Körperschaften, sondern Akteure des medienindustriellen Komplexes am umtriebigsten. Die Vitalität einer säkularen Gesellschaft kann sich auch daran bemessen, wie es ihr gelingt, diese Überwältigungsversuche durch das flexible Bespielen aller ihr zur Verfügung stehenden Diskursformen und -kanäle auszukontern: von der parlamentarisch-repräsentativen Politik über die Justiz, die Medien, über Protestbewegungen, über Internetforen, bis hin zu künstlerischen Interventionen.

Auch die Religionen haben sich mittels der Institutionen, die in ihrem Namen zu sprechen beanspruchen, auf den Foren dieser komplex und beweglich gewordenen Öffentlichkeit zu legitimieren. Und sie können nicht prognostizieren (noch ihre *performance* darauf hin planen), auf welchem Forum sie demnächst zur Verantwortung gezogen werden. Diese Situation einer strukturell gewordenen Rechenschaftsforderung, derer die Religionen sich weder durch die Wiederherstellung einer homogenen Identität von Religion und Gesellschaft noch auch durch die öffentlich statuierte Abwendung von dieser säkularen Öffentlichkeit entledigen können, stellt die Situation der Säkularität in der Moderne dar.

Die Freiheitsproduktivität des Prozesses der Säkularisierung liegt also nicht in der Abschaffung der Religion, sondern in der Hervorbringung einer vielfältigen Architektur der Räume und Prozeduren, die den Bereich des Privaten mit den Foren der Öffentlichkeit in differenzierter Vermittlung verbindet und ineinander spielen lässt, Räume und Prozeduren der Meinungsbildung und Entscheidungsfindung nicht nur, aber auch hinsichtlich der Religionen. Es ist diese differenzierte und bewegliche Architektur einer säkularen Gesellschaft, die den Menschen Frei-Räume gegenüber, aber auch mit den Religionen verschafft. Das heißt dann auch, dass der schlichte Gegensatz zwischen der Religion als Staatsreligion und als Privatsache im Zeitalter der Säkularität obsolet geworden ist. Stattdessen können die Menschen über das gesamte Ensemble der gesellschaftlichen Handlungs- und Entscheidungsräume hinweg ihr Verhältnis zur Religion bestimmen; und sie können dies auch tun, indem sie es in der Schwebe oder auf sich beruhen lassen. Die säkulare Gesellschaft ermöglicht es sogar jenen, die sich selbst als religiös und gläubig verstehen, ihr Verhältnis zu einer artikulierten und verfassten Religion in einer Weise zu bestimmen, die mit den Eigenbestimmungen dieser Religion nicht konform geht. Dass Menschen, auch Gläubige, überhaupt ein Verhältnis zur Religion (und nicht nur eine Weise ihrer Religionszugehörigkeit) einnehmen und artikulieren können, ist ermöglicht durch die Säkularität. Was wie die Enthomogenisierung der Religionskultur vorkommen mag, wäre vielleicht präziser als Geschichte der Entdeckung der schon immer bestandenen inneren Inhomogenität der Religionskulturen zu bezeichnen, deren Heterogenität allerdings unter den Bedingungen der Säkularität vollends sichtbar wird. Dieser Prozess jedenfalls hat nicht nur, sozusagen in den aufbrechenden Ritzen dieser Heterogenisierung, Irreligiosität als lebensweltliche Möglichkeit mit hervorgebracht – etwas durchaus anderes als die intellektuelle Möglichkeit des Atheismus, also die Denkmöglichkeit der Nichtexistenz (eines) Gottes, die doch auch innerhalb einer theologischen Argumentation einen Ort haben kann, nämlich als am Ende verworfene Hypothese. Er hat vor allem deutlich gemacht, dass die Entscheidungsinstanz, an die auch in Glaubensdingen zu appellieren ist, außerhalb der Verwaltungszuständigkeit verfasster Religionen liegt, und zwar in einem prinzipiellen Sinn: nämlich in der Instanz des Gewissens, von welcher der Mensch im Vollzug seiner Subjektivität freien Gebrauch macht.

Die Herausbildung des Grundrechts der Gewissensfreiheit, intimster Ausdruck der Freiheitsautonomie des neuzeitlich-modernen Subjekts und seiner Würde, stellt die Religionen vor eine radikale Herausforderung, die gerade in der westlichen, europäisch-nordamerikanischen Geschichte – geistesgeschichtlich, genauso aber sozialgeschichtlich und in der politischen Geschichte – ihre prekärste Gestalt angenommen hat. Die allgemeine Formulierung dieser Herausforderung lautet: Die Religionen, die mindestens im Typ der nicht bloß kultgesteuerten, sondern bekenntnisregierten und Doktrinen ausbildenden Religion eine wenn von ihnen auch als heilvoll apostrophierte, so doch absolute Beanspruchung des Menschen durch Gott (sei dieser als Person, Macht oder schlicht Wirklichkeitsdimension vorgestellt) aussagen, müssen im Prozess der Säkularisierung aus den Quellen einer theonom verfassten religiösen Überlieferung Gründe zur Anerkennung eines autonom sich verstehenden Subjekts schöpfen. Ist dies schon anspruchsvoll genug, lautet die »abendländische Verschärfung«: Die biblisch verantwortete Überlieferungskultur, die »jüdisch-christlich« zu nennen man sich angewöhnt hat, muss damit zurechtkommen, dass die Freiheitsautonomie des Subjekts, Kernstück des ›Projekts Moderne‹ sowohl auf einen biblischen, jüdisch-christlich ausformulierten Quellgrund zurückgeführt wird als auch durch einen »Akt humaner Selbstbehauptung« (vgl. Blumenberg 1988, 139–259) gegen das kirchliche Christentum erkämpft und durchgesetzt werden musste. Säkularisierung als Emanzipationsgeschichte ist durch eine Dialektik des Mit und Gegen in Bezug auf die biblische Tradition in ihrer christlich-jüdischen Doppelgestalt verknüpft.

Es kann nicht behauptet werden, dass auch nur das Christentum diese Herausforderung der Anerkennung der Freiheitsautonomie des Menschen in seiner Subjekthaftigkeit einstimmig, endgültig und rückfallfrei bewältigt hätte. Nicht nur gibt es unheimlich vitale Spielarten des Christentums insbesondere in Afrika und Lateinamerika, die von einer solchen Säkularitätsforderung (noch) nicht einmal gehört haben und auch weder fähig noch willens sind, auf sie einzugehen. Auch findet sich in den Zentren christlich-theologischer Kultur, von einem intellektuell anspruchsvollen katholischen Rücksturz in die Vormoderne bis hin zur anglikanisch beheimateten *Radical Orthodoxy*, verbunden vielleicht durch ein eigentümliches Theorie-Cocktail aus Analytischer Philosophie, Systemtheorie und Spätphänomenologie, eine mal grobschlächtig, mal feinsinnig-differenziert sich gebende Verabschiedung vom Anspruch einer theologisch-religiösen Anerkennung der Freiheitsautonomie des modernen Subjekts.

Dies ist, in grober Skizze, der völlig unberuhigte theologische und kirchenpolitische Debattenkontext, in dem auch aktuell das schlechthinnige Dokument einer Anerkennung der Gewissensfreiheit in Dingen der Religion durch die römisch-katholische Lehrtradition heute wahrgenommen werden muss: Die Erklärung des Zweiten Vatikanischen Konzils zur Religionsfreiheit, *Dignitatis humanae* (DH).

Die Komposition dieses kurzen Texts, die detailliert zu analysieren hier nicht der Ort ist (vgl. aber Pavan 1967; Siebenrock 2005; Wenzel 2005, 225–234), dokumentiert nicht nur die an die Fundamente rührenden Debatten um die Religionsfreiheit, die mit der Verabschiedung der Erklärung am 7. Dezember 1965 keineswegs beendet waren. Sie ist auch ein Abbild der überaus komplexen objektiven Problemlage, was die Bestimmung des Verhältnisses von Säkularität und

Christentum anbetrifft: Indem nämlich das Konzil zunächst die Religionsfreiheit in der Personalität des Menschen verankert, anerkennt es in der Personwürde des Menschen eine absolute, also nicht weiter ableitbare, und unbedingte, also nicht relativierbare Gründungsinstanz der Religionsfreiheit (DH 2). Die Absolutheit und Unbedingtheit der Freiheitsinstanz des Menschen (die in einer strikteren Diktion, als sie dem Konzil möglich war, eher subjekttheoretisch als personalistisch zu entfalten wäre) würdigt das Konzil dadurch, dass es sie nicht auf dem Bedeutungsfeld der christlichen Glaubenstradition bestimmt. Unübersehbar anerkennt das Konzil damit eine säkulare Prägung dieser Einsicht in die Unverfügbarkeit des Menschen in seiner Personwürde.

Erst in einem zweiten Schritt wird die gewissermaßen christentumsextern (bzw. religionsneutral) artikulierte und gesicherte Religionsfreiheit nun auch theologisch eingeholt – und zwar durch ihre denkbar zentrale Verankerung im Bedeutungsgefüge des christlichen Glaubens: Zum einen wird (im systematischen Zusammenhang der Analyse des Glaubensakts) die Freiheit zur notwendigen Voraussetzung des Gottesglaubens erklärt (DH 10); zum anderen wird in einer Besinnung auf die bedeutungsvolle Ereignisgestalt der Offenbarung selbst in Jesu Verkündigungs- und Lehrpraxis dessen unbedingter Respekt vor den Menschen, an die er sich mit seiner Botschaft wendet, erkannt und zur die Kirche bindenden Norm erklärt (DH 11). Kurz: Das II. Vatikanum schöpft aus den Quellen der eigenen, biblisch-christlichen Glaubensüberlieferung Gründe zur Anerkennung eines säkular gewonnenen Rechts auf Religionsfreiheit. Identitätsökonomisch ist dies ein hoch brisanter Vorgang. Eine Religion (eine der verfassten Körperschaften dieser Religion) anerkennt ein Recht, das kulturell, historisch, politisch, argumentativ nicht isoliert, aber doch unabhängig vom jahrhundertelang herrschenden Selbstverständnis dieser Religion ausgebildet und etabliert worden ist, als ihr wesentlich entsprechend. Sie anerkennt damit also entweder, dass außerhalb ihres Selbstvergewisserungsdiskurses – außerhalb ihrer ›Dogmatik‹ – gewonnene Einsichten ihr durchaus entsprechen können, oder dass es des bekenntnis*un*bestimmten Forums der Säkularität bedarf, um Einsichten zu befördern, die dieser Religion zwar entsprechen, aber von ihr nicht autark aus den eigenen Quellen heraus identifiziert werden können: Einsichten, die demnach sowohl mit dem innersten Bedeutungskern der Religion konform gehen als auch auf dem vielstimmig belebten Marktplatz der Säkularität erst gewonnen und benannt werden können.

Die Religionsfreiheit hat also darin eine paradigmatische Bedeutung für die Freiheit (in ihrer praktischen Beanspruchung) schlechthin, dass ihre Genese sich als zunächst legitimatorische, dann aber auch institutionelle und legalistische Aufhebung der Verfügungsgewalt einer weltanschaulichen Macht und Körperschaft über die Herzen, Köpfe und Hände der Menschen vollzog: Im Licht dieser – nicht nur Eindämmung, sondern – Zurückweisung (nicht der Religion als solcher, sondern der in ihrem Namen beanspruchten Macht) tritt auf: das Subjekt als Figur der Unverfügbarkeit. Als diese Figur ist es kein Platzhalter der Macht. Es ist nicht souverän. Es verfügt über nichts. Nur ist es so, dass im Modus der Subjektivität natürlich jede Macht, sei sie religiös oder sonst wie weltanschaulich konnotiert, sei sie zudem mit dem Instrumentarium einer politischen, militärischen oder auch nur ökonomischen Gewalt ausgerüstet, weiterhin Spielräume zur Durchsetzung, Expansion und Erhaltung ihrer Herrschaft hat, ohne aber auf diesen Wegen jemals mehr eine Zustimmung als Selbst-Ausdruck des Subjekts erpressen zu können. Die Gewährung einer solchen Zustimmung nämlich ist nur erreichbar über die Anerkennung des Menschen in seiner Unverfügbarkeitsinstanz: so, dass als Subjekt er frei ist, zuzustimmen (oder eben nicht).

Dignitatis humanae, die Erklärung des II. Vatikanums zur Religionsfreiheit, feiert das Subjekt geradezu, indem sie die höchste religiöse Forderung überhaupt, die Forderung des Glaubens, an die freie Zustimmung des Subjekts bindet, über die keine Religion verfügen kann – ja, über die nicht einmal Gott hinweg geht. Und vielleicht ist die Feier des Subjekts auch die angemessene Antwort – auf die Schwachheit des Subjekts. Es ist machtlos, ungeschützt, der Anerkennung bedürftig. Die in der Subjektinstanz markierte Freiheitsautonomie des Menschen verwirklicht sich nicht in der akkumulativen Aneignung von Handlungssouveränität, wodurch diese zur knappen Ressource für andere Menschen wird, sondern umgekehrt durch die wechselseitige Anerkennung der Anderen in ihrem unverfügbaren Freisein. Freiheit verwirklicht sich in der Anerkennung anderer Freiheit: »Der Gehalt, durch den sich Freiheit erfüllt und durch den die Selbstvermittlung die volle Realität gewinnt, ist die Freiheit des anderen« (Krings 1980, 124) – nämlich auf der Grundlage, »daß Freiheit darin sich begründet, daß sie andere Freiheit bejaht« (ebd., 126).

Weil es der Struktur des Sich-Öffnens (vgl. ebd., 117–127) solcher Freiheit entspricht, für die Gewähr ihrer Verwirklichung nicht autark aufkommen zu können, ist dies Subjekt schwach, schwach um der anderen willen, und braucht deswegen Verfahren, Strukturen und Institutionen, braucht eine als Öffentlichkeit organisierte Gesellschaft. Der Feier des Subjekts im Überschwang der Religion entspricht dann die Ausbildung von gerechten Institutionen, partizipatorischen Strukturen und Verfahren der Anerkennung in der Prosa einer säkularen Gesellschaft.

Literatur

Blumenberg, Hans: *Die Legitimität der Neuzeit* [1966]. Frankfurt ²1988.
Krings, Hermann: Reale Freiheit. Praktische Freiheit. Transzendentale Freiheit [1977]. In: Ders.: *System und Freiheit. Gesammelte Aufsätze.* Freiburg/München 1980, 40–68.
–: Handbuchartikel: Freiheit [1973]. In: Ders.: *System und Freiheit. Gesammelte Aufsätze.* Freiburg/München 1980, 99–130.
Mitteis, Heinrich: Über den Rechtsgrund des Satzes »Stadtluft macht frei« [1952]. In: Carl Haase (Hg.): *Die Stadt des Mittelalters.* Bd. 2: Recht und Verfassung. Darmstadt 1976 [= WdF 244], 182–202.
Pavan, Pietro: Einleitung und Erklärung zum Dekret über die Religionsfreiheit. In: *Das Zweite Vatikanische Konzil. Konstitutionen, Dekrete und Erklärungen.* LThK² E II [1967], 703–748.
Pröpper, Thomas: Freiheit als philosophisches Prinzip theologischer Hermeneutik [1998]. In: Ders.: *Evangelium und freie Vernunft. Konturen einer theologischen Hermeneutik.* Freiburg 2001, 5–22.
Ricœur, Paul: *Das Selbst als ein Anderer.* München 1996.
Siebenrock, Roman: Theologischer Kommentar zur Erklärung über die religiöse Freiheit Dignitatis humanae. In: Peter Hünermann/Bernd Jochen Hilberath (Hg.): *Herders Theologischer Kommentar zum Zweiten Vatikanischen Konzil 4.* Freiburg 2005, 125–218.
Wenzel, Knut: *Kleine Geschichte des Zweiten Vatikanischen Konzils.* Freiburg 2005.
–: Gott in der Moderne. Grund und Ansatz einer Theologie der Säkularität. In: Ders./Thomas M. Schmidt (Hg.): *Moderne Religion? Theologische und religionsphilosophische Reaktionen auf Jürgen Habermas.* Freiburg 2009, 347–376.
–: Unvertretbar subjektiv. Karl Rahners ignatianisches Glaubensverständnis. In: Hermann Deuser/Saskia Wendel (Hg.): *Dialektik der Freiheit. Religiöse Individualisierung und theologische Dogmatik.* Tübingen 2012, 203–215.

Knut Wenzel

4. Fundamentalismus

Begriff, Begriffsgeschichte und aktuelle Forschungskontroversen

Der Begriff ›Fundamentalismus‹ ist im wissenschaftlichen wie im öffentlichen Gebrauch stark überdeterminiert, was für seinen Gebrauch als wissenschaftliches Analysemittel vor allem deswegen hinderlich ist, weil er daneben häufig als politisches Kampf- und Denunziationswort gebraucht wird, was auf wissenschaftlicher Seite wiederum vermehrte terminologische Absicherungen nötig macht.

›Fundamentalists‹ wurden – zunächst in einer wohlwollenden Fremdbezeichnung, die sie bald übernahmen – seit 1920 eine Reihe protestantischer Theologen der Princeton-Universität und deren Anhänger genannt. Angesichts der empfundenen Bedrohung christlicher Glaubenssubstanz durch die wachsende Akzeptanz historisch-kritischer Bibelauslegung hatten sie einen Kanon von Dogmen aufgestellt, der von dieser Kritik ausgenommen sein sollte und der unter anderem die Irrtumslosigkeit der Schrift, die kreationistische Lesart der Schöpfungsgeschichte (im expliziten Widerspruch zur Evolutionstheorie, die seit dem späten 19. Jahrhundert zunehmende Anerkennung erfahren hatte) sowie die bevorstehende Wiederkehr Christi umfasste.

Die Übertragung des Begriffs ›Fundamentalismus‹ auf andere Religionen, zunächst auf den Islam, verdankt sich einer historischen Koinzidenz. In den frühen 1980er Jahren erfuhr eine bereits seit einigen Jahren stattfindende Revitalisierung des christlichen Fundamentalismus erstmals US-weite Aufmerksamkeit, als sie 1981 zum entscheidenden Faktor für die Wahl Ronald Reagans zum Präsidenten der USA wurde. Dies fiel zeitlich ungefähr mit mehreren religiös bestimmten Geschehnissen in islamischen Ländern zusammen: der Iranischen Revolution, der Ermordung Anwar al-Sadats in Ägypten durch Mitglieder der Muslimbruderschaft, der Besetzung der Moschee von Mekka sowie dem Sieg afghanischer Mudschaheddin über die sowjetische Armee. Umstritten ist hierbei, ob mit der terminologischen Übertragung auch die tatsächliche Entstehung des islamischen Fundamentalismus zeitlich in eins fällt, er somit ein Phänomen des letzten Viertels des 20. Jahrhunderts ist. Karen Armstrong (2004, 149 ff.) argumentiert überzeugend gegen diese Ansicht, indem sie nachweist, wie sich Entwicklungslinien, die bruchlos zum jetzigen islamischen Fundamentalismus führen, schon im Lauf des 19. Jahrhunderts, etwa in Gestalt der Salafiya-Bewegung, formierten.

Seit der Übertragung auf den Islam jedenfalls ist der Fundamentalismus-Begriff auf Phänomene innerhalb jeder anderen der großen religiösen Traditionen angewendet worden. Im Judentum bezeichnet er programmatisch teils diametral entgegengesetzte Gruppen, die jedoch ein (radikaler) Bezug zum Problem des Zionismus eint: So wird er auf die antizionistische Organisation Neturei Karta ebenso angewendet wie auf die pro-zionistische Siedlerbewegung Gush Emunim.

Eine zweite wichtige Kontroverse innerhalb der Forschung besteht im Anschluss an die Frage, ob ›Fundamentalismus‹ aus inhaltlichen oder auch aus Gründen der begrifflichen Schärfe nur auf die monotheistischen Weltreligionen angewendet werden sollte. Hauptsächliches inhaltliches Argument für diese Beschränkung ist die nur in den monotheistischen Religionen vorfindliche Textbasis, die als Fundament fungieren kann, bzw. im weiteren Sinne das Vorhandensein einer Orthodoxie. Dagegen erweitert die umfassendere Fundamentalismus-Definition diese text- und lehrmäßige Basis zu kulturellen Traditionen im Allgemeinen, die als Fundamente dienen können. Dies hat insbesondere zur Folge, dass dann hinduistische Gewalt gegen Muslime in Indien als fundamentalistisch begriffen wird, obwohl der Hinduismus weder eine einheitliche Lehre noch allgemeinverbindliche heilige Texte kennt. Bei engerer Bestimmung des Fundamentalismus-Begriffs gilt diese Gewalt denn auch allenfalls als ›fundamentalismusähnlich‹ – im Gegensatz zum ›echten Abrahamitischen Fundamentalismus‹.

Diese Betonung lehr- und textmäßiger Grundlagen ermöglicht es außerdem, im Christentum nicht nur vom bekannten protestantischen Fundamentalismus in den USA, sondern auch von einem katholischen Fundamentalismus zu sprechen. Die hierunter gefassten Phänomene werden in der Forschung eigentlich mit Integrismus oder Traditionalismus bezeichnet, eignen sich aber zur Umwidmung eben aufgrund des bei ihnen vorhandenen starken Traditions- bzw. Lehrbezugs. Identifikationspunkt der katholischen Fundamentalisten ist in den meisten Fällen der Papst als aktuelles Traditionselement und zugleich als Garant der Orthodoxie. Beide Eigenschaften verbinden sich im Infallibilitätsdogma, das von den Traditionalisten stark betont wird. Es lässt sich als funktionales Äquivalent zur Unfehlbarkeit der biblischen Texte selbst in Detailfragen begreifen, wie sie im protestantischen Fundamentalismus gelehrt wird. Auch in der Frage ihrer Entstehung finden sich Parallelen zwischen katholischem und protestantischem Fundamentalismus, insofern beide als Reaktionen auf die steigende Akzeptanz der liberalen Theologie begriffen werden können.

Schließlich – und damit ist die letzte der Erweiterungen erreicht, die die Geschichte des Fundamentalismus-Begriffs begleiten – werden seit den 1990er Jahren auch gänzlich unreligiöse Gruppen oder Positionen als fundamentalistisch bezeichnet; dies betrifft namentlich politische Gruppen wie die Scottish National Party und den Teil von Bündnis 90/ Die Grünen, der sich gegen eine befürchtete Aufgabe alter Parteiideale angesichts des politischen Einflussgewinns sträubte. Da in diesen Fällen jedoch ›Fundamentalismus‹ quasi ununterscheidbar von ›Extremismus‹ wird – womit er in der politischen Rhetorik den mittlerweile obsoleten Kommunismusvorwurf ersetzt –, ist diese Erweiterung in der Forschung nicht anerkannt.

Da jede begriffliche Erweiterung Argumente provozierte, die gegen sie sprachen und so zu verschiedenen Begriffsdefinitionen Anlass gab, kann eine Bestimmung des Fundamentalismus hier nur unter Vorbehalt erfolgen. Charakteristisch für fundamentalistische Bewegungen sind ihre bloße *Re*aktivität auf soziale Veränderungen, eine spezifische Selektivität ihrer Umwelt- und Selbstwahrnehmung, ein inhärenter Messianismus bzw. Millenarismus und eine manichäisch-dualistische Weltansicht. Reaktiv ist der Fundamentalismus mit Bezug auf bestimmte Aspekte der Moderne, die er als Krise interpretiert. Seine Selektivität manifestiert sich einerseits als ein »*factualist hermeneutic style*« (Ruthven 2004, 84), der bei Bezug auf heilige Texte als Literalismus, bei anderen Traditionsbezügen allgemeiner als Inerrantismus virulent wird. Andererseits nehmen Fundamentalisten in bestimmter Weise Selektionen in ihrer Umwelt vor, und zwar sowohl hinsichtlich der zu verdammenden als auch der zu übernehmenden Aspekte der Moderne.

Neben diesen positiven Definitionskomponenten sind zumindest zwei negative Bestimmungen hervorzuheben: Einerseits ist physische und psychische Gewalt sowohl nach innen wie nach außen keinesfalls ein konstitutiver Bestandteil des Fundamentalismus schlechthin. Im Gegenteil gab es lange Phasen der Entwicklung fundamentalistischer Bewegungen, in denen sie sich quietistisch von der Außenwelt absonderten. Andererseits bedeutet seine innere Verwiesenheit auf Charakteristika der Moderne, dass Fundamentalismus nicht als ein atavistisches Relikt aus vormodernen Zeiten aufzufassen ist, das lediglich ›auch in der Moderne noch vorkommt‹, sondern *substantiell* nur unter modernen Bedingungen möglich ist, mithin ein genuin modernes Phänomen darstellt.

Fundamentalismus und Säkularisierung

Die substantielle Verbundenheit des Fundamentalismus mit der Moderne evoziert die Frage nach der Beziehung des Fundamentalismus zur Säkularisierung als einem Hauptelement der Modernisierung. Um die Fülle der diesbezüglichen Referenzen des Fundamentalismus zu ordnen, ist es nötig, den seinerseits vielfältigen Begriff der Säkularisierung in seine Bedeutungsebenen zu zerlegen und Phänomene des Fundamentalismus diesen zumindest lose zuzuordnen.

Zwei theoretische Ansätze bieten eine für diesen Zweck hilfreiche Basis, zum einen José Casanovas (1994) Unterscheidung zwischen drei Bedeutungen des Säkularisierungsbegriffs: zunächst die Bedeutung der *Differenzierung* der religiösen und anderer gesellschaftlicher Sphären, insbesondere der staatlichen und der wissenschaftlichen – hiermit korrespondieren alle auf staatliche bzw. nationale Identität abzielenden Merkmale des Fundamentalismus sowie seine Versuche, die Differenz zur Logik der Wissenschaft zu überwinden; sodann die Bedeutung der *Privatisierung bzw. Individualisierung* religiöser Überzeugungen – damit korrespondieren alle Aspekte des Fundamentalismus, Gruppenidentitäten zu stiften und zu erhalten sowie (wieder) öffentlichen Einfluss zu gewinnen; und schließlich die von Casanova zwar kritisch hinterfragte, von den Fundamentalisten aber angenommene Dimension des *Verfalls der Religion* – dieser lassen sich bestimmte Charakteristika der fundamentalistischen Dogmatik beiordnen sowie alle Aspekte der inneren wie äußeren Gewaltanwendung. Dieser theoretische Ansatz ist um einen vierten Aspekt der Säkularisierung zu ergänzen, den Charles Taylor (2009, 14) als die Unmöglichkeit beschrieben hat, unter den Bedingungen der Moderne *nicht* mit religiösen Gehalten konfrontiert zu werden, die mit den eigenen im Widerspruch stehen. Daraus ergibt sich eine grundlegende *Optionalität des Glaubens* auch für diejenigen, die dem eigenen besonders stark anhängen. Mit diesem Metacharakteristikum der Säkularisierung korrespondiert die im Fundamentalismus universelle Neigung zur strikt manichäisch-dualistischen Konzeption der Welt und der eigenen Stellung in ihr.

Fundamentalismus als Reaktion auf soziale Differenzierungsprozesse

Fundamentalismen stellen Reaktionen auf soziale Differenzierungsprozesse dar. Die Entwicklung säkularer staatlicher Autorität bedeutet auf verschiedenen Ebenen oftmals die Beschneidung religiöser Autorität. Dies betrifft einerseits das staatliche Gewaltmonopol, dessen inhaltliche Bestimmungen im Widerspruch mit religiös begründeten sozialen Normen stehen können. Dieser Zusammenhang zeigt sich deutlich bei der Entstehung der sogenannten neofundamentalistischen Welle in den USA seit den 1960er Jahren.

Hier war es die Inanspruchnahme des Gewaltmonopols durch den säkularen Staat auf verschiedenen Gebieten (Durchsetzung der Evolutionstheorie im Biologieunterricht seit 1963, Verbot von Schulgebeten im selben Jahr, Straffreiheit der Abtreibung 1973), die zu einer Kollision mit religiösen Überzeugungen und damit zur Radikalisierung ebenjener führte.

Eine weitere Folge der Ausdifferenzierung autonomer staatlicher Gewalt ist oftmals die Marginalisierung bestehender religiöser Eliten und insofern mit ihr eine Zentralisierung einhergeht, ebenso die Marginalisierung vormaliger regionaler Eliten. Insbesondere diese Gruppen neigen zur Idealisierung der (religiös bestimmten) Vergangenheit und bilden so regelmäßig einen Teil des sozialen Substrats fundamentalistischer Bewegungen. Aufgrund des sozialen Wandels, den Differenzierungsprozesse dieser Art darstellen, wird beispielsweise die Frage der sozialen Solidarität für den Einzelnen akut: Wem ist Solidarität zu zollen, dem entfremdeten Ursprungsmilieu, dem derzeitigen Milieu oder dem antizipierten Zielmilieu? Hier bietet der Fundamentalismus eine funktionale Entlastung durch Rekurs auf vermeintlich absolute Werte, die sich in einem statischen Gesellschaftsbild manifestieren. Diese Verwiesenheit zeigt sich etwa an der biographischen Entwicklung Sayyid Qutbs, einer Gründerfigur des sunnitischen Fundamentalismus, dessen Position sich signifikant radikalisierte, nachdem er im forciert säkularen ägyptischen Staat unter Abdul Nasser inhaftiert und zu Zwangsarbeit verurteilt worden war.

Allgemein mag in dem Beziehungsgeflecht zwischen modernem Staat und religiöser Ordnung einer der Gründe für die relativ starke Verbreitung des Fundamentalismus im Islam liegen. Dessen institutionelle Ordnung formte und festigte sich nämlich während einer Phase historischen Triumphs, so dass sich in ihm kaum (theologische) Mechanismen zum Umgang mit einer Marginalisierung entwickelten, wie sie etwa die Ausdifferenzierung staatlicher säkularer Autorität bedeutet. Vor dem Hintergrund dieses Funktionsdefizits ist zum Teil auch die Erbitterung über die kulturelle Hegemonie des Westens zu analysieren, die oftmals als Grundpfeiler in den

Begründungen des islamischen Fundamentalismus fungierte und fungiert.

Differenzierungsprozesse wirken als Auslöser oder Verstärker fundamentalistischer Bewegungen aber nicht nur im staatlich-politischen Bereich, sie finden sich in dieser Funktion auch in der Beziehung der Religion zur Wissenschaft. Deren Ausdifferenzierung besteht in der Entwicklung von Zurechnungssystemen auf natürliche Ursachen, mithin in einer bestimmten Form von Rationalisierung. Der Widerspruch zwischen dieser Eigenrationalität und religiösen Gehalten zeigt sich idealtypisch am Konflikt zwischen Evolutionstheorie und verschiedenen religiösen Schöpfungskonzeptionen und -mythen. Fundamentalistisch ist aber nicht jede religiöse Reaktion auf, nicht einmal jede religiöse Opposition gegen derlei naturalistische Weltdeutungssysteme. Sondern als fundamentalistisch lassen sich alle Konzeptionen bezeichnen, die jene der Wissenschaft eigene Rationalität in religiösen Gehalten vorzufinden und damit *Mythos* durch *Logos* zu ersetzen suchen (Armstrong 2004, passim). Augenfälliges Beispiel hierfür ist der Kreationismus, der den jeweiligen Schöpfungsmythos nicht nur als realen Vorgang in der Vergangenheit zu lokalisieren versucht, sondern ihn als entscheidenden Einflussfaktor in der Naturgeschichte explizieren will (so etwa die Bedeutung der Sintflut für die Entstehung der geologischen Strata und der darin enthaltenen Fossilablagerungen, wie sie insbesondere im christlichen Kreationismus betont wird).

Insgesamt lassen sich die angesprochenen Weisen der Handhabung sozialer Differenzierungsprozesse durch den Fundamentalismus als *Entdifferenzierungen* begreifen, also als Versuche der Integration der Eigenlogiken über die Grenzen ihrer jeweiligen Systeme hinweg. Eine Ausnahme davon stellt der Bezug zur Geschlechterdifferenz dar, die als einzige einem gegenläufigen Prozess unterliegt: während es gesamtgesellschaftliche Tendenzen zu ihrer Verringerung gibt, wird sie im Fundamentalismus nicht nur aufrechterhalten, sondern zu verstärken versucht.

Fundamentalismus und die Privatisierung der Religion

Eine zweite Dimension der Säkularisierung, die mit der Ausbildung eigenlogischer staatlicher Autorität korrespondiert, ist die Privatisierung religiöser Gehalte. Damit ist sowohl eine Verlagerung religiöser Organisation in den Bereich der Zivilgesellschaft gemeint, als auch eine Subjektivierung religiöser Überzeugungen angesichts der Abwesenheit legitimen physischen Zwangs durch religiöse Gruppen. Viele Aktivitäten der Fundamentalisten haben diese Privatisierung zur Voraussetzung und zugleich zum Gegenstand. Fundamentalisten weisen die freie Bestimmung der Einzelnen über ihre religiösen Überzeugungen zurück. Die Wirkungen dieser Opposition sind in der Organisationsstruktur vieler fundamentalistischer Bewegungen zu beobachten, die man unter der Bezeichnung *counterculture* zusammenfassen kann. Zwar ist der Fundamentalismus prinzipiell weder an eine besondere sozialstrukturelle Konfiguration noch an eine bestimmte Organisationsform gebunden, doch entwickelten sich im Laufe des 20. Jahrhunderts in allen drei monotheistischen Weltreligionen institutionelle Strukturen, mittels derer sich fundamentalistische Bewegungen in sehr hohem Maße von der sie umgebenden Gesellschaft distanzierten. Dies betrifft die ägyptische Muslimbruderschaft, die sich angesichts des aggressiven Säkularismus der Nasser-Regierung, sowie die Neturei Karta in Israel, die sich infolge der wachsenden Dominanz des von ihnen abgelehnten Zionismus aus der Gesellschaft zurückzogen. Der bekannteste Vertreter der *counterculture* ist aber wiederum der protestantische Fundamentalismus in den USA. Nach der faktischen Niederlage im bekannten »Scopes Monkey Trial« 1925 weitete sich das Netz an fundamentalistischen Bildungs-, Erziehungs- und Gemeindeinstitutionen insbesondere im Süden der USA aus und entwickelte sich zu einem relativ abgeschlossenen Milieu für eine große Zahl von US-Amerikanern, das noch heute die Basis für kreationistische und allgemein fundamentalistische Überzeugungen stellt.

Im Grad der Abschließung fundamentalistischer Bewegungen von der sie umgebenden gesellschaftlichen Umwelt bestehen allerdings große Unterschiede. Es scheint hierbei einen Zusammenhang zwischen dem Ausmaß der Entfremdung von der Gesellschaft und der Radikalität der jeweiligen fundamentalistischen Bewegung zu geben: Der protestantische Fundamentalismus in den USA ist, einzelne extreme, oftmals rassistische und staatsumstürzlerische Gruppen ausgenommen, allgemein weniger offensiv als etwa der schiitische, der zur Iranischen Revolution führte. Das liegt daran, dass die Entfremdung der Fundamentalisten in den USA von ihrer eigenen Gesellschaft weniger groß ist als die jener Muslime, die sich angesichts eines forcierten Säkularisierungsprozesses als Opfer westlicher Dominanz begriffen (und in ökonomischer und kultureller Hinsicht oftmals auch Grund dazu hatten) – die also die Heimatgesellschaft als eine kategorial verschiedene Nichtheimat begreifen konnten. Strukturell ähnlich ist die Ausgangslage eines Teils des jüdischen Fundamentalismus, der sich angesichts des Holocaust, gedeutet als Konsequenz und Endstufe säkulartechnischer Entwicklung, in eine umso größere Opposition zu jener säkularen Welt begab. In beiden Fällen machten es historische Konstellationen möglich, das Säkulare in einem Ausmaß mit dem schlechthin Bösen zu identifizieren, wie es im amerikanischen Protestantismus nie der Fall war.

Der Zusammenhang zwischen der Art und dem Grad der Privatisierung, die fundamentalistische Bewegungen durchlaufen einerseits und der Neigung zu gewaltvollem Verhalten andererseits lässt sich aber noch auf eine andere Weise erklären, und zwar mit Bezug auf die Gruppenkohäsion der Bewegung selbst. Entscheidend ist, dass die Devianz von den privatisierten religiösen Gehalten in den meisten Fällen per se keine negativen Konsequenzen für die Einzelnen hätte, d. h. säkularistische und selbst atheistische Überzeugungen sind in den meisten säkularisierten Gesellschaften zumindest rechtlich, zumeist aber auch konventionell nicht mehr negativ konnotiert. Für fundamentalistische Bewegungen besteht deshalb die Notwendigkeit, Abschließungsmechanismen zu finden, die eine solche Devianz in ihren eigenen Reihen erschweren. Entgegen der landläufigen Ansicht, fundamentalistische Gewalt, etwa Terroranschläge, seien ausschließlich als Gewaltakte gegen die als feindlich empfundene Umwelt zu verstehen, haben sie unter dieser Perspektive eher eine nach innen gerichtete Funktion, indem sie den Mitgliedern der Gruppe den Preis vor Augen führen, der für eine Abweichung vom fundamentalistischen Programm gezahlt werden würde und somit den internen Zusammenhalt verstärken.

Fundamentalismus als Reaktion auf einen angenommenen Verfall der Religion

Diese Bedeutungsdimension der Säkularisierung ist im Hinblick auf die Motivationslage der Fundamentalisten schwer von den anderen Ebenen zu trennen, d. h. für Fundamentalisten *sind* Differenzierungs- und Privatisierungsprozesse Anzeichen eines Verfalls der Religion. Dennoch lassen sich zumindest zu analytischen Zwecken einige Charakteristika fundamentalistischer Bewegungen diesem Bedeutungsgehalt der Säkularisierung beiordnen, namentlich jene, die auf eine Rückkehr zu einem Zustand vor dem wahrgenommenen Niedergang abzielen. Zunächst ist festzuhalten, dass Fundamentalismus in den seltensten Fällen als ein Kampf mit einem religions- oder konfessions*externen* Gegner erwächst, sondern regelmäßig aus internen Richtungsstreiten hervorgeht. Dies ist deutlich bei den US-amerikanischen Fundamentalisten zu erkennen, die sich in Abgrenzung zur empfundenen dogmatischen Aufweichung der Mainline-Kirchen in den USA abspalteten, also auf einen empfundenen Verfall religiöser Orthodoxie innerhalb ihrer eigenen Tradition reagierten. Strukturell ähnlich liegen die Dinge im islamischen Fundamentalismus, der sich in Anlehnung an die Salafiya-Bewegung entwickelte, einer religiösen Reformbewegung um die Wende zum 20. Jahrhundert, die eine Rückkehr zum Glauben der »Frommen Altvorderen« (arab. *as-salaf as-salih*) in einer idealisierten islamischen Ur-Gesellschaft forderte.

Diese typisch fundamentalistischen Bezüge auf eine als religiös authentischer angesehene

Vergangenheit angesichts des wahrgenommenen Verfalls der Religion in der Gegenwart sind Ausgangspunkt für viele Eigenarten der Bewegungen. Hier sind insbesondere der Aspekt der Geschlechterdifferenz von Bedeutung sowie das familiale Rollenbild, die beide von den Fundamentalisten zugespitzt und dramatisiert werden. Einerseits bestehen in vielen Fällen dezidiert frauenfeindliche Tendenzen. Diese können als symbolische Ersatzhandlungen für die von den Fundamentalisten angestrebte *strukturelle* Transformation der geschlechtlichen Rollenverteilung angesehen werden, deren Vorbild eine angenommene ideale prämoderne Rollenverteilung ist. Andererseits bestehen in allen fundamentalistischen Bewegungen Tendenzen zur Mobilisierung und aktiven Partizipation von Frauen. Dabei zeigt sich die paradoxe Verwiesenheit der Fundamentalisten auf die Moderne, die sie einerseits bekämpfen, deren Produkt sie aber andererseits sind. Denn die Begründung für die verhältnismäßig aktive und autonome Rolle, die Frauen etwa im Rahmen von (gewaltlosen oder gewalttätigen) Protesten spielen, erfolgt in vielen Fällen gerade mit Verweis auf die als krisenhaft empfundene Ausnahmesituation, in der sich die Fundamentalisten glauben. Die Opposition gegen die Relativierung fester Geschlechterrollen führt also geradewegs zu Ansätzen einer solchen Relativierung.

Fundamentalismus und die Optionalität religiöser Überzeugungen

Getragen von Differenzierungs- und Privatisierungsprozessen und von Fundamentalisten ebenfalls als Verfallserscheinung ihrer Religion wahrgenommen, stellt die potentielle Optionalität von Religion, also die Wahrnehmung von religiösem Pluralismus und der Möglichkeit des Wechsels zwischen Religionen oder der gänzlichen Abwendung von ihnen eine letzte Dimension der Säkularisierung dar, auf die Fundamentalisten programmatisch reagieren. Die Fülle dieser Reaktionen kann mit dem Schlagwort des manichäischen Dualismus (Rieserbrodt 1990) betitelt werden: Fundamentalisten teilen die (soziale) Welt regelmäßig in ein striktes Gut, auf dessen Seite sie sich – und unter Umständen wenige andere – verorten, und ein ebenso eindeutiges Böse, das normalerweise als gigantische Residualkategorie für den Rest der wahrgenommenen sozialen Welt dient.

Der Zusammenhang von Dualismus und Optionalität wird deutlich, wenn man den religiösen Pluralismus unter Bedingungen der Säkularisierung als rasanten Anstieg der sozialen Komplexität begreift. Anders als unter Bedingungen einer etwa staatlich garantierten religiösen Homogenität steigt unter religiös pluralistischen Bedingungen der Aufwand der Selbst- und Fremdverortung in einem religiösen Raster exponentiell. Ist dieses Raster, wie es bei Fundamentalismen der Fall zu sein pflegt, selbst einer (vermeintlichen) prämodernen und damit präpluralistischen Periode entnommen, erwächst daraus ein starker Druck, die soziale Komplexität so weit zu reduzieren, dass sie mit diesen präpluralistischen Konzepten irgendwie kompatibel werden kann. Die Entwürfe binärer Schemata stellen unter diesen Voraussetzungen das Maximum an Reduktionsleistung dar und bilden so den logischen Endpunkt in der Entwicklung von Fundamentalismen. Im amerikanischen Kreationismus findet sich die Binarisierung bei der Erklärung der Tatsache, dass die große Mehrheit der Wissenschaftler wie auch ein Gutteil der Bevölkerung von der Geltung der gegnerischen Evolutionstheorie überzeugt ist. Die Reduktion findet hier durch theologische Einhegung der gesamten Umwelt statt: Die Forscher seien wissentlich und willentlich aus *religiösen* Gründen der Evolutionstheorie zugeneigt, da diese sie argumentativ von der Herrschaft Gottes entbinde. Die Masse der Bevölkerung werde infolge systematisch getäuscht. Diese Konzeption ermöglicht eine extreme Reduktion von wissenschaftlichen und religiösen Detailaussagen aus der Umwelt der Fundamentalisten, da das theologische Argument a priori gilt: Wer aus Gründen gottvergessener Hybris argumentiert, argumentiert per se ungültig. Die z. B. in den Äußerungen al-Qaidas vorkommende Rede vom Kreuzzug, den die islamische Welt erleide, ist ein weiteres Beispiel dieser dualistischen Reduktion. Sie bedeutet nicht nur die Zusammenfassung unterschiedlicher militärischer, kultureller, wirtschaftlicher etc. Aspekte zu einem homogenen Ganzen sowie die Nivellierung zwischenstaatlicher Unterschiede im so zusammengefassten ›westlichen Kulturkreis‹. Der Rekurs auf die religiöse Motivation, der in der anachronistischen Verwendung des Kreuzzugsbegriffs vorliegt, gestattet auch die Homogenisierung der konzeptuell entgegengesetzten muslimischen Welt, als deren repräsentativer Vertreter al-Qaida sich dann präsentieren kann. Durch die Erweiterung des Kreuzzugsmotivs zur »zionistisch-kreuzfahrerischen Allianz«, wie sie sich etwa in der Rhetorik Osama bin Ladens fand, werden diese Dualisierungsprozesse nochmals verstärkt und erweitert.

Literatur

Armstrong, Karen: *Im Kampf für Gott. Fundamentalismus in Christentum, Judentum und Islam*. Berlin 2004.
Bruce, Steve: *Fundamentalism*. Cambridge 2000.
Casanova, José: *Public Religions in the Modern World*. Chicago 1994.
Marty, Martin E./Appleby, R. Scott (Hg.): *The Fundamentalism Project: Fundamentalisms Comprehended*. Chicago 1995.
Riesebrodt, Martin: *Fundamentalismus als patriarchalische Protestbewegung*. Tübingen 1990.
Ruthven, Malise: *Fundamentalism. The Search for Meaning*. Oxford 2005.
Six, Clemens/Riesebrodt, Martin/Haas, Siegfried (Hg.): *Religiöser Fundamentalismus. Vom Kolonialismus zur Globalisierung*. Innsbruck 2005.
Sloterdijk, Peter: *Gottes Eifer. Vom Kampf der drei Monotheismen*. Frankfurt a. M. 2007.
Taylor, Charles: *Ein säkulares Zeitalter*. Frankfurt a. M. 2009.
Tibi, Bassam: *Die Krise des modernen Islams. Eine vorindustrielle Kultur im wissenschaftlich-technischen Zeitalter*. Frankfurt a. M. 1991.

Tom Kaden

5. Das Heilige

Die Problematisierung des Heiligen ist ein wesentlicher Aspekt des modernen Säkularisierungsprozesses. Dessen Bedeutung wird dabei nicht auf das ›Absterben‹ von Religion reduziert, sondern als spannungsgeladene Auseinandersetzung zwischen religiösen und säkularen Deutungsmustern der Wirklichkeit verstanden, in der beide Seiten nicht allein in einem Ausschließungsverhältnis zueinander stehen, sondern sich auch wechselseitig beeinflussen und aus der neue »Zwischenpositionen« zwischen dem traditionellen christlichen Theismus und dem aufklärerischen Atheismus und Agnostizismus hervorgehen (vgl. Taylor 2009). Im Zuge dieser Auseinandersetzung werden die christlichen Geltungsquellen des Heiligen durch die Aufklärung dekonstruiert, wird seine Erfahrung transzendentalphilosophisch subjektiviert und lebensphilosophisch individualisiert, erweitert bzw. verlagert sich die Kommunikation übers Heilige vom religiösen auf den künstlerischen und politischen Bereich und wird sein Bedeutungsgehalt religionswissenschaftlich diskursiviert. Die dadurch initiierte ›Metamorphose‹ des Heiligen prägt das gegenwärtige Verständnis vom normalsprachlichen Verwendungssinn seines Begriffs (Schlette 2009, 110 ff.).

Christliche Vorstellungen des Heiligen

Im christlichen Verständnis referiert der Begriff des Heiligen im eigentlichen Sinne allein auf Gott und seine Eigenschaften. »Heiligkeit ist die Vollkommenheit, die Gott von der Welt unterscheidet als den einzig wahren Gegenstand der Anbetung, der Verehrung und der Ehrfurcht« (Hunsinger 2000, Sp. 1535). Der Zugang zum Heiligen vollzieht sich christlich daher »als Begegnung mit dem allein heiligen und heiligenden dreifaltigen Gott« (Laube 1985, 711). Als heilig gilt in einem abgeleiteten Sinne, was Gott zugehört oder von ihm ausgeht, sein Geist, die Christen, wenn sie Gottes Gnade im Glauben teilhaftig werden, ihr Lebenswandel (Taeger 2000, Sp. 1532 f.), ferner aber auch Räume und Zeiten, insofern »in ihnen das Evangelium verkündet und das kommende Reich Gottes gefeiert wird« (Streib 2000, Sp. 1537). Heilig ist daher nichts von Natur aus, sondern nur durch die freie göttliche Gnade, »kreatürliche Heiligkeit eine Sache der Partizipation, der Entsprechung und des Zeugnisses« (Hunsinger 2000, Sp. 1536). Das Verständnis des Heiligen erschließt sich im Christentum ausschließlich von den Offenbarungsschriften, deren Auslegung in der kirchen- und theologiegeschichtlichen Tradition sowie der kultischen Praxis der Kirche her.

Dekonstruktion durch die Aufklärung

Die neuzeitliche Religionskritik von Francis Bacon bis Sigmund Freud setzt auch dem christlichen Verständnis des Heiligen zu. Es wird als menschlich-allzumenschliches Konstrukt interpretiert, die Entstehung von Heiligkeitsvorstellungen mit soziologischen und psychologischen Argumenten erklärt. Das soziologische Argument führt die Heiligkeitsvorstellungen auf gesellschaftliche Herrschaftsverhältnisse zurück; der religiöse Aberglaube, so Bacon, diene den »Listen der Prälaten zugunsten ihres eigenen Ehrgeizes und ihrer Geldgier« (Bacon, zitiert nach Barth 1974, 296, Anm. 36; Übers. M. S.). Die französischen Materialisten Helvétius und Holbach haben Bacons Ansatz auf der Grundlage des erkenntnistheoretischen Sensualismus Condillacs zur Priestertruglehre ausgebaut, welche die Religion als Dienstmagd von Thron und Altar decouvriert. Das psychologische Argument besagt, dass der Mensch aufgrund bestimmter, rational erklärbarer mentaler Zustände – der Angst vor dem Ungewissen, der Furcht vor den Ursachen kollektiven und individuellen Leides, der Sehnsucht nach Glück – bewegt wird, an Gott, Götter, Göttliches zu glauben und entsprechende Heiligkeitsvorstellungen auszubilden. Bereits der Baron Holbach spricht von den »Fesseln des Wahns«, mit denen der Mensch von der Kindheit an umschlungen werde (Holbach 1978, 11), und Freud deutet seit seinem Aufsatz »Zwangshandlungen und Religionsübungen« (Freud, GW II, 129–139) die religiösen Heiligkeitsvorstellungen als einen Ausdruck psychischer Ambivalenzkonflikte, den er in einen Zusammenhang mit den Zwangsneurosen stellt (Schlesier 1987).

Transzendentalphilosophische Subjektivierung

Die aufklärerische Religionskritik führt zu einer Abwertung der christlichen (und grundsätzlich aller religiöser) Traditionen als Evidenzquelle des Heiligen, nicht aber durchgängig zur Preisgabe seines Begriffs. Immanuel Kant subjektiviert das Heilige, indem er dessen Erfahrung in der Vernunfteinsichtigkeit des Sittengesetzes fundiert. Nur das moralische Gesetz ist Kant ausdrücklich »heilig« (Kant 1788, A 155), und er qualifiziert es wesentlich durch seine voraussetzungslose rationale Evidenz für alle mit Vernunft begabten Wesen. Kant ist das moralische Gesetz also kraft seiner rationalen Evidenz heilig, die er dadurch bestimmt, dass sie unserem Willen mit zwanglosem Zwang Moralität aufnötigt. Deren Forderungen können wir zwar verdrängen, kein Vernunftwesen kann sich ihnen jedoch grundsätzlich entziehen. Ist uns aber (im moralischen Gesetz) unser Vermögen zur rationalen Evidenzsicherung heilig, die »Menschheit in uns«, wie Kant auch sagt, wonach die Einsicht ins moralische Gesetz seine Anerkennung zeitigt, dann kann ihre Heiligkeit nicht ihrerseits auf rationaler Evidenz beruhen. Vielmehr wird sie uns in einem bestimmten Erleben der Selbsttätigkeit praktischer Vernunft ›gegeben‹, das uns bewegt, sie als etwas Heiliges und uns als Individuen unserer Gattung Heiligendes zu bezeichnen. Kant hat dieses Erleben als »Achtung« qualifiziert. Die Achtung, die das moralische Gesetz subjektiv als Heiliges auszeichnet, ist ihrerseits zwar rational gewirkt, aber andererseits auch rational unhintergehbar.

Kants Subjektivierung des Heiligen beruht auf der Auszeichnung der Vernunft als einziger Evidenzquelle des Heiligen, und sie besteht in seiner Moralisierung. Die religiöse Rede vom Heiligen kann nur noch in einem von seiner Vernunfteinsichtigkeit abgeleiteten Sinne Geltung für sich beanspruchen: »Religion ist (subjektiv betrachtet) das Erkenntnis aller unserer Pflichten als göttlicher Gebote« (Kant 1793, A 215). Der Neukantianer Wilhelm Windelband schließt an Kants transzendentalphilosophische Subjektivierung des Heiligen an, wendet sich aber gegen Kants Engführung des Heiligen auf die Evidenz des Sittengesetzes. In sachlicher Anlehnung an Hegels Strukturbegriff des ›unglücklichen Bewusstseins‹ (Hegel, 1986, 167 ff.; vgl. Schlette 2003) fundiert er die Evidenz des Heiligen in der Antinomie des Bewusstseins, »welche in dem Verhältnis zwischen dem Sollen und dem Müssen, zwischen den Normen und den Naturgesetzen zutage tritt« (Windelband 1924, 300). Unser Wahrnehmungsapparat sei »weit eher auf Täuschung […] angelegt« als auf die Erkenntnis der Wahrheit, »der natürliche Motivationsprozess als solcher ethisch indifferent«, die Verstrickung in Interessen erschwere »den freien Zustand des ästhetischen Gestaltens und Genießens« (ebd., 300 ff.). Die »*Naturnotwendigkeit des Normwidrigen*« äußere sich einerseits in einem Schuldgefühl angesichts des faktischen Zurückbleibens hinter den begrifflich einsichtigen Idealen des Wahren, Guten und Schönen, andererseits in einer Disposition zu Erlebnissen des Heiligen. Denn das Heilige sei der Inbegriff der Normen, die das logische, ethische und ästhetische Leben beherrschen«, das Bewusstsein des Heiligen daher »das Normalbewußtsein« dieser Normen, »erlebt als transzendente Wirklichkeit« (ebd., 305). Im Erlebnis des Heiligen werden die Normen unserer Vernunft als verwirklicht antizipiert.

Lebensphilosophische Individualisierung

Windelbands Theorie des Heiligen steht nicht nur in der Nachfolge Kants, sondern sie orientiert sich auch an Gedankenmotiven der frühen Religionsphilosophie Friedrich Schleiermachers, dem Windelband ebenso wie Kant eine bloß einseitige Bestimmung des Heiligen vorgeworfen hat. So kann sich Windelbands Auszeichnung der Erlebnisdimension im Bewusstsein des Heiligen auf Schleiermacher berufen. Vor allem Schleiermachers Reden *Über die Religion* sind ein bedeutendes Zeugnis der Individualisierung des Heiligen, da sie geistesgeschichtliche Tendenzen des Zeitalters der Empfindsamkeit und der Romantik aufnehmen und auf den religionsphilosophischen Begriff bringen. Wiewohl das Lexem bei Schleiermacher keine besondere Rolle spielt, sind seine Reden ein Meilenstein in der Begriffsgeschichte des Heiligen (vgl. dazu oben Colpe über das Verhältnis von Wort und Begriff). Schleiermacher gründet das Bewusstsein des Heiligen nicht im christlichen Gottesbewusstsein, sondern versteht umgekehrt das Gottesbewusstsein in den positiven Religionen als eine mögliche Ausdrucksgestalt des Bewusstseins vom Heiligen, das er als »Sinn und Geschmack für das Unendliche« bestimmt (Schleiermacher 1993, 36). Damit ist im Wesentlichen ein Wirklichkeitsbewusstsein gemeint, das durch enthusiastische Erlebnisse initiiert und intrinsisch qualifiziert ist, das heißt durch Erlebnisse mit der Anmutung, den Einzelnen über die Grenzen seiner egozentrischen Selbst- und Weltwahrnehmung hinauszutragen und mit etwas Größerem zu vereinen, das vom erlebenden Zugang nicht abstrahiert und in vermeinter Selbständigkeit verdinglicht werden darf. Erlebnisse dieser Art differenzieren sich laut Schleiermacher im Vollzug der Selbstverständigung über das Erlebte aus in die ›Anschauung des Universums‹ und den diese Anschauung begleitenden Komplex von Gefühlen der Demut, des Staunens und der Zuneigung.

Erlebnisse dieser Art sind dadurch bestimmt, dass sie einen kognitiven Gehalt besitzen, der nur sinnbildlich ausgesagt werden kann. Der Sternenhimmel, »[d]ieses unendliche Chaos, wo freilich jeder Punkt eine Welt vorstellt«, gilt Schleiermacher als »das schicklichste und höchste Sinnbild der Religion« (ebd., 41). Allerdings erschließt die religiöse Erfahrung vor allem einen neuen Blick auf das Endliche, wie Schleiermacher zunächst anhand der Naturerfahrung, dann der empathischen Einfühlung in die menschheitlich dimensionierte Individualität jedes »unsre[r] Brüder« verdeutlicht. Jeder von ihnen sei »dasselbe […], was wir sind, eine eigne Darstellung der Menschheit« (ebd., 73), jedes Individuum »seinem inneren Wesen nach ein notwendiges Ergänzungsstück zur vollkommnen Anschauung der Menschheit« (ebd., 64). Der enthusiasmierte Blick aufs Endliche werde dessen Teilhabe am Unendlichen gewahr. Die Selbstbildung des religiösen Menschen bestehe in der Kultivierung eines Lebensvollzugs, in dem er seine Begabungen in dem Bewusstsein ausbilden soll, dadurch an dem Facettenreichtum teilzuhaben, durch den sich das Unendliche dem Betrachter erschließt. Mit dieser Unendlichkeitskonzeption trägt Schleiermacher wesentlich bei zu der »ontologischen Differenzierung« des Heiligen »in ein unerkennbares, nur in seinen Wirkungen erfahrbares Sein und den Wirkungen, durch die es sich phänomenal manifestiert«, die Ulrich Gaier als Teilaspekt des modernen Säkularisierungsprozesses bewertet hat (Gaier 2008, 79). Säkularisierung heißt hier »*Ablösung* von Vorstellungskomplexen der überlieferten christlichen und auch alttestamentarisch-jüdischen Kultur, die durch diese *Verweltlichung* eine *Umdeutung* erfahren« (Vietta/Uerlings 2008, 12).

Das Heilige in der Kunst

Die Individualisierung des Heiligen im Sinne der Anerkennung, dass die individuelle Erfahrung konstitutiv für seine qualitative Bestimmung ist, eröffnet seit dem 18. Jahrhundert neue Spielräume für die Erweiterung und Verlagerung der Kommunikation über das Heilige vom religiösen auf den künstlerischen Bereich. Exemplarisch verdeutlicht diese Entwicklung die Transformation der pietistischen Frömmigkeitstheologie in Deutschland. Sie dient der Einübung in religiöse Vollzüge der Disponierung des Gläubigen für Erlebnisse liebender Zuwendung zur Heiligkeit verbürgenden göttlichen Macht (Schlette 2005). Wird diese Einübung zunächst durch eine Evozierung solcher Erlebnisse durch die religiöse Erbauungsliteratur intendiert, so differenziert sie sich bei Autoren wie Samuel Gotthold Lange, Jakob Immanuel Pyra und Klopstock in die fromme Dichtung ›heiliger Poesie‹ einerseits und eine erbaulichkeitsorientierte Poetologie dieser Dichtung andererseits aus (vgl. Jacob 1997). Die ›heilige Poesie‹ bedeutet, dass Dichtung als privilegiertes Sprachrohr des Offenbarungsverständnisses begriffen wird, das angemessene Verhältnis zur Bibel zum einen als emphatische Nachbildung ihres Geistes, zum anderen als empathische Rezeption der religiösen Dichtung konzeptualisiert wird. Die religiöse Innerlichkeits- und Erlebnisakzentuierung führt über die Kultivierung einer empfindsamen Liebe Gottes in eine Sakralisierung der ›schönen Seele‹ und ihrer empfindsamen ›Beseelung‹ der Wirklichkeit (vgl. Kaiser 1975; Schöne 1968).

»Was wir wissen«, so Johann Gottfried Herder, »wissen wir nur aus Analogie, von der Kreatur zu uns und von uns zum Schöpfer« (Herder 1953, 348). Die Analogie werde gestiftet durch »das Gefühl von dem *einen*, der in aller Mannigfaltigkeit herrschet« (ebd., 349). Aus dem Geist der individualisierten Spiritualität, wonach, wie Herder formuliert, jeder zum Sensorium *seines* Gottes in allem Lebenden der Schöpfung werde, nach dem Maße es ihm verwandt ist« (ebd., 375; Kursivierung M. S.), lässt sich grundsätzlich eine Sakralisierung aller Lebensbereiche des Menschen von der Natur über die Zweisamkeit liebender Seelen und die Geselligkeit unter Freunden bis hin zur politischen Vergemeinschaftung begründen. Der Künstler rückt in die Stellung des Mittlers zwischen dem Heiligen und den Menschen auf. Charles Taylor hat Herder als Repräsentanten eines gesamteuropäischen Originalitätsdiskurses gewürdigt (Taylor 1989), in dem sich die Dichter dazu berufen sahen, ihre Verbindung zu einer transzendenten Macht unverwechselbar und unvertretbar durch andere zu artikulieren. Dieser Originalitätsanspruch habe zunehmend feinsinnigere Formen der Artikulation provoziert, die der Spannung zwischen dem Artikulierten und seiner semantischen Vereindeutigung geschuldet sei. Damit trifft er das Selbstverständnis der Romantiker als Mediatoren eines unerschöpflichen Sinns, der sich in der Wirklichkeit des Menschen nach Maßgabe seiner Individualität und seiner poetisch-religiösen Bildung als »unendlich progressive[r] Erhebung über sich selbst« offenbare, wie es Herbert Uerlings in Anlehnung an die poetische Programmatik Friedrich Schlegels und Friedrich von Hardenbergs formuliert hat (Uerlings 2008, 98).

Das Heilige in der Politik

Zur Erweiterung und Verlagerung der Kommunikation übers Heilige trägt auch der Bedeutungstransfer vom religiösen in den politischen Bereich bei. »Einmüthigkeit der Herzen sey eure Kirche, Haß gegen die Franzosen eure Religion, Freiheit und Vaterland seyen die Heiligen bei welchen ihr anbetet!«, heißt es etwa bei Ernst Moritz Arndt (zitiert bei Berghoff 2009, 24). Peter Berghoff spricht von ›profaner Transzendenz‹, »wenn das Kollektiv als Gemeinschaft der Lebenden, Toten und noch Ungeborenen vorgestellt wird, deren gemeinsame, verbindende Substanz in der Geschichte wirken soll« (Berghoff 2009, 29). Die politischen Religionen der Moderne seit der Französischen Revolution offerieren dem Einzelnen ein Selbstverständnis, wonach er die Endlichkeit und Beschränktheit seiner individuellen Existenz durch Partizipation an dem überindividuellen Leben des nationalen Kollektivs transzendiert und aus dessen geschichtlicher Verwirklichung den Sinnhorizont seiner individuellen Lebensführung gewinnt. Konzepte wie die der profanen oder immanenten Transzendenz erinnern allerdings auch daran, dass sich das Bedeutungsspektrum des ›Heiligen‹ demjenigen des ›Erhabenen‹ annähert und begriffliche Differenzierungen erforderlich werden (zum ›Erhabenen‹ vgl. Pries 1989).

Diskursivierung des Heiligen in den Religionswissenschaften

Während die Erweiterung und Verlagerung der Kommunikation über das Heilige vom religiösen in den künstlerischen und den politischen Bereich von seiner Aura des ›ganz Anderen‹ zehrt, die in den Vollzügen der individuellen oder kollektiven Zuschreibung von Heiligkeit evoziert und bewahrt werden soll, trägt die Problematisierung des Heiligen in den professionalisierten Erfahrungswissenschaften seit dem 19. Jahrhundert auf völlig andere und ganz eigene Weise zum Säkularisierungsprozess bei. Denn die metasprachliche Vergegenständlichung der Kommunikation über das Heilige in den Religionswissenschaften, der Psychologie und Soziologie institutionalisiert einen Diskurs, der aufgrund seiner Perspektivendifferenz gegenüber den objektsprachlichen Aktoren der Kommunikation über das Heilige weder an der Evokation und Bewahrung seiner Aura noch an seiner aufklärerisch motivierten Dekonstruktion teilhat, sondern um ein phänomenologisches, hermeneutisches und genealogisches Verständnis seines Geltungssinns bemüht ist. Dabei besteht weitgehend Einverständnis darüber, dass sich dieser Geltungssinn nicht in Abstraktion von der individuellen Erfahrung des Heiligen erschließen lässt. Der Oxforder Philosoph Robert Ranulph Marett gründet die Religionsentwicklung in einem »basic feeling of Awe, which drives a man, ere he can think or theorise upon it, into personal relations with the Supernatural« (Marett 1909, 16 f.) Der Gegenstand dieser Ehrfurcht sowie alles, worin er sich manifestiere, werde als Macht vorgestellt (ebd., 13), »demanding of him the fruits of Awe, namely respect, veneration, propitation, service« (ebd., 22). Diese Macht bezeichnet Marett unter Rückgriff auf einen melanesischen Ausdruck als ›Mana‹ (ebd., 27). Dabei handele es sich um eine konstitutionstheoretische, keine normative Kategorie (ebd., 129), die – ebenso wie der Begriff ›Tabu‹ – auf Erfahrungen referiere, die grundlegender seien als die Unterscheidung zwischen guten und schlechten Mächten und ihrer Ausdeutung als Geister oder Götter, zwischen Magie und Religion.

Marett hat die Religionsentwicklung als symbolische, institutionelle und praktische Ausdifferenzierung von Vorstellungen dieser übernatürlichen Macht aufgefasst (ebd., XII), als ein Verhältnis primordialer religiöser Erfahrungen und ihrer Artikulation, das von präanimistischen Ausdrucksgestalten bis hin zu den Geistvorstellungen des philosophischen Idealismus reiche (ebd., 32). Seine Theorie ist in der Religionsforschung Anfang des zwanzigsten Jahrhunderts von William James über Max Weber und Émile Durkheim bis Rudolf Otto, Nathan Söderblom und Gerardus van der Leuww breit rezipiert worden. Sie alle stellen das Erlebnis einer transsubjektiven Macht ins Zentrum der Religion, unterscheiden sich aber durch die theoretische

5. Das Heilige

Einbettung dieser gemeinsamen Grundvoraussetzung. Ansätze der religionsphänomenologischen Analyse des Machterlebnisses in der Vielfalt seiner phänomenalen Aspekte (1) werden durch die Exploration ihrer Bedeutung für das Gelingen individueller Lebensführung (2) und ihrer Leistung für die soziale Integration der Gesellschaftsmitglieder (3) ergänzt. Alle diese Untersuchungen gehören zum wissenschaftlichen Diskurs über das Heilige.

(1) Rudolf Ottos Studie *Das Heilige* steht in der Tradition der Reden *Über die Religion* von Schleiermacher, deren Neuausgabe Otto 1899 besorgt hatte. Aber wie Windelband dient auch Otto der Rückbezug auf Schleiermacher zugleich der Absetzung. Während Windelband Schleiermachers Auszeichnung der für den Heiligkeitsdiskurs einschlägigen Erlebnisdimension des Religiösen neukantianisch in dem begrifflichen Horizont unserer Denktätigkeit fundiert (s. o. »Dekonstruktion durch die Aufklärung«), beansprucht Otto ihre phänomenologische Korrektur und Differenzierung. ›Heilig‹ nennen wir das »numinose Objekt« (Otto 2004, 11) einer Scheu, die von dem Gefühl des Versinkens und Vergehens »gegenüber dem was über aller Kreatur ist« (ebd., 10), begleitet wird. Das numinose Objekt erschließe sich ursprünglich, so die Kritik an Schleiermacher, in keinem ›Selbstgefühl‹, sondern in einem »Objektgefühl«, das die Momente »des Schauervollen« (»tremendum«, ebd., 13), des »Übermächtigen« (der »majestas«, ebd., 22 f.) und des »Energischen« (ebd., 27), welches das Gemüt des Menschen »aktiviert, zum ›Eifern‹ bringt«, sowie des »Mysteriösen« (»mysterium«, ebd., 29), eben des »gänzlich Anderen« (ebd., 32), umfasst. Aufgrund seines »*subjektiven*, nämlich beseligenden Wertes […] für *mich*« sei es »anziehend« (»fascinans«), und »sofern es *objektiven*, zu respektierenden Wertes ist in *sich*«, komme ihm die Qualität des »augustum« zu (ebd., 69). Das Heilige verdanke sich der »Rationalisierung und Versittlichung« des Numinosen, und dieser Prozess sei »der wesentlichste Teil dessen, was wir als ›Heilsgeschichte‹ bezeichnen und als immer wachsende Selbstoffenbarung des Göttlichen würdigen« (ebd., 135 f.). Otto behauptete, in Erlebnissen des Heiligen tue sich das zum Göttlichen rationalisierte bzw. versittlichte Numinose einem eigentümlichen und keinesfalls allen Menschen gegebenen Sinn, dem *sensus numinis*, kund (Otto 1977).

Auch Nathan Söderblom, dessen Auffassung von Ursprung und Verlauf der Religionsgeschichte derjenigen Ottos verwandt ist, beruft sich ausdrücklich auf Schleiermacher, wo er schreibt, der Gottesgedanke ohne den Begriff des Heiligen sei keine Religion (Söderblom 1977, 76). Der psychologische Ursprung der Heiligkeitsvorstellungen scheine die »geistige Reaktion auf bestürzende, erstaunliche, neue und erschreckende Ereignisse« gewesen zu sein (ebd., 80). Heiligkeit werde in einem bedeutenden Strang der religionsgeschichtlichen Entwicklung »zur persönlichen Eigenschaft der Gottheit und des Menschen« umgedeutet, und diese Entwicklung wiederum »durch eine unabhängige sittliche Verfeinerung begünstigt« (ebd., 112 f.). Trotz seiner Höherbewertung der Prophetenreligionen hielt Söderblom wie Otto daran fest, dass Gottesvorstellungen psychologisch nicht konstitutiv für die Konzeption des Heiligen seien.

Ottos epochaler religionswissenschaftlicher Neuansatz hat im Lebenswerk Mircea Eliades seine wirkungsgeschichtlich bedeutendste Nachfolge gefunden, in der Eliade sich selbst auch gesehen hat (vgl. Eliade 1998a, 13 f.). Er widmet sich in breiten religionsvergleichenden Untersuchungen der »Dialektik wie Struktur des Sakralen« (Eliade 1998b, 15, 36 f., 49 ff.), die transhistorische Grundmuster im wechselnden geschichtlichen Gewand zu identifizieren und beschreiben bemüht sind, ohne auf evolutionistische Modelle der Religionsentwicklung zurückzugreifen. Das Heilige ist demnach dadurch bestimmt, dass es sich zugleich zeigt und verbirgt. Die Möglichkeit dieser dialektischen Bestimmung beruht auf Eliades Entgegensetzung des Heiligen und des Profanen, deren Berührung er als ›Hierophanie‹ bezeichnet. Der Begriff verweist auf die Vielfalt der historischen und kulturellen Manifestationen des ›Ganz anderen‹, wie er in Anschluss an Otto formuliert, »in Gegenständen, die integrierende Bestandteile unserer ›natürlichen‹, ›profanen‹ Welt sind« (1998a, 14 f.). Diese Manifestationen implizieren die »›Modalitäten‹ des Sakralen« (1998b, 29), d. h. die gesellschaftlichen Perspektivendifferenzen der Hierophanien (z. B. zwischen den Vorstellungen der Eliten und denen des einfachen Volks) in den jeweiligen religiösen Kulturen. Der respektvolle Einwand Carsten Colpes gegen Eliades Phänomenologie des Heiligen, die Phänomene aus aller Welt würden immer wieder »hinreißend« ausgebreitet, »als sei der ontologische Gottesbeweis nie kritisiert worden« (Colpe 1987, 51), dürfte auch Otto treffen (Schlette 2009, 119 f.).

(2) Einen Beitrag zur Phänomenologie des Heiligen hat auch William James in seiner religionspsychologischen Studie *The Varieties of Religious Experience* geleistet. James, der sich zustimmend über Marett geäußert hat, fundiert die Religion ebenfalls in religiösen Erfahrungen, deren Vielfalt er anhand von autobiographischen Zeugnissen analysiert. Sie habe »ihre Wurzel und ihr Zentrum in mystischen Bewusstseinszuständen«, die James bei aller Differenz in einer gewissen Nähe zu Schleiermachers ›Sinn fürs Unendliche‹ und Ottos *sensus numinis* als unaussprechbare, flüchtige und ergreifende Erkenntniszustände qualifiziert (James 1997, 383; zu Schleiermacher: Joas 2011; zu Otto: Brunner 1928). James interessiert sich für die Bedeutung, die solchen Bewusstseinszuständen für die subjektive Authentifizierung existentiell relevanter Sinnorientierungen zukommt (James 1997, 384 ff.). Wo sie gelingt, nämlich zu der Gewissheit der Existenz und Wirksamkeit einer vollkommenen Macht und einem dieser Gewissheit entsprechenden Lebenswandel führt, der sich durch verschiedene »Früchte des spirituellen Baumes« (ebd., 284) wie Askese, Seelenstärke, Reinheit und Nächstenliebe bewährt, spricht James auch von der »Heiligkeit« des Charakters. Die Quelle der Heiligkeit sei aber nicht allein die als Gott personifizierte Macht; »[…] allgemeine moralische Ideale, bürgerliche oder patriotische Utopien oder visionäre Vorstellungen von Heiligkeit oder Gerechtigkeit […] können ebenso als die wahren Herren und Erweiterer unseres Daseins empfunden werden« (ebd., 283).

Max Weber verbindet in seinem Charisma-Konzept die Reflexion auf die Bedeutung des Heiligen für das Gelingen individueller Lebensführung mit der Rolle, die es in Prozessen der Vergesellschaftung spielt. Webers terminologische Bestimmung des Charismabegriffs stützt sich auf Rudolph Sohms Studien zu den geschichtlichen Grundlagen des Kirchenrechts und Robert Ranulph Maretts Präanimismus. ›Charisma‹ wird Weber zufolge Menschen zugeschrieben, wenn sie über Eigenschaften und Fähigkeiten verfügen, die in außeralltäglicher Weise erlebt werden, mittels »Erweckung« oder »Einfühlung« (Weber 1980, 188) eine bestimmte Wirkung auf Dritte ausüben und auf die Begnadung oder Erfüllung durch eine höhere Macht zurückgeführt werden. Einerseits stellt Weber den Charismabegriff in den Zusammenhang einer machttheoretischen Begründung sozialer Kooperation und Ordnung, versteht ihn nämlich als eine bestimmte Form von Gewalt, die es einem Akteur ermöglicht, sich im Kampf durchzusetzen und Macht auszuüben. Die Legitimität von Herrschaft trage charismatische Züge dann, wenn sie »auf der außeralltäglichen Hingabe an die Heiligkeit oder die Heldenkraft oder die Vorbildlichkeit einer Person und der durch sie offenbarten oder geschaffenen Ordnungen« beruht (ebd., 124). Freilich erhalte der Charismatiker seine Herrschaft nur durch »Bewährung seiner Kräfte im Leben« (ebd., 656). Und dazu wird nun andererseits erfordert, dass er an seine Gnadengabe selbst glaubt. Dieser Glaube gründet laut Weber im subjektiven Erleben der Begnadung durch eine transzendente Macht (ebd., 657).

Die Bezüge zu James sind hier offenkundig, beide verbindet das Interesse für das Heiligkeitsbewusstsein (und damit für eine bestimmte Art der religiösen Erfahrung) als Quelle lebenspraktischer Bewährung. Aber Weber rückt die Entwicklung des Charismas in den Horizont seiner säkularisierungstheoretischen Entzauberungsdiagnose, deren Gegenstand der in der Moderne wachsende Glaube daran ist, »daß es […] prinzipiell keine geheimnisvollen unberechenbaren Mächte gebe […], daß man vielmehr alle Dinge – im Prinzip – durch *Berechnen beherrschen* könne« (Weber 1951, 578). Unter Bedingungen der Entzauberung sei es das Schicksal des Charismas, »zurückzuebben zugunsten der Mächte entweder der Tradition oder der rationalen Verge-

5. Das Heilige

sellschaftung«, und sein Schwinden deutet Weber als »eine Zurückdrängung der Tragweite individuellen Handelns« (Weber 1980, 681). Es vollzieht sich auf dem kulturgeschichtlichen Weg seiner Versachlichung, die dann vorliegt, wenn es nicht mehr einzelnen Personen als solchen, sondern vielmehr Werten zugeschrieben wird, und Personen oder Institutionen, insofern sie diese Werte verkörpern (Roth 1987, 146 ff., 153 ff.; Breuer 1994). Diese Entwicklung gipfelt laut Weber in der »charismatische[n] Verklärung der ›Vernunft‹ [...]«, der »letzte[n] Form, welche das Charisma auf seinem schicksalsreichen Wege überhaupt angenommen hat« (Weber 1980, 726). Allerdings konzediert Weber abseits seiner herrschaftssoziologischen Rekonstruktion der Entwicklung des Charismas dessen Überleben im Privaten. So ist wohl Webers Wort zu verstehen, »daß heute nur innerhalb der kleinsten Gemeinschaftskreise, von Mensch zu Mensch, im pianissimo, jenes Etwas pulsiert, das dem entspricht, was früher als prophetisches Pneuma in stürmischem Feuer durch die großen Gemeinden ging und sie zusammenschweißte« (Weber 1951, 596).

(3) Zu den prominenten Kritikern von Webers These vom Schicksal des Charismas zählt Edward Shils. Er bemängelt, dass Weber sich vor allem für die konzentriertesten Ausdrucksgestalten des Charisma in Propheten und Führergestalten interessiert habe, dagegen weniger für die Formen seines »verstreuten und abgeschwächten Vorkommens« (Shils 1982a, 124). Aufgrund dieser Tendenz seines Forschungsinteresses habe Weber dazu geneigt, die Möglichkeit zu verneinen, dass Charisma »ein integraler Bestandteil im Prozess säkularer Institutionalisierung [werden kann]« (ebd., 125; Übers. M. S.). Shils hat diese Auffassung seit seiner frühen empirischen Studie über die gesellschaftliche Bedeutung der britischen Krönungszeremonie eindrucksvoll widerlegt (Shils 1975). Hans Joas und Wolfgang Knöbl haben Shils' Leistung in seiner ›durkheimerisierenden‹ Lesart von Webers Konzeption des versachlichten Charismas gesehen (Joas/Knöbl 2004, 442). Shils behauptet, dass der innere Zusammenhalt von Gesellschaften auf einem zentralen Wertsystem beruht. Die Tatsache, dass ein solches System existiert, führt er auf das Bedürfnis der Menschen nach der Erfahrung von Ordnung erzeugenden Mächten zurück, die ihre individuelle Existenz transzendieren und ihnen ein intensiveres Wirklichkeitsbewusstsein als das routinisierte Alltagsleben vermitteln (Shils 1982b, 98 f.). Mit dieser Deutung steht er in der Nachfolge von Émile Durkheims Untersuchungen zur sozialintegrativen Bedeutung des Heiligen.

Durkheim vertrat die evolutionistische Auffassung, komplexe religiöse Systeme hätten sich aus einfacheren Formen entwickelt und die Entstehung von Heiligkeitsvorstellungen könne am besten aus möglichst elementaren Formen des religiösen Lebens erschlossen werden. Ausgehend von einer Auswertung der ethnologischen Forschung zum Totemismus hat er Religion so definiert: Sie sei »ein solidarisches System von Überzeugungen und Praktiken, die sich auf heilige, das heißt abgesonderte und verbotene Dinge, Überzeugungen und Praktiken beziehen, die in einer und derselben moralischen Gemeinschaft, die man Kirche nennt, alle vereinen, die ihr angehören« (Durkheim 1994, 75). Der Status der Heiligkeit beruht darauf, dass die heiligen Dinge »individualisierte Formen« des »wesentlichen Prinzips« »unbestimmte[r] Mächte, anonyme[r] Kräfte« sind (ebd., 276), wie Durkheim unter ausdrücklichem Bezug auf Marett betont. Die Entstehung von Heiligkeitsvorstellungen führt er auf außeralltägliche kollektive Erfahrungen zurück, in denen »das Kollektivbewußtsein auf das Individualbewußtsein wirkt« (ebd., 306), ohne dass die Einzelnen sich dieser Wirkung auch *als solcher* bewusst wären (ebd., 313). Das Heilige ist demnach Ausdruck einer Vergegenständlichung der Macht, die sich dem Einzelnen in kollektiven Ekstaseerfahrungen des Selbstverlustes und der Selbstüberschreitung vergegenwärtigt hat. In diesen Erfahrungen übersteigt sich das »umgrenzte[] Selbst hin zu den als sakral gedeuteten Kräften der Sozialität«, und die aus diesen Erfahrungen geschöpfte Kraft »trägt die Individuen durch ihren Alltag« (Joas 2004, 70) und integriert sie zugleich in das soziale Ganze.

Zur Frage, wie unter den Bedingungen der Arbeitsteilung, der Säkularisierung und des Individualismus in modernen Gesellschaften sozialer Zusammenhalt gewährleistet werden könne, mutmaßte Durkheim 1893 in seiner Studie *Über soziale Arbeitsteilung*: »In dem Maß, in dem alle anderen Überzeugungen und Praktiken einen immer weniger religiösen Charakter annehmen, wird das Individuum der Gegenstand einer Art von Religion« (Durkheim 1992, 227). Seine Beurteilung dieser mutmaßlichen Entwicklung war ambivalent. Aber fünf Jahre später bezog er im Umkreis der Dreyfus-Affäre eindeutig Stellung, und zwar für den Kult des moralischen Individualismus Kants und der Menschenrechte. Der Individualismus sei das einzige Glaubenssystem, das die moralische Einheit des Landes sicherstellen könne, sein »oberstes Dogma« »die Autonomie der Vernunft«, sein »oberste[r] Ritus die freie Prüfung« (Durkheim 1986, 62). Diesem Individualismus zufolge werde »die menschliche Person [...] als heilig betrachtet« (ebd., 56). Durkheims Auffassung stellt eine Gegenposition zu Webers pessimistischer Einschätzung eines Verblassens oder gar Schwindens von Charisma unter den Bedingungen seiner modernen Versachlichung dar, aber Hans Joas hat betont, Durkheim sei eine Antwort auf die Frage schuldig geblieben, »in welchen außeralltäglichen Erfahrungen dieser Glaube entstehen und immer neu belebt werden könnte« (Joas 2004, 71).

Die Auseinandersetzung mit dem Heiligen in der modernen Religionsforschung ist in zwiefacher Weise säkularisierungstheoretisch bedeutsam: Zum einen trägt der analytische und kulturvergleichende Diskurs über das Heilige zu dessen wissenschaftlicher Verfügbarmachung und in diesem Sinne die Diskursivierung des Heiligen zu seiner Rationalisierung bei, andererseits – das hat Hans G. Kippenberg herausgearbeitet (Kippenberg 1997) – drückt das wissenschaftliche Interesse am Heiligen auch eine im Bürgertum der Jahrhundertwende verbreitete Skepsis gegenüber den Rationalisierungstendenzen des Zeitalters sowie seinen Folgen für die individuelle Lebensführung und den Zusammenhalt der Gesellschaft aus. Spürbar ist diese Skepsis nicht nur im Werk der soziologischen Gründerväter Weber und Durkheim (vgl. Schroer 2001), sondern auch in der besonderen Wertschätzung außeralltäglicher religiöser Erfahrungen bei so unterschiedlichen Autoren wie James und Otto. »Mit der Entzauberung aller Lebensordnungen wuchs der Bedarf des Einzelnen an subjektiver Sinngebung« (Kippenberg 1997, 266). Indem die Religionsforscher »Naturmystik, Seele, Rituale, Magie, Mysterien, Erlösungsreligion, Machterleben, Sozialmoral, Weltablehnung und Ekstase zu ihren Themen machten, haben sie der modernen Gesellschaft ihre andere, offiziell ignorierte Hälfte wiedergegeben: das Faktum von Leben, dass sich nicht in den Dienst von Fortschritt stellen ließ« (ebd., 268); zu den Themen von zentraler religionswissenschaftlicher Bedeutung zählte auch das ›Heilige‹. Der Widerstand gegen die Absorption des Heiligen durch die kulturellen Entwicklungstendenzen der Moderne konnte auch zu Theoriebildungen führen wie in den Arbeiten Georges Batailles, der gemeinsam mit Roger Caillois das ›Collège de Sociologie‹ in Frankreich geprägt hat (Bataille 2003); Bataille gibt die Unterscheidung zwischen der praktischen Perspektive des Subjekts, das Erfahrungen des Heiligen macht, und der theoretischen Perspektive einer Analyse solcher Erfahrungen programmatisch preis und verfolgt das Projekt einer ›heiligen Soziologie‹: der methodischen und experimentellen Evozierung von Transgressionszuständen (vgl. Moebius 2007). An den Typus der Rationalitätskritik im Ausgang von Erfahrungen des Heiligen konnte seit den achtziger Jahren die postmoderne Diskussion anschließen (Kamper 1987; Bürger 2000).

Alltagssprachlich hat sich zu Beginn des 21. Jahrhunderts eine gewisse Scheu durchgesetzt, vom Heiligen zu sprechen (Schlette 2009). Dies dürfte weniger an einem vermeintlichen Sinnverlust seines Begriffs unter Bedingungen der Säkularisierung liegen als an der Inflationierung der Rede vom Heiligen im 19. Jahrhundert und seinem Missbrauch durch den Jargon der politischen Totalitarismen im zwanzigsten Jahrhundert. Es wäre aber falsch, aus dieser sprachlichen Zurückhaltung auf den Verlust der Möglichkeit von Erfahrungen zu schließen, die im Sinne des Begriffs begründeterweise als ›heilig‹ prädiziert werden könnten. Arbeiten zur amerikanischen Zivilreligion (Bellah 2006, Teil II) und zur Geltung von Menschenrechtskonzepten auf der Grundlage einer kulturgeschichtlichen Sakralisierung der Person (Joas 2011) legen vielmehr ebenso das Gegenteil nahe wie bestimmte Formen der Gegenwartskunst (vgl. Sauerländer 2010).

Literatur

Barth, Hans: *Wahrheit und Ideologie*. Frankfurt a. M. 1974.
Bellah, Robert: *The Robert Bellah Reader*. Durham/London 2006.
Berghoff, Peter: Vom *corpus Christi mysticum* zur Identität der Nation. Die profane Transzendenz politischer Kollektive in der Moderne. In: Silvio Vietta/Stephan Porombka (Hg.): *Ästhetik – Religion – Säkularisierung*. Bd. 2: *Die klassische Moderne*. München 2009, 21–35.
Breuer, Stefan: *Bürokratie und Charisma. Zur politischen Soziologie Max Webers*. Darmstadt 1994.
Brunner, Peter: Der Begriff der Religion bei William James und bei Rudolf Otto. In: *Theologische Blätter* 7 (1928), 97–105.
Bürger, Peter: *Ursprung des postmodernen Denkens*. Weilerswist 2000.
Colpe, Carsten: Die wissenschaftliche Beschäftigung mit ›dem Heiligen‹ und ›das Heilige‹ heute. In: Kamper/Wulf 1987, 33–61.
Durkheim, Émile: Der Individualismus und die Intellektuellen. In: Hans Bertram (Hg.): *Gesellschaftlicher Zwang und moralische Autonomie*. Frankfurt a. M. 1986, 54–70.
–: *Über soziale Arbeitsteilung. Studie über die Organisation höherer Gesellschaften*. Frankfurt a. M. 1992.
–: *Die elementaren Formen des religiösen Lebens*. Frankfurt a. M. 1994.
Eliade, Mircea: *Das Heilige und das Profane. Vom Wesen des Religiösen*. Frankfurt a. M. 1998a.
–: *Die Religionen und das Heilige. Elemente der Religionsgeschichte*. Frankfurt a. M. 1998b.
Freud, Sigmund: Zwangshandlungen und Religionsübungen. In: Ders.: *Gesammelte Werke*. Bd. VII. London 1941.
Gaier, Ulrich: ›So wäre alle Religion ihrem Wesen nach poetisch‹. Säkularisierung der Religion und Sakralisierung der Poesie bei Herder und Hölderlin. In: Vietta/Uerlings 2008, 75–92.
Hegel, Georg Wilhelm Friedrich: *Phänomenologie des Geistes*. Werke Bd. 6. Frankfurt a. M. 1986.
Herder, Johann Gottfried: *Werke in zwei Bänden*. Bd. 2. München 1953.
Holbach, Paul Henri Thiry d': *System der Natur oder von den Gesetzen der physischen und der moralischen Welt*. Frankfurt a. M. 1978.
Hunsinger, George: Heilig und profan, V. Dogmatisch. In: *Religion in Geschichte und Gegenwart*. 3. Bd. Tübingen ⁴2000, 1534–1537.
Jacob, Joachim: *Heilige Poesie. Zu einem literarischen Modell bei Pyra, Klopstock und Wieland*. Tübingen 1997.
James, William: *Die Vielfalt religiöser Erfahrung. Eine Studie über die menschliche Natur*. Frankfurt a. M. 1997.
Joas, Hans: Die Soziologie und das Heilige. In: Ders.: *Braucht der Mensch Religion? Über Erfahrungen der Selbsttranszendenz*. Freiburg/Basel/Wien 2004, 64–77.
–/Knöbl, Wolfgang: *Sozialtheorie. Zwanzig einführende Vorlesungen*. Frankfurt a. M. 2004.
Kaiser, Gerhard: *Klopstock. Religion und Dichtung*. Kronberg 1975.
Kamper, Dietmar/Wulf, Christoph (Hg.): *Das Heilige. Seine Spur in der Moderne*. Frankfurt a. M. 1987.
Kant, Immanuel: *Kritik der praktischen Vernunft* [1788], A-Auflage. In: Ders.: *Werke in sechs Bänden*. Hg. von Wilhelm Weischedel. Bd. IV. Darmstadt 1963, 107–302.
–: *Die Religion innerhalb der Grenzen der reinen Vernunft* [1793], A-Auflage. In: Ders.: *Werke in sechs Bänden*. Hg. von Wilhelm Weischedel. Bd. IV. Darmstadt 1963, 649–879.
Kippenberg, Hans G.: *Die Entdeckung der Religionsgeschichte. Religionswissenschaft und Moderne*. München 1997.
Laube, Johannes: Heiligkeit IV. In: *Theologische Realenzyklopädie*. Bd. 14. Berlin/New York 1985, 708–712.
Marett, Robert Ranulph: *The Threshold of Religion*. London 1909.
Moebius, Stephan: *Die Zauberlehrlinge. Soziologiegeschichte des Collège de Sociologie (1937–1939)*. Konstanz 2006.
Otto, Rudolf: Der Sensus numinis als geschichtlicher Ursprung der Religion. Eine Auseinandersetzung mit Wilhelm Wundts ›Mythus und Religion‹. In: Carsten Colpe (Hg.): *Die Diskussion um das Heilige*. Darmstadt 1977, 257–301.
–: *Das Heilige. Über das Irrationale in der Idee des Göttlichen und sein Verhältnis zum Rationalen*. München 2004.
Pries, Christine (Hg.): *Das Erhabene. Zwischen Grenzerfahrung und Größenwahn*. Weinheim 1989.
Roth, Günther: *Politische Herrschaft und persönliche Freiheit. Heidelberger Max Weber Vorlesungen*. Frankfurt a. M. 1987.
Sauerländer, Willibald: Transzendenz nach dem Tode Gottes? Barnett Newmans ›Stations of the Cross‹ und Mark Rothkos ›Chapel‹. In: Markus Kleinert (Hg.): *Kunst und Religion. Ein kontroverses Verhältnis*. Mainz 2010, 79–108.
Schleiermacher, Friedrich Daniel Ernst: *Über die Religion. Reden an die Gebildeten unter ihren Verächtern*. Stuttgart 1993.
Schlesier, Renate (1987): Das Heilige, das Unheimliche, das Unmenschliche. In: Kamper/Wulf 1987, 99–113.
Schlette, Magnus: Das ›unglückliche Bewußtsein‹ im Pietismus: Herkunft und Säkularisierung im An-

schluss an Hegel. In: Andreas Arndt/Karol Bal/Henning Ottmann (Hg.): *Glauben und Wissen*. Hegel-Jahrbuch 2003, 1. Teil. Berlin 2003, 236–242.

–: *Die Selbst(er-)findung des Neuen Menschen. Zur Entstehung narrativer Identitätsmuster in der Frömmigkeitsgeschichte des Pietismus*. Göttingen 2005.

–: Das Heilige in der Moderne. In: Christian Thies (Hg.): *Religiöse Erfahrung in der Moderne. William James und die Folgen*. Wiesbaden 2009, 109–132.

Schöne, Albrecht: *Säkularisation als sprachbildende Kraft. Studien zur Dichtung deutscher Pfarrerssöhne*. Göttingen 1968.

Schroer, Markus: *Das Individuum der Gesellschaft. Synchrone und diachrone Theorieperspektiven*. Frankfurt a. M. 2001.

Shils, Edward: *Center and Periphery*. Chicago/London 1975.

–: *The Constitution of Society*. Chicago/London 1982.

Streib, Heinz: Heilig und profan, VI. Praktisch-theologisch. In: *Religion in Geschichte und Gegenwart*. 3. Bd. Tübingen ⁴2000, 1537–1538.

Taeger, Jens-Wilhelm: Heilig und profan, III. Neues Testament. In: *Religion in Geschichte und Gegenwart*. Bd. 3. Tübingen ⁴2000, 1532–1533.

Taylor, Charles: *Sources of the Self. The Making of the Modern Identity*. Cambridge, Mass. 1989

–: *A Secular Age*. Cambridge, Mass. 2007.

Uerlings, Herbert: ›Der revolutionäre Wunsch, das Reich Gottes zu realisieren, ist {...} der Anfang der modernen Geschichte.‹ Frühromantik im Spannungsfeld von Säkularisierung und Fundamentalismus. In: Vietta/Ders. 2008, 93–109.

Vietta, Silvio/Uerlings, Herbert (Hg.): *Ästhetik – Religion – Säkularisierung. Bd. 1: Von der Renaissance zur Romantik*. München 2008.

Weber, Max: Wissenschaft als Beruf. In: Ders: *Gesammelte Aufsätze zur Wissenschaftslehre*. Tübingen 1951, 566–597.

–: *Wirtschaft und Gesellschaft. Grundriss der verstehenden Soziologie*. Tübingen 1980.

Windelband, Wilhelm: *Präludien. Aufsätze und Reden zur Philosophie und ihrer Geschichte*. Bd. 2. Tübingen 1924.

Magnus Schlette

6. Kritik

Nachdenken über Religion nach der Religionskritik

Die Kritik an der Religion ist historisch betrachtet eng mit dem Prozess der Säkularisierung verbunden. In der säkularen Moderne haben Autoren vor dem Hintergrund ganz unterschiedlicher Theorien und Standpunkte die theologischen Annahmen, religiösen Sprachen oder normativen Implikationen von Religion kritisch reflektiert. So wurden rationale Begründungen religiöser Aussagen kritisiert (vgl. David Hume), Religion als Projektion des endlichen Selbstbewusstseins entlarvt (vgl. Ludwig Feuerbach), Religion als Vertröstung auf das Jenseits und damit als Opium des Volkes interpretiert (vgl. Karl Marx) oder die moralische Lehre des Christentums einer radikalen Kritik unterzogen (vgl. Friedrich Nietzsche).

Diese verschiedenen Stränge der Kritik an der Religion prägen auch die aktuelle Debatte über Religion in säkularen Gesellschaften. Gegenwärtig kritisieren zum Beispiel Vertreter des Liberalismus den Einfluss der Religion auf öffentliche Diskurse (vgl. Richard Rorty), und naturwissenschaftlich orientierte Autoren interpretieren die Religion als per se irrational und schädlich für den Menschen (vgl. Richard Dawkins). Angesichts dessen reicht es für die religionstheoretische Forschung heute nicht aus, die Grundannahmen des Glaubens einfach nur zu postulieren. Vielmehr ist sie unabhängig von ihrer disziplinären Verortung herausgefordert, sich an der Religionskritik in ihren verschiedenen Spielarten zu bewähren. Dies ist ein Erbe der Säkularisierung, das alle Religionen gleichermaßen betrifft.

Die Kritik an der Religion in ihren verschiedenen Strömungen ist deshalb zu einem festen Bestandteil des Diskurses über Religion im Kontext der Säkularisierung geworden. Die soziologischen Befunde, aber auch die gegenwärtigen politischen Debatten zeigen allerdings, dass diese Kritik an der Religion nicht zu einem Ende oder gar einer Negation von Religion führt. Die aktuellen Auseinandersetzungen über Postsäkularität legen vielmehr nahe, dass auch säkulare Gesellschaften sich auf das Fortbestehen der Religion einstellen sollten. Mehr noch: Religionen können trotz aller berechtigten Kritik konstruktive Impulse für die gesellschaftliche Gestaltung geben, worin sich wiederum eine Kritik an der neuzeitlichen Kritik der Religion widerspiegelt.

Kritik als Kategorie des Nachdenkens über Religion im Kontext der Säkularisierung weist vor diesem Hintergrund unterschiedliche Facetten auf, die in drei Richtungen ausbuchstabiert werden können. Erstens dürfen bei der Erklärung der Religion, sowohl in einer theologisch-religionsphilosophischen Innensicht als auch in einer soziologischen Außensicht, religiöse Überzeugungen nicht mehr unhinterfragt hingenommen werden. Das Nachdenken über Religion ist immer vor die Herausforderung gestellt, die Impulse der neuzeitlichen Religionskritik zu verarbeiten. In sprachphilosophischer Hinsicht gilt es beispielsweise die Struktur religiöser Aussagen kritisch zu hinterfragen, worauf die Tradition der analytischen Religionsphilosophie hingewiesen hat. In einer anthropologischen oder psychologischen Perspektive ist der Status religiöser Erfahrungen vor dem Hintergrund der Religionskritik zu erklären. Und auch auf die Kritik des politischen Liberalismus, dass Religion unberechtigte Verallgemeinerung privater Selbst- und Weltdeutungen darstellt, ist eine Antwort zu finden.

Das gegenwärtige Nachdenken über Religion und die Kritik an ihr zeigt dabei zweitens, dass es unterschiedliche Antworten auf diese Anfragen gibt, die nicht von vornherein als unvernünftig abgetan werden dürfen. Autoren wie Michel Foucault haben zu Recht darauf aufmerksam gemacht, dass Kritik immer ein unabschließbarer Prozess des Hinterfragens ist, der nicht neue Formen der ideologischen Setzung zur Folge haben darf. Kritik soll deshalb nicht zu einer radikalen Aufhebung des zu Kritisierenden führen. Wenn also der Neue Atheismus eines Dawkins die Religion per se als unmenschlich bewertet oder Rorty religiöse Überzeugungen notwendig als *conversation stopper* interpretiert, so implizieren diese Gegenentwürfe wiederum Setzungen, die selbst dem Prozess der Kritik auszusetzen sind. Die Kategorie der Kritik macht also darauf aufmerksam, dass weder der religiöse Glaube, noch die säkulare Vernunft und ihre Kritik an der Religion ihren Standpunkt absolut setzen dürfen. (vgl. Lutz-Bachmann 2002, 93).

Ein dritter Aspekt spielt bei der Frage nach der Kritik in Bezug auf die Religion im Kontext der Säkularisierung eine wichtige Rolle. Es kann nämlich auch die Fragerichtung umgedreht werden und von der Religion aus die Säkularisierung kritisiert werden. Denn die mit ihr verbundenen politischen, ökonomischen oder kulturellen Prozesse implizieren ebenfalls problematische Vorannahmen und Begrenzungen, die gerade vom Standpunkt der Religion aus einer Kritik unterzogen werden können. Wenn im Zuge der Säkularisierung beispielsweise der politische Liberalismus als einzig gültiges Politikmodell propagiert wird, oder vor dem Hintergrund eines naturalistischen Weltbildes bestimmte technische Neuerungen unhinterfragt akzeptiert werden, bietet die Religion mit ihrer Tradition des Nachdenkens über Menschsein und Wirklichkeit Möglichkeiten, diese Annahmen zu reflektieren. Darauf machen auch religiös ›unmusikalische‹ Philosophen wie Jürgen Habermas zu Recht aufmerksam. Kritik bedeutet im Kontext der Säkularisierung deshalb immer auch, dass die religiösen Traditionen innewohnenden Potenziale zur Beurteilung säkularer Gesellschaften herangezogen werden sollten.

Kritik an der Diskursmacht der Religion (Foucault)

Ein erster Zugang zur Kritik als Kategorie, mittels derer die Situation der Religion in der säkularen Welt erschlossen werden kann, findet sich bei dem Franzosen Michel Foucault. In seinem Beitrag *Was ist Kritik?* (Foucault 1992) thematisiert er explizit die Merkmale und Reichweite von Kritik und setzt diese zur Religion in Beziehung. Kritik bedeutet für Foucault dabei eine archäologisch-geschichtliche Rekonstruktion der bestehenden Macht- und Herrschaftsstrukturen. Damit visiert er keine Geschichtsphilosophie an, erst recht nicht eine, die auf ein bestimmtes Telos hin ausgerichtet ist. Foucault argumentiert vielmehr dafür, dass die kritische Rekonstruktion der diskursiven Praktiken der Macht helfen kann, das Besondere gegenüber dem Allgemeinen zu schützen und Zwangsstrukturen zu durchbrechen. Kritik will deshalb nicht verurteilen oder letzte Ankerpunkte begründen, sondern sie will den pluralen »Zeichen des Daseins« Ausdruck verleihen. Damit zielt Kritik nicht nur auf soziale Institutionen, wie Religionsgemeinschaften, sondern vor allem auf die sprachlich verfasste Diskursmacht selbst. »Wie können die Zwangswirkungen, die jenen Positivitäten eignen, […] innerhalb des konkreten strategischen Feldes, das sie herbeigeführt haben, […] umgekehrt oder entknotet werden?« (Foucault 1992, 40 f.).

Foucaults Philosophie steht, dies impliziert die zitierte Frage offensichtlich, einerseits in der Tradition des Aufklärers Kant, insofern er über die Möglichkeiten von Wissen reflektiert und diese historisch markiert. In dieser Linie teilt Foucault Kants kritische Anmerkungen zu den traditionellen Religionsgemeinschaften, welche die Grenzen des Wissens oft überschätzen. Allerdings macht Foucault andererseits im Gegensatz zu Kant auf die notwendige Offenheit des Prozesses der Kritik aufmerksam. Kritik ist für ihn »*ein Mittel für eine Zukunft oder eine Wahrheit*, die sie nicht wissen noch sein will, sie überblickt ein Gebiet, das sie nicht überwachen will und nicht reglementieren kann« (ebd., 16). Das Subjekt ist für Foucault immer schon in solche zu kritisierenden Macht- und Diskursstrukturen eingebunden. Ziel seiner Analysen ist es deshalb, die subjektlosen Mechanismen gesellschaftlicher Disziplinierung aufzudecken, die – vor allem in den Frühschriften – kaum einen Rückzugsraum für den Einzelnen mehr erkennen lassen.

Besonders das Christentum zielt für Foucault darauf ab, dass »jedes Individuum unabhängig von seinem Alter, von seiner Stellung sein ganzes Leben hindurch und bis ins Detail seiner Aktionen hinein regiert werden müsse und sich regieren lassen müsse« (ebd., 9 f.). Instrument dieses Regierens der Religion ist vor allem die Heilsversprechung. Die Sexualmoral der katholischen Kirche ist für Foucault in dieser Hinsicht ein religiöser Disziplinierungsmechanismus, den er mit Rekurs auf seine historisch-archäologische Methode kritisiert.

Gleichzeitig thematisiert Foucault auch Formen der Befreiung, in denen Menschen diese religiösen Mechanismen der Disziplinierung hinter sich lassen können. Diese Möglichkeiten des Subjekts, sich nicht bestimmen zu lassen, macht Foucault dann wiederum gegenüber der traditionellen Religion und ihren Institutionen stark. In der christlichen Tradition sieht Foucault beispielsweise das Potenzial, die Marginalisierten und Ausgestoßenen, d.h. diejenigen, die schon von Beginn an aus dem Diskurs ausgeschlossen sind, wahrzunehmen und ihnen Befreiungsstrategien an die Hand zu geben. Die politische Spiritualität einer Option für die Armen findet in dieser Hinsicht Sympathie bei dem Diskurstheoretiker Foucault. Die politische Spiritualität einer Option für die Armen, die u. a. in der lateinamerikanischen Befreiungstheologie eine wichtige Rolle spielt, findet in dieser Hinsicht Sympathie bei dem Diskurstheoretiker Foucault. Hierin zeigt sich, dass aus der Kritik an der Religion – auch bei Foucault – nicht notwendig eine Aufhebung der Religion folgen muss, sondern die Kritik vielmehr zu einer neuen, unvoreingenommenen Sichtweise auf religiöse Traditionen führen kann, worauf beispielsweise Johannes Hoff aufmerksam macht:

> »Die Anziehungskraft spiritueller Körperpraktiken kann Menschen entmündigen. Doch sie lässt sich ebenso wohl zu ihrer Befreiung einsetzen – z. B. gegenüber der lateinamerikanischen Polizei. Foucault hatte deshalb keinerlei Hemmungen, der Attitüde kirchenkritischer Defätisten zu widersprechen: ›My position is exactly the opposite. I think the church is wonderful‹« (Hoff 2009, 7).

Sich einerseits gegen die einengende Pastoralmacht des Christentums wenden und andererseits trotzdem auf religiöse Traditionen zurückgreifen, ist eine solche Möglichkeit des Subjekts zur Befreiung, wobei hierbei der Einzelne nicht mehr auf eine umfassende Gegentheorie Bezug nehmen kann (vgl. Hoff 1999). Damit zeigt sich Foucaults Philosophie nicht nur als eine postmoderne Kritik an der Religion, sondern auch als eine Thematisierung der positiven Potenziale von Religion gegenüber den Disziplinierungsmechanismen und der vorherrschenden Diskursmacht der Säkularisierung. Religion wird deshalb einerseits scharf kritisiert, und zwar dort, wo ihre Disziplinierungsmechanismen den Handlungsspielraum des Einzelnen einschränken. Sie wird andererseits dort positiv rezipiert, wo sie neue Perspektiven auf Gesellschaft und Wirklichkeit im Kontext der Säkularisierung eröffnet.

Religion als wissendes Nichtwissen über die Grenzen der Sprache (Derrida)

Die verschiedenen Facetten von Kritik in Bezug auf die Rolle von Religion im Kontext der Säkularisierung zeigen sich neben Foucault besonders deutlich bei dem französischen Philosophen Jacques Derrida. Sein Ansatz verschreibt sich der Kritik einer starken Metaphysik. In einer Dekonstruktion menschlicher Sprache zeigt er auf, dass lange Zeit die Schrift als etwas Sekundäres im Vergleich zum beschriebenen Gegenstand interpretiert wurde. Demgegenüber will er die Sprache nicht als Sekundäres verstehen, sondern argumentiert, dass jedes Wort in einem Netz von geschichtlichen und textuellen Bezügen steht. Für Derrida ist Text »praktisch alles. Es ist alles, das heißt, es gibt einen Text, sobald es eine Spur gibt, eine differentielle Verweisung von einer Spur auf die andere. Und diese Verweise bleiben nie stehen. Es gibt keine Grenzen der differentiellen Verweisung einer Spur auf die andere« (Derrida 1999, 51). Sprache wird damit zu einem Netzwerk von Verweisungszusammenhängen, weshalb sich die Bedeutung von Worten nur aus den verästelnden Differenzen dieser Zusammenhänge erklären lässt. Die philosophische Kritik, die Derrida auf diesem Sprachverständnis aufbaut, will scheinbar eindeutige Differenzen aufspüren, hierarchische Ordnungen von Gegensätzen aufdecken und zeigen, dass diese Differenzen immer von komplexen Bedeutungsverschiebungen oder Mehrdeutigkeiten durchzogen sind. Die Dekonstruktion ist damit eine philosophische Methode, welche die Struktur von Wirklichkeit als textuelles Geschehen einer kritischen Reflexion unterzieht.

Das Nachdenken über Religion, das Derrida vor diesem Hintergrund entfaltet, verschreibt sich also ebenfalls dem Ideal der Kritik, allerdings in einer methodisch anderen Ausrichtung als bei Foucault. Derridas Kritik zielt auf Zweierlei: (1) Zum einen will er entsprechend dem Vorgehen der Dekonstruktion aufzeigen, auf welchen unhinterfragten Vorannahmen der Diskurs über die Wiederkehr der Religion in Zeiten der Säkularisierung geführt wird. Diese Annahmen aufzudecken und ihre Ambivalenzen und Mehrdeutigkeiten zu thematisieren, ist ein erstes Ziel der Kritik von Derrida an dem Nachdenken über Religion. (2) Zum anderen will er das Potenzial der Religion für säkulare Wissensprozesse nutzbar machen. Säkulare Gesellschaften, so Derridas Diagnose, geben vor, dass alles eindeutig bezeichnet werden könne und missachten damit die grundlegenden Begrenzungen von Sprache. Insofern Religion von dieser Unterstellung frei ist, eröffnet sie einen Weg der Kritik an der Säkularisierung selbst.

(1) Die Rede über Religion, wie sie sich im aktuellen Diskurs über die vermeintliche Wiederkehr der Religion zeigt, ist immer an Voraussetzungen gebunden – so die Ausgangsthese von Derridas Kritik. Entsprechend seines dekonstruktivistischen Vorgehens geht es ihm vor allem darum, solche Vorverständnisse kritisch zu diskutieren. Denn auch in der Rede über die Wiederkehr der Religion zeigt sich seiner Ansicht nach das Spezifikum neuzeitlichen Philosophierens: Die scheinbar unerschütterbare Sicherheit, abstrakte Begriffe in eindeutige Zusammenhänge zu zwängen und nach dem Diktum der Metaphysik der Präsenz das Wesen der Religion zu erfassen. Genau an dieser Stelle setzt die Kritik der Dekonstruktion an der Rede über Religion an.

Eine erste offensichtliche Voraussetzung des Diskurses über Religion besteht darin, dass oftmals so getan wird, als gebe es einen abstrakten, die verschiedenen Religionen übergreifenden Begriff von Religion:

»Wir glauben, dass wir so tun können als würden wir (daran) glauben, ein Vorverständnis zu teilen: treuhänderische Handlung. Wir tun so, als würden wir über einen Gemeinsinn verfügen, der uns mitteilt, was ›Religion‹ in all den Sprachen bedeutet, von denen wir zu wissen glauben, wie man sie spricht (wie viel an diesem Tag geglaubt worden ist!)« (Derrida 2001, 12).

Derrida ist skeptisch gegenüber einem solchen Religionsbegriff, weil die damit verbundene Verallgemeinerung nur als Glaube bezeichnet werden kann. Religion ist für Derrida vielmehr an viele Sprachen und Kulturen gebunden, in denen unterschiedliche Phänomene mit diesem Begriff bezeichnet werden. Die (westliche) Philosophie abstrahiert von diesen Kontexten und referiert meist ausschließlich auf das Christentum und dem mit ihm verbundenen lateinischen Verständnis von Religion. Das heutige Sprechen über Religion wird damit zu einer rein europäischen Angelegenheit. Schon allein die Tatsache, dass in den meisten Diskursbeiträgen von der Religion im Singular die Rede ist, ist Ausdruck dieses westlich geprägten Verständnisses von Religion, das universalisiert wird.

Das Wissen über Religion ist entgegen dieser Suche nach eindeutigen Kriterien immer begrenzt, so Derridas Kritik an der Thematisierung von Religion in säkularen Gesellschaften. Im Gegensatz zu Kant argumentiert Derrida, dass sich Religion immer aus mehreren Quellen speist und zudem nicht innerhalb der einen Vernunft verallgemeinernd erfasst werden kann. Religion muss deshalb in ihrer Mehrdeutigkeit und Ambivalenz thematisiert werden. Diese Ambivalenz besteht besonders darin, dass Religion einerseits ein Moment des Identischen impliziert, das sich beispielsweise in einem umfassenden Wahrheitsanspruch ausdrückt, und gleichzeitig dieses Identische (oder: Wahre) immer wieder transzendiert wird. Deshalb manifestiert sich die Religion in je neuen Sprachformen und Riten im Modus der Wiederholung.

> »Der Begriff der *Iteration* (Wiederholung) bringt zwei Bedeutungsnuancen ins Spiel und enthält damit bereits im Kern die beiden klassischen ›Quellen der Religion‹. (1) ein Moment von Identität, im Sinn von identischer oder auch mechanischer Reproduzierbarkeit [...], (2) ein Moment von Alterität, da der Begriff der ›Wiederholung‹ notwendig ein Moment von Nichtidentität impliziert, das den Bereich der Gegenwart *transzendiert*« (Hoff 1999, 130).

Das Moment der Wiederholung ist die zentrale Bewegung der Religion, denn »der freie Akt der Wiederholung gehört wesentlich zur Religion: dieselben Riten und Gebete müssen immer wieder neu gesprochen werden; dieselbe Treue, Gott und den Menschen gegenüber, muß immer wieder erneuert werden« (Haeffner 1999, 674).

Zwei aktuelle gesellschaftliche Bedingungsverhältnisse, die den Rahmen für ein solches Nachdenken über Religion aufspannen, hebt Derrida eigens hervor. Einen ersten Kontext bilden die politischen Diskussionen nach den Anschlägen vom 11. September über Fundamentalismus im Allgemeinen und Islamismus im Besonderen. Hierbei erweist sich insbesondere die Verknüpfung von Religion und Gewalt als problematisch, denn die Eingrenzungen dessen, was als religiös begründete Gewalt bezeichnet werden kann, sind genauso wie die Bestimmungen eines Schurkenstaates alles andere als eindeutig. Um sagen zu können: Dies ist ein religiös begründeter Krieg oder gar ein Religionskrieg, müssten die Grenzen des Religiösen und Politischen eindeutig gezogen werden. Dies ist aber nicht nur angesichts der aktuellen weltgesellschaftlichen Konstellation, sondern vor allem aufgrund der systematischen Begrenzungen der Sprache für Derrida nicht möglich. Weil diese Begrenzungen heute oftmals zu wenig beachtet werden, erscheinen ihm beispielsweise viele Diskursbeiträge über den islamischen Fundamentalismus als problematisch. Dies bedeutet nicht, dass Religion und Gewalt nicht in einem Wechselverhältnis stehen würden. Derrida betont im Gegenteil, dass Religion immer schon ein Moment der Gewalt impliziert, weil sie sich auf das Andere der Vernunft bezieht, die eine Gegengewalt provoziert. Daraus ergibt sich eine grundlegende Ambivalenz, die Religion immer zueigen ist, aus der aber keine voreilige Schlussfolgerung oder gar eine politische Instrumentalisierung von Religion abgeleitet werden darf, was in der Diskussion über den Islam häufig der Fall ist.

Eine zweite gesellschaftliche Bedingung ist die rapide Veränderung im Bereich der Informations- und Kommunikationstechnologien, die das Reden über Religion im Kontext der Säkularisierung verändert hat. Derrida spricht deshalb von der Religion im Cyberspace: »digitale Kultur, desk-jet und Fernsehen. Ohne sie gibt es heute keine religiöse Bekundung« (Derrida 2001, 42). Religiöse Texte werden zeitgleich als Text, CD-

ROM und im Internet veröffentlicht, wodurch sich religiöse Kommunikation verändert. Sie findet weniger in den herkömmlichen Räumen (z. B. Kirchen oder Moscheen) statt, sondern in Internetforen oder als Bibelsprüche per SMS. Die Rückkehr des Religiösen ist hierdurch eingebettet in die ›lateinische Form‹ der Globalisierung, die sich in diesen Veränderungen der Informations- und Kommunikationstechnologien widerspiegelt. Globalisierung zielt auf die Herstellung globaler Kommunikation mit technischen Mitteln und eine Weltpolitik im Sinne des lateinischen Verständnisses von Recht und Politik, d. h. auf eine *Lex Romana* als Grundlage weltgesellschaftlicher Gestaltung.

Gleichzeitig setzen in vielen Teilen der Welt Religionen eine *autoimmunitäre* Gegenreaktion auf diese so verstandene Globalisierung in Gang, mit der das Heilige und Sakrale gegenüber genau dieser Bewegung verteidigt wird. Religionen nutzen die fernwissenschaftliche Vernunft, um deren problematische Züge, nämlich die Zerstörung des Heiligen und Sakralen, zu kritisieren. Auch die christlichen Religionen reagieren in dieser Weise auf die so verstandene Globalisierung: Zum einen propagieren sie das römische Verständnis von Politik und Recht und wollen dieses zur Grundlage des weltweiten Zusammenlebens der Religionen machen, wozu sie die neuen technischen Möglichkeiten benutzen. Zum anderen betonen sie den Glauben als wesentlichen Bestandteil der Religion. Darin zeigt sich die Autoimmunität des Heiligen, denn mit der Betonung des Glaubens immunisiert sich die Religion gegenüber der Globalisierung (Derrida 2001, 76). Dieses Merkmal ist für Derrida eines der wichtigsten, das allerdings im aktuellen Diskurs über Religion noch zu wenig bedacht ist.

(2) Derrida kritisiert nicht nur die Rede über die Wiederkehr der Religion als reduktionistisch, sondern er zeigt auch auf, welche Potenziale die Religion mit Blick auf die vielfältigen Prozesse der Säkularisierung impliziert. Diese Potenziale bestehen insbesondere darin, dass Religionen ein reflexives und symbolisches Wissen über die Grenzen der menschlichen Sprache selbst haben. Säkulare Gesellschaften setzen scheinbar auf rein objektives Wissen und verfallen damit der Metaphysik der Präsenz, so die Kritik von Derrida. Die Religion hingegen macht deutlich, dass Glauben und Wissen historisch wie systematisch in einer großen Nähe zueinander stehen. Das wechselseitige Bedingungsverhältnis von Glauben und Wissen kann man dort erkennen, wo beide »immer schon ein Bündnis eingegangen sind, am Ort selbst, dort, wo das in der Entgegensetzung eingegangene Bündnis einen Knoten bildet« (Derrida 2001, 11). Eine naive Entgegensetzung erscheint ihm deshalb unplausibel, weil beide immer schon aufeinander bezogen sind. Dies gilt auch für das säkulare Wissen, das immer einen Moment des Glaubens impliziert. In politischer Hinsicht zeigt Derrida dies z. B. an der Demokratie auf, die sinnvollerweise nur als eine kommende Demokratie, d. h. als ein Versprechen unendlicher Gerechtigkeit gedacht werden kann und damit immer schon ein Moment des Glaubens impliziert.

In diesen Überlegungen Derridas, gerade zur Demokratie, zur unendlichen Gerechtigkeit oder zum Messianismus, zeigt sich eine Nähe von Philosophie und Religion. In der Tradition der negativen Theologie kommt für Derrida diese Einsicht in besonderer Weise zum Ausdruck. Zwar betont er explizit, dass seine Philosophie nicht als eine negative Theologie verstanden werden kann (vgl. Derrida 1989, 13 ff.), vor allem weil die negative Theologie die Negation oft als eine Form der *Hyper-Affirmation* benutzt. Gleichzeitig bringen Derridas Ausführungen allerdings zum Ausdruck, dass eine strukturelle Ähnlichkeit zwischen beiden besteht, die sich in einer Skepsis gegenüber der Positivität und Affirmativität von sprachlichen Aussagen niederschlägt. Der Name »Gottes wäre dann der hyperbolische Effekt dieser Negativität […]. Der Name Gottes träfe auf alles zu, was einen Angang, eine Annäherung, eine Bezeichnung nur in indirekter und negativer Weise zuläßt« (Derrida 1989, 14). Einen solchen Umschlag des Negativen in etwas rein Positives will Derrida durch sein Denken der *différance* vermeiden. Deswegen ist seine Philosophie durch eine grundsätzliche Offenheit gegenüber dem Anderen der Vernunft ausgezeichnet. Die Religion kann säkulares Denken daraufhin kritisch befragen, ob sie dieser Offenheit gerecht wird.

Darin besteht ihr kritisches Potenzial für säkulare Gesellschaften.

Fazit

Kritik ist eine zentrale Kategorie beim Nachdenken über Religion im Kontext der Säkularisierung, darauf machen Autoren wie Foucault oder Derrida gleichermaßen zu Recht aufmerksam. Kritik ist dabei ein unabschließbarer Prozess des Reflektierens, der, dem Gedankengang der beiden Philosophen folgend, nicht zu neuen Formen des argumentativen Abschlusses führen darf. Dies gilt auch für das Nachdenken über Religion vor dem Horizont der Säkularisierung.

Einerseits ist deshalb Skepsis angemeldet, wenn das Reden über Religion auf letztgültige, objektive Diskursformen oder Machtinstrumente abzielt, die keine Offenheit mehr für den Anderen lassen. In dieser Hinsicht sind auch Religionen und ihre Institutionen immer einer Kritik zu unterziehen, wofür die Tradition der neuzeitlichen Religionskritik eine wichtige Hintergrundfolie bietet. Andererseits kann die Religion darauf aufmerksam machen, dass auch das säkulare Wissen begrenzt ist. In dieser Hinsicht wird die Religion selbst zu einer Kritik säkularer Gesellschaften und ihrer Sprachformen. Gerade darin besteht ihr Potenzial.

Literatur

Derrida, Jacques. *Wie nicht sprechen. Verneinungen.* Wien 1989.
–: *Randgänge der Philosophie.* Wien ²1999.
–: Glaube und Wissen. Die beiden Quellen der Religion an den Grenzen der bloßen Vernunft. In: Ders./ Gianni Vattimo: *Die Religion.* Frankfurt a. M. 2001, 9–106.
Foucault, Michel: *Was ist Kritik?* Berlin 1992.
Haeffner, Gerd: Morgenröte über Capri. Die Philosophen Derrida und Vattimo zur Rückkehr des Religiösen. In: *Stimmen der Zeit* 10, Jg. 217 (1999), 669–682.
Hoff, Johannes: *Spiritualität und Sprachverlust. Theologie nach Foucault und Derrida.* Paderborn 1999.
–: »I think the church is wonderful«. Zur Genealogie des Paradigmenwechsels gegenwärtiger Theologie. Michel Foucault zum 25. Todestag (2009). In: www.theologie-und-kirche.de/hoff-foucault.pdf.
Lutz-Bachmann, Matthias: Religion nach der Religionskritik. In: Klaus Dethloff/Ludwig Nagl/Friedrich Wolfram (Hg.): *Religion, Moderne, Postmoderne.* Berlin 2002, 79–89.

Michael Reder

7. Moderne

Um sich dem Begriff der Moderne zu nähern, erscheint es plausibel, ihn zunächst zur Bezeichnung eines bestimmten Zeitalters, einer historischen Epoche zu betrachten, deren Beginn und vielleicht sogar Ende sich in einem zeitlichen Fenster datieren lässt. Es handelt sich demnach um einen zeitlichen Abschnitt in der Menschheitsgeschichte, der zu einer bestimmten Zeit begonnen und zu einer anderen Zeit geendet hat, oder enden wird. Doch um eine solche Datierung vornehmen zu können, muss zunächst festgestellt werden, welche Eigenschaften es genau sind, die dieses bezeichnete Zeitalter von denjenigen unterscheidet, die ihm vorausgingen, sowie von denjenigen, die ihm möglicherweise folgen. Und schon hier zeigen sich die ersten Schwierigkeiten, diese Attribute genau zu bestimmen. Grob gesagt lassen sich vier Bereiche festmachen, in denen sich das Zeitalter der Moderne von ihren Vorgängern – oft wenig einfallsreich als ›Vormoderne‹ bezeichnet – unterscheidet. Es handelt sich dabei um die Bereiche der Wissenschaft, der Wirtschaft, der politischen Ordnung sowie der Philosophie. Wenn man vom Bereich der Wirtschaft absieht, lässt sich der Beginn der Moderne somit in die Zeit um 1630 bis 1680 datieren: Der Beginn der Entwicklung der modernen Wissenschaft wird meist mit den Arbeiten von Isaac Newton identifiziert, die um 1680 entstanden sind, aber in signifikanter Weise vom Werk Galileo Galileis und anderer Wissenschaftler zehren, welches circa fünfzig Jahre zuvor entstanden war (vgl. Huff 2011). In politischer Hinsicht markiert die Herausbildung des europäischen Systems der Nationalstaaten den Beginn der Moderne in den Jahren nach dem Westfälischen Frieden, also um 1650 herum. Im Bereich der Philosophie macht Jürgen Habermas zwar den Beginn der Moderne in der Entwicklung von Kants Denken zur Zeit der Französischen Revolution fest, und zwar in dessen Idee der Möglichkeit einer vernunftbasierten Begründung der Allgemeingültigkeit moralischer Normen (vgl. Habermas 1985), jedoch hat Stephen Toulmin (vgl. Toulmin 1991, 26f.) mit einer gewissen Plausibilität darauf hingewiesen, dass auch dieses Denken nicht ohne die Formulierung des Rationalitätsideals von René Descartes etwa 150 Jahre zuvor vorstellbar gewesen wäre, also wiederum um 1630 herum. Im Bereich der Wirtschaft bringt man die Moderne meist mit der Industrialisierung, der Rationalisierung der Arbeit sowie dem Kapitalismus in Verbindung, Entwicklungen die jedoch erst nach der Französischen Revolution um die Jahrhundertwende vom 18. zum 19. Jahrhundert stattgefunden haben. Trotz dieser zeitlichen Diskrepanz kann es mittlerweile aber fast als Konsens bezeichnet werden, dass die Entwicklung des industriellen, kapitalistischen Wirtschaftssystems als Kernstück der Moderne bezeichnet wird. Die Versuche, eine gerade Entwicklungslinie von der wissenschaftlichen hin zur industriellen Revolution zu ziehen, mag heute zwar empirisch nicht mehr überzeugen (vgl. Knöbl 2007; Needham 1977), die Verflechtung von Moderne, Industrialismus und Kapitalismus ist aber wohl kaum mehr hintergehbar.

Das zeigt sich schon in den klassischen Theorien zur Moderne, wie sie von Émile Durkheim, Karl Marx und Max Weber vorgelegt wurden (vgl. zum Folgenden u. a. Giddens 1995, 20 ff.). So subsumiert Marx das Wesen der Moderne unter dem Begriff des *Kapitalismus*, Durkheim verwendet den Begriff des *Industrialismus*, während Weber die *Rationalisierung* als Hauptcharakteristikum der Moderne auffasst. Die aufgeworfenen vier Bereiche, in denen sich die Moderne von der Vormoderne unterscheidet, sowie diese Schlagworte, unter denen die in diesen Feldern stattgefundenen Entwicklungen zusammengefasst werden, werfen nun die Frage auf, was genau es ist, das in diesem Zeitfenster stattgefunden hat, das für einen solchen radikalen Wandel gesorgt hat, dass die Rede von einem neuen Zeitalter gerechtfertigt wäre. Eine erste Annäherung – wenn auch, wie noch gezeigt werden wird keine erschöpfende Analyse – mag in Anlehnung an Max Weber der Begriff der Rationalisierung sein, und zwar als Beschreibung eines Prozesses, der sich in allen vier dargelegten Bereichen äußert.

Rationalisierung

Im Bereich der Wissenschaft äußert sich diese Rationalisierung in der Entwicklung experimenteller wissenschaftlicher Methoden, die rationale, dem Anspruch nach objektive, Erklärungen dafür liefern, wie die Welt ist und warum sie so ist wie sie ist. Naturphänomene, die in der Vormoderne durch das Wirken außerirdischer Mächte oder durch spekulatives Wissen erklärt wurden, konnten nun auf bestimmte durch empirische Methoden feststellbare Naturgesetze zurückgeführt werden. Hand in Hand mit der Erklärung natürlicher Phänomene – welche auch den Menschen selbst mit einbezogen – ging die zunehmende Möglichkeit der Kontrolle selbiger Natur, welche wiederum in Zusammenhang zur später folgenden Industrialisierung steht. Gleichzeitig ging mit der experimentellen wissenschaftlichen Methode die Etablierung der Vorstellung der Fallibilität von Erklärungen im (natur)wissenschaftlichen Bereich einher. Erkenntnis und Kontrolle über die Welt wurden mit Hilfe von Experimenten gewonnen, die zwar gelingen und zu den großen Entdeckungen der wissenschaftlichen Revolution führen, aber ebenso scheitern und zur Erkenntnis der Begrenztheit der eigenen Erklärungskompetenzen führen konnten. Somit kann die Moderne einerseits als die Zeit der Ermöglichung wissenschaftlicher Erkenntnis, aber auch des Aufkommens eines Bewusstseins für die ständige Vorläufigkeit empirischen Wissens und somit des Zweifels verstanden werden.

Gleichzeitig stellte die Entdeckung der wissenschaftlichen Methode eine Herausforderung für die Philosophie dar. Diese äußert sich einmal in der Frage, wie die Philosophie selbst sich zur Naturwissenschaft zu positionieren habe, ob sie also einen ähnlichen Anspruch auf objektive Gültigkeit und methodische Wissenschaftlichkeit erheben könne wie die Naturwissenschaften. Andererseits konnte sie sich nicht dem Anspruch entziehen, die Welt, wenn schon nicht durch die wissenschaftliche Methode selbst, dann doch nach rationalen Maßstäben zu erklären und zu bewerten. Das bedeutete eine schrittweise Neupositionierung zur spekulativen Philosophie sowie auch eine Neuausrichtung, wenn nicht gar eine Verabschiedung, der vorherrschenden Metaphysik. Die Radikalität dieses Ansatzes äußert sich besonders drastisch in Descartes' Rationalismus und hat spätestens nach Kants Versuchen, eine allgemeingültige Moral auf vernunftbasierten Prinzipien zu begründen, einen Paradigmenwechsel hin zur »theoriezentrierten« (Toulmin 1991, 30) Philosophie eingeleitet. Diese postulierte, besonders deutlich seitdem Kant seine dem Anspruch nach allgemeingültige, für jeden Menschen nachvollziehbare Begründung von Moral formuliert hatte, auch die Autonomie des Individuums: Um moralische Normen akzeptieren zu können, bedurfte das Individuum nicht mehr des Verweises auf eine höhere, traditionelle oder gar außerweltliche Autorität, sondern sie waren aus ihrem eigenen Vernunftvermögen heraus ableitbar.

Die Herausforderungen dieser Annahmen für die soziale und Herrschaftsordnung liegen auf der Hand: Wenn sich selbst etwas so universales und allgemeingültiges wie die Moral und die Erkenntnis als solche rational rechtfertigen müssen, und die Fähigkeit zu dieser rationalen Rechtfertigung im Individuum selbst liegt, dann gilt das umso mehr für die sozialen und Herrschaftsordnungen, in denen sich diese Individuen befinden. Daraus folgt, dass die gegebenen Ordnungen hinterfragt werden können und müssen und ihre Geltung nicht mehr durch Berufung auf eine höhere Autorität oder Tradition begründet werden kann. Sie können prinzipiell infrage gestellt werden und, wie man an den Großen Revolutionen sieht, die im Laufe der Moderne stattgefunden haben, ist dies auch in radikaler Weise geschehen (vgl. Eisenstadt 2006). Fortan kann der Herrscher seine Legitimität nicht mehr aus der Tradition heraus beziehen, noch weniger kann die Vorstellung einer Rechtfertigung ›von Gottes Gnaden‹ Gültigkeit beanspruchen, und somit kann der Herrscher nicht nur als Person gestürzt werden, welche durch eine andere ersetzt wird, auf die die traditionsbasierte Legitimation übertragen wird, sondern er ist in seinem Status als Herrscher selbst antastbar und anfechtbar. Somit eröffnet die Moderne gleichzeitig die Möglichkeit der Gestaltung sozialer Ordnungen und damit einhergehend das Bewusstsein für die Kontingenz ebendieser: Es muss fortan nicht alles so sein, wie es immer war, sondern es liegt in den Händen der einzelnen Akteure, die Ordnung so zu gestalten, wie es am besten erscheint, wie es am ›rationalsten‹ ist. An dieser Stelle deutet sich bereits die Ambivalenz zwischen den Vorstellungen des objektiven, messbaren Wissens, also der Rationalität auf der einen Seite, und dem Bewusstsein für Kontingenz auf der anderen Seite an. Umso erstaunlicher, dass die erste systematische, theoretische soziologische Auseinandersetzung mit der Moderne scheinbar nur den ersten dieser Aspekte in Augenschein genommen hat.

Modernisierungstheorie

In den 1950er und 1960er Jahren entstand in der westlichen Soziologie, Politikwissenschaft und Ökonomie die sogenannte Modernisierungstheorie. Die stärkste Phase der wirtschaftlichen Modernisierung in der Folge der industriellen Revolution in der Mitte des 18. Jahrhunderts verortend, wurde Modernisierung dort nicht als europäisches Phänomen verstanden, das sich zu einer bestimmten Zeit und an bestimmten geographischen Orten festmachen ließ, sondern als »*globaler Prozess* […], der mit der industriellen Revolution seit Mitte des 18. Jahrhunderts […] in Europa begann, nun aber zunehmend alle Gesellschaften betrifft und insgesamt irreversibel ist« (Joas/Knöbl 2004, 431). Insbesondere unter Beobachtung der scheinbar flächendeckenden Industrialisierung, die nicht nur Europa betraf, sondern mit rasantem Tempo auch andere Teile des Globus eroberte, wurde Modernisierung als eine unaufhaltsame Entwicklung verstanden, die eine notwendige Folge der Rationalisierungsprozesse darstellte. Somit handelte es sich dabei nicht nur um die soziologische Erklärung bestimmter historischer Entwicklungen, die in einer gewissen Epoche in Europa stattgefunden und durch die bestimmten zeitgenössischen Gegebenheiten erklärt werden konnten. Vielmehr handelte es sich gewissermaßen um eine Blaupause für das, was sich in naher Zukunft unweigerlich in anderen Teilen der Welt ereignen würde (vgl. Lerner 1965; Smelser 1960; McClelland 1961). Traditionelle Gesellschaftsformen wurden modernen Gesellschaften in dichotomer Weise gegenübergestellt:

»[D]en durch diffuse Rollenstrukturen, askriptive Merkmale und partikulare Werte gekennzeichneten traditionalen Gesellschaften würden eben die durch spezifische Rollenerwartungen, Leistungsorientierung und universalistische Wertstrukturen charakterisierten modernen Gesellschaften gegenüberstehen und historisch dann auch folgen« (Knöbl 2007, 24).

Diese zeichnen sich dieser Theorie zufolge durch einige Merkmale aus, die in Zukunft auch auf andere, sich modernisierende Gesellschaften zutreffen würden. Dazu zählen u. a. die funktionale Differenzierung, eine hohe Mobilität der Bevölkerung, ihre erhöhte Partizipation sowie die später noch detaillierter zu beschreibende Säkularisierung. Mit Differenzierung ist gemeint, dass sich unterschiedliche Gesellschaftsbereiche voneinander trennen und nach unterschiedlichen Kriterien zu bewerten sind. Bestimmte Aussagen und Rechtfertigungen können im einen Bereich Geltung beanspruchen, in anderen hingegen nicht (vgl. Luhmann 1992). Mobilität beschreibt »die Fähigkeit, nach abstrakten Kriterien zu denken und zu handeln, um den für traditionale Gesellschaften so typischen engen persönlichen und familiären Horizont überschreiten zu können« (Joas/Knöbl 2004, 435 bezogen auf Lerner 1965). Die verstärkte Partizipation schließlich ergibt sich aus den Legitimitätsdefiziten, die durch das Wegbrechen der legitimierenden Autorität überbrachter Traditionen entstehen. Nur wenn die Ordnungen moderner Gesellschaften durch möglichst viele ihrer Mitglieder getragen werden, können sie Legitimität beanspruchen. Diese Merkmale müssen also gegeben sein, damit eine Gesellschaft als modern bezeichnet werden kann, und es steht zu erwarten, dass genau dies in den (noch) nicht ›entwickelten‹ Gesellschaften stattfinden wird.

Multiple Modernen

Die wahrscheinlich prominenteste der unmittelbaren Reaktionen auf die Modernisierungstheorie ist das Programm der Multiple Modernities, wie es von Shmuel N. Eisenstadt und seiner Arbeitsgruppe formuliert wurde. Auch Eisenstadt definiert die Moderne als »eigene Zivilisation mit institutionellen und kulturellen Besonderheiten« (Eisenstadt 2006, 141), deren Kern

> »erstens [war], dass die Prämissen und die Legitimation der ontischen, sozialen und politischen Ordnung nicht mehr für selbstverständlich gehalten wurden; zweitens, dass die ontologischen Prämissen wie auch die Grundlagen der sozialen und politischen Ordnung intensiv reflektiert wurden. Daran beteiligten sich selbst die radikalsten Kritiker dieses Programms, die im Prinzip die Legitimität dieser Prämissen leugneten. Der zweite Kern dieses Programms war, dass sich der Mensch von den Fesseln der ›äußeren‹ Autorität oder der Tradition zu emanzipieren suchte und, damit eng verbunden, den Kosmos, den Menschen und die Gesellschaft ›naturalisierte‹« (ebd., 142).

Ähnlich wie die Modernisierungstheoretiker unterscheidet er moderne also von traditionellen Gesellschaften, insofern in ersteren eine Lösung von traditionellen, vorgegebenen Mustern und Rollenvorstellungen hin zu einem erhöhten Maß an Autonomie in der Akzeptanz und Wahl derselben stattgefunden habe. Im Gegensatz zur Modernisierungstheorie legt er den Fokus seiner Theorie jedoch auf die schon oben erwähnte Tatsache, dass diese Infragestellung der gegebenen transzendenten Visionen auch zu einem Bewusstsein darüber wurde, dass es zumindest in der Imagination eine potenziell unbegrenzte Vielzahl solcher Visionen geben konnte. In diese Konstellation ist laut Eisenstadt jedoch nicht nur die Möglichkeit einer solchen Multiplizität gegeben, sondern die mit der Moderne einhergehende Reflexivität beinhaltet immer auch das Potenzial des Konflikts um ebendiese Visionen. Mit anderen Worten: Nicht nur die traditionelle Ordnung kann angegriffen werden, sondern auch die Ordnungen, die sie ersetzen, sind stets der Möglichkeit weiterer Anfechtungen ausgesetzt. Und dass diese stets auch immer wieder angezweifelt worden sind, zeigt sich schon in der Geschichte – beispielsweise in den Verläufen der und Reaktionen auf die Großen Revolutionen (vgl. ebd.). Das erklärt auch die Rede der multiplen Modernen: Zum einen zeigen sie sich in der Vielzahl der Ordnungen im Westen des 19. und 20. Jahrhunderts – der amerikanischen Demokratie, den unterschiedlichen totalitären und demokratischen Ordnungen in Europa – und ihrer kontinuierlichen Infragestellung und Neuorientierung. Zum anderen sind aber auch diese Ordnungen stets von einer Offenheit, Vorläufigkeit und Flexibilität geprägt, die in vormodernen Zeiten nicht denkbar gewesen wäre.

Nach welchen Mustern diese Entwicklungen verlaufen, hängt laut Eisenstadt nicht, wie von einigen Vertretern der Modernisierungstheorie angenommen, von einer der Moderne und ihren Rationalisierungsprozessen inhärenten Dynamik ab, noch von einem »natürlichen evolutionären Potenzial dieser Gesellschaften« oder der »natürliche[n] Entfaltung der Traditionen dieser Gesellschaften«, sondern von einer Vielzahl unterschiedlicher kontingenter Faktoren, die auf vielfache Art und Weise zusammenwirken können (ebd., 155). Er nennt hierbei vor allem die Vorstellungen kosmischer und sozialer Ordnung und deren jeweiligen Kosmologien, die bestehenden Institutionen, Spannungen, Dynamiken und Widersprüche innerhalb der Gesellschaften, die Platzierung dieser Gesellschaften und Kulturen im Rahmen internationaler Systeme, die politischen Kämpfe und Konfrontationen zwischen Staaten einerseits sowie zwischen politischen und ökonomischen Machtzentren innerhalb der Staaten andererseits, die Konfrontation mit anderen Kulturen während der Expansionsphasen der Moderne sowie die verschiedenartigen Interpretationen dieser Prämissen durch die unterschiedlichen Zentren und Eliten (vgl. ebd.). Insofern lässt sich die Moderne, wie sie zu einer bestimmten Zeit in Europa stattgefunden hat, nur begrenzt zur Prognose ihrer Entwicklung in anderen Weltgegenden zu anderen Zeiten heranziehen.

Moderne oder Postmoderne?

Einen anderen Zugriff auf das Thema bietet die Diskussion darum, ob wir es heute tatsächlich immer noch mit der Moderne zu tun haben, oder ob nicht viel mehr die Rede von postmodernen Gesellschaften sein sollte. Auch wenn diese

Denkrichtung sich nicht explizit mit der Modernisierungstheorie beschäftigt und diese kritisiert, bietet sie Antworten auf ähnliche Fragen an wie ihre unmittelbare Kritik. Ausgangspunkt für die Diskussion ist die oben schon angedeutete Ambivalenz, die von Anfang an im Projekt der Moderne enthalten waren und in den letzten Jahrzehnten immer stärker zutage getreten sind. Diese Ambivalenz besteht darin, dass die Rationalisierungsprozesse der Moderne zwar einerseits zur modernen Wissenschaft und somit zu rationalen Erklärungsansprüchen geführt haben, die Hinterfragung überkommener Traditionen und Erklärungsmuster aber gleichzeitig die faktische Anfechtbarkeit jeglicher Wahrheitsansprüche mit sich zieht, eben auch jenes rationalen, ›objektiven‹ Wissens. Ebenso hat die Entdeckung der Kontingenz historischer Ereignisse zu einem Bewusstsein davon geführt, dass wir in einer Welt leben, in der eben nicht alles einer bestimmten Ordnung, einem bestimmten Zweck zugeordnet werden kann, sondern sich eine Fülle an Dingen unserer Kontrolle entzieht, wir ihnen gewissermaßen ausgeliefert sind. So entsteht das Paradox, dass die wissenschaftliche Methode einerseits zur verstärkten Möglichkeit der Prognose natürlicher Ereignisse geführt hat, dadurch gleichzeitig aber ein Bewusstsein dafür entstanden ist, was sich dieser Prognose alles entzieht. Oder anders: Die zunehmende Kontrolle über die Natur hat gleichzeitig offenbart, was dieser Kontrollfähigkeit alles nicht untersteht. Somit wird deutlich, so die These, dass auch die Wissenschaft und ihre rationalen Erklärungsansprüche nur eine Möglichkeit des Wissens neben anderen darstellen. Diese Feststellung ist in Bezug auf die Moderne jedoch unterschiedlich interpretiert worden. So spricht Jean-François Lyotard beispielsweise vom »postmodernen Wissen« – offensichtlich im Gegensatz zum modernen Wissen – und meint damit das Bewusstsein, dass es neben dem wissenschaftlichen Wissen auch noch andere Formen des Wissens gibt, in seiner Theorie namentlich das »narrative Wissen«, das gemeinhin mit traditionellen Gesellschaften in Verbindung gebracht wird. Im Gegensatz zur Wissenschaft ist dieses stets unvermittelt und basiert nicht auf Gründen und Argumenten (vgl. Lyotard 1979/1994). Ein Charakteristikum der Postmoderne kann somit als die Rückbesinnung auf andere Formen von Wissen verstanden werden, die neben der rationalen Wissenschaft ebenso Geltung beanspruchen dürfen. Zygmunt Bauman bezeichnet die Postmoderne als die Zeit, in der der Anspruch der Moderne, den Menschen Ordnung und Klarheit zu verschaffen, als von vornherein nicht erfüllbar erkannt wird und ein Leben mit Ambivalenz akzeptiert, vielleicht sogar willkommen geheißen werden kann (vgl. Bauman 1991/2005).

Von anderer Seite ist diese Diagnose zwar in großen Teilen akzeptiert worden, ihre Deutung als Einleitung einer neuen, von der Moderne distinkten Epoche jedoch angezweifelt und als irreführend bezeichnet worden. Für Anthony Giddens beispielsweise (vgl. Giddens 1995) verdeckt die Rede von der Postmoderne nur die Tatsache, dass diese Ambivalenz und Paradoxien tief in das Programm der Moderne selbst eingeschrieben sind und die Moderne selbst nicht ohne sie zu denken wäre:

»Doch die Bezeichnung dieser Übergänge als Postmoderne ist ein Fehler, der einem zutreffenden Verständnis ihres Wesens und ihrer Implikationen hinderlich ist. Die Trennungen, die eingetreten sind, sollten vielmehr als Resultate der Selbstverständigung des modernen Denkens gesehen werden, seit die Überbleibsel der Tradition und der vorsehungsorientierten Einstellungen aus dem Weg geräumt worden sind. Wir sind nicht über die Moderne hinausgegangen, sondern durchleben gerade eine Phase ihrer Radikalisierung« (ebd., 70).

Religion und Moderne – die Säkularisierungsthese

Die veränderte Rolle und der Legitimitätsverlust althergebrachter Traditionen im Zuge der Modernisierung wirft nun auch die Frage nach der Rolle der Religion unter modernen Bedingungen auf. So ist es einerseits kaum verwunderlich, dass die Kritik der Religion in der modernen Philosophie eine herausragende Rolle spielte. Gleichzeitig, und mit Bezug auf die bisherigen Theorien der Moderne wichtiger, ist insbesondere mit Émile Durkheim und Max Weber die Frage nach dem Verhältnis von Religion und Moderne auch soziologisch aufbereitet worden. Hier ging es nicht in erster Linie um eine Kritik an der Religion und ihrer zeitgenössischen Manifestationen, sondern vielmehr um eine erklärende Bestandsaufnahme der gegenwärtigen und einen prognostischen Blick auf die zukünftige Lage der Religion in modernen Gesellschaften.

Durkheim hatte Religion bekanntermaßen definiert als »ein gemeinschaftliches System von Glaubensvorstellungen und Praktiken, bezogen auf heilige Dinge, das heißt abgetrennte und verbotene Dinge – Glaubensvorstellungen und Praktiken, die in der gleichen moralischen Gemeinschaft, genannt Kirche, alle vereinigen, die ihnen anhängen« (Durkheim 1912/1981, 75). Er diagnostiziert nun, dass sich dieses Heilige, von dem sich Religion ableitet, in modernen Gesellschaften nicht mehr in denselben Glaubensvorstellungen und Praktiken manifestiert, wie das in traditionalen Gesellschaften der Fall gewesen war. Er stellt stattdessen fest – und ein gewisses Maß an Normativität ist dieser Diagnose freilich nicht abzusprechen –, dass sich das Heilige nun im Individuum selbst und seiner Fähigkeit zur autonomen Vernunft manifestiert (vgl. Durkheim 1898/1986). Diese Vorstellung stellt er zugleich »als Fortsetzung der christlichen Tradition dar«, welche diese aber gleichzeitig überwindet (Joas 2011, 90).

Dem ähnlich, was bei Durkheim das Heilige ist, ist bei Max Weber das Charisma, nämlich »außeralltägliche[.] Kräfte«, eine »schlechthin an dem Objekt oder der Person, die es nun einmal von Natur besitzt, haftende, durch nichts zu gewinnende, Gabe« oder eine solche, die »der Person durch irgendwelche, natürlich außeralltägliche[n], Mittel künstlich verschafft« wird (Weber 1921/1990, 245 f.). Während die vormoderne Welt von solchen Objekten und Personen zutiefst durchdrungen war, hat im Laufe der Moderne eine »Entzauberung der Welt« (Weber 1919/1995) stattgefunden. Im Zuge der Entwicklung der modernen Wissenschaft und der mit ihr einhergehenden Rationalisierung sind die charismatischen Kräfte aus der Welt verschwunden bzw. haben sich gewandelt. Prinzipiell ist alles, was vorher auf außeralltägliche Mächte zurück-geführt wurde, wissenschaftlich erklärbar. Somit muss sich die Religion in einer entzauberten Welt in die Privatsphäre zurückziehen. Gleichzeitig führt auch die Ausdifferenzierung sozialen Handelns dazu, dass die Wahrheitsansprüche im Bereich der Religion sich nicht ohne weiteres auf andere Dimensionen sozialen Handelns übertragen lassen.

Maßgeblich auf diesen zwei Klassikern des religionssoziologischen Denkens basierend, sind in den letzten Jahrzehnten unterschiedliche Theorien formuliert worden, die sich unter der Überschrift der Säkularisierungsthese zusammenfassen lassen. Diese These behauptet, dass Prozesse der Modernisierung unweigerlich zu einem Verlust der gesellschaftlich integrierenden Kraft von Religionen, der Robustheit religiöser Überzeugungen einzelner Gruppen und Individuen sowie der generellen Bedeutung von Religion führen. Peter L. Berger (vgl. 1980) sieht die Gefahr hauptsächlich in der kulturellen und religiösen Pluralisierung moderner Gesellschaften. Dort wo unterschiedliche letztbegründende Antworten auf die Frage nach dem Sinn des Lebens gegeben werden, werden die einzelnen Anschauungen durch die jeweils anderen relativiert und können daher ihren Allgemeingültigkeitsanspruch nicht aufrecht erhalten. Dies, so Steve Bruce (vgl. 2008), führe dazu, dass die unterschiedlichen religiösen Vorstellungen in modernen Gesellschaften gleich behandelt werden müssen, was zur Säkularisierung öffentlicher Einrichtungen führt, was sich wiederum auf das Alltagsleben auswirkt. Karel Dobbelaere (vgl. 2004) schließlich sieht zusätzlich einen Prozess der Säkularisierung innerhalb der Kirchen selbst. Diese reagieren auf Modernisierungsprozesse durch eine interne Rationalisierung und treiben den Prozess der Säkularisierung somit selber weiter voran.

Kritik an der Säkularisierungsthese

Von unterschiedlicher Seite ist diese Säkularisierungsthese in den letzten zwei Jahrzehnten angegriffen worden. Dabei lässt sich unterscheiden zwischen der Rational-Choice-Theorie der Religionen, der Individualisierungs- bzw. Privatisierungsthese sowie der These der Wiederkehr der Religionen. Erstere kommt vor allem aus den USA, die als eine der modernsten Gesellschaften der Welt eine ungebrochen hohe Religiosität vorweisen. Das Argument lautet, dass dies mit der hohen Pluralität religiöser Gemeinschaften in Verbindung mit einer starken Trennung von Staat und Kirche zusammenhängt. Diese Bedingungen erlauben es den religiösen Organisationen, sich an den Bedürfnissen der Menschen zu orientieren und auf einem freien Markt der Weltanschauungen um Anhänger zu werben. Das ermögliche es gleichzeitig den religiös Suchenden, sich ohne eine Androhung größerer Sanktionen der religiösen Gruppe anzuschließen, zu der sie sich am ehesten hingezogen fühlen und diese bei Bedarf auch zu wechseln (vgl. Stark/Finke 2000). Die Individualisierungsthese hingegen besagt, dass es zwar durchaus möglich sei, dass Religion gesamtgesellschaftlich gesehen an Bedeutung verliert und traditionelle Religionsgemeinschaften und Kirchen ihre Bindungskraft verlieren. Diese Entwicklung führe jedoch nicht dazu, dass jegliche Religiosität verloren ginge. Vielmehr ermögliche diese Individualisierung eigene religiöse Erfahrungen, die für ihre Deutung nicht von ausformulierten Lehren etablierter Institutionen abhängig sind (vgl. Hervieu-Léger 2004). Die Revitalisierungsthese sieht hingegen im Aufkommen fundamentalistischer Bewegungen in modernen Gesellschaften des 20. Jahrhunderts eine Rückkehr der Religion, die auch bis auf weiteres nicht aufzuhalten sei. Die Rückbesinnung auf konstruierte Traditionen und ein vermeintlich goldenes Zeitalter der Religion im Gegensatz zur zeitgenössischen Apostasie sei weit davon entfernt, zur Moderne quer zu stehen, sondern stelle vielmehr eine Reaktion dar, die von modernen Bedingungen abhinge, sich auf diese beziehe und sich auch in ihren Deutungen aus ihr speise (vgl. Riesebrodt 2001).

Diese unterschiedlichen Theorien aufgreifend, schlägt José Casanova (vgl. 1994) vor, die verschiedenen Aspekte von Säkularisierung voneinander zu unterscheiden, separat zu untersuchen und in Beziehung zu Modernisierungsprozessen zu setzen. So unterscheidet er zwischen der säkularen Differenzierung unterschiedlicher gesellschaftlicher Sphären (Säkularisierung I), der Privatisierung von Religion als Voraussetzung für eine liberale demokratische Politik (Säkularisierung II) und dem Verlust religiöser Überzeugungen und Praktiken angesichts von Modernisierungsprozessen (Säkularisierung III). Dabei stellt er fest, dass diese drei Prozesse in unterschiedlichen modernen Gesellschaften sehr unterschiedlich ausgeprägt sind und somit nicht die Rede einer teleologischen Entwicklung sein könne, nach der Modernisierungsprozesse unweigerlich zu ebendiesen drei Säkularisierungsformen führen. Vielmehr hänge die jeweilige Ausprägung dieser Prozesse von verschiedenen kontingenten Faktoren ab. Ähnlich unterscheidet auch Charles Taylor (vgl. 2007) zwischen Säkularisierung als dem Rückzug von Religion aus dem öffentlichen Raum (*secularity 1*), als Rückgang religiöser Überzeugungen und Praktiken (*secularity 2*) und den veränderten Bedingungen, unter denen es genauso gut möglich ist, zu glauben, wie es möglich ist, nicht zu glauben (*secularity 3*).

Literatur

Bauman, Zygmunt: *Moderne und Ambivalenz* [1991]. Hamburg 2005.
Berger, Peter L.: *Der Zwang zur Häresie. Religion in der pluralistischen Gesellschaft*. Frankfurt a. M. 1980.
Bruce, Steve: *God Is Dead: Secularization in the West* [2002]. Oxford ^{8}2008.
Casanova, José: *Public Religions in the Modern World*. Chicago 1994.
Dobbelaere, Karel: *Secularization: An Analysis at Three Levels* [2002]. Brüssel ^{2}2004.
Durkheim, Émile: *Die elementaren Formen des religiösen Lebens* [1912]. Frankfurt a. M. 1981.
–: Der Individualismus und die Intellektuellen [1898]. In: Hans Bertram (Hg.): *Gesellschaftlicher Zwang und moralische Autonomie*. Frankfurt a. M. 1986, 54–70.
Eisenstadt, Shmuel N.: *Die großen Revolutionen und die Kulturen der Moderne*. Wiesbaden 2006.
Giddens, Anthony: *Konsequenzen der Moderne*. Frankfurt a. M. 1995.
Habermas, Jürgen: *Der philosophische Diskurs der Moderne. Zwölf Vorlesungen*. Frankfurt a. M. 1985.
Hervieu-Léger, Danièle: *Pilger und Konvertiten. Religion in Bewegung*. Würzburg 2004 (frz. 1999).
Huff, Toby: *Intellectual Curiosity and the Scientific Revolution. A Global Perspective*. Cambridge 2011.
Joas, Hans: *Die Sakralität der Person. Eine neue Genealogie der Menschenrechte*. Frankfurt a. M. 2011.

–/ Knöbl, Wolfgang: *Sozialtheorie. Zwanzig einführende Vorlesungen*. Frankfurt a. M. 2004.

Knöbl, Wolfgang: *Die Kontingenz der Moderne. Wege in Europa, Asien und Amerika*. Frankfurt a. M. 2007.

Lerner, Daniel: *The Passing of Traditional Society. Modernizing the Middle East* [1958]. New York 1965.

Luhmann, Niklas: *Beobachtungen der Moderne*. Opladen 1992.

Lyotard, Jean-François: *Das postmoderne Wissen. Ein Bericht* [1979]. Wien 1994.

McClelland, David: *The Achieving Society*. New York/London 1961.

Needham, Joseph: *Wissenschaftlicher Universalismus. Über Bedeutung und Besonderheit der chinesischen Wissenschaft*. Frankfurt a. M. 1977.

Riesebrodt, Martin: *Die Rückkehr der Religionen. Fundamentalismus und der ›Kampf der Kulturen‹* [2000]. München ²2001.

Smelser, Neil J.: *Social Change in the Industrial Revolution. An Application to the Lancashire Cotton Industry 1770–1840* [1958]. London 1960.

Stark, Rodney/Finke, Roger: *Acts of Faith: Explaining the Human Side of Religion*. Berkeley/Los Angeles, CA 2000.

Taylor, Charles: *A Secular Age*. Cambridge 2007.

Toulmin, Stephen: *Kosmopolis. Die unerkannten Aufgaben der Moderne*. Frankfurt a. M. 1991.

Weber, Max: *Wirtschaft und Gesellschaft* [1921]. Tübingen 1990.

–: *Wissenschaft als Beruf* [1919]. Stuttgart 1995.

Julien Winandy

8. Moral

Mit dem Begriff ›Moral‹ wird menschliches Verhalten reflektiert, sofern es als gut oder schlecht qualifiziert wird. Der Begriff hat eine komplizierte Geschichte, die seit der Antike zwischen einer beschreibenden (Gewohnheit, Sitte; Adjektiv: die Sitte betreffend) und stärker bewertenden (das Sittliche, das Gebotene) Semantik abwechselt und auch die Bedeutungsgleichheit von ›Moral‹ und ›Ethik‹ kennt (vgl. Jüssen 1984, 149–151; vgl. Tugendhat 1995, 35). Aus diesen Hinweisen lassen sich für die Annäherung an säkulare Moralkonzepte drei wichtige Aspekte gewinnen.

Erstens: Der enge Bezug zwischen deskriptiver und normativer/präskriptiver Ebene legt für das Nachdenken über Moral eine maßgebliche Unterscheidung nahe, ob Moral (1) ausschließlich auf der Basis empirisch beobachtbarer Kriterien reflektiert wird, wie es für die Soziologie typisch ist, oder (2) ob diese faktisch geltenden Kriterien als hinreichende Grundlage für eine philosophische Theorie der Moral angesehen werden, oder (3) ob universelle, von faktischer Geltung unabhängige Prinzipien zur Formulierung einer solchen Theorie vorausgesetzt werden. Ansätze (2) und (3) gehen von der Wahrheitsfähigkeit moralischer Urteile aus und werden daher als kognitivistisch bezeichnet; im Gegensatz dazu stehen nichtkognitivistische Theorien, welche die Wahrheitsfähigkeit und damit einhergehend den Sinn moralischer Aussagen grundsätzlich bezweifeln.

Zweitens: Mit der Unterscheidung zwischen deskriptiver und normativer Beschreibungsebene lässt sich zugleich ein charakteristischer Unterschied zu früheren Epochen herleiten: Schon in der Antike, stärker jedoch in der abendländisch-mittelalterlichen Kultur konnte Moralität in Wechselwirkung mit dem Sittlichen definiert werden, weil eine holistische Wirklichkeitsauffassung vorherrschte, in der Religion, Politik, Recht etc. eine ›kognitiv eindeutige‹ und moralisch bindende Ordnung bildeten (vgl. Honnefelder 2007, 114 f.). Die Auflösung dieser kognitiven Einheit in der Neuzeit erschwerte der Philosophie die Gleichsetzung von

Moral und Sitte: Das Sittliche gilt fortan als kontingent; das moralisch Gebotene hingegen definiert sich über Notwendigkeit.

Drittens: ›Moral‹ mit ›Ethik‹ gleichzusetzen, entspricht der aktuellen alltagssprachlichen Verwendung dieser Ausdrücke, die in der Philosophie nicht immer gegeben ist. So kann mit ›Ethik‹ das Nachdenken über die Möglichkeit der Begründung moralischer Urteile auf einer Metaebene gemeint sein, wohingegen ›Moral‹ entsprechend diese Urteile selbst bezeichnet: Die Menge der handlungsleitenden und normativ bindenden Sätze. In diesem Sinn sind ›Ethik‹ und ›Moralphilosophie‹ synonym und werden neben der politischen Philosophie durch die Bezeichnung ›praktische Philosophie‹ umfasst. Eine alternative, für den Liberalismus grundlegende Terminologie schlägt Jürgen Habermas vor, wonach jeweils ›Ethik‹ (die Frage nach dem guten Leben), ›Moral‹ (die Frage nach dem gerechten Handeln im Rahmen des Konkurrenzverhältnisses zwischen individuell begründeten Rechten) und ›Pragmatik‹ (Fragen der angemessenen Mittel) originäre Bereiche der Moralphilosophie bilden (vgl. Habermas 1991).

Säkularisierte Philosophie der Moral

Die Verbindung von Moral und Säkularisierung wird auffällig einheitlich über die abendländisch-aufklärerische Kategorie von ›Autonomie‹ bzw. »Selbstdenken« (Höffe 1996, 16–18) interpretiert. Ansatzpunkt ist der Anspruch auf »Selbstbestimmung des Handelns durch Vernunft« (Honnefelder 2007, 137). Dabei wird nicht übersehen, dass diese Denkkategorie in der hoch- bzw. spätmittelalterlichen Theologie selbst Wurzeln hat, namentlich im Naturrechtsdenken, das die Fähigkeiten des menschlichen Intellekts betont und für die moralische Erkenntnis daher eine universale Geltung beansprucht, wie auch im Voluntarismus, der die Kontingenz der geschöpflichen Welt hervorhebt und damit eine wichtige Voraussetzung schafft für das Bewusstsein um Möglichkeit und Notwendigkeit der Selbstgestaltung der faktischen Ordnung (vgl. Schneewind 1991, 148; Honnefelder 2007, 114, 116).

Jerome B. Schneewind unterteilt die moderne Philosophie der Moral in drei Phasen: (1) die Phase der Autonomie, (2) der kritischen Reflexion und Rechtfertigung von Autonomie als individueller Kategorie und (3) des Wechsels auf eine Perspektive von Moral als öffentliche Kategorie (vgl. Schneewind 1991). Diese ideengeschichtliche Interpretation kann mit einer gängigen historischen Darstellung der Säkularisierung verbunden werden: Phase (1) hat ihren Keim im Anliegen der Neuzeit, sich von der Autorität der Kirche und der Scholastik zu emanzipieren. Dies wurde u.a. von mathematischem und naturwissenschaftlichem Erfolg, insbesondere aber durch den Vertrauens- und Plausibilitätsverlust religiöser Moralbegründungen angetrieben. Dieser Verlust wurde u.a. durch die Konfessionalisierung Europas, das Trauma des Dreißigjährigen Krieges und der resultierenden Emanzipation der Politik von kirchlichem Einfluss veranlasst. Die Herausforderung für die Moralphilosophie bestand fortan darin, für ein materiell noch weitgehend einheitliches Moralsystem eine von religiöser oder sonstiger externen Autorität unabhängige und daher universell einsehbare Begründungsform zu formulieren, die aber zugleich über dieselbe Verpflichtungskraft verfügen sollte wie zuvor der Gehorsam gegenüber Gott und seinem ewigen Gesetz.

Kants Werk antwortet auf diese Herausforderung durch sein Konzept der unbedingten Pflicht, welches zugleich das Problem der Heteronomie, also der Fremdbestimmung des Willens lösen sollte (vgl. Kant, AA IV, 441): Der Mensch wird durch den Gebrauch der eigenen Vernunft, namentlich durch die Einsicht in das apriorisch und daher als universell erkannte Sittengesetz (kategorischer Imperativ), in unbedingter Weise auf Moralität verpflichtet. Gerade dadurch verwirklicht er seine ihm wesensgemäße Freiheit, die zugleich seine Würde konstituiert. Dies kann als säkulare Übertragung der Autorität Gottes sowie des Motivs von der Gottesebenbildlichkeit des Menschen angesehen werden. Die Annahme, es bedürfe zum moralischen Handeln notwendig einer universale Reichweite garantierenden Autorität, bleibt als solche indessen unberührt, weswegen Kant als Wendepunkt gelten kann zu einer säkularisierten Moral, der es im weiteren Verlauf

(2) nun darauf ankommt, das Paradigma der Autonomie in Richtung eines wachsenden Bewusstseins für Macht und Recht des Individuums weiter auszubuchstabieren und gegen Einwände zu verteidigen, die vor dem Hintergrund eines sich stärker ausprägenden geschichtlichen Bewusstseins ins Feld geführt werden. Solche Einwände betonen die Abhängigkeit von sozialer Prägung, daher also Kontingenz und partikulare Geltung von Moral. Die soziokulturelle Folie, vor der die Moralreflexion jetzt vollzogen wird, ist weniger durch Einheit als vielmehr durch Pluralität von Geltungsansprüchen geprägt, wozu auch der Atheismus in wachsendem Maße gehört. Soweit stellt die Säkularisierung sowohl ein Ergebnis der Anwendung von Moral als auch die Ursache für eine veränderte Moral dar (vgl. Honnefelder 2007, 116).

Die für Phase (3) charakteristische Konzentration auf die öffentliche Relevanz von Moral firmiert unter dem Thema ›Gerechtigkeit‹ (zwischen Individuum und Gesellschaft, zwischen Nationen, zwischen Mensch und Umwelt, zwischen den Geschlechtern etc.). Sie wird vor dem Hintergrund einer zunehmenden lebensweltlichen Pluralisierung (Max Weber, Peter L. Berger), Funktionalisierung (Niklas Luhmann) und umgreifenden Kontingenzerfahrung verständlich. An die Stelle einer verbindlichen Idee des Guten tritt ein Pluralismus von *Werten* (Hans Joas), und das wachsende politische Selbstbewusstsein des Individuums verlangt im ausdifferenzierten Gesellschaftsgefüge sein Recht. Die durch eine veränderte Arbeitskultur gewonnene Freizeit eröffnet dem Menschen mehr Möglichkeiten zur Selbstentfaltung und Wissensaneignung. Dies führt zur Schärfung des moralischen Bewusstseins: Der Anteil moralisch uneindeutiger Situationen nimmt zu (vgl. Lübbe 1997).

Die dargestellte historische Dynamik entspricht der Entwicklung von einer Verantwortung »*vor* den Normen« zu einer »Verantwortung *für* die Normen« (Honnefelder 2007, 121), wovon die Entstehung kontraktualistischer Theorien im 17. Jahrhundert (Thomas Hobbes, John Locke, Jean-Jacques Rousseau) ein erstes Zeugnis gibt. Die Idee des Menschen als Gestalter oder gar Verwalter der Moral und der Grundsätze der politischen Ordnung war vor der Säkularisierung undenkbar, sie drängt sich jedoch auf in einer Welt, in der das Individuum auf die Welt des Faktischen zurückgeworfen ist, und in der seine Interessen nicht mehr auf selbstverständliche Weise kollektiv geleitet und verbürgt sind (vgl. ebd., 115). Es liegt hier also nahe, ›Säkularisierung‹ nicht primär historisch, sondern konzeptuell im Lichte der aufklärerischen Idee der autonomen Vernunft und der daraus abzuleitenden Aspekte von Individualisierung, Wertepluralismus und Kontingenz (vgl. Horster 1999, 25) zu denken.

Inzwischen steht die praktische Philosophie v. a. vor der Herausforderung, den normativen Anspruch von Moral mit den eben genannten Aspekten in Einklang zu bringen: »Fast alle von uns urteilen weiterhin moralisch absolut, aber auf die Gültigkeit dieser Urteile befragt, neigen viele dazu, sie für relativ zu halten« (Tugendhat 1995, 18). Unsere Kultur erzieht zum Pluralismus, was häufig mit der Intuition einhergeht, jeder habe ein Recht auf seine private Moral; universelle Moralbegründungen werden als übergriffig empfunden. Dies kann die Philosophie nach weit verbreiteter Ansicht formal nicht berücksichtigen, da sie ihre Urteile *qua* moralische, d. h. insofern sie normativ bindend sein sollen, nicht anders als universal formulieren kann (vgl. ebd., 11–31).

Die Reaktion auf diese Herausforderung hängt zum Teil davon ab, wie die Effekte der Säkularisierung als solche bewertet werden. Es gibt eine Tendenz, insbesondere in utilitaristischen und liberalen Theorien, die Partikularisierung der moralischen Lebenswelt als Faktum und den Pluralismus daher als selbstverständlichen Ausgangspunkt für moralische Reflexion zu begreifen; dadurch wird das Individuum in den Mittelpunkt gerückt. Dieses Faktum kann aber selbst problematisiert werden, wie es durch Ansätze des Marxismus oder des Kommunitarismus geschieht. Ihre Arbeiten beleuchten die kulturkritische Aufgabe der Philosophie und zeichnen sich durch einen Anti-Individualismus aus. Unter dem expliziten Begriff ›Postsäkularismus‹ (Jürgen Habermas, José Casanova) nehmen Philosophen inzwischen Korrekturen an den Überzeugungen der säkularen Kultur vor, soziologische Autoren an der historischen Doktrin vom Verschwinden der Religionen. Man kann sagen:

Die Säkularisierungsideale, insbesondere das Konzept von ›Vernunft‹ und ›Autonomie‹ werden inzwischen selbst säkularisiert. In dieser Hinsicht kann für die Reflexion auf Moral eine Entwicklung attestiert werden, die derjenigen der postmodernen Metaphysikkritik analog ist.

Die Ansätze des Neopragmatisten Richard Rorty (1931–2007), des Kommunitaristen Alasdair MacIntyre (geb. 1929) und des Marxisten Terry Eagleton (geb. 1943) repräsentieren zeitgenössische Wege in der Philosophie der Moral. Sie können unter der Perspektive der genannten postsäkularen Tendenz gelesen werden, d. h. wie sie die Effekte der Säkularisierung bewerten. Dadurch lässt sich eine, wenn auch ambivalente Reihung herausarbeiten, die nicht historisch verstanden werden will.

Liberaler Ethnozentrismus

Rortys Philosophie ist antiessentialistisch: Begriffe wie ›Wahrheit‹ oder ›das Gute‹ werden nicht als Dinge interpretiert, mit denen Aussagen korrespondieren (Antirepräsentationalismus); sie können vielmehr ausschließlich über ihren Wert für menschliche Praxen erschlossen werden, der sprachlogischen Praxis eingeschlossen (Pragmatismus). Indem man etwas ›wahr‹ oder ›gut‹ nennt, bekräftigt man die Überzeugung vom Bestehen dieses Wertes. Die Wertigkeit ist danach zu unterscheiden, ob die zu inferierenden Folgen ausschließlich die private Praxis oder den intersubjektiven bzw. sozialen Bereich betreffen. Bei letzterem entsteht im Konfliktfall die Notwendigkeit zur rationalen Rechtfertigung der Überzeugung. Die rationale Behauptbarkeit hängt von der Plausibilität der Argumentation in den Augen des Gesprächspartners ab. Diese ist dort gegeben, wo man den ›logischen Raum der Gründe‹ (Wilfried Sellars) teilt. Dieser Raum ist nicht universal, sondern beschränkt sich zunächst auf die Sprachgemeinschaft bzw. die Gruppe mit demselben ›Vokabular‹. Rorty bezeichnet diese Position daher als ›ethnozentristisch‹ (vgl. Rorty 1988, 11–37). Sprache erklärt Rorty als evolutiv entstandenes Werkzeug, mit dem die eigenen Interessen kommuniziert und ausgehandelt werden. Mit ihr lernt der Mensch die Spielregeln, die für seinen *ethnos* in logischer und moralischer Hinsicht bindend sind und dadurch den Rahmen des rational Behauptbaren festlegen. Das Individuum kann von diesen Regeln abweichen und solches Abweichen selbst als moralisch bindend erleben. Es riskiert jedoch dabei, als nicht rational zu gelten. Indem Rorty Semantik, Normativität und Rationalität zirkulär aufeinander bezieht, verwischt er die Dichotomie zwischen Wert und Tatsache. Da kein externer, nicht-soziologisch beschreibbarer Standpunkt existiert, von dem aus sie sich hierarchisieren ließen, können unterschiedliche Überzeugungssysteme philosophisch nicht endgültig gegeneinander ausgespielt werden. Die Argumentation bleibt immer zirkulär: Ausgangspunkt wie Endpunkt einer Diskussion ist das sogenannte »abschließende Vokabular« (Rorty 1992, 127), kontingente Überzeugungen, die aber aufs Engste mit der Identität verknüpft sind. Die Philosophie kann lediglich die Folgen der Anwendung eines bestimmten Vokabulars transparent machen und gegebenenfalls ein besseres Vokabular vorschlagen, wobei das Bewertungskriterium wiederum in Relation zu einer bereits bestehenden Überzeugung und daraus zu extrapolierenden Absicht gewonnen wird. Dies gilt für philosophische, moralische und religiöse Überzeugungen gleichermaßen.

Rortys eigenes abschließendes Vokabular ist demokratisch im Sinne John Deweys. Demnach ist moralisch wertvoll, was zu einer reichhaltigeren Erfahrung und einer freiheitlichen Kultur beiträgt, in der jeder die Möglichkeit zur Entfaltung seines abschließenden Vokabulars hat.

Der moralische »Polytheismus« (Rorty 2008, 56–81) ist für Rorty Ausdruck der menschlichen Kreativität und ein Erfolg des aufklärerisch-humanistischen Ideals, daher so begrüßenswert wie unvermeidbar. Für die Politik, wo Konflikte gelöst werden müssen, folgt für Rorty aus Antiessentialismus und Ethnozentrismus daher das liberale Prinzip des Vorrangs des Rechten vor dem Guten (John Rawls): Keine private Moralvorstellung darf bei der Gestaltung der Gesetzgebung ausschlaggebend sein, sofern ihre Akzeptanz die Anerkennung einer fremden Autorität voraussetzt, d. h. nicht konsensfähig ist. Denn es gäbe keine Art, sie zu legitimieren, ohne dass von anderen verlangt würde, ihr eigenes abschließendes Vokabular aufzugeben (vgl. Rorty 1988, 82–125).

Der Kritik, seine Moralauffassung habe keine normative Kraft in Auseinandersetzung mit demokratiefeindlichen Weltbildern, begegnet Rorty mit der Beobachtung, dass der faktische Bewährungsrahmen einer Überzeugung der Diskurs ist, in der ›gute‹ Argumente die Form einer attraktiven Antwort annehmen müssen auf die folgende utilitaristisch-pragmatistische Frage: ›Zu welcher Realität führt diese Überzeugung und wäre sie mit meiner bzw. unserer Selbstauffassung vereinbar?‹ Es kann nicht ausgeschlossen werden, dass es bei einer Inkommensurabilität widerstreitender Überzeugungen bleibt.

Trotzdem ist moralischer Fortschritt im Sinne einer globalen Gerechtigkeit denkbar, die nicht vertikal als Annäherung bzw. Erfüllung eines moralischen Prinzips Form annimmt, sondern horizontal als sukzessive Ausweitung des Kreises von Personen, mit denen man sich solidarisch fühlt. Dabei wird Solidarität verstanden als die Fähigkeit, sich in den Schmerz anderer hineinzuversetzen (vgl. Rorty 1992, 320). Mit dieser Auffassung macht Rorty Anleihen bei verschiedenen anderen Autoren.

Unter anderem greift er auf Wilfrid Sellars Konzept der ›Wir-Intentionen‹ zurück (vgl. Rorty 1989, 108; 306 f.). Diesem zufolge sind Handlungen durch subjektive Intentionen motiviert. Moralisches Handeln sei entsprechend nicht durch Imperative, sondern durch eine spezifische, durch Vergemeinschaftung vorgegebene Form von Intentionen motiviert: durch solche, die der Einzelne aufgrund seiner Zugehörigkeit zu einem ›Wir‹ ausbildet und mit der Gemeinschaft teilt in der Absicht, ihr Wohl und zugleich das ihrer einzelnen Subjekte zu erhalten. Moralisches Verhalten erscheine daher materiell in der Form von Wohlwollen und Empathie. Rorty rekurriert außerdem auf Annette Baiers an Hume orientierten Arbeiten zur Moral, in denen Emotionen und Intuitionen eine ausschlaggebende Rolle spielen. Ein wichtiger Baustein ihres Moralkonzepts bildet den durch Reziprozität definierten Begriff des ›angemessenen Vertrauens‹ (*appropriate trust*). Vertrauen umfasst in diesem Sinne sowohl Ver-trauens*fähigkeit* als auch Vertrauens*würdigkeit* und bildet als Folge des daraus abgeleiteten angemessenen Verhaltens die Grundlage für Moralität. Solches Vertrauen herrsche zunächst in familiären Sphären vor, könne aber auf einen weiteren Personenkreis ausgeweitet werden. Diese Idee verknüpft Rorty schließlich mit einem Vorschlag Michael Walzers, gemäß dem zwischen einer ›dünnen‹ und einer ›dicken‹ Moralsprache unterschieden werden sollte. Letztere sei eng mit dem vertrauten Umfeld und der jeweiligen Kultur verbunden, wohingegen die dünne Moralsprache die abstraktere Form von universalen Prinzipien annehme und in der Begegnung zwischen fremden Kulturen zur Anwendung komme.

Mithilfe dieser Unterscheidung argumentiert Rorty: In Bezug auf Moral geht es darum, ein dickes, selbstverständliches Gefühl der Loyalität auch für solche Personen zu kultivieren, denen man normalerweise im Konfliktfall Desinteresse oder gar Ablehnung entgegen bringen würde. Dazu sind moderne Massenmedien ein wichtiges Mittel. Diese Strategie stellt eine Umkehrung des traditionellen rationalistischen Ansatzes dar, dessen Strategie auf die Stärkung dünner Moralsprache abzielt; sie eröffnet für Rorty zugleich Möglichkeiten, die Reichweite des demokratischen Vokabulars zu vergrößern. Diesen evolutiv gedachten moralischen Fortschrittsglauben deutet Rorty als die säkularisierte Form religiösen Erlösungsglaubens.

Rorty besteht darauf, die Rolle des Konzepts einer universellen Vernunft in der Moral zu begrenzen: So wie die aufklärerische Philosophie um der Autonomie willen dem Priester den Rang als letzte moralische Instanz absprach, so zwingt jetzt der Antiessentialismus dazu, der Philosophie diese Rolle abzuerkennen. In dieser Hinsicht verbindet sich bei Rorty eine postmetaphysische mit einer postsäkularen Tendenz. Intellektuelle Reflexion kann höchstens transparent machen, wo es die Menschen an Solidarität vermissen lassen. Dazu eignen sich aus Rortys Sicht Romane besser als philosophische Texte (vgl. Rorty 1992, 229–304). Insofern er die Säkularisierung der Moral als das wichtigste Resultat der Säkularisierung insgesamt betrachtet (Rorty 2008, 256, Fußnote), ist seine Position aber auch deutlich konservativ.

Rückkehr zur Tugend

»Die Probleme der modernen Moraltheorie sind eindeutig das Ergebnis des Scheiterns des Vorhabens der Aufklärung« (MacIntyre 1995, 89). Im Gegensatz zu Rorty betrachtet MacIntyre die Säkularisierung als Teil einer Verfallsgeschichte, die kulturell im Verlust moralischer Kriterien und philosophisch in den sogenannten Emotivismus mündet. Dies ist eine metaethische Theorie zur Bedeutung und Funktion moralischer Ausdrücke, der zufolge moralische Sprache ein emotional wirksames Mittel darstellt, subjektive Wünsche zum Ausdruck zu bringen und anderen nachhaltig anzuempfehlen. Dies impliziert, dass konkurrierende Werte willkürlichen Kriterien unterliegen und somit als prinzipiell gleichberechtigt gelten. Sie sind daher auch inkommensurabel, was die Beobachtung endloser Wertedebatten erklärt.

MacIntyre bemüht den Emotivismus als Platzhalter für die moralische Verfasstheit der gegenwärtigen Kultur, die er in einer Unordnung sieht (vgl. ebd., 13–56). Diese tritt einerseits durch die irritierende Beobachtung inkommensurabler aber jeweils kohärenter Moraltheorien zutage, andererseits in Form einer widersprüchlichen und pseudorationalen Praxis: Aus Sicht der emotivistischen Theorie kann es so etwas wie die rationale Aufwertung einer moralischen Argumentation nicht geben, dennoch erhoffen sich die Menschen offenbar genau diese Wirkung, wenn sie moralisches Vokabular einsetzen (vgl. ebd., 22–25). Der Relativismus der moralischen Anschauungen wird durch die Kultur im Namen individueller Autonomie gutgeheißen, zugleich verdeckt er jedoch den effektiv manipulativen, willkürlichen Aspekt dieser Praxen (vgl. ebd., 97).

Diese Inkohärenzen rühren für MacIntyre daher, dass die zugrundeliegenden moralischen Intuitionen Bruchstücke einer Ordnung sind, die vormals durch die Idee des *telos* gewährleistet war, in der Moderne jedoch zunehmend aufgelöst wurde. Das christliche Mittelalter war mit der Antike durch diese Idee verbunden, aus der sich ein dreigliedriges ethisches Modell konzipieren ließ: Es wurde unterschieden zwischen dem defizitären Naturzustand des Menschen, seinem potentiellen Idealzustand (ein guter Bürger der Polis zu sein bzw. ein Leben gemäß der Gottebenbildlichkeit zu führen) und den vernunftmäßig erkennbaren Mitteln (Gebote), durch welche die Teleologie zwischen den beiden Zuständen erfüllt werden konnte. Die Theologie selbst hat MacIntyre zufolge zu Beginn der Moderne, namentlich durch die Leugnung des dritten Aspekts, zu einer ersten Auflösung des Schemas beigetragen. Die aufklärerischen Autoren fühlten sich indessen verpflichtet, die essentialistischen Anteile des Schemas auszugliedern, d. h. die Teleologie und den theologisch definierten Wesensbegriff (vgl. ebd., 77–79). Weil sie sich inhaltlich an der Tradition orientierten, diese jedoch nur im Zusammenhang des vollständigen Schemas Sinn macht, waren die resultierenden Moraltheorien von Anbeginn zum Scheitern verurteilt. Der Emotivismus hat diese de facto defizitäre Entwicklung schließlich in Richtung eines Subjektivismus fehlinterpretiert.

Für MacIntyre hingegen gilt: Es ist möglich, objektive Kriterien zur Bestimmung des moralisch Richtigen zu formulieren (vgl. ebd., 86). MacIntyres Werk hat das erklärte Ziel, diese verlorengegangene Kriteriologie als kulturelle Ressource wieder verfügbar zu machen, indem er moralisches Handeln über das teleologische Konzept der Tugend definiert und damit an die aristotelische Lehre und deren christliche Interpretation anknüpft. Die darin geforderte Anthropologie besorgt er durch eine Definition des Menschen als »abhängiges rationales Tier« (vgl. MacIntyre 2001). Rational zeigt er sich in der Fähigkeit, seine Wünsche kritisch zu reflektieren. Diese Fähigkeit erwirbt er sich in der Nachahmung der Fürsorger, z. B. Eltern und Lehrer. Er wird in eine Gemeinschaft hinein sozialisiert, die für die soziale Rolle ein Ideal formuliert und dem Einzelnen verhaltensleitende Regeln bereitstellt. Das Gute wird definiert über die Exzellenz in der Erfüllung dieses Ideals, die er durch den Erwerb der Tugenden erreicht. Das Ideal spiegelt das Wohl der gesamten Gemeinschaft wieder, aber die Erziehung zur Tugend zielt auf das glückliche Leben und die Selbständigkeit des Einzelnen hin. Insofern die Gemeinschaft nicht nur die Ressourcen besorgt, sondern zugleich als Raum zur Ausübung der Tugenden fungiert, besteht MacIntyre in Entgegensetzung zum Liberalismus darauf, Unabhängigkeit und »anerkannte Abhängigkeit« gleich zu gewichten (vgl. ebd., 142). Der tugendhafte, d. h. moralische Mensch begreift das für ihn Gute immer in Abhängigkeit zum Wohl *seiner konkreten* Gemeinschaft (vgl. ebd., 129): Damit gleicht dieser Ansatz einer Form von Ethnozentrismus, die allerdings einen moralischen Realismus begründen will.

MacIntyre wirbt für eine Rückkehr zur Tradition aus der Überzeugung heraus, dass die moralische (abendländische) Kultur nur so ihre Authentizität wiedererlangen kann. Darin wirkt sein Ansatz zunächst presäkular. Hinsichtlich der Form seiner Argumentation kann seine Position jedoch auch als postsäkular betrachtet werden: Seine Kritik an der Säkularisierung als Ursprung der beklagten moralischen Unordnung beruht auf der Feststellung des Scheiterns und der Inkohärenz der Ideale von autonomer Vernunft und Selbst. MacIntyres Agenda versteht sich somit als Reaktion auf ein philosophisches Problem, das sich die säkularen Moralansätze selbst aufgeben, und nicht ausschließlich als Ausdruck einer kulturellen Nostalgie.

Christlich gefärbter Marxismus

Terry Eagleton betrachtet die Rückkehr zu einer entschlossenen Moralbegründung ebenfalls als Ausweg aus der als »ambivalent« (Eagleton 1997, 27–59) und »paradox« (ebd., 118) beschriebenen Situation der zeitgenössischen Moral. Sein kritischer Blick richtet sich zugleich gegen den Kapitalismus und die philosophische Postmoderne als sich verstärkende Schwächungseffekte der Säkularisierung. Eagleton will zwischen zwei gleichberechtigten Anliegen vermitteln: dem liberalhumanistischen, deontologischen Anliegen, das individuelle Recht auf Glück durch weltanschauliche Neutralität zu schützen; und der kommunitaristischen Kritik, gemäß der das Prinzip »des Rechten vor dem Guten« die Idee der negativen Freiheit zur Selbstentfaltung einseitig verabsolutiert (vgl. ebd., 92–123). Nach Eagleton wird jeweils grundsätzlich erkannt, dass sich der Mensch nur aufgrund und innerhalb der Grenzen seiner Natur als materiell-körperliches Lebewesen entfalten kann: im Umgang mit seinen materiellen Bedürfnissen und mit anderen Subjekten. Freiheit kann also nur in einer sozialdynamischen Prägung verständlich werden, die sich allerdings nicht auf den Bereich des privaten Handelns beschränkt. Deshalb darf politisches Engagement jedoch nicht ausschließlich als Instrument zur Sicherung des Glücks begriffen werden, sondern ebenso als dessen mögliche Gestalt. Die durch das liberale Prinzip legitimierte Ablehnung kommunitaristischer Modelle für die Politik muss daher als Behinderung der Entfaltung einer bestimmten Idee des guten Lebens gelten. Eagleton führt die Kurzsichtigkeit des Liberalismus u. a. auf die in seiner Sicht unbegründete Angst zurück, eine kollektiv geprägte politische Kultur müsse zwangsläufig zu einem moralischen Uniformismus führen (vgl. ebd., 111 f.).

So wie er eine Anthropologie voraussetzt, die im Gegensatz zum postmodernen Dogma der kulturellen Determination zusätzlich biologische Faktoren berücksichtigt, wendet sich Eagleton auch gegen die postmoderne Tendenz, die »Selbstdezentrierung« des Subjekts (vgl. ebd., 121 f.) überzubewerten. Dazu zieht er eine Parallele: Die Aufklärung beförderte die Entwicklung des Kapitalismus, der zunächst humanitären Fortschritt ermöglichte, um in einem zweiten Schritt die eigenen Erfolge durch eine zügellose Instrumentalisierung der Vernunft zu untergraben; Dezentrierung indes lässt sich logisch ableiten aus einem berechtigten Kontingenzbewusstsein, das auf das Pluralitäts- und Toleranzprinzip zurückgeht; unter den Vorzeichen einer universalen Konsumorientierung ist für Eagleton das inzwischen bis zur Unkenntlichkeit dezentrierte Subjekt allerdings moralisch und infolgedessen politisch nahezu ausgeschaltet. Die »sozialistische Demokratie« (ebd., 122) ist imstande, die Dynamik von Selbstdezentrierung und Autonomie zu stabilisieren, indem sie auf der Basis einer kollektiv herbeigeführten Solidarität die notwendigen ökonomischen Ressourcen sicherstellt, die zur Entfaltung individueller Lebensentwürfe notwendig sind. In dieser doppelten Zielsetzung, Autonomie und/in Solidarität, ähnelt der Ansatz

Rortys Anliegen, obgleich wichtige Unterschiede in der Art der Plausibilisierung bestehen. Im Gegensatz zu Rortys Aufklärungsoptimismus hält Eagleton das säkularisierte Freiheitskonzept für eine Modifikation des theologischen Modells, durch die es seiner besten Einsicht beraubt wurde: der Idee von Freiheit als Autotelie. Der Mensch kann sein Dasein als autotelische Freiheit, als Zweck in sich selbst begreifen, weil sich die Schöpfung keinem Zweck, sondern dem reinen Willen Gottes verdankt. Der Mensch wirkt für sich selbst als Fundament, das gerade durch Umsetzung der Freiheit, durch Selbstdetermination greift (vgl. Eagleton 2001, 26–29). Der säkularisierte Entwurf von Freiheit hingegen führt faktisch immer zu ihrer Instrumentalisierung, weil er die Möglichkeit der ontologischen Fundierung kategorisch zurückweist.

Eagletons Ansatz läuft auf einen christlich begründeten Marxismus hinaus, den er als kollektive Form von Selbstdeterminierung und als Mittelweg zwischen Liberalismus und Kommunitarismus definiert (vgl. ebd., 29). Existenz und Wert der menschlichen Freiheit erwächst aus der Gotteskindschaft, die sich spätestens mit der solidarischen Tat Christi als Liebe erweist (vgl. Eagleton 2010, 23–31). Diese Deutung ermöglicht eine Analogie, die zur Korrektur der Fehldeutung der sozialistischen Theorie beiträgt: Der Marxismus stellt die politischen Rahmenbedingung bereit, in der freie Selbstbestimmung in idealer Weise, nämlich autotelisch, und ohne Instrumentalisierung des Anderen nachhaltig möglich ist.

Wie MacIntyre argumentiert Eagleton für die Orientierung an dem Verlorengegangenen in der Tradition. Während aber u. a. der Aspekt der Entfremdung der Kritik unterliegt, gelten die liberalen Elemente der Säkularisierung als humanistisch wertvoll, worin er Rortys Auffassung nahe ist. Dennoch kann Eagleton deutlicher als dieser als postsäkularer Autor gelesen werden: Er setzt eine essentialistische Wirklichkeitsauffassung voraus, die er im expliziten Rückgriff auf den Wert religiösen Denkens gerade gegen die säkularisierte Kultur und analog zu MacIntyre im Sinne einer korrigierten philosophischen Position einfordert (vgl. Eagleton 1997, 124).

Weitere Entwicklungen

Die erläuterten Ansätze sind mit der Frage beschäftigt, wie eine zeitgemäße Ethik aussehen könnte bzw. auf welcher philosophischen Grundlage über die öffentliche Ordnung reflektiert werden sollte. Die Philosophie der Moral ist jedoch nicht ausschließlich durch Konkurrenz zwischen widerstreitenden Richtungen ihrer eigenen Disziplin herausgefordert, sondern inzwischen mehr und mehr durch die Forschungsergebnisse fachfremder Disziplinen, insbesondere durch die Naturwissenschaften.

Naturalistische Moraltheorien befassen sich mit Moral als naturwissenschaftlich beschreibbarem Phänomen. Prominente Ansätze sind die sogenannte evolutionäre Ethik (Thomas Huxley) und die Neuroethik (Thomas Metzinger, António Damásio). Diese meist interdisziplinär ausgerichteten Theorien entziehen den Begriffen der philosophischen Tradition sukzessive die Immunität, so auch dem Autonomie-bzw. dem Freiheitsbegriff, der in der aktuellen Forschung zusehends an Erklärungskraft einbüßt. Manche dieser Ansätze verstehen sich gar reduktionistisch: Nach ihnen geht der philosophische Begriff von Moral restlos in naturwissenschaftlichem Vokabular auf (u. a. Richard Dawkins, Daniel C. Dennett). In der Philosophie wird aktuell eine heftige Debatte darüber geführt, wo die Grenzen naturwissenschaftlicher Erklärung verlaufen, und ob der Reduktionismus unvermeidbar ist. Neben den postsäkularen Stimmen bilden diese Ansätze so die jüngste Entfaltung des Paradigmas des ›Selbstdenkens‹.

Aus der Perspektive der Religion gibt sich die Säkularisierung der Moral als »komplementärer Lernprozess« (Habermas/Ratzinger 2005, 31–33) zu erkennen. Der Religion erwächst einerseits die Aufgabe, ihre moralischen Überzeugungen so zu formulieren, dass sie durch die säkularisierte Kultur aufgenommen und gesichert werden können (Höhn 2007, 20 f.). Dass dies schon erfolgt ist, legen die Erkenntnisse der Soziologie nahe. Dort wird eine Funktion von Religion in der Spätmoderne gerade in der Artikulation von Moral gesehen. Manche Soziologen begreifen die Säkularisierung der Moral gar *als* Moralisierung der Religion (vgl. Nassehi 2001, 21–38). Bedeutete die Säkularisierung vormals für das Christentum den Verlust der Deutungshoheit über die moralische Ordnung, so sieht es sein Selbstverständnis aktuell davon bedroht, auf die Rolle des Hüters der Moral reduziert zu werden.

Auf der anderen Seite wird sich die postsäkulare Kultur der Mangelerscheinungen ihrer metaphysischen ›Enthaltsamkeit‹ bewusst und entwickelt erneutes Interesse an den Einsichten genuin religiösen Denkens (vgl. Habermas/Ratzinger 2005). Kirchen und Theologen werden dazu aufgefordert, als Repräsentanten einer Glaubenstradition zu sprechen, die quer zum öffentlichen Common Sense wichtige moralische Einsichten tradiert.

Beide Entwicklungen eröffnen den Kirchen und Theologien vielfältige Wirkungsmöglichkeiten, die allerdings um die Schwierigkeit erkauft sind, zwei zunächst konträre Momente zu verwirklichen: eine echte Offenheit für die Erwartungen, die eine säkularisierte Kultur an sie stellt sowie die gleichzeitige Pflege derjenigen Elemente, die dieser Kultur fremd sind oder gar entgegenstehen. Ob hierin eine dezentrierte Rationalität im Sinne postmoderner Autoren eine Lösung darstellt, wie es Rorty optiert, oder ob eine entschiedene Konzentration auf traditionsimmanente Motive wie es auf je unterschiedliche Weise MacIntyre und Eagleton aber auch die Autoren des sogenannten ›New Traditionalism‹ vorschlagen, wird die zeitgenössische Religionsphilosophie zu beantworten haben.

Literatur

Baier, Annette C.: *Moral Prejudices. Essays on Ethics.* Cambridge u. a. 1995.
DeVries, Willem: Wilfred Sellars. In: Stanford Encyclopedia of Philosophy (2011): http://plato.stanford.edu/entries/sellars/ (29.1.2014).
Eagleton, Terry: *Die Illusionen der Postmoderne. Ein Essay.* Stuttgart/Weimar 1997 (engl. 1996).
–: God, the Universe, Art, and Communism. In: *New Literary History* 32/1 (2001), 23–32.
–: *Reason, Faith & Revolution. Reflections on the God Debate.* New Haven/London 2010.
Habermas, Jürgen: *Erläuterungen zur Diskursethik.* Frankfurt a. M. 1991.
–/ Josef Ratzinger: *Dialektik der Säkularisierung. Über Vernunft und Religion.* Freiburg i. Br. 2005.
Höffe, Ottfried: Moral und Erziehung. Zur philosophischen Begründung der Moderne. In: Christoph Gestrich (Hg.): *Ethik ohne Religion? Mit Beiträgen von Ottfried Höffe u. a.* (Beiheft der *Berliner Theologischen Zeitschrift* 13 Jg. [1996]), 16–27.
Höhn, Hans-Joachim: *Postsäkulare Gesellschaft im Umbruch – Religionen im Wandel.* Paderborn u. a. 2007.
Honnefelder, Ludger: *Was soll ich tun, wer soll ich sein? Vernunft und Verantwortung, Gewissen und Schuld.* Berlin 2007.
Horster, Detlef: *Postchristliche Moral. Eine sozialphilosophische Begründung.* Hamburg 1999.
Jüssen, Gabriel: Moral, moralisch, Moralphilosophie. I. Lateinische Antike. In: Joachim Ritter/Karlfried Gründer/Gottfried Gabriel (Hg.): *Historisches Wörterbuch der Philosophie.* Bd. 6. Basel 1984, 149–151.
Kant, Immanuel: Grundlegung zur Metaphysik der Sitten. In: *Kants gesammelte Schriften.* Bd. IV. Hg. von der Königlich Preußischen Akademie der Wissenschaften. Berlin 1902 ff., 385–463.
Lübbe, Hermann: Selbstbestimmung und über Fälligkeiten der Moralisierung und der Entmoralisierung moderner Lebensverbringung. In: Volker Drehsen u. a. (Hg.): *Der ›ganze Mensch‹. Perspektiven lebensgeschichtlicher Individualität.* Berlin/New York 1997.
MacIntyre, Alasdair: *Der Verlust der Tugend. Zur moralischen Krise der Gegenwart.* Frankfurt a. M. 1995 (engl. ²1984).
–: *Die Anerkennung der Abhängigkeit. Über menschliche Tugenden.* Hamburg 2001 (engl. 1999).
Nassehi, Armin: Religion und Moral – Zur Säkularisierung der Moral und Moralisierung der Religion in der modernen Gesellschaft. In: Gert Pickel/Michael Krüggeler (Hg.): *Religion und Moral. Entkoppelt oder verknüpft?* Opladen 2001, 21–38.
Rorty, Richard: *Solidarität oder Objektivität? Drei philosophische Essays.* Stuttgart 1988.
–: *Kontingenz, Ironie und Solidarität.* Frankfurt a. M. 1992 (engl. 1992).
–: *Philosophie als Kulturpolitik.* Frankfurt a. M. 2008 (engl. 2007).
Schneewind, Jerome B.: Modern Moral Philosophy. In: Peter Singer (Hg.): *A Companion to Ethics.* Oxford/Cambridge 1991, 147–157.
Sellars, Wilfrid: *Science and Metaphysics. Variations on Kantian Themes.* London/New York 1968.
Tugendhat, Ernst: *Vorlesungen über Ethik.* Frankfurt a. M. ³1995.
Walzer, Michael: *Lokale Kritik – globale Standards. Zwei Formen moralischer Auseinandersetzung.* Hamburg 1996 (engl. 1994).

Ursula Diewald Rodriguez

9. Neutralisierung/Neutralität

Von seiner Herkunft aus dem Lateinischen bedeutet das Wort ›Neutralität‹ (von *neutralitas*) so viel wie: Indifferenz, Unentschiedenheit, Unparteilichkeit. Seine Wurzel hat es in der Wortkonstruktion *ne-uter* (keines von beidem), die auf die bereits in der Philosophie der Stoa übliche Kategorisierung von Dingen als *res neutra*, d. h. Dinge, die weder gut noch böse sind, verweist. Zur politischen Kategorie wird Neutralität jedoch erst im 16./17. Jahrhundert, im Zeitalter der Religionskriege und der Entstehung der europäischen Nationalstaaten. So wurde in der klassischen *bellum iustum*-Lehre die Haltung von Neutralität zumeist kritisch bewertet. Erst mit der Durchsetzung des freien Kriegsführungsrechts änderte sich ihre Bewertung generell. Von hier aus setzte mit der Staatenbildung ein Verständnis von Neutralität ein, das im Verbund mit Gewaltenteilung und ersten völkerrechtlichen Ansätzen sowohl für Kriegs- wie für Friedenszeiten in Anspruch genommen werden konnte. In diesem Sinne lässt sich von einer relativen »Begriffsstabilität« (Schweitzer 1978, 320) der Neutralität als Unparteilichkeit zwischen dem 14. und dem 20. Jahrhundert sprechen. Erst am Beginn des 20. Jahrhundert kam neben der völkerrechtlichen und d. h. vor allem außenpolitischen Bedeutung die innenpolitische Dimension des Neutralitätsbegriffs hinzu.

Neutralität in Religionsangelegenheiten wurde jedoch schon zur Reformationszeit thematisiert. Der Sache nach findet sich selbst in kontrierstheologischen Debatten dieser Zeit mit dem Begriff der Adiaphora ein Analogon. Denn diese bezeichneten jene Dinge, die in Glaubenshinsicht nicht zu entscheiden und daher als »Mitteldinge« für die Rechtgläubigkeit nicht ausschlaggebend sind (vgl. Konkordienformel FC X, BSLK 813 ff.). Wenn man so will, haben wir es hierbei mit einer frühen Form von religiöser Neutralität zu tun, da einzelne Ansichten im Ganzen eines Glaubenssystems als nicht mehr heilsnotwendig erachtet wurden. Beide Dimensionen, die politische wie die religiöse Neutralität sind somit tief in die Prozesse neuzeitlicher Religions- und Christentumsgeschichte eingebettet.

Neutralisierung als geschichtlicher Vorgang

Europa wurde in der Neuzeit maßgeblich durch die konfessionellen Spannungen geprägt. Mehr als zuvor wurden Religionsfragen zu Machtfragen mit einflussreichen institutionellen Anwälten, die sich zum Teil verheerende kriegerische Auseinandersetzungen leisteten. Schon Jean Bodin befasste sich daher mit der Frage der religiösen Neutralität des Souveräns bei entsprechenden Streitigkeiten im Volk. Wenn die Einheit des Staates nicht gefährdet ist, riet er definitiv zur Zurückhaltung. Und obwohl der Begriff der Neutralität weder im Edikt von Nantes (1598) noch beim Friede von Münster und Osnabrück (1648) verwendet wurde, so können doch beide ohne ihn nicht verstanden werden. Erst im westfälischen Frieden, mit dem der Dreißigjährige Krieg sein Ende fand, gelang eine Stabilisierung der Reichs(verfassungs)ordnung und damit auch des Friedens in Europa durch Implementierung neuer prozeduraler Regeln. Das Ziel war dabei nicht zuletzt ein Ausgleich unter den Religionsparteien. Dazu sollten die Sistierung der religiösen Wahrheitsfrage und die Durchsetzung paritätischer Verhältnisse dienen. Man kann von einem Versuch öffentlicher Neutralisierung religiöser Fragestellungen sprechen, zumindest was das Reichsterritorium als solches betraf.

Diesem Prozess stand innerhalb der einzelnen Länder eine zunehmende Konfessionalisierung der sozialen Lebensbereiche gegenüber. Sie versuchte, die überkommenen politischen Strukturen durch konfessionelle Homogenität der Bevölkerung zu sichern. Unter dem Stichwort »Sozialdisziplinierung« (Gerhard Oestreich) oder »Pastoralmacht des Staates« (Michel Foucault) bezeichnet man heute das Vorgehen der Fürsten, die jeweilige Landeskonfession in einem bis dato nie gekannten Ausmaß zum Erhalt der sozialen Ordnung einzusetzen, was zum Teil mit großer Unterstützung, teilweise aber auch gegen erklärten Widerstand des Klerus geschah.

Mit der Auflösung der geistlichen Fürstentümer im Gefolge des Reichsdeputationshauptschlusses (1803) wird dann ein weiterer Schritt zur Neutralisierung der Religion als unmittelbarer politischer Faktor vollzogen. Doch wäre es kurzschlüssig, diesen Vorgang bereits als umfassende, rechtlich-politische Säkularisierung zu deuten. Bis weit in das 20. Jahrhundert darf für Deutschland, wo sich im Gegensatz zu Frankreich kein laizistisches System etablieren konnte, der politische Einfluss der beiden großen Kirchen nicht unterschätzt werden. Erst das Ende der Monarchie 1918 bildet mit der Auflösung des (protestantischen) Bündnisses von Thron und Altar einen echten Einschnitt. Nun wurden die Sphären von Staat und Religion institutionell getrennt, ohne allerdings radikal voneinander geschieden zu werden. So bestehen in Deutschland weiterhin vielfältige Kooperationen auf organisatorischer Ebene. Und obgleich der politische Meinungsdiskurs in überkonfessioneller oder religionsneutraler Weise zunehmend durch andere (z. B. ökonomische, zivilgesellschaftliche) Interessen geprägt wird, kann von einer Exklusion religiöser Überzeugungen im öffentlichen Diskurs nicht die Rede sein.

Die rechtlich-politische Programmformel der weltanschaulichen Neutralität

Die Grundlagen des heute gültigen deutschen Religionsverfassungsrechts geht auf die Weimarer Reichsverfassung mit der Besiegelung des Endes des Staatskirchensystems 1919 zurück. Dabei erlangt der Neutralitätsgrundsatz erstmals auch für nicht-staatliche Akteure unmittelbare Bedeutung, insofern er nämlich Religions- und Weltanschauungsgemeinschaften sowie andere kulturelle Gruppen (Medien) zur Nichteinmischung bzw. Unparteilichkeit anhielt. Hintergrund bilden die bis tief ins Ideologische reichenden politischen Auseinandersetzungen der damaligen Weimarer Öffentlichkeit. Das Grundgesetz inkorporiert dann die sogenannten Weimarer Kirchenartikel über Art. 140 GG. Diese flankieren mit dem Status von Religionsgemeinschaften als »Körperschaften öffentlichen Rechts« (Art. 141 WRV) in institutioneller Hinsicht das Grundrecht auf Religions-, Glaubens-, Bekenntnis- und Gewissensfreiheit (gemäß Art. 4 GG). Vor diesem Hintergrund urteilte das BVerfG in einem maßgeblichen Urteil aus dem Jahr 1965: »Das Grundgesetz legt durch Art. 4 Abs. 1, Art. 3 Abs. 3, Art 33 Abs. 3 sowie durch Art. 136 Abs. 1 und 4 und Art 137 Abs. 1 WRV in Verbindung mit dem Art. 140 GG dem Staat als Heimstatt aller Bürger ohne Ansehen der Person weltanschaulich-religiöse Neutralität auf. Es verwehrt die Einführung staatskirchlicher Rechtsformen und untersagt die Privilegierung bestimmter Bekenntnisse« (BVerfGE 93,1 [16 f.]). Die so höchstrichterlich fixierte religiös-weltanschauliche Neutralität des Staates wird fortan zum maßgeblichen Grundsatz der Verfassungshermeneutik, mit zum Teil bis in die Gegenwart reichenden Kontroversen (Kruzifix-Urteil 1995).

Mit der weltanschaulichen Neutralität verpflichtet sich der säkulare Staat zu religiöser Unparteilichkeit, die aber keine Neutralisierung der Öffentlichkeit meint. Vielmehr dient der Grundsatz zur rechtlich-politischen Bestandsgarantie einer religiös und kulturell pluralen Gesellschaft. Das führt in jüngster Zeit dazu, ihn durch die Rede von einer ethischen Neutralität zu erweitern und damit die Abstinenz des Staates umfassender für alle Fragen des guten Lebens des Einzelnen oder von Gruppen im Unterschied zu öffentlich verhandelbaren Gerechtigkeitsfragen zu fordern (vgl. Huster 2003). Umgekehrt wird gerade von Juristen zunehmend auch die Leistungsfähigkeit der Formel an sich diskutiert. Umstritten ist nicht nur ihr rechtstheoretischer Status (als Sachprinzip, eigenständige Norm oder heuristische Formel), sondern auch ihr Anwendungsgebiet. Für den Neutralitätsgrundsatz spricht jedenfalls, dass er nicht nur das deutsche Verfassungsrecht prägt. Auch die US-Verfassungsrechtsprechung orientiert sich in der Interpretation ihrer religionsrechtlichen Bestimmungen am *neutrality principle*. Allerdings steht dieses vornehmlich im Zeichen der *non establishment clause* des ersten Verfassungszusatzes (*first amendment*), der die Einführung einer Staatskirche oder staatskirchenähnlicher Strukturen verbietet.

So klar rechtliche Vorgaben innerhalb der liberalen Gesellschaften sein mögen, sie bedürfen ihrer stetigen politischen Konkretion. Das gilt insbesondere für das Religionsrecht. Religiöser

Pluralismus wie zunehmende Individualisierung verschieben die Mehrheitsverhältnisse und bestimmen damit die gesellschaftliche Ausgangssituation im weltanschaulichen Sektor neu. Wie innerhalb dieser neuen Unübersichtlichkeit die Neutralität des Staates als Gleichabständigkeit (Äquidistanz) gegenüber allen religiösen Akteuren zu gestalten ist, bleibt Bestandteil öffentlicher Debatten. Schon von daher kann sich der säkulare Verfassungsstaat nicht gänzlich aus dem religiösen Feld zurückziehen. Er bedarf einer aktiven Religionspolitik, die sich einem gestuften Verständnis von Neutralität verpflichtet sieht, und in der je nachdem Zurückhaltung, Offenheit wie partnerschaftliche Kooperation vorherrschen können (vgl. Polke 2009).

Neutralisierung als Moment kultureller Säkularisierung

Anhänger eines strikten Neutralitätsgebots vertreten häufig die weiterreichende Auffassung, religiöse Überzeugungen gänzlich aus den öffentlichen Debatten auszuschließen. Ihrer Meinung nach lässt der gesellschaftliche Pluralismus mit seinen divergenten Ansichten über das gute Leben keine Möglichkeit zu, darüber einen tragfähigen Konsens zu erzielen. Daher sind es Gerechtigkeitsgründe, die für eine Einklammerung religiöser und weltanschaulicher Argumente sprechen. Die rechtlich-politische Neutralisierung ist nur ein Schritt auf dem Weg zu einer umfassenderen Neutralität, an deren Ende eine offene säkulare Kultur steht, die am ehesten Meinungsvielfalt und gegenseitige Anerkennung auf dem Boden der Toleranz fördert. Erfordert der Pluralismus somit Neutralität als Unparteilichkeit im Sinne der Gleichheit, so bleibt umstritten, worauf sich diese vornehmlich beziehen soll: Entweder stehen die Entscheidungsprozeduren im Vordergrund oder aber man richtet sein Augenmerk zugleich auf die konkret inhaltliche Gesetzgebung. Vor allem unter liberalen Theoretikern ist diese Alternative umstritten (vgl. die Kritik Barrys an Dworkin: Barry 1995, 143 ff.). Gemein ist ihnen allerdings die Auffassung, wonach die umfassendere kulturelle Neutralisierung der langfristigen Pazifizierung von Gesellschaften am ehesten dienlich ist; sie stellt somit einen Wert an sich dar. Davon zu unterscheiden ist schließlich die Position des Politischen Liberalismus, die vor allem die Begründungsneutralität in den Vordergrund der öffentlichen Diskurse rückt: Nicht die Ziele politischer Willensbildung müssen neutral sein, wohl aber müssen ihre Gründe so gerechtfertigt werden, dass sie allgemein akzeptabel erscheinen (vgl. Forst 1994).

Gegen diese Ansätze politischer Philosophie, die dem Neutralitätsgrundsatz eine elementare freiheits- und gerechtigkeitssichernde Bedeutung beimessen, wenden insbesondere Vertreter des Kommunitarismus ein, dass ihnen selbst starke Konzeptionen eines (säkularistisch-liberalen) Guten zugrunde liegen. Kritisiert wird damit nicht nur die naive Unterstellung einer Trennung der Sphäre des Rechten und des Guten, sondern ebenso die enge Verknüpfung von Verfahrensrationalität und Neutralitätsprinzip. Letztere führt geradezu programmatisch zu einer immer individualistischeren Auffassung von politischem Gemeinwesen und öffentlicher Kultur, die als solche nur noch den »neutralen Rahmen für das Wechselspiel konkurrierender Interessen« (Sandel 1993, 32 f.) darstellen. Noch im viel zitierten Böckenförde-Axiom, wonach der »freiheitlich-säkularisierte Staat« von »Voraussetzungen lebt, die er selbst nicht garantieren kann« (Böckenförde 2006, 112), artikuliert sich die Vermutung, dass vor allem Religionen die sozialmoralischen Ressourcen bereitstellen können, die als substantielles Band die Kohäsionsfähigkeit von Gesellschaften leisten können. Als »comprehensive doctrines« (John Rawls) liefern sie sinnvolle Antworten auf die individuelle wie gemeinschaftliche Frage nach dem gelingenden Leben (umfassenden Guten).

Von dieser Debatte zu unterscheiden sind die geschichtsphilosophischen Einwände, die Carl Schmitt in ideenpolitischer Sicht gegen die seiner Meinung nach fortschreitende kulturelle Neutralisierung erhoben hat. Schmitt deutet die Neuzeit als Zeitalter der Entpolitisierung und Neutralisierung. Der »europäische liberale Staat des 19. Jahrhunderts« mit seinem neutralen Selbstverständnis steht exemplarisch »im Rahmen einer allgemeinen Tendenz zum geistigen Neutralismus« (Schmitt 2002, 87). Deren Spitze wiederum stellt die demokratische Technik der Willensbildung mit ihrem Fokus auf Chancengleichheit und das korporative Paritätsprinzip als Triumph des politischen Neutralismus dar (vgl. ebd., 98 f.). Schmitts eindeutig negative Bewertung dieses geschichtlichen Vorgangs verdankt sich vornehmlich der Schärfung des eigenen Ansatzes von »Politischer Theologie« und dem damit zusammenhängenden Begriff des Politischen.

Säkularer Staat und religiöses Ethos der Neutralität

Soll die Unterscheidung des Politischen vom Theologischen nicht wieder programmatisch eingezogen werden, dann stellt sich die Frage, was auf religiöser Seite dem Grundsatz staatlicher Säkularität entsprechen kann. Das Böckenförde-Axiom macht darauf aufmerksam, dass der demokratische Verfassungsstaat auf zivilgesellschaftliche Akteure angewiesen ist, die seiner Freiheitsordnung einen über die bloße Funktionalität hinausgehenden Sinn geben können. Dabei geht er davon aus, dass eine gemeinsame Wertbasis trotz der Vielfalt religiöser und weltanschaulicher Optionen möglich ist. Zur Voraussetzung hat dies zunächst die Gewährung positiver wie negativer Religionsfreiheit, dann eine klare Übereinkunft hinsichtlich der Aufgaben von Staat und Recht und schließlich die Anerkennung der gesellschaftlichen Rolle von Religions- und Weltanschauungsgemeinschaften.

Zum Gelingen friedvollen Zusammenlebens bedarf es aber nicht nur einer offenen Religionspolitik. Mehr noch muss der Staat darauf vertrauen, dass es den religiösen Institutionen mit ihren Theologien gelingt, vom Boden des eigenen Ethos eine affirmative Grundhaltung zum Wert des säkularen, d. h. weltanschaulich neutralen States zu entwickeln, das in den Gemeinden dann auch vorgelebt wird. Dies kann nur dann erfolgreich umgesetzt werden, wenn von Seiten der Politik die Maximalforderung einer radikalen Zurückdrängung alles Religiösen aus der Öffentlichkeit verstummt. Abgesehen davon, dass keine politische und rechtliche Entscheidung in dem Sinne jemals neutral sein kann, dass sie sich allein prozeduraler oder zweckrationaler Überlegungen verdankt, würde es an der Eigenart von Religion und Weltanschauung vorbeizielen, diese auf die private Lebensführung von Menschen zu beschränken. Umgekehrt besteht dann aber ein berechtigter Anspruch an die religiösen Bürger wie an die religiösen Traditionsgemeinschaften, sich auf die gesellschaftlichen Rahmenbedingungen des Pluralismus einzulassen. Insofern gehört zu einem religiösen Ethos der staatlichen Neutralität zwingend die Einsicht in die Friedenstauglichkeit der Trennung von Staat und Religion als Wert an sich, wie auch die damit verbundene Anerkennung der Differenz von Recht und Moral (vgl. dazu Herms 2007). In der christlichen Überlieferung bieten sich dafür je nach konfessionellem Hintergrund verschiedene Motive an: etwa die Zwei-Reiche-Lehre mit ihrer Unterscheidung des weltlichen vom geistlichen Regiment in der lutherischen Tradition, oder die Auffassung von der personalen Freiheitsqualität des Glaubens, wie sie dem Dekret über die Religionsfreiheit des 2. Vatikanischen Konzils zugrunde liegt, oder aber die schon in der alttestamentlichen Prophetie deutlich belegte Differenz von Recht und Gerechtigkeit, die z. B. bei Amos auf ein Völker und Religionen übergreifendes Ethos verweisen. So bleibt für die Einhaltung religiös-weltanschaulicher Neutralität des Staates beides wichtig: ein der Religionsfreiheit verpflichtetes, staatliches Ethos der Zurückhaltung und eine demokratische Grundeinstellung auf Seiten der religiösen Gruppierungen auf der Basis einer für alle verbindlichen Rechtsordnung.

Literatur

Barry, Brian: *Justice as Impartiality*. Oxford 1995.
Böckenförde, Ernst-Wolfgang: Die Entstehung des Staates als Vorgang der Säkularisation [1967]. In: Ders.: *Recht, Staat, Freiheit. Studien zur Rechtsphilosophie, Staatstheorie und Verfassungsgeschichte*. Erweiterte Ausgabe. Frankfurt a. M. 2006, 92–114.
Forst, Rainer: *Kontexte der Gerechtigkeit. Politische Philosophie jenseits von Liberalismus und Kommunitarismus*. Frankfurt a. M. 1994.

Heckel, Martin: *Deutschland im konfessionellen Zeitalter* (Deutsche Geschichte 5). Göttingen 2001.

Herms, Eilert: Die religiös-weltanschauliche Neutralität des Staates aus sozialethischer Sicht [1995]. In: Ders.: *Politik und Recht im Pluralismus.* Tübingen 2007.

Huster, Stefan: *Die ethische Neutralität des Staates. Eine liberale Verfassungsinterpretation.* Tübingen 2003.

Polke, Christian: *Öffentliche Religion in der Demokratie. Eine Untersuchung zur weltanschaulichen Neutralität des Staates* (Öffentliche Theologie 24). Leipzig 2009.

Rawls, John: *Politischer Liberalismus.* Übers. von Wilfried Hinsch. Frankfurt a. M. 1993.

Sandel, Michael: Die verfahrensrechtliche Republik und das ungebundene Selbst. In: Axel Honneth (Hg.): *Kommunitarismus. Eine Debatte über die moralischen Grundlagen moderner Gesellschaften.* Frankfurt a. M. 1993, 18–35 (engl. 1984).

Schlaich, Klaus: *Neutralität als verfassungsrechtliches Prinzip (vornehmlich im Kulturverfassungs- und Staatskirchenrecht).* Tübingen 1972.

Schmitt, Carl: *Der Begriff des Politischen.* Text von 1932 mit einem Vorwort und drei Corollarien, 5. Nachdruck der Ausgabe von 1963. Berlin ⁷2002.

Schweitzer, Michael: Art. Neutralität. Völkerrechtliche Begriffsbildung und Ausgestaltung. In: *Geschichtliche Grundbegriffe.* Bd. 4. Stuttgart 1978, 317–337.

Christian Polke

10. Öffentlichkeit

Obwohl der mehrdeutige Begriff der ›Öffentlichkeit‹ mitsamt seiner adjektivischen Verwendung ›öffentlich‹ gegenwärtig eine nahezu unhinterfragte Selbstverständlichkeit besitzt – etwa im Sinne einer ›Medienöffentlichkeit‹, eines ›öffentlichen Amtes‹, einer ›öffentlichen Meinung‹ oder in der Gestalt ›öffentlicher Plätze‹ städtebaulicher Architekturen –, ist er geschichtlich betrachtet noch recht jung. Im Widerspruch zu den restriktiven Machtansprüchen unaufgeklärter Staaten entstanden im späten 18. Jahrhundert zunächst in bürgerlichen Salons, Clubs und Kaffeehäusern Freiräume für einen Gedankenaustausch über kulturelle Themen. Diese neuartige Möglichkeit des Austauschs von Meinungen ließ das entstehen, was dann *public opinion* oder *esprit public* genannt wurde. Im Umfeld der Französischen Revolution sprach man von einer *opinion publique*, einer ›öffentlichen Meinung‹, wie Georg Forster übersetzt, die für ihn »das Werkzeug der Revolution und zugleich ihre Seele« darstellt (Forster 1966, 95). Im Zuge dieser politischen Konnotierung der öffentlichen Meinung kam der Begriff der ›Publizität‹ (*publicité*) auf, dem der Begriff der ›Öffentlichkeit‹ entspricht.

Entscheidend für die beispiellose Karriere des Öffentlichkeitsbegriffs ist die Verknüpfung der neu gewonnenen Öffentlichkeit – die sich als eine nichtprivate Sphäre bürgerlichen Lebens etabliert hat – mit der geschichtsphilosophisch inspirierten Idee der Aufklärung, eine Emanzipation des ›Menschengeschlechts‹ von heteronomen Zwängen, Dogmatismen und Herrschaftsformen zu bewirken. Durch die eingeforderte Möglichkeit eines ›öffentlichen Vernunftgebrauchs‹ ist Öffentlichkeit seither zu einem Medium der politischen Selbstbestimmung und zu einem kritischen Kontrollorgan für okkupierende Machtansprüche von Herrschern oder des Staates geworden. ›Politische Öffentlichkeit‹ ist der Inbegriff jener Kommunikationsbedingungen, »unter denen eine diskursive Meinungs- und Willensäußerung eines Publikums von Staatsbürgern zustande kommen kann« (Habermas 1990, 38). In einer durch eine Verfassung bestimmten konstitutionellen demokratischen Ordnung gilt, »daß die politische Macht letztlich die Macht der Öffentlichkeit ist« (Rawls 1998, 222). Die politische Öffentlichkeit bildet gleichsam den essentiellen Kern wohlgeordneter liberaler Gesellschaften, da – wie Kant es formuliert hat – alle »auf das Recht anderer Menschen bezogenen Handlungen, deren Maxime sich nicht mit der Publicität verträgt, [...] unrecht« sind (Kant 1977, 245).

Öffentlichkeit wird also durch kommunikative Selbstverständigungen mündiger Bürger erzeugt und nicht einfach vorgefunden. Sie ist der Raum einer diskursiven Auseinandersetzung mit öffentlichen Themen. Durch die seit der Aufklärung eingeforderte Egalität aller Teilnehmer, die sich im öffentlichen Raum zu Wort melden können, ist sie Inbegriff einer ›horizontalen‹ Gesellschaft, die die hierarchische Struktur einer ›vertikalen‹ Gesellschaft – etwa des *Ancien Régime* – durch eine Demokratisierung der gesellschaftlichen Selbstverständigungsprozesse abgebaut hat. Die Autonomie des Vernunftgebrauchs wurde dabei nicht zuletzt kritisch gegen die normativen Ansprüche der Religion verteidigt. Öffentlichkeit, so scheint es, ist daher »etwas durch und durch Säkulares« (Taylor 2009, 333). Da aber für Habermas der »egalitäre Universalismus, aus dem die Ideen von Freiheit und solidarischem Zusammenleben, von autonomer Lebensführung und Emanzipation, von individueller Gewissensmoral, Menschenrechten und Demokratie entsprungen sind, [...] unmittelbar ein Erbe der jüdischen Gerechtigkeits- und der christlichen Liebesethik« ist (Habermas 2001, 175), ist die Beantwortung der Frage nach dem Zusammenhang von Säkularisierung und Öffentlichkeit ein Akt der Selbstvergewisserung der politischen Vernunft.

Antizipationen einer politischen Öffentlichkeit in der Antike und im Mittelalter

Bereits der antike römische Staat kannte ein ›öffentliches Recht‹ (*ius publicum*), ›öffentliche Angelegenheiten‹ und ›öffentlichen Besitz‹ (*res publica*). In Abgrenzung von ›privaten Angelegenheiten‹ (*res privata*) war das Öffentliche Gegenstand der Gesamtheit aller Bürger und nicht des Einzelnen. Wenngleich sich das lateinische *publicus* mit ›öffentlich‹ übersetzen lässt, ist seine Wortbedeutung doch durch seine Anwendung im Bereich des Politischen bestimmt, während der allgemeiner und vornehmlich territorial verstandene Verband der Bürger als Gemeinschaft mit dem Begriff *civitas* bezeichnet wurde. Dem Begriff der *res publica* entspricht im Griechischen der Begriff der *politeia*; und das *forum romanum* stellt die institutionelle Verdichtung einer derartigen politischen Öffentlichkeit dar, wie schon zuvor die griechische *agora* im Gegensatz zum Bereich der Hauswirtschaft (*oikos*).

Im Mittelalter gab es bewusst erzeugte Öffentlichkeit vornehmlich in der Gestalt der repräsentativen Zurschaustellung von Herrschaft. Die politische Herrschaft hatte gleichsam ihren öffentlichen Auftritt durch ein Ansichtigmachen von Insignien der Macht. Das machtvoll durchgesetzte Recht wurde bis weit in die Neuzeit hinein oftmals öffentlich vollstreckt – etwa bei Hinrichtungen –, um dem Akt der Wiederherstellung einer gerechten Ordnung Transparenz zu verleihen. Eine von Herrschaftsinstitutionen und privaten Bereichen abgegrenzte Öffentlichkeit, die der Gesellschaft dazu dient, sich über ihre Belange in einem freien Austausch von Meinungen und Argumenten zu verständigen, existierte nicht. Es gab daher weder eine öffentliche Meinung noch einen mit modernen Verhältnissen vergleichbaren Spielraum für politische Theorie. Als Nachwirkung von Augustins Zwei-Reiche-Lehre – er unterschied einen heilsgeschichtlichen Gottesstaat (*civitas dei*) von einem lediglich zu duldenden irdischen Staat (*civitas terrena*) – wurde zwar Realpolitik betrieben, wie der erbitterte Kampf um den Vorrang von weltlicher und geistlicher Macht seit dem Investiturstreit des 11. Jahrhunderts belegt, aber das Politische wurde nicht als ein Geltungsbereich eigener, säkularer Wertigkeit verstanden. Dem ›Fürstenspiegel‹ – dem politischen Traktat im Mittelalter – kam die Aufgabe zu, den Herrscher zu einem moralischen und gerechten Handeln zu ermahnen, aber keine von theologischen Vorgaben unabhängige Theorie des Politischen zu entwerfen. So ordnet Thomas von Aquin im 13. Jahrhundert in seinem Fürstenspiegel *De regno ad regem Cypri* die Macht des Fürsten in ein theologisches Gesamtverständnis der Welt ein, wonach der Machthaber dem Dienst an einer letztlich heilsgeschichtlichen Ordnung und somit auch der geistlichen Macht unterstellt ist. Da es *einen* Gott gebe, sei es für die Gesellschaft besser, wenn sie von *einem* König regiert werde. Dessen gerechtes Handeln werde durch den Lohn einer jenseitigen Seligkeit vergolten.

Im 14. Jahrhundert kam die Vorstellung, die Gesellschaft habe eine letztlich theologisch begriffene Ordnung des Ganzen zu verwirklichen, ins Wanken. Dante Alighieri verteidigt in seiner *Monarchia* die Wertigkeit der weltlichen Macht, die der geistlichen nicht unterstehe. Dazu lockert Dante den strikten Verweischarakter des Diesseits auf das Jenseits, indem er formuliert, es gebe für den Menschen *zwei* Ziele: ein irdisches *und* ein jenseitiges. Damit sind die Belange einer weltlichen Gesellschaftsordnung aufgewertet und der politischen Theorie Gestaltungsspielräume für eine wohlgeordnete Gesellschaft eröffnet. Eine derartige Rehabilitierung der politischen Theorie vollzieht auch Marsilius von Padua. In seiner Schrift *Defensor pacis* aus dem Jahr 1324 legt er eine Theorie des Politischen vor, in der er das von ihm Entworfene »mit sicheren, vom menschlichen Geist gefundenen Methoden auf Grund von feststehenden Sätzen, die jedem denkenden Menschen unmittelbar einleuchten«, beweisen will (Marsilius von Padua 1958, I, 25). Aus diesen Sätzen spricht bereits das neue Selbstbewusstsein einer Vernunft als einem ordnenden Prinzip, das nicht länger einer vorgegebenen theologischen Ordnung lediglich zu folgen bereit ist. Die Vernunft versteht sich als autonom, und »so ruht dieses Buch in sich, keiner Bestätigung von außen bedürftig« (ebd.). Gesetze zu erlassen, so folgert Marsilius, obliege allein der Gesamtheit der Bürger oder deren gewichtigem Teil, der die Gesamtheit repräsentiere. Damit ist die Idee einer nachmittelalterlichen Öffentlichkeit als Volkssouveränität zumindest antizipiert. Einen öffentlichen Raum der Argumente zur Gestaltung des Politischen hat auch Wilhelm von Ockham, der revolutionärste Denker des 14. Jahrhunderts, in seinem politischen Hauptwerk *Dialogus* eröffnet. Schon der Titel ist Programm:

Unter nominalistischen Vorzeichen wird die Annahme verworfen, es gebe eine verbindliche metaphysische Ordnung, der die Kirche als Gemeinschaft von heilsgeschichtlicher Dignität zu entsprechen habe. Vielmehr sei die bestehende Ordnung der Kirche kontingent und somit zwar nicht zufällig, aber auch nicht notwendig. Daher ist die Ausgestaltung der Macht nach Ockham – je nach Notwendigkeit und Beschaffenheit der Zeit – zu ändern: Je nach den Erfordernissen der Zeitumstände kann zum Wohl aller ein Papst oder ein Bischofskollegium der Kirche vorstehen. Auch Laien können diese Aufgabe übernehmen. Die zu gestaltende Ordnung der Herrschaft wird somit zu einer Aufgabe aller Gemeinschaftsmitglieder. Ockham stimmt ausdrücklich dem Satz zu: *Quod omnes tangit, ab omnibus tractari debet* – was alle betrifft, muss auch von allen besprochen werden. Damit ist formuliert, dass die Macht zwar als Prinzip von Gott abstammt, aber durch den Menschen auszuüben und zu gestalten ist: *a Deo, sed per homines* (vgl. Goldstein 2006).

Die von Ockham mit Blick auf die Kirche durchdeklinierte Kontingenz der Ordnung sollte sich auf den weltlichen Staat übertragen lassen. Den dazu notwendigen Schritt in Richtung einer politischen und säkularen Öffentlichkeit haben Dante, Marsilius und Ockham durch eine Entsakralisierung der Herrschaft vorbereitet. Weltlichen Machthabern kam demnach nicht länger eine implizite theologische Legitimation zu. Die Ordnung des Politischen war nicht mehr metaphysisch verbürgt und heilsgeschichtlich integriert. Damit waren die Ausübung und die Legitimierung von Herrschaft neu zu bestimmen. Diese sich in der Neuzeit durchsetzende Verweltlichung des Prinzips der Herrschaft erzeugte erst jenes Vakuum ihrer Legitimierung, das auf Dauer die politische Öffentlichkeit auszufüllen übernahm.

Die Entstehung der neuzeitlichen Öffentlichkeit

Als Giovanni Pico della Mirandola 1486 Gelehrte aus ganz Europa nach Rom einlud, um dort 900 Thesen, die er verfasst hatte, zu disputieren, war damit ein Diskurs intendiert, der eine Gelehrtenöffentlichkeit erzeugen sollte. Es ist symptomatisch für den repressiven Einfluss der Kirche in der frühen Neuzeit, dass diese Gelehrtentagung verboten wurde. Aufgrund des nachmittelalterlichen Individualisierungsschubes, wie er zunächst vom Nominalismus, dann von der Renaissance vorangetrieben worden war, aufgrund der sich neu formierenden und von theologischen Vorgaben emanzipierenden Wissenschaften und nicht zuletzt aufgrund der Schwächung der kirchlichen Vorherrschaft durch die reformatorische Kirchenspaltung gelangte der Anspruch der Religion, das individuelle und gemeinschaftliche Leben zu bestimmen, zunehmend in die Defensive. Säkulare Theorien der politischen Gestaltung der Gesellschaft – etwa Niccolò Machiavellis *Il principe*, posthum 1532 erschienen, oder Thomas Hobbes' *Leviathan* aus dem Jahr 1651 – entwarfen wegweisende neue Ordnungsmodelle des Politischen.

Mit der Erfindung des Buchdrucks erweiterte und stabilisierte sich eine *res publica litteraria*, eine ›Gelehrtenrepublik‹, deren Stellvertreter ihre Anliegen zunehmend zu popularisieren suchten. Bereits Luthers Schriften erreichten etwa 10 Prozent der deutschsprachigen Bevölkerung, also annähernd eine Million Leser (Hölscher 1979, 92). Durch die neuen Vervielfältigungsmöglichkeiten wurden Flugschriften und Bücher, ja im 18. Jahrhundert ganze Lexika – wie Pierre Bayles *Dictionnaire historique et critique* oder die von Diderot und D'Alembert herausgegebene *Encyclopédie* – zu erfolgreichen Hilfsmitteln einer literarischen Aufklärung und Bildung einer öffentlichen Meinung. Es entstand ein ›Publikum‹. Signifikant für die Herausbildung einer literarischen Öffentlichkeit ist die Herausgabe erster Zeitungen. Seit den 1770er Jahren verfasste z. B. Christian Friedrich Daniel Schubart seine *Deutsche Chronik* als ein »öffentliches Blatt [...], worin alles, was im Lande vorgeht, angezeigt, beschrieben und darüber räsoniert« werden soll (Schubart 2009, 137).

Geschah dies zunächst unter der Bedingung der Anonymität des Lesers, entwickelten sich in der Epoche der Aufklärung in Deutschland, Frankreich und England Salons, Clubs, Kaffeehaus- oder gelehrte Tischgesellschaften. In ihnen kam es zur Ausbildung öffentlicher Meinungen zu verschiedensten Gegenständen der Gesellschaftskultur und somit zu ausdifferenzierten Öffentlichkeiten und entsprechenden öffentlichen Meinungen. Im Zuge der großen bürgerlichen Revolutionen wurde die politische Öffentlichkeit – mit den Forderungen einer Presse- und Meinungsfreiheit sowie der Partizipation der Bürger an politischen Entscheidungen – zur Leitidee einer modernen Öffentlichkeit.

Öffentlichkeit und Säkularisierung

Bei der Entstehung der Öffentlichkeit scheint es sich um einen Prozess zu handeln, der nicht allein absolutistische Ansprüche weltlicher Herrschaft in Frage zu stellen begonnen hat, sondern der sich vor allem als eine Zurückdrängung der Religion und als eine Zurückweisung kirchlicher Ansprüche verstehen lässt. Erst durch eine Abdrängung der Religion in den Bereich des Privaten, so scheint es, hat sich eine Öffentlichkeit etablieren lassen, die sich von der kirchlichen Normativität emanzipiert hat. Gleichwohl stellt sich die Frage, ob die Idee der Öffentlichkeit als freier Austausch vernünftiger und in ihrer Individualität unverwechselbarer Bürger der abendländischen Religionen entscheidende Anstöße verdankt. Habermas hat eine Selbstaufklärung der praktischen Vernunft angemahnt, wenn er auf die Wirksamkeit des religiösen Erbes in modernen säkularen Konzeptionen hinweist. Für ihn gilt, »dass die großen Religionen zur Geschichte der Vernunft selbst gehören. Das nachmetaphysische Denken kann sich selbst nicht verstehen, wenn es nicht die religiösen Traditionen Seite an Seite mit der Metaphysik in die eigene Genealogie einbezieht« (Habermas 2005, 12 f.). Was bedeutet das für die Idee einer säkularen Öffentlichkeit?

Nimmt man ›Säkularisierung‹ grundsätzlich und trotz aller Differenzierungen nach wie vor als eine Herkunftskategorie, der zufolge sich moderne Errungenschaften trotz ihrer epochenspezifischen Originalität den religiösen Vorgaben vormoderner Zeit verdanken sollen – wie es etwa exemplarisch Carl Schmitt für die modernen politischen Begriffe behauptet hat –, führt eine direkte Ursprungssuche zu eher diffusen Ergebnissen. Wenn die Öffentlichkeit das Ergebnis eines zwanglosen Austausches von rationalen Argumenten zur Erzeugung einer öffentlichen Meinung darstellt, ist dann der so erzeugte Konsens im Idealfall eine Abbildung einer kirchlichen Gemeinschaftshomogenität? Deren Gemeinschaft erkannte in vergleichbarem Maße zumindest prinzipiell die Gleichwertigkeit aller Menschen an und machte die Gültigkeit heilswirksamer Sakramente von der authentischen Willensbildung des Einzelnen abhängig. Auch das kooperative Moment der Öffentlichkeit als ein ausgewogener Kommunikationsprozess scheint das christliche Ideal eines wahrhaftigen Miteinanders zu spiegeln. Hat die christliche Religion das Ziel, die Vielfalt menschlicher Individualität durch einen Bezug auf das Transzendente im Rahmen der kirchlichen Gemeinschaft zu einen, ist der unter idealen Kommunikationsbedingungen erreichte Konsens »so etwas wie eine Transzendenz von innen« (Habermas 1992, 30). Der durch vernünftige Kommunikationsprozesse wohlgeordneten Gesellschaft scheint das Ideal einer heilsgeschichtlich durchformten Kirchengemeinschaft ideengeschichtlich vorauszugehen. Entgegen der vordergründigen Entmachtungsgeschichte einer sich dominant gebärdenden Religion mag sich noch die säkulare Öffentlichkeit Impulsen der religiösen Kultur verdanken, zumal die Kirchen einen ›Öffentlichkeitsanspruch‹ und einen ›Öffentlichkeitsauftrag‹ dem Neuen Testament entnehmen, wenn es etwa bei Matthäus 18, 19 f. heißt: »Gehet hin und machet zu Jüngern alle Völker: Taufet sie auf den Namen des Vaters und des Sohnes und des Heiligen Geistes und lehret sie halten alles, was ich befohlen habe« (zum Öffentlichkeitsauftrag der Kirchen vgl. Klostermann 2000). Einen ausdrücklichen Auftrag der Kirche, das *arcanum* reinen Glaubens öffentlich wirksam werden zu lassen und von der Religion öffentlich Gebrauch zu machen, hat die evangelische Kirche Deutschlands in jüngerer Zeit, etwa in der Barmer Theologischen Erklärung vom 31. Mai 1934 – und somit zu einer Zeit verhinderter politischer Öffentlichkeit –, vertreten.

Der These eines wirkungsgeschichtlich bedeutsamen Einflusses der christlichen Religionen auf den modernen politischen Öffentlichkeitsbegriff lässt sich aber zum einen entgegenhalten, dass bereits in der antiken *polis* die Idee eines öffentlichen Austauschs freier und gleicher Bürger – wenngleich unter aristokratischen Vorzeichen – begründet worden ist. Die moderne Öffentlichkeit ist somit genauer betrachtet kein direktes wirkungsgeschichtliches Echo religiöser Lebensformen, sondern antiker Vorgaben. Zum anderen müsste man für eine Verteidigung der Vorstellung, die Öffentlichkeit verdanke sich religiöser Impulse, gleichsam eine List der theologischen Vernunft voraussetzen, hat sich doch etwa die katholische Kirche angesichts der revolutionären Modernisierungsprozesse bis zum II. Vatikanischen Konzil als antimodernistisch verstanden: Symptomatisch für den lang anhaltenden Antimodernismus der katholischen Kirche ist zum einen der *Syllabus Errorum* – ein *Verzeichnis der Irrtümer* –, in dem Papst Pius IX. 1864 modernistische Lehren – wie den Liberalismus, die Pressefreiheit und ein relativistisches Weltbild – verurteilte, zum anderen der von Papst Pius X. zu Beginn des 20. Jahrhunderts eingeführte ›Antimodernismuseid‹, den Priester ablegen mussten, um sich von den Errungenschaften der Moderne zu distanzieren. Damit war ein repressionsfreier öffentlicher Vernunftgebrauch durch Repräsentanten der Kirche vereitelt. Erst die mit Karl Rahner verspätet einsetzende Bereitschaft der katholischen Theologie, die Leistungen der Moderne anzuerkennen, und die mit dem Zweiten Vatikanischen Konzil eingeleitete Reformwilligkeit der katholischen Kirche hat zumindest grundsätzlich eine Akzeptanz der Modernitätsbedingungen bewirkt.

Zu diesen Modernitätsbedingungen gehört die Einwilligung in die Vorgaben einer liberalen Öffentlichkeit. Wollen sich Religionen gegenwärtig in einer liberalen und plural geprägten Gesellschaft vor einer politischen Öffentlichkeit Gehör verschaffen, werden ihnen die Bedingungen ihrer Artikulation von der Gesellschaft diktiert. Sie haben so etwas wie eine Anerkennungserklärung abzugeben, wie Habermas ausführt:

»Das religiöse Bewußtsein muß erstens die kognitiv dissonante Begegnung mit anderen Konfessionen und anderen Religionen verarbeiten. Es muß sich zweitens auf die Autorität von Wissenschaften einstellen, die das gesellschaftliche Monopol an Weltwissen innehaben. Schließlich muß es sich auf die Prämissen des Verfassungsstaates einlassen, die sich aus einer profanen Moral begründen. Ohne diesen Reflexionsschub entfalten die Monotheismen in rücksichtslos modernisierten Gesellschaften ein destruktives Potential« (Habermas 2003, 252).

Wo diese Anerkennung nicht verweigert wird, also nicht aus einem antimodernistischen Impuls heraus Theologie getrieben wird, kann die religiös inspirierte Reflexion ein nicht zu unterschlagendes Mitspracherecht in öffentlichen Angelegenheiten für sich reklamieren. Innerhalb der säkularen Diskurse einer sich mit sich selbst verständigenden Moderne vermag die nicht länger im Privaten geduldete, sondern vielmehr öffentlich eingebrachte Religion eine provozierende und unterbrechende Funktion einzunehmen (vgl. Metz 2006).

Die Gefährdung der demokratischen Öffentlichkeit

Eine unter liberalen Bedingungen erzeugte kritische Öffentlichkeit ist dauerhaft fragil und stets in der Gefahr, in ihrer Funktion als Reflexionsmedium beschädigt zu werden. Das ist etwa dann der Fall, wenn sie lediglich als Darstellungs- und Durchsetzungsmedium instrumentalisiert wird. Schon Hegel hat in seinen *Grundlinien der Philosophie des Rechts* diese Gefährdung der Öffentlichkeit gesehen: Einerseits ist für Hegel die Öffentlichkeit eines der größten Bildungsmittel für das Volk (Hegel 1986, § 315, 482f.), andererseits macht er eine öffentliche Befriedigung jenes »prickelnden Triebes, seine Meinung zu sagen und gesagt zu haben«, aus – »als ob solches Sagen von eigentümlicher Wichtigkeit und Wirkung sei« (ebd., § 319, 486).

War die Aufklärung mit dem Ziel angetreten, eine politische Öffentlichkeit als Instrument der Kritik an bestehenden Verhältnissen und als eine Bedingung der Legitimierung verbesserter Gesellschaftsformen zu erzeugen, scheint die Medienöffentlichkeit die politische Öffentlichkeit als ehemaligen Kern der modernen politischen Selbstbestimmung aus dem Gravitationszentrum der öffentlichen Wahrnehmung verdrängt zu haben. Längst ist die Öffentlichkeit unter den pluralistischen Bedingungen liberaler Gesellschaften eine fragmentierte geworden, wodurch der gelingende Selbstverständigungsprozess der Bürger erschwert wird bzw. zur Fiktion zu zerrinnen droht. Der politischen Öffentlichkeit fehlt zunehmend jenes emanzipatorische Ideal, das ihre Entstehung und Durchsetzung einst beflügelt hat. Die moderne Arbeits- und Konsumgesellschaft minimiert den Bereich öffentlichen Handelns, wie schon Hannah Arendt in *Vita activa oder Vom tätigen Leben* in der Mitte des 20. Jahrhunderts diagnostiziert hat. Die scheinbare Eigengesetzlichkeit der Finanz- und Wirtschaftswelt degradiert die politische Öffentlichkeit zu einem Legitimationsmechanismus für die Stiftung der für die Ökonomie günstigen Rahmenbedingungen.

Die Herausbildung einer politischen Öffentlichkeit in der Neuzeit hatte die technische Innovation des Buchdrucks und somit auch des Zeitungswesens zur Voraussetzung. Die neuesten Entwicklungen – etwa im Bereich des Fernsehens und des Internets – haben die Gestalt der Öffentlichkeit einschneidend verändert, indem sie eine ›Medienöffentlichkeit‹ generiert haben. Diese neue Form einer öffentlichen Präsentation bleibt nicht ohne Einfluss auf die moderne Leitidee einer politischen Öffentlichkeit als kommunikative Verständigungsform von Bürgern. Die Mediengesellschaft bietet, wie es ihre Kritiker sehen, eine Bühne zur Selbstdarstellung öffentlich Auftretender, denen es vornehmlich um eine Aufmerksamkeitsbündelung, nicht aber um einen öffentlichen Vernunftgebrauch und den Austausch von Argumenten geht. Die für das Politische notwendigen Reflexionsprozesse werden durch auf Effekt bedachte Selbstinszenierungen überlagert. Die Öffentlichkeit wird zu einem Medium von Interessen, für die sie instrumentalistisch vereinnahmt wird. Die drohende Unterwerfung der Öffentlichkeitsmedien unter Prinzipien der Ökonomie führt dazu, dass z.B. eine Sensationspresse einer qualitativ hochwertigen Zeitungslandschaft den Rang abzulaufen und subversiv politische

Stimmungen zu erzeugen droht, so dass Habermas bereits die Forderung eines staatlichen Schutzes der seriösen Presse erwägt (vgl. Habermas 2008).

Die Behinderung einer öffentlichen Meinungsbildung aufgrund der Okkupation öffentlicher Selbstverständigungsmechanismen durch populistische und ökonomische Interessen gefährdet die Demokratie an ihrer empfindlichsten Stelle. Angesichts einer allgegenwärtigen Medienöffentlichkeit, die als Trendverstärker agiert und eine politische Öffentlichkeit eher suggeriert als schafft – politische Talkshows sind dafür ein Beispiel –, steht nicht weniger als die politische Moderne selbst auf dem Spiel. Denn politische Modernität ist nicht *auch* eine Form von Öffentlichkeit, sondern politische Modernität *ist* Partizipation durch öffentlichen Vernunftgebrauch.

Literatur

Böning, Holger (Hg.): *Französische Revolution und deutsche Öffentlichkeit. Wandlungen in Presse und Alltagskultur am Ende des achtzehnten Jahrhunderts.* München/London/New York/Paris 1992.

Forster, Georg: Parisische Umrisse. In: Ders.: *Über die Beziehung der Staatskunst auf das Glück der Menschheit und andere Schriften*. Hg. von Wolfgang Rödel. Frankfurt a. M. 1966, 84–137.

Gestrich, Andreas: *Absolutismus und Öffentlichkeit. Politische Kommunikation in Deutschland zu Beginn des 18. Jahrhunderts*. Göttingen 1994.

Goldstein, Jürgen: Die Wiederentdeckung der politischen Philosophie in Ockhams Dialogus. In: Martin F. Meyer (Hg.): *Zur Geschichte des Dialogs. Philosophische Positionen von Sokrates bis Habermas*. Darmstadt 2006, 91–102.

Habermas, Jürgen: *Strukturwandel der Öffentlichkeit. Untersuchungen zu einer Kategorie der bürgerlichen Gesellschaft*. Mit einem Vorwort zur Neuauflage 1990. Frankfurt a. M. 1990.

–: *Faktizität und Geltung. Beiträge zur Diskurstheorie des Rechts und des demokratischen Rechtsstaats.* Frankfurt a. M. 1992.

–: Ein Gespräch über Gott und die Welt. In: Ders.: *Zeit der Übergänge. Kleine Politische Schriften IX*. Frankfurt a. M. 2001, 173–196.

–: Glauben und Wissen. Friedenspreisrede 2001. In: Ders.: *Zeitdiagnosen. Zwölf Essays 1980–2001*. Frankfurt a. M. 2003, 249–262.

–: *Zwischen Naturalismus und Religion. Philosophische Aufsätze*. Frankfurt a. M. 2005.

–: Medien, Märkte und Konsumenten – Die seriöse Presse als Rückgrat der politischen Öffentlichkeit. In: Ders.: *Ach, Europa. Kleine Politische Schriften XI*. Frankfurt a. M. 2008, 131–137.

Hegel, Georg Wilhelm Friedrich: *Grundlinien der Philosophie des Rechts oder Naturrecht und Staatswissenschaft im Grundrisse*. Mit Hegels eigenhändigen Notizen und mündlichen Zusätzen. In: Ders.: *Werke*. Bd. 7. Frankfurt a. M. 1986.

Hölscher, Lucian: *Öffentlichkeit und Geheimnis. Eine begriffsgeschichtliche Untersuchung zur Entstehung der Öffentlichkeit in der frühen Neuzeit*. Stuttgart 1979.

Kant, Immanuel: Zum ewigen Frieden. Ein philosophischer Entwurf. In: Ders.: *Werkausgabe*. Bd. XI. Hg. von Wilhelm Weischedel. Frankfurt a. M. 1977, 191–251.

Klostermann, Götz: *Der Öffentlichkeitsauftrag der Kirchen – Rechtsgrundlagen im kirchlichen und staatlichen Recht. Eine Untersuchung zum öffentlichen Wirken der Kirchen in der Bundesrepublik Deutschland*. Tübingen 2000.

Marsilius von Padua: *Der Verteidiger des Friedens (Defensor pacis)*. Auf Grund der Übers. von Walter Kunzmann bearb. und eingel. von Horst Kusch. 2 Bde. Berlin 1958.

Metz, Johann Baptist: *Memoria passionis. Ein provozierendes Gedächtnis in pluralistischer Gesellschaft*. Freiburg/Basel/Wien 2006.

Rawls, John: *Politischer Liberalismus*. Übers. von Wilfried Hinsch. Frankfurt a. M. 1998.

Schubart, Christian Friedrich Daniel: *Deutsche Chronik* vom 2.11.1775, zit. nach: Bernd Jürgen Warneken: *Schubart. Der unbürgerliche Bürger*. Frankfurt a. M. 2009, 137.

Taylor, Charles: *Ein säkulares Zeitalter*. Aus dem Engl. von Joachim Schulte. Frankfurt a. M. 2009.

Jürgen Goldstein

11. Pluralismus

Begriffsbestimmungen und Verwendungskontexte

Der Begriff ›Pluralismus‹ (von lat. *pluralitas*) wird zum einen verwendet, um eine Vielheit in einem Bereich zu bezeichnen. Je nach Verwendungskontext unterscheiden sich die als pluralistisch bezeichneten Phänomene (z. B. Werte, wissenschaftliche Theorien, Institutionen) erheblich voneinander. Zum anderen wird mit ›Pluralismus‹ eine Position charakterisiert. Pluralistische Sichtweisen zeichnen sich dadurch aus, dass sie für einen bestimmten Bereich eine nicht reduzierbare Vielfalt behaupten. In diesem Sinne bildet der Pluralismus die Gegenposition zum Monismus, der für den relevanten Bereich eine Einheitlichkeit postuliert. Der ontologische Pluralismus geht beispielsweise davon aus, dass die Welt nicht aus einer einzigen Substanz besteht, sondern verschiedene Bereiche umfasst, zu denen jeweils Entitäten unterschiedlicher und nicht aufeinander reduzierbarer Art gehören (z. B. Atome, Werte, Zahlen). In der Philosophie werden seit dem 18. Jahrhundert Standpunkte in metaphysischen, ontologischen, erkenntnistheoretischen und psychologischen Debatten vertreten, die als pluralistisch bezeichnet werden (vgl. Sandkühler 2010). Für die Weiterentwicklung des philosophischen Pluralismus-Diskurses hat William James' Studie *A Pluralistic Universe* (1909) in vielen Hinsichten als prägend zu gelten. In der Alltagssprache wird der Begriff ›Pluralismus‹ zumeist verwendet, um auf die für liberale Gesellschaften charakteristische Vielfalt von Interessengruppen, Wertüberzeugungen, (religiösen und nicht-religiösen) Weltbildern, Lebensweisen, gesellschaftlichen Institutionen, politischen Parteien sowie Kulturen zu verweisen.

Im Hinblick auf die Säkularisierung ist insbesondere der epistemische oder erkenntnistheoretische Pluralismus von Relevanz. Dieser besagt, dass unser Zugang zur Welt notwendigerweise ein perspektivischer ist (vgl. Putnam 2004). Dabei gilt, dass die »fundamentale Einsicht in die Endlichkeit (der theoretischen und praktischen) Vernunft« (Forst 2003, 640) die Bewertung des »Faktum[s] des Pluralismus« (Rawls 1998, 13) verändert. Denn wenn Menschen einsehen, dass sich auch durch den angemessenen Einsatz ihrer Vernunftvermögen gewisse Meinungsverschiedenheiten – etwa über säkulare und religiöse Weltbilder oder Auffassungen des guten Lebens – nicht gänzlich ausräumen lassen, erscheint es sinnvoll, den verbleibenden Pluralismus als »vernünftigen« (ebd.) anzusehen. Diese Einsicht in die Vernünftigkeit des Pluralismus prägt z. B. die Einstellung gegenüber Andersgläubigen, denn unter diesen Vorzeichen hat man keinen Grund mehr, diese für irrational oder unvernünftig zu halten. Jedoch ändert die Einsicht in die Endlichkeit der Vernunft nichts daran, dass der Pluralismus der Weltbilder und Auffassungen des Guten eine praktische Herausforderung darstellt. In der politischen Philosophie wird daher insbesondere seit der Reformation und den Religionskriegen die für den Prozess der Säkularisierung relevante Frage erörtert, was als vernünftiger Umgang mit dem Pluralismus gelten darf. In diesem Zusammenhang hat insbesondere Isaiah Berlin betont, dass jede Weise, auf den Pluralismus zu reagieren, eine tragische Dimension besitze, da es keine soziale Welt geben könne, in der alle Lebensformen und Werte zugleich realisiert würden (vgl. Berlin 1992, 13–36).

In die politische Philosophie hat der Pluralismus-Begriff seinen Eingang über die von William James inspirierten *Studies in the Problem of Sovereignty* (1917) von Harold J. Laski gefunden. In dieser Studie verteidigt Laski eine pluralistisch-liberale Staatsaftsauffassung. Er wendet sich gegen die Vorstellung, dass der Staat über den diversen Interessengruppen und Institutionen der Gesellschaft (z. B. Kirchen, Gewerkschaften etc.) stehe und die fundamentale Einheit seiner Teile gewährleiste. Stattdessen betrachtet er diese einzelnen Teile als selbständig. Zudem bestimmt Laski das Verhältnis von Individuum und Staat dahingehend neu, dass der Staat als von der Zustimmung der Individuen abhängig gedacht wird. Im bundesrepublikanischen Nachkriegsdeutschland hat der Pluralismus-Begriff durch Ernst Fraenkel eine weitere Deutung erfahren. Er erkennt im Pluralismus ein Strukturelement demokratischer Rechtsstaaten, das diese von totalitären Systemen unterscheide (vgl. Fraenkel 1991). In freiheitlichen Demokratien könnten politische Entscheidungen einen Anspruch darauf erheben, das Gemeinwohl zu repräsentieren, weil sie das Ergebnis eines Austausches von Ideen sowie eines Kräftemessens verschiedenster gesellschaftlicher Interessengruppen darstellten. Die Rolle des Staates, aus der dieser seine Legitimität gewinnt, sei es dabei, einen fairen (rechtlichen) Rahmen aufrechtzuerhalten, innerhalb dessen sich diese delikaten Prozesse vollziehen können.

In der zeitgenössischen Gerechtigkeitstheorie zählen diejenigen Ansätze als pluralistisch, die sich gegen den für liberale Gerechtigkeitstheorien charakteristischen Monismus wenden. Monistisch sind diese, weil sie Gerechtigkeitsprinzipien für die gesellschaftliche Grundstruktur formulieren. Demgegenüber argumentieren die Befürworter pluralistischer Ansätze, dass man der Verschiedenartigkeit der in modernen Gesellschaften vorfindbaren Kontexte und zu verteilenden Güter (sowie Lasten) nur dadurch gerecht werden könne, dass man bereichsspezifische Prinzipien formuliere (vgl. Miller 2008). Eine etwas anders gelagerte, sich auf die Begründung von Gerechtigkeitsprinzipien beziehende Verteidigung des Pluralismus gibt der Philosoph und Wirtschaftsnobelpreisträger Amartya Sen. Er erachtet die Annahme für unbegründet, dass sich die Pluralität der Gründe der Gerechtigkeit (z. B. egalitäre, libertäre, utilitaristische) und die Pluralität der substanziellen Prinzipien, zu denen diese verschiedenen Gründe führen, durch eine Prüfung derselben vollständig ausräumen lasse. Es komme seiner Meinung nach stattdessen darauf an, rational mit dieser verbleibenden Pluralität umzugehen (vgl. Sen 2010). Eine weitere Kontroverse, die sich als eine zwischen Monismus und Pluralismus auffassen lässt, betrifft die Frage, ob man von einer moralischen Grundkategorie oder von mehreren ausgehen sollte (vgl. Fraser/Honneth 2003). Gemäß Nancy Frasers pluralistischem Ansatz stellen Anerkennung und Verteilung jeweils nicht aufeinander reduzierbare Dimensionen der Gerechtigkeit dar, während Axel Honneth eine monistische Position vertritt, der zufolge Anerkennung die fundamentale Kategorie darstellt. Entsprechend interpretiert er Forderungen nach Umverteilung als eine Form, die der Kampf um Anerkennung (um rechtliche Achtung oder soziale Wertschätzung) annehmen könne. Ferner spielt der Pluralismus der politischen Kulturen auf der globalen Ebene eine wichtige Rolle in den sich rasch ausdifferenzierenden Debatten über transnationale Gerechtigkeit (vgl. Rawls 2002).

Vom politischen Pluralismus ist der Wert-Pluralismus zu unterscheiden. Beim Wert-Pluralismus geht es um die Frage, ob es verschiedene Werte gibt oder letztlich nur einen, von dem sich alle anderen ableiten lassen. Der so verstandene Wert-Pluralismus ist dabei durchaus vereinbar mit einem Objektivismus, da auch verschiedene, nicht aufeinander reduzierbare Werte objektiv sein können. Daher ist der Wert-Pluralismus vom Relativismus abzugrenzen. Zu beachten ist ferner, dass Wert-Monisten durchaus zugestehen können, dass es ganz verschiedene Träger ein und desselben Wertes geben kann. Wenn man etwa das Glück für den grundlegenden Wert hält, kann man durchaus zugleich gutes Essen und Freundschaften als wertvoll erachten. Ihr Wert ist aber jeweils nur instrumentell, d. h. sie werden nur deswegen als wertvoll angesehen, weil sie auf je unterschiedliche Weise zum Glück einer Person beitragen. Als philosophische Position wurde der Wert-Pluralismus prominent von Isaiah Berlin (vgl. Berlin 1991, 13–36; Stocker 1990) vertreten. Anhänger dieser Sichtweise verweisen zum einen auf unsere moralischen Erfahrungen mit Werten, die als miteinander inkommensurabel erlebt werden, zum anderen betonen sie, dass das moralische Bedauern, das auch mit moralisch richtigen Entscheidungen einhergehen kann, sich nur erklären lasse, wenn bei diesen Entscheidungen mehr als nur ein Wert im Spiel sei. Ginge es letztlich nur um einen Wert, würde die richtige Wahl ja dazu führen, dass mehr von diesem realisiert wird als durch jede andere Wahl. Allerdings stehen wertpluralistische Positionen vor der Schwierigkeit, ein Modell rationaler Wahl zwischen verschiedenen Werten zu entwickeln. Denn es können keine quantitativen Erwägungen vorgenommen werden, wenn diese Werte als miteinander inkommensurabel angesehen werden.

Pluralismus und Säkularisierung

Der für die westliche Welt charakteristische Prozess der Säkularisierung ist mit dem Aufkommen eines Pluralismus religiöser Anschauungen aufs Engste verknüpft. Wenn man unter ›Säkularisierung‹ die Trennung von Staat und Kirche bzw. die Verdrängung der Religion aus dem politisch-öffentlichen in den privaten Bereich versteht, so lässt sich diese historische Entwicklung nicht ohne Rekurs auf die Reformation und die Religionskriege auf dem europäischen Kontinent erklären. Erst im Gefolge dieser Auseinandersetzungen konnte sich die Vorstellung durchzusetzen, dass es sich beim Pluralismus religiöser Auffassungen nicht um eine kurze Episode, sondern um ein dauerhaftes Phänomen unter freiheitlichen Bedingungen handelt. Vor diesem Hintergrund nahm die Idee eines liberalen und neutralen Rechtsstaates, der die Glaubens- und Gewissensfreiheit seiner Bürger garantiert, langsam Kontur an. Bis heute gilt dieser als vielversprechendster Lösungsansatz für das Problem einer friedlichen und stabilen sozialen Integration unter Bedingungen des konfessionellen Pluralismus. Zugleich entzünden sich am neutralen und liberalen Rechtstaat weiterhin kontrovers geführte Debatten.

Diese Debatten werden beispielsweise darüber geführt, ob der säkularisierte Rechtsstaat die normativen Grundlagen, die er für seine Reproduktion benötigt, überhaupt selbst hervorzubringen vermag (vgl. Böckenförde 1991, 92–114). Sollte sich herausstellen, dass auch der liberale Staat auf Weltbilder – wie sie etwa die großen Religionen bereitstellen – angewiesen bleibt, die vom Kollektiv der Bürger als verbindlich angesehenen werden, so würde der für liberale Demokratien charakteristische Pluralismus an religiösen und nicht-religiösen Weltanschauungen in der Tat ein gravierendes Problem darstellen.

Eine weitere wichtige Auseinandersetzung betrifft die Frage, unter welchen Voraussetzungen der liberale Rechtsstaat überhaupt in der Lage ist, den eigenen Anforderungen an legitime politische Machtausübung gerecht zu werden. Das sogenannte liberale Legitimitätsprinzip verlangt nämlich nicht nur, dass die Ausübung staatlicher Zwangsgewalt mittels demokratischer Verfahren erfolgt, sondern darüber hinaus, dass die auf diese Weise beschlossenen Maßnahmen mit Grundsätzen politischer Gerechtigkeit übereinstimmen, die alle Bürger als gerechtfertigt und vernünftig anerkennen können (vgl. Rawls 1998, 317). Da aber angesichts der Endlichkeit unserer Vernunftvermögen sowohl vernünftige Meinungsverschiedenheiten zwischen Bürgern über religiöse als auch über moralphilosophische Lehren (wie den Utilitarismus, den Kantianismus etc.) zu erwarten sind, hat John Rawls den Schluss gezogen, dass weder eine umfassende religiöse noch eine umfassende säkulare (d. h. moralisch-philosophische) Doktrin zur öffentlichen Rechtfertigung politisch-rechtlichen Zwangs geeignet sei. Der auf die Etablierung und Konzeptualisierung eines neutralen Rechtsstaates abzielende Säkularisierungsprozess ergreift an diesem Punkt die umfassenden säkularen Lehren selbst. Deswegen fordert Rawls, dass das liberale Prinzip der Toleranz nicht mehr nur auf religiöse Lehren, sondern ebenso auf umfassende säkulare Weltbilder anzuwenden sei (vgl. Rawls 1998, 74, 244). Es ist dieser Schritt, durch den sich der *politische* vom *klassischen* Liberalismus absetzt. Denn klassische Liberale wie beispielsweise Kant oder Mill vertreten aus Rawls' Perspektive noch immer umfassende Lehren.

Vor dem Hintergrund des so verstandenen vernünftigen Pluralismus stellt sich die Frage nach der Rolle, die umfassende religiöse (und nicht-religiöse) Überzeugungen im Rahmen der politischen Willensbildung spielen können, in einem neuen Licht.

Nach Rawls haben Mitglieder liberaler Gesellschaften eine *moralische* (keine rechtliche) »Pflicht zur Bürgerlichkeit« (Rawls 2002, 169). Dies bedeutet, dass Bürger, die sich an öffentlichen Willensbildungsprozessen beteiligen, ihren Mitbürgern Gründe für ihre politischen Positionen schulden, die diese als freie und gleiche Bürger teilen können.

»Diese Forderung erlaubt uns nach wie vor, unsere umfassende Lehre, sei sie nun religiös oder nicht, in die politische Diskussion einzubringen, vorausgesetzt, dass wir in gebührender Zeit angemessene öffentliche Gründe vorbringen, um die Grundsätze und politischen Programme zu unterstützen, von denen man sagt, dass sie durch unsere umfassende Lehre gestützt werden. Ich bezeichne diese Forderung als *den Vorbehalt*« (ebd., 179).

Diese Sichtweise ist aus verschiedenen Gründen als zu restriktiv kritisiert worden. Einige Kritiker argumentieren historisch-pragmatisch und führen Beispiele progressiver politischer Bewegungen an, etwa die amerikanische Bürgerrechtsbewegung, die von religiösen Überzeugungen getragen worden sind. Andere argumentieren eher soziologisch und geben zu bedenken, dass religiöse Gemeinschaften wichtige Beiträge zur Reproduktion demokratischer Gesellschaften leisten, z. B. indem sie Individuen politisch sozialisieren oder ihnen Wertvorstellungen vermitteln, dir Bürger zu politischer Partizipation zuallererst motivieren (vgl. Weithman 2002).

Jürgen Habermas erkennt in Rawls' ›Vorbehalt‹ – demzufolge normale Bürger und zivilgesellschaftliche Organisationen wie Kirchen nur dann in der politischen Öffentlichkeit mit religiösen Gründen für politische Positionen eintreten dürfen, wenn sie aufrichtig davon ausgehen, dass diese politischen Maßnahmen sich auch unter Bezugnahme auf für alle Bürger gleichermaßen zugängliche Gründe verteidigen lassen – eine »säkularistische Überverallgemeinerung« (Habermas 2005, 134). Ihm zufolge ergibt sich dieser Vorbehalt nicht direkt aus dem liberalen Legitimitätsprinzip. Dieses verlange von allen Bürgern lediglich die Anerkennung des Prinzips der neutralen Rechtfertigung der politischen Herrschaftsausübung. Daher sollte es in der informellen politischen Öffentlichkeit durchaus erlaubt sein, religiöse Gründe vorzubringen. Es müsse lediglich sichergestellt werden, dass in den politische Zwangsgewalt ausübenden öffentlichen Institutionen nur öffentliche Gründe zählten. Unter diesen Vorzeichen bliebe es für religiöse Bürger weiterhin sinnvoll, sich unter Anführung religiöser Gründe an der politischen Willensbildung zu beteiligen. Denn sie können ja darauf hoffen, dass sich auch ihre nicht-religiösen Mitbürger an den Bemühungen beteiligen, religiöse Überzeugungen in öffentliche Gründe zu übersetzen. Ferner gibt es nach Habermas auch positive Gründe, religiöse Beiträge in der politischen Öffentlichkeit zuzulassen, denn womöglich würde »sich die säkulare Gesellschaft sonst von wichtigen Ressourcen der Sinnstiftung« (ebd., 137) abschneiden.

Jedoch finden auch in liberalen Gesellschaften weder das Ziel der Neutralität des Staates noch das damit eng verknüpfte liberale Legitimitätsprinzip allgemein Zustimmung. Einige lehnen die Vorstellung einer politischen Öffentlichkeit ab, aus der religiöse Überzeugungen, die sich nicht in öffentliche Gründe übersetzen lassen, ausgeklammert werden sollen. Sie sehen kein prinzipielles Problem darin, politische Macht auf der Grundlage religiöser Gründe auszuüben, die nicht in säkulare Argumente übersetzt werden können. Diese Position wird nicht selten unter Verweis darauf verteidigt, dass es solche öffentlichen und allgemein teilbaren Gründe ohnehin nicht gebe (vgl. Audi/Wolterstorff 1997, 67–120, 145–166). Komplementär hierzu verhält sich die von feministischen und multikulturalistischen Theorien artikulierte Kritik. Diese Theorien ziehen die behauptete Neutralität des liberalen Staates selbst in Zweifel und argumentieren, dass bereits das Kriterium der Rechtfertigbarkeit gegenüber als freien und gleichen Personen verstandenen Bürgern verschiedene Formen der Voreingenommenheit und der Parteinahme verschleiere.

Die Frage, welche Rolle religiöse Überzeugungen in der politischen Öffentlichkeit spielen sollten, stellt jedoch nur eine unter vielen theoretischen und praktischen Herausforderungen dar, die sich im Hinblick auf Pluralismus und Säkularisierung ergeben (vgl. Meister 2010). Einige von diesen Herausforderungen bündeln sich beispielsweise an öffentlichen Schulen. Darf ein liberaler Staat Schulen mit religiösen Trägerschaften unterstützen? Sollte es verboten werden, religiöse Symbole in öffentlichen Schulen anzubringen oder solche Symbole zu tragen? Verletzt der Staat bereits sein Neutralitätsgebot, wenn den Schülern ein grundlegendes Verständnis der verschiedenen Religionen vermittelt wird, die in ihrer jeweiligen Gesellschaft Anhänger finden? Schließlich könnte bereits dieses Bekannt-Machen mit einer Religion (ob intendiert oder nicht) der erste Schritt in den Glauben sein. Unvereinbar mit der Neutralitätspflicht wäre es wohl, wenn an öffentlichen Schulen propagiert würde, dass verschiedene Religionen (oder Konfessionen innerhalb einer Religion) gleichermaßen gültige Ausdrücke des Glaubens darstellen. Diese Position widerspräche nämlich direkt den Glaubenslehren einiger Religionen. An diesen wenigen Beispielen zeigt sich bereits, welche Gratwanderung es bedeutet, im Rahmen öffentlicher Einrichtungen das Verständnis für verschiedene Religionen zu befördern und für eine Haltung des Respekts gegenüber Andersgläubigen zu werben.

Unter ›Säkularisierung‹ wird jedoch nicht nur die Trennung von Staat und Kirche oder der Umstand verstanden, dass insbesondere in den westlichen Gesellschaften der Anteil der Bevölkerung, die sich als gläubig bezeichnen, zurückgeht. Der Begriff ›Säkularisierung‹ wird auch verwendet, um den Wandel der Bedingungen des Glaubens selbst zu beschreiben (vgl. Taylor 2007). Die Bedingungen, die in ausdifferenzierten, modernen, pluralistischen Gesellschaften vorherrschen, sind dieser Sichtweise zufolge dem Glauben selbst nicht äußerlich, sondern besitzen Einfluss darauf, was es für Mitglieder solcher Gesellschaften bedeutet, ein religiöses Leben zu führen. Anders als in vormodernen Gesellschaften stellt der Glaube in vielen Gesellschaften heute nur noch eine unter mehreren Möglichkeiten dar. Zudem sehen sich religiöse Personen in solchen Gesellschaften permanent mit Anders- und Nichtgläubigen konfrontiert.

Die Vermutung, dass der Prozess der Säkularisierung Einfluss auf das Selbstverständnis der Gläubigen hat, ist auch für die oben erörterte Frage bedeutsam, ob der liberale Staat von seinen gläubigen Bürgern verlangen darf, dass sie religiöse Gründe nur in die politische Willensbildung einbringen, wenn sich diese in öffentliche Gründe übersetzen lassen. Denn diese Anforderung wird von manchen mit der Begründung zurückgewiesen, dass religiöse Menschen ihr nur um den Preis der Aufspaltung des Bewusstseins Folge leisten könnten, da das eigene Leben als religiöses zu führen, nun einmal bedeute, sich vom eigenen Glauben auch dann leiten zu lassen, wenn im politischen Sinne über Recht oder Unrecht zu befinden sei. Eine derartige Anforderung passe daher nicht zum Versprechen liberaler Staaten, die religiöse Identität ihrer Bürger zu schützen. Kritiker dieser Sichtweise betonen, dass der Glaube in säkularen Gesellschaften eine reflexive Form annehme bzw. annehmen könne (vgl. Schmidt 2006). Reflexive Gläubige seien in der Lage einzusehen, dass es rational sein könne, an der Wahrheit der eigenen Glaubensüberzeugungen festzuhalten, und zugleich zu akzeptieren, dass alle Normen, die politisch-rechtliche Geltung beanspruchten, intersubjektiv gerechtfertigt werden müssen. Deswegen handle es sich bei der Forderung, religiöse Bürger sollten sich, wenn sie sich am öffentlichen Vernunftgebrauch beteiligten, nur auf religiöse Gründe berufen, die sich in öffentliche übersetzen lassen, um keine unfaire oder unzumutbare Bürde.

An dieser Stelle kreuzt sich die Debatte über den öffentlichen Vernunftgebrauch mit der breiter angelegten und an erkenntnistheoretischen Fragen orientierten Diskussion, welche Reaktion von Gläubigen auf den – als zumindest nicht unvernünftig erkannten – religiösen Pluralismus als rational gelten kann (vgl. Basinger 2010). In diesem Zusammenhang sind drei Positionen voneinander zu unterscheiden: Religiöse *Exklusivisten* sind der Ansicht, dass nur eines der vielen religiösen Überzeugungssysteme wahr sein kann. Demgegenüber vertreten *Nicht-Exklusivisten* den Standpunkt, keine der (Welt-)Religionen sei den anderen gegenüber grundsätzlich überlegen. Religiöse *Pluralisten* schließlich gehen über diese nicht-exklusivistische Sichtweise noch insofern hinaus, als sie die Position vertreten, dass verschiedene Religionen der Wahrheit gleich nahe kommen können.

Ein weiterer Komplex betrifft die Frage, welche Implikationen sich aus dem vernünftigen religiösen Pluralismus für die Haltung der Gläubigen zu ihrem eigenen Glauben ergeben. Diejenigen, die ohnehin nicht annehmen, dass Glaubensfragen zum Gegenstand rationaler Debatten gemacht werden können, bestreiten die Existenz solcher Implikationen. Andere übertragen die Sichtweise auf den religiösen Pluralismus, dass einander widersprechende Parteien dazu verpflichtet sind, ihre Meinungsverschiedenheiten in einem rationalen Diskurs auszuräumen, wenn für beide Seiten bedeutsame Fragen auf dem

Spiel stehen. Jedoch folgt aus der Verpflichtung zu einem rationalen Diskurs natürlich nicht, dass sich solche Meinungsverschiedenheiten auf diesem Wege auflösen lassen (vgl. McKim 2001, 140 ff.). Nach Plantinga bestehe eine solche Verpflichtung nur dann, wenn man Grund habe, die Personen, die mit der eigenen Auffassung unvereinbare Sichtweisen vertreten, als in epistemischer Hinsicht gleiche aufzufassen (vgl. Plantinga 1997). Diese Bedingung sei jedoch nicht trivial, da eine gläubige Person z. B. annehmen könne, Gott habe sie, indem er sich ihr gegenüber offenbarte, in eine epistemisch überlegene Position versetzt.

Ferner wird diskutiert, ob es für Exklusivisten rational sei, an ihren religiösen Überzeugungen festzuhalten, wenn nichts dafür spreche, dass sich der religiöse Pluralismus vermittels rationaler Diskussionen auflösen lasse (vgl. Quinn/Meeker 1999). Diesbezüglich vertreten einige die Ansicht, die Beteiligten an Meinungsverschiedenheiten sollten sich unter diesen Bedingungen eines Urteils enthalten, da die miteinander unvereinbaren Auffassungen als gleichermaßen relevant betrachtet werden müssten. Andere vertreten den Standpunkt, dass in einer solchen Situation die angemessene Reaktion darin bestehe, die eigene Position mit weniger Selbstbewusstsein zu vertreten und die Fehlbarkeit derselben einzuräumen. Wieder andere betrachten es als unproblematisch, wenn man unter diesen Vorzeichen einfach weiter von der Richtigkeit der jeweils eigenen Position ausgehe. Denn solange es keine gemeinsame Basis gebe, um die Meinungsverschiedenheiten auszuräumen, sei es gerechtfertigt, die eigene Sichtweise beizubehalten, auch wenn sie sich nicht als überlegen ausweisen lasse. Zuletzt sind eher an Kant anknüpfende Theoretiker wie Philip Quinn der Ansicht, dass niemand einfach davon ausgehen könne, dass seine eigene oder irgendeine andere religiöse Perspektive wahr sei, weil alle unsere Konzeptualisierungen unweigerlich durch kulturelle, soziale und psychologische Muster geprägt seien (vgl. Quinn 1999). Exklusivisten sollten sich daher ein offeneres, pluralistischeres Verständnis des Glaubens zu Eigen machen.

Literatur

Audi, Robert/Wolterstorff, Nicholas: *Religion and the Public Square. The Place of Religious Convictions in Political Debate*. New York 1997.

Basinger, David: Religious Diversity (Pluralism). In: http://plato.stanford.edu/entries/religious-pluralism/ (14.5.2014).

Berlin, Isaiah: *Das Krumme Holz der Humanität. Kapitel der Ideengeschichte*. Frankfurt a. M. 1992 (engl. 1990).

Böckenförde, Ernst-Wolfgang: Die Entstehung des Staates als Vorgang der Säkularisation [1967]. In: Ders.: *Recht, Staat, Freiheit*. Frankfurt a. M. 1991, 92–114.

Forst, Rainer: *Toleranz im Konflikt. Geschichte, Gehalt und Gegenwart eines umstrittenen Begriffs*. Frankfurt a. M. 2003.

Fraenkel, Ernst: Der Pluralismus als Strukturelement der freiheitlich-rechtsstaatlichen Demokratie [1964]. In: Ders.: *Deutschland und die westlichen Demokratien*. Frankfurt a. M. [8]1991, 297–325.

Fraser, Nancy/Honneth, Axel: *Umverteilung oder Anerkennung? Eine politisch-philosophische Kontroverse*. Frankfurt a. M. 2003.

Habermas, Jürgen: Religion in der Öffentlichkeit. In: Ders.: *Zwischen Naturalismus und Religion. Philosophische Aufsätze*. Frankfurt a. M. 2005, 119–154.

McKim, Robert: *Religious Ambiguity and Religious Diversity*. Oxford 2001.

Meister, Chad (Hg.): *Oxford Handbook of Religious Diversity*. Oxford 2010.

Miller, David: *Grundsätze sozialer Gerechtigkeit*. Frankfurt a. M./New York 2008 (engl. 1999).

Plantinga, Alvin Carl: Ad Hick. In: *Faith and Philosophy* 3/14 (1997), 295–298.

Putnam, Hilary: *Ethics without Ontology*. Cambridge, Mass. 2004.

Rawls, John: *Politischer Liberalismus*. Frankfurt a. M. 1998 (engl. 1993).

–: *Das Recht der Völker*. Berlin/New York 2002 (engl. 1999).

Quinn, Philip: Toward Thinner Theologies: Hick and Alston on Religious Diversity. In: Ders./Meeker 1999, 226–243.

– / Meeker, Kevin (Hg.): *The Philosophical Challenge of Religious Diversity*. Oxford 1999.

Sandkühler, Hans Jörg: Pluralismus. In: Ders. (Hg.): *Enzyklopädie Philosophie*. Hamburg 2010, 728–734.

Schmidt, Thomas M.: Vernünftiger Pluralismus – gerechtfertigte Überzeugungen. Religiöser Glaube in einer pluralistischen Gesellschaft. In: Matthias Lutz-Bachmann/Ders. (Hg.): *Religion und Kulturkritik*. Darmstadt 2006, 33–51.

Sen, Amartya Kumar: *Die Idee der Gerechtigkeit*. München 2010 (engl. 2009).

Stocker, Michael: *Plural and Conflicting Values*. Oxford 1990.

Taylor, Charles: *Ein säkulares Zeitalter*. Berlin 2010 (engl. 2007).
Weithman, Paul: *Religion and the Obligations of Citizenship*. Cambridge 2002.

Jörg Schaub

12. Rationalität

Zahlreiche Beiträge zur Säkularisierungsdebatte verwenden die Kategorie der Rationalität als Leitkonzept, um die Abgrenzung zwischen ›säkular‹ und ›religiös‹ vorzunehmen. Insofern als der Säkularisierungsbegriff den Bedeutungswandel thematisiert, den die Religion angesichts der in der Aufklärung vollzogenen Aufwertung der Vernunft erfährt, lässt sich ein solcher Gebrauch von ›rational‹ als implizite Unterstellung des gesamten Säkularisierungsdiskurses ausmachen. Explizit tritt die Rationalität als Leitkategorie in der Reflexion über das Verhältnis zwischen religiösen und säkularen Akteuren, Argumenten und Institutionen dort auf, wo diese durch ihre je spezifische Hinordnung auf den normativen Anspruch der Rationalität bestimmt werden.

Ein gängiges Verfahren, Rationalität (lat. *ratio*: ›Rechenhaftigkeit‹ bzw. Berechnung) zu definieren, besteht darin, dem Begriff einen spezifischen Ort im Spannungsfeld zwischen Vernunft und Verstand zuzuweisen. Nicht zuletzt aufgrund der Tatsache, dass der lateinische Terminus *ratio* in seiner Geschichte nicht einheitlich verwendet wird, ist eine solche Zuordnung allein allerdings nicht aussagekräftig. Zwar wurde die *ratio* durchgehend als Gegenstück zum Konzept des *intellectus* geführt; zugleich aber wurden beide Begriffe wechselweise im Sinne des dem deutschen Begriff ›Vernunft‹ nahestehenden griechischen *nous* und im Sinne der dem ›Verstand‹ entsprechenden *dianoia* verwendet (vgl. Baumgartner 1989, 171 ff.).

Ungeachtet der zur Kennzeichnung verwendeten Termini geht es in sachlicher Hinsicht darum, zwischen der Einsicht in die Grundsätze des Denkens unter Rücksicht ihrer Universalität einerseits und der Anwendung der Denkgesetze auf einen je partikularen Gegenstandsbereich andererseits, zwischen einer traditionell mit der Vernunft konnotierten »integrativen« Stoßrichtung und einer mit dem Verstand verbundenen »abstrakten« Orientierung zu differenzieren (vgl. Apel 1984, 18 f.). Wenn ›rational‹ im gegenwärtigen Sprachgebrauch als Charakteristikum von Handlungen und Verfahren, Systemen und Äußerungen verwendet wird, so wird Rationalität dem zweiten Aspekt zugeordnet. Rationalität bezeichnet damit nicht die mit dem klassischen Vernunftbegriff gemeinte Metainstanz zur Herstellung einer kontextübergreifenden Einheit partikularer Erfahrungen, sondern die Kompetenz, einen je konkreten Zusammenhang anhand abstrakter Grundsätze zu strukturieren. Der Begriff der Rationalität, so der sachliche Ertrag seiner Verortung im Horizont von Vernunft und Verstand, weist einen internen Bezug zur Operationalisierung allgemein geltender Normen des Denkens auf.

Vom substanziellen zum dispositionalen Rationalitätsbegriff

Im antiken und mittelalterlichen Kontext fungiert ›Rationalität‹ vorrangig als eine anthropologische Kategorie. Dabei steht die Beschreibung des menschlichen Wesens zumindest mittelbar unter dem Vorzeichen theologischer Voraussetzungen. Hierzu zählen die Annahmen, dass der Mensch als Geschöpf Gottes und die Ausstattung des Menschen mit der Vernunft als Gnadengeschehen zu denken ist. Die Rede vom Menschen als *animal rationale* verweist dementsprechend in der einen oder anderen Weise auf die Rede von Gott als dem allwissenden Schöpfer – sei es im Sinne der in der stoischen Logoslehre grundgelegten Überzeugung, dass der Mensch über die Vernunft am Wesen Gottes teilhat, im Sinne der von Anselm von Canterbury unterstellten Prämisse, dass die rationale Einsicht allererst Gegenstand des Bittgebets zu sein hat oder im Sinne einer Kontrastierung zwischen der defizitären Ratio des Menschen mit dem uneingeschränkten Intellekt Gottes.

Die zugleich theologische und anthropologische bzw. vermögenspsychologische Prägung vormoderner Zugänge zur Rationalität lässt sich ablesen an den Gegenbegriffen, von denen her das Konzept seine Kontur erhält. Sie stellen die Rationalität einerseits komplementären Vermögensinstanzen wie dem Instinkt oder dem Willen gegenüber; andererseits wird sie, wie in prominenter Form bei Thomas von Aquin, dem Glauben als alternativem Erkenntnismodus gegenübergestellt. Gemeinsam ist diesen Zugängen, dass die Zuschreibung von Rationalität als eine metaphysische Aussage über die Verfasstheit des Menschen erfolgt. Als Pendant zu anderen Vermögen des Menschen erfährt das Konzept seine positive Bestimmung dadurch, dass es – ebenso wie sie – zur Konstitution der menschlichen Natur beiträgt; als Gegenbegriff zum Glauben erfährt es seine einschränkende Bestimmung dadurch, dass es – anders als er – nicht unmittelbar aufs Übernatürliche gerichtet ist.

Mit dem Eintreten der Moderne vollzieht sich in der Verwendung des Rationalitätsbegriffs ein Paradigmenwechsel. In der Folge der Aufklärung verlieren die genannten theologischen Vorannahmen ebenso wie die mit starken metaphysischen Voraussetzungen konnotierten Größen der Seele und des Übernatürlichen ihre allgemeine Plausibilität. Der Begriff der Rationalität wird dementsprechend nicht länger in universalen Seinsaussagen über die Natur des Menschen verwendet, sondern in generischen Beschreibungen der Kapazitäten von Personen und Systemen; sein substanzieller Gebrauch im Sinne einer vermögenspsychologischen Kategorie wird durch seinen dispositionalen Gebrauch im Sinne einer Qualität prozeduraler Vollzüge abgelöst (vgl. Schmidt 2008, 200). Wenn Kant (1968, 321) programmatisch unterscheidet zwischen der statischen Rede vom *animal rationale* und der auf künftige Möglichkeiten hinweisenden Rede vom *animal rationabilis*, markiert er den Übergang von der Unterstellung eines einheitlichen Rationalitätskonzeptes hin zu einer Vielfalt an Bestimmungen des Rationalen, die durch je spezifische Bezugsgrößen und Gegenbegriffe konstituiert werden.

Als richtungsweisend für die säkulare Moderne gilt die Rationalitätsauffassung Max Webers, der Rationalität als eine Eigenschaft von *Handlungen* konzipiert. Eine Handlung ist dann rational, wenn sie in theoretischer oder praktischer Hinsicht auf die »Beherrschung der Realität« zielt (vgl. Weber 1963, 265 f.). Insofern die Akteurin diese Ausrichtung bewusst vornimmt, stellt Rationalität eine mögliche Form dar, in der »menschliches Verhalten« mit einem »subjektiven Sinn« und damit zugleich mit dem spezifischen Charakteristikum des »Handelns« versehen wird (Weber 1972, 12). Als Gegenbegriff fungiert bei Weber das »Irrationale« im Sinne eines Verhaltens, das jeder reflexiven Thematisierung entbehrt.

Eine deutliche Fokusverschiebung erfährt dieses Modell in der *Theorie kommunikativen Handelns* von Jürgen Habermas, der Rationalität primär als eine Eigenschaft von *Äußerungen* betrachtet. Zwar erscheint auch in seiner Konzeption die bewusste Wahl, d. h. die Begründbarkeit und Kritisierbarkeit, als entscheidende Dimension des Rationalen. Während Weber Rationalität jedoch als eine Angelegenheit der Beziehung zwischen dem Akteur und seiner gegenständlichen Umwelt ansieht, macht Habermas die Einsicht geltend, dass diese Beziehung dem handelnden Subjekt immer nur im Medium kommunikativer Sprechhandlungen zugänglich ist. Das bei Weber unterstellte Rationalitätskriterium einer »erfolgreichen Intervention« (Habermas 1981, 34) greift vor diesem Hintergrund zu kurz. Das »der Rationalität innewohnende Telos« liegt für Habermas stattdessen in der »kommunikativen Verständigung« (ebd., 30).

Wenn Luhmann Rationalität schließlich als eine Eigenschaft selbstreferentieller *Systeme* auffasst, so möchte er sie erklärtermaßen als eine Kategorie jenseits von Normativität bzw. Idealität verstanden wissen und spricht ihr damit die von Habermas unterstellte teleologische Struktur ab. Während Weber zwischen Zweck- und Wertrationalität differenziert, kritisiert Luhmann diesen Zug als oberflächliche Reaktion auf die traditionelle Unterscheidung zwischen Poiesis und Praxis. Tatsächlich verweist das Konzept der Rationalität seines Erachtens auf die Autopoiesis sozialer Systeme und damit auf ein »(Handlung transzendierendes) Grundproblem« (vgl. Luhmann 1984, 235). Dabei ist es nicht die Operation der Selbstreferenz, nicht die reflexive Unterscheidung als solche, die die Rationalität eines Systems konstituiert. Rationalität ist für Luhmann vielmehr »erst gegeben, wenn der Begriff der Differenz selbstreferentiell benutzt, das heißt, *wenn auf die Einheit der Differenz reflektiert wird*« (ebd., 640). Indem Rationalität verwendet wird, um die Beobachtung der Sinn generierenden Unterscheidungen zu markieren, wird sie zugleich als ein Begriff konzipiert, der selbst keinen Gegensatz aufweist. Ebenso wie Sinn und Welt rangiert Rationalität bei Luhmann unter den differenzlosen Begriffen.

Allgegenwart der Rationalität – Abwesenheit der Religion?

Die für die Moderne zu verzeichnende Verlagerung der Verwendung des Rationalitätskonzepts weg von der Bezeichnung eines kontextinvarianten Vermögens, hin zur Kennzeichnung einer situationsbezogenen Haltung, bedeutet also zugleich eine Dezentralisierung der Rationalität. Wenn Wolfgang Welsch die Gegenwart in diesem Sinne als eine »Situation hochdifferenzierter und ubiquitärer Rationalität« (Welsch 1995, 624) charakterisiert, so suggeriert er, dass diese Dezentralisierung nicht Versprengung, sondern Ausbreitung meint, dass sie demnach nicht eine Schwächung, sondern eine Stärkung des Rationalitätskonzepts beinhaltet. Wie aber ist das Verhältnis zwischen der ›Allgegenwart‹ der Rationalität und dem Phänomen der Säkularisierung zu bestimmen?

Auf den ersten Blick lässt sich annehmen, eine zunehmende Präsenz der Kategorie des Rationalen bedeute zwangsläufig eine abnehmende Relevanz der Kategorie des Religiösen. Ein solches proportionales Entsprechungsverhältnis zwischen Rationalisierung und Säkularisierung wird vielfach durch die Art und Weise nahegelegt, auf die der Modernisierungsbegriff definiert wird – so etwa, wenn Rationalisierung und Säkularisierung im Zusammenspiel mit Tendenzen wie Individualisierung, Pluralisierung und Mobilitätssteigerung ohne nähere Kommentierung als konstitutive Elemente der Modernisierung angeführt werden (vgl. z. B. Degele 2002, 376), oder wenn von der »Verbreitung säkularrationaler Normen« als hervorstechenden Charakteristika der Modernisierung die Rede ist (vgl. die Rekonstruktion der Modernisierungstheorie Daniel Lehners bei Detlef Pollack 2011, 44).

Gestützt wird dieses Bild durch die Beobachtung, dass Rationalität in zahlreichen Spielarten der modernen Religionskritik als Schlüsselkategorie fungiert. Bereits David Humes Religionskritik am Ende der frühen Neuzeit erhebt sie zum allgemeinen Maßstab, wenn er herausarbeitet, dass die traditionellen Gottesbeweise auf einer Überschätzung der menschlichen Ratio beruhen. Auch der bei Freud, Marx und Feuerbach formulierte Vorwurf des Reduktionismus setzt zumindest implizit voraus, dass die Rationalität eine unbedingt geltende Forderung nach einem einheitlichen Rechtfertigungsmuster für Handlungen und Überzeugungen darstellt. Ein Beispiel aus dem Umfeld postmoderner Religionskritik ist schließlich Richard Rorty, der religiöse Äußerungen als *conversation stopper* charakterisiert und ihnen damit die Rationalität im Sinne allgemeiner Verständlichkeit abspricht.

Neben diesen ideengeschichtlichen Aspekten kann für ein Ausschließungsverhältnis zwischen Religiosität und moderner Rationalität die systematische Überlegung in Anschlag gebracht werden, dass Erstere in ihrem Begriff die Idee des Subjekts voraussetzt, während Letztere mit einer Distanzierung von der Kategorie der Person verknüpft ist. Lässt sich mit Blick auf Entwürfe wie die von Weber und Habermas über die Bezugsgrößen der Handlung und der Äußerung immerhin noch eine mittelbare Verbindung zwischen Rationalität und Person herstellen, so sucht eine Theorie wie die Luhmanns die Rationalität ausdrücklich vom Subjektgedanken zu entkoppeln, indem sie sie auf das Moment der Selbstreferenz von Systemen hinordnet.

Gegen diese Ineinssetzung von ›säkular‹ und ›rational‹ ist im ersten Zug darauf hinzuweisen, dass sich in allen oben skizzierten Modellen des Rationalen eine Öffnung gegenüber der Dimension des Religiösen ausmachen lässt. So erkennt Weber neben der Zweckorientierung bekanntermaßen auch die Wertorientierung als Form der Rationalität an. Die »Überzeugung von dem, was […] religiöse Weisung« und »Pietät […] zu gebieten scheinen« vermag eine Handlung demnach ebenso als »rational« auszuweisen wie die Orientierung am optimalen Verhältnis zwischen »Zweck, Mitteln und Nebenfolgen« (Weber 1972, 13). Damit werden auch affektuelle und traditionale Verhaltensweisen, die für religiöse Vollzüge ja durchaus typisch sind, zu möglichen Kandidaten rationalen Handelns. Unter der Bedingung nämlich, dass sie reflexiv als Zweck in den Blick genommen werden, erkennt Weber Gefühlsäußerung und Gewohnheitsbindung als den wertrationalen Handlungen »verwandte« Akte an. Als irrational stuft er sie erst dann ein, wenn sie – wie im Falle »mystischer, prophetischer, pneumatischer« (ebd., 10) Phänomene sowie im Kontext von auf Magie gerichteten Vollzügen – von jeder bewussten Thematisierung entkoppelt auftreten. Erfüllen gefühls- und traditionsgeleitete Handlungen dagegen das Kriterium einer bewussten Ausrichtung, dann stellen sie keineswegs nachgeordnete Formen rationalen Handelns dar. Vielmehr können sie, wie z. B. Weber in seiner Analyse des Zusammenhangs zwischen protestantischer Ethik und kapitalistischer Wirtschaft zu zeigen versucht, das entscheidende Fundament für die Ausbildung einschlägig rationaler Handlungszusammenhänge bilden.

Eine analoge Öffnungsbewegung vollzieht Habermas, wobei er nicht den handlungstheoretischen Anspruch der reflexiv eingeholten Ausrichtung eines Aktes, sondern die diskurstheoretische Forderung nach Begründbarkeit und Kritisierbarkeit einer Äußerung als Angelpunkt einsetzt. Begründbarkeit und Kritisierbarkeit, so betont er bereits in der *Theorie kommunikativen Handelns*, sind nicht allein solchen Aussagen vorbehalten, die einen Bezug auf Tatsachen aufzuweisen haben. Vielmehr gelten für ihn auch solche kommunikativen Akte als prinzipiell begründbar, »die durch *andere* Weltbezüge charakterisiert und mit *anderen* Geltungsansprüchen verbunden sind als konstative Äußerungen« (Habermas 1981, 35). Auch normative, expressive und sogar evaluative Aussagen stehen damit unter dem Anspruch der Rationalität. Mit Blick auf die Werturteile buchstabiert Habermas diesen Anspruch aus im Sinne der Forderung nach Verständlichkeit. Positiv gesprochen muss eine Wertfeststellung demnach so formuliert sein, dass alle Angehörigen der betreffenden Kultur- und Sprachgemeinschaft »unter diesen Beschreibungen ihre eigenen Reaktionen auf ähnliche Situationen wiedererkennen würden« (ebd., 36). Negativ ausgedrückt ist eine Äußerung dann irrational, wenn sie auf einer idiosynkratischen Verwendung von Begriffen aufruht. Dieser Gedanke findet sich schließlich in Habermas' späterer Auseinandersetzung mit der gesellschaftlichen Rolle religiöser Überzeugungen in dem Aufruf wieder, »relevante Beiträge« religiöser Traditionen »aus der religiösen in eine öffentlich zugängliche Sprache zu übersetzen« (Habermas 2005, 118).

Weber und Habermas teilen die Voraussetzung, dass Rationalität die Kohärenz von Handlungen bzw. Überzeugungen und damit ein Moment der Einheit markiert. Im Gegensatz dazu bezeichnet Rationalität bei Luhmann bestimmte Bedingungen der Differenz – nämlich denjenigen Punkt der Unterscheidung, an dem der »Wiedereintritt der Differenz in das Differente« (Luhmann 1984, 641) erfolgt. Fragt man nun nach dem spezifischen Differenzschema des Systems Religion, so stößt man nach Auffassung Luhmanns auf die Unterscheidung zwischen »immanent« und »transzendent«, zwischen »beobachtbar« und »unbeobachtbar« (Luhmann 2002, 34). Es ist diese Leitdifferenz, von der aus das System der Religion alle weiteren Unterscheidungen generiert und damit alle für sie konstitutiven Begriffe konstruiert (ebd., 118). In der religiösen Kommunikation wird diese Differenz im Rahmen immanenter Vollzüge thematisiert; hier wird das Bezugsproblem der Religion, »die *Differenz* von beobachtbar/unbeobachtbar beobachtbar gemacht« – und zwar »[i]m Beobachtbaren (wo sonst?)« (ebd., 34). Das für die Rationalität entscheidende Moment des »re-entry [...] der Unterscheidung in das durch sie Unterschiedene« (ebd.) ist damit im Fall der Religion gegeben. Das System der Religion macht die Unterscheidung ausdrücklich, die dem Glauben an eine die Erfahrung übersteigende Größe zugrunde liegt, und führt sie damit wieder in den Rahmen des Erfahrbaren ein. »Alle Transzendenz ist nur immanent möglich« (Reese-Schäfer 1996, 149) – indem die Religion die Ausgestaltung dieser Einsicht zu ihrer Aufgabe macht, bestimmt sie ihr Bezugsproblem in eben der paradoxen Weise, die für die Rationalität spezifisch ist. Zugleich widmet sich die Religion nicht irgendeiner beliebigen Codierung, sondern mit dem Schema »beobachtbar/unbeobachtbar« just der Differenz, die eine notwendige Vorunterscheidung für alle Beobachtung, d. h. für alle Vorgänge der Komplexitätsreduktion und der Paradoxieentfaltung, kurz: für den Fortgang autopoietischer Prozesse als solcher, darstellt. Sie bildet in diesem Sinne den Rationalitätshorizont, vor dem sich die Ausdifferenzierung rationaler Systeme erst ereignen kann.

Religion und Rationalität im Licht moderner Ideologiekritik

Religion, so deuten die hier skizzierten Theorieentwürfe von Weber, Habermas und Luhmann exemplarisch an, ist grundsätzlich an moderne Konzepte der Rationalität anschlussfähig. Geht man auf diese Weise von der Innenansicht säkular geprägter Rationalitätsauffassungen aus, scheint es nicht länger haltbar, die Modernisierungstendenzen von Rationalisierung und Säkularisierung in gemeinsamer Frontstellung gegenüber der Religiosität anzuordnen. Erweitert man den Fokus überdies um den Gesichtspunkt der funktionalen Differenzierung, so lässt sich eine zweite Überlegung anstellen, um das Verhältnis der beiden genannten Modernisierungsaspekte neu zu bestimmen. Funktionale Differenzierung meint dabei die nicht zuletzt durch die Theorieentwürfe Webers und Luhmanns aufgearbeitete Tatsache, dass die moderne Gesellschaft eine Pluralität an Handlungszusammenhängen ausbildet, wobei jedes Individuum sich zugleich in mehreren dieser Kontexte bewegt.

Charles Taylor knüpft in seinem Konzept der Säkularisierung an diesen Charakterzug der Moderne an. Das »säkulare Zeitalter« ist seiner Diagnose entsprechend wesentlich durch einen »Wandel des Hintergrunds« (Taylor 2009, 34) gekennzeichnet. Bestanden vor der Säkularisierung geschlossene »Rahmen des Selbstverständlichen« (ebd., 32), innerhalb derer die Individuen religiöse Überzeugungen herausbilden und erhalten konnten, ist die Moderne durch das Nebeneinander vielfältiger Handlungskontexte geprägt, zwischen denen der Einzelne oszilliert. Insofern dieses Nebeneinander nicht nur offen sichtbar, sondern tatsächlich unübersehbar ist, führt dies dazu, dass »*alle* die eigene Option als eine unter mehreren« (ebd., 31) begreifen. Diese unvermeidbare reflexive Einsicht führt dazu, dass die unter vorsäkularen Bedingungen als alternativlos vorausgesetzte religiöse Orientierung im Licht ihrer zahlreichen Alternativen zu einer kontingenten Möglichkeit relativiert wird.

Eine analoge Bewegung von der Differenzierung hin zur Relativierung lässt sich, wie die obige Skizze moderner Vernunftkonzeptionen belegt, auch für das Konzept der Rationalität verzeichnen. Ähnlich wie Welsch (s. o.) beschreibt Herbert Schnädelbach die Gegenwart als »das Ende einer langen Ausdifferenzierungsgeschichte des Vernunftbegriffs« (Schnädelbach 2009, 41). Anders als Welsch rückt er jedoch nicht den Aspekt der Ausbreitung des Rationalitätskonzepts in den Vordergrund, sondern den seiner Spaltung. Indem sich das Individuum in so unterschiedlichen Handlungs- und Argumentationszusammenhängen wie Wissenschaft und Moral, Wirtschaft und Ästhetik bewegt, richtet es sich an wechselnden Standards dessen aus, was als rational gilt. Die normativen Ansprüche von Wahrheit, Richtigkeit und Verständlichkeit werden in dieser Situation nicht länger als absolut angesehen. Sie treten stattdessen »als nicht aufeinander reduzierbare« (ebd.) auseinander und stellen sich dann jeweils als eine von mehreren Möglichkeiten dar, die Forderung der Rationalität zu artikulieren.

Ähnlich wie die fortwährende Hinterfragung der Religion in der Voraussetzung pluralisierter Weltanschauungen mitgegeben zu sein scheint, so führt die Diversifizierung der Bedingungen auch im Falle der Rationalität zum Verlust ihrer allgemeinen Plausibilität. Dies lässt sich ablesen an der Konjunktur der Rationalitätskritik, die sich insbesondere für das 20. Jahrhundert verzeichnen lässt. Dadurch, dass die Rationalität in die verschiedenen Handlungskontexte hinein versprengt wird, offenbart sie gleich mehrere offene Flanken für ihre Infragestellung. Als Standard der Wissenschaft sieht sie sich beispielsweise dem Plädoyer Paul Feyerabends für einen wissenschaftstheoretischen Anarchismus gegenüber, während sie als Maßgabe in ökonomischen Belangen gleichzeitig von Theodor Adorno dafür verantwortlich gemacht wird, dass der Mensch »sich selbst entzaubert« (Adorno 1981, 73). Als Anspruch mit universaler Geltung wird sie durch kulturanthropologische These inkommensurabler Diskurse als strukturell imperialistisch entlarvt (zu diesen und weiteren Beispielen vgl. Apel 1984, 16). Die moderne Realität, so lässt sich aus dieser Reihe an Beispielen schließen, unterstreicht die Situationsgebundenheit und damit die Kontingenz dessen, was als rational angesehen wird. Das Kontingente jedoch gilt ausgehend von den traditionellen Vorstellungen der Rationalität als das Irrationale. Die Ausdifferenzierung der Rationalität scheint also dazu zu führen, dass ihr Kern ausgehöhlt und ihre eigentliche Bedeutung verlorengeht.

So betrachtet jedoch erscheinen Rationalität und Religion nicht länger als Antipoden im Prozess der Modernisierung, sondern sie stellen sich als Größen heraus, die durch die Ausdifferenzierung der Gesellschaft ein und derselben Herausforderung ausgesetzt sind und in diesem Sinne gewissermaßen auf der gleichen Seite stehen. Spätestens Lyotards Kennzeichnung der Postmoderne als »das Ende der großen Erzählungen« macht unmissverständlich deutlich, dass die Konzepte von Gott und Vernunft durch die Ideologiekritik seit der Aufklärung durch ein gemeinsames Schicksal verbunden sind. Gemeinsam ist diesen Konzepten von jeher, dass sie die Möglichkeit zeitloser Geltung unterstellen. Eine Welt, die notwendig als plural erfahren wird, stellt jedoch die Idee zeittranszendenter Geltung gemeinsam mit jeder Form von Absolutheitsanspruch radikal in Frage. Das Rationale und das Religiöse sind in dieser Welt neu zu buchstabieren als Kategorien, die an die Kontingenz geschichtlicher Zusammenhänge anschlussfähig sind. Sie sind, kurz gesagt, zu ›verzeitlichen‹ – d. h. zu ›säkularisieren‹ im eigentlichen Sinn des Wortes.

Säkulare Religion

Eine plakative Strategie, den Kern des religiösen Glaubens mit der Struktur rationalen Denkens kompatibel zu machen, ist die sogenannte Tod-

Gottes-Theologie, die im Umfeld christlicher Theologie in den 1960er Jahren Bedeutung erlangte. Das Programm einer derart säkularisierten Rede von Gott beschreibt die Theologin Dorothee Sölle als die Aufgabe, »das Unbedingte im Bedingten zu lesen« (Sölle 1983, 68). An die Stelle metaphysischer Überlegungen zum »Wesen« Gottes hat für Sölle unter den Bedingungen der Moderne die historische Reflexion auf die »Wandlungen« Gottes zu treten (ebd., 54). Die Anschlussfähigkeit der Religion an die Standards moderner Rationalität wird in einem solchen Konzept also dadurch hergestellt, dass dem Gottesbegriff dieselbe Entwicklung zugeschrieben wird, die auch der Vernunftbegriff seit der Aufklärung durchlaufen hat. Ebenso wie die Instanz der Rationalität lässt sich auch Gott »nicht mehr substantiell, als überweltlich Seiendes« (ebd., 68) konstruieren; sein Sinn hängt vielmehr davon ab, dass er in einer Vielfalt geschichtlicher Zusammenhänge als ein Moment der erlebten Wirklichkeit aufscheint.

Sölle antizipiert den angesichts solcher Formulierungen naheliegenden Einwand, Gott unterschiedslos in die Immanenz zu überführen, und hält dementgegen ausdrücklich an der Differenz zwischen Immanenz und Transzendenz fest. Allerdings räumt sie ein, dass diese Unterscheidung unter den Bedingungen der Moderne »nur noch in verwandelter Form aufbewahrt bleiben« könne und fordert in einer an Luhmanns »Wiedereintritt« erinnernden Figur, »den Ort des Unbedingten [...] als das Bedingte selbst« (ebd., 68) zu denken. Der religiöse Glaube, daran hält Sölle fest, schließt eine »Transzendenzbereitschaft« ein. Im Angesicht der säkularen Vernunft nimmt diese allerdings die Gestalt durchaus weltimmanent rekonstruierbarer Größen wie einer »Teilhabe am Gesamtzusammenhang« (ebd., 89) an.

Dieser Aspekt von Sölles Glaubenskonzeption lässt sich bereits im pragmatistischen Entwurf John Deweys ausmachen, der Religion als einen »Sinn für das Ganze« (Dewey 2004a, 235) begreift. Deweys Konzept »natürlicher Frömmigkeit« (Dewey 2004b, 247) bezeichnet das Gewahrsein des Individuums, dass es als Teil eines größeren Ganzen agiert und dass es durch ein fortwährendes Geben und Aufnehmen von Einflüssen konstitutiv in seine natürliche und soziale Umwelt eingebunden ist. Seinen symbolischen Ausdruck findet ein solcher religiöser Glaube nicht in dogmengestützten Riten einer institutionell verfassten Religionsgemeinschaft. sondern im »Leben der Gemeinschaft« (Dewey 2004a, 235).

Anders als Sölle, die zwar die innerweltliche Auffindbarkeit Gottes unterstreicht, zugleich jedoch an seiner Unterscheidbarkeit anhand seiner Transzendenz festhält, besteht Deweys Anliegen darin, Gott als einen Begriff jenseits der Differenz von Transzendenz und Immanenz zu bestimmen. Seiner Diagnose nach ist es eben die Kategorisierung Gottes als »transzendent«, »unbeobachtbar« und »übernatürlich«, die unweigerlich eine Frontstellung zwischen Gottesglauben und Rationalität herbeiführt. Will man der mit der Moderne verbundenen »Revolution [...] am Sitz der intellektuellen Autorität« (Dewey 2004b, 251) gerecht werden, so lässt sich das intentionale Gegenüber religiösen Glaubens nicht länger in Begriffen der ontologischen Differenz zwischen ›diesseits‹ und ›jenseits‹, sondern allein in Begriffen der modalen Differenz zwischen ›wirklich‹ und ›möglich‹ denken. Religiöse Bezugnahme auf Gott ist dann mit dem Anspruch der Rationalität kompatibel, wenn sie Gott als den Inbegriff des Idealen an die Stelle des Zieles (*end-in-view*) gegenwärtiger Akte setzt und auf diesem Wege die Differenz zwischen Idealem und Realem als handlungsermöglichendes Moment in die Erfahrungswirklichkeit wiedereintreten lässt.

Deweys radikaler Verzicht auf die Kategorie des Transzendenten entlastet ihn zunächst von dem an Sölle gerichteten Vorwurf, den Transzendenzgedanken zu nivellieren. Zugleich lässt sich allerdings einwenden, dass Dewey dieses Problem nur in fataler Weise verschiebt: Während Sölle die Kompatibilität religiöser Überzeugungen mit der modernen Rationalität dadurch zu erkaufen sucht, dass sie dem Transzendenzbegriff die Pointe raubt, scheint Dewey, radikaler noch, den identitätsstiftenden Kern des Gottesgedankens preiszugeben. Sein Sinn des Religiösen mag demnach an säkular geprägte Vorstellungen des Rationalen anschlussfähig sein; seine Vermittelbarkeit mit allem, was bislang unter Religion verstanden wurde, scheint jedoch auf den ersten Blick fragwürdig und bedarf einer gründlichen Überprüfung.

Religiöse Rationalität

In jüngster Zeit steigt die Zahl der dezidiert religionsphilosophischen Versuche, das Verhältnis zwischen Religiosität und säkularer Rationalität zu bestimmen und dabei die bei Sölle und Dewey auftretenden Schwierigkeiten zu vermeiden. In dieser Hinsicht vergleichbar erscheinen beispielsweise die Entwürfe von Thomas Rentsch und Hans-Joachim Höhn, die die Kategorie des Transzendenten jenseits von »vorhandenheitsontologischen« Missverständnissen (Höhn 2010, 256; Rentsch 2005, 78) zu rekonstruieren suchen. Als methodischer Einstieg dient dabei die Diskursanalyse bzw. eine »›empraktisch‹ situierte Sprachanalyse« (Rentsch 2005, 2). Sie führt zu der Frage, wie sich die Vernunft angesichts der Grundbedingungen menschlichen Daseins, d. h. angesichts der unhintergehbaren Bezogenheit des Einzelnen auf die Welt und auf die Mitmenschen, angesichts der Sprachlichkeit, Sozialität, Subjektivität und Zeitlichkeit aller menschlichen Vollzüge, zu verhalten hat. In all diesen Dimensionen der Existenz manifestiert sich bekanntlich ihre Begrenztheit. Während sich diese der Vernunft bei Rentsch als »Unerklärlichkeit« (vgl. ebd., 58 ff.) von Sein, Sinn und Existenz darstellt, sieht Höhn die Rationalität mit der »kategorischen Inakzeptabilität« (Höhn 2010, 257) der Limitationen des Daseins konfrontiert. Entsprechend beschreibt Höhn den Überstieg der Rationalität auf das ihr entzogene und zugleich mit ihr kompatible »Andere der Vernunft« als zu bewältigende Notwendigkeit zur Lösung ihrer »kontrafaktischen Aufgabe«, das Dasein im Gewahrsein seiner Inakzeptabilität zu akzeptieren. Rentsch andererseits macht »inmitten der säkularen Moderne mit Bezug auf die Alltäglichkeit eine *implizite Ebene des Sinnvertrauens und der Sinngewissheit*« (Rentsch 2005, 97) aus und erachtet den Vorgriff der Rationalität auf das Transzendente im Sinne einer für sie zugleich konstitutiven und unverfügbaren Sinndimension als zu explizierende Gegebenheit.

Bei aller Verschiedenheit der Akzentsetzung kommen beide Positionen darin überein, dass sich die (post-)säkulare Verhältnisbestimmung von Rationalität und Religion nicht im Nachweis der Kompatibilität von Gottes- und Vernunftverständnis erschöpft. Vielmehr verweist die Einsicht, dass die diskursive Vernunft »von Inhalten [lebt], die sie selbst nicht hervorbringen kann« auf die Notwendigkeit einer »Vertiefung« (ebd., 57) bzw. einer »Ausweitung und Neudimensionierung« (Höhn 2010, 97) des Rationalitätsbegriffs im Licht der spezifisch religiösen Kompetenz einer »*Aufklärung über sinnkonstitutive Unverfügbarkeit*« (Rentsch 2005, 95). In diesem Sinne steht am Ende der Säkularisierung des Rationalen das Modell einer »religiösen Rationalität« (ebd.).

Literatur

Adorno, Theodor W./Horkheimer, Max: *Dialektik der Aufklärung*. Frankfurt a. M. 1981.
Apel, Karl-Otto: Das Problem einer philosophischen Theorie der Rationalitätstypen. In: Herbert Schnädelbach (Hg): *Rationalität. Philosophische Beiträge*. Frankfurt a. M. 1984.
Baumgartner, Hans Michael: Wandlungen des Vernunftbegriffs in der Geschichte des europäischen Denkens. In: Leo Scheffczyk (Hg.): *Rationalität*. Freiburg/München 1989, 167–203.
Degele, Nina: Modernisierung. In: Günter Endruweit/Gisela Trommsdorf (Hg.): *Wörterbuch der Soziologie*. Stuttgart ²2002, 376–377.
Dewey, John: *Die menschliche Natur. Ihr Wesen und Verhalten*. Zürich 2004a.
–: Ein allgemeiner Glaube. In: Ders.: *Erkenntnis, Erfahrung und Wert*. Frankfurt a. M. 2004b, 229–292.
Habermas, Jürgen: *Theorie des kommunikativen Handelns*. Frankfurt a. M. 1981.
–: *Zwischen Naturalismus und Religion. Philosophische Aufsätze*. Frankfurt a. M. 2005.
Höhn, Hans-Joachim: *Zeit und Sinn*. Paderborn 2010.
Kant, Immanuel: Anthropologie in pragmatischer Hinsicht. In: Ders.: *Gesammelte Werke*. Bd. 7. Berlin 1968.
Luhmann, Niklas: *Soziale Systeme. Grundriß einer allgemeinen Theorie*. Frankfurt a. M. 1984.
–: *Die Religion der Gesellschaft*. Frankfurt a. M. 2002.
Pollack, Detlef: *Still alive*. Das Säkularisierungsparadigma. In: Antonius Liedhegener/Andreas Tunger-Zanetti/Stephan Wirz (Hg.): *Religion – Wirtschaft – Politik. Forschungszugänge in einem aktuellen transdisziplinären Feld*. Baden-Baden 2011, 41–60.

Reese-Schäfer, Walter: *Luhmann zur Einführung.* Hamburg 1996.

Rentsch, Thomas: *Gott.* Berlin 2005.

Schmidt, Thomas M.: Vernunftmodelle und Rationalitätstypen in der Religionsphilosophie der Gegenwart. In: Franz-Josef Bormann/Bernd Irlenborn (Hg.): *Religiöse Überzeugungen und öffentliche Vernunft. Zur Rolle des Christentums in der pluralistischen Gesellschaft.* Freiburg 2008, 199–217.

Schnädelbach, Herbert: *Religion in der modernen Welt. Vorträge, Abhandlungen, Streitschriften.* Frankfurt a. M. ²2009.

Sölle, Dorothee: *Atheistisch an Gott glauben.* München 1983.

Taylor, Charles: *Ein säkulares Zeitalter.* Frankfurt a. M. 2009.

Weber, Max: *Gesammelte Aufsätze zur Religionssoziologie.* Tübingen ⁵1963.

Weber, Max: *Wirtschaft und Gesellschaft. Grundriss der Verstehenden Soziologie.* Tübingen ⁵1972.

Welsch, Wolfgang: *Vernunft. Die zeitgenössische Vernunftkritik und das Konzept der transversalen Vernunft.* Frankfurt a. M. 1995.

Annette Pitschmann

13. Religiosität

Religiosität – eine Perspektive der säkularen Moderne

Das wissenschaftliche Nachdenken über Religion war lange Zeit auf Religion als eine objektiv erfassbare Gestalt fokussiert – sei es auf theologische Aussagen über Gott, moralische Handlungsorientierungen für Gläubige oder die Religionsgemeinschaften als Institutionen. Die Säkularisierungsprozesse, die seit der Moderne Gesellschaften prägen, haben diese objektiv wahrnehmbaren Formen von Religion deutlich verändert. Die sich im Laufe der Neuzeit vollziehende Trennung von Religion vom Staat und die damit einhergehende Privatisierung der Religion sind sicherlich zwei der wichtigsten dieser Veränderungen. Außerdem hat mit der Säkularisierung auch eine starke Ausdifferenzierung der traditionellen Religionen stattgefunden. Im Zuge dessen wurden religiöse Symbole und Sprachspiele in den vergangenen Jahrzehnten in viele andere, nicht genuin religiöse Bereiche übertragen. Nicht nur in westlichen Ländern finden sich beispielsweise in Film, Werbung oder der Inszenierung von Massenevents deutliche religiöse Anleihen. Ähnliche Ausdifferenzierungs- und Transformationsprozesse betreffen auch die Religionen selbst. Im religiösen Feld, das plural strukturiert ist und sich ständig dynamisch weiterentwickelt, spielt Religion weniger als ein objektiv erfassbares System dogmatischer Aussagen oder als Institution eine Rolle, denn vielmehr als subjektive Religiosität der einzelnen Bürger (vgl. Angel 2006).

Religiosität bezeichnet in diesem Zusammenhang die subjektive Seite der Religion und erweist sich als enorm heterogen, was ihre Form und ihre Inhalte angeht. Religiosität stellt eine subjektiv geprägte Haltung des Menschen gegenüber sich selbst bzw. der Wirklichkeit insgesamt dar und begründet sich aus einem Transzendenzbezug. Sowohl in Bezug auf die Deutung menschlicher Existenz als auch der Wirklichkeit als Ganzes wird allerdings in sehr unterschiedlicher Weise und Reichweite auf diese transzendente Dimension Bezug genommen. Religiosität kann sich dabei entweder auf die rein individuelle Erfahrung des Transzendenten beziehen, oder aber auch neue soziale Praktiken im ausdifferenzierten religiösen Feld konstituieren. Dementsprechend beschäftigen sich unterschiedliche Disziplinen mit Religiosität, je nachdem ob eher ihre psychologischen oder ihre soziologischen Aspekte thematisiert werden. In beiderlei Hinsicht wird Religiosität meist als eine (anthropologische) Grundkonstante interpretiert, die den Menschen aufgrund des Transzendenzbezuges zu einer religiösen Haltung gegenüber sich selbst, seinen Mitmenschen und der Welt als Ganzes führt.

Historisch betrachtet reichen die Ursprünge des Begriffs ›Religiosität‹ bis in die Romantik zurück. Beispielsweise plädiert Friedrich Schleiermacher dafür, Religion als »Sinn und Geschmack für das Unendliche« zu fassen. Hierin spiegelt sich eine explizite Lösung von einer objektiven Religion und die Betonung einer individuellen, auf Erfahrung basierten Religiosität wider. Das schlechthinnige Abhängigkeitsgefühl ist für Schleiermacher eine grundlegende menschliche Erfahrung, die je nach individuellem und kulturellem Kontext unterschiedliche Formen annimmt. Autoren wie Rudolf Otto, Ernst Troeltsch, William James oder auch Max Weber zu Beginn des 20. Jahrhunderts haben von unterschiedlichen theoretischen Standpunkten aus die Bedeutung einer so verstandenen Religiosität in säkularen Gesellschaften herausgearbeitet. Bei allen Unterschieden im Detail betonen diese Autoren erstens die steigende Bedeutung einer subjektiv geprägten Religiosität gegenüber der objektiv erfassbaren Religion in säkularen Gesellschaften. Zweitens thematisieren sie die kulturelle Ausdifferenzierung der neu entstehenden Formen von Religiosität.

Für die aktuelle Situation des ausdifferenzierten religiösen Feldes im *deutschen* Kontext liefert der Religionsmonitor der Bertelsmann-Stiftung einen Beleg für die sich in kultureller wie politischer Hinsicht vollziehende Transformation und Vervielfältigung von Religiosität (vgl. Bertelsmann-Stiftung 2007). In diesem Zusammenhang wird ebenfalls festgehalten, dass die Menschen über eine erhebliche religiöse Kompetenz verfügen, »das heißt die Menschen scheinen in der Lage zu sein, religiöse Formen nicht nur reflexiv zu identifizieren, sondern auch praktisch auf ihr Leben zu beziehen« (Nassehi 2007, 113). Dabei spielen traditionelle Institutionen und konfessionelle Grenzen bzw. (welt-)religiöse Differenzen eine untergeordnete Rolle. Religiosität wird als Grundhaltung zum Beispiel dann gestärkt, wenn sie erfolgreich Orientierung bei der Identitäts- und Persönlichkeitsbildung geben kann.

Religiosität wird im Kontext der Säkularisierung also vor allem zum Thema, wenn die traditionelle und objektiv erfassbare Religion, verstanden als Dogmatik oder Institution, an Bedeutung verliert. Die Säkularisierung mit ihren unterschiedlichen Facetten hat deshalb erst den Blick auf Religiosität frei werden lassen bzw. den Prozess ihrer Ausdifferenzierung gestärkt. Insbesondere die Autoren der Postmoderne wenden sich dem Zusammenhang von Säkularisierung und dem Bedeutungszuwachs von Religiosität zu, weshalb im Folgenden zwei postmoderne Philosophen in den Blick genommen werden, und zwar Gianni Vattimo und Slavoj Žižek.

Die *kénosis* und das schwache Denken (Vattimo)

Vattimo ist einer der zentralen Vertreter der italienischen Postmoderne. Vor dem Hintergrund einer hermeneutisch ausgerichteten Metaphysikkritik hat er seit vielen Jahren ein verstärktes Interesse an Religion und besonders an Religiosität entwickelt. Ausgangspunkt von Vattimos Nachdenken über Religion ist eine Kritik der traditionellen Philosophie, die er vor allem im Anschluss an Friedrich Nietzsche und Martin Heidegger entwickelt. Mit Nietzsche, dem geistigen Vater der Postmoderne, argumentiert Vattimo, dass sich die Grundannahmen der Moderne wie Fortschritt, Einheit der Wissenschaften oder Rationalität heute nicht mehr überzeugend begründen lassen. Vattimo versteht daher sein philosophisches Schaffen als eine postmoderne Kritik an diesen Annahmen, vor allem an der nach wie vor gesellschaftlich wirkmächtigen Illusion des Fortschrittsgedankens. Auf dieser Kritik des Fortschrittsparadigmas aufbauend, entfaltet er ein hermeneutisches Verständnis von Philosophie. Diese verschreibt sich dem »schwachen Denken«, das sich als eine Befreiung von den großen geschichtlichen Erzählungen – sei es Historismus, Marxismus oder traditionelle Theologie – versteht. Mit Autoren wie Hannah Arendt, Michel Foucault oder Jacques Derrida will Vattimo Widerstand gegen ein korrespondenztheoretisches Verständnis von Wahrheit leisten, die Vielfalt der Erscheinungen betonen und damit das Zeitalter der Interpretation einläuten.

Sein Verständnis von Religiosität im Kontext der Säkularisierung lässt sich vor dem Hintergrund dieses Theorems eines schwachen Denkens rekonstruieren. Die säkulare Moderne, so Vattimos zentrale These, komme heute mehr und mehr an ihr Ende und mit der Stärkung des schwachen Denkens steige die Bedeutung von Religiosität. Christliche Religiosität spielt in diesem Zusammenhang für Vattimo eine besondere Rolle. Denn letztlich ist es die christliche Botschaft, die hermeneutisches und damit schwaches Denken überhaupt erst möglich gemacht hat. Deshalb hängen für Vattimo Heils- und Interpretationsgeschichte aufs Engste miteinander zusammen. Hermeneutik, so formuliert Vattimo paradigmatisch, ist im Grunde die Ausreifung der christlichen Botschaft.

Dieser Zusammenhang ist in Zweierlei begründet. Zum einen besteht die Besonderheit christlicher Religiosität in der Betonung der Innerlichkeit, worin sich das bereits herausgestellte Erbe Schleiermachers widerspiegelt. Mit »dem Christentum kam das Prinzip der Innerlichkeit in die Welt, was zur Folge hatte, dass die ›objektive‹ Wirklichkeit nach und nach ihre bestimmende Schwere verloren hat« (Vattimo 2004, 21). Zum anderen besteht das Charakteristikum christlicher Religiosität darin, dass sich Gott geschwächt hat, Mensch geworden und als solcher gestorben ist. Jesus Christus ist symbolischer Ausdruck für den schwachen und scheiternden Gott am Kreuz: Gott hat sich erniedrigt, um die Menschen zu erlösen – ein theologischer Gedanke, der im Philipper-Hymnus des Neuen Testaments ausgedrückt wird (Phil. 2, 5–11). In Vattimos Deutung taucht in diesem Hymnus der für das Christentum im Besonderen und die hermeneutische Philosophie im Allgemeinen zentrale Gedanke der *kénosis* auf.

> »Die Menschwerdung, d. h. die Herablassung Gottes auf die Ebene des Menschen, das, was das Neue Testament die *kénosis* Gottes nennt, ist dann als Zeichen dafür zu interpretieren, daß der nicht-gewaltsame und nicht-absolute Gott der post-metaphysischen Epoche dadurch gekennzeichnet ist, zur selben Schwächung, von der die von Heidegger inspirierte Philosophie spricht, bestimmt zu sein« (Vattimo 1997, 34).

Gott hat also, Vattimo zufolge, in der Menschwerdung das Sein durchbrochen und das Ende absoluter Gewissheiten eingeläutet. Die primäre Botschaft des Evangeliums liegt in der Auflösung aller objektivistischen Wahrheitsansprüche (vgl. Vattimo 2004, 24). Nach dem Ende der objektiven Erkenntnisgewissheiten können Menschen, ganz im Sinne Nietzsches, Freiheit zurückgewinnen; erst dadurch ist ihnen, religiös gesprochen, der Weg zum Glauben möglich. Die Wahrheit des Christentums, so schlussfolgert Vattimo, bestehe deshalb in der »Auflösung der Idee der (metaphysischen) Wahrheit selbst« (ebd., 27).

Diese Einsicht will Vattimo allerdings nicht als einen kierkegaardschen Sprung in den Glauben verstanden wissen, sondern es können mittels der hermeneutischen Vernunft Gründe für diese Einsicht angeführt werden. Auch sind Gedankenfiguren, die das Verhältnis von Wissen und Glauben (und damit auch Religiosität) als einen Sprung konzeptualisieren, für ihn wenig überzeugend, weil sie letztlich mit einem rationalistischen, d. h. unhermeneutischen Wissensverständnis operieren. Für Vattimo ergibt es vom Standpunkt der Hermeneutik aus keinen Sinn, Glauben und Vernunft einander entgegenzusetzen (vgl. Vattimo 1997, 99). Das hermeneutisch-geschichtliche Wissen der Religion wird vielmehr in religiösen Symbolen, Riten und vor allem den heiligen Texten und ihren Interpretationen tradiert. Diese können eine je eigene Vernünftigkeit für sich in Anspruch nehmen, was allerdings nicht im Sinne eines erkenntnistheoretischen Realismus gedeutet werden dürfe, so Vattimo.

Gleichzeitig setzt sich Vattimo von jüdisch inspirierten Religionsauffassungen (zum Beispiel der von Derrida) ab, weil diese letztlich zu metaphysisch argumentieren, wenn sie Gott als den radikal Anderen zu denken versuchen. Im aktuellen philosophischen wie religionstheoretischen Diskurs, so diagnostiziert Vattimo, gibt es allerdings »eine gewisse Vorherrschaft der jüdischen Religion bei der Wiederkehr der Religion im Gegenwartsdenken« (ebd., 95), was vor allem daran liegt, dass sich das Christentum bei der Explikation und Interpretation der *kénosis* enorm schwertut und oftmals in traditionelle Metaphysik und damit in starkes Denken zurückfällt. Das Christentum erfasst die Verkündigung der *kénosis* bislang »nicht in ihrer vollen Bedeutung und kehrt zwangsläufig zu einer Gottesvorstellung zurück, die alle Züge des metaphysischen Gottes – als des ›letzten‹, endgültigen, unübersteigbaren Grundes – trägt« (ebd., 95 f.).

Vor diesem Hintergrund seiner hermeneutischen und religionstheoretischen Grundannahmen lassen sich nun Vattimos Konzeptionen von Säkularisierung und Religiosität rekonstruieren. Säkularisierung ist für ihn keine Schwächung religiöser Interpretationen von Welt, wie lange Zeit angenommen wurde, sondern sie ist vielmehr die Radikalisierung der antiautoritären Botschaft, die den Kern christlicher Religiosität bildet (vgl. Deibl 2008, 53). Die Lehre von der Inkarnation (Gott schwächt sich für die Menschheit durch Christus) deutet Vattimo als Abwehr gegenüber erstarrten Deutungsstrukturen eines metaphysischen Denkens. Demokratische Tugenden wie Toleranz gegenüber dem Fremden und ein weltoffener Pluralismus interpretiert er infolge dessen als Verwirklichung christlicher Religiosität. Religiosität impliziert deshalb für Vattimo immer auch eine normative Dimension. Es geht ihm dabei allerdings nicht um eine metaphysische Begründung bestimmter religiöser Werte, sondern vor allem um ein ethisches Prinzip, das sich in der Menschwerdung zeigt: die *caritas*. Die Tugend der Liebe fungiert in Vattimos Argumentation als ein übergreifender Sinnhorizont, ohne ein letztbegründendes Prinzip zu sein.

Dass sich traditionelle Religionen, die auf einen objektiv erfassbaren und begründbaren Kern abzielen, mit dieser Form von postmoderner Religiosität, verstanden als liebende Haltung gegenüber der Welt und der Vielfalt ihrer Auslegungen, allerdings oftmals schwertun, stellt Vattimo immer wieder explizit heraus. Allen voran das Christentum ist in seinen verschiedenen Spielarten Vattimo zufolge ängstlich gegenüber dieser Deutung der Säkularisierung und verfällt meist in eine anti-hermeneutische Grundhaltung, die sich an einer korrespondenztheoretischen Konzeption von Wahrheit oder an einer Substanzontologie orientiert. Wenn Religionen diese Angst weiter schüren und sich dem Zeitalter der Interpretation nicht stellen, wird ihre gesellschaftliche Bedeutung weiter abnehmen, nicht zuletzt weil sie in einer pluralen Welt keine Gesprächspartner mehr finden, so seine Schlussfolgerung.

> »Solange die Kirche die Gefangene ihrer ›natürlichen Metaphysik‹ und ihrer Buchstabentreue bleibt (nach welcher Gott zum Beispiel ›Vater‹ und nicht Mutter ist), wird es der Kirche nie gelingen, frei und geschwisterlich nicht nur mit den anderen christlichen Konfessionen, sondern vor allem mit den anderen großen Religionen der Welt in einen Dialog zu treten« (Vattimo 2004, 24).

Wenn Religionen allerdings ihre exklusivistische und teils autoritäre Selbstauslegung aufgeben und ihre hermeneutische Botschaft anerkennen, werden sie weiterhin eine wichtige Rolle in postmodernen Gesellschaften spielen können. Es geht für die Religion Vattimo zufolge vor diesem Hintergrund im Kern um eine Transformationen ihrer theologischen Grundüberzeugungen in eine neue Form postmoderner Religiosität.

Der Begriff ›Säkularisierung‹ markiert für Vattimo also die Einsicht, so lassen sich die vorangegangenen Überlegungen zusammenfassen, dass die am starken Denken orientierte Interpretation von Religion an ein Ende gekommen ist. Deshalb sollten sich postmoderne Ansätze wieder auf die ursprünglichen Wurzeln der christlichen Religiosität – *kénosis* und *caritas* – berufen. In dieser Hinsicht geht es Vattimo nicht um eine objektiv erfassbare Gestalt von Religion, sondern um eine religiöse Grundhaltung gegenüber der Wirklichkeit und den Mitmenschen, die hermeneutische Züge aufweist. Erst nachdem sich die Gesellschaften der Moderne von der Autorität der christlichen Religion als Hüterin dogmatischer

Aussagen und institutionellen Überwachung absoluter Werte befreit haben, konnte die Philosophie den für die Neuzeit so eminent wichtigen Gedanken der Freiheit in den Blick nehmen, der von Kant und Hegel über Nietzsche bis zu Heidegger führte und der auch im aktuellen Diskurs der Postmoderne bei Autoren wie Foucault, Derrida oder Levinas eine große Bedeutung erfährt, so Vattimo. Diese Entwicklung der Säkularisierung, verstanden als Freiheitsgeschehen, hat es erst möglich gemacht, den ursprünglichen Sinn des Christentums (*caritas*) offenzulegen. Säkularisierung und postmoderne Religiosität sind daher, historisch wie systematisch betrachtet, eng miteinander verbunden.

Radikale Subjektivität und der Exzess der Immanenz (Žižek)

Der slowenische Philosoph Slavoj Žižek artikuliert in seinen Werken eine zu Vattimo analoge positive Neubewertung des Christentums und entwickelt daraus eine philosophiepolitische Theorie der Säkularisierung. Dabei geht er aus von einer Fundamentalkritik an der Einverleibung fernöstlicher Spiritualität(en), die Žižek als modernes Narkotikum des durch Globalisierungsprozesse überforderten Menschen der (westlich geprägten) Gegenwart liest. Žižek artikuliert so wiederholt eine polemische Kritik an der westlichen Adaption des Buddhismus, die er mit dem Begriff des *Western Buddhism* bezeichnet und damit vom eigentlichen Buddhismus abgrenzt. Der *Western Buddhism* ist ihm so etwas wie die von der Aufklärung abgewandte Seite der Säkularisierung: die Bankrotterklärung gegenüber unüberschauberen Unrechtsstrukturen im Zeitalter der Globalisierung und die Flucht in einen seichten Alltagspiritualismus aus Yin und Yang, der seiner Analyse nach auch Ethiken poststrukturalistischer Denkmodelle (Derrida und Levinas) teilweise sehr nahekommen. Eine Korrektur sieht er in einer Neubewertung des christlichen Erbes. Dies ist die Negativfolie, vor der er – in Abgrenzung zum *Western Buddhism* und in Rückbezug auf Hegel – eine materialistische Heilstheologie messianischen Handelns zu artikulieren versucht. Er entwickelt eine, vor der Radikalisierung nicht zurückschreckende, politische Theorie, die angeblich durch das Christentum selbst verbürgt wird. Wie Žižek dieses philosophie-politische Pladoyer zur Radikalität politischen Handlns in Rückbezug auf eine im Christentum verankerte Säkularisierung rechtfertigt, soll in den folgenden Ausführungen deutlich werden.

In den *Vorlesungen über die Philosophie der Religion* entwickelt Hegel den Gedanken, dass im Christentum der traditionelle Gott religiöser Metaphysik am Kreuz stirbt und durch die Ausgießung des Heiligen Geist seinen Platz im Jenseits eintauscht mit der Gemeinschaft der Gläubigen im Diesseits. Žižek übernimmt diesen Gedanken. Für ihn steht der Kreuzestod in der christlichen Soteriologie in der Entwicklung des Gottesgedankens für die Verschiebung einer Kluft. Lag diese einst zwischen Schöpfung (Immanenz) und Gott (Transzendenz), so steht sie im Kreuzestod Christi für eine Transzendenz, die ihre Selbst-Identität vereitelt. Der trinitarische Gott vollzieht in der *kénosis* (in der Selbstopferung Christi am Kreuz) gewissermaßen eine Transsubstantiation in negativer Ausprägung: Aus der Fülle des Seins wird der sich entäußernde Menschensohn als Sinnbild eines fragilen, ja menschlich allzu menschlichen Universellen. Damit tritt aus ideengeschichtlicher Perspektive für Hegel und Žižek ein verschwindend kleiner *Riss* in die Immanenz, ein Riss, der als Sinnbild für die Nicht-Koinzidenz der Substanz (Gott) mit sich selbst steht. Dieser durchstößt auf allen Ebenen das Denken der Identität durch den Aufweis, dass Identität, als Identität, immer noch nicht alles ist. Für dieses *nicht alles* steht die christliche *kénosis* in der Geschichte der Religion. In diesem kulturprägenden Narrativ fügt sich nach Žižek Gott – der fiktive Garant der Seinsfülle symbolischer Ordnung – selbst einen inhärenten Mangel zu, ein *Immer-noch-nicht-Alles,* um, wie Žižek nahelegt, mehr zu sein als Allmacht: eine Art nicht kalkulierbarer Abgrund, der Exzesse birgt, die nicht assimilierbar sind.

Säkularisierung ist also in dieser Perspektive ein Prozess, der das Absolute ideengeschichtlich aus dem Bereich des Übersinnlichen in den der Immanenz hinüberholt, eine Immanenz, die nie alles sein kann und dabei ständig neue Welten erzeugt. Aber es braucht dazu Subjekte, und zwar nicht selten exzessiv handelnde Subjekte, die die etablierte Ordnung durchbrechen hin zu diesen neuen Welten. Dabei interessiert Žižek in Anlehnung an Alain Badiou, wie und mit welchen Mitteln die (christliche) Religion fähig ist, ein anti-diskursives Moment der Offenbarung von Wahrheit und Normativität als einen politischen Akt zu denken, der die Grenzen der bestehenden symbolischen Ordnung und damit die Sinnstrukturen der existierenden politischen Situation bzw. der *doxa* selbst verrückt. Žižeks Evaluierung der *christian legacy* geht daher, wie man leicht erahnen kann, einen ganz anderen Weg als z. B. Jürgen Habermas' vielbachtete Auseinandersetzung mit religiösen Welterklärungsmodellen. Während letzterer die Akzeptanz religiöser Welterklärungsmodelle von der kognitiven Filterung der betreffenden Symbole, Narrationen und moralischen Wertvorstellungen durch die Diskursgemeinschaft abhängig macht, interessiert Žižek ein Offenbarungsnarrativ, das neue Welten schafft, ohne dass darüber abgestimmt wird.

Der den Menschen erleuchtende Lichtfunke kommt, so Žižek, nun nicht mehr, wie Augustinus' Erleuchtungstheorie nahelegt, aus dem Bereich göttlicher Weisheit in den Vernunftraum des menschlichen Geistes. Er entzündet sich an der Kluft, an dem Riss, der verhindert, dass die Immanenz mit sich selbst identisch wird. Damit verkörpert der biblische Gott für Žižek – in direkter Anlehnung an Hegel – das genaue Gegenteil eines auf griechisch-philosophische Paradigmen zurückgehenden Verständnisses, das Gott im neuplatonischen Sinne auf einen Ursprung des Einen bezieht. Das Christentum steht für die Entäußerung von Transzendenz zugunsten einer im Mangel bzw. durch den Mangel sich immer wieder neu generierenden, aber auch sich immer wieder neu zerstörenden Immanenz. Wesentlich ist jedoch hier, dass dieser Exzess von politisch handelnden Subjekten in die Welt hineingetragen werden muss und Žižek deshalb jede poststrukturalistische Totsagung des abendländischen Subjekts und dessen Eintauschung durch eine Metaphysik der Alterität ablehnt. Das Subjekt ist für Žižek keine falsche Hülle, die das Bewusstsein abstreifen oder dekonstruieren muss, um zu seinem wahren inneren Kern zu gelangen. Sondern der Mensch lebt nur durch diese Hülle ohne wahren Kern, die ihm die Möglichkeit gibt, sein Subjektsein zu formen im Kampf mit dem Negativen, das z. B. eine durch Klassenkämpfe zerrissene Weltordnung sein kann.

Das, was Žižek daher den subversiven Kern des Christentums nennt, ist gerade, dass es diesen Kern eigentlich nicht gibt. In der Figur Jesu am Kreuz offenbart Gott, dass es nichts gibt, das uns die Konsistenz und Stabilität einer letztgültigen Bedeutung garantieren würde. Hier zeigen sich Parallelen zu dem hermeneutisch ausgerichteten *kénosis*-Verständnis von Vattimo. Jedoch zeigt sich auch deutlich, dass Žižek diesen Gedanken anders akzentuiert. Man könnte sagen, dass für Žižek der Kreuzestod Christi dasjenige Moment ist, in dem sich Gott in seiner eigenen Nicht-Koinzidenz offenbart und genau diese Nicht-Koinzidenz im Zentrum dessen steht, was schon die Genesis als den Umstand beschreibt, dass der Mensch nach Gottes Abbild geschaffen wurde. Das Subjekt, d. h. der Mensch, ist dasjenige Moment, in dem sich die Substanz (die Schöpfung) auf sich selbst zurückbiegt und sich in ihrer eigenen Nicht-Koinzidenz erfährt. Jesu am Genre der Parabel ausgerichtete Lehre ist demnach als *parallaktische* Lehre zu verstehen, weil sie unsere Beobachtungsperspektive verschiebt. Seine Lehre zieht uns von dem ab, was Žižek in Anlehnung an Lacans Rede von dem »großen Anderen« als die Institution eines letztgültigen Wissens nennt: derjenige, der »zu wissen meint«. Wenn Jesu Lehre sich wesentlich in Parabeln artikuliert, so gerade weil er diese Position des großen Anderen, der letztgültiges Wissen hat, vakant lässt. Das Göttliche ist nicht das Spirituell-Geistige im Menschen, sondern ein Moment der Inkommensurabilität, die den einfachen Menschen in einen Gott verwandelt. Mit Christus am Kreuz stirbt für Žižek in Anlehnung an Hegel ideengeschichtlich das göttliche *Ding* jenseits der Erscheinungen und lässt den Menschen allein zurück. Vattimo würde sagen: Christus lässt die Menschen mit der unabschließbaren Aufgabe einer ständigen Neuinterpretation ihres Daseins und der Welt zurück.

Aus dem bisher Gesagten wird deutlich, inwiefern Žižek am Christentum nicht die Art und Weise interessiert, auf die es eventuell den Menschen in ein alleinheitliches kosmologisches Verhältnis mit Gott und der Umwelt stellt. Was ihn am Christentum interessiert, ist das, was er als genaues Gegenteil eines solchen auf Alleinheitsglauben beruhenden religiösen Seligkeitsgefühls entdeckt: ein extremistisches Moment, das sich sowohl im Glauben wie in der militanten Aktion des Apostels Paulus ausdrückt, worin sich eine deutliche Absetzung von dem Verständnis der *caritas* bei Vattimo widerspiegelt. Er sieht dieses extremistische Moment dort verwirklicht, wo sich Religion weder durch Grenzen menschlicher Vernunft noch, was entscheidender ist, durch die ethischen Standards kommunitaristischer Abkunft beschränken lässt. Das Christentum beinhaltet für ihn eine Lehre, in der Christus sowohl als Ausgestoßener eines religiösen wie auch als Ausgestoßener eines politischen Wertesystems da steht. Das Christentum impliziert damit als Lehre eine nicht zu benennende Variable, die die Auflösung in eine fest definierbare Anzahl anderer Variablen, die z. B. ein gesellschaftliches Modell oder System definieren, verhindert.

Da sich das jüdisch-christliche Erbe nicht auf Ethik reduzieren lässt, scheint es etwas zu verkörpern, das einer Gesellschaftskritik der Gegenwart abhanden gekommen ist: die Möglichkeit, das in der westlichen Welt dominierende kapitalistisch organisierte liberal-demokratische Gesellschaftsmodell von einer *Außen*position in Frage zu stellen, ohne den Vorwurf anti-demokratischer bzw. totalitärer Gesinnung auf sich zu ziehen. Und so seltsam es klingen mag: Es ist diese Kombination aus einer in religiöser Ideologie verankerten Freiheit und einer apostolischen Aktion für eine universelle Wahrheit, die Žižek für sein eigenes politisches Engagement zur Bildung einer neuen (im historischen Materialismus verankerten) Kritischen Theorie benutzen möchte. Das Christentum wird dabei ähnlich wie bei seinen Gesprächspartnern niemals aus der Perspektive des Glaubens interpretiert, sondern als Modell, das es erlaubt, die Beziehung zwischen der Realität der Freiheit des Einzelnen mit den symbolischen Gesetzen der Gegenwart zu hinterfragen.

Indem er einen universalistischen Anspruch erhebt, möchte Žižek dabei keineswegs Formen von Hegemonie sanktionieren. Universalität in Žižeks Sinne beruht paradoxerweise vielmehr auf Ausschluss und Singularität, die den symbolischen Rahmen bestehender Verhältnisse neu formiert. Diese Position meint nicht eine humanistische Verehrung der Einmaligkeit des Einzelnen, sondern Žižek zielt darauf ab »[to reduce the indivual] to the *singular point of subjectivity*« (Žižek 2001b, 127). Damit wird der Mensch im Gegensatz zu einer Spiritualisierung des Individuums in einem polytheistisch-gnostischen Sinne von New-Age von einer rein antimetaphysischen und materialistischen Perspektive aus gedacht, d. h. als *simultaneously excremental and sacred*. Letztendlich geht es Žižek bei seiner Rede vom Christentum paradoxerweise daher nicht um ein Christentum im christlich-religiösem, sondern in einem rein materialistischen Sinne: Es wird von jedem metaphysischen Glauben an eine spirituelle Realität losgelöst, da – wie Žižek behauptet – Christus selbst wie eine Ikone des historischen Materialismus für diese Loslösung einsteht.

Fazit

Postmoderne Autoren wie Vattimo oder Žižek zeigen eine große Offenheit gegenüber dem Phänomen der Religiosität. Dabei beziehen sie sich nicht auf die Religion als ein objektiv erfassbares System von religiösen Aussagen oder die Religionsgemeinschaft als Institution, sondern auf Religiosität als eine postmoderne Grundhaltung gegenüber der Wirklichkeit und ihrer vielfältigen Interpretationen. Im Gegensatz zu liberal geprägten Autoren der Säkularisierungsdebatte (wie zum Beispiel Habermas oder Rawls) widmen sie der Religiosität nicht nur eine größere Aufmerksamkeit, sondern betonten auch in systematischer wie historischer Hinsicht ihre gesellschaftliche Funktion. Gerade die kulturelle Transformation von Religiosität können Autoren wie Žižek überzeugend erklären. Vattimo folgt hierbei der hemeneutischen Tradition und deutet postmoderne Religiosität als eine liebende und antirealistische Interpretation von Wirklichkeit. Žižek teilt diese grundlegende Kritik an einer metaphysischen Verankerung der Religiosität im Jenseits, deutet aber die Christusfigur vor allem in einem materialistischen Sinne.

In der aktuellen Debatte wird allerdings auch darauf hingewiesen, dass mit dieser postmodernen Betonung von Religiosität das religiöse Feld in einer Weise erweitert wird, die religiöse Phänomene teilweise nicht mehr von quasi-religiösen Phänomenen unterscheidbar erscheinen lässt. Wird mit einem postmodernen Verständnis von Religiosität also alles zur Religion – angefangen von der Inszenierung des Leinwandhelden als Messias, der politischen Antiglobalisierungsbewegung bis hin zur kultischen Aufladung von Fußball-Events? Die postmoderne Theorie hat mit dieser Interpretation im Letzten kein Problem. Denn für Vattimo ist der letzte Referenzpunkt von Religiosität nur noch das religiöse Subjekt, das ständig neu Welt und sich selbst interpretiert.

Literatur

Angel, Hans-Ferdinand: *Religiosität. Anthropologische, theologische und sozialwissenschaftliche Klärungen*. Stuttgart 2006.
Bertelsmann-Stiftung (Hg.): *Religionsmonitor 2008*. Gütersloh 2007.
Deibl, Jakob Helmut: *Geschichte, Offenbarung, Interpretation. Versuch einer theologischen Antwort an Gianni Vattimo*. Frankfurt a. M. u. a. 2008.
Nassehi, Armin: Erstaunliche religiöse Kompetenz. Qualitative Ergebnisse des Religionsmonitors. In: Bertelsmann-Stiftung (Hg.): *Religionsmonitor 2008*. Gütersloh 2007, 113–132.
Vattimo, Gianni: *Glauben – Philosophieren*. Stuttgart 1997.
–: Christentum im Zeitalter der Interpretation. In: Ders./Richard Schröder/Ulrich Engel: *Christentum im Zeitalter der Interpretation*. Hg. von Thomas Eggensperger. Wien 2004, 17–31.
–: Das Zeitalter der Interpretation. In: Richard Rorty/Ders.: *Die Zukunft der Religion*. Hg. von Santiago Zabala. Frankfurt a. M. 2006, 49–63.
Žižek, Slavoj: *On Belief*. New York/London 2001a.
–: *The Fragile Absolute, or, Why is the Christian Legacy Worth Fighting For?* New York/London 2001b.
–: *The Puppet and the Dwarf. The Perverse Core of Christianity*. Cambridge 2003.

Michael Reder/Dominik Finkelde

14. Souveränität

›Souveränität‹ bedeutet höchste und unabhängige Entscheidungsbefugnis. Als Bezeichnung für eine solche letztinstanzliche Entscheidungskompetenz ist der Ausdruck bereits seit dem 13. Jahrhundert in Verwendung. Mit Jean Bodins *Sechs Bücher über den Staat* (1576) erfährt der Souveränitätsbegriff eine Neubestimmung, die ihn aus der mittelalterlichen Feudalordnung heraushebt und in deren Folge er zu einem zentralen Begriff der modernen politischen Theorie sowie der sich entwickelnden Staatslehre wird. Während im Mittelalter verschiedene, voneinander unabhängige Träger souveräne Entscheidungsbefugnisse haben konnten, Souveränität mithin plural war, fordert Bodin in Analogie zum römischen *imperium* ihre Vereinheitlichung: Souveränität soll nicht mehr diverse Träger haben und fragmentiert sein, sondern das Attribut einer einzigen Verfügungsinstanz werden, die selbst wiederum monarchisch, aristokratisch oder auch demokratisch organisiert sein kann. Von einer verschiedentlich realisierten und auf unterschiedliche Träger verteilten Befugnis wird Souveränität damit zur Bezeichnung für eine neuartige und spezifisch moderne Gestalt politischer Macht.

Bodins Neubestimmung der Souveränitätskategorie verändert die Struktur politischer Macht in mehrfacher Hinsicht: Mit ihrer Konzentration in einer Instanz soll politische Macht absolut, zeitlich unbegrenzt und unteilbar werden, so dass über und neben ihr keine konkurrierenden Machtinstanzen mehr bestehen (vgl. Hinsley 1986). Als absolute Machtinstanz steht der Souverän auch über dem positiven Recht (*potestas legibus soluta*) und kann die bürgerlichen Gesetze jederzeit ändern. Die Gesetzgebung ist auch die wichtigste Kompetenz des modernen Souveräns, von der sich alle seine weiteren Kompetenzen (die Erklärung von Krieg und Frieden, die Einsetzung von Amtsträgern, die Festlegung von Abgaben etc.) ableiten (vgl. Quaritsch 1995; Grimm 2009). Die Verabsolutierung politischer Macht gilt nicht zuletzt auch gegenüber der spirituellen Macht der Kirche. Der Souverän soll zwar weiterhin das göttliche und natürliche Recht achten (das als überkonfessionell verstanden wird), seine Macht steht aber insofern über jener Macht der Kirche, als er »Kompetenz-Kompetenz« innehat: Er entscheidet, was in den Kompetenzbereich der weltlichen Politik fällt und was dagegen der kirchlichen Zuständigkeit unterliegt. Die Notwendigkeit einer solchen souveränen Macht mit »Kompetenz-Kompetenz« resultiert für Bodin aus der Erfahrung der konfessionellen Bürgerkriege: Es sind der religiöse Dissens und die daraus entstandenen Religionskriege, welche die Überwindung der mittelalterlichen Trennung von spiritueller und weltlicher Macht und die konfessionelle Ungebundenheit des Souveräns verlangen.

Die Absolutheit der souveränen Macht gilt allerdings nur innerhalb der Grenzen einer politischen Einheit und für die dazu gehörigen Untertanen. Die Steigerung und Konzentration der politischen Macht geht – das ist neben der Absolutheit das zweite Kennzeichen dieser modernen Machtform – mit einer klaren Begrenzung ihrer Reichweite einher. Die einheitliche, unteilbare und nicht-übertragbare Macht des Souveräns ist hinsichtlich ihrer Extension zugleich partikular; sie erstreckt sich jeweils nur auf ein bestimmtes Kollektiv und ein bestimmtes Territorium und tritt einer Pluralität anderer souveräner Einheiten bzw. Staaten entgegen.

Avanciert Souveränität als absolute und zugleich territorial begrenzte Form von Macht nach Bodin allmählich zu einem Schlüsselbegriff der modernen politischen Theorie, so ändern sich in der Folge die Vorstellungen bezüglich der damit verbundenen Kompetenzen und ihres Trägers. Thomas Hobbes entledigt Souveränität von ihrer religiösen Fundierung und vom Gottesgnadentum, aus dem sie Bodin noch ableitete, indem er im *Leviathan* (1651) ihre Legitimität und Notwendigkeit im vernünftigen Selbstinteresse der Individuen gründet. Die souveräne Macht steht für eine Herrschaft, deren Wirkungsweise in keiner direkten Verbindung mehr zur Religion steht, weil ihr Zweck und Telos in der diesseitigen Praxis der Menschen liegt, in ihrer Selbsterhaltung und in der Friedenssicherung. Bei aller Absolutheit und Unteilbarkeit führt Hobbes damit die souveräne Macht des Staates auf ein individuelles Recht auf Leben zurück und setzt ihr entsprechend in einem daraus resultierenden Widerstandsrecht der Individuen weitere Grenzen. Nimmt Hobbes' vertragstheoretische Argumentation Züge der sich später entfaltenden liberalen politischen Tradition vorweg, so verbindet Jean-Jacques Rousseau in seinem *Gesellschaftsvertrag* (1762) Souveränität mit einem anderen, nämlich einem republikanisch inspirierten Politikverständnis. Sinn und Zweck von Souveränität sind für ihn nicht in erster Linie individuelle Sicherheit und Selbsterhaltung, sondern kollektive Selbstgesetzgebung. Souveränität soll daher auch nicht einem Dritten – dem Fürsten oder dem Staat –, sondern allein dem Volk zukommen, der einzig legitimen Quelle von Gesetzen. Damit entsteht die ihrerseits neuartige Vorstellung von Volkssouveränität, die für die Französischen Revolution von eminenter Bedeutung sein wird und in den heutigen Verfassungen einen Niederschlag findet.

Entwickelt sich der Begriff der Souveränität stark aus dem Bedürfnis nach einer säkularen, von der religiösen und kirchlichen Sphäre unabhängigen Politik, so ist das Verhältnis dieser Machtvorstellung zum Prozess der Säkularisierung nicht so eindeutig, wie es auf den ersten Blick erscheinen mag. Die Konzeptualisierung der neuen souveränen Machtform ist auch nach Bodin alles andere als frei von religiösen Bezügen. Das gilt für die Absolutheit der souveränen Macht, die etwa bei Hobbes mit der göttlichen Allmacht analogisiert wird, wie auch für die gemeinschaftsstiftende Funktion der Souveränität, die bei Rousseau Anklänge an die Vorstellung eines *corpus mysticum* hat (vgl. Brumlik 1999).

Carl Schmitt, Leo Strauss und Eric Voegelin sind die drei prominentesten (und zugleich umstrittenen) politischen Theoretiker des 20. Jahrhunderts, die das aufklärerische und liberale Selbstverständnis der Moderne vehement zurück gewiesen haben, nach dem Säkularisierung die Erledigung jeglicher Verbindung von Religion und Politik bedeute. Alle drei gehen mithin davon aus, dass die religiösen Bezüge in der Politik und der politischen Theorie keinesfalls Überreste eines vergangenen Zeitalters sind. Säkularisierung lässt sich nicht verstehen und auch nicht vollziehen, so die Position aller drei Autoren, wenn man davon ausgeht, dass die religiöse Dimension in der Moderne nur noch eine Frage der privaten Lebensführung und von keinerlei Bedeutung für die politische Sphäre mehr ist. Die Modernitätskritik der drei Autoren läuft allerdings auch nicht einfach nur darauf hinaus, Religion als eine Autorität einzuklagen, welche die Politik gleichsam von außen belehren soll. Der Einsatz ihrer Modernitätskritik besteht vielmehr darin, die Wendung zur Moderne als eine Transformation des Verhältnisses von Politik und Religion auszulegen. Erlangt die Politik in der Moderne die alleinige Autorität in Fragen des Gemeinwohls, so ist das Fortwirken der Religion nicht primär auf einer inhaltlichen (dogmatischen) als vielmehr auf einer strukturellen Ebene zu suchen. Aspekte des Religiösen treten in ihr in transformierter Gestalt wieder auf. Die Kategorie der Souveränität und die damit verbundene Vorstellung von politischer Macht und Autorität ist dabei eine der zentralen Stellen, an denen sich das neuartige und moderne Verhältnis von Religion und Politik manifestiert.

Gehen die drei Autoren in ihrer Modernitätskritik von ähnlichen Prämissen aus, so teilen sie aber keinesfalls ihre Einschätzung der Souveränitätskategorie. Der modernitätskritische Hinweis auf ein komplexes Verhältnis von Politik und Religion, so zeigt sich an der Figur der souveränen Macht, ist mit deutlich unterschiedlichen politischen Programmatiken verbunden.

Entscheidung

Carl Schmitt ist der einzige unter den drei Autoren, dessen Kritik der liberalen Moderne einer unumwundenen Verteidigung des Souveränitätsbegriffs gleichkommt. Das Verhältnis, das es zwischen moderner Politik und Religion zu restituieren gilt, deutet Schmitt zunächst mit der Figur der »Analogie« (Schmitt 1934; 1996). Die Analogie läuft aber keinesfalls nur auf einen schwachen Anklang hinaus, was sich daran zeigt, dass Schmitt seine »Lehre von der Souveränität« effektvoll als »politische Theologie« betitelt. Damit ist zugleich auch das Terrain des Verhältnisses von Politik und Religion bzw. Theologie abgesteckt: Es ist die Staatslehre, die ohne Rekurs auf die theologische Tradition nicht denkbar ist: »Alle prägnanten Begriffe der modernen Staatslehre sind säkularisierte theologische Begriffe« (Schmitt 1934, 43). Die Notwendigkeit einer staatlichen Autorität und ihre eigentliche Funktionsweise lassen sich ohne die Analogie zu den theologischen Begriffen gar nicht verdeutlichen.

Schmitts *Politische Theologie* (1932) richtet sich polemisch gegen den Versuch einer »Erledigung« der Souveränität durch den Neukantianer und Rechtspositivisten Hans Kelsen (vgl. Hennis 2003). In *Das Problem der Souveränität* (1920) geht Kelsen davon aus, dass der Begriff des Staates (genauer: des Rechtsstaates) ein juristischer und kein politischer oder soziologischer Begriff sei. Der moderne Rechtsstaat – so die Perspektive des Rechtspositivisten – ist ein geschlossenes und reflexives System von Normen und Gesetzen, das sich gleichsam selbst reguliert und daher Souveränität – also eine *potestas legibus soluta* – obsolet macht. Dagegen verweist Schmitt auf die irreduzible Funktion einer souveränen politischen Macht für den Prozess der Rechtserzeugung und der Rechtserhaltung, da jede politisch-rechtliche Ordnung politischen Konflikten ausgesetzt sein kann, die mit rechtlichen Mitteln nicht zu lösen sind. Die Entscheidung über den Ausnahmezustand kann im Rahmen des Rechts, das auf die Normalität ausgerichtet ist, nicht getroffen werden. Dasselbe gilt für die Frage, was in solchen Fällen zu tun ist, ob das Recht nur suspendiert werden soll, um verteidigt zu werden, oder ob es auch der Veränderung bedarf, um auf eine transformierte soziale Wirklichkeit Anwendung finden zu können. Das Recht ist also auf politische Entscheidungen angewiesen, die letztlich ›existentielle‹ Entscheidungen sind. Dabei geht es wie im Ausnahmezustand um die Unterscheidung von Freund und Feind und die Bestandssicherung der Rechtsordnung als solcher.

Es ist die Struktur politischer Entscheidungen, die Schmitt in Analogie zur Absolutheit theologischer Fragen (und ihrer Heilsperspektive) verstanden wissen will. Der Verweis auf die Analogie soll nicht nur den Ernst politischer Fragen verdeutlichen, sondern zugleich die Notwendigkeit einer entsprechenden absoluten Autorität begründen, die über dem Recht stehend zu solchen Entscheidungen überhaupt fähig ist.

Die Verbindung von Souveränität und Ausnahme verrät allerdings auch die Modernität von Schmitts Denken. Eine souveräne Macht ist für Schmitt nötig, damit überhaupt entschieden werde, und weniger, weil es Personen oder Gruppen gibt, die zu solchen Entscheidungen besonders befähigt sind (vgl. Schmitt 1934, 61). Die Absolutheit der souveränen Macht wird mithin nur noch funktional begründet, ohne Rekurs auf eine substantiell verbürgte Autorität des Souveräns. Ihre Notwendigkeit ergibt sich allein aus der Kontingenz der positiv-rechtlichen Setzungen, die aus Entscheidungen hervorgegangen immer wieder neue Entscheidungen verlangen. Hans Blumenberg hat Schmitt daher vorgeworfen, die Formel von der »politischen Theologie« und die damit suggerierte Kontinuität zwischen Theologie und Politik (vgl. Blumenberg 1996, 99 ff.) als rhetorische Retusche einzusetzen, um die Autorität eines (personalen) politischen Souveräns selbstverständlich und legitim erscheinen zu lassen, die es unter Bedingungen der Moderne in keiner Weise mehr ist.

Schmitts Souveränitätskonzeption ist politiktheoretisch aufschlussreich, sofern sie den Stellenwert von Entscheidungen und von absoluten Setzungen für die moderne Politik reflektiert. Die Analogie zwischen Politik und Theologie wird aber spätestens dann bedenklich, wenn mit ihr eine auf die (tödliche) Unterscheidung von Freund und Feind ausgerichtete Politik und die Befürwortung eines personalistischen Souveräns untermauert werden, die Schmitts Anhängerschaft zu einer totalitären Politik zum Ausdruck bringen.

Ordnung

Im Unterschied zu Schmitt, dessen Analogie zwischen Politik und Theologie auf die funktionale Notwendigkeit von souveränen Entscheidungen beschränkt bleibt, sieht Strauss den eigentlichen Einsatz der Frage nach dem Verhältnis von Religion und Politik in der Rückgewinnung einer normativen Grundlage der Politik. Die moderne Politik entledigt sich mit der Religion vor allem der Ausrichtung auf die richtige Lebensführung und die gute Ordnung. An deren Stelle tritt ein technizistisches und instrumentelles Verständnis von Politik, das für den jüdischen Politiktheoretiker nicht zuletzt den Boden für die totalitären Entwicklungen der modernen Politik vorbereitet hat.

Strauss' Problematisierung des modernen Verlusts von religiöser Bindung erfolgt allerdings nicht mit Blick auf die Rückgewinnung einer religiösen Fundierung der Politik, sondern zugunsten einer dritten Größe, die bei Schmitt keine Rolle spielt: der Philosophie. Nicht nur der religiöse Glaube, sondern auch das philosophische Wissen muss Strauss zufolge in seinem Verhältnis zur Politik neu bedacht werden. Die Analogie besteht daher zunächst zwischen Philosophie, die für Strauss ihre eigentliche Gestalt in der Philosophie Platons hat, und Religion. Beide stellen die Frage nach der richtigen Lebensführung und der guten Ordnung und verorten die Antworten darauf in einer transzendenten Quelle, in Gott bzw. im Guten, die zunächst nur Ausnahmegestalten, dem Propheten und dem Philosophen, zugänglich ist. Mit Bezug auf die Politik stehen Philosophie und Offenbarungsreligion allerdings in einem unaufhebbaren Widerstreit, da sie die Frage nach der richtigen Lebensführung – durch die strikte Ausrichtung am offenbarten Gesetz und durch die Einsicht in die Natur des Guten – unterschiedlich beantworten.

Die säkulare Moderne entledigt sich der Religion und der Philosophie sowie ihres Widerstreits, indem sie jeden Transzendenzbezug in politischen Fragen ablehnt. An dessen Stelle treten der szientistische Rationalismus der politischen Wissenschaft und die egalitäre Moral der Aufklärung. Diese negieren oder verdrängen zugleich den eigentlichen Grund der Politik, der ein anthropologischer ist und aus der »Gefährlichkeit und Gefährdetheit« (Strauss 2001b, 225) bzw. der moralischen Bosheit des Menschen resultiert. In dieser liegt nämlich die »Herrschaftsbedürftigkeit« (ebd., 230) des Menschen begründet, die nicht bloß nach der Unterscheidung zwischen Freund und Feind verlangt, sondern nach der Rückbindung der Politik an ein autoritatives Wissen um die richtige Lebensführung. Nicht der Wille und die Entscheidung, sondern allein ein »integres Wissen«, das sich »nicht ›aus der konkreten politischen Existenz heraus‹, aus der Situation des Zeitalters, sondern nur vermittelst des Rückgangs auf den Ursprung, auf die ›unversehrte nicht korrupte Natur‹« (ebd., 238) ausbildet, kann die Grundlage für eine legitime Politik liefern.

So sehr Strauss zunächst um eine Rehabilitierung der Offenbarungsreligion bemüht ist, ist es letztlich nur die Philosophie, die zum ›integren Wissen‹ über die richtige Lebensführung und die gute Ordnung führen kann. Mit »Ursprung« ist daher die griechische Antike gemeint, in der die Philosophie durch die für sie wesentliche Entdeckung der Natur entsteht und eine Abkehr von der Autorität der Überlieferung vollzieht. Strauss' Hinwendung zur Antike und zum Maßstab der Natur erklären, weshalb die Kategorie der Souveränität in seiner politischen Philosophie keine positive Rolle spielt. Souveränität ist nicht nur mit dem Namen Hobbes aufs engste verbunden, der für Strauss die rationalistische Moderne und ein falsches Verständnis von politischer Wissenschaft einleitet; der dezisionistische Zuschnitt, den Schmitt ihr verleiht, so wie ihre Einordnung in eine politische Theologie sind Strauss' Hinwendung zur politischen Philosophie letztlich fremd.

Es ist allerdings bemerkenswert, dass Strauss' Charakterisierung des Philosophen bei aller Differenz doch gewisse Parallelen zu Schmitts Souverän aufweist. Genau wie dieser ist der Philosoph eine Figur der Ausnahme, die in der Ordnung der *pólis* und zugleich aufgrund ihres Wissens auch über dieser steht. Anders als aufgrund der Entscheidungsmacht des Schmittschen Souveräns, hat dies bei Strauss normative Gründe: Es ist die beste Herrschaft, die eine Sonderstellung des Philosophen verlangt, da ihn sein Streben nach Vollkommenheit und sein Wissen zu einer solchen befähigt. Ist das philosophische Wissen auf die Einsicht in das natürliche Gute ausgerichtet, so kommt es aber keinem technischen Wissen um die Einrichtung der politischen Ordnung gleich. Das philosophische Wissen ist auf eine transzendente Quelle bezogen, die selbst für den Weisen niemals gänzlich zu fassen ist und mithin unverfügbar bleibt. Der Philosoph ist auch kein Gesetzgeber, und sein Wissen erfordert eine gewisse Transformation, um politisch umgesetzt zu werden. Die Rückbindung der Politik an die Philosophie bedeutet daher in erster Linie, sie für einen offenen Horizont der Perfektibilität zu öffnen, der im Gegensatz etwa zu einem Hobbesschen Verständnis durch keine exakte Wissenschaft erschlossen werden kann. Es ist diese Kritik am politischen Szientismus und der Technokratie, die Strauss' Einsatz interessant machen. Problematisch ist allerdings der Antiegalitarismus, mit dem diese Kritik verbunden ist. Unterscheidet sich Strauss in der philosophischen und normativen Ausrichtung von Schmitt, so ist seine Ablehnung der liberalen und demokratischen Ordnung nicht weniger kategorisch. Weil das Wissen, um das es politisch geht, der Menge angeblich nicht zugänglich ist, impliziert Strauss' Rückbindung der Politik an die Philosophie die Bejahung keiner souveränen, aber doch einer autoritativen Politik, die bis hin zur Befürwortung einer guten Tyrannis reicht. Der Transzendenzbezug, den Strauss gegen eine szientistische Vernunft wie auch gegen die totalitären Exzesse der Moderne einklagt, läuft daher nicht auf die Begründung einer souveränen Macht, aber doch eines politischen Elitismus hinaus.

Symbolisierung

Findet Souveränität in Schmitt einen dezidierten Verfechter, während Strauss an ihre Stelle die politische Autorität der wenigen Philosophen setzt, so kritisiert Voegelin die Vorstellung souveräner Macht und Autorität zugunsten eines eher demokratischen Politikverständnisses. Voegelins frühe Arbeiten sind indes noch durch eine starke Nähe zu Schmitt gekennzeichnet. Wie Schmitt problematisiert Voegelin Kelsens Identifizierung von Recht und Staat und dessen abstrakt-normative Argumentationsweise, mit der die Frage nach den sozialen und politischen Konstitutionsbedingungen staatlicher Einheit ausgeblendet wird. Dagegen fordert Voegelin ein konkretes Ordnungsdenken, das von der jeweils geschichtlichen Situation ausgeht und entsprechend auch die Möglichkeit und Notwendigkeit einer Politik jenseits des Rechts vorsieht. Spricht sich Voegelin im Kontext von *Der autoritäre Staat* (1936) für eine souveräne Regierung aus, so tut er dies allerdings vor dem Hintergrund der konkreten politischen Realität Österreichs zu Beginn des 20. Jahrhunderts und insbesondere der 1930er Jahre, in denen er die Bedingungen für eine demokratische Legitimierung noch nicht vorliegen sah. Das konkrete Ordnungsdenken, das er in der Folge entfalten wird, interessiert sich daher auch weniger für die (starke) staatliche Macht, als vielmehr für die konkreten gesellschaftlichen Bedingungen, denn diese sind es, die die Bildung und Stabilisierung politischer Einheit eigentlich ermöglichen.

Voegelin verortet diese Bedingungen nicht zuletzt in »Ideen«, worunter er Leitbilder versteht, die aus der sozialen Wirklichkeit heraus entstehen und mit denen der Zusammenhalt einer politischen Gemeinschaft figuriert, organisiert sowie legitimiert wird. Solche ideellen Leitbilder oder politischen Symbole drücken Erfahrungen von Ordnung aus, die jede Form politischer Gemeinschaftsbildung begleiten und festigen. Ideen können von sehr verschiedener Gestalt sein, da sie vom Gottesgnadentum der Könige bis hin zur amerikanischen *community*-Vorstellung reichen. Jede politische Ordnung geht mit einer entsprechenden symbolischen Dimension einher, einschließlich des modernen Staats mit der dazugehörigen Souveränitätsvorstellung.

Der Grund für die symbolische Dimension der Politik ist für Voegelin ein anthropologischer: Auch die Sphäre der Politik entfaltet sich gemäß der leiblichen, geistigen und zur Transzendenz fähigen Natur des Menschen und ist Ausdruck seiner komplexen Seinsweise. Die irreduzible symbolische Dimension der Politik markiert ihren Transzendenzbezug und ist der Ort, an dem sich ein Verhältnis zum religiösen Glauben manifestiert. Voegelin versteht Religion als das Erlebnis der »Bindung an ein überpersönliches, übermächtiges Etwas« (Voegelin 1996, 15) und um eine analoge Bindung geht es auch im Falle politischer Symbolisierungen. Im Unterschied zu Schmitt und Strauss hängt die Analogie zwischen Religion und Politik aber nicht mit einer politischen Autoritätsbedürftigkeit des Menschen zusammen. Im Gegenteil formuliert Voegelin eine Kritik des autoritativen Denkens, weil dieses den Transzendenzbezug, den Religion begründet, durch ein bestimmtes Wissen oder Können eher zu versperren droht.

Die radikalste Gestalt einer solchen Versperrung des Transzendenzbezuges in der Politik ist für Voegelin die Moderne. Kennzeichen der Moderne ist es gerade, den Ort der Transzendenz durch bestimmte innerweltliche politische Instanzen zu besetzen. Der Eintritt in die Moderne bedeutet nicht den Wegfall religiöser Bindungen, sondern eine Veränderung der Besetzung des religiösen Glaubens. Dieser wird zunächst mit Hobbes auf die Idee einer absoluten und ursprünglichen Macht gelenkt, um dann die Gestalt der modernen Ideologien anzunehmen. Diese bezeichnet Voegelin daher auch als »politische Religionen« und schreibt ihnen eine gnostische Anlage zu: Ideologien immanentisieren die Heilserwartung zum Versprechen eines kommenden menschlichen Zeitalters. Die Konsequenzen einer solchen Verschiebung sind politisch verheerend; das kommende Heil wird zu einem »Realissimum«, zu dessen Erlangung die Menschen »in das unpersönliche Nichts ihrer Instrumentalität« (ebd.) degradiert werden können, so wie es in den totalitären Massenbewegungen des 20. Jahrhunderts der Fall gewesen ist.

Was Voegelin gegen die »politischen Ideologien« der Moderne einklagt, ist also gerade keine neue innerweltliche autoritative Instanz. Es ist vielmehr die Rückgewinnung einer Transzendenzerfahrung, die er nicht an die Fähigkeit von wenigen Auserwählten knüpft, sondern wiederum anthropologisch, also als Strukturmerkmal von menschlicher Erfahrung überhaupt versteht. Ihre eigentliche Gestalt ist daher die notwendig offene und alle betreffende Frage nach einem letztlich unverfügbar bleibenden Grund menschlichen Seins und seiner richtigen Entfaltung.

Anders als Schmitt und Strauss nimmt Voegelins Argumentation keine grundsätzlich antidemokratische Wendung. Bei aller Kritik an der liberalen Tradition ist er selbst doch am ehesten dem politischen Liberalismus zuzuordnen. Das Plädoyer für die Rückgewinnung einer Transzendenzdimension jenseits der »politischen Religionen« und Ideologien ist zugleich ein Plädoyer für eine ›offene Gesellschaft‹, die die religiöse Bindung nicht durch etwas zu verkörpern versucht, sondern für eine Fortbestimmung und Perfektionierung offen lässt. Voegelins Liberalismus hat dabei einen kommunitaristischen Einschlag. Der Boden für eine nicht-ideologische Ordnungserfahrung ist für ihn der *common sense*, der seine paradigmatische Gestalt in der amerikanischen Gesellschaft und Demokratie hat. Im *common sense* ist die ethische Weisheit tugendhafter Vorbilder sedimentiert, aber in Form eines geteilten praktischen Könnens und einer praktischen Einstellung, die die Individuen befähigt – nicht in Form eines fertigen ideologischen Wissens und einer festen Besetzung der religiösen Dimension, die sie autoritativ bestimmt. Eröffnet sich mit Voegelin daher eine eher liberale und demokratische Perspektive auf die Frage nach dem Verhältnis von Religion und Politik und geht diese zugleich mit einer Kritik an der ›Vergöttlichung‹ souveräner Macht einher, so steht sie aber wiederum auf dem Boden eines starken Traditions- und Gemeinschaftsdenkens und einer gewissen kulturalistischen Einengung.

Die Perspektive, die Voegelins Auslegung des Zusammenhangs von Religion und Politik als eine Symbolisierungsweise von Ordnung eröffnet, muss allerdings nicht notwendigerweise mit einem starken Gemeinschaftsdenken zusammenhängen. Das zeigt sich etwa an Claude Leforts Demokratieverständnis, das ebenfalls von einer konstitutiven symbolischen Dimension in jeder politischen Praxis ausgeht. Lefort spricht vorsichtig von einer »Fortdauer des Theologisch-Politischen« (Lefort 1999), sieht aber zugleich in der Wendung zur Moderne und zur Demokratie eine grundlegende Transformation der politischen Sphäre. Im Unterschied zur Politik des *Ancien Régime*, aber auch zu totalitären Gesellschaften, ist Demokratie dadurch gekennzeichnet, die symbolische Stelle der Macht leer zu lassen. Das heißt genauer, dass sich in ihr jede faktische Machtbesetzung durch eine bestimmte Gruppe, durch Ideale, Werte oder Institutionen, auf keine Legitimierung mehr stützen kann, die unabhängig von der politischen Praxis gegeben wäre. Leforts Verständnis von Demokratie schreibt diesem insofern ein Moment der Transzendenz ein, als sich Demokratie zwar nur in und durch ihre eigene Praxis überhaupt erst entfaltet, sich darin aber niemals endgültig bestimmen lässt. Demokratie ist daher auch nicht im *common sense* einer bestimmten Kultur gegeben, sondern im streitbaren Prozess einer politischen Fortbestimmung dessen, was eine demokratische Politik und Praxis überhaupt bedeutet.

Literatur

Blumenberg, Hans: *Die Legitimität der Neuzeit*. Frankfurt a. M. 1996.
Brumlik, Micha: Souveränität – Der lange Weg zum kurzen Abschied. In: Hauke Brunkhorst/Peter Niesen (Hg.): *Das Recht der Republik*. Frankfurt a. M. 1999, 66–82.
Grimm, Dieter: *Souveränität. Herkunft und Zukunft eines Schlüsselbegriffs*. Berlin 2009.
Hennis, Wilhelm: *Das Problem der Souveränität. Ein Beitrag zur neueren Literaturgeschichte und gegenwärtigen Problematik der politischen Wissenschaften* [1951]. Tübingen 2003.
Hinsley, Francis H.: *Sovereignty*. Cambridge 1986.
Lefort, Claude: *Fortdauer des Theologisch-Politischen?* Wien 1999 (frz. 1986).
Quaritsch, Helmut: Souveränität. In: *Historisches Wörterbuch der Philosophie*, Bd. 9. Basel 1995, 1104–1109.
Schmitt, Carl: *Politische Theologie. Vier Kapitel zur Lehre von der Souveränität*. Berlin ²1934.
–: *Der Begriff des Politischen. Text von 1932 mit einem Vorwort und drei Corollarien*. Berlin ²1963.
–: *Politische Theologie II. Die Legende von der Erledigung jeder Politischen Theologie*. Berlin ⁴1996.
Strauss, Leo: Hobbes' politische Wissenschaft. In: *Gesammelte Schriften*, Bd. 3. Stuttgart/Weimar 2001a, 3–192
–: Anmerkungen zu Carl Schmitt, Der Begriff des Politischen [1932]. In: Ders.: *Gesammelte Schriften*, Bd. 3. Stuttgart/Weimar 2001b, 217–238.
–: *Naturrecht und Geschichte*. Frankfurt a. M. 1977 (engl. 1953).
Voegelin, Eric: *Der autoritäre Staat*. Wien 1997.
–: *Die politischen Religionen*. München ²1996.
–: *Die Neue Wissenschaft der Politik. Eine Einführung*. Freiburg ⁴1991.

Francesca Raimondi

15. Toleranz

Begriffsbestimmung

Der Begriff ›Toleranz‹ (lat. *tolerare*: dulden, zulassen, ertragen) bezeichnet das Dulden von Überzeugungen, Handlungen oder Praktiken, die einerseits negativ bewertet, andererseits aber nicht vollkommen zurückgewiesen bzw. eingeschränkt werden. Eine allgemeine Definition des Begriffs enthält drei Komponenten (näher dazu Forst 2003, Kap. 1). Erstens setzt Toleranz eine ›Ablehnungs-Komponente‹ voraus: Die zu tolerierenden Praktiken oder Überzeugungen müssen als falsch oder schlecht verurteilt werden. Ohne diese Komponente lägen entweder Indifferenz oder Bejahung, nicht aber Toleranz vor. Zweitens steht dem eine ›Akzeptanz-Komponente‹ gegenüber, die die negative Bewertung zwar nicht aufhebt, aber andere, positive Gründe nennt, die für Toleranz sprechen. Drittens gehört zum Begriff der Toleranz die Angabe ihrer Grenze, die dadurch markiert ist, dass negative Gründe stärker als die der Akzeptanz sind (die ›Zurückweisungs-Komponente‹). Schließlich ist es für eine nähere Bestimmung der Toleranz wichtig, in welchem Kontext sie angesiedelt ist: Wird Toleranz von Personen oder Institutionen ausgeübt, bezieht sie sich auf persönliche Überzeugungen, umfassende ethische Lehren oder Handlungen, und handelt es sich um die Beziehung zwischen Eltern und Kindern, Angehörigen verschiedener Religionen, Staatsbürgern etc.?

Der Begriff der Toleranz in historischer Perspektive

Der Begriff der Toleranz ist im Zuge der ab dem 16. Jahrhundert innerhalb des Christentums aufbrechenden religiösen Konflikte zu einem Zentralbegriff der europäischen, politisch-philosophischen Diskussion geworden, seine Geschichte reicht jedoch bis in die Antike zurück. So findet er sich in der Stoa zur Bezeichnung der Tugend des Erduldens von Unglück und Schmerz verschiedener Art. In den Kontext religiöser Differenz rückt er bereits im frühen Christentum ein, etwa bei Tertullian und Cyprian (vgl. allgemein Forst 2003; zur Begriffsgeschichte Besier/Schreiner 1990). Bleibt Toleranz bis in die Neuzeit hinein auf das Problem bezogen, auf welcher Basis ein friedliches Zusammenleben zwischen Angehörigen verschiedener (nicht nur christlicher) Glaubensrichtungen möglich ist, so erweitert sich im Zeitalter der Aufklärung und nachfolgender Entwicklungen die Bedeutung von Toleranz und bezieht sich allgemein auf das Dulden bzw. Respektieren von Überzeugungen und Lebensweisen, die sowohl religiöser als auch politischer und allgemein kultureller Natur sind. Bei der Betrachtung der Argumente für Toleranz sind grundsätzlich zwei Perspektiven zu unterscheiden: Erstens die Frage der persönlichen Haltung gegenüber divergierenden ethischen Überzeugungen; zweitens die im engeren Sinne politische (und zuweilen strategische) Frage der Bedingungen und Möglichkeiten konfliktfreier sozialer Koexistenz. Obwohl in der Regel beide Gesichtspunkte verbunden werden, führt ihre Differenz zu unterschiedlichen Schwerpunkten und auch zu Spannungen in diversen Toleranzbegründungen. Für ein Verständnis von Säkularisierung ist dabei bedeutsam, dass in ersterer Perspektive nach einer ›säkularen‹ Moral des gegenseitigen Respekts trotz tiefgreifender religiöser Unterschiede gefragt ist, während es in der zweiten Perspektive um die Herausbildung einer ›säkularen‹ Form und Legitimation der politischen Ordnung geht.

Im christlichen Argumentationsrahmen findet sich eine Reihe von Argumenten für Toleranz, etwa das der Notwendigkeit des gottgefälligen Glaubens aus innerer Überzeugung ohne externen Zwang oder das der Trennung der zwei Reiche (und der begrenzten menschlichen Autorität in Glaubensfragen). Augustinus jedoch, bei dem sich diese Begründungen finden, kommt in späteren Schriften zu dem Schluss, dass die Sorge um das Seelenheil des Menschen auch die Intoleranz zur Pflicht machen kann, wenn sie das einzige Mittel zur Abwehr des ins Verderben führenden, falschen Glaubens ist. Besonders gegenüber Häretikern wurden, so auch bei Thomas von Aquin, deutliche Grenzen christlicher Duldsamkeit gezogen. Die Frage nach dem friedlichen Zusammenleben trotz religiöser Differenz wurde jedoch auch im Mittelalter (etwa von Abaelard und Raimundus Lullus, aber auch von Maimonides und Averroes in anderen religiös-philosophischen Traditionen) immer wieder gestellt. Einen Schritt hin zu einer umfassenderen Auffassung von Toleranz stellt *De pace fidei* (1453) von Nikolaus von Kues dar. In Form eines Gespräches zwischen Vertretern verschiedener Religionen wird zu zeigen versucht, inwiefern Kerngehalte des Christentums als »religio una in rituum varietate« ein verbindendes Element zwischen den auf dieser Basis zu duldenden verschiedenen Religionen darstellen.

In den Schriften des Erasmus von Rotterdam findet sich die fortentwickelte humanistische Idee einer Verständigung verschiedener Glaubensrichtungen durch Reduktion auf wenige fundamentale Lehren, so dass es über religiöse Nebensächlichkeiten (›Adiaphora‹) nicht zum Streit komme. Im Zuge der Reformation tritt demgegenüber die protestantische Betonung der Freiheit des unmittelbar an Gott gebundenen individuellen Gewissens in den Vordergrund, die für Luther (1523) die Grenze der Autorität der »weltlichen Obrigkeit« markiert. Sebastian Castellio (1554) wendet sich gegen die Intoleranz in protestantischen wie auch katholischen Ländern und sieht die Freiheit des Gewissens und der Vernunft als notwendige Bedingung für den Weg zum wahren (christlichen) Glauben an. Damit sind bereits wesentliche Argumente genannt, die die Schwelle zu einem neuzeitlichen Begriff der Toleranz markieren: die Trennung von kirchlicher Autorität und individueller Religiosität (bzw. dem je eigenen Gewissen) einerseits und die Trennung von weltlicher und religiöser Autorität andererseits. Beide sind wichtige Aspekte von Prozessen der Säkularisierung, die mit Redefinitionen des Glaubens einhergehen, nicht nur mit solchen der politischen Welt.

Den Übergang zur Neuzeit markiert das Werk von Jean Bodin. Mit seinen *Six livres de la République* (1576) tritt eine explizit säkulare staatstheoretische Toleranzbegründung in ihr Recht, die für den Vorrang der Erhaltung politischer Souveränität gegenüber religiöser Einheit plädiert, nicht jedoch für einen vollkommen weltlichen Staat und umfassende Religionsfreiheit. Die Restriktionen, die der Imperativ der Erhaltung der staatlichen Einheit mit sich bringt, finden sich in Bodins *Colloquium heptaplomeres* (1593) nicht. Anders als in früheren Versionen eines Gesprächs zwischen Vertretern verschiedener Religionen, gibt es im Streit zwischen den Positionen, die Bodin auftreten lässt, keine eindeutigen Sieger oder Besiegte. Die Einheit, zu der sie finden, ergibt sich aus dem gegenseitigen Respekt für die authentische Überzeugung der Anderen und der Einsicht in die Unüberwindbarkeit religiöser Differenzen.

Das 17. Jahrhundert, geprägt von tiefgreifenden Religionskonflikten, bringt drei Klassiker der Toleranzbegründung hervor: Baruch de Spinozas *Tractatus theologico-politicus* (1670), Pierre Bayles *Commentaire philosophique sur ces paroles de Jésus-Christ: Contrain-les d'entrer* (1686) und John Lockes *A Letter Concerning Toleration* (1689). Spinoza führt in seiner Kritik der positiven Religion den Kern des Glaubens auf die Tugenden von Gerechtigkeit und Liebe zurück und trennt ihn von umstrittenen Dogmen und auch von der philosophischen Wahrheitssuche. Er spricht dem Staat als Friedensrichter unter den Konfessionen das Recht zu, Gerechtigkeit zu definieren und die äußere Religionsausübung zu regeln. Das natürliche Recht auf Gedanken- und Urteilsfreiheit und auf die »innerliche Religionsausübung« ist jedoch nicht auf den Staat übertragbar.

Bayles *Commentaire* kann als der umfassendste Versuch der Begründung von Toleranz in Auseinandersetzung mit der religiösen Rechtfertigung von Intoleranz – insbesondere im Verweis auf das Bibelwort vom ›Compelle intrare‹, mit dem der Herr seinen Knechten befiehlt, die Unwilligen zum Abendmahl zu nötigen (Lukas 14, 15 ff.) – angesehen werden. In seiner Zurückweisung des Glaubenszwanges stellt Bayle das gottgegebene »natürliche Licht« der Vernunft über metaphysisch-theologische Spekulationen und verknüpft es mit Geboten der – insoweit ›säkularen‹ – Moral, die unmittelbar verbindlich und von religiösem Streit unabhängig sind. So wird gegen religiösen Zwang eingewandt, dass er wegen der Ermangelung letzter Vernunftevidenz für die ›einzig wahre‹ Religion eine Verletzung des grundsätzlich moralisch geforderten Respekts gegenüber den Gewissensentscheidungen der Einzelnen – auch im Falle eines »irrenden Gewissens« – darstellt. Diese Verknüpfung epistemischer und normativer Argumente erlaubt es Bayle, Toleranz universal auszudehnen – außer auf diejenigen, die das Gebot der Wechselseitigkeit nicht akzeptieren.

Bayles Konzeption ist radikaler als die in vielem ähnliche von Locke, der die Trennung von Staat und Kirche in staats- und naturrechtlicher, klassisch liberaler Perspektive hervorhebt. Während es Aufgabe des Staates ist, sich um »bürgerliche Interessen« und nicht um das individuelle Seelenheil zu kümmern, sind Kirchen »freiwillige Gesellschaften«, die über keinerlei Zwangsrecht verfügen. Ein jeder Bürger hat Locke zufolge ein nicht veräußerbares Recht auf freie Religionsausübung, da die Sorge um das eigene Heil inneren Glauben verlangt, der nicht von außen bestimmt oder gar erzwungen werden kann. Die Grenzen der Toleranz liegen Locke zufolge dort, wo eine Religion (wie in seinen Augen die katholische) die staatliche Autorität in Frage stellt und wo die Leugnung Gottes zur Auflösung der moralischen Grundlagen der Gesellschaft führt. Hier geht folglich die Argumentation für eine (begrenzt) säkulare politische Ordnung nicht mit einer säkularisierten Idee der Moral einher.

Im 18. Jahrhundert setzen sich die Tendenzen zu einer überkonfessionellen, säkularen Auffassung des Staates und zu einer Trennung der Rollen des Bürgers bzw. des Menschen und des Religionsangehörigen fort. Die naturrechtliche Argumentation führt schließlich dazu, dass im Zuge der Amerikanischen und der Französischen Revolution ein grundlegendes *Recht* auf Religionsfreiheit anerkannt wird (wobei insbesondere der jeweilige Einfluss von Thomas Jefferson und Mirabeau zu nennen ist). In den Werken einzelner Autoren finden sich freilich wichtige Unterschiede zwischen der staatsrechtlichen und der religionsphilosophischen Perspektive. So führt sein soziologischer Perspektivismus Montesquieu in *De l'esprit des lois* (1748) zwar zu dem Plädoyer für eine weitgehende Duldung verschiedener Religionen zur Erhaltung des staatlichen Friedens, doch warnt er auch davor, neue Religionen aufzunehmen oder die herrschende Religion zu wechseln, da damit der Zusammenhang von Verfassung, Sitten und Gebräuchen gestört werde. In seinen *Lettres persanes* (1721) hingegen vertritt er eine umfassendere Theorie des religiösen Pluralismus und gegenseitiger Toleranz. Jean-Jacques Rousseau konzipiert in *Du contrat social* (1762) einen Staat, der religiösen Streit zu überwinden sucht, indem er ein »bürgerliches Glaubensbekenntnis« festsetzt. Es bildet die Grundlage wechselseitiger Toleranz der über dieses Bekenntnis hinausgehenden, es aber nicht in Frage stellenden religiösen Auffassungen. Im *Emile* und dem »Brief an Beaumont« (beide 1762) betont er weniger die Integration des Gemeinwesens als die Freiheit des individuellen Gewissens und plädiert für eine »natürliche Religion« im Unterschied zu positiv verfassten Offenbarungsreligionen.

Die Idee einer Vernunftreligion als Möglichkeit der Überwindung von ›überholten‹ Religionsstreitigkeiten ist für die Aufklärung typisch und findet sich etwa bei Voltaire, den Enzyklopädisten und bei Kant. Mit der (auf mittelalterliche Vorgänger zurückgreifenden) Ringparabel in *Nathan der Weise* (1779) bietet Gotthold Ephraim Lessing ein wirkungsmächtiges Bild für den friedlichen Wettstreit unter den Religionen an, das sowohl deren Gemeinsamkeiten im Glauben an den einen Gott unterstreicht als auch ihre Differenzen mit dem Verweis auf unterschiedliche Überlieferungszusammenhänge erklärt. Indem ihnen der objektive Beweis fehlt, wer im Besitz der Wahrheit ist, sind sie aufgerufen, diesen dadurch zu erbringen, dass sie sich als »Gott und Menschen angenehm« erweisen.

Den Unterschied zwischen dieser Toleranz-Konzeption, die sich auf die Koexistenz der großen Weltreligionen bezieht, und einer modernen Auffassung, der es um die Respektierung einer Vielzahl religiöser, kultureller und sozialer Unterschiede geht, markiert John Stuart Mills *On Liberty* (1859). Mill bestimmt die Grenze der Toleranz mit Hilfe des »Schadensprinzips«, dem zufolge die Ausübung staatlichen oder sozialen Zwangs nur dann legitim ist, wenn sie notwendig ist, die Schädigung anderer zu verhüten. Die Toleranz gegenüber Meinungen sieht Mill vorrangig in der utilitaristischen Überlegung begründet, dass nicht nur wahre, sondern auch falsche Meinungen in der öffentlichen Diskussion positive Lernprozesse hervorrufen. Die Toleranz gegenüber differenten Lebensformen ist Mill zufolge nicht nur wegen des Eigenwertes der Entfaltung von Individualität gefordert, sondern auch wegen des Nutzens für gesellschaftliche Veränderung und Fortschritt.

Doch ist für den modernen Toleranz-Diskurs nicht nur die Erörterung kultureller Toleranz im weiteren Sinne, sondern auch die politischer Toleranz charakteristisch: Nicht mehr religiöse, sondern fundamentale politische Konflikte prägen die gesellschaftliche Situation, die allerdings erst dann Toleranz ermöglicht, wenn sich die streitenden Parteien auf politische Grundregeln verständigen können, wie Carl von Rotteck (1846) erklärt. Für Hans Kelsen (1933) ist Toleranz das Kennzeichen der Demokratie, die einem Werterelativismus aufruht, der politische Absolutheitsansprüche ausschließt – auch den Anspruch auf den absoluten Wert der Demokratie selbst. Dieser Haltung widerspricht etwa Dolf Sternberger (1946) mit dem Hinweis, dass die Feinde der Toleranz keine Toleranz beanspruchen dürfen. Herbert Marcuse (1966) zufolge ist eine »reine« oder »abstrakte« Toleranz, die sich gegenüber Zuständen der Unterdrückung neutral verhält, selbst im Grunde »repressiv«.

Konzeptionen und Begründungen von Toleranz

Vor dem geschichtlichen Hintergrund wie auch angesichts gegenwärtiger philosophischer Diskussionen (vgl. Mendus 1988; Heyd 1996; Forst 2000 u. 2003; Williams/Waldron 2008) lassen sich vier Konzeptionen der Toleranz unterscheiden.

Nach der *Erlaubnis-Konzeption* bezeichnet ›Toleranz‹ die Beziehung zwischen einer Autorität oder Mehrheit und einer von deren Wertvorstellungen abweichenden Minderheit. Toleranz besteht darin, dass die Autorität der Minderheit erlaubt, ihren Überzeugungen gemäß zu leben, solange sie die bestehenden Verhältnisse nicht in Frage stellt. Diese Auffassung von Toleranz findet sich besonders in den klassischen Toleranzgesetzgebungen (etwa im Edikt von Nantes, 1598). Toleranz ist hier vorrangig pragmatisch begründet, d. h. sie entspringt einer Kalkulation der Kosten des Eingreifens bzw. Gewährenlassens. Die Situation der Toleranz ist nicht reziprok: Die eine Seite duldet die andere, welche die gegebenen Machtverhältnisse hinzunehmen hat. Ändert sich diese Konstellation, kann von einer *Koexistenz-Konzeption* gesprochen werden, die sich ergibt, wenn gesellschaftliche Gruppen Toleranz und Frieden in Form eines Modus vivendi dem Konflikt vorziehen.

Eine *Respekt-Konzeption* der Toleranz hingegen geht von der wechselseitigen Achtung der Toleranz-Parteien aus, die sich trotz starker Unterschiede in ihren Auffassungen des guten Lebens als politisch und moralisch gleichberechtigte Personen anerkennen. Dazu ist es notwendig, dass die tolerierten Überzeugungen und Praktiken nicht so negativ beurteilt werden, dass gegenseitige Toleranz ausgeschlossen ist. Eine vierte Vorstellung, die *Wertschätzungs-Konzeption*, sieht die Haltung der Toleranz nicht primär in gegenseitigem Respekt, sondern in der (begrenzten) ethischen Wertschätzung der anderen Überzeugungen oder Lebensweisen begründet. Innerhalb eines geteilten, wenn auch pluralistischen Wertehorizontes werden diese Überzeugungen und Praktiken als (partiell kritisierbare) Verkörperungen des Guten bzw. der Wahrheit angesehen.

In diesen Konzeptionen kehren die wichtigsten Argumente für Toleranz wieder, seien sie pragmatisch-strategischer oder moralischer Natur oder der Ausdruck spezifischer, z. B. religiöser Werthaltungen. Die Palette möglicher Toleranzauffassungen erklärt zudem die unterschiedlichen Bewertungen, die der Begriff der Toleranz immer wieder erfährt: Toleranz kann als repressive und herablassende Form der Machtbehauptung oder als bloße Notlösung kritisiert, aber auch als Ausdruck von Respekt oder wechselseitigem Verständnis angesehen werden. Ob Toleranz überhaupt etwas Gutes ist und welche Konzeption in welcher sozialen Situation angemessen ist, hängt sowohl von der Einschätzung der gesellschaftlichen Möglichkeiten als auch des gesellschaftlich Gebotenen und Gewünschten ab – d. h. von normativen Prämissen, die nicht dem Begriff der Toleranz selbst entstammen. So spricht für die ersten beiden Modelle, dass sie minimale motivationale Voraussetzungen haben und daher in sozialen Konfliktsituationen ein realistisches Ziel darstellen. Sofern darüber hinaus die Anforderung gestellt wird, dass die Ausübung von Toleranz einer prinzipiellen Grundlage bedarf, um nicht in einer veränderten sozialen Situation in Intoleranz umzuschlagen, sind die dritte und vierte den ersten beiden Konzeptionen gegenüber vorzuziehen. Die Grenzen, die die vierte Konzeption zieht, könnten sich jedoch als zu eng erweisen, denn der Bereich des Tolerierbaren wird auf das Schätzenswerte eingeschränkt.

So empfiehlt sich die Respekt-Konzeption als die für eine pluralistische Gesellschaft am besten geeignete. Der Begriff ›Respekt‹ lässt sich allerdings auf zweierlei Weise verstehen. Erstens kann damit die Achtung für den Anderen als ethisch autonomes Wesen gemeint sein, dessen Entscheidung für eine bestimmte Konzeption des guten Lebens zu respektieren ist. Dies setzt freilich nicht nur den ethischen Wert der Autonomie voraus, es erscheinen auch lediglich die Überzeugungen und Praktiken als tolerierbar, die – nach einem schwer festzulegenden Maßstab – autonom gewählt sind, woraus enge Grenzziehungen folgen, während andererseits weite Grenzbestimmungen resultieren, wenn der Respekt für ethische Autonomie es gebietet, individuelle Entscheidungen an sich zu achten. – Zweitens kann mit Respekt die gegenseitige Achtung als politisch-moralisch gleichberechtigte Bürger/innen gemeint sein, die ein Recht darauf haben, dass die grundlegenden Normen, denen sie unterworfen sind, ihnen gegenüber und durch sie gerechtfertigt werden können. Gemäß diesem Prinzip scheiden zur Begründung solcher Normen umstrittene ethische (z. B. religiöse) Argumente aus, die nur den Überzeugungen eines Teils der Bürger/innen entsprechen. Toleranz bedeutet damit die Bereitschaft zu akzeptieren, dass in grundlegenden Fragen des politischen Zusammenlebens nur wechsel- und allseitig teilbare Gründe Legitimität schaffen können. Die Überzeugungen, die nicht in der Lage sind, in dieser Weise Legitimität zu begründen, können weiterhin als Auffassungen des Guten vertreten werden und müssen toleriert werden, sofern sie selbst den Grundsatz der reziprok-allgemeinen Rechtfertigung anerkennen.

Damit ist das für eine jede Toleranz-Konzeption zentrale Problem aufgeworfen, dass sie selbst auf vernünftigerweise bestreitbaren Grundlagen beruhen mag und damit ›intolerant‹ ist. Schließt z. B. ihre normative Basis mögliche andere Begründungen für Toleranz aus, z. B. religiöse oder utilitaristische? Und impliziert sie in erkenntnistheoretischer Hinsicht eine umstrittene, z. B. skeptische, relativistische oder pluralistische Auffassung ethischer Wahrheit? Mit diesen Fragen nimmt der Toleranz-Diskurs eine reflexive Wendung, wie sie John Rawls' Werk *Political Liberalism* (1993) für die Frage der Gerechtigkeit vorgenommen hat. Seiner Meinung nach bedarf es grundlegender »politischer« Prinzipien, die jenseits des Streits ethischer, »umfassender Lehren« als unparteiisch akzeptiert werden können, ohne dass sie als bloße Kompromissformeln aufgefasst werden. In epistemischer Hinsicht setzt dies in seinen Augen die Anerkennung der »Bürden des Urteilens« voraus, die erklären, dass in vielen ethischen Fragen unüberbrückbare Unterschiede zwischen vernünftigen und wohlmeinenden Personen auftauchen werden. Ob auf solchem Wege eine »tolerante Theorie der Toleranz« (Forst 2003) möglich ist, die der Pluralität ethischer Perspektiven gerecht wird, bleibt der philosophischen Diskussion überlassen. Sie hat zu untersuchen, inwiefern eine ›säkulare‹ Moral der wechselseitigen Achtung zur Basis einer säkularen politischen Ordnung werden kann, ohne dabei bestimmte ethische Lehren – ob religiös oder antireligiös – ungerechtfertigterweise zu prämieren oder andere zu diskriminieren. Dies bleibt die zentrale Aufgabe für eine Theorie der Toleranz in einer ›postsäkularen‹ Gesellschaft, in der die allgemein verbindlichen Grundlagen des Zusammenlebens im fairen Austausch gegensätzlicher Glaubensrichtungen diskursiv bestimmt werden müssen (Habermas 2001). Diese Grundlagen sind dabei freilich keine Kompromisse ethischer Lehren, sondern sprechen selbst eine eigenständige normativ verbindliche Sprache, die einen eigenen moralischen Geltungsanspruch hat, der den ethisch-religiösen Streit übertrumpft.

Literatur

Bayle, Pierre: *Commentaire philosophique* [1686]. In: *Œuvres diverses*. Bd. 2. Hildesheim 1965.

Besier, Gerhard/Schreiner, Klaus: Toleranz. In: *Geschichtliche Grundbegriffe*. Bd. 6. Stuttgart 1990.

Bodin, Jean: *Colloquium heptaplomeres* [1593]. Stuttgart-Bad Cannstatt 1966.

–: *Sechs Bücher über den Staat* [1576]. München 1981.

Castellio, Sebastian: *De haereticis, an sint persequendi* [1554]. Genf 1954.

Forst, Rainer (Hg.): *Toleranz*. Frankfurt a. M./New York 2000.

–: *Toleranz im Konflikt*. Frankfurt a. M. 2003.

Habermas, Jürgen: Glauben und Wissen. Friedenspreisrede. Frankfurt a. M. 2001.

Heyd, David (Hg.): *Toleration*. Princeton 1996.

Kelsen, Hans: *Staatsform und Weltanschauung*. Tübingen 1933.

Lessing, Gotthold Ephraim: *Nathan der Weise* [1779]. Stuttgart 1990.

Locke, John: *Ein Brief über die Toleranz* [1689]. Hamburg 1975.

Luther, Martin: Von weltlicher Obrigkeit, wie weit man ihr Gehorsam schuldig sei [1523]. In: *Luthers Werke in Auswahl*. Hg. von Otto Clemen. Bd. 2. Berlin 1959.

Mendus, Susan (Hg.): *Justifying Toleration*. Cambridge 1988.

Marcuse, Herbert: Repressive Toleranz. In: Robert Paul Wolff/Barrington Moore/Herbert Marcuse: *Kritik der reinen Toleranz*. Frankfurt a. M. 1966.

Mill, John Stuart: *Über die Freiheit* [1859]. Stuttgart 1988.

Montesquieu: *Vom Geist der Gesetze* [1748]. Tübingen 1951.

–: *Persische Briefe* [1721]. Stuttgart 1991.

Nikolaus von Kues: *Über den Frieden im Glauben* [1453]. Leipzig 1943.

Rawls, John: *Politischer Liberalismus*. Frankfurt a. M. 1998 (amerik. 1993).

Rotteck, Carl von: Duldung. In: Ders./Carl Theodor Welcker: *Das Staats-Lexikon*. Bd. 4. Altona 1846.

Rousseau, Jean-Jacques: *Emile* [1762]. Stuttgart 1963.

–: *Vom Gesellschaftsvertrag* [1762]. Stuttgart 1977.

–: Brief an Beaumont. In: *Schriften 1* [1762]. Frankfurt a. M. 1988.

Spinoza, Baruch de: *Theologisch-politischer Traktat* [1670]. Hamburg 1994.

Sternberger, Dolf: Toleranz als Leidenschaft für die Wahrheit. In: *Schriften* [1946]. Bd. 9. Frankfurt a. M. 1988.

Williams, Melissa S./Waldron, Jeremy (Hg.): *Toleration and its Limits*. New York 2008.

Rainer Forst

16. Welt

Die monotheistischen Religionen, wahrscheinlich alle Religionen, die das metaphysische Bedeutungspotential ihrer Mythen durch die Ausbildung von Theologie zu Ensembles integraler Aussagen über die Wirklichkeit schlechthin weiter destillieren konnten, haben Theologien der ›Welt‹ entwickelt, und sei es implikativ: Mussten sie doch Bestimmungen der Verhältnisse zwischen den metaphysischen *big three* vornehmen: Gott, Welt, Mensch/Seele. Doch erst die christliche Theologie des 20. Jahrhunderts wird unter dem Druck der Modernisierung eine theologische Theorie der Welt als Welt, der ›weltlichen Welt‹ entwickeln. Entsprechend sind Debatten um die theologische Einordnung der Säkularisierung seit der Wende zum 20. Jahrhundert bis in die 1960er und 70er Jahre geführt worden.

Säkularisierung aus dem Geist des Christentums (Gogarten)

In ihrem Zentrum steht zunächst Friedrich Gogarten (1887–1967). Er gelangt über mehrere Etappen zu einer differenzierten und zugleich paradigmatischen theologischen Bestimmung des Verhältnisses einer säkularisierten Welt zum Christentum. Das Gegenüber des Christentums kann auch unter dem Namen der Moderne oder der Neuzeit auftreten; die Grundkoordinaten dieser gesuchten Bestimmung bleiben dieselben, auch wenn die Antworten denkbar verschieden ausfallen mögen.

Gogarten, aber auch andere protestantische Theologen, beziehen sich unter anderem auf drei Denker, die das Erbe der Aufklärung mit den aufkommenden *Humanities* zu vermitteln suchen:

(1) Wilhelm Dilthey spricht von einer »mündigen Welt« oder einer »mündig gewordenen Welt« und meint damit den Prozess der Ablösung der Welt von der Hegemonie des Christentums. Er übt mit dieser Bestimmung unmittelbaren Einfluss auf Dietrich Bonhoeffer aus, der den Begriff von der mündigen Welt wörtlich aufnimmt und zu einer der Inspirationsquellen seines

Konzepts eines »nichtreligiösen Christentums« macht (vgl. Feil 1971).

(2) Ebenso wirkmächtig, auch mit Blick auf Gogarten, ist Max Webers bekannte Formel von der »Entzauberung der Welt«. Der Begriff der Entzauberung bezeichnet einen Wandel im Weltverhältnis, der mit der biblischen Schöpfungstheologie beginnt – um dann freilich über das Christentum hinauszuführen. Die erste, nämlich schöpfungstheologische Entsakralisierung der Welt geschieht im religiösen Paradigma, während dieses am Ende selbst zugunsten einer bloß »säkularen« Bestimmung der Welt fallengelassen wird.

(3) Schließlich ist Ernst Troeltsch zu nennen. Er nimmt den Begriff der Säkularisierung auf – nicht in seiner rechtlichen Bedeutung, die etwa die Überführung von kirchlichen Gütern in weltlichen Besitz, wie dies im Anschluss an den Westfälischen Frieden und in der napoleonischen Zeit geschieht, bezeichnet, sondern in seiner kulturellen Bedeutung, wo mit Säkularisierung der »Prozeß der Emanzipation des kulturellen Lebens (der Politik, der Wissenschaft, der Wirtschaft, der Literatur und der Philosophie) aus der kirchlichen Bevormundung« bezeichnet wird (Gibellini 1995, 116) – und explizit mit ihm das Verhältnis der Moderne zum Christentum als eines von Kontinuität und Diskontinuität, so dass beide, trotz aller wechselseitigen Fremdheit und Skepsis, sich voneinander nicht lossagen können:

> »Die Anhänger des Christentums müssen lernen, sie [die moderne Welt] als zum großen Teil aus eben diesem selbst hervorgewachsen zu betrachten, und seine Feinde müssen einsehen, daß wohl von einzelnen Momenten, niemals aber von einer gar nicht vorhandenen einheitlichen Totalität der modernen Welt aus das Christentum zu entwurzeln ist« (Troeltsch 1966, 333).

Gogarten nun, der seine Ausbildung als Schüler von Harnack und Troeltsch zunächst im Geist der liberalen Theologie erhält, entwickelt seine Theologie der Säkularisierung dennoch nicht in geradliniger Anknüpfung an diese Vorläufer, sondern in dialektischer Vermittlung durch die dialektische Theologie, zu der er als Thüringer Landpfarrer durch eine Begegnung mit Karl Barth 1919 in Tambach stößt. Dadurch entsteht eine intellektuell insofern brisante Konstellation, als Gogarten Intentionen zweier antagonistischer Theologien zusammenbringt. Mit der dialektischen Theologie – und dem Zeitgeist – teilt er das Bewusstsein der Krise, die auch der Quellort der Theologie sein muss (v. a. in »Zwischen den Zeiten« [1919], in: Moltmann 1987, 95–101; sowie in: »Die Krisis unserer Kultur« [1920], in: ebd., 101–121). Auf der anderen Seite leitet er aus dem Kernverständnis von Theologie, die als Rede von Gott immer auch Rede vom Menschen ist, die Notwendigkeit einer Theologischen Anthropologie ab (vgl. Gogarten 1929; 1967), womit er aber die Grundarchitektur der dialektischen Theologie infrage stellt, indem er ihr eine Grundoption liberaler Theologie implementiert. Der Bruch mit Karl Barth ist programmiert (vgl. Gogarten 1937).

Voll entfaltet liegt Gogartens Theologie der Säkularisierung erst nach dem Zweiten Weltkrieg vor, in seiner zweiten Schaffensperiode nach einem gut zehnjährigen Schweigen (1937–1948), das wohl mit dem Bruch mit Barth, aber auch mit einer Krise aufgrund einer kurzzeitigen aktiven Zustimmung zum Nationalsozialismus zu tun hat. (Gogarten ist vom April bis zum November 1933 Mitglied der Deutschen Christen; deren antijüdischer Kurs, dem das Alte Testament und Paulus im Kanon der christlichen Bibel zum Opfer fallen sollen, stößt ihn ab.) Die Grundstruktur der These ist schnell benannt: Die Säkularisierung hat »ihren Grund im Wesen des christlichen Glaubens« und ist »seine legitime Folge« (Gogarten 1958, 12). Die theologische Begründung verfährt zweistufig: Zum einen bewirkt die *Schöpfungs*perspektive in Kontrast zu einer Kosmosperspektive etwa griechischer Provenienz eine Entsakralisierung der Welt; sie ist als Schöpfung Welt, wie sie als Kosmos Gott ist (vgl. ebd., 10). Sodann ist der Mensch als *Gerechtfertigter* zu einem Handeln freigesetzt, das in keiner Weise begründend an die Rechtfertigung rückgekoppelt wäre, zu dem der Mensch jedoch durch die Rechtfertigung als ein *fidele facere* in und an der Welt verpflichtet ist (vgl. ebd., 101 f., 204). In dieser Doppelbegründung ist auch eine Befreiung des Menschen von der Welt enthalten, von der er »nicht mehr umhüllt und eingeschlossen wird«

(Gibellini 1995,124). Hierin besteht sicher ein starkes Argument für eine *Theologie der Welt*: dass der Mensch auch von der Welt befreit werden muss, dass heteronom der Mensch auch in seiner Weltumschlossenheit sein und deren Aufsprengung Autonomiegewinn bedeuten kann.

Nun stellt diese Theologie der Säkularisierung nicht nur eine theologisch-hermeneutische Erschließung der Situation des Menschen in der Welt dar, sondern auch eine präskriptive Beanspruchung des menschlichen Handelns und des integralen Weltzugangs des Menschen, samt seines Selbstverständnisses. Auf der Linie dieser präskriptiven Beanspruchung des menschlichen Selbstverständnisses führt Gogarten eine Unterscheidung zwischen einer Säkularisierung, die dem christlichen Glauben nicht fremd sein kann, und einem abzulehnenden Säkularismus durch. Wenn Gogarten erstere mit dem Bewusstsein der Sohnschaft des Menschen gegenüber Gott identifiziert und als »gebundene Freiheit« (ebd., 127) auffasst, letztere als Verlust jenes Sohnesbewusstseins und als bindungslose Freiheit, fragt sich, ob hier die dem christlichen Glauben konforme Säkularisierung nicht doch durch eine *heteronome* Bestimmung des Menschen verunklart und der neuzeitlich-moderne *Autonomie*begriff nicht als Autarkie missverstanden wird.

Die Theologie Gogartens weist in ihrem Längsschnittprofil durchaus eine gewisse Affinität zu heteronomen Bestimmungen des Menschen auf. Schon 1921 hat Gogarten in einem sozialtheoretischen Aufsatz, der umstandslos die Grenzen zwischen gesellschaftlichem Außen- und kirchlichem Binnenbereich überquert, zwei Sozialisationsgestalten in einer Weise wertend einander gegenübergestellt, die fatal an die Ideologie des deutschen Sonderwegs erinnert: Was hier die Entgegensetzung der »deutschen« *Gemeinschaft* gegen die westliche *Gesellschaft* ist (vgl. Tönnies 1887), heißt bei Gogarten *Gemeinde* gegen *Gemeinschaft* (vgl. »Gemeinschaft oder Gemeinde« [1923], in: Moltmann 1987, 153–171). Sieht er letztere durch die Herrschaft des modernen Individualismus bestimmt, ist jene von einer zwischen den Individuen vermittelnden und diese verbindenden Instanz des Dritten getragen: »Und dieses Dritte kann nur ein der Subjektivität und Individualität so Entnommenes sein, wie es die Autorität ist« (ebd., 165). Scharf formuliert: »Autorität und Individualismus schließen sich gegenseitig aus« (ebd., 166).

Abgesehen von der sich hier zeigenden Disponiertheit solcher Theologie, der nationalsozialistischen Verführung zur ›Volksgemeinschaft‹ zu verfallen, wird festzuhalten sein, wie die Moderne durch diese Theologie unter der Perspektive einer Gegensatzreihe wahrgenommen wird: Gemeinschaft – Gemeinde, Individualismus – Autorität, bindungslose Freiheit – gebundene Freiheit, Sohnschaft – Selbstbehauptung. Eine solchermaßen dichotomische Wahrnehmung von Neuzeit und Moderne läuft Gefahr, nicht eine »halbe[] Säkularisierung« (Gogarten 1968, 172) zu diagnostizieren, sondern die Moderne selbst zu halbieren. Ihr gelingt es nicht, den Autonomiegedanken als Möglichkeitsbedingung einer Formulierung des Gottesgedankens unter der Voraussetzung der Moderne zu gewinnen. Die Vermutung geht dahin, dass dies aufgrund der Dominanz der Rechtfertigungslehre in der Architektur dieser Theologie nicht gelingen will.

Jedenfalls formuliert Gogarten eine differenzierte theologische Wahrnehmung und Affirmation der Kontinuität zwischen Christentum und Moderne. Man kann ihm nun, wie auf einem Kupferstich Albrecht Dürers, zwei Antipoden zur Rechten und zur Linken beigesellen, die beide auf der identischen Linie einer vehementen Bestreitung solcher Kontinuität zu konträren Ergebnissen kommen.

Nur wenig vor Gogarten legt Romano Guardini mit der Publikation einer Vortragsreihe unter dem Titel *Das Ende der Neuzeit* eine Abrechnung mit der Neuzeit vor (Guardini 1950). Die Neuzeit, so seine Kritik, konstituiert sich in einem Akt der Zurückweisung des Christentums, während sie doch zugleich sich eines »Nutznießertums« solcher Werte erfreut, wie sie vom Christentum hervorgebracht oder doch wenigstens gepflegt worden sind (vgl. ebd., 117). Gegen dieses illegitime Erbschaftsverhältnis der Neuzeit zum Christentum setzt Hans Blumenberg die Begründung der *Legitimität der Neuzeit* in ihrer Entgegensetzung zu einem christlichen Mittelalter, die in einem Akt der menschlichen Selbstbehauptung gründet (vgl. Blumenberg 1988, 139–259).

Von der Theologie der Säkularisierung zur Gott-ist-tot-Theologie

Vermutlich hat eine radikale Konsequenz aus dem von Gogarten gebahnten Weg zu einer theologischen Würdigung des Säkularen erst einmal gezogen werden müssen, um daran umso deutlicher erkennen zu können, dass eine Theologie der Säkularität mit diesem Weg (der sich keineswegs zwingend aus ihr ergibt) nicht gerade nicht zu verwechseln ist: John A. T. Robinson, anglikanischer Bischof von Woolwich, und Paul van Buren, US-amerikanischer episkopalischer Theologe, veröffentlichen 1963 unabhängig voneinander Vorschläge zur Reaktion einer christlichen Theologie auf eine zunehmend nicht-christliche Welt (vgl. Robinson 1963; Buren 1965). Beide, Robinson näher an Rudolf Bultmanns Entmythologisierungsprogramm und an Dietrich Bonhoeffers Idee eines nachreligiösen Christentums, van Buren näher an Karl Barths theologischer Religionskritik, schlagen die Übersetzung der christlichen Glaubenssprache in die »Sprache der Welt« vor. Damit ist zunächst einmal die stets gültige Frage nach der aktualisierenden Neuinterpretation – und damit Tradierung – des christlichen Glaubens in einer neuen Zeit gestellt, nun aber angesichts einer als neu und radikal wahrgenommenen Herausforderung, die die in einer zunehmend religionsfernen (und in *diesem* Sinn säkularisierten) Gesellschaft bestehe.

Mehr als vierzig Jahre danach ist nun viel klarer erkennbar, dass eine damals als bestimmend wahrgenommene Säkularisierung als Religionsverdunstung so nicht stattgefunden hat – und das gilt nicht nur für die USA, sondern auch für West- und Mitteleuropa (vgl. Cox 1984, 19 f.). Was aber abgenommen hat – und dies nun in Europa signifikant deutlicher als in den USA –, ist die Relevanz und Präsenz der verfassten Religionen, christlich: der Kirchen. Damit ist freilich auch deren lebensweltliche Prägekraft geschwunden, weswegen Robinson und van Buren mit ihren Diagnosen in diesem Punkt wohl Recht behalten haben: Der kulturelle Kontext, in dem sich die christlichen Kirchen und Gemeinschaften hier und heute artikulieren, ist auf dem Weg, religiös illiterat zu werden oder auf eine parataktische Basissprache herabzusinken. Die Übersetzungsanforderungen an das Christentum haben sich in den entwickelten Gesellschaften erheblich erhöht.

Aber: Soll das heißen, dass unter ›Übersetzung‹ zu verstehen wäre, das christliche Idiom ganz in eine säkulare Sprache hinein aufzulösen? Es gibt keine Übersetzung, die nicht verfehlte, verfremdete, verfälschte. Ihre Rechtfertigung erhält sie durch die Fortexistenz des Originals. So lagern sich Übersetzungen, aus denen eine religiöse Tradition sich bildet und fortzeugt, idealerweise an die übersetzten Texte an, ohne diese auszulöschen und zu ersetzen; vielmehr sind sie im stets möglichen Rekurs auf die ›Originale‹ kritisierbar. Wo ein Text nur noch in einer Übersetzung bekannt und im Original verloren ist, haftet dies der Übersetzung als Verletzung an. Und nun soll die Bedeutungsgeschichte des Christentums in eine säkulare Sprache transformiert werden? Ist die Rede von Gott vollständig in eine innerweltliche Sprache, vorzugsweise in jene der Ethik, transformiert worden, ist kein Gott mehr ansprechbar. Der Gott der »Gott-ist-tot-Theologie«, der sich ohne Rest in diese Welt und ihren Geschichtsprozess hinein entleert hat, ist nicht mehr ansprechbar. Wozu sollte irgendein Mensch sich an einen solchen Gott oder auch nur an seine innerweltlichen Residuen wenden wollen? Täte eine Theologie, die keine der Säkularität, sondern ihrerseits eine säkularisierte wäre, der Welt mit solchem Restlosverzicht auf die Rede von Gott einen Gefallen? Müsste sie nicht vielmehr deswegen einen distinkten Gottesdiskurs aufrechterhalten, weil sie dadurch die Welt in jener prinzipiellen Weise offenhält, durch die es dieser erst möglich wird, zu sich selbst zu kommen? Diese Theologien, wie auch der Entwurf von Harvey Cox und (grosso modo) die *Death-of-God-Theology*, liegen auf der Linie der Gogarten-These, dass die Säkularisierung vom Christentum hervorgebracht worden ist, radikalisieren sie aber in Richtung auf eine Säkularisierung der Theologie selbst, die damit jede Möglichkeit, einen Diskurs der Differenz zur Welt, wie sie jeweils gerade ist, zu führen, verloren hat.

Theologie der Säkularität – theologische Würdigung der weltlichen Welt (Rahner)

Die katholische Theologie setzt nicht auf der von Gogarten markierten Linie einer geschichtstheologischen Verhältnisbestimmung von Christentum und Säkularisierung an, sondern bei der Bestimmung des Verhältnisses von Kirche und Welt. Dabei steht Jean Daniélou für die integralistische Variante, indem er die Möglichkeit eines lebendigen Glaubens an dessen Eingebettetheit in eine integral christlich geprägte Zivilisation bindet, was angesichts einer faktisch säkularen Gesellschaft wie die Bekundung eines ekklesialen Phantomschmerzes anmutet (vgl. Daniélou 1965, 14 f.). Marie-Dominique Chenu hingegen bewertet die Säkularisierung als das Ende der langen Konstantinischen Epoche der Geschichte des Christentums, wodurch nun erst die Kirche genötigt wird, ihre genuin missionarische Dimension wiederzuentdecken, indem sie nämlich aufgerufen ist, »Zeugin für das Wort Gottes an neutralen Orten« zu sein (Chenu 1964, 34).

Ähnlich lotet Karl Rahner die Chancen aus, die für die Kirche in der neuen säkularen Weltsituation liegen. Die neue Situationsbestimmung der Kirche in der Welt von heute ist die der Diaspora, und über die Diaspora erschließt sich der Kirche ein ganz neues Verständnis von Katholizität. Die Präsenz der Kirche ist nun eben nicht an einen intakt katholischen oder christlichen Staat oder eine integral katholische oder christliche Kultur gebunden, eine Bindung, in der ja eine regionale Begrenzung liegt, die faktisch-historisch unüberwindbar erscheinen muss und eine Verwirklichung der Katholizität der Kirche gerade nicht ermöglicht oder befördert, geschweige denn garantiert, sondern im Gegenteil verhindert. Als Kirche-in-Diaspora aber kann die Kirche, kulturelle, gesellschaftliche und politische Grenzen unterlaufend oder überspielend, faktisch in allen Kontexten dieser Welt präsent sein und ist es auch schon: »Das Christentum ist (wenn auch in sehr unterschiedlicher Dosierung) überall in der Welt und überall auf der Welt in der Diaspora« (Rahner 1988, 27).

Unter anderem als Frucht seiner über mehrere Jahre währenden thematischen Auseinandersetzung mit der Pastoralkonstitution »Gaudium et spes« des Zweiten Vatikanischen Konzils hat Karl Rahner 1967 »Theologische Reflexionen zum Problem der Säkularisation« vorgelegt. Darin werden mehrschichtige Analysen des Verhältnisses von Kirche (und Christen) und Welt unternommen und weitreichende Vorschläge für eine daraus resultierende kirchliche Praxis gemacht, auf die im Schlussteil dieser Überlegungen zurückzukommen sein wird. Einstweilen muss es genügen, einige Grundlinien aufzunehmen.

So findet sich die mit diesen Überlegungen vorgelegte These zur Säkularität zunächst in einem Verhältnis der Konkordanz zu Rahners Unterscheidung der »›Säkularisierung‹ oder Weltlichkeit« von »einer a-theistischen Profanität der Welt« wieder (Rahner 1967, 638). Damit ist die unvereinnahmbare Eigenwirklichkeit der Welt von einer ausdrücklich anti- oder areligiösen Beanspruchung der Weltlichkeit der Welt abgehoben. Aus einer Anerkennung der Eigenwirklichkeit und Eigenwürde der Welt ergibt sich keineswegs notwendig eine atheistische Ausformulierung von Säkularität. Im Gegenteil ist es gerade die Anerkennung der Weltlichkeit der Welt, aufgrund derer von einem Atheisten dieselbe Rechtfertigungs- oder Übersetzungsverantwortung gegenüber der gemeinsam geteilten Welt verlangt werden kann wie von einem religiösen Menschen. Auf der Basis von Rahners Unterscheidung kann die Eigenwürde der Welt theologisch so konsequent gedacht werden, dass diese Welt, weil sie eben »unter dem allgemeinen Heilswillen Gottes« steht, als Ort begreifbar ist, an dem »auch ein eigentlicher Atheist ›bonae fidei‹ in der Dimension des reflexen Begriffs noch das Heil erlangen, also Gnade und Glauben besitzen kann« (ebd.). Mit dieser Aussage wird in der Binnensprache der religiösen Überzeugungstradition des Christentums in seiner katholischen Spielart der unvereinnahmbaren Eigenwürde der Welt Rechnung getragen und Ausdruck verliehen.

Die geschichtliche Herausbildung der Säkularisierung entbirgt eine Realität, an der ein integralistischer Zugriff auf die Welt als Ganzer scheitert: Unter ›Integralismus‹ versteht Rahner »die theoretische oder (unreflex) praktische Haltung, derzufolge das Leben des Menschen von allgemeinen, von der Kirche verkündigten und in ihren Ausführungen überwachten Prinzipien aus eindeutig entworfen und manipuliert werden könne« (ebd., 641). Spätestens an der Realität menschlicher Entscheidungen, die aus solchen allgemeinen Prinzipien (der Offenbarung und/oder des Naturrechts) nicht ableitbar sind und ihnen andererseits auch nicht widersprechen und die ein solcher Integralismus als sittlich irrelevant ansieht, wird sichtbar, dass dieser Integralismus »die Unableitbarkeit der ›praktischen Vernunft‹ als einer Sinnerfassung, die nur innerhalb der tätigen und hoffenden Freiheitsentscheidung selbst gegeben sein kann«, verkennt (ebd.). Woran der Integralismus also scheitert, ist die unintegrierbare Instanz der Subjekthaftigkeit des Menschen; er begegnet ihr im Modus des Scheiterns auch dort, wo die deduktiv gewonnene Bestimmung eines sittlich Verbotenen nicht die Erkenntnis mit enthält, welches Handeln stattdessen positiv geboten wäre. Hier öffnet sich vielmehr die Aussicht auf einen »offenen Raum verschiedener Möglichkeiten, innerhalb dessen die Welt autonom und in eigener Verantwortung entscheidet, ohne daß darum der Inhalt der konkreten Entscheidung schon in sich ›human‹ unbedeutend oder auch nur sittlich irrelevant würde« (ebd., 642).

Rahner zieht hier im Grund lediglich die systematischen Konsequenzen aus der Neubestimmung der Ekklesiologie durch das Vatikanische Konzil, derzufolge ein vollständiger Begriff von Kirche nicht mehr ohne den ›Umweg‹ durch die nicht integrierbare Welt gewonnen werden kann (vgl. LG 1; 48; AG 1; GS 42; 45). Doch zeigt Rahner, wie uneinholbar die Kirche sich durch diesen ›Umweg‹ als in ihrem Begriff an die Welt gebunden zeigt. Der Ort, an dem sich, und der ›Stoff‹, durch den sich die Realisation des Heils-von-Gott her ereignet, ist die Welt. In der Sprache der Ekklesiologie des Zweiten Vatikanischen Konzils heißt dies: Was die Kirche als Sakrament, das heißt Instrument und Werkzeug des universalen Heils, hat und ist, besitzt, wie die Bedeutungsdynamik des Begriffs ›Sakrament‹ festhält, seine Bestimmung ganz auf die Welt zu:

> »Dieses Weltliche ist nicht das profane und in sich gleichgültige ›Material‹, ›an dem‹ nur christliches Tun realisiert wird, sondern auch (nicht: *das*) christliches Tun selber, das nicht integralistisch von der Kirche verwaltet werden kann. Die Kirche gibt bei dieser von ihr selbst vorgenommenen ›Säkularisation‹ der Welt die Gnade Gottes, ihre Prinzipien und ihre letzten Horizonte mit, aber getan wird dieses Humane und Christliche von der Welt selbst auf ihrem eigenen Boden und in eigener Verantwortung« (Rahner 1967, 644).

Die Säkularität – das heißt, in einer sehr vorläufigen Formulierung, die Welt als die durch sich selbst bestimmte Sphäre menschlichen Handelns – findet ihre theologische Würdigung also nicht in der Figur ihrer Rückführung auf ein christliches Erbe: weder genealogisch durch die Ableitung der Säkularität aus dem Christentum noch soteriologisch durch die Herausstreichung einer notwendigen Re-Integrierung der Säkularität in eine christliche Weltdeutung noch auch apokalyptisch durch die Verurteilung der Welt ob ihrer Verweigerung einer solchen Integration. Vielmehr: Die Welt ist gewürdigt als das *Wofür* jener Kirche, die sich darin verwirklicht, als die innerweltliche und innergeschichtliche Repräsentationsgestalt der christlichen Heilsbotschaft beansprucht werden zu können. In der Konsequenz dieser theologischen Entwicklung liegt die Ausbildung der politischen Theologie als Identifizierung des gesellschaftlichen Handlungsraums mit seinen politischen, sozialen, ökonomischen, etc. Konflikten als des genuinen Geltungs-Orts der Botschaft Jesu Christi: »Das Ärgernis und die Verheißung dieses Heils sind öffentlich« (Metz 1968, 104). Die kirchlich-theologische Würdigung der Welt geschieht dementsprechend nicht als deren kirchlich-christliche Integration, sondern als weltorientierte Desintegration der Kirche. Eine solche anti-integralistische Ekklesiologie ergibt sich bereits aus der missionarischen Dimension der Kirche: »Die Kirche erneuert sich nur dann, wenn sie sich nach außen wendet. Sie hat ihr Innerstes erreicht, wenn sie sich dem anderen Menschen, der Zukunft und den fernsten

Nächsten zuwendet. Nur in der Entäußerung, in der Grenzüberschreitung bleibt sie sie selbst und wird immerzu sie selbst. Nicht bei sich zu sein und sich auf den anderen zu beziehen, ist das Authentizitätskriterium der Kirche« (John 2004, 55).

Literatur

Blumenberg, Hans: *Die Legitimität der Neuzeit* [1966]. Frankfurt ²1988, 139–259.
Buren, Paul van: *Reden von Gott – in der Sprache der Welt. Zur säkularen Bedeutung des Evangeliums*. Zürich 1965 (engl. 1963).
Chenu, Marie-Dominique: La fin de l'ère constantinienne [1961]. In: Ders.: *La Parole de Dieu II. L'Évangile dans le temps*. Paris 1964.
Cox, Harvey: *Religion in the Secular City. Toward a Postmodern Theology*. New York 1984.
Daniélou, Jean: *L'oraison, problème politique*. Paris 1965.
Feil, Ernst: *Die Theologie Dietrich Bonhoeffers. Hermeneutik – Christologie – Weltverständnis*. München/Mainz 1971.
Gibellini, Rosino: *Handbuch der Theologie im 20. Jahrhundert*. Regensburg 1995.
Gogarten, Friedrich: Das Problem einer theologischen Anthropologie. In: *Zwischen den Zeiten* 7 (1929), 493–511.
–: *Gericht oder Skepsis. Eine Streitschrift gegen Karl Barth*. Jena 1937.
–: *Verhängnis und Hoffnung der Neuzeit* [1953]. Stuttgart ²1958.
–: *Der Mensch zwischen Gott und Welt. Gesetz und Evangelium* [1952]. Stuttgart ⁴1967.
–: *Frage nach Gott*. Tübingen 1968 (posthum).
Guardini, Romano: *Das Ende der Neuzeit*. Würzburg 1950.
John, Ottmar: Warum missionarisch Kirche sein? Argumente jenseits der Selbstauslieferung an soziologische Empirie. In: Matthias Sellmann (Hg.): *Deutschland – Missionsland*. Freiburg/Basel/Wien 2004, 42–68.
Metz, Johann Baptist: *Zur Theologie der Welt*. Mainz 1968.
Moltmann, Jürgen (Hg.): *Anfänge der dialektischen Theologie*. Bd. 2. München ⁴1987.
Rahner, Karl: Theologische Reflexionen zum Problem der Säkularisation. In: Ders.: *Schriften zur Theologie VIII*. Einsiedeln/Zürich/Köln 1967, 637–666.
–: Zur gegenwärtigen Situation des Christen. In: Ders.: *Sendung und Gnade* [1959]. Innsbruck ⁵1988, 13–47.
Robinson, John A. T.: *Gott ist anders*. München 1963 (engl.1963).
Tönnies, Ferdinand: *Gemeinschaft und Gesellschaft* [1887]. Darmstadt 2005.
Troeltsch, Ernst: *Gesammelte Schriften*. Bd. IV. Aalen 1966.

Knut Wenzel

17. Werte

Der Begriff des Wertes fand aus der Nationalökonomie zur Mitte des 19. Jahrhunderts Eingang in die Philosophie. Noch heute findet er dort, etwa in der Rede vom *cash value*, Anwendung. Auch die moderne Mathematik spricht vom »Wahrheitswert« (Gottlob Frege). In der Philosophie schließlich stehen zwei Namen für den Aufstieg des Wertbegriffs: in affirmativer Weise Hermann Lotze (1817–1881), der als Vater einer als Wertlehre auftretenden Philosophie (Axiologie) gilt, sowie Friedrich Nietzsche (1844–1900), der mit seiner *Genealogie der Moral* (1887) die Kontingenz des Werthaften thematisierte. Im Bereich des amerikanischen Pragmatismus ist vor allem der späte John Dewey (1859–1952) einschlägig. Ihm verdanken wir eine grundlegende *Theory of Valuation*, die als Theorie der Wertekonstitution auch über den Unterschied zwischen Wünschen (»desired«) und Wünschenswertem (»desirable«) aufzuklären vermag (vgl. Dewey 2004, 293 ff.).

Wertphilosophie als Zeitsignatur

Auf dem europäischen Kontinent verbindet sich die Karriere des Wertbegriffs mit den philosophischen Problemkonstellationen der nachhegelianischen Epoche. Wie ansonsten nur der Begriff der Weltanschauung, spiegelt sich im Wertbegriff die Signatur und Selbstreflexion einer Epoche wider, die von der Mitte des 19. Jahrhunderts bis zum Ende der Weimarer Republik 1933 reichte. Voraussetzung für die folgenreiche Verwendung der Wertkategorie ist der endgültige Bruch mit der bis Hegel gültigen Verbindung aus Metaphysik, Ontologie und Ethik (vgl. Schnädelbach 1983). Wertphilosophie wird dort möglich, wo das Sein des Guten nicht mehr länger als selbstverständlich ausgemacht gelten kann. »Seiendes ist, Werte gelten« – so könnte man zugespitzt die Ausgangslage beschreiben, die sowohl das Verhältnis von Sein und Sollen als auch den Zusammenhang von Wollen und Sollen beschreibt. Thematisch wurde der Wertbegriff auf alle Bereiche philosophischen Nachdenkens bezogen. So sprach man ganz selbstverständlich nicht nur von logischen, sondern ebenso von ethischen, ästhetischen und religiösen Werten. Deshalb bemühten sich einflussreiche Wertethiker wie Scheler oder Hartmann um die systematische Rangordnung von Werten. Das Kernproblem für jeden wertphilosophischen Ansatz blieb jedoch die Eigenart und Gültigkeit von Werten. Umstritten war vor allem der Status der Objektivität; stand doch die Einheit von Wert und Wirklichkeit zur Debatte. So gab es Postionen, etwa im Umkreis des Neukantianismus südwestdeutscher Schule, die strikt an der für jedes alltägliche Wertebewusstsein geltenden absoluten Gültigkeit festhielten. Parallel zum »Ding an sich« sprach man vom »Wert an sich« und seiner Geltung (Windelband). Lehnten diese Ansätze alle Psychologismen im Bereich der Wertthematik ab, so standen ihnen Positionen gegenüber, die in Wertungen rein subjektiv-emotional geladene Äußerungen sahen, die keine objektive Gültigkeit beanspruchen konnten. Diese Ansicht dominierte die metaethischen Diskussionen, vor allem in der analytischen Tradition (Ayer, Schlick, Mackie).

Hierzulande wurden vor allem die wertethischen Ansätze von Max Scheler (1874–1928) und Nicolai Hartmann (1882–1950) prominent. Ersterer legte mit seinem Buch *Der Formalismus in der Ethik und die materiale Wertethik* (1913) eine Kritik der am kantischen Vorbild ausgerichteten Moralphilosophien mit ihrer Konzentration auf abstrakt-allgemeine Prinzipien vor. Demgegenüber vertrat Scheler eine personalistisch orientierte Wertphänomenologie, die Werten als Qualitäten von Gütern einen objektiven Status zuerkannte und sie emotional grundierte. Hartmann wiederum modifizierte diese Ansicht, indem er noch stärker die ontologische Dimension des Werthaften in den Mittelpunkt stellte. Beide Ansätze belegen den Zusammenhang der Wertfrage mit Weltanschauungsdiskursen. Sie entsprachen damit der allgemeinen Suche nach geistiger Orientierung, wie sie für die Zwischenkriegszeit kennzeichnend war. Hartmann und Scheler blieben auch nach dem Zweiten Weltkrieg wirkmächtig, vor allem bei der Entstehung des Grundgesetzes. Noch die Rede von der »objektiven Werteordnung« (vgl. BVerfGE 7,198), die das BVerfG den Grundrechten zuschrieb, zeugt von ihrem nachhaltigen Einfluss. Widerspruch daran kam vornehmlich aus der Schule Carl Schmitts. Schmitt sprach in Anlehnung an eine Formel von Hartmann von der »Tyrannei der Werte« (Hartmann 1962, 576.). Auch in der (evangelischen) Theologie wurde die Rede von den Werten kritisiert. Eberhard Jüngel vertrat deshalb in der Grundwerte-Debatte der 1970er Jahre die These von der »wertlosen Wahrheit« des christlichen Glaubens (vgl. Jüngel 1990, 90 ff.; dazu kritisch Dabrock 2007).

Wertewandel und Säkularisierung

Der Zusammenhang zwischen der Wertethematik und der Säkularisierungskategorie zeigt sich in der Wahrnehmung des sozialen und kulturellen Wandels, wie er sich spätestens seit Mitte der 1960er Jahre für viele in Gestalt des Verlusts traditioneller Sitten und religiöser Bindungskräfte in den westlichen Gesellschaften bemerkbar machte. Als Deutungsvorschlag wurde dabei auf die Rede vom Wertewandel zurückgegriffen. Eingebracht wurde er in die Diskussion von dem US-amerikanischen Politikwissenschaftler Ronald Inglehart (geb. 1934). In der empirischen Sozialforschung wird der Wertbegriff als eine ›messbare Größe‹ verstanden, weil er sich durch quantitative und qualitative Befragungen erheben lässt. Wertewandel zielt auf die kulturellen und sozialen Transformationsprozesse innerhalb von Gesellschaften. Ingleharts Studien gingen dabei der Entwicklung von sogenannten materialistischen hin zu sogenannten postmaterialistischen Werteinstellungen in der Bevölkerung westlicher Industriegesellschaften nach. Kam die empirische Werteforschung zwischenzeitlich zum Erliegen, so nimmt sie in jüngster Zeit wieder an Fahrt auf. Nicht zuletzt das Bemühen um eine europäische Identität lässt nach möglichen kulturellen, religiösen und/oder säkularen Wurzeln und den darin implizierten Werten fragen. Insofern sind empirische Studien zum Wertewandel in (europäischen) Gesellschaften längst Teil von integrationspolitischen Maßnahmenkatalogen.

Aus soziologischer Sicht ist die Rede vom Wertewandel, der nur einen Teil des generellen sozialen Wandels darstellt, allerdings in mehrfacher Hinsicht aufklärungsbedürftig. Insbesondere dann, wenn es um die Stiftung möglicher Zusammenhänge zwischen Wertewandel und Säkularisierungsprozessen geht. Generalisierungen, wie etwa die These von der moralischen Erosion an Werten, verursacht durch den Verlust an religiöser Bindungsfähigkeit an traditionelle Organisationen, lassen sich nicht pauschal aufrechterhalten. Auch führt Säkularisierung nicht per se zum moralischen Verfall. Neben einer verstärkten Differenzsensibilität für die gesellschaftlichen und historisch gewachsenen Kontexte ist darüber hinaus auf die unterschiedlichen Modi dessen, was erfasst werden soll, zu achten. Zu unterscheiden ist nämlich zwischen Wertinhalten, Weisen der Werteinstellung und der Frage nach ihrer Entstehung. Wenngleich durchaus Korrelationen zwischen Erwerbsarbeitsquote, Wohlstandsniveau und Werteinstellungsmustern festzustellen sind, gilt selbst für die Selbstverwirklichung – scheinbar ein Grundwert aller postmaterialistischen Gesellschaften: Ihre Erfüllung kann sie »in völlig verschiedenen Tätigkeiten und Strebungen finden, man kann sie als ›Engel der Armen‹ ebenso erreichen wie als erfolgreicher Geschäftsmann« (zitiert nach: Joas 2004, 435). So wenig Säkularisierung automatisch Folge von Modernisierung ist, so wenig lässt sich eine starre Verbindung bestimmter Werte mit dem Niedergang religiöser Überzeugungen in Gesellschaften und bei den Individuen ausmachen. Daher ist Skepsis angebracht gegenüber scheinbar lebensweltlich plausiblen, weil medial vermarkteten Globaltheorien, wonach radikale Individualisierung zum Verlust sozialer Bindungsfähigkeiten und zur Verabschiedung starker religiöser Identitätsmuster führen würde. Das heißt nicht, dass sich keine entsprechenden Beispiele anführen ließen; aber sie stellen nicht den Normalfall dar.

Auch aus theologischer Sicht wird es problematisch, wenn Religiosität vornehmlich als Wertegarantin zum Sozialkitt herhalten soll und Religionsgemeinschaften (gesellschaftlich wie politisch) zu Werteagenturen degradiert werden.

Beides kommt einer Funktionalisierung von Religion gleich. Dennoch beinhalten noch solche Einseitigkeiten wichtige Fragen nach dem Zusammenhang zwischen Moral und Religion sowie nach der Bedeutung, die religiöse Überzeugungen beim Zustandekommen von Wertprägungen spielen können. Nicht wenige Konflikte in der Moderne zwischen sogenannten Religiösen und sogenannten Säkularen arbeiten oftmals mit unhinterfragten Prämissen hinsichtlich des Verhältnisses von Glaube, Nicht-Glaube und Werteinstellung. Nicht zuletzt daraus begründet sich dann die jeweilige Bewertung der (diagnostizierten) Säkularisierung. Damit ist nicht der Zusammenhang von Glaube, Werten und Handeln geleugnet, wie er der Wertesemantik selbst entspricht. Da religiöse Überzeugungen stets emotional gefärbte und handlungsorientierende wie -motivierende Wirklichkeitseinstellungen artikulieren, stellen sie praxisrelevante Größen dar, die sich in den Werteinstellungen ihrer Gläubigen äußern. Aufgabe der Theologie als wissenschaftliche Selbstbeschreibungspraxis von Religion ist es, dieser Konstellation reflektierend nachzugehen und sie normativ zu bewerten. Dabei kommen so divergente Denker, wie Martin Luther und Scheler in ihrer Deutung des Doppelgebots der Liebe (vgl. Mt 22,37 ff.) darin überein, in der affektiv-emotionalen Wahrnehmung der Stellung des Menschen zur Welt und zu Gott als ihrem Grund die maßgebliche Prägeinstanz für alle Wertschätzungen und Verhaltensweisen des Subjekts zu erblicken. Sünde und Gnade (Luther) bzw. Liebe und Hass (Scheler) stellen somit nicht Beispiele für Existenzweisen oder Werteinstellungen dar. Sie bilden vielmehr jenes qualitative Medium, innerhalb dessen sich Wertungen allererst vollziehen – die angedeuteten Ambivalenzen (attraktiv/unattraktiv, anziehend/abstoßend) eingeschlossen. Deswegen lässt sich sogar der grundlegende Vorgang der Soteriologie, der Wandel vom Sünder zum Gerechtfertigten, als eine bestimmte Weise der »Umwertung der Werte« (Nietzsche) verstehen.

Werte als Thema der Sozialwissenschaften

Mit Werten beschäftigen sich klassischer Weise auch die Sozialwissenschaften. Einflussreich war hierfür im 20. Jahrhundert zunächst die Sozial- und Handlungstheorie von Talcott Parsons (1902–1979), in der der Kategorie des Wertes eine Schlüsselrolle zukam. Parsons ging es dabei um die Überwindung vorherrschender utilitaristischer Ansätze. Ein Wert stellt daher »not just a preference« (Kluckhohn 1951, 396) dar, »but is preference which is felt and/or considered to be justified« (ebd.). Als Auffassungen über das Wünschens*werte* beeinflussen Werte daher sowohl individuell wie kollektiv Handlungen, indem sie über die damit verbundenen Mittel und Ziele (mit) entscheiden. Schon bei Parsons findet sich darüber hinaus die fortan wichtiger werdende Unterscheidung zwischen Werten und Normen, jedoch in auffälliger Differenz zu den Debatten zwischen Kommunitaristen und Liberalen. Es geht nicht um die Unterscheidung von Erst- und Zweitperson(en)-Perspektive, d. h. zwischen (teleologischen) Vorstellungen über das gute Leben und allgemein verbindlichen (deontologischen) Verpflichtungen hinsichtlich des Gerechten. Vielmehr stellen Werte für Parsons nichts anderes als diejenigen hoch abstrakten kulturellen Orientierungsmuster dar, die eine Gesellschaft als Ganzes orientieren. Diese kommen nur in entsprechender Internalisierung auf Seiten der Handelnden sowie rechtlicher Kodifizierung und moralischer Institutionalisierung zum Vorschein. Normen stellen demgegenüber bereits Spezifizierungen von kulturellen Werten dar. Parsons ist schließlich auch der erste, der für seine Theorie des sozialen Wandels die Rede von der »value generalization« (Parsons 1977, 307 ff.) einführt. Darunter versteht er die in ausdifferenzierten und pluralistischen Gesellschaften notwendige Anpassung des Wertesystems. Die Legitimierung von Werten führt über die einzelnen, sich teils widersprechenden Partikularbegründungen (seien sie säkularer oder religiöser Natur) hinaus. Zwar bedeutet Wertegeneralisierung als Prozess die Integration von Wertbegründungen auf höherer, d. h. abstrakterer Ebene, aber dies geschieht bei bleibender Akzeptanz des (innergesellschaftlichen) »Wertepluralismus« (Isaiah Berlin).

Auch Jürgen Habermas (geb. 1929) bezieht sich in seiner *Theorie des kommunikativen Handelns* (1981) auf Parsons und dessen Theorie des sozialen Wandels. Für ihn entspringen Wertbindungen und soziale Kohäsionskräfte vornehmlich aus den diskursiven Praktiken der Lebenswelt. Damit bilden sie ein Widerlager zu deren Kolonialisierung durch die Systeme der Ökonomie und Bürokratie. Dazu erachtet Habermas eine klare Unterscheidung von Werten und Normen für unerlässlich, weil nur letzteren eine intersubjektiv teilbare und damit auch universal mögliche Geltung zukommen kann. Daran gilt es insbesondere in den gegenwärtigen Menschenrechtsdiskursen festzuhalten. Gegenüber Hilary Putnams (geb. 1926) Befürwortung einer Objektivität von Werten – »I claim, in short, that without *values* we would not have a *world*« (Putnam 1992, 141) – bei dessen gleichzeitiger Ablehnung einer klaren Wert/Norm-Differenz beharrt Habermas in kantianischer Tradition erstens auf der Unterscheidung von kognitivem Wahrheits- und moralischem Richtigkeitsanspruch und zweitens auf der Nicht-Universalisierbarkeit von Werten, sofern sie kollektiven Selbstverständnissen kultureller Gemeinschaften entspringen. Es gilt die Differenz zwischen einer »universalistische[n] Moral der Gerechtigkeit und partikularistischen Ethiken der Lebensführung« (Habermas 1997, 290) zu wahren. Und nur für letztere können Werte einstehen. In jüngster Zeit, vor allem im Zuge seiner verstärkten Auseinandersetzung mit der Rolle von Religion in der politischen Öffentlichkeit räumt Habermas jedoch den gewachsenen Institutionen und Mustern der Wertevermittlung und Wertmotivierung größere Bedeutung für die Stärkung eines solidarischen Ethos in »post-säkularen« Gesellschaften ein, ohne seine prinzipiellen Vorbehalte gegenüber einer Einziehung der Differenz von Werten und Normen aufzugeben. Die großen, religiösen Menschheitstraditionen stellen dabei noch lange nicht ausgeschöpfte Ressourcen für die Vorstellungen vom guten und gelingenden Leben dar und halten somit das Bewusstsein »für das, was fehlt« wach.

Die Entstehung der Werte und die Rolle der Religion (Joas)

Im deutschsprachigen Raum hat sich in den vergangenen Jahren kein anderer Soziologe so intensiv mit der Entstehung von Werten und ihrem Zusammenhang mit religiösen Überzeugungen auseinandergesetzt, wie Hans Joas (geb. 1948). Beeinflusst vom Denken des amerikanischen Pragmatismus, vor allem von George Herbert Mead, John Dewey und William James hat Joas zunächst eine Handlungs-, dann eine Werttheorie entwickelt und sie mit religionstheoretischen Überlegungen verbunden. Schon *Die Kreativität des Handelns* (vgl. Joas 1993) versucht alle rein instrumentellen oder zweckrationalen Theorien menschlicher Praxis als einseitig zu überwinden. Handlungen sind stets situativ verortet, leiblich konturiert und als Inter-Aktionen sozial eingebettet. Eine ähnliche Zurückweisung einseitig rationalistischer oder utilitaristischer Modelle unternimmt Joas in seiner Theorie der Werte.

In *Die Entstehung der Werte* betont er die Kontingenz von Werten und Werteinstellungen, da sie geschichtlichen Bedingungen unterliegen. Werte entstehen in individuellen oder kollektiven Erfahrungen der »Selbstbildung und Selbsttranszendenz« (vgl. Joas 1997, 25). Insofern wohnt dem Wertbegriff – anders als dem Begriff des Guten – ein Moment des Subjektiven inne, was einerseits eine ontologische Qualität des »An-Sich-Seins«, menschenunabhängig, im Sinne von Scheler oder Hartmann verunmöglicht; andererseits aber keine Beliebigkeit meint. Wenn Joas auf der Kontingenz und Fragilität von Werteinstellungen insistiert, dann will er zunächst falsche Teleologien ausschließen und auf die Notwendigkeit zur stetigen Re-Interpretation von Werten aufmerksam machen. Aus diesem Grund bestreitet er auch mit Putnam und gegen Habermas (vgl. Joas 2002) die Möglichkeit abstrakter Wertbegründungen. Unter Rekurs auf Charles Taylor, Paul Ricœur u. a. wird stattdessen auf deren narrativer Verankerung verwiesen. Durch die Form der Erzählung wird uns bewusst, »daß unsere Bindung an Werte und unsere Vorstellung vom Wertvollen aus Erfahrungen und ihrer Verarbeitung hervorgehen; sie sind damit als kontingent, das heißt nicht notwendig, erkennbar. Nicht länger erscheinen Werte dann als etwas Vorgegebenes, das nur zu entdecken oder vielleicht wiederherzustellen ist« (Joas 2011, 14). Darüber hinaus entspricht die Verankerung von Werten in Erfahrungen der Selbsttranszendenz sowie ihre narrative und interpretative Deutung in Form von Erzählungen ihrem attraktiven wie emotional intensiven Charakter. Werte lassen sich als »emotional stark besetzte Vorstellungen über das Wünschenswerte« (Joas 2004,15) verstehen. Im Gegensatz zu reinen Präferenzen kommt ihnen eine Qualität der Letztbindung zu, die im Anschluss an Durkheim als »sakral« qualifiziert werden kann. Darin unterscheiden sich Werte, weil handlungsmotivierend, von Normen, deren obligatorischer Zug bestimmte Handlungen, Mittel und Ziele einschränken oder gar verbieten will.

Für Joas lässt sich das Verhältnis von Werten und Normen demnach weder über die Unterscheidung von Genesis und Geltung, noch über diejenige von (partikularistisch) Gutem und (universal) Gerechtem klären. Zwar macht die Form der Begründung von Werten, etwa in Gestalt von Erzählungen, deren stets partikularen und damit historisch kontingenten Kontext bewusst. Das bedeutet jedoch keine Verabschiedung von deren universalem Geltungsanspruch. So sehr eine historische Soziologie die Genealogie der Entstehung von Werten nicht von den Weisen ihrer Begründungen trennen darf, so wenig wird damit generell die Unterscheidung von Genesis und Geltung eingezogen. Wohl kann zwischen partikularem Begründungsmustern und universalem Anspruch des darin Begründeten differenziert, beides aber nicht voneinander getrennt werden. Das lässt sich insbesondere am Problem des moralischen Universalismus festmachen, wie er dem neuzeitlichen Menschenrechtsethos zu Eigen ist. Dieses kann nicht allein über abstrakt philosophische Normbegründungen gefestigt werden. Erfolgreiche Kommunikation über Werte in pluralistischen Gesellschaften gelingt nur dann, wenn die unterschiedlichen Begründungen und Narrative religiöser wie säkularer Art in ihrem Anspruch ernstgenommen und auf ihre (gemeinsamen) Ziele hin befragt werden (vgl. Joas 2007). Hierzu greift Joas auf Parsons

Modell der Wertegeneralisierung zurück, modifiziert es aber in entscheidenden Punkten. Für die Durchsetzung dessen, was er *Die Sakralität der Person* (2011) nennt, bedarf es neben der Kommunikation über Werte der (rechtlichen) Institutionalisierung und der lebensweltlich eingeübten Handlungspraktiken.

So sehr religiöse Erfahrungen und Werterfahrungen, insbesondere hinsichtlich ihrer passivischen Konstitution und ihrer sakralen Qualität (als ›wertvoll‹) einander ähneln, so wichtig ist es doch, vor einer Verwechslung moralischer Überzeugungen und Praktiken mit religiösen Einstellungen zu warnen. Auch sind Theorien, die einen Werteverfall kausal auf einen Niedergang des Religiösen rückführen wollen, zu problematisieren. Schon historisch stellt Säkularisierung keinen notwendigen, gar mit Modernisierung gleichzusetzenden Vorgang dar; und umgekehrt führt der Rückgang religiöser Überzeugungen nicht per se zum Niedergang von Moral (vgl. Joas 2012). Hinsichtlich des moralischen Universalismus der Menschenrechte etwa erweisen sich die geschichtlichen Fakten im Verhältnis von religiösen Glaubensvorstellungen und ethischen Werteinstellungen als ungemein komplexer. Dabei ist zunächst deutlicher zwischen dem, was mit den jeweiligen Differenzpaaren von ›säkular/religiös‹, ›profan/sakral‹ und ›immanent/transzendent‹ erfasst werden soll, zu unterscheiden. Nicht alles, was einen religiösen oder sakralen Letztwert ausmacht, stützt auch die Würde der (einzelnen) Person. Umgekehrt zeigen die neueren Zivilisationsanalysen (Robert N. Bellah, Shmuel N. Eisenstadt), die unter Rekurs auf die Theorie der Achsenzeit auf die produktive Spannung von (transzendentem) Ideal und (immanenter) Wirklichkeit verweisen, wie wenig humane Kritikfähigkeit und moralischer Universalismus an der Vorstellung rein säkularer Kulturen hängen. Dies alles stützt für Joas die These, wonach der Zusammenhang von religiösen Überzeugungen und moralischen Werteinstellungen sich jeweils historisch kontingenten, aber keinesfalls exklusiven Kontexten verdankt. Analoges gilt auch für säkulare Weltanschauungen. So wenig Säkularisierung – verstanden als Rückgang religiöser Einstellungen und Prägungen – automatisch zur humanen Befreiung des Menschen geführt hat, so wenig bleibt ausgemacht, ob nicht das Zurückdrängen bestimmter, etwa jüdisch-christlicher Vorstellungen über Gottebenbildlichkeit oder Gotteskindschaft langfristig zum Verlust an Sensibilität für die darin sich artikulierenden Werteinstellungen führen könnte. Ein exklusiver Humanismus würde dann die selbstverständlichere Form einer Lebensgeschichte im »säkularen Zeitalter« (Charles Taylor) bedeuten; freilich mit noch keineswegs ausgemachten Transformationen von Werten in Form des Common Sense wie in den Gestalten der rechtlich-politischen Kultur.

Literatur

Dabrock, Peter, Wahrheitslose Werte? Theologische Anmerkungen zu gesellschaftlichen Erwartungen an die Kirchen als Wertelieferanten. In: *Forum Erwachsenenbildung* 3 (2007), 12–18.

Dewey, John, Theorie der Wertschätzung [1939]. In: Ders.: *Erfahrung, Erkenntnis und Wert*. Übers. von M. Saar. Frankfurt a. M. 2004, 293–361.

Habermas, Jürgen: *Theorie des kommunikativen Handelns*. Frankfurt a. M. 1981.

–: Werte und Normen. Ein Kommentar zu Hilary Putnam. In: Ders.: *Wahrheit und Rechtfertigung. Philosophische Aufsätze*. Erweiterte Ausgabe. Frankfurt a. M. 1997, 271–298.

Hartmann, Nicolai: *Ethik*. 4., unveränderte Auflage [1926]. Berlin 1962.

Joas, Hans: *Die Kreativität des Handelns*. Frankfurt a. M. 1993.

–: *Die Entstehung der Werte*. Frankfurt a. M. 1997.

–: Werte versus Normen. Das Problem der moralischen Objektivität bei Putnam, Habermas und den klassischen Pragmatisten. In: Marie-Luise Raters/Marcus Willaschek (Hg.): *Hilary Putnam und die Tradition des Pragmatismus*. Frankfurt a. M. 2002, 263–279.

–: Die kulturellen Werte Europas. Eine Einleitung. In: Ders./Klaus Wiegandt (Hg.): *Die kulturellen Werte Europas*. Frankfurt a. M. 2005, 11–39.

–: Glaube und Moral im Zeitalter der Kontingenz. In: Ders.: *Braucht der Mensch Religion? Über Erfahrungen der Selbsttranszendenz*. Freiburg i. Br. ²2007, 32–49.

–: *Die Sakralität der Person. Eine neue Genealogie der Menschenrechte*. Berlin 2011.

–: *Glaube als Option. Zukunftsmöglichkeiten des Christentums*. Freiburg i. Br. 2012.

Jüngel, Eberhard: Wertlose Wahrheit. Christliche Wahrheitserfahrung im Streit gegen die »Tyrannei der Werte« [1979]. In: Ders.: *Wertlose Wahrheit. Zur Identität und Relevanz des christlichen Glaubens. Theologische Erörterungen III*. Tübingen 1990, 90–109.

Kluckhohn, Clyde u. a.: Values and Value-Orientations in the Theory of Action. An Exploration in Definition and Classification. In: Talcott Parsons/Edward E. Shils (Hg.): *Toward a General Theory of Action*. Cambridge, Mass. 1951, 388–433.

Parsons, Talcott: Comparative Studies and Evolutionary Change. In: Ders.: *Social Systems and the Evolution of Action Theory*. London/New York 1977, 279–320.

Putnam, Hilary: Beyond the Fact/Value-Dichotomy. In: Ders.: *Realism with a Human Face*. Cambridge, Mass. 1990, 135–141.

Schnädelbach, Herbert: *Philosophie in Deutschland (1831–1933)*. Frankfurt a. M. 1983.

Christian Polke

IV. Konflikte

1. Glauben und Wissen

Glauben und Wissen sind menschliche Erkenntnisweisen. Man kann sie einander gegenüberstellen und nach ihrer Verhältnisbestimmung fragen. Wenn diese Verhältnisbestimmung im Rahmen dieses Bandes unter der Überschrift »Konflikte« abgehandelt wird, wird darauf angespielt, dass sich die Gegenüberstellung eines *religiösen* Glaubens mit dem, was wir als ›Wissen‹ bezeichnen, kaum vornehmen lässt, ohne dabei die europäische Geschichte der zum Teil sehr handgreiflichen Auseinandersetzungen zwischen den christlichen Kirchen einerseits und einer sich emanzipierenden bürgerlichen Gesellschaft andererseits in Erinnerung zu behalten. Die Verhältnisbestimmung von religiösem Glauben und Wissen ruft somit spätestens seit der Neuzeit auch eine Art parteiliche Stellungnahme auf den Plan, die über ein bloß intellektuelles Bekenntnis hinaus in den Bereich der Politik und des gesellschaftlichen Lebens reicht.

Der Diskurs über das Verhältnis von Religion und säkularer Gesellschaft hat gerade in jüngster Zeit zu einer sachlich-nüchternen Einschätzung dieses Verhältnisses beigetragen. Sowohl die Analyse von Charles Taylor, dass wir in einem ›säkularen Zeitalter‹ leben – das sich dadurch auszeichnet, dass der religiöse Glaube nur eine Option unter vielen anderen ist – als auch Jürgen Habermas' Rede von einer ›Dialektik der Säkularisierung‹ – mit der er auch darauf aufmerksam macht, dass religiöse wie säkulare Bürgerinnen und Bürger sich wechselseitig Rede und Antwort über ihre weltanschaulichen Grundlagen stehen sollten – deuten an, dass die Säkularisierung nicht mehr als eine Art ›Einbahnstraße‹ verstanden werden muss, in der nur die religiösen Bürger sich dafür rechtfertigen müssen, dass sie gläubig sind. Wenn auch die säkulare Option nur eine Option unter mehreren ist, unterscheidet sie sich in dieser Hinsicht nicht von den verschiedenen religiösen Glaubensarten.

Moralische und religiöse Pluralität wird entgegen den Hoffnungen vieler religionsskeptischer oder religiös-fundamentalistisch eingestellter Zeitgenossen auf Dauer ein Kennzeichen demokratischer Gesellschaften bleiben. Die entscheidende Frage dabei ist, wie »Personen, die unterschiedlichen und zum Teil unvereinbaren Weltbildern und Wertesystemen anhängen, [...] lernen, zu kooperieren und ihre Konflikte beizulegen« (Maclure/Taylor 2011, 141). Maclure und Taylor treten dabei für eine »Ethik des Dialogs« ein, welche nicht zuletzt impliziert, die Perspektive des Andersdenkenden bzw. Andersgläubigen zu berücksichtigen (vgl. ebd., 133–146). Eine entsprechende Öffentlichkeit für solche Dialoge zu schaffen und eine entsprechende Ethik zu etablieren, mag in erster Linie eine politisch-praktische Herausforderung sein. Dennoch wird eine solche Ethik des Dialogs und der wechselseitigen Sensibilität nicht ohne einen von allen Seiten zu leistenden reflexiven Übergang zu einem gewissermaßen pluralitätssensitiven moralischen Bewusstsein möglich sein (vgl. Habermas 1997, 55–58). Die religionsphilosophische Reflexion der Eigenart des religiösen Glaubens und Handelns kann dabei wichtige Dienste leisten.

Erkenntnistheoretisch und religionsphilosophisch liegt der Verhältnisbestimmung von religiösem Glauben und Wissen die Frage zugrunde, ob und, wenn ja, wie sich religiöser Glaube bzw. religiöse Überzeugungen rational rechtfertigen lassen. Dass das Wissen etwas Rationales ist, werden die meisten Zeitgenossen trotz aller Skepsis gegenüber der Reichweite menschlicher Erkenntnis zugestehen. Wenn jedoch Menschen im religiösen Sinne gläubig sind, ist es im Allgemeinen umstritten, ob sie sich irgendwie vernünftig verhalten, wenn sie glauben, oder nicht. Beantwortet man die Frage positiv und billigt dem religiös Gläubigen damit Vernünftigkeit zu, ist damit allerdings noch nicht gesagt, dass Glauben und Wissen auf *dieselbe* Weise vernünftig sind. Deswegen ist die Gegenüberstellung von ›Glaube versus Vernunft‹ nicht einfach dieselbe wie die Gegenüberstellung von ›Glaube versus Wissen‹. Diese Überlegungen deuten einen Schwerpunkt dieses Beitrags an: Er möchte Begriffe klären und gedankliche Unterscheidungen anbieten. Gleichzeitig wird der zweite Teil des Beitrags einige charakteristische, in der Philosophiegeschichte vertretene Positionen zum Verhältnis von Glauben und Wissen vorstellen.

›Wissen‹

Kaum ein Begriff der zeitgenössischen Erkenntnistheorie oder Epistemologie ist so umstritten wie der Begriff des Wissens. Dabei steht eine bestimmte Verwendung von ›wissen‹ im Vordergrund der philosophischen Analyse. Wir finden diese Verwendung in Sätzen wie »Petra weiß, dass Jürgen Habermas ein Philosoph ist«. Es geht also um Sätze der Form: S weiß, dass p. Dabei steht »S« für ein Subjekt des Wissens (z. B. eine menschliche Person) und »p« für den Aussage- oder propositionalen Gehalt, auf den sich das Wissen von S bezieht. Auf das Beispiel angewandt bedeutet das: Der propositionale Gehalt »p« entspricht der Aussage »Jürgen Habermas ist ein Philosoph« und »S« ist in diesem Fall Petra.

Weil sich das Wissen in dieser Analyse auf einen propositionalen Gehalt bezieht, bezeichnet man dieses Wissen-dass auch als »propositionales Wissen«. Es handelt sich um ein theoretisches Wissen, das von einem praktischen Wissen, einem Wissen-wie, zu unterscheiden ist. Wenn ich z. B. von mir sage: »Ich weiß, wie man Orgel spielt«, dann gebe ich über eine Fertigkeit Auskunft, die ich besitze. Zweifelsohne gibt es einen Zusammenhang zwischen dem Wissen-wie und dem Wissen-dass. So scheint klar zu sein, dass ich auch weiß, *dass* man die Orgel anders als ein Klavier spielt. Wie genau dieser Zusammenhang beschaffen ist, ob man eventuell das praktische Wissen auf das theoretische Wissen reduzieren kann, ist allerdings umstritten.

Die Standardanalyse oder -definition des Begriffs des propositionalen Wissens lautet folgendermaßen:

S weiß, dass p genau dann wenn gilt:
(1) S ist davon überzeugt, dass p.
(2) Es ist der Fall, dass p.
(3) S ist in der Überzeugung, dass p, gerechtfertigt.

Diese Standardanalyse diagnostiziert drei notwendige und hinreichende Bedingungen, die alle zusammen erfüllt sein müssen, damit man davon sprechen kann, dass jemand etwas weiß.

Die erste Bedingung ist, dass ich die Überzeugung haben muss, dass p. Es ergibt auf den ersten Blick wenig Sinn, zu behaupten: »Ich weiß, dass Milch Laktose enthält, aber ich habe nicht die Überzeugung, dass es sich so verhält«. Eine Überzeugung ist ebenso wie das Wissen-dass die epistemische Einstellung eines Subjekts zu einem propositionalen Gehalt bzw. eine Überzeugung ist eine *propositionale Einstellung*. Üblicherweise drücken wir dies folgendermaßen aus: »S hat die Überzeugung, dass p«. Man kann allerdings auch sagen: »S glaubt, dass p«. Beide Formulierungen drücken dieselbe Art einer propositionalen Einstellung aus. Das Wissen hat also ein Glauben zur Voraussetzung – allerdings handelt es sich um ein Glauben oder Überzeugtsein, das wir im Alltag den verschiedensten Tatsachen gegenüber einnehmen. Wir sagen z. B. »Ich glaube, dass das Wetter morgen gut wird« oder »Ich glaube, dass Frankfurt nördlich von Darmstadt liegt«.

Wer eine Überzeugung äußert, hält in der Regel eine bestimmte Tatsache für wahr. Damit ist aber noch nicht gesagt, dass die geglaubte Tatsache tatsächlich besteht bzw. der propositionale Gehalt auch wahr ist. Diese Unterscheidung leitet über zur zweiten notwendigen Bedingung. Wenn es der Fall ist, dass p, bedeutet das nichts anderes, als dass p wahr ist. Diese Bedingung des Wissensbegriffs wird in der Regel unabhängig von der konkreten Wahrheitstheorie, die jemand vertritt, akzeptiert. Umstritten ist allerdings, *was* genau wahr sein kann: die Überzeugungen selbst, der propositionale Inhalt dieser Überzeugung, Aussagesätze oder die Äußerung von Aussagesätzen. Der Einfachheit halber gehen wir davon aus, dass Überzeugungen entweder wahr oder falsch sein können. Diese Festlegung des Wahrheitsbegriffs auf den Bereich von Aussagesätzen und Überzeugungen mag auf den ersten Blick eine Verkürzung darstellen. Denn wir sagen auch »Du bist ein wahrer Freund« und meinen in diesem Fall etwas anderes als eine Menge von bestimmten Aussagen. In der epistemologischen Analyse des Wissensbegriffs ist diese Verkürzung allerdings Standard und in gewisser Hinsicht unausweichlich, wenn man einen gemeinsamen Nenner für die verschiedenen Wahrheitstheorien finden will.

Die dritte notwendige Bedingung beinhaltet die Rechtfertigung der Überzeugung. Warum reicht es nicht aus, dass es wahr ist, dass Jürgen Habermas Philosoph ist, und Petra diese Überzeugung hat, um von ihr sagen zu können, dass sie dieses auch weiß? Wozu noch eine dritte Bedingung? Petra könnte auch erraten haben, dass Habermas ein Philosoph ist. Somit wäre ihre Überzeugung nur zufälligerweise wahr. Eine zufälligerweise wahre Überzeugung zu haben, bezeichnen wir in der Regel aber nicht als Wissen. Die Bedingung der Rechtfertigung stellt den Anspruch, dass man gute Gründe für sein Wissen haben muss. In der Regel erwarten wir von jemandem wie Petra, dass sie ihre Wissens-Behauptung *begründet*. Sie könnte z. B. auf den Eintrag »Jürgen Habermas« in einem Philosophielexikon hinweisen.

Wissen ist somit wahre, gerechtfertigte Meinung oder Überzeugung (*true justified belief*). Diese Standardanalyse des Wissensbegriffs wird bereits mit Platon in Verbindung gebracht (vgl. dazu im Dialog *Menon* 97e-98a). Aber unabhängig davon, ob Platon diese Analyse geteilt hätte oder nicht: Es ist dieser Begriff, der zwar in vielerlei Hinsicht höchst umstritten ist, von dem aber alle Diskussionen in der Regel ausgehen.

Zur zeitgenössischen Problematisierung des Wissensbegriffs

Diese Diskussionen setzen an verschiedenen Aspekten der Standardanalyse an. So hat Edmund Gettier im Jahr 1963 in einem Aufsatz zwei Gedankenexperimente vorgestellt, die jeweils zeigen sollen, dass die drei genannten notwendigen Bedingungen zusammen nicht hinreichend sind, um von Wissen zu sprechen (das sogenannte Gettier-Problem). Ich zitiere eines der Gedankenexperimente:

»Nehmen wir an, Smith und Jones hätten sich für dieselbe Stelle beworben, und Smith habe starke Evidenz für folgende Konjunktion [zwei Aussagesätze, die mit einem »und« aussagenlogisch verknüpft sind, SM]:

(1) Jones ist derjenige, der die Stelle erhalten wird, und Jones hat zehn Münzen in seiner Hosentasche.

Die Evidenz könnte z. B. darin bestehen, dass der Präsident der Gesellschaft Smith versichert hat, man würde sich letztlich für Jones entscheiden, und er, Smith, ferner erst vor zehn Minuten die Münzen in Jones' Hosentasche gezählt hat. Aus (1) folgt:

(2) Derjenige, der die Stelle erhalten wird, hat zehn Münzen in seiner Hosentasche.

Wir wollen nun annehmen, Smith sieht, dass (2) aus (1) folgt, und er akzeptiert (2) aufgrund von (1), für das er starke Evidenz hat; in diesem Fall ist Smith ganz offensichtlicher darin gerechtfertigt zu glauben, dass (2) wahr ist.

Aber stellen wir uns ferner vor, dass Smith selbst, was ihm zu diesem Zeitpunkt noch unbekannt ist, die Stelle erhalten wird, und nicht Jones; und nehmen wir an, dass Smith – ebenfalls ohne es zu wissen – auch zehn Münzen in seiner Hosentasche hat; in diesem Fall ist Proposition (2) wahr, obwohl Proposition (1), aus der Smith auf (2) geschlossen hat, falsch ist. In unserem Beispiel ist das folgende also wahr: (a) (2) ist wahr; (b) Smith glaubt, dass (2) wahr ist; und (c) Smith ist darin gerechtfertigt zu glauben, dass (2) wahr ist. Doch ebenso offensichtlich ist, dass Smith nicht *weiß*, dass (2) wahr ist, denn (2) ist wahr aufgrund der Anzahl von Münzen in Smiths Hosentasche, während Smith gar nicht weiß, wieviele Münzen sich in Smiths Hosentasche befinden, sondern seinen Glauben an (2) darauf stützt, dass er die Münzen in Jones' Tasche gezählt hat, von dem er nun einmal fälschlicherweise meint, dass *er* die Stelle bekommt« (Gettier 1992, 92).

Die Pointe dieses Gedankenexperiments besteht also darin, dass wir hier einen Fall vorliegen haben, in dem alle drei notwendigen Bedingungen für Wissen erfüllt sind, wir aber trotzdem nicht davon sprechen würden, dass Smith *weiß*, dass er die Stelle bekommen wird.

Infolge dieser inzwischen klassischen Kritik an der Standardanalyse haben sich verschiedene alternative Definitionsvorschläge für ›Wissen‹ entwickelt (vgl. dazu die einschlägigen Kapitel in Baumann 2006 und Grundmann 2008). Einige Alternativen ergänzen dabei die drei bekannten

Bedingungen um weitere Bedingungen. Andere modifizieren die dritte Bedingung (z. B. die kausale Theorie des Wissens oder Zuverlässigkeitstheorien, vgl. dazu Baumann 2006). Eine andere Art von Alternativen verzichtet schlicht auf die dritte Bedingung der Rechtfertigung und versteht Wissen aus verschiedenen Gründen als wahre Überzeugung (vgl. z. B. Alston 1989). Ansgar Beckermann schließlich hat dafür argumentiert, in der Erkenntnistheorie auf den Wissensbegriff ganz zu verzichten und stattdessen zum einen von wahren Überzeugungen und zum anderen von gerechtfertigten Überzeugungen zu sprechen (vgl. Beckermann 2001).

Was bleibt vom Wissen übrig?

Spätestens die zuletzt genannte Kritik, die den Wissensbegriff als epistemologisch irrelevant aufzuweisen versucht, macht deutlich, dass ein naivtriumphialistisches Konzept von Wissen als klarer Widerpart eines religiösen Glaubens mit Sicherheit ausgedient hat. Wenn man z. B. der Kritik von Alston folgt, ist Wissen lediglich wahre Überzeugung. Worin unterscheidet sich eine solche Auffassung von Wissen dann noch vom Glauben oder gar von einem religiösen Glauben? Man könnte noch weitergehen und die erkenntnistheoretische Entthronung des Wissensbegriffs in den – geschichtsphilosophisch konstruierten – Kontext eines nicht mehr nur nachmetaphysischen, sondern vielmehr postmodernen Denkens einordnen. Der Relativierung des Wissensbegriffs in der zeitgenössischen, von der analytischen Philosophie geprägten Erkenntnistheorie würde demnach der vor allem in der kontinentalen Philosophie seit Nietzsche geäußerten Kritik an einem ›Logozentrismus‹ und an einer starken Vernunft entsprechen. Wenn wir den Wissensbegriff heute nur noch aus der Perspektive einer schwachen Vernunft denken können: Entspricht dies nicht einer Art ›Säkularisierung‹ – im Sinne Gianni Vattimos – des Wissensbegriffs, so dass Glauben und Wissen plötzlich erkenntnistheoretisch gewissermaßen im selben Boot sitzen und von den Anfragen der Skepsis gemeinsam aufs offene Meer getrieben worden sind?

So attraktiv diese Analogie auch erscheint, sollte man die vielfältige und hochkomplexe Problematisierung des Wissensbegriffs in der zeitgenössischen Erkenntnistheorie besser nicht so deuten, dass man infolge dieser Problematisierung nichts mehr mit Sicherheit wissen könne. Aus der Tatsache, dass wir keine Sicherheit über die genaue Bedeutung von ›wissen‹ haben, folgt nicht zwingend, dass es unmöglich ist, eine diskrete Menge von Überzeugungen zu identifizieren, die wir zu ›wissen‹ beanspruchen, was auch immer das genau heißen mag. So problematisch der Wissensbegriff auch ist – es bleibt sinnvoll, zwischen Meinungen, die *vielleicht* wahr oder falsch sind, und *wahren* oder *gerechtfertigten* Überzeugungen zu unterscheiden. Im Alltag gehen die meisten Zeitgenossen davon aus, dass sie mit der Aussage »Ich weiß, dass p« ein ›Mehr‹ an Erkenntnis in Anspruch nehmen als mit der Aussage »Ich glaube, dass p«. Die Schwierigkeit besteht genau darin, diesen Unterschied dingfest und das heißt: begrifflich explizit zu machen.

Außerdem lässt sich die Kritik des Wissensbegriffs noch in einen anderen philosophisch relevanten Kontext einordnen. Für fast alle zentralen Begriffe der Philosophie wie ›Sein‹, ›Zeit‹, ›(moralisch) gut‹ oder eben ›wissen‹, gilt das Diktum von Augustinus über den Begriff der Zeit: »Was also ist die Zeit? Wenn keiner mich fragt, dann weiß ich's; wenn einer mich fragt und ich's erklären soll, weiß ich's nicht mehr« (vgl. Augustinus 1994, Buch XI, xiv, 17). Alle großen Begriffe der Philosophie entpuppen sich als kaum definierbar, wenn man sie einer genaueren Analyse unterzieht. Diese Tatsache hindert uns aber weder an der philosophischen Auseinandersetzung mit diesen Begriffen noch daran, auf diese Begriffe in unserer Alltagssprache Bezug zu nehmen.

Gerade der Wissensbegriff hat bei aller Skepsis einige klassische Anwendungsfelder wie z. B. Wahrnehmungsüberzeugungen (»Ich weiß, dass die Oberfläche des Tisches rau ist«), Überzeugungen aufgrund von Erinnerung oder Introspektion (»Ich weiß, dass ich die Garage gestern zugesperrt habe«) oder Überzeugungen aufgrund von Vernunftschlüssen (»Ich weiß, dass 8 mal 9 72 sind«). Wir verwenden den Ausdruck ›wissen‹ dabei meistens in Fällen, wo es um den

Gebrauch der theoretischen Vernunft geht, also um Fälle empirischer oder kognitiv-rationaler Erkenntnis. Umstritten ist, ob man auch von einem moralischen, ästhetischen oder gar religiösen Wissen sprechen kann.

Auch wenn der Wissensbegriff der epistemologischen Diskussion ausgesetzt bleibt, spricht somit vieles dafür, den Begriff philosophisch nicht zu schnell zu verabschieden. Mit Blick auf die Verhältnisbestimmung von religiösem Glauben und Wissen ergibt sich aus diesen Überlegungen, dass man weder vorschnell beide Begriffe in schroffen Gegensatz zueinander setzen sollte, noch dass man sich zu früh darüber freuen sollte, dass der durch die Kritik geschwächte Wissensbegriff inzwischen fast dasselbe bedeute wie das, was wir mit ›Glauben‹ im religiösen Sinne meinen.

Glauben als propositionale Einstellung oder als doxastischer Glaube

Wie bereits ausgeführt, gehört der Begriff der Überzeugung bzw. des Glaubens-dass zur Standardanalyse des Wissensbegriffs dazu. Die meisten zeitgenössischen Erkenntnistheoretiker würden der Aussage zustimmen, dass ich nicht behaupten kann »S weiß, dass p«, ohne gleichzeitig zu behaupten »S glaubt, dass p«. Wir gebrauchen Aussagen des Typs »Ich glaube, dass p« oder »Ich bin der Überzeugung, dass p« sehr häufig und in vielen verschiedenen Zusammenhängen des Alltags. Wir haben diese Verwendung weiter oben als ›propositionale Einstellung‹ bezeichnet. Man bezeichnet sie auch als ›doxastischen Glauben‹ (von griech. *doxa*: Meinung). Was bedeutet es nun genauer, eine Überzeugung zu haben oder im doxastischen Sinne zu glauben?

In der zeitgenössischen Erkenntnistheorie nimmt man zur Erläuterung oft Bezug auf das Konzept der *subjektiven Wahrscheinlichkeit*: Wenn Peter glaubt, dass Jürgen Habermas ein Philosoph ist, dann hält er es für wahrscheinlicher, dass Jürgen Habermas ein Philosoph ist, als dass das Gegenteil der Fall ist. Man kann dies auch formal ausdrücken: Peter setzt die Wahrscheinlichkeit, dass die Aussage wahr ist, bei einem Wert über 0,5 an (was impliziert, dass er die Wahrheit der kontradiktorischen Aussage »Jürgen Habermas ist kein Philosoph« bei einem Wert unter 0,5 ansetzt). Eine andere Formulierung für das, was es heißt, eine Überzeugung zu haben, ist die Rede von ›Fürwahrhalten‹: Wenn Peter glaubt, dass Habermas ein Philosoph ist, dann hält er es für wahr, dass Habermas Philosoph ist.

Ob man sich nun lieber auf das Konzept der subjektiven Wahrscheinlichkeit oder auf die Rede von einem Fürwahrhalten bezieht: Beide Erläuterungen machen deutlich, dass ein doxastischer Glaube die Einstellung eines Subjekts zur Wahrheit einer Aussage ist. Diese Einstellung zur Wahrheit einer Aussage ist von der Wahrheit einer Aussage zu unterscheiden. Es gibt zwar Fälle, in denen zumindest diskutiert werden kann, ob sich die Wahrheit der Aussage aus der entsprechenden Überzeugung ergibt: Das klassische Beispiel wäre eine Aussage wie »Ich glaube, dass ich gerade bei Bewusstsein bin.« In vielen Fällen gilt allerdings, dass sich mein Glauben-dass auf eine falsche Aussage beziehen *könnte*. Es ist jedoch völlig unproblematisch, sich der Möglichkeit, dass p falsch ist, bewusst zu sein und dennoch p für wahr zu halten, was die Analyse mittels des Konzepts der subjektiven Wahrscheinlichkeit zeigt: Wenn ich die Möglichkeit, dass die Aussage falsch ist, bei einem Wert unter 0,5 ansetze, kann ich mir dennoch die Überzeugung, dass p, zu eigen machen. Daraus erhellt nochmals der Unterschied zwischen einem doxastischen Glauben und der Standardanalyse des Wissensbegriffs: Für den doxastischen Glauben reicht es aus, dass ich für wahr halte, dass p. In diesem Sinne ist ein doxastischer Glauben zunächst kein Wissen; denn um zu wissen, dass p, müsste p außerdem wahr und meine Überzeugung, dass p, gerechtfertigt sein.

Franz von Kutschera bezeichnet den gerade erläuterten Begriff des doxastischen Glaubens als ein Glauben-dass im *schwachen* Sinn und unterscheidet ihn von einem Glauben-dass im *starken* Sinn:

»Eine Person a glaubt, daß ein Sachverhalt p besteht, wenn a vom Bestehen von p überzeugt ist oder p die subjektive Wahrscheinlichkeit 1 zuordnet. Das ist der starke Sinn von »glauben, daß«. In einem schwächeren Sinn (der etwa dem des Verbs »vermuten«

entspricht) sagt man, a glaube, daß p, wenn a dem Sachverhalt p eine höhere subjektive Wahrscheinlichkeit zuordnet als nicht-p, wenn also a eher damit rechnet, daß p der Fall ist, als daß p nicht der Fall ist« (Kutschera 1991, 121).

Diese Unterscheidung macht auf die Gradualität des doxastischen Glaubens aufmerksam: Es mag Fälle geben, in denen ich eher vermute oder ahne, dass ein bestimmter Sachverhalt besteht, und Fälle, in denen ich mir ziemlich sicher oder dessen gewiss bin, dass ein bestimmter Sachverhalt besteht.

Religiöser Glaube

In welchem Verhältnis steht nun dieser schwache oder starke doxastische Glauben zum religiösen Glauben? In der christlich-theologischen Tradition haben sich im Lauf der Geschichte verschiedene klassische Kurzformeln herausgebildet, mit denen man die verschiedenen theologisch relevanten Verwendungsweisen von ›glauben‹ unterscheiden wollte:

- *credere Deum*: (den Inhalt) Gott glauben
- *credere Deo*: Gott glauben (im Sinne von: Gott vertrauen)
- *credere in Deum*: an Gott glauben

Diese Formeln werden auf Augustinus zurückgeführt. Außerdem unterscheidet man zwischen *fides quae creditur*: der Glaube, von dem man überzeugt ist (der Glaubensinhalt) und *fides qua creditur*: der Glaube, wodurch man überzeugt ist (der Glaubensakt).

Worauf diese Unterscheidungen hinauslaufen, kann man sich am besten anhand einiger Beispielsätze klar machen:

(1) »Ich glaube an Gott, der Israel aus Ägypten geführt hat und Jesus Christus von den Toten auferweckt hat.«
(2) »Ich glaube an Dich, Gott, der Du Israel aus Ägypten geführt und Jesus Christus von den Toten auferweckt hast.«
(3) »Ich glaube, dass Gott Israel aus Ägypten geführt hat und Jesus Christus von den Toten auferweckt hat.«

Diese Konkretisierungen von dem, was man unter ›religiösem Glauben‹ verstehen kann, machen zunächst deutlich, dass es wenig Sinn ergibt, in einem abstrakten Sinn von ›religiösem Glauben‹ zu sprechen. Denn die meisten religiösen Menschen bekennen sich zum Glauben einer bestimmten religiösen Tradition. Wenn hier die christliche Tradition exemplarisch ausgewählt wird, erfolgt das aus pragmatischen Gründen, weil ich mit dieser Tradition am besten vertraut bin. Man könnte einen Großteil der folgenden Überlegungen zumindest auch auf Judentum und Islam übertragen.

Religiöser Glaube als fiduzieller Glaube

Der Satz (1) bringt mit ›glauben‹ ein Bekenntnis zum Gott Israels und Jesu Christi zum Ausdruck. In Satz (2) wird dabei deutlich, dass einem solchen Bekenntnis, wenn es in Gebetssprache bzw. als personale Anrede formuliert wird, eine bestimmte Beziehung zu dem, woran geglaubt wird, zugrunde liegt: ein Vertrauen, eine zustimmende Haltung gegenüber einer Person. Den Sätzen (1) und (2) lassen sich somit die beiden Formeln *credere Deo* und *credere in Deum* zuordnen. Man bezeichnet diese Bedeutung von ›glauben‹ auch als ›Fiduzialglaube‹ oder ›fiduziellen Glauben‹ (von lat. *fides*: Glauben im Sinne von Vertrauen).

Die Verwendung von ›glauben‹ im Sinne von ›vertrauen‹ ist nicht nur auf den christlich-religiösen Glauben beschränkt. Auch in anderen Zusammenhängen sprechen wir davon, dass wir z. B. anderen Menschen glauben, an uns selbst oder auch an das Urteil unserer Hausärztin oder an den Bericht der Wirtschaftsweisen glauben. Für diese Fälle wie auch für den christlichen Glauben gilt, dass mit diesem fiduziellen Gebrauch von ›glauben‹ eine wichtige *subjektive* und *soziale* Dimension des entsprechenden Überzeugtseins deutlich wird. Wenn ich Peter frage, warum er z. B. dem Urteil der Wirtschaftsweisen vertraut, wird er z. B. auf deren Kompetenz und Erfahrungen verweisen. Und wenn Franz als Christ gefragt wird, warum er an diesen Gott glaube, könnte er zunächst versuchen, die Rationalität seiner Glaubensüberzeugungen zu verteidigen. Irgendwann, wenn die Argumente ausgetauscht sind, wird er sich dann aber die

1. Glauben und Wissen

Frage gefallen lassen müssen, warum ihm seine apologetischen Überlegungen letztlich *plausibler* vorkommen als die religionskritischen Argumente seines Gesprächspartners. Daraufhin wird er vielleicht erzählen, dass ihn die Gleichnisgeschichten aus dem Evangelium im Kindergottesdienst beeindruckt haben oder dass er in einer Krisensituation die Nähe Gottes erfahren habe. Er zieht sich damit einerseits auf seine eigenen Erfahrungen mit Gott und andererseits auf seine religiöse Prägung im Kindesalter, bei der er den Erzählungen Erwachsener Glauben geschenkt hat, zurück.

Diese Reflexion stößt uns auf die wichtige Frage, der hier nicht weiter nachgegangen werden kann, wie es epistemologisch einzuschätzen ist, dass Menschen sich selbst oder anderen Menschen *epistemische Autorität* zusprechen und sich im Zweifelsfall in ihrem Urteil auf die Autorität anderer oder ihre eigene Autorität verlassen (vgl. weiterführend dazu Zagzebski 2007, Kapitel 9 und 10 sowie Zagzebski 2012; Foley 2001). Beim christlich-religiösen Glauben kommt noch ein weiterer wichtiger Aspekt dazu. Wenn ich an Gott glaube, vertraue ich einem personalen Gegenüber, der allmächtig und barmherzig ist, der die Welt geschaffen und sich in der Geschichte geoffenbart hat, die Menschen liebt und ihnen begegnen will. Deswegen ist in der christlichen Tradition der Glauben sehr häufig als ein personales Beziehungsgeschehen beschrieben worden (z. B. in der Dogmatischen Konstitution des II. Vatikanischen Konzils *Dei Verbum* Kap.1, Nr. 2 bis 6). Gerade diese Beschreibung des Glaubens als Beziehungsgeschehen verschärft allerdings die Theodizeeproblematik: Angesichts der natürlichen und moralischen Übel in der Welt stellt sich die Frage, wie man einem solchen personalen Gott vertrauen kann. Welche rationale Rechtfertigung kann es für ein solches Vertrauen geben?

Religiöser Glaube als fiduzieller und doxastischer Glaube

Nicht nur wegen dieser religionskritischen Anfrage an die Eigenart des christlichen Glaubens als fiduziellem Glauben ist noch einmal auf die verschiedenen Kurzformeln und die exemplarischen Aussagen zurückzukommen:

(1) »Ich glaube an Gott, der Israel aus Ägypten geführt hat und Jesus Christus von den Toten auferweckt hat.«

(3) »Ich glaube, dass Gott Israel aus Ägypten geführt hat und Jesus Christus von den Toten auferweckt hat.«

Es liegt auf der Hand, dass die Aussage (3) in (1) vorausgesetzt wird. Wenn ich *an* Gott mit der Eigenschaft Z glaube, dann glaube ich auch, *dass* Gott die Eigenschaft Z hat. Religiös-christlicher Glauben ist somit nicht nur ein fiduzieller, sondern auch ein doxastischer Glaube. Der doxastischen Dimension des christlichen Glaubens lassen sich die Kurzformeln *Credere Deum*, *Fides quae creditur* und *Fides qua creditur* zuordnen. Mit *Fides quae creditur* bzw. *Credere Deum* ist dabei der Inhalt der Überzeugung bzw. eine Aussage gemeint (»Ich glaube, dass p«) und mit *Fides qua creditur* der Glaubensakt selbst bzw. die Einstellung zu einer Aussage (»*Ich glaube*, dass p«). Dabei weist die Eigenart des Glaubensaktes in (3) – zumindest bei gläubigen Christen – wieder auf die fiduzielle Dimension des christlichen Glaubens zurück. Die Einstellung zu der Aussage »Gott hat Israel aus Ägypten geführt etc.«, die ich Dritten gegenüber äußern kann, wurzelt in einem Vertrauen auf Gott, auf ein konkretes Gegenüber. Die fiduzielle und die doxastische Dimension des christlichen Glaubens verhalten sich somit zueinander wie zwei Seiten einer Medaille.

Mit Blick auf den Glaubensakt kann außerdem noch gefragt werden, ob es sich – in Kutscheras Terminologie – dabei eher um einen starken oder einen schwachen doxastischen Glauben handelt. Kutschera selbst interpretiert den religiösen Glaubensakt als eine starke propositionale Einstellung. Es erscheint dagegen sinnvoll, die ganze Bandbreite zwischen schwachem und starkem doxastischen Glauben für die Phänomenologie des religiösen Glaubensakts zu bewahren und die Beantwortung der Frage somit fallbezogen zu geben.

Wenn der christliche Glaube *auch* (aber nicht nur) ein Fürwahrhalten von bestimmten Aussagen ist, liegt es nahe, die Frage nach der Wahrheit dieser Aussagen und nach Gründen für das Fürwahrhalten dieser Aussagen und somit nach dem Verhältnis des religiösen Glaubensbegriffs zum Wissensbegriff (und zum Vernunftbegriff) zu stellen. Auf diese Frage sind in der Philosophie- und Theologiegeschichte verschiedene Antworten gegeben worden. Einige Alternativen werden im letzten Abschnitt exemplarisch vorgestellt. Es ist aber festzuhalten, dass diese Fragen nach der Wahrheit und der Rationalität religiös-christlicher Überzeugungen in religionsphilosophischer Perspektive immer in ein Verhältnis zur fiduziellen Dimension des religiös-christlichen Glaubens gesetzt werden müssen. Christlich-religiöse Überzeugungen stellen andere Erkenntnisansprüche als z. B. bestimmte Hypothesen einer sozialwissenschaftlichen Theorie, weil sie im Kontext der Lebensform gesehen werden müssen, in der sie ihre Rolle als Überzeugungen spielen.

Vier exemplarische Verhältnisbestimmungen von Glauben und Wissen

Die vier im Folgenden vorgestellten Verhältnisbestimmungen von Glauben und Wissen decken das Feld möglicher Verhältnisbestimmungen einigermaßen ab (einen Überblick über weitere Quellentexte gibt Helm 1999). Eine umfassende Systematisierung ist hier jedoch ebenso wenig angestrebt wie eine interpretatorische Exaktheit hinsichtlich der hier angesprochenen Texte oder eine erschöpfende Darstellung und Diskussion der jeweiligen Positionen. Im Gegenteil: Eine gewisse typologisierende Überzeichnung der dargestellten Positionen ist beabsichtigt und mag die eigene Auseinandersetzung mit den genannten Texten und Autoren anregen. Ich führe die Positionen in einer umgekehrten Chronologie – von der jüngsten zur ältesten Position – auf.

Neue Annäherung des Glaubens an das Wissen: Die ›Reformed Epistemology‹ – Alvin Plantinga: Auch infolge der oben angedeuteten Problematisierung der Standardanalyse des Wissensbegriffs hat sich in den vergangenen Jahrzehnten im englischsprachigen Raum eine religionsphilosophische Position herausgebildet, die sogenannte *Reformed Epistemology*, die den Glaubensbegriff an den Wissensbegriff anzunähern versucht. Der Ausdruck *Reformed Epistemology* spielt dabei auf die beiden zentralen Pfeiler dieser Position an, die besonders prägnant von Alvin Plantinga (geb. 1932) in seinem Werk *Warranted Christian Belief* (2000) dargestellt wurde. Im Zentrum von Plantingas Epistemologie steht dabei die Frage, wie basale Überzeugungen – Überzeugungen, die begründende ›Basis‹ von anderen Überzeugungen sein können, selbst aber nicht weiter auf anderen Überzeugungen gründen – gerechtfertigt werden können, wobei Plantinga aus sachlichen Gründen den Rechtfertigungsbegriff durch den Begriff *warrant* (im Deutschen ungefähr mit ›Gewährleistung‹ wiederzugeben, weswegen ich den Ausdruck im Folgenden in einfache Anführungszeichen setze) ersetzt. Typische basale Überzeugungen sind z. B. Wahrnehmungsüberzeugungen. ›Reformiert‹ ist diese Epistemologie insofern, als Plantinga sich auf die Auffassung des Reformatoren Johannes Calvin bezieht, dass der Mensch eine Art Sinnesorgan besitzt, mit dem er sich auf Gott epistemisch beziehen kann: den *sensus divinitatis*.

Plantingas Argumentation zugunsten des Status bestimmter theistischer Überzeugungen als ›gewährleistet‹ lässt sich folgendermaßen rekonstruierend zusammenfassen (Plantinga 2000, 167–198):

(1) Eine basale Überzeugung p hat genau dann ›Gewährleistung‹, wenn sie von einem im konkreten Fall korrekt funktionierenden kognitiven Vermögen (= KV) in einer entsprechenden epistemischen Umwelt auf spontane Weise hervorgebracht wird.

(2) Wenn ein bestimmter kognitiver Prozess eines KVs erfolgreich auf Wahrheit abzielt, dann funktioniert das entsprechende KV in einem konkreten Fall auf korrekte Weise.

(3) Also: Eine basale Überzeugung p hat genau dann ›Gewährleistung‹, wenn der entsprechende kognitive Prozess eines KVs erfolgreich auf Wahrheit abzielt (aus 1 und 2).

(4) Ein kognitiver Prozess eines KVs zielt genau dann auf Wahrheit ab, wenn es eine hohe objektive Wahrscheinlichkeit dafür gibt, dass

eine von diesem kognitiven Prozess hervorgebrachte Überzeugung wahr ist.
(5) Also: Eine basale Überzeugung p hat genau dann ›Gewährleistung‹, wenn es eine hohe objektive Wahrscheinlichkeit dafür gibt, dass sie wahr ist (aus 3 und 4).
(6) Bestimmte (basale) theistische Überzeugungen werden von einem KV, dem *sensus divinitatis*, in einer entsprechenden epistemischen Umwelt auf spontane Weise hervorgebracht.
(7) Die Einschätzung, ob es eine hohe objektive Wahrscheinlichkeit gibt, dass eine (basale) theistische Überzeugung wahr ist, hängt von der metaphysischen oder theologischen Position ab, die man einnimmt.
(8) Also: Ob eine bestimmte (basale) theistische Überzeugung ›Gewährleistung‹ hat, hängt von der Wahrheit dieser Überzeugung bzw. der metaphysischen oder theologischen Position ab, die man einnimmt. Wenn eine bestimmte (basale) theistische Überzeugung wahr ist, dann hat sie auch ›Gewährleistung‹ (aus 5 bis 7).

Die Schritte (1) bis (5) des Arguments gelten auch für andere basale Überzeugungen wie Wahrnehmungsüberzeugungen und plausibilisieren somit die Ähnlichkeit von theistischen Überzeugungen mit anderen Überzeugungsarten. Erst die Schritte (6) bis (8) spezifizieren das Argument in Richtung theistischer Überzeugungen mittels der Annahme, dass es eine Art religiöses Sinnesorgan gibt, das analog zu unseren anderen gewöhnlichen Sinnesorganen funktioniert. Damit rückt Plantinga die Entstehung und den epistemischen Status bestimmter theistischer Überzeugungen in die Nähe der Entstehung und des epistemischen Status von Wahrnehmungsüberzeugungen. Da wir aber in der Regel Wahrnehmungsüberzeugungen den Status des Wissens zusprechen, erscheint es sinnvoll, Ähnliches auch von bestimmten theistischen Überzeugungen zu behaupten.

Die Annahme eines *sensus divinitatis* setzt allerdings die Wahrheit des christlichen Glaubens voraus; denn wenn es einen uns liebenden Gott gibt, ist anzunehmen, dass er uns so geschaffen hat, dass wir zu ihm epistemisch in Beziehung treten können. Auch die Schlussfolgerung in (8) zeigt, dass Plantinga mit seinem Argument lediglich die konditionale Aussage stützen kann, dass *wenn* bestimmte Glaubensüberzeugungen wahr sind, diese auch ›Gewährleistung‹ haben. Plantinga möchte religionskritische Einwände der folgenden Form durch seine Argumentation zurückweisen:»I don't know whether Christian (or theistic) belief is true – how could anyone know a thing like that? But I do know that it is irrational, or rationally unacceptable or unjustified or without warrant […]« (Plantinga 2000, 169). Wer also zugunsten der Irrationalität des christlichen Glaubens argumentieren will, muss Plantinga zufolge zuvor zeigen, dass der Glaube falsch ist. Allerdings räumt Plantinga gleichzeitig ein, dass keines der Argumente für die Existenz Gottes als Aufweis oder Demonstration der Wahrheit bestimmter theistischer Überzeugungen eingeschätzt werden könne (vgl. ebd., 170).

In der zeitgenössischen, v. a. im angelsächsischen Sprachraum betriebenen analytischen Religionsphilosophie finden sich diejenigen in der Mehrheit, welche das Verhältnis von Glauben und Wissen ähnlich optimistisch wie Plantinga einschätzen und dabei durchaus gehaltvolle metaphysische Voraussetzungen machen (ein Einblick in diese Vielfalt gewährt z. B. Meister/ Copan 2010). Deswegen ist die Reformed Epistemology und in diesem Fall die Position von Plantinga keineswegs anachronistisch. In religionsphilosophischer Perspektive ist Plantinga allerdings u. a. anzufragen, ob seine (philosophische) Verteidigung des christlichen Glaubens als ›gewährleistet‹ nicht zirkulär ist, weil sie gewichtige theologische Voraussetzungen macht (Existenz eines *sensus divinitatis* etc.). Aber auch wenn seine Position nicht zirkulär ist, bleibt doch festzuhalten, dass die Annäherung des Glaubens- an den Wissensbegriff hier zu der weiter oben angedeuteten subjektiven und sozialen Dimension des fiduziellen Glaubens zurückführt: Ob ich von der Wahrheit des christlichen Bekenntnisses überzeugt bin, hängt nicht von rationalen Argumenten, sondern vom Vertrauen auf die eigene (religiöse) Erfahrung und die Erfahrung anderer mit der christlichen Lebensform ab. Wenn ich von der Wahrheit des christlichen Glaubens überzeugt bin, impliziert das wiederum, dass er auf ähnliche Weise wie Wahrnehmungsüberzeugungen ›gewährleistet‹ ist.

Synthese von Glauben und Wissen – Joseph Kardinal Ratzinger/Papst Benedikt XVI: Nietzsche hat das Christentum in der Vorrede zu *Jenseits von Gut und Böse* als »Platonismus für's Volk« bezeichnet. So abschätzig dieses Urteil auch gemeint ist – es reflektiert einen wichtigen Aspekt der intellektuellen Genese der christlichen Tradition (vgl. dazu auch Kobusch 2006, 26–57). Im kulturellen und intellektuellen Milieu, in dem sich christliche Gemeinden in den ersten Jahrhunderten n. Chr. im Mittelmeerraum ausbreiteten, waren die Christen schon früh herausgefordert, ihren Glauben in die Sprache philosophischen Denkens zu übersetzen und ihn rational zu verteidigen.

Auf diese spätantike Tradition weist Joseph Kardinal Ratzinger (geb. 1929) in dem Text »Der angezweifelte Wahrheitsanspruch« hin, in welchem er die These vertritt, dass die Krise des Christentums in Europa auf der Krise seines Wahrheitsanspruchs beruhe. Dagegen setzt er Augustinus:

> »Augustinus identifiziert den biblischen Monotheismus mit den philosophischen Einsichten über den Grund der Welt, die sich in verschiedenen Variationen in der antiken Philosophie herausgebildet haben. Dies ist gemeint, wenn das Christentum seit der Areopagrede des heiligen Paulus [Apg 17,22–31, SM] mit dem Anspruch auftritt, *religio vera* zu sein. Der christliche Glaube beruht also nicht auf Poesie und Politik, diesen beiden großen Quellen der Religion; er beruht auf Erkenntnis. Er verehrt jenes Sein, das allem Existierenden zu Grunde liegt, den ›wirklichen Gott‹. Im Christentum ist Aufklärung Religion geworden und nicht mehr ihr Gegenspieler« (Ratzinger 2000, Seite I, Sp. 2).

Die Kraft des Christentums, die es zur Weltreligion werden ließ, bestünde in seiner Synthese von Vernunft, Glaube und Leben. Die Begriffe von Natur, Mensch, Gott, Ethos und Religion seien im spätantiken christlichen Denken »unlösbar ineinander verknotet« (Ratzinger 2000, Seite II, Sp. 4). Auch wenn der Begriff des Wissens hier nicht explizit auftaucht, ist der mit dem Wissensbegriff verbundene epistemologische Anspruch bei Ratzinger und in der von ihm bemühten augustinischen Tradition ganz offensichtlich gegenwärtig. Der christliche Glaube hat die Vernunft auf seiner Seite und er ist wahr. Dabei ist jedoch zu beachten, dass Ratzinger mit dieser Tradition einen Vernunftbegriff voraussetzt, der z. B. nicht zwischen theoretischer und praktischer Vernunft unterscheidet, sondern von einer Art synthetischen Einheit der Erkenntnis ausgeht, die in mehr als nur Vernunftschlüssen besteht, vielmehr auch die konative (willentliche) und emotionale Seite des Menschen mit einbezieht. Das wird deutlich, wenn Ratzinger am Ende des Textes schreibt, dass Liebe und Vernunft als die eigentlichen Grundpfeiler des Wirklichen zusammenfallen.

Genau diese Synthese von Glaube und Vernunft wurde nach Ratzinger durch die Aufklärung der Neuzeit aufgelöst, so dass Christentum und (neuzeitliche) Aufklärung plötzlich als Gegenspieler und der Wahrheitsanspruch des Christentums obsolet erscheinen. Auch an anderer Stelle – so z. B. in der viel diskutierten Regensburger Rede – argumentiert Ratzinger bzw. Benedikt XVI. zugunsten einer »Ausweitung unseres Vernunftbegriffs und -gebrauchs« (vgl. Ratzinger/Benedikt XVI. 2006). Dies verdeutlicht er unter anderem an seiner Kritik an Kant. Kant habe den Glauben ausschließlich in der praktischen Vernunft verankert und ihm den Zugang zum Ganzen der Wirklichkeit abgesprochen. Um diesen Zugang wiederzugewinnen spricht sich Benedikt XVI. für eine »Selbstkritik der modernen Vernunft« aus, durch die er das Christentum, aber auch andere Religionen als Erkenntnisquellen im universitären und intellektuellen Diskurs rehabilitieren möchte. Diese Selbstkritik bedeute allerdings nicht, hinter bestimmte Einsichten der Moderne zurückzugehen.

Die von Benedikt XVI. eingenommene Position macht, ähnlich wie die von Plantinga, gewichtige metaphysische Voraussetzungen, die als solche zunächst unproblematisch sind. Allerdings ist den hier zitierten Texten von Benedikt XVI. bzw. Ratzinger kritisch entgegenzuhalten, dass sie den Reflexionsstand neuzeitlicher und zeitgenössischer Erkenntnistheorie unterlaufen, indem sie sich nicht ausdrücklich mit den Gründen für eine Ausdifferenzierung des Vernunftbegriffs und der darin enthaltenen Metaphysikkritik auseinandersetzen. Es ist für die meisten Zeitgenossen und selbst für viele Christen alles andere als einleuchtend, dass das Christentum auf Erkenntnis beruht und dass Begriffe wie ›Natur‹, ›Mensch‹ oder ›Gott‹ unlösbar miteinander verbunden sind. Will man eine Synthese von Glauben und Wissen ähnlich wie Benedikt XVI. bzw. Ratzinger mit dem Anspruch vertreten, dass mit der »Option für den Primat der Vernunft […] das Christentum auch heute ›Aufklärung‹« (Ratzinger 2000, Seite II, Sp. 4) bleibe, ist es nötig, sich stärker auf die Argumente einzulassen, welche die neuzeitliche Aufklärung aufgebracht hat, in deren Folge Christentum und Vernunft zunächst zu Gegnern wurden.

Inkommensurabilität von Glauben und Wissen – Søren Kierkegaard: Für Søren Kierkegaard (1813–1855) hat die Wahrheit des christlichen Glaubens religionsphilosophisch ebenso eine hohe Bedeutung – allerdings auf andere Weise als bei Benedikt XVI.:

> »Das Christentum hat sich nun selbst als die ewige wesentliche Wahrheit verkündigt, die in der Zeit geworden ist, es hat sich als *das Paradox* verkündigt und hat im Verhältnis zu dem, was den Juden ein Ärgernis und den Griechen eine Torheit ist – und für den Verstand das Absurde – die Innerlichkeit des Glaubens gefordert. Stärker kann es nicht ausgedrückt werden, daß die Subjektivität die Wahrheit ist, daß die Objektivität nur abstößt, sogar kraft des Absurden, wie es ja auch verwunderlich scheint, daß das Christentum in die Welt gekommen sein sollte, um erklärt zu werden, ach, als wäre es selber etwas in Unklarheit über sich selbst und wäre deshalb zur Welt gekommen, um sich zu dem klugen Mann, dem Spekulanten zu begeben, der ihm mit der Erklärung beistehen kann« (Kierkegaard 2005, 356–357).

Das »Paradox«, von dem Kierkegaard hier spricht, ist für ihn die Inkarnation, also die Menschwerdung Gottes. »Wahrheit« nimmt hier nicht Bezug auf die Eigenschaft eines Aussagesatzes, sondern auf Subjektivität als *conditio humana*: Was Wahrheit ist, lässt sich für Kierkegaard nur vom konkret existierenden Menschen mit seiner Geschichtlichkeit und Individualität her verstehen.

Kierkegaard geht an dieser Stelle über die praktische Vernunft als dem Bereich menschlicher Subjektivität hinaus, den – wie gleich noch erläutert wird – Kant als hermeneutischen und rationalen Zugang zum Glauben an Gott diagnostiziert hat. Er grenzt sich mit seiner Religionsphilosophie vielmehr von allen philosophischen Versuchen ab, den christlichen Glauben mit der Vernunft verstehen oder rechtfertigen zu wollen. Die entsprechende religionsphilosophische Position nennt man *Fideismus*.

Mit Zagzebski lässt sich eines der Argumente Kierkegaards für den Fideismus folgendermaßen rekonstruieren (vgl. Zagzebski 2007, 69):

(1) Das Christentum ist eine auf Geschichte beruhende Religion.
(2) Rationale Evidenz für historische Ereignisse kann immer nur den Status einer Annäherung an Evidenz haben.
(3) Aber religiöser Glaube impliziert ein unbedingtes Interesse.
(4) Es gibt eine Inkommensurabilität zwischen der Sehnsucht des Individuums nach Gewissheit und dem Status historischer Evidenzen.
(5) Diese Inkommensurabilität bedeutet, dass Glaube und Vernunft inkommensurabel sind.
(6) Der Abgrund zwischen Evidenz und Glaube kann nur durch eine Entscheidung (den Sprung des Glaubens) überbrückt werden.

Mit der Inkommensurabilität von Glauben und Vernunft ist auch die Inkommensurabilität von Glauben und Wissen (in der Standardanalyse) impliziert; denn Wissen setzt die Möglichkeit der rationalen Rechtfertigung einer Überzeugung voraus. Allerdings ist festzuhalten, dass in diesem Argument nicht weiter differenziert wird, ob es bestimmte christliche Glaubensüberzeugungen geben könnte, die keiner historischen Evidenz für ihre rationale Rechtfertigung bedürfen. Der christliche Glaube erscheint bei Kierkegaard somit letztlich als irrational. Er steht außerhalb jedes nicht-religiösen Diskurses. Nur für den, der den Sprung in den Glauben wagt, seine eigene Subjektivität ergreift, erschließt sich die Wahrheit des christlichen Glaubens. Kierkegaard nimmt somit wie Benedikt XVI. die neuzeitliche Religionskritik zum Anlass, das Verhältnis von Glauben und Wissen neu zu bedenken. Allerdings kommt er zu der genau gegenteiligen Schlussfolgerung, nämlich der Trennung von Glauben und Wissen.

Auch wenn Kierkegaard damit »das nachmetaphysische Denken mit der unüberbrückbaren Heterogenität eines Glaubens« konfrontiert und die Offenbarung für die Philosophie damit eine »kognitiv unannehmbare Zumutung bleibt« (Habermas 2009, 380-381), so dass die Grenze zwischen Glauben und Wissen klar gezogen ist, werden viele religiöse Zeitgenossen von ihrem Selbstverständnis her kaum damit einverstanden sein, dass ihr religiöser Glaube *keinerlei* Kontinuität zu anderen Bereichen menschlichen Lebens und Denkens aufweist. Die Entscheidung, ›mit dem Glauben zu springen‹, richtet sich ja gerade nicht auf eine Lebensform, die z.B. Menschenopfer fordert, sondern auf eine auch moralische, praktisch-rational reflektierbare Lebensform. Dennoch ist festzuhalten, dass Kierkegaard anders als Plantinga sich die subjektiv-fiduzielle Dimension des religiösen Glaubens nicht zunutze macht, um ihn epistemologisch gegen den ähnlichen epistemologischen Status von Wahrnehmungsüberzeugungen auszuspielen, sondern sie als Ausgangspunkt religionsphilosophischer Reflexion ernst nimmt.

Unterscheidung von Glauben und Wissen – Immanuel Kant: Die durch Ratzinger bzw. Benedikt XVI. in Anknüpfung an die augustinische Tradition kritisch eingeforderte Ausweitung des Vernunftbegriffs lässt sich – wie Benedikt XVI. selbst auch andeutet – mit der Verhältnisbestimmung von Glauben und Wissen bei Immanuel Kant (1724-1804) kontrastieren. In der *Kritik der reinen Vernunft* findet sich ein eigener Abschnitt, in dem Kant den Unterschied zwischen Meinen, Glauben und Wissen untersucht. »Meinen ist ein mit Bewußtsein sowohl subjektiv, als objektiv unzureichendes Fürwahrhalten. Ist das letztere nur subjektiv zureichend und wird zugleich für objektiv unzureichend gehalten, so heißt es Glauben. Endlich heißt das sowohl subjektiv als objektiv zureichende Fürwahrhalten das Wissen« (KrV, B 850).

Kant unterscheidet Glauben und Wissen mittels der Distinktion von ›subjektiv‹ und ›objektiv‹ zureichendem Fürwahrhalten. Damit ist allerdings nicht die Unterscheidung von »nur für mich gültig« und »für alle gültig« gemeint. Das wird deutlich, wenn man die Eigenart derjenigen Glaubensart untersucht, die Kant in der *Kritik der reinen Vernunft* als auch in den beiden anderen *Kritiken* (vgl. KrV, B 856-859; KpV, 5:144-146; KU, 5:469-475) besonders hervorhebt: den moralischen Vernunftglauben an Gott. Während das Wissen sich auf Tatsachen bezieht wie mathematische Eigenschaften oder Dinge und deren Eigenschaften, die wir sinnlich wahrnehmen können, sind die »Glaubenssachen« »Gegenstände, die in Beziehung auf den pflichtmäßigen Gebrauch der reinen praktischen Vernunft [...] a priori gedacht werden müssen, aber für den theoretischen Gebrauch derselben überschwenglich sind« (KU, 5:469).

Welche Gegenstände sind hier in der *Kritik der Urteilskraft* gemeint? Zunächst bezieht sich Kant mit dieser Aussage auf eine zentrale These seiner Moralphilosophie, wonach das moralische Gesetz der praktischen Vernunft uns nicht nur unbedingt gebietet, alle Grundsätze unserer Handlungen daraufhin zu überprüfen, ob sie der Form dieses Gesetzes – dem Kategorischen Imperativ – entsprechen, sondern uns auch ein Ziel gebietet, auf das unser Handeln ausgerichtet sein soll: das höchste Gut bzw. die eigene moralische Vollkommenheit und die emotional-sinnlich verstandene Glückseligkeit. Dieser Gegenstand des höchsten Guts besitzt zwar, weil unbedingt von der praktischen Vernunft geboten, moralische Objektivität oder praktische Notwendigkeit. Weil er aber keine Tatsache ist, sein Begriff in keiner für uns möglichen Erfahrung aufgewiesen werden kann und er uns lediglich in der Welt zu verwirklichen geboten ist, ist das höchste Gut eine der genannten »Glaubenssachen«.

An dieser Stelle schlägt die moralische Objektivität des Gebotenen in die Subjektivität eines Bedürfnisses der Vernunft um: Die Vernunft bedarf der Annahme, dass das Gebotene wirklich werden kann. Das Bedürfnis ergibt sich aus der *conditio humana*, dass wir Menschen endliche moralische Vernunftwesen sind. Könnten wir nicht annehmen, dass es möglich ist, das höchste Gut zu verwirklichen, wären wir nach Kant einer destruktiven moralischen Verzweiflung ausgeliefert. Der Glaube an die Möglichkeit der Wirklichkeit des höchsten Guts impliziert für Kant wiederum den Glauben an einen moralischen Welturheber und die Unsterblichkeit der Seele, die beide Bedingungen der Möglichkeit der Verwirklichung des höchsten Guts sind. Es ist wichtig festzuhalten, dass für Kant Gott *nicht* an der Stelle in der praktischen Vernunft wichtig wird, wo gefragt wird: »Warum soll ich so-und-so handeln?« Hier wäre ja die Antwort: »Weil Gott es so-und-so gebietet.« Vielmehr antwortet Kants philosophische Theologie aus praktischer Vernunft auf die Frage: »Warum überhaupt moralisch sein?« Kant zufolge können wir auch ohne Gott und nur auf der Grundlage unserer praktischen Vernunft zu gerechtfertigten moralischen Überzeugungen gelangen. Die Frage nach dem *Sinn* davon, sich als moralisches Vernunftwesen zu verstehen und sein Leben danach auszurichten, ist mit der rationalen Rechtfertigung der moralischen Überzeugungen aber noch nicht beantwortet.

Was ergibt sich daraus für den Glaubensbegriff? »Glaube als *habitus*, nicht als *actus* ist die moralische Denkungsart der Vernunft im Fürwahrhalten desjenigen, was für das theoretische Erkenntnis unzugänglich ist. […] Der Glaube (schlechthin so genannt) ist ein Vertrauen zu der Erreichung einer Absicht, deren Beförderung Pflicht, die Möglichkeit der Ausführung derselben aber für uns nicht einzusehen ist« (KU, 5:471–472). Auch wenn Kant seinen Glaubensbegriff religionsphilosophisch und nicht theologisch begründet und entwickelt, ist die Anknüpfung an die theologische Tradition hier unverkennbar. Die Charakterisierung des Glaubens als *habitus* – d. h. als charakterliche Grundhaltung bzw. Tugend – oder als Vertrauen unterstreicht die Eigenart des Glaubens gegenüber dem Wissen und die klare Unterscheidung zwischen dem Wissen als objektivem Fürwahrhalten im Bereich theoretischer Erkenntnis und dem moralischen Vernunftglauben an Gott als einer moralisch-praktischen »Denkungsart der Vernunft«. Der Glaube an Gott sollte Kant zufolge epistemologisch nicht am Wissen gemessen werden. Er gehört einer anderen Funktionsweise der Vernunft an (nämlich der moralisch-praktischen) und bekommt von dieser seine allgemeine Bedeutung im Rahmen einer Kritik der Vernunft. Deswegen ist dieser Glaube eben nicht nur für mich, sondern für alle moralischen Vernunftwesen gültig. Gleichwohl ist er nicht selbst Pflicht, auch wenn er in der moralischen Pflicht begründet ist (vgl. KpV, 5:142–146), sondern ein »freies Fürwahrhalten« (KU, 5:472). Als solches kann er im Sinne einer Tugend oder eines Vertrauens das Leben eines moralischen Vernunftwesens prägen.

Resümee: Glauben und Wissen im Diskurs einer säkularen, pluralen Gesellschaft

Im Rückblick auf die am Anfang des Beitrags aufgestellte These, die Religionsphilosophie könne einen Beitrag zum Reflexivwerden der Religionen auf ihre Eigenart angesichts der Herausforderungen einer pluralen, säkularen Gesellschaft leisten, sind gerade die Positionen von Kant und Kierkegaard bedenkenswert. Es scheinen gerade (praktisch-rationale) Fragen der Gerechtigkeit, der Anerkennung sowie des guten Lebens zu sein, in deren Diskussion sich religiöse Zeitgenossen herausgefordert fühlen. Vor diesem Hintergrund wird eine Verhältnisbestimmung von Glauben und Wissen, die – ähnlich wie bei Kant – den religiösen Glauben als eine (mögliche) praktisch-rationale Lebensform zu verstehen sucht, nicht nur einer breiten Tradition des Denkens verschiedener Religionen gerecht, sondern bietet auch Anhaltspunkte für ein zeitgenössisches, reflektiertes Selbstverständnis gläubiger Menschen (vgl. dazu auch Cottingham 2009 sowie Ricken 2007). Dabei impliziert die behauptete Nähe von Religion und Moral bzw. praktischer Vernunft weder, dass eine praktisch-rationale Lebensform prinzipiell ein religiöses Bekenntnis erfordert, noch dass Religion in Moral oder in einer gesellschaftlich bedeutsamen Rolle als eine Art ›Wertelieferant‹ aufgeht. Auch ein als praktisch-rationale Lebensform interpretierter religiöser Glaube hält einem säkularen Denken gegenüber ein ›Bewusstsein von dem, was fehlt‹ wach – vielleicht manchmal schmerzhaft wach, weil sich das Vertrauen auf ein personales Gegenüber, das als Schöpfer, Bewahrer und Erlöser gelobt und beklagt wird, nur begrenzt in eine säkulare Sprache übersetzen lässt. Genau dies führt Kierkegaard dem religiösen wie dem säkularen Zeitgenossen unmissverständlich vor Augen, wenn er die *conditio humana* in der Moderne so fasst, dass der gläubige Mensch mit seinem Gottsuchen zuallererst auf seine eigene konkrete geschichtliche Existenz in ihrem Leid und mit ihren Freuden geworfen und dadurch herausgefordert ist, sich zu dem Geheimnis Gottes in Beziehung zu setzen. Die Vernunft mag – mit Kierkegaard gedacht – in dieser Situation wenig Trost zu spenden, noch den Glauben zu motivieren. Das muss aber auch nicht unbedingt ihre Aufgabe sein, um ihr trotzdem – mit Kant gedacht – eine wichtige, konstruktive Rolle für das Verständnis des religiösen Glaubens zuzubilligen.

Literatur

Alston, William P.: *Epistemic Justification. Essays in the Theory of Knowledge*. Ithaca 1989.
Augustinus: *Die Bekenntnisse*. Hg. von Hans Urs von Balthasar. Einsiedeln ³1994.
Baumann, Peter: *Erkenntnistheorie*. Stuttgart ²2006.
Beckermann, Ansgar: Zur Inkohärenz und Irrelevanz des Wissensbegriffs. In: *Zeitschrift für philosophische Forschung* 55. Jg. (2001), 571–593.
Cottingham, John: *Why Believe?* London 2009.
Foley, Richard: *Intellectual Trust in Oneself and Others*. Cambridge 2001.
Gettier, Edmund L.: Ist gerechtfertigte, wahre Meinung Wissen? In: Peter Bieri (Hg.): *Analytische Philosophie der Erkenntnis*. Frankfurt a. M. ²1992, 91–93 (engl. 1963).
Grundmann, Thomas: *Analytische Einführung in die Erkenntnistheorie*. Berlin 2008.
Habermas, Jürgen: *Philosophische Texte. Studienausgabe in fünf Bänden*. Bd. 5. Frankfurt a. M. 2009.
–: Vom Kampf der Glaubensmächte. Karl Jaspers zum Konflikt der Kulturen. In: Ders.: *Vom sinnlichen Eindruck zum symbolischen Ausdruck*. Frankfurt a. M. 1997, 41–58.
Helm, Paul (Hg.): *Faith and Reason*. Oxford/New York 1999.
Kant, Immanuel: *Kritik der reinen Vernunft*. Hg. von Jens Timmermann. Hamburg 1998 [= KrV, zitiert nach Bd.- und Seitenzahlen der zweiten Auflage des Werks].
–: *Kritik der praktischen Vernunft*. Hg. von Heiner F. Klemme und Horst D. Brandt. Hamburg 2003 [= KpV, zitiert nach Bd.- und Seitenzahlen der Akademie-Ausgabe].
–: *Kritik der Urteilskraft*. Beilage: Erste Einleitung in die Kritik der Urteilskraft. Hg. von Heiner F. Klemme. Hamburg 2009 [= KU, zitiert nach Bd.- und Seitenzahlen der Akademie-Ausgabe].
Kierkegaard, Søren: *Philosophische Brosamen und Unwissenschaftliche Nachschrift*. Aus dem Dänischen von B. und S. Diderichsen. Hg. von Hermann Diem und Walter Rest. München 2005.
Kobusch, Theo: *Christliche Philosophie. Die Entdeckung der Subjektivität*. Darmstadt 2006.
Kutschera, Franz von: *Vernunft und Glaube*. Berlin 1991.
Maclure, Jocelyn/Taylor, Charles: *Laizität und Gewissensfreiheit*. Berlin 2011.
Meister, Chad/Copan, Paul (Hg.): *The Routledge Companion to Philosophy of Religion*. London 2010.
Plantinga, Alvin: *Warranted Christian Belief*. Oxford 2000.
Ratzinger, Joseph Kardinal/Papst Benedikt XVI: Der angezweifelte Wahrheitsanspruch. Die Krise des Christentums am Beginn des dritten Jahrtausends. In: *Frankfurter Allgemeine Zeitung* (Nr. 6 vom 8. Januar 2000), Seiten I und II.
–: Glaube, Vernunft und Universität. Erinnerungen und Reflexionen (2006). In: http://www.vatican.va/holy_father/benedict_xvi/speeches/2006/september/documents/hf_ben-xvi_spe_20060912_university-regensburg_ge.html (14.5.2014).
Ricken, Friedo: *Glauben weil es vernünftig ist*. Stuttgart 2007.
Zagzebski, Linda T.: *Philosophy of Religion. A Historical Introduction*. Oxford 2007.
–: *Epistemic Authority. A Theory of Trust, Authority, and Autonomy in Belief*. Oxford/New York 2012.

Sebastian Maly

2. Religion und Wissenschaft

Das Verhältnis von Religion und Wissenschaft wurde bislang in zahllosen Schriften und Debatten thematisiert, und nach wie vor ist es eines der zentralen Felder weltanschaulich grundsätzlicher und kontroverser Diskussionen. Über die Bestimmung des jeweiligen Verhältnisses von Religion und Wissenschaft werden vergangene Epochen charakterisiert und kategorisiert, und nicht zuletzt vergewissert sich die Gesellschaft ihrer selbst über die Frage, welcher Platz und welcher Stellenwert Wissenschaft und Religion zukommt.

Schnell wird dabei die Beziehung beider Sphären als Konflikt gedacht, Religion und Wissenschaft als konkurrierend oder sich gar wechselseitig ausschließend konzipiert und dieses Konfliktverhältnis als entscheidende Ursache für Säkularisierungsprozesse angesehen. Für diese Perspektive gibt es zweifellos gute Gründe. Eine genauere Analyse erbringt jedoch darüber hinaus die Einsicht, dass sich die Auseinandersetzungen um Wissenschaft und Religion keineswegs alle auf ein und den gleichen Gegensatz zurückführen lassen. Vielmehr sind unterschiedliche Ursachen und Konfliktdimensionen erkennbar. Zugleich jedoch folgt die Annahme eines unbedingten Konfliktverhältnisses von Wissenschaft und Religion einer sehr spezifischen Sicht auf die westliche Moderne. Die Lage verkompliziert sich, wenn man den Blick historisch erweitert. Dabei lösen sich keinesfalls alle Konfliktlagen auf. Sie verlieren jedoch an Absolutheit und werden um andere, weniger konfrontative Verhältnisbestimmungen und Beziehungen von wissenschaftlicher und religiöser Sphäre erweitert.

Wendet man sich im ersten Schritt jedoch den Konflikten zu, sind zu deren systematischer Analyse Überlegungen Max Webers hilfreich. Weber hatte in seinen religionssoziologischen Schriften darauf verwiesen, dass im Prozess fortschreitender Rationalisierung der Welt eine Ausdifferenzierung mehrerer, sich durch divergierende Eigenlogiken unterscheidender *Wertsphären* stattfand (Weber 1988, 536 ff.). Religion war dabei, neben bspw. der Wissenschaft oder der Politik, *nur eine* dieser Sphären, statt wie zuvor alle gesellschaftlichen Teilbereiche zu durchdringen bzw. zu bestimmen. Im Sinne einer umfassenden Deutung der Welt war Religion somit ›weltfremd‹ geworden. Dies bedeutete aus Webers Sicht jedoch nicht zwingend das Verschwinden alles Religiösen, da keine der gesellschaftlichen Wertsphären – auch nicht die Wissenschaft – einen absoluten Vorrang oder prinzipielle Überlegenheit behaupten konnte. Die Sphären sind vielmehr durch gegenseitigen Ausschluss, aber auch jeweilige Autonomie gekennzeichnet.

Dies bedeutete offenkundig jedoch nicht das Ende aller Konflikte. Im Hinblick auf die Beziehung von Wissenschaft und Religion konstatierte Weber zwei mögliche »Spannungsverhältnisse«. Das erste betraf Fragen der *Welterklärung und Weltdeutung*. Damit waren Themen gemeint, die spezifische Vorgänge in Natur oder Gesellschaft betrafen und bei denen Wissenschaft und Religion konkurrierende Erklärungen anboten. Klassische Kontroversen drehten sich hier um Fragen wie die Beschaffenheit der Erde oder die Evolutionstheorie. Dieses Feld war auch jenes, das im Zuge der beschriebenen funktionalen Differenzierung die meisten Auseinandersetzungen evoziert hatte. Zum zweiten entstanden und entstehen Konflikte zwischen beiden Sphären, so Weber, über die *Deutungshoheit in ›letzten Fragen‹*, wobei beide Sphären hier mit eigenen Angeboten zur »rationalen Deutung des Weltsinns« und damit verbundenen Wegen zur Erlösung konkurrieren (Weber 1988, 566). Die Frage ist hier, mit welchen Mitteln und im Bezug auf welche Instanz sich Fragen nach dem Sinn von Leben und Tod, von ›richtig‹ und ›falsch‹ in moralisch grundsätzlichen Fragen und der Bestimmung einer ›guten Gesellschaft‹ beantworten lassen. Kurz gesagt, begibt sich im ersten Fall die Religion auf das eigentliche Feld der Wissenschaften, im zweiten versuchen sich die Wissenschaften wiederum auf dem Feld des Religiösen – und beides bringt Konflikte mit sich.

Entsprechend sah auch Webers Lösungsvorschlag aus: Die Religion müsse konsequent eine dezidierte *Stellung zur Welt* statt eines *Wissens über Welt* betonen, während die Wissenschaften reine Erklärungen der Welt ohne Bezüge auf eventuelle Sinnfragen zu liefern hätten. Religion und Wissenschaft sollten sich also auf ihre ›angestammten‹ bzw. ihre genuinen Fragen entsprechenden Bereiche beschränken: die Wissenschaft auf das Feld des werturteilsfreien Wissens, die Religion auf das Feld des wertenden Urteils und der Gesinnung.

Bevor jedoch solche Vorschläge zur Konfliktvermeidung oder Versöhnung von Wissenschaft und Religion besprochen werden, sollen ihre Konflikte und deren gesellschaftliche Deutung in den Blick gerückt werden. Denn ungeachtet dessen, wie man diese Auseinandersetzungen bewertet, ob man sie als begründet oder unbegründet ansieht oder für wen man dabei Partei ergreift: Dass es Auseinandersetzungen zwischen Akteuren gab und gibt, die sich selbst bzw. wechselseitig der Wissenschaft bzw. der Religion zurechnen, ist wohl unstrittig.

Konflikte um Welterklärung und Weltdeutung

Als erstes Konfliktfeld sollen, orientiert an der Unterscheidung Webers, Auseinandersetzungen zwischen Wissenschaft und Religion um Fragen der Welterklärung, also um *Wissen über die Welt*, diskutiert werden. Historisch gibt es hier Beispiele, die geradezu klassisch bzw. emblematisch für die Kontroversen von Wissenschaft und Religion geworden sind. Dazu zählen etwa die Prozesse der katholischen Kirche gegen Galileo Galilei oder die Debatten um Darwins Evolutionstheorie. Auch wenn sich die Bewertung dieser Ereignisse über die Zeit veränderte und bspw. der Fall Galileos nach heutigem Kenntnisstand *nicht allein* als Konflikt von Wissenschaft und Religion gedeutet werden kann, ist doch nach wie vor weitestgehend unstrittig, dass Konflikte zwischen beiden Sphären eine wichtige Rolle bei diesen Prozessen spielten. Ähnlich liegt der Fall bei den Debatten um Darwins Evolutionstheorie, wobei hier die Auseinandersetzungen bis in die Gegenwart anhalten. Beide Beispiele sollen im Folgenden genauer betrachtet werden, um das konkrete Konfliktgeschehen auszuloten, aber auch dessen unterschiedliche Bewertung seitens der Sozialwissenschaften zu rekonstruieren.

Beginnen wir mit Galileo. Dieser war einer der angesehensten Mathematiker und Astronomen seiner Zeit, als er 1632 von der römischen Inquisition angeklagt und im Jahr darauf zu lebenslanger Haft verurteilt wurde. Vorgeworfen wurden ihm zum einen die Parteinahme für die kopernikanischen Thesen der Erdbewegung um die Sonne und zum anderen Zweifel an der als gültig angesehenen Bibelauslegung, die die Erde als fixes Zentrum eines Planetensystems ansah. Galileo hatte schon seit längerem Belege für die Richtigkeit des heliozentrischen Weltbildes und diese vor allem in seinem Werk »Dialog über die beiden hauptsächlichen Weltsysteme« auch deutlich vertreten. Zulässig wäre jedoch aus Sicht der Kirche lediglich die Darstellung eines Gespräches zwischen Kopernikus und Ptolemäus gewesen, in dem die Position von Kopernikus als bloße Hypothese aufgetaucht wäre. Schon zum Beginn des 17. Jahrhunderts hatten wegen dieser Frage Prozesse gegen Vertreter des heliozentrischen Lagers stattgefunden. Galileo musste im Laufe des Prozesses die entsprechenden Passagen seines Buches zurücknehmen. Er wurde wegen »starken Verdachts der Häresie« verurteilt, der *Dialogo* auf den *Index Librorum Prohibitorum* gesetzt, und Galileo musste den Rest seines Lebens unter Hausarrest und bei Verbot wissenschaftlicher Tätigkeit verbringen. Er starb zwar 1642, aber die Galileo-Affäre hielt bis in die jüngste Zeit an. Noch 1979 setzte Papst Johannes Paul II. eine Kommission ein, die den Galileo-Prozess erneut untersuchen sollte. Im Ergebnis hielt diese die Richtigkeit der Thesen Galileis und Irrtümer seitens der Inquisitoren fest, Galileo galt somit als rehabilitiert.

Die Sozialwissenschaften haben solche Auseinandersetzungen und ihre Ergebnisse auf unterschiedliche Weise gedeutet. Einem Teil der Forschung waren sie Ausdruck eines grundlegenden Konfliktes von Wissenschaft und Religion über die angemessene Art der Welterkenntnis, der seine Ursache in der zunehmenden Entwicklung der Wissenschaften hatte und aus dem die Wissenschaften auch als Sieger hervorgehen mussten. Denn dieser Sieg verdankte sich der grundsätzlichen Überlegenheit wissenschaftlichen Denkens und Reflektierens gegenüber der Religion, und er war nicht allein ein Sieg auf Zeit, sondern markierte gewissermaßen eine neue (welt-)gesellschaftliche Epoche, eine neue Stufe des Denkens und Erkennens. Wissenschaft und Religion traten also aus dieser Perspektive auf dem Feld kognitiven Erkennens und Erklärens gegeneinander an – und die Religion verließ dieses Feld als Verliererin.

Beispiel einer solchen Analyse ist das Drei-Stadien-Gesetz von Auguste Comte. Dieser sah die Menschheit drei Stufen des Denkens durchlaufen: (1) ein theologisches, (2) ein metaphysisches und (3) ein positives, damit wissenschaftliches Zeitalter (Comte 1933). Das positive Zeitalter begann, so Comte mit der Französischen Revolution. Es war aus seiner Sicht vor allem dadurch gekennzeichnet, dass wissenschaftliches Denken und Methoden auf alle Bereiche des gesellschaftlichen Lebens angewendet werden. Das Augenmerk gilt dabei allein den Gesetzen der Natur; deren etwaige Herkunft dagegen ist für wissenschaftliches Arbeiten nicht von Belang. Comte begriff den Niedergang des alten Wissens und damit des Christentums als unaufhaltsam. Mit dem Siegeszug des positiven Zeitalters musste es zu einer Verdrängung traditionellen theologischen und metaphysischen Denkens kommen. Positives und theologisches Denken begriff Comte als sich gegenseitig ausschließende Kategorien. Eine Trennung beider Sphären mit eigener Gesetzlichkeit war in seiner Theorie nicht vorgesehen, da jeweils *nur ein* Denken bestimmend und umfassend sein konnte. Auch der amerikanische Anthropologe James Frazer entwickelte 1890 eine ähnliche Stufenfolge. Beginnend bei der Magie habe sich die Menschheit später religiösen Denkvorstellungen zugewandt, um schließlich in der Wissenschaft jenen Zugang zur Welt zu finden, der am erfolgreichsten jene Probleme lösen ließ, denen man sich täglich in der natürlichen Umgebung ausgesetzt sah. Die Aufdeckung der Naturgesetze durch wissenschaftliche Methoden, so Frazer, trug somit entscheidend zur Ablösung der Religion als maßgeblichem Wissenssystem bei (Frazer 1993).

Theorien wie die von Comte und Frazer hatten insofern Argumente auf ihrer Seite, als religiöse Akteure in Konflikten wie dem um Galileo Galilei gegenüber wissenschaftlichen Angeboten zur Erklärung der Welt ja tatsächlich – wenigstens langfristig – unterlagen. Um jedoch daraus eine generelle Überlegenheit der Wissenschaft gegenüber der Religion abzuleiten, mussten diese Autoren eine entscheidende theoretische Weichenstellung vornehmen, indem sie die Religion auf eine *kognitive Dimension* beschränkten. Mit der Überlegenheit der Wissenschaften auf diesem Feld konnte somit Religion in Gänze für erledigt erklärt werden, da diese ja einem Wissen folgte, das sich als falsch erwiesen hatte.

Friedrich Tenbruck kritisierte in seinen Arbeiten zur Beziehung von Wissenschaft und Religion genau diese Argumentation als unzulänglich. Er verwies darauf, dass durch den wissenschaftlichen Fortschritt zwar die sachliche Umwelt des Menschen kontrollierbarer gemacht wurde, keineswegs aber die immer bestehende doppelte Unsicherheitslage des Menschen – gegenüber äußeren Bedingungen und inneren Zielen und Trieben – aufgehoben sei. Vor allem aber habe die Wissenschaft inzwischen selbst darauf verzichtet, absolute Wahrheiten aufzustellen und stattdessen Erkenntnis an Perspektivität gebunden. Zudem habe sie eingestanden, »zur Aufstellung irgendwelcher normativer Anweisungen, irgendwelcher letzter Werte, irgendwelcher legitimer Ordnungen nicht in der Lage« zu sein (Tenbruck 1976, 10). Damit muss sich zwar heute, so Tenbruck, jede Religion am Wissensstand ihrer Zeit messen lassen, da sie sonst Gefahr laufe, im gesellschaftlichen Abseits zu landen. Trotzdem seien die Quellen des religiösen Bedürfnisses nicht versiegt und gingen nicht allein in einer kognitiven Dimension auf. Nicht zuletzt deshalb, weil »das Bedürfnis zu wissen, was für den Menschen gut und böse, wahr und falsch und welche Ordnung richtig und sinnvoll ist, […] sich nicht aus der Welt schaffen« ließe (Tenbruck 1976, 15).

Die Position der kognitiven Konkurrenz ist jedoch keineswegs nur im 19. Jahrhundert zu finden. Einer ihrer aktuell herausragenden Vertreter ist der Evolutionsbiologe Richard Dawkins, der paradigmatisch für den seit den 1980er Jahren erstarkenden *New Atheism* gelten kann. Auch bei Dawkins wird der Versuch unternommen, Religion auf den Glauben an falsches Wissen zu reduzieren und dann mit naturwissenschaftlichen Mitteln und Argumenten zu widerlegen: »It's just bad science« (Dawkins 1997, 27). Dawkins konzentriert sich hierbei vor allem auf kreationistische Konzepte, diskutiert deren Unzulänglichkeiten im Vergleich zu evolutionstheoretischen Erklärungen und konstatiert im Ergebnis: »God almost certainly does not exist« (Dawkins 2006, 189). Daneben entwirft er die Mem-Theorie, mit der er einerseits zwar die Existenz einer kulturellen Sphäre anerkennt, deren grundsätzliche Gesetzmäßigkeiten sich jedoch nicht wesentlich von Vorgängen in der Natur unterscheiden. Religiöse Ideen sind ebenfalls Teil des Mem-Pools und haben sich offenkundig als sehr langlebig erwiesen. Dies führt Dawkins auf ihre »große psychologische Anziehungskraft« zurück. Religion liefere »eine auf den ersten Blick einleuchtende Antwort auf unergründliche und beunruhigende Frage über das Dasein. Es legt den Gedanken nahe, dass Ungerechtigkeiten auf dieser Welt vielleicht in der nächsten ausgeglichen werden. Die Arme des ewigen Gottes geben uns in unserer Unzulänglichkeit Halt, und wie die Placebo-Pille des Arztes sind sie deswegen nicht weniger wirksam, dass sie nur in der Vorstellung bestehen« (Dawkins 1978, 227 f.).

Der Großteil der soziologischen Theorie im 20. Jahrhundert nahm einen anderen Blick auf die Konflikte zwischen Wissenschaft und Religion ein. Autoren wie Bryan Wilson oder Niklas Luhmann verzichteten dabei auf eine grundsätzliche Hierarchisierung beider Sinnsysteme. Vielmehr begriffen sie Auseinandersetzungen wie die um Evolution oder die Stellung der Erde als Prozesse gesellschaftlicher Differenzierung, in deren Verlauf sich die Wissenschaft mehr und mehr vom Zugriff der Religion befreite und sie sehr entschieden den Bereich von Welt und die Fragen markierte, auf denen sie Wissens- und Erklärungskompetenz für sich beanspruchte. Dazu gehörten Astronomie, Physik, Chemie und Biologie, wo die religiösen Dogmen angefochten, widerlegt und schließlich in den Rang einer bloßen Metapher verwiesen wurden. Dies konnte aber, so etwa Wilson, nur gelingen, weil die christliche Religion eine Erklärung von Natur und diesen Feldern beanspruchte. Dies brachte sie unausweichlich in Konflikt mit der naturwissenschaftlichen Forschung, den sie schließlich verlor. So stellte auch der Papst 1992 fest:

»Der Irrtum der Theologen von damals bestand [...] am Festhalten an der Zentralstellung der Erde in der Vorstellung, unsere Kenntnis der Strukturen der physischen Welt wäre irgendwie vom Wortsinn der Heiligen Schrift gefordert. [...] Tatsächlich beschäftigt sich die Bibel nicht mit den Einzelheiten der physischen Welt, deren Kenntnis der Erfahrung und dem Nachdenken des Menschen anvertraut wird« (Ansprache von Johannes Paul II. vom 31.10.92, abrufbar unter www.vatican.va).

Der späte Zeitpunkt dieser Einsicht kann der Religion jedoch nicht in Gänze zugerechnet werden; in den protestantischen Teilen Europas war Galileos Schrift schon zu dessen Lebzeiten zugänglich.

Die Konsequenzen aus diesen Prozessen wurden von der Differenzierungstheorie aber anders als von Comte oder Dawkins bewertet. Aus der Überlegenheit der Wissenschaft in den genannten Fragen folge nämlich keineswegs zwingend, dass sie nun das Erbe der Religion in Gänze antreten oder all ihre Funktionen erfüllen könne. Im Grunde, so Malcolm Hamilton, bestehe kein grundsätzliches Konfliktverhältnis zwischen beiden Sphären, da Religion und Wissenschaft nach verschiedenen Dingen fragen (Hamilton 2001). Während die Wissenschaft nach den empirischen Zusammenhängen in der Welt suche, frage die Religion nach dem Sinn, der Bedeutung, dem »letztlichen Warum« dieser Sachverhalte – eine Position, die im Kern schon von Weber entwickelt wurde. Zwar hat nach Hamiltons Ansicht die Wissenschaft tatsächlich zu einem Niedergang der Religion beigetragen. Dies läge aber nicht an einem unhintergehbaren Konfliktverhältnis. Vielmehr habe die Kirche in spezifischen Auseinandersetzungen wie bspw. um die Stellung der Erde im Sonnensystem zu sehr auf schriftlich fixierten Doktrinen beharrt, anstatt empirische Evidenzen anzuerkennen. Diesen Kampf habe sie verlieren müssen, was aber das grundsätzliche Verhältnis zu den Wissenschaften nicht berühre, solange die Religion ihre eigentliche Weltsicht beibehalte und daraus resultierende Fragestellungen und Doktrinen immer wieder ›modernisiere‹. Ähnlich argumentiert auch Hubert Seiwert, wenn er feststellt, dass sich wissenschaftliche und religiöse Aussagen inhaltlich, formal und kontextuell unterscheiden lassen. »Gerade weil dies so ist, stehen sie jedoch in den seltensten Fällen im Widerspruch zueinander und schließen sich in der Regel nicht wechselseitig aus« (Seiwert 1993, 77). Während so die Wissenschaft zur Erreichung instrumenteller Ziele überaus nützlich sein könne, sei sie – im Gegensatz zur Religion – unfähig, diese Ziele selbst zu bestimmen.

Solche und ähnliche Argumentationen sind heute häufig anzutreffen. Auch wenn in soziologischen Theorien Konflikte zwischen Wissenschaft und Religion um Fragen der Welterklärung nicht ausgeschlossen werden, haben sie doch kaum noch einen systematischen Platz. Sie erscheinen eher der Vergangenheit angehörig, und wenn es doch zu solchen Auseinandersetzungen kommt, dann scheinen ihre Protagonisten nichts aus der Geschichte gelernt zu haben. Möglicherweise liegen hier die Dinge aber doch komplizierter.

Die Debatte um die Evolutionstheorie von Charles Darwin sei hierfür beispielhaft betrachtet. Zwar gab es schon vor dem 19. Jahrhundert wissenschaftliche Arbeiten, die die wörtliche Auslegung des Buches Genesis oder anderer religiöser Schöpfungserzählungen in Frage stellten. Doch erst mit der Veröffentlichung von *On the Origin of Species* von Charles Darwin im Jahr 1859 kam über die Frage nach Ursprung und Entwicklung der physischen Welt eine kontroverse und breit rezipierte Debatte auf. Darwin vertrat darin die Thesen, dass die natürlichen Arten veränderlich und variabel sind, dass an Stelle von Kreation von der Abstammung einer jeden Art von einer früheren Art ausgegangen werden muss und es schließlich im Laufe solcher Prozesse zu einer natürlichen Selektion der am besten an ihre Umweltbedingungen angepassten Lebewesen kommt.

Werk und Theorie verbreiteten sich in hoher Geschwindigkeit. Dabei gab es innerwissenschaftlich recht bald breiten Zuspruch zu zentralen Annahmen, auch wenn manche Theoriebausteine im Laufe der folgenden Jahrzehnte modifiziert oder ergänzt wurden. Parallel zu dieser Rezeption Darwins kamen auch rasch Kritiken aus religiöser Richtung auf. Deren Vertreter sahen in der Evolutionstheorie einen Angriff auf die Autorität der Bibel und gegen den Glauben an den göttlichen Ursprung allen Lebens auf der Welt sowie die Aufgabe aller moralischen Werte. Vor allem Europa und Amerika waren die Schauplätze solcher Debatten, in welchen sowohl katholische wie auch protestantische Lager vertreten waren. Es gab allerdings auch moderatere Töne. So wandten sich manche kirchliche Vertreter nicht grundsätzlich gegen die Veränderung von Arten, wollten aber dem Moment des Zufalls bei diesen Entwicklungen wesentlich weniger Einfluss einräumen, so dass auch die Evolution als göttliches Werk angesehen werden könne.

Bei Betrachtung dieser Kontroversen fallen auf der einen Seite die Gemeinsamkeiten mit dem Fall Galileo auf. Auch beim Streit um die Evolution konkurrieren religiöse und wissenschaftliche Akteure um angemessene Sichtweisen und Erklärungen der physischen Welt. Auch hier begann der Konflikt durch ein neues Deutungsangebot der Wissenschaften, das seitens der Religion als eigenen Überzeugungen widersprechend aufgefasst wurde. Und auch hier scheinen die Wissenschaften die überzeugenderen Argumente zu haben und die Auseinandersetzungen zu gewinnen. Unterschiedlich ist auf der anderen Seite der Verlauf der Debatte. Die Befürworter der Evolutionstheorie konnten ungleich schneller ihre Erkenntnisse und Ansichten gesellschaftlich verbreiten, und auch wenn sie dabei auf Widerstand oder Kritik stießen, wurden sie doch nicht grundsätzlich daran gehindert. Offenkundig fanden diese Debatten in einem deutlich veränderten gesellschaftlichen Umfeld statt. In diesem hatten sich die Wissenschaften mittlerweile viel stärker institutionalisiert und legitimiert und sich zudem dem unmittelbaren Zugriff der Religion entzogen. Darüber hinaus war innerhalb der Kirchen die Gruppe jener deutlich größer geworden, die aufgrund eines anderen, eben nicht mehr wörtlichen Bibelverständnisses in solchen Fragen einen Streit mit der Wissenschaft für überflüssig hielten oder deutlich stärker als zuvor wissenschaftliche Erkenntnisse in ihre eigene Argumentation einbezogen.

Die Debatte ist jedoch keineswegs beendet. Nach wie vor existiert vor allem in den USA, aber nicht nur dort, eine starke Gegenbewegung, die auch Erfolge verzeichnen kann. Ungeachtet verschiedener Strömungen innerhalb des kreationistischen Lagers eint sie die Überzeugung von einem Schöpfungsakt, der am Beginn der Welt stand, und dass auch die nachfolgenden Entwicklungen innerhalb der physischen Welt nicht (oder nur marginal) eigengesetzlich verliefen. Verbunden wird dies mit der Forderung, die Evolutionstheorie weiterhin nur als unbewiesene Theorie anzusehen und entsprechend in den Schulen auch so zu vermitteln. Mindestens die gleichwertige Stellung von Evolutions- und Schöpfungstheorie wird in diesem Zusammenhang gefordert, und mitunter auch erreicht. So beschloss die Schulbehörde des US-Bundesstaates Kansas im Jahr 2005, dass künftig neben der Evolutionstheorie auch das kreationistische Konzept des *Intelligent Design* gelehrt werden solle. Ebenso kam es 2009 in Texas, dessen Schulbücher für den amerikanischen Markt bestimmend sind, zu einer weiteren Öffnung in Richtung kreationistischer Positionen. Aber auch in der Türkei sind kreationistische Theorien wieder stärker in der Diskussion, und auch hier drehen sich die Debatten um deren Repräsentation in staatlichen Schulbüchern.

Die Gründe für die Langlebigkeit solcher Konflikte zwischen Wissenschaft und Religion sind vielfältig. Eine wichtige Rolle scheint in jedem Fall der Umstand zu spielen, dass ungeachtet aller vermittelnden Positionen die Überzeugung von der Unvereinbarkeit von Wissenschaft und Religion, in diesem konkreten Fall von Evolution und Bibel bzw. Koran, weiterhin Bestand hat und damit ein dauerhaftes Konfliktpotential darstellt. Dafür steht der seitens der Wissenschaften immer wieder unternommene Versuch, mit naturwissenschaftlichen Argumenten die Religion in Gänze zu widerlegen, während im Gegenzug der Anspruch erhoben wird, unter Berufung auf religiöse Schriften wissenschaftliche Modelle bewerten zu können. Für (manche) religiöse Akteure ist es offenkundig keineswegs einfach, vom Anspruch eines genuin religiösen *Wissens über die Welt* Abstand zu nehmen. Dies wird mitunter noch immer als Terrainverlust gegenüber dem Säkularen interpretiert, zumal das von den Wissenschaften produzierte Wissen keineswegs lückenlos ist und – naturgemäß – immer Interpretationen unterworfen bleibt. Insofern lassen sich zwar historisch große Entwicklungslinien ausmachen, etwa die Befreiung der Wissenschaften vom direkten Zugriff der Religion oder den Rückzug der Religion aus Fragen materialer Welterklärung, doch sind diese Prozesse offenkundig nie universal und auch nicht unumkehrbar.

Konflikte um Sinngebung und Sinnstiftung

Die eben beschriebenen Konflikte wurden vor allem unter dem Fokus auf *Wissen über die Welt* betrachtet. Sie bargen teilweise aber auch eine Dimension, die im Folgenden im Mittelpunkt steht. Diese Konfliktdimension ist dort beobachtbar, wo es nicht um Erklärungen für spezifische Weltausschnitte und rein innerweltliche Aspekte geht, sondern um ganz grundsätzlich konkurrierende Angebote zur *Sinnstiftung und Erlösung*. Dieser Bereich stellt gewissermaßen die Kernkompetenz jeder religiösen Idee dar. Aussagen über Sinn (und Unsinn) von Leben und Tod, von Welt und nicht zuletzt des ganz persönlichen Lebens gehören zum Repertoire wohl jeder Religion, und so unterschiedlich auch Religionsdefinitionen ausfallen, berücksichtigen sie doch alle – mehr oder minder – auch die Deutungsansprüche religiöser Akteure über Fragen von Sinn, letzten Werten oder »großen Transzendenzen« (Thomas Luckmann).

Offenkundig kommt es hier schon zwischen verschiedenen Religionen zu Auseinandersetzungen über die Kenntnis des ›richtigen‹ Erlösungsangebotes. So existieren unterschiedlichste Ideen etwa über Existenz und Beschaffenheit des Jenseits oder über die Art und Weise, in der Menschen mit Gott oder anderen transzendenten Instanzen in Verbindung stehen. Wie kam hier aber Wissenschaft ins Spiel? Dies geschah immer dann, wenn über die Berufung auf Wissenschaft versucht wurde, die eben erwähnten Sinnfragen zu beantworten. Wenn, mit anderen Worten, von wissenschaftlichen Akteuren nicht nur eine Überlegenheit bei spezifisch biologischen oder physikalischen Fragen behauptet wurde, sondern der Religion auch in ›letzten Fragen‹ Konkurrenz gemacht werden sollte. Ob dieser Konkurrenzanspruch nun offen ausgesprochen wurde oder latent blieb – wahrgenommen wurde er seitens der Religion zumeist, und er blieb selten unwidersprochen.

Der Anspruch, wissenschaftlich begründet über Moral oder Erlösung zu sprechen, mag im ersten Moment überraschend oder auch vermessen klingen, hat aber historisch viele Beispiele. Diese lassen sich bis in die Zeit der Aufklärung zurückverfolgen, haben dann aber im 19. und 20. Jahrhundert ihre Blütezeit mit Bewegungen wie dem französischen Positivismus und dem deutschen Monismus. Erhoben wurde der Anspruch, für alle Bereiche und Probleme menschlichen und natürlichen Lebens der maßgebliche Wegweiser zu sein. Wissenschaftlichkeit galt hier als Methode, Instrument und Ziel; nicht nur immanente Weltdeutungen, sondern auch Handlungsvorgaben und Sinngebungen sollten fortan nicht mehr religiös, sondern wissenschaftlich fundiert und begründet erfolgen. Wendete sich die Wissenschaft im Positivismus und Monismus noch speziell gegen das Christentum, verstand sich beispielsweise die »wissenschaftliche Weltanschauung« des Marxismus-Leninismus als generell anti-religiös.

Wissenschaft wurde in allen diesen Beispielen zur *Weltanschauung*. Weltanschauungen verbinden Aussagen über das *Sein* von Welt mit Aussagen über das *Sollen* von Welt. Sie bieten Deutungen der Welt und zugleich individuelle wie kollektive Handlungsmaximen (vgl. Weber 1988a; Gehlen 1993). In den Programmatiken des Positivismus, des Monismus und des Marxismus-Leninismus wurde den Wissenschaften genau dieses Vermögen zugesprochen. Die Wissenschaft wurde zum *Szientismus* – einer umfassenden Sicht auf alle Bereiche von Welt, die Sinnstiftung, Weltdeutungen und Handlungsanweisungen bot (Schmidt-Lux 2008).

Ein erstes einheitliches, szientistisches Programm entwarf Auguste Comte. Zwar starb dieser bereits 1857, doch lässt sich in der zweiten Hälfte des 19. Jahrhunderts ein Aufschwung des Positivismus beobachten, dessen Wurzeln zweifellos bei Comte und dessen Lehrer, dem Grafen von Saint-Simon, zu suchen sind. Der Positivismus folgte grundsätzlich der Annahme, dass alles verlässliche Wissen auf der positiven, tatsächlichen Erfahrung mit der empirischen Wirklichkeit beruht und sich Wissenschaft deshalb allein auf empirisch zugängliches Material zu beziehen habe. Daran schloss sich die Prämisse an, dass sich alles in der Welt Beobachtbare, im natürlichen wie im sozialen Bereich, auf Gesetze zurückführen lässt. Diese Gesetze zu entschlüsseln sei oberstes Ziel der Wissenschaften. Über die Erkenntnis dieser Gesetze erhoffte man sich nicht weniger als den Weltsinn zu entschlüsseln und damit auf wissenschaftliche Weise eine orientierungslos gewordene Welt zu erretten und auf neue Ziele hin auszurichten. Mit den Worten Pierre Laffittes lag die Hauptaufgabe der Wissenschaft darin, eine »détermination scientifique de la destination de la vie humaine« (Plé 1996, 118) vorzunehmen. Die zu entschlüsselnden Naturgesetze sollten dabei nicht auf das Wirken einer göttlichen Instanz zurückgeführt werden, wie dies etwa der Deismus tat. Vielmehr sollte die Wissenschaft selbst den Platz der Religion einnehmen. Schon bei Comte wurde der religiöse Anspruch des Positivismus fundiert. Comte prägte den Begriff der *religion d'Humanité* und dachte den Wissenschaftlern eine Priesterfunktion zu. Religiöse Gefühle ergäben sich fast von selbst, so die Ansicht vieler Positivisten, bei der Erkenntnis der faszinierenden, komplexen Eigengesetzlichkeit der Welt. Fast allen Protagonisten des Positivismus war jener Drang zu eigen, dem als überkommen angesehenen Christentum und den in ihre Fachgrenzen eingeengten Wissenschaften ein neues System gegenüberzustellen, das Rationalität und Emotionalität vereinigen würde.

Die Tendenzen des Positivismus zur *religion scientifique universelle* wurden auf Seiten der Kirche und der Theologie natürlich sehr genau wahrgenommen. Seit den 1860er Jahren befassten sich zahlreiche Schriften, Artikel und Monographien mit dem Positivismus, verurteilten seine Zielrichtung und warnten vor seinen Folgen. Zwei Kernpunkte dieser christlichen Apologetiken lassen sich dabei ausmachen. Erstens, so die christlichen Autoren, leugne der Positivismus die Existenz Gottes. Anstatt die Wissenschaft als Weg zu Gott zu begreifen und zu betreiben, betrachte er die Naturgesetze losgelöst von ihrem eigentlichen Urheber. Zudem ginge mit dieser Entgöttlichung, zweitens, eine generelle Entzauberung der Welt einher. »The universe would the be regarded«, so eine der Streitschriften warnend und trauernd zugleich, »as a dreary scene of sequences, recurring in a dark, monotonous, and interminable order« (zitiert in Plé 1996, 105).

Während der Positivismus vor allem in Frankreich, aber auch in Amerika Verbreitung fand, entstand zum Ende des 19. Jahrhunderts in Deutschland mit dem Monismus eine Bewegung, die etliche der Grundideen des Positivismus aufgriff. Auch der Monismus wollte ein weltanschauliches Gebäude errichten, das an die Stelle aller bisherigen Weltdeutung und Sinnstiftung treten sollte. Bereits 1886 hatte Alois Riedler den Beginn des »naturwissenschaftlichen Zeitalters« ausgerufen, und Rudolf Virchow postulierte die Wissenschaften als neue »Religion« und seinen »Glauben an den Fortschritt in der Erkenntnis der Wissenschaft« (zitiert bei Oexle 1984, 24). Vor diesem Hintergrund formierte sich die monistische Bewegung, deren Geschichte offiziell 1906 mit der Gründung des Monistenbundes in Jena begann. Ihr maßgeblicher Protagonist Ernst Haeckel, Professor für Biologie an der Universität Jena, war schon lange zuvor zum entschiedenen Vertreter der Darwinschen Abstammungslehre avanciert und wurde durch sein entsprechendes, oftmals polemisches Auftreten schnell auch außerhalb seiner Disziplin bekannt.

Die Ziele des Monistenbundes waren in dessen Gründungsmanifest zusammengefasst. So fänden

> »Tausende und Abertausende [...] keine Befriedigung mehr in der alten, durch Tradition oder Herkommen geheiligten Weltanschauung; sie suchen nach einer neuen, auf naturwissenschaftlicher Grundlage ruhenden einheitlichen Weltanschauung. Die Weltanschauung der Zukunft kann nur eine monistische sein, eine solche, die einzig und allein die Herrschaft der reinen Vernunft anerkennt, dagegen den Glauben an die veralteten, traditionellen Dogmen und Offenbarungen verwirft«

(zitiert in: *Das Monistische Jahrhundert* 22, 1912–13, 748).

Vor allem wandte sich jedes monistische Schriftstück im Namen der Vernunft und der Rationalität gegen Glauben und überkommene Tradition. Ein Glaube an übernatürliche Instanzen oder jenseitige Vorgänge, die mit dem irdischen Leben in Verbindung stünden, verbot sich von selbst und sollte einer rationalen und empirischen Sicht auf die Welt weichen. Die Kraft des eigenen logischen Denkens und des naturwissenschaftlichen Kausalverständnisses galt gegenüber religiösen und traditionellen Dogmen als überlegenes Prinzip. Dies verband sich meist mit dem deutlichen Bekenntnis zum Vertrauen in das prinzipiell Gute im Menschen, worauf sich erst die Hoffnung auf einen Sieg der Vernunft gründen konnte.

Jeder dieser Punkte barg natürlich eine Spitze gegen die christliche Religion. Schon im Gründungsmanifest wurde diese als Hauptgegner und Hort des veralteten, traditionellen Denkens benannt. Zwar ging es den Monisten um die Überwindung des Christentums, gleichzeitig jedoch um eine neue, eigene ›monistische Religion‹, der Haeckel in den »Welträtseln« ein eigenes Kapitel widmete. Haeckel pries darin den Monismus als explizites Gegenstück zum christlichen Glauben und dessen Kirche. Religiöse Dogmen behinderten die Vernunft und der Glaube das Wissen, aber eben nicht »jener wissenschaftliche Glaube, welcher uns zu einer monistischen Religion führt, sondern jener unvernünftige Aberglaube, der die Grundlage eines verunstalteten Christentums bildet« (Haeckel 1984, 2). Nun wolle aber der Monismus keine bloße Zerstörungsarbeit leisten, sondern vielmehr »jenes wahrhaft beglückende Band zwischen Religion und Wissenschaft [sein], das heute noch von so Vielen schmerzlich vermisst wird« (Haeckel 1919, 35). Der bisherige Glaube, die veralteten Dogmen sollten ersetzt, die alten Formen neu gefüllt werden. Von Haeckels Postulierung einer monistischen Religion führte dies zum zeitweise versuchten Aufbau einer monistischen Kirche bis hin zur Ausrufung Haeckels als Gegenpapst bei einem Freidenkerkongress 1904 in Rom.

2. Religion und Wissenschaft

Wie zuvor nur Comte betonte der Monismus den Anspruch der Wissenschaft, eine für wirklich alle Bereiche des natürlichen und sozialen Lebens maßgebliche Richtschnur gefunden zu haben. Im Verhältnis zur Religion führte dies zu ganz grundsätzlichen Spannungen. Diese betrafen zum einen die oben beschriebene Dimension der Weltdeutung, aber darüber hinaus eben auch den Anspruch des Monismus, sinnstiftend und handlungsleitend zu sein. Statt einer bloßen Abschaffung oder der Einschränkung der Religion wollte der Monismus an deren Stelle treten und künftig in einer Verbindung von Wissenschaftlichkeit und ethischen Prinzipien das soziale Gemeinwesen in Gänze regeln.

Ein weiteres Beispiel von Konflikten zwischen Wissenschaft und Religion auf einer weltanschaulichen Ebene sind die Ansprüche des Marxismus-Leninismus, über eine »wissenschaftliche Weltanschauung« zu verfügen, die der Religion auf allen Ebenen überlegen sei. Der Terminus »wissenschaftliche Weltanschauung« wurde insbesondere in den marxistischen Texten der DDR verwendet und stand teilweise synonym für Marxismus-Leninismus. Grundsätzlich unterstellte man in der marxistisch-leninistischen Literatur eine funktionale Notwendigkeit von Weltanschauungen. Ohne eine solche sei der Mensch orientierungslos und der Welt schier hilflos ausgeliefert. Während jedoch ursprüngliche Weltanschauungen vereinfachend und naiv gewesen seien, benötige der moderne Mensch »eine konsequent wissenschaftliche Weltanschauung, die uns befähigt, uns in unserer sich rasch ändernden, widerspruchsvollen und konfliktgeladenen Welt selbständig zu orientieren, unseren Platz, unser Ziel zu bestimmen und den Weg einzuschlagen, der zum Ziel hinführt« (Klein/Redlow 1973, 4).

Die »einflussreichste unwissenschaftliche Weltanschauung« sei dagegen die Religion, die somit der Feind der Wissenschaft »von Anfang an« gewesen sei (Klein 1960, 71). Während sich die Wissenschaft ausschließlich mit dem materiell Gegebenen beschäftige, entspräche der Religion keinerlei objektive Realität. Sie erwachse vielmehr aus Unwissen und daraus resultierender Furcht und Ohnmacht. Die Wissenschaft dagegen versuche, gerade diese Wissensdefizite aufzuheben und gerate dadurch zwangsläufig mit der Religion in Konflikt. An solchen Stellen wurde noch um die bessere Methode zur Welterklärung gerungen. Der Marxismus-Leninismus präsentierte dabei wissenschaftliches Denken und dessen Ergebnisse als eine dem religiösen Denken überlegene ideelle Kategorie und war damit ganz dem von Tenbruck beschriebenen Modell einer kognitiven Konkurrenz von Religion und Wissenschaft verhaftet. Religion, so die bereits oben dargestellte Argumentation, fuße auf veralteten, längst widerlegten Dogmen und befinde sich auf einem Wissensstand, der teilweise seit mehreren hundert Jahren überholt sei.

Darüber hinaus trat der Marxismus-Leninismus, wie oben bereits beim Positivismus und dem Monismus gesehen, aber auch auf einem zweiten Feld in Konkurrenz zum Religiösen. Denn Wissenschaftlichkeit wurde nicht nur als Instrument zur Lösung von Fragen und Problemen verstanden, sondern galt schon per se als Antwort. Zudem, und hierin liegt der Kern des marxistisch-leninistischen Szientismus, sollten wissenschaftliche Methoden auch auf *außer*wissenschaftlichen Gebieten angewandt werden. In ihrer Gestalt als Weltanschauung sollte Wissenschaft nicht nur *Wege*, sondern auch gesellschaftliche *Ziele* vorgeben. So beanspruchte die Politik, wissenschaftlich begründet zu sein, ebenso wie es als möglich galt, »die Stellung des Menschen in dieser Welt, den Sinn seines Lebens wissenschaftlich zu bestimmen« (Klein/Redlow 1973, 29). Insbesondere mit der Behauptung, die *Sinnhaftigkeit* menschlichen Lebens ergründen zu wollen und dies auch zu können, drang der Marxismus-Leninismus in Bereiche ein, für die seiner Auffassung nach bislang allein die Religion Geltung beanspruchte, und nahm somit den Charakter einer Weltanschauung an.

All dies war offenkundig mehr als der Versuch, mit religiösen Weltdeutungen in bloß kognitive Konkurrenz zu treten. Der Marxismus-Leninismus setzte hier die schon für Positivismus wie Monismus beschriebenen Ansprüche fort, auch im Bereich von Sinnstiftung und moralischer

Kompetenz die Religion zu beerben. Friedrich Tenbruck bezeichnete das als »Wissenschaftsreligion« und ordnete diese in eine »Glaubensgeschichte der Moderne« ein. Auch die Moderne brauchte, so Tenbruck, die Absicherung ihrer normativen und institutionellen Ordnungen, und nachdem diese Funktion nicht mehr von der Religion erfüllt wurde, bot sich die Wissenschaft an, diese Rolle zu übernehmen. Die Natur- und später die Geistes- und Sozialwissenschaften verhießen, »die wahre Ordnung der Dinge« zu entschlüsseln – erst in der Natur, dann in der sozialen Welt (Tenbruck 1976, 8). Aus dieser von der Wissenschaft geleisteten »Einsicht in diese ewige Ordnung zieht dann auch der Mensch die Sicherheit einer inneren und äußeren Ordnung« (Tenbruck 1989, 156).

Nach Tenbrucks Ansicht kam es nun aber zu einem Bruch dieser Verheißungen. Keine der wissenschaftlichen Disziplinen sei zu den angekündigten Leistungen fähig gewesen; die Wissenschaft selbst sei ebenso von ihren Versprechen zurückgetreten wie der Glaube an ihre universalen Leistungen geschrumpft sei. Zwar sind wissenschaftliche Erkenntnisse nach wie vor oberste Instanz für Wissen über die Welt; um eine *Stellung zur Welt* einzunehmen, orientiere sich aber niemand mehr an der Wissenschaft.

> »Sie spendet keine Legitimität mehr, und jede Vergewisserung, welche die Gesellschaft bei der Lösung ihrer Probleme von der Wissenschaft entgegennimmt oder welche der einzelne im Rat der Wissenschaft sucht, ist schnell schal geworden und brüchig« (Tenbruck 1976, 11).

Ganz an sein Ende ist der Szientismus jedoch nicht gekommen, was sich wiederum am bereits erwähnten Richard Dawkins zeigen lässt. In dessen Lesart der Evolutionstheorie wird zunächst auf der Ebene der Weltdeutung die Religion, oder was als Religion in den Blick genommen wird, naturwissenschaftlich widerlegt. Dawkins bleibt aber hierbei nicht stehen. Er nimmt darüber hinaus für die Wissenschaft in Anspruch, »one of the most moral, one of the most honest disciplines around« (Dawkins 1997, 27) zu sein und eine Ehrfurcht zu erwecken, die religionsanalog sei:

> »All the great religions have a place for awe, for ecstatic transport at the wonder and beauty of creation. And it's exactly this feeling of spine-shivering, breath-catching awe – almost worship – this flooding of the chest with ecstatic wonder, that modern science can provide. And it does so beyond the wildest dreams of saints and mystics. The fact that the supernatural has no place in our explanations, in our understanding of so much about the universe and life, doesn't diminish the awe. Quite the contrary. The merest glance through a microscope at the brain of an ant or through a telescope at a long-ago galaxy of a billion worlds is enough to render poky and parochial the very psalms of praise« (ebd.).

Und auch von der zukunftsweisenden Kraft der Wissenschaften wird hier nicht Abstand genommen, wie dies etwa Tenbruck für die Gegenwart unterstellt. Stattdessen wiederholt sich bei Dawkins das seit dem 19. Jahrhundert bekannte szientistische Versprechen: »Science can offer a vision of life and the universe, which […] for humbling poetic inspiration far outclasses any of the mutually contradictory faiths and disappointingly recent traditions of the world's religion« (ebd., 28).

Versöhnungsangebote

Das Bild eines seit jeher tobenden Kampfes zwischen Wissenschaft und Religion – als solches ein zentraler Topos der szientistischen Bewegung – ist zweifellos unzutreffend. Vielfach sind mittlerweile die Akteure, Konzepte und Theorien vor allem der frühen Neuzeit beschrieben worden, die beide Sphären keineswegs als sich wechselseitig ausschließend ansahen. Insofern waren die späteren Konflikte durchaus neu und in keinster Weise selbstverständlich, wenngleich vermutlich unausweichlich. Im folgenden Abschnitt sollen Varianten eines nicht-konfliktiven Verhältnisses von Wissenschaft und Religion beschrieben werden, die vor dem Aufstieg der Naturwissenschaften existierten, als auch Konzepte, die in neueren Theorien entworfen wurden.

Die Zeit der Aufklärung wird schnell mit religiös-wissenschaftlichen Konflikten verbunden, war aber tatsächlich weitestgehend von einer Vielzahl eher harmonistischer Verhältnisbestimmungen geprägt. Die Entwicklung und Vervollkommnung der Naturwissenschaften galt vielen ihrer Protagonisten nicht als Konkurrenzprojekt zur christlichen Religion, sondern als dessen Unterstützung. »Die Gesetzmäßigkeiten galten als Evidenz für die göttliche Einrichtung der Welt und wurden damit zur Versicherung über die Stellung des Menschen in einem sinnvoll eingerichteten Kosmos« (Tenbruck 1989, 152). Schon Galileo Galilei versuchte – entgegen späterer Geschichtsschreibung –, seine Entdeckungen sowohl mit seinem persönlichem Glauben, als auch mit der christlichen Theologie in Einklang zu bringen und reinterpretierte aus diesem Grund die Passagen der Bibel, die seinen Thesen zu widersprechen schienen. Große Anziehungskraft besaß auch der neuzeitliche Deismus mit seiner Idee einer natürlichen Religion, deren bekannteste Vertreter Giordano Bruno, Spinoza und Moses Mendelssohn waren. Der Deismus nahm Gott als den Schöpfer der Welt an, der sich nun aber zurückgezogen habe und sich nicht mehr aktiv in den Weltenlauf einmische. Exemplarisch für eine solche Sicht war die Aussage des anglikanischen Predigers Samuel Clarke, der im Aufbau der Natur nichts anderes sah als »the will of God producing certain effects in a continued, regular, constant, and uniform manner« (zitiert in Brooke 1991, 51). Dieser Vorstellung von Gott als Uhrmacher entgegenstehend glaubte bspw. Newton an die fortdauernde Aktivität Gottes in der Welt. Aber auch er interpretierte die Naturgesetze als »Ausdruck von Gottes Herrschaft und Willen, der bestimmten Regeln gehorchte« (Barbour 2003, 44). Jedes wissenschaftliche Tun war damit in völliger Übereinstimmung mit der Religion, denn der Weg der Naturerkenntnis war zugleich der Weg zu Gott.

Max Weber sah – spätestens – zu seiner Zeit den Moment gekommen, von dieser Vorstellung Abstand zu nehmen. Die Hoffnung, auf naturwissenschaftlichem Wege den Sinn der Welt zu entschlüsseln, sei von Beginn an irrig gewesen und hätte zu Recht nur noch wenige Anhänger. Weder könne die Wissenschaft die Aufgaben der Religion übernehmen, noch sich von deren Maximen leiten lassen. Wie bereits eingangs beschrieben, trat Weber vehement für die *Unterscheidung* und *Trennung* von Wissenschaft und Religion ein. Religion und auch die Theologie seien »kein ›Wissen‹ im gewöhnlich verstandenen Sinn, sondern ein ›Haben‹. Wer sie – den Glauben oder die sonstigen heiligen Zuständlichkeiten – nicht ›hat‹, dem kann sie keine Theologie ersetzen. Erst recht nicht eine andere Wissenschaft«. Eben der Glaube, diese »Virtuosenleistung des ›Opfers des Intellekts‹«, kennzeichne die Religion und zeige, dass »die Spannung zwischen der Wertsphäre der ›Wissenschaft‹ und der des religiösen Heils unüberbrückbar ist« (Weber 1988b, 611). Wie gesehen, schloss Weber damit Konflikte zwischen Wissenschaft und Religion als empirisch beobachtbare Tatbestände nicht aus. Aus der von ihm entworfenen Perspektive waren sie jedoch in gewisser Weise vermeidbar, solange sich die Akteure beider Sphären auf ihre eigene Weise der Weltbetrachtung beschränken würden. Auch auf religiöser Seite findet sich eine solche Position, die die Trennung von spezifischen Zuständigkeiten von Wissenschaft und Religion postuliert. Schon vor Galileos Zeiten prägte der Kardinal Cesare Baronio das Diktum, dass der Heilige Geist den Gläubigen zeigen wolle, wie man in den Himmel kommt – und nicht wie der Himmel funktioniert. Und auch die oben bereits zitierte Stellungnahme des Papstes aus dem Jahr 1992 geht in eine ähnliche Richtung. Im Unterschied zu Weber allerdings werden Religion und Wissenschaft hier nicht als zwei Sphären mit unterschiedlichen Werten, sondern als zwei »Bereiche des Wissens« bezeichnet. Der eine habe »seine Quelle in der Offenbarung, der andere aber kann von der Vernunft mit ihren eigenen Kräften entdeckt werden. Zum letzteren Bereich gehören die experimentellen Wissenschaften und die Philosophie«. Die Unterscheidung dürfe aber nicht als Gegensatz verstanden werden, denn die Methode eines jeden Bereiches erlaube es, »unterschiedliche Aspekte der Wirklichkeit herauszustellen« (Ansprache von Johannes Paul II. vom 31.10.92, abrufbar unter www.vatican.va).

Eine dritte Perspektive betont *partielle Gemeinsamkeiten* von Wissenschaft und Religion. Für diese Position ist John Polkinghorne beispielhaft. Aus seiner Sicht haben Naturwissenschaft und Theologie zwar unterschiedliche Gegenstandsbereiche, ähneln sich jedoch im Ziel ihrer Arbeit: dem Verstehen und Ergründen der Position des Menschen in der Welt. Ihr Verhältnis sei somit weder als Konflikt, noch als Nebeneinander, sondern vielmehr als »Konsonanz« zu begreifen. So ergibt sich aus seiner Sicht eine notwendige Zusammenarbeit auf Gebieten wie der Quantenphysik, um deren Erkenntnisse angemessen interpretieren zu können. Grundsätzlich bestehe »a considerable degree of cousinly relationship between the two disciplines as each pursues its search for truth by means of the quest for motivated belief arising from their two very different domains of experience« (Polkinghorne 1998, 46).

Eine vierte Variante schließlich setzt in gewisser Weise die Bemühungen aus der Zeit des neuzeitlichen *Theismus* fort, allerdings unter Einbezug neuester naturwissenschaftlicher Erkenntnisse. Ohne einen direkten Gottesbeweis zu proklamieren, beharren die Vertreter dieser neuen Interpretation einer natürlichen Theologie jedoch auf der Plausibilität der These von der Existenz und dem Wirken Gottes. Als Hinweise werden hier etwa diejenigen Punkte evolutionärer Theorien gedeutet, die auf Zufälle in der natürlichen Entwicklung rekurrieren. Im Kern verweist diese Position auf die enorme Unwahrscheinlichkeit der beobachtbaren natürlichen Ordnung, deren Ursprung jedenfalls nicht befriedigend ohne das Wirken einer lenkenden oder schöpferischen Instanz erklärbar sei (vgl. hierzu ausführlicher Barbour 2010).

Konsequenzen und künftige Forschungen

Angesichts all dieser Debatten liegt die abschließende Frage nahe, welche Auswirkungen die beobachtbaren Konflikte zwischen Wissenschaft und Religion hatten. Da darauf bezogene Diagnosen in vielen der diskutierten Theorien bereits enthalten waren, soll darauf nur noch einmal sehr knapp eingegangen werden. Gängige These war lange Zeit, dass der Fortschritt der Wissenschaften wesentlich zum Niedergang der Religion beigetragen habe. Dies wurde vor allem in der mechanischen Verdrängungsthese Auguste Comtes vertreten. Viele Theorien des 20. Jahrhunderts rückten dann von diesen vereinfachenden Sichtweisen ab. Autoren wie Steve Bruce bestritten gänzlich die säkularisierende Wirkung ideeller Faktoren und betonten dagegen sozialstrukturelle Ursachen. Auch in anderen Arbeiten wurde der Einfluss der Wissenschaften auf die Säkularisierungsprozesse westlicher Gesellschaften deutlich geringer veranschlagt, jedoch nicht gänzlich verworfen. Die Verwissenschaftlichung der Welt führte aus Sicht von Peter L. Berger, Günter Dux oder Friedrich Tenbruck zwar zur Schwächung der Religion, ohne dass jedoch die Wissenschaft einfach an deren Stelle trat. Nachhaltig habe sie jedoch den Weltbezug der Menschen verändert, die fortan Sinn und Grund aller Dinge eher im Dies- als im Jenseits suchten und fanden. Genaue Dynamik, Ablauf und Akteure dieser Prozesse blieben jedoch meist im Dunkeln. Dies versuchten jene Forschungen zu präzisieren, die die Propagierung des Szientismus in den Blick nahmen und dabei die Rolle von Freidenkervereinen und atheistischen Gruppierungen untersuchten (vgl. Schmidt-Lux 2008). Insbesondere Ostdeutschland und die DDR waren aus Sicht jener Arbeiten Kontexte, in denen szientistische Topoi im 20. Jahrhundert eine große Verbreitung fanden. Säkularität wurde zwar auch mit politischen Mitteln forciert, nicht zuletzt aber durch das Argument einer grundlegenden Konflikthaftigkeit zwischen Religion und Wissenschaft zu einer dominanten und bis heute feststellbaren Haltung (Wohlrab-Sahr/Karstein/Schmidt-Lux 2009).

Die Uneinigkeit der Forschung ist hier vor allem einer relativ disparaten empirischen Grundlage geschuldet, die nicht zuletzt daher rührt, dass viele der wichtigen Fragen historischer Art sind. Zudem war und ist die Debatte um das Verhältnis von Wissenschaft und Religion und damit verbundene Fragen von Säkularisierung oft mit stark normativen Implikationen verbunden. Von Bedeutung wären hier künftig Arbeiten, die Konflikte *und* Simultaneitäten beider Sphären in den Blick nehmen, ohne einer teleologischen Säkularisierungstheorie zu folgen, die aber auch nicht in den Verdacht szientistischer Apologetik gerückt werden. Dies bietet sich auch dort an, wo Konflikte nicht eindeutig entlang der Grenze von

Wissenschaft und Religion verlaufen, wohl aber unter Beteiligung wissenschaftlicher und religiöser Akteure und Argumente. Dies betrifft etwa die zahlreichen bioethischen Debatten. Hier ließe sich, auch aus theoretischer Sicht, verstärkt die Rolle Dritter beleuchten. So wurden Kontroversen von Wissenschaft und Religion in der Vergangenheit ja nicht selten durch das Rechtssystem entschieden bzw. geregelt.

Welche Fragen stellen sich darüber hinaus für künftige Forschungen? Der Fokus bisheriger Arbeiten zu Konflikten zwischen Wissenschaft und Religion lag zweifellos auf Beispielen aus einem christlich geprägten Kontext. Hier besteht noch großer Bedarf an einer Forschung, welche die unterschiedlichen Religionen systematisch vergleichend in den Blick nimmt. Auch wenn dem nicht die Annahme zugrunde liegt, dass Konflikte etwa zwischen dem Islam und der Wissenschaft zwingend anders aussehen müssen, können solche Studien doch einerseits andere Konfliktkonstellationen, Probleme und Lösungen zu Tage fördern, andererseits gerade durch die Feststellung von ganz ähnlichen Prozessen wie in westlichen Gesellschaften wertvolle Einsichten in grundsätzliche Mechanismen und Konfliktdynamiken erbringen. Die bislang vorliegenden Studien weisen nicht zuletzt auf solche Parallelen hin, was etwa die Debatten zwischen Evolutionstheorie und Kreationismus im Islam oder die anhaltende Wirkung szientistischer Propaganda in China betrifft. Über ihren spezifischen Kontext hinaus sprechen solche Phänomene für Max Webers grundsätzliche Annahme, dass Religion und Wissenschaft in einem dauerhaften, wenn auch oft latent bleibenden ›Spannungsverhältnis‹ stehen – damit Konflikte beider Sphären weiterhin beobachtbar bleiben werden.

Literatur

Barbour, Ian G.: *Wissenschaft und Glaube*. Göttingen 2003.
–: *Naturwissenschaft trifft Religion. Gegner, Fremde, Partner?* Göttingen 2010.
Brooke, John Hedley: *Science and Religion. Some Historical Perspectives*. Cambridge 1991.
Comte, Auguste: *Die Soziologie*. Die positive Soziologie im Auszug. Hg. von Friedrich Blaschke. Leipzig 1933.
Dawkins, Richard: *Das egoistische Gen*. Berlin/Heidelberg/New York 1978.
–: Is Science a Religion? In: *The Humanist* (Jan/Feb 1997), 26–29.
–: *The God Delusion*. London 2006.
Frazer, James: *The Golden Bough* [1890]. New York 1993.
Gehlen, Arnold: *Der Mensch. Seine Natur und seine Stellung in der Welt* [1940]. Frankfurt a. M. 1993.
Haeckel, Ernst: *Der Monismus als Band zwischen Religion und Wissenschaft*. Vorgetragen am 9.10.1892 in Altenburg. Leipzig 1919.
–: *Die Welträtsel. Gemeinverständliche Studien über monistische Philosophie* [1899]. Stuttgart 1984.
Hamilton, Malcolm: *The Sociology of Religion*. London 2001.
Klein, Matthäus: *Das gesellschaftliche Bewusstsein und seine Rolle in der Entwicklung der Gesellschaft*. Heft 3 aus der Reihe Wissenschaftliche Weltanschauung. Teil II: Historischer Materialismus. Berlin 1960.
–/ Redlow, Götz: *Warum eine wissenschaftliche Weltanschauung?* Berlin 1973.
Oexle, Otto G.: Die Geschichtswissenschaft im Zeichen des Historismus. Bemerkungen zum Standort der Geschichtsforschung. In: *Historische Zeitschrift* 238 (1984), 17–55.
Plé, Bernhard: *Die »Welt« aus den Wissenschaften. Der Positivismus in Frankreich, England und Italien von 1848 bis ins zweite Jahrzehnt des 20. Jahrhunderts. Eine wissenssoziologische Studie*. Stuttgart 1996.
Polkinghorne, John: *Belief in God in an Age of Science*. New Haven/London 1998.
Schmidt-Lux, Thomas: *Wissenschaft als Religion. Szientismus im ostdeutschen Säkularisierungsprozess*. Würzburg 2008.
Seiwert, Hubert: *Wissenschaft als Religion? Funktionen von Wissenschaft und Religion in der modernen Gesellschaft*. In: Günter Lensch (Hg.): *Wissenschaft und Menschenbild*. Sankt Ingbert 1993, 65–84.
Tenbruck, Friedrich H.: Die Glaubensgeschichte der Moderne. In: *Zeitschrift für Politik* 23. Jg., 1 (1976), 1–15.
–: Der Fortschritt der Wissenschaft als Trivialisierungsprozess. In: Ders.: *Die kulturellen Grundlagen der Gesellschaft. Der Fall der Moderne*. Opladen 1989, 143–174.
Weber, Max: *Gesammelte Aufsätze zur Religionssoziologie*. Bd. 1. Tübingen 1988.
–: Energetische Kulturtheorien. In: Ders.: *Gesammelte Aufsätze zur Wissenschaftslehre*. Tübingen 1988a, 400–426.
–: Wissenschaft als Beruf. In: Ders.: *Gesammelte Aufsätze zur Wissenschaftslehre*. Tübingen 1988b, 582–613.
Wohlrab-Sahr, Monika/Karstein, Uta/Schmidt-Lux, Thomas: *Forcierte Säkularität. Religiöser Wandel und Generationendynamik im Osten Deutschlands*. Frankfurt a. M./New York 2009.

Thomas Schmidt-Lux

3. Religion und Menschenrechte

Sowohl die Menschenrechte als auch die Religion und die Säkularisierung teilen das begriffliche Problem, definitorisch umstritten zu sein bzw. häufig terminologisch unscharf verwendet zu werden. Trotz dieser begrifflichen Uneindeutigkeit bilden alle drei wichtige Bezugsgrößen in den Kontroversen um das normative Selbstverständnis der modernen Gesellschaft. Nach der klassischen Säkularisierungsthese konkurrieren die Religion und die Säkularisierung als zwei Weisen der Deutung nicht nur miteinander. Vielmehr zähle zur Definition der Moderne – so die Vertreter dieser These – gleichsam auch die Annahme, dass die Religion zunehmend an Bedeutung verliere und die Modernisierung der Gesellschaft mit deren Säkularisierung einhergehe. Für die Vertreter der klassischen Säkularisierungsthese sind damit die Auseinandersetzungen um die richtige Deutung der Moderne bereits zugunsten eines religionsneutralen Staates und des Rückzuges der Religion in den privaten Bereich entschieden.

Wie unterschiedlich die staatliche Neutralität gegenüber religiösen und weltanschaulichen Belangen und ihre entsprechende konstitutionelle Ordnung verstanden wird, zeigt sich etwa am strengen Laizismus Frankreichs oder der Türkei, an den partnerschaftlich-kooperativen Staatskirchenverträgen Deutschlands oder der strikten verfassungsrechtlichen Trennung von Staat und Religions- und Weltanschauungsgemeinschaften der USA bei einer teilweise stark (zivil-)religiösen bürgerlichen Öffentlichkeit. Entsprechend stark variiert auch die rechtliche Stellung religiöser Gemeinschaften und das Verhältnis von öffentlichem und privatem Raum in modernen Staaten. Die Säkularisierungsthese allein gibt demnach keine hinreichende Antwort auf Fragen, die die Rolle der Religion und ihrer Akteure in der pluralistischen Öffentlichkeit betreffen.

Seit Ende der 1980er Jahre ist die Säkularisierungsthese zudem anhaltender Kritik von überwiegend soziologischer Seite ausgesetzt. Diese Kritik lässt sich vor allem am Einwand gegen ihre eurozentristische Perspektivverengung und der Diskrepanz angesichts der weltweit anhaltenden Vitalität von Religion festmachen, die eher für einen europäischen, säkularen Sonderweg spricht, wie eine Vielzahl von global angelegten und kulturvergleichenden Studien empirisch zu belegen suchen (Hadden 1987; Casanova 1994). So erweist sich der behauptete Bedeutungsverlust der Religion, der mit der Säkularisierung einhergehe, nicht nur analytisch als zu eindimensional, sondern lässt sich auch empirisch nur für die traditionell organisierten Formen religiöser Gemeinschaften in den europäischen Staaten nachweisen, wie anhand des Mitgliederschwundes der dortigen Kirchen.

Der überwiegend religionssoziologisch-philosophisch geführte Säkularisierungsdiskurs sieht sich daher mit Phänomenen konfrontiert, die von einer weltweit zu beobachtenden Revitalisierung von Religion (Riesebrodt 2001), über die Zunahme des religiösen Fundamentalismus und der Fundamentalisierung von Politik bis hin zu Diagnosen eines post-säkularen Zustandes westlicher Wohlstandsgesellschaften (Jürgen Habermas) reichen. All diese Phänomenbeschreibungen sind in der Fachöffentlichkeit gleichermaßen umstritten; sie gewinnen aber in einer globalisierten Welt, die sich durch anhaltende Arbeits- und Flüchtlingsmigration, die Herstellung von globaler Öffentlichkeit über die neuen Medien, die Transformation von Formen politischer Legitimität und die Zunahme menschenrechtlicher Institutionalisierung auf nationaler, inter- und transnationaler Ebene auszeichnet, zunehmend an weltpolitischer Brisanz. Die weltweit betriebene mediale Vermittlung und redaktionelle Aufarbeitung von Ereignissen durch die Massenmedien prägen dabei die Wahrnehmung von Akteuren der »Weltgesellschaft« (Luhmann 1971), wie nationale Regierungen, internationale Komitees und Nichtregierungsorganisationen (NGO).

Neben die traditionellen Medien treten seit Ende des 20. Jahrhunderts mittels des Internet und der Mobiltelefonie zunehmend neue Formen der Kommunikation und des Austausches von Daten, z.B. in Gestalt von sozialen Netzwerken und Blogs. Dies dehnt den Kreis der aktiv an Kommunikationsgemeinschaften beteiligten Gruppen und Personen stark aus und löst den Öffentlichkeitsbegriff von seinem nationalen

Entstehungshintergrund ab. So fordert die digitale Revolution den Begriff der Moderne und mit ihm den der Säkularisierung in besonderer Weise heraus, auch wenn nicht alle soweit gehen, von einer »zweiten Moderne« zu sprechen (Beck 1996). Die Unterscheidung von öffentlichem und privatem Raum verschwimmt zusehends angesichts der Absenkung der technologischen Voraussetzungen, die zumindest infrastrukturell die Partizipation an der globalen Wissens- und Informationsgesellschaft erleichtert.

Unter den Bedingungen globalisierter Arbeitsmärkte und des Pluralismus von Lebensformen, Weltanschauungen und Wahrheitsansprüchen verändert sich auch das normative Selbstverständnis der Gesellschaften und die Prozesse der politischen Willensbildung. Die Religionen stehen dabei im verfassungs- und menschenrechtlichen Spannungsfeld einer pluralistischen Öffentlichkeit, einerseits ihren exklusiven, religiösen Wahrheitsanspruch zu vertreten, und anderseits unter den Bedingungen der religiös-weltanschaulichen Neutralität des Rechtsstaats nur eine von diversen partikularen Positionen in die öffentliche Debatte einzuspeisen. In der öffentlichen Wahrnehmung wächst dabei das Gefühl einer Bedrohung von modernen Gesellschaften und ihrer freiheitlichen Werte durch religiöse und weltanschauliche Dissonanzen und der politischen Instrumentalisierung der Gewaltpotentiale von Religionen. Dies schlägt sich in den postkolonialen Einwanderungsstaaten nicht zuletzt in Integrationsproblemen und der Marginalisierung von Minderheiten nieder.

Menschenrechte – ein universaler Minimalkonsens?

In der Spannung zwischen innerstaatlichen Sicherheitsbestrebungen und des durch internationale Institutionen konzertierten Projektes der weltweiten Friedensstiftung haben sich die Menschenrechte als universale Rechte, die jedem einzelnen Menschen unabhängig von Ethnie, Herkunft, Geschlecht und Religion zukommen, seit 1945 als eine der Hauptströmungen des intellektuellen Diskurses der Gegenwart etabliert. Gestützt auf verfassungsrechtliche Implementierung, völkerrechtliche Vereinbarungen und internationale Monitoring- und Sicherungssysteme bilden Menschenrechte heute den säkularen, moralischen Rahmen, innerhalb dessen alle Religionen und Weltanschauungen zugelassen sein sollen, solange sie die Ansprüche anderer tolerieren. Im Gegensatz zur begrifflichen Nähe von Menschen- und Bürgerrechten der Revolutionen des 18. Jahrhunderts und ihrer institutionellen Zusammenführung im Nationalstaat wurden seit den Weltkriegen mittels der Menschenrechte vor allem die totalitäre Entfesselung staatlicher Gewalt gegen einzelne Menschen (häufig zu Lasten ethnischer und religiöser Minderheiten) und hegemoniale Nationalismen problematisiert. Verstärkt seit den 1970er Jahren werden die Menschenrechte zur »lingua franca des weltweiten moralischen Denkens« (Ignatieff 2002, 74) und dominieren als Leitbegriff die globale Politik (vgl. Sellars 2002). Historisch betrachtet, überrascht dieser Bedeutungszuwachs der Menschenrechte in der zweiten Hälfte des 20. Jahrhunderts durchaus, waren sie doch nach ihrer Formulierung in den Revolutionen des 18. Jahrhunderts im 19. Jahrhundert weitgehend als politische Kategorie aus dem Diskurs verschwunden (vgl. Hoffmann 2010).

Aus begründungstheoretischer Perspektive werden Menschenrechte hingegen zumeist als nicht-geschichtliche Phänomene begriffen, die ihrem Geltungsanspruch nach – mit oder ohne Transzendenz- bzw. Gottesbezug als Quelle bzw. Urheber dieser Rechte – universell und kulturunspezifisch seien. Während vor allem in der (westlichen) Philosophie, Politologie und Rechtssoziologie verstärkt seit den 1990er Jahren zur universellen Begründung und zum normativen Gehalt der Menschenrechte gearbeitet wird (z. B. Gosepath/Lohmann 1998; Brunkhorst/Köhler/Lutz-Bachmann 1999; Menke/Pollmann 2007; Lohmann/Pollmann 2012), setzt die historische Forschung zu der Frage, wie die Menschenrechte politische Geltung erlangen konnten, die weltweit für sich Evidenz beansprucht, erst allmählich ein. Die Problematisierung der Geltung und des normativen Gehalts von Menschenrechten lässt sich dabei nicht von der Frage nach ihrer

Genese ablösen. Durch welche Krisen und mittels welcher politischer Aushandlungsprozesse sich die Menschenrechte sowohl als internationale Rechtsnormen als auch als globaler moralischer Bezugsrahmen durchsetzen konnten, soll anhand einiger wesentlicher Konfliktlinien in der Debatte um die Menschenrechte skizziert werden.

Deutet man die europäische Moderne als geistesgeschichtliches Konstrukt, das wesentlich durch ihren Durchgang durch verschiedene Konflikte geformt ist (Taylor 1989) und die Gleichheit von Menschen (auch in ihnen zugesprochenen Rechten) zum normativen Kern hat, werden die Ursprünge der Menschenrechte zumeist in der Amerikanischen und Französischen Revolution ausgemacht. Auch wenn umstritten ist, ob die Anfänge der Menschenrechte – vorbereitet durch den Humanismus und die europäische Aufklärung – in der Französischen Revolution und der *Déclaration des droits de l'homme et du citoyen* (1789) zu suchen sind, oder in der Reformation und der angelsächsischen Rechtstradition mit der *Virginia Declaration of Rights* (1776), herrscht doch überwiegend Einigkeit darüber, dass im Vorfeld der Revolutionen des 18. Jahrhunderts kein vollwertiges subjektives Recht jedes Menschen unter Gleichen im modernen Sinne nachweisbar ist. Zwar lassen sich Ansätze bis in die Antike und das Mittelalter zurückverfolgen, doch blieben noch die Menschenrechte des ausgehenden 18. Jahrhunderts in ihrer Annahme der natürlichen Gleichheit aller Menschen hinter ihrem eigenen Universalitätsanspruch zurück und kamen ihrer impliziten Forderung nach politischer Gleichstellung der Bürger nur allmählich auf Druck der diskriminierten Gruppen (in Frankreich etwa die Protestanten, die Juden und die Bewohner der französischen Kolonien) nach. Die Menschenrechte der Französischen Revolution waren dabei aufs engste mit den Bürgerrechten verknüpft, von denen in Frankreich bis 1944 Frauen ausgeschlossen waren.

Der Terminus ›Menschenrechte‹ (engl. *rights of man*, frz. *droits de l'homme*) fand erst um 1750 Eingang in den europäischen Sprachgebrauch, um bereits nach 1800 durch andere politisch-soziale Leitbegriffe wie ›Freiheit‹, ›Nation‹, ›Klasse‹, ›Rasse‹ oder ›Zivilisation‹ wieder weitgehend verdrängt zu werden. Die Sensibilisierung für die politische Stellung und die Belange von Individuen ging in der öffentlichen Wahrnehmung seit 1760 mit den Moralkampagnen zur Abschaffung der Folter und der Sklaverei einher. Anhand des Kampfes um die Abschaffung der Sklaverei, der im Laufe des 19. Jahrhunderts ausgefochten wurde, zeigt sich, wie sich universale Geltungsansprüche und partikulare Herrschaftsinteressen historisch in der Idee der Menschenrechte verschränken. So war es nicht das nachrevolutionäre Frankreich, das die Kampagnen zur Abschaffung der Sklaverei anführte, sondern die englische Society for the Abolition of Slave Trade. Dass gerade Großbritannien und Frankreich mit ihrer liberalen bzw. republikanischen Rechtstradition stark am expansiven Kolonialismus des 19. Jahrhundert beteiligt waren, lässt einen Zusammenhang zwischen der Ablösung des Menschenrechtsbegriffs durch den einer imperialen »Zivilisierungsmission« (Hoffmann 2010, 14) vermuten.

Unter dem Eindruck der verlorenen amerikanischen Kolonien (1783) und der politischen Krise des britischen Empires trat die von Quäkern 1787 gegründete Bewegung der Abolitionisten für die Freiheit der Sklaven und Bewohner der Kolonien überall auf der Welt ein. Unter dem moralischen Druck, die Sklaverei und den Sklavenhandel abzuschaffen – auch um die christliche Missionierung nicht zu behindern –, setzte sich eine neue britisch-protestantisch geprägte Vorstellung von Freiheit durch, derer sich die europäischen Kolonialmächte als Legitimationsgrundlage für ›humanitäre‹ Interventionen vor allem ab dem ausgehenden 19. Jahrhundert in Afrika bedienten. Mögen auch anfangs Gründe eine Rolle gespielt haben, den Unterdrückten beizustehen, waren die Abolitionisten überdies bemüht, auch durch das Eintreten für die Sklaven der Kolonien dem Bedeutungsverlust des britischen Empires unter den anderen europäischen Mächten zumindest moralisch entgegen zu wirken, so griffen bald alle europäischen Kolonialmächte in ihrem Bemühen, ihre imperiale Expansion zu rechtfertigen, auf die Vorstellung der

»›Befreiung‹ der Afrikaner von ›feudalen‹ Zuständen unter den einheimischen Herrschern« (Hoffmann 2010, 16) zurück.

Unter den Vorzeichen des Kolonialismus und Rassismus löste der Zivilisationsbegriff bezogen auf die außereuropäischen, besetzten Gebiete den der Menschenrechte ab. Dies spiegelt sich auch im Völkerrecht des 19. Jahrhunderts wider, das zwischen ›zivilisierten‹, christlichen Staaten und ›unzivilisierten‹, nichtchristlichen Völkern unterschied. Die europäisch geprägte Staatlichkeit wurde dabei als zwischenstaatliches Kennzeichen von Zivilisation betrachtet, nach dem die Welt in souveräne, einander gleichgestellte westliche Staaten und (kulturell) fremde, Interventionen ausgesetzten Völker unterteilt war. Ab 1860 regulierte das Völkerrecht das Verhältnis zwischen den westlichen Staaten, verrechtlichte und ›humanisierte‹ Kriege zwischen ihnen, indem es etwa Vorgaben zur Kriegführung machte und die Kodizes zum Umgang mit Rebellen, Deserteuren, Gefangenen und regulären Truppen fixierte (wie der Lieber-Code 1863 oder die Genfer Konvention 1864; Hoffmann 2010, 19 f.). Außerhalb des Westens bedienten sich die europäischen Großmächte des Völkerrechts, um ›humanitär‹ begründet die ›unzivilisierten‹ Völker brutal zu unterwerfen und in ihre Herrschaftsstrukturen einzugreifen bzw. sie nach europäischem Vorbild umzugestalten. Die Souveränität von Staaten entschied demnach aus westlicher Perspektive darüber, ob ein Staat als ein solcher völkerrechtlich anerkannt wurde oder als ›herrenloses‹ Gebiet frei, d. h. ohne eigenen rechtlichen Status besetzt werden konnte.

Auch in den europäischen Staaten des 19. Jahrhunderts trat die Idee universeller, individueller Rechte hinter die des souveränen Nationalstaates zurück. So wurde innerhalb der europäischen Staaten die Frage, wem welche Rechte zukämen, nicht anhand von individuellen Rechten diskutiert, sondern anhand der Bestimmung von Gruppen, denen mit dem Bürgerrecht kollektive Rechte zuerkannt wurden. Der Staat wurde verstanden als konstituierte Institution des Volkssouveräns, der Rechte seiner Bürger überhaupt erst ermöglicht und garantiert. Nicht die Rechte aller Menschen standen daher im Vordergrund, sondern die Frage nach der politisch-bürgerlichen Teilhabe ausgewählter sozialer Gruppen, wie der Arbeiter, am Staat. In der Forderung nach sozialen und politischen Rechten im Nationalstaat trat das sozialistische *Recht auf Arbeit* zum bürgerlichen *Recht auf Eigentum* hinzu. Innerhalb der westlichen Nationalstaaten verdichtete sich so allmählich der konstitutionelle und gesetzliche Rahmen, der gestützt auf rechtsstaatliche Prinzipien wie das *Recht auf Eigentum*, *Sicherheit* und *Religionsfreiheit* bestimmten Gruppen Freiheitsrechte einräumte (Hoffmann 2010, 16–18). Personengruppen, denen das Bürgerrecht dagegen verwehrt blieb – dazu zählten die Herrschaftsunterworfenen der Kolonien und Frauen –, blieben indes weiterhin von der politischen Teilhabe und einer Vielzahl von Rechten ausgeschlossen.

Erst im Übergang zum 20. Jahrhundert lockerte sich das enge Band zwischen Volkssouveränität und Rechten von Menschen und man ging dazu über, sich der Menschenrechte als politischem Instrument zu bedienen, indem individuelle Rechte gegen den Staat in Stellung gebracht wurden (vgl. z. B. die Bezugnahme auf die Menschenrechte in der *Ligue française pour la défense des droits de l'homme et du citoyen*, 1898). Der sich intern zunehmend rechtlich verfassende Nationalstaat sah sich mit der Herausforderung konfrontiert, wie angemessen mit Minderheiten umzugehen sei. Dieses Problem verschärfte sich ab dem Ende des 19. Jahrhunderts mit dem Zerfallen der multiethnischen Imperien wie der Osmanen, Habsburger und Romanows in eine Reihe neuer, souveräner Nationalstaaten auf dem Balkan und erneut nach den Weltkriegen in Mittel- und Osteuropa (nach 1918) sowie später im Nahen Osten, in Asien und Afrika (nach 1945). Die Neuordnung der Welt durch Nationalstaaten, die sowohl inner- wie auch zwischenstaatlich souverän das *Recht auf nationale Selbstbestimmung* (ausgenommen waren davon auch nach 1918 weiterhin die unter dem Mandat der Siegermächte stehenden ehemaligen Kolonien) umsetzten und Rechte (seinen nationalen Eigeninteressen gemäß zumindest) seinen Bürger gewährte, ging mit Genozid, Umsiedlungen und Vertreibungen einher. In der Frage, welchen rechtlichen Status Minderheiten besaßen, zu denen nach dem Ersten Weltkrieg auch die neue Gruppe der Staatenlosen zählte (wie die Armenier, die politischen Flüchtlinge des russischen Bürgerkrieges und die Juden), wurde anhand eines modifizierten Zivilisationsmaßstabs zugunsten der Demokratien des Westens entschieden. Selbst das besiegte Deutschland wurde nicht unter die Kontrolle des 1918 geschaffenen Völkerbundes gestellt, der entsprechend ausgehöhlt nur in den neuen Staaten Mittel- und Osteuropas die Einhaltung der Minderheitenrechte überwachen sollte. Der auf Initiative Japans unternommene Versuch, die Gleichheit aller Rassen in der Satzung des Völkerbundes zu verankern, scheiterte am Widerstand der Siegermächte, die ihre kolonialen Mandatsgebiete behielten und für sich in Anspruch nahmen, auch die Rechte von Minderheiten selbständig zu gewährleisten (Hoffmann 2010, 20–22).

Mit dem Faschismus und dem Zweiten Weltkrieg kehrten Ausbeutung, Entrechtung, Unterwerfung, Vernichtung und Zwangsarbeit auch nach Europa in einem Maße zurück, dessen Schrankenlosigkeit (oder Tabulosigkeit) nach 1945 von vielen als normativ umwälzender Gattungsbruch (z. B. Menke/Pollmann 2007; Zimmermann 2008, 22) aufgefasst wurde, der genealogisch einen neuen Typus von Menschenrechten hervorgebracht habe (vgl. u. a. Brunkhorst 2008, 126). Erst seit der *Allgemeinen Erklärung der Menschenrechte* (1948) kam es nach Ansicht vieler mit der Zerschlagung des nationalsozialistischen Regimes und der weltweit einsetzenden Dekolonisierung zur Ausweitung des Geltungsraumes der Menschenrechte über die Grenzen Europas hinweg. Der Nationalstaat galt nicht mehr exklusiv als Garant von Bürger- und Menschenrechten.

Neben das Prinzip der staatlichen Souveränität trat das der Menschenrechte, das als normativer Minimalkonsens und »schwache Theorie über das Rechte« helfen sollte, weltweit auch individuelle Ansprüche gegen den eigenen Staat zu formulieren, um »die Mindestvoraussetzungen für ein menschenwürdiges Leben [zu] beschreiben« (Ignatieff 2002, 77). Auf diese Weise gewann der Nationalstaat mit den zerfallenden Kolonialreichen einerseits an Bedeutung, während sich andererseits transnationale Rechtsnormen durch neue zwischenstaatliche Organisationen und Übereinkünfte etablierten. Aus diesen zwei widersprüchlichen Ordnungsprinzipien globaler Politik erwachsen bis heute Konflikte. Im Verlauf des Zweiten Weltkriegs ersetzte der Menschenrechtsbegriff nach und nach den der Zivilisation und wurde mit der *Allgemeinen Erklärung der Menschenrechte* erstmals zu einer Völkerrechtsnorm. Die Menschenrechte stellten im Kampf gegen das nationalsozialistische Deutschland zumindest kurzzeitig eine gemeinsame Bezugsgröße der Alliierten dar, die, indem sie die Menschenrechte in der *Allgemeinen Erklärung* als Rechte des einzelnen Individuums konzipierten, die Frage der Minderheitenrechte aussparten und damit Bevölkerungsverschiebungen in der Nachkriegszeit völkerrechtlich möglich machten (Hoffmann 2010, 24; vgl. auch Mazower 2010).

Konkurrenz verschiedener Menschenrechtstraditionen nach 1945

Was unter ›Menschenrechten‹ im Einzelnen verstanden wurde, war (und ist) konzeptionell wie politisch höchst umstritten und stand lange Zeit unter dem Eindruck der weltpolitischen Spaltung des Kalten Krieges. Während die westlichen Demokratien unter Menschenrechten vor allem individuelle und politische Rechte fassten, hoben die kommunistischen Staaten kollektive und soziale Rechte und die Bekämpfung des Rassismus hervor (vgl. Ignatieff 2002, 44). Und auch mit der konfliktreichen Spannung zwischen Souveränitäts- und Menschenrechtsprinzip wurde auf verschiedene Weise umgegangen. So fanden sich unter dem Dach der *Europäischen Menschenrechtskonvention* (1950) westeuropäische Staaten zusammen, die auf Souveränitätsrechte verzichteten, um das Wiedererstarken von Totalitarismus und Extremismus zu verhindern. Neben der Erfahrung des Holocausts führen einige diese Bereitschaft, die auch die Schaffung neuer Institutionen wie dem *Europäischen Gerichtshof* und der *Kommission für Menschenrechte* nach sich zog, insbesondere auf den Antikommunismus der

Nachkriegszeit zurück (vgl. Hoffmann 2010, 25). Das Beispiel der USA und der Sowjetunion zeigt jedoch auch die Janusköpfigkeit der Menschenrechte, die einerseits als Legitimationsmaßstab für bestimmte rechtsstaatliche Strukturen ins Feld geführt wurden, anderseits aber dazu dienten, den »Unterdrückten« (Ignatieff 2002, 96) eine Stimme zu geben, die über das staatliche Gehäuse hinausreicht. So beteiligten sich in der Nachkriegszeit weder die USA, deren Gesellschaft rassisch segregiert war, noch die Sowjetunion, die Zwangsarbeit gestattete, am Aufbau eines globalen Menschenrechtsapparats (zur »Sonderrolle« der USA in Menschenrechtsfragen vgl. ebd., 38 f.).

Zu den ersten Institutionen, die sich in der Spannung von Souveränitäts- und Menschenrechten um ein friedliches Verhältnis zwischen Staaten bemühten, zählte der Völkerbund der Zwischenkriegszeit, auf dessen Grundlage nach 1945 neue UN-Institutionen entstanden. Unter dem Eindruck der allmählichen Dekolonisierung bedienten sich nicht nur die demokratischen, westlichen Staaten der Menschenrechte sondern auch die kommunistischen und postkolonialen, die mit ihnen Forderungen nach Gleichheit der Rassen und der Geschlechter verbanden. Teilten sie zwar den universalen Geltungsanspruch der Menschenrechte, so konkurrierten doch liberaldemokratische, sozialistische und postkoloniale Menschenrechtsnormen miteinander und universalisierten auf diese Weise die Menschenrechtsidee. Immer wieder gab es Versuche, diese drei in ein Stufen- oder Generationenmodell zu integrieren, wie das Karel Vasaks, bei dem auf die Generation politischer und bürgerlicher Rechte diejenige sozialer und kultureller Rechte, und schließlich die der Solidarrechte folgte, die über das Individuum hinausgriff und mit dem Recht auf Entwicklung oder dem Recht auf Frieden Staaten als mittelbare Rechtsträger einsetzte (vgl. Hoffmann 2010, 26 f.). Die im Modell der drei Generationen von Rechten nahegelegte Abfolge lässt sich indes historisch insbesondere für die ersten beiden Generationen nicht bestätigen.

Stattdessen konkurrierten diverse Menschenrechtstraditionen miteinander (vgl. so z. B. die erste internationale UN-Menschenrechtekonferenz 1968 in Teheran) und politische Akteure setzten sie als moralpolitisches, durchaus zwiespältiges Druckmittel ein. So wurde etwa aus postkolonialer Perspektive kritisiert, dass die Menschenrechte eine neue, aber ungebrochen imperiale Form des Zivilisationsbegriffes des 19. Jahrhunderts darstellten. Die neuen unabhängigen und seit 1960 (auf Initiative der Sowjetunion) in der UN anerkannten Staaten Afrikas und Asiens beriefen sich zumeist auf das *Recht auf nationale Selbstbestimmung*, um menschenrechtlich begründete Eingriffe von außen abzuwehren. Dies hinderte sie jedoch nicht daran, unter Rekurs auf die Menschenrechte die ehemaligen Kolonialmächte in den UN-Institutionen unter Druck zu setzen (z. B. im Kampf um die Frauenrechte, vgl. Hoffmann 2010, 26–29), häufig ohne Rückbindung an die oft autokratische Politik innerhalb des eigenen Staates. Ein ähnlicher ambivalenter Umgang mit den Menschenrechten ist auch bei den ehemaligen Kolonialmächten Frankreich und Großbritannien zu beobachten. Wenngleich sie in den späten 1940er Jahren als Alliierte den Bedeutungszuwachs der Menschenrechte in der internationalen Politik maßgeblich vorantrieben, bekämpften sie doch in den 1950er Jahren die Unabhängigkeitsbewegungen in ihren Kolonien und blockierten noch 1960 zusammen mit den anderen westlichen Ländern die Anerkennung des *Rechts auf nationale Selbstbestimmung* der postkolonialen Staaten.

Menschenrechte im Lichte einer globalen Öffentlichkeit

Die Dominanz des Menschenrechtsbegriffs in der zweiten Hälfte des 20. Jahrhunderts ging mit der zunehmenden Verrechtlichung der Welt durch internationale Konventionen einher, ohne dass sich jedoch daraus Konsequenzen für das nationale, innenpolitische Handeln der Staaten ergaben (zur Folterpraxis zahlreicher lateinamerikanischer Diktaturen in den 1970er Jahren vgl. z. B. Hoffmann 2010, 29). Eine allmähliche Sensibilisierung für Menschenrechtsverletzungen inner- und außerhalb nationaler Grenzen und die Herstellung einer medial gestützten, globalen Öffentlichkeit setzte ab 1970 ein, als NGOs den Menschenrechtsbegriff aufnahmen und die Einhaltung von Abkommen einforderten (z. B. Biafra-Krise Ende 1960). Indem diese neuen politischen Akteure Moralkampagnen etwa gegen einzelne Staaten organisierten, appellierten sie zwar an die *globale Gemeinschaft*, doch zeigt sich gerade daran, dass nur dann moralischer und politischer Druck auf Staaten ausgeübt werden konnte (und kann), wenn diese als Demokratien gelten oder zur *globalen Gemeinschaft* gehören möchten (vgl. z. B. das aktuelle Negativ-Beispiel Nordkorea). Entsprechend schließt die globale Gemeinschaft – entgegen des Selbstverständnisses vieler NGOs, die in ihr die moralische Appellationsinstanz sehen – nicht alle Staaten ein.

Die zumeist westlichen NGOs ringen dabei selbst mit demokratischen Legitimations-, Transparenz- und Rechenschaftsdefiziten (vgl. z. B. Ignatieff 2002, 33–35). Obwohl gerade mit der Pluralisierung der politischen Akteure in Gestalt der NGOs das »Monopol des Staates auf die Gestaltung der internationalen Angelegenheiten gebrochen« wurde und »etwas entstehen [ließ], das als globale Zivilgesellschaft bezeichnet wird« (ebd., 33), bleibt doch die Frage, ob sich in diesem Aktivismus tatsächlich eine globale Gemeinschaft manifestiert oder ob er nicht Ausdruck eines erhöhten Bewusstseins der westlichen Welt für die sozialen und ökonomischen Folgen des Kolonialismus ist. Über die Herstellung einer breiteren über die nationalen Grenzen hinausreichenden Öffentlichkeit fanden Diskussionen um die Ahndung von Zuständen, die als Menschenrechtsverstöße deklariert wurden, vermehrt Eingang in die nationalen Parlamente und internationalen Institutionen. Besonders die USA griffen nach dem Vietnam-Krieg auf die Menschenrechte zurück, um angesichts einer zunehmend globalisierten Welt, in der vormals getrennte regionale oder nationalstaatliche Märkte inzwischen inter- und transnational miteinander verzahnt sind, ihr politisches und ökonomisches Handeln moralisch zu legitimieren.

Mit dem Untergang der Sowjetunion geriet auch das sozialistische Menschenrechtsverständnis in Vergessenheit, und die westlichen Staaten beanspruchten die Menschenrechte zunehmend für sich. Dies steht im Widerspruch zur Beteiligung der sozialistischen Staaten an der Abfassung und Entwicklung bedeutender Menschenrechtsdokumente ab dem Zweiten Weltkrieg bis in die 1970er Jahre. Auch wenn die normative Rückbindung an die eigene nationale Politik häufig (wie in vielen anderen Staaten, die sich für die Menschenrechte engagierten) ausblieb, nahmen Dissidenten seit 1970 verstärkt auf die vordem politisch weitgehend bedeutungslosen Menschenrechte in sozialistischen Verfassungen und internationalen Pakten Bezug, um ihre Rechte einzufordern (vgl. Hoffmann 2010, 32–34).

In der Ausblendung abweichender Menschenrechtsverständnisse und im westlich-säkularen Anspruch auf die Deutungshoheit über die Menschenrechte vereinte sich der neue Aktivismus der NGOs mit der politischen und ökonomischen Hegemonie des Westens, allen voran der der USA (zur Rolle der Weltbank oder des Internationalen Währungsfonds vgl. z. B. ebd., 32). Gegen diese Hegemonie werden seit den 1990er Jahren postkoloniale, kulturrelativistische und postmoderne Einwände geltend gemacht, die auch Eingang in konkurrierende Menschenrechtskataloge gefunden haben (vgl. die in der *Afrikanischen Charta der Menschenrechte und der Rechte der Völker* von 1981 u. a. herausgearbeitete Verflechtung von Rechten und Pflichten gegenüber der Gemeinschaft sowie die *Kairoer Erklärung der Menschenrechte im Islam* 1990, z. B. Menke/Pollmann 2007, 74–98). So wiesen postkoloniale Rechtstheoretiker/innen die nun ausschließlich westlich gedeuteten Menschenrechte als imperiales, sich den Anschein der Universalität gebendes Konstrukt des Westens zurück, mit dem *humanitäre Interventionen* im nationalen Eigeninteresse westlich-säkularer Staaten gerechtfertigt würden. Damit verfestigte sich die Verengung auf die westliche Menschenrechtstradition, während die sozialistische und postkoloniale in Vergessenheit gerieten, die gemeinsam als politische Konkurrenten die Menschenrechte überhaupt erst als normatives Instrumentarium in die globale politische Praxis etabliert hatten (vgl. Hoffmann 2010, 35).

In den UN-Debatten bilden sich diese miteinander konkurrierenden Menschenrechtsnormen noch ab – so z. B. in der Berufung Chinas auf das *Recht auf Entwicklung*, das erst 1986 unter starken Vorbehalten des Westens als UN-Norm verabschiedet wurde, – auch wenn die westlichen, auf das Individuum fokussierenden Menschenrechte dominieren. Diese Geschichtsvergessenheit im Umgang mit dem Menschenrechtsbegriff ging mit der Tendenz einher, Menschenrechte kulturell zu begründen, und dies sowohl um sie einerseits in ihrem universalistischen Anspruch als eurozentristisches Konstrukt kulturrelativistisch zu verwerfen, als auch anderseits ihre normativen Anknüpfungspunkte in afrikanischen oder asiatischen Traditionen freizulegen (zur Debatte um die *Asian Values* vgl. ebd.; Menke/Pollmann 2007, 76).

Angesichts der weltweiten Prominenz der Menschenrechte und unter den Bedingungen globaler Machtkonstellationen führte die postmodern relativistische Infragestellung des Universalitätsanspruchs durch postkoloniale und westliche Intellektuelle zu einer (selbst-)kritischen Auseinandersetzung mit den Prämissen der Menschenrechtsidee, die damit selbstreflexiv zum interkulturellen Dialog über Menschenrechtsfragen beitrug. Bei aller begrifflichen, historisch bedingten Mehrdeutigkeit bilden die Menschenrechte spätestens seit 1990 die »lingua franca des weltweiten moralischen Denkens« (Ignatieff 2002, 74). Ob sie damit jedoch auch »a kind of worldwide secular religion« (Wiesel 1999, 3) bezeichnen, ist nicht nur wegen der unklaren Begriffe von Religion und Säkularisierung, auf die Bezug genommen wird, umstritten, wie einige zentrale Argumentationslinien der interkulturellen Debatte zeigen.

Religionsgemeinschaften als Interpreten der Menschenrechte

Unter den Bedingungen moderner, pluralistischer Gesellschaften, deren verfassungsrechtlicher Rahmen divergierende moralische und religiöse Wahrheitsüberzeugungen umschließt, tritt an die Stelle exklusiver Glaubenseinstellungen der universalistische Anspruch, die Gedanken-, Gewissens- und Religionsfreiheit jedes Einzelnen zuzulassen und dies über Individual- und Kollektivrechte abzusichern (zum Vorrang der Individual- vor den Gruppenrechten vgl. Ignatieff 2002, 95 f.). In Europa haben die Erfahrungen der konfessionellen Glaubensspaltung und der Bürgerkriege dazu geführt, dass die Religionen von einem religiös und weltanschaulich neutralen Staat getrennt wurden und sie unter Beachtung des staatlichen Gewaltmonopols auf die gewaltsame Durchsetzung der eigenen Glaubensansprüche verzichteten.

Wie das Beispiel des Katholizismus zeigt, setzt die Anerkennung der Rechte des Einzelnen die Bereitschaft und Fähigkeit zur historischen Kritik und damit Relativierung der eigenen religiösen Autorität voraus. So lehnte die katholische Kirche – zusammen mit anderen Attributen der Moderne – die Menschenrechte bis in die Zwischenkriegszeit hinein ab. Erst angesichts der areligiösen bzw. religionsfeindlichen Ideologien des Nationalsozialismus und des Kommunismus drückte sich in den päpstlichen Enzyklika von 1937 eine Wende zum antiindividualistischen, auf die Gemeinschaft bezogenen Personalismus aus, der die Bedeutung des persönlichen Gewissens und dessen religiöse Leitung durch die Kirche akzentuierte (zum Personalismus vgl. Moyn 2010, 63–91). Diese Kehrtwende vollzog sich nach Samuel Moyn in vehementer Ablehnung des Individualismus, der mit einem atomistisch-liberalistischen Kapitalismus und – umgeschlagen in sein Gegenteil – einem totalitären Kollektivismus in Verbindung gebracht wurde. Die Bekämpfung des Totalitarismus konnte nach Ansicht vieler europäischer, christlicher (kirchenferner ebenso wie -naher) Intellektueller nur gelingen, wenn auf Würde beruhende Rechte aus der christlichen Naturrechtstradition hergeleitet würden, um sie in die katholische Soziallehre bzw. protestantische Sozialethik zu integrieren und die nun mehr christlich neuinterpretierten Menschenrechte in einen metaphysisch-religiösen Rahmen zu stellen.

In diesem christlich-gemeinschaftlichen Rahmen sah man die Natur gegebenen Grundlagen gemeinschaftsbezogenen und ganzheitlichen menschlichen Lebens fixiert, die als vorpolitisches Normengerüst die von Menschen erzeugten positiven, säkularen Ordnungen relativiere und die Menschen, die von Gott mit einer unhintergehbaren Würde und als gesellschaftsbedürftige Geschöpfe geschaffen worden seien, an einen transzendenten Maßstab zurück binde (vgl. die Begründung der Menschenrechte aus der Gottes Ebenbildlichkeit des Menschen). Rechte fußen nach dieser Lesart nicht auf der freiwilligen Assoziation von Individuen und eines sie hervorbringenden souveränen Volkswillens, sondern auf der vorkonstitutionellen Natur der Person.

Nach dem Zweiten Weltkrieg und während des Kalten Krieges machten sich insbesondere die christlich-demokratischen Parteien Westeuropas die Menschenrechte in der Gestaltung nationaler und internationaler Politik zu eigen und fügten dem moralisch-juridischen Personenbegriff eine religiös-sakrale Bedeutung bei (vgl. Hoffmann 2010, 25; Moyn 2010, 82–85). Ab Mitte der 1960er Jahre verlor der christliche Personalismus – zusammen mit den Religionen im Allgemeinen – in Europa (bis auf Polen) an Bedeutung und eine kantisch inspirierte Deutung des Personen- und Würdebegriffs setzte sich durch, die auf das Individuum und dessen Autonomie abzielte (vgl. z. B. Bielefeldt 1998).

In heutigen Debatten werden die Menschenrechte, deren Existenz mit der *Allgemeinen Erklärung* postuliert worden waren, ohne auf philosophische, metaphysische oder religiöse Grundlagen einzugehen, zumeist als säkularer Rahmen innerhalb von Staaten und der inter- und transnationalen Beziehungen akzeptiert (für interreligiöse Vorschläge der Begründung von Menschenrechten in den Religionen vgl. z. B. Rouner 1988; vgl. zudem die auch politisch geführten Debatten um die jüdisch-christlichen bzw. die (jüdisch-)christlich-muslimischen Wurzeln Europas). So interpretieren Christoph Menke und Arnd Pollmann z. B. die Wende im Umgang der Kirchen und christlicher Intellektuelle mit den Menschenrechten als nach »traditionelle[r] Feindschaft« geleisteten Beitrag des Katholizismus, »aus ihren eigenen intellektuellen Ressourcen originelle Konzepte zu[m ...] Verständnis [der Menschenrechte] entwickelt zu haben« (Menke/Pollmann 2007, 92).

Individualismus als Problem postkolonialer und religiöser Deutungen der Menschenrechte?

Die selbstreflexive Auseinandersetzung religiöser Glaubensgemeinschaften mit dem Menschenrechtstheorem berührt die Frage nach der Bedeutung des Individualismus für den Rahmen, den die durchaus heterogenen Menschenrechtsnormen abstecken. Bei aller religiös, postkolonial und sozialistisch begründeten Kritik am ›westlich-säkularen‹ Individualismus besteht nach Ansicht vieler der normative Kern der Menschenrechte gerade in der Fokussierung auf und im Schutz des individuellen Menschen gegen Ansprüche, die von Seiten des Staates, der Gesellschaft, religiöser Glaubensgemeinschaften oder der Familie, etc. ihr oder ihm gegenüber handlungsregulierend geltend gemacht werden (z. B. Brunkhorst/Köhler/Lutz-Bachmann 1999; Ignatieff 2002, insb. 84–96). Angesichts des breiten Konsenses unter den an der Abfassung der *Allgemeinen Erklärung der Menschenrechte* Beteiligten wird vielfach der ›westliche‹ Charakter der Menschenrechte bezweifelt, waren doch »nicht nur westliche, sondern auch viele andere Traditionen – die chinesische, die christliche des Nahen Ostens, die marxistische, hinduistische, lateinamerikanische und islamische – vertreten, und die Mitglieder des Ausschusses, der die Erklärung formulierte, begriffen ihre Aufgabe nicht als eine schlichte Bestätigung westlicher Überzeugungen, sondern als den Versuch, ein begrenztes Spektrum universeller moralischer Werte zu erarbeiten, die sich aus sehr unterschiedlichen religiösen, politischen, ethnischen und philosophischen Quellen speisten« (Ignatieff 2002, 84).

Diese vermeintliche Einigkeit sah sich jedoch bereits 1948 durch die Stimmenthaltung Saudi-Arabiens herausgefordert, die mit Einwänden gegen das in der *Allgemeinen Erklärung* formulierte Verständnis der Freiheit der Religion (Art. 18) und der Eheschließung (Art. 16) begründet wurde. Nach der *Allgemeinen Erklärung* ist die *Freiheit zur Religion* nicht von der *Freiheit von der Religion* zu trennen, da sich die Menschenrechte als negativ bestimmter, Unterdrückung und Ausbeutung abwehrender Rahmen im Gegensatz zu den Religionen einer Theorie des guten Lebens enthalten und durch ihre Inanspruchnahme der einzelne Mensch befähigt werden soll, sich frei für oder gegen etwas zu entscheiden.

Gegen diesen individualistischen Kern, der universale Gültigkeit beansprucht, wenden u. a. islamische Kritiker/innen der Menschenrechte ein, dass sich die normativen Ansprüche des Einzelnen nur im Kontext seiner Pflichten gegenüber einer religiös geprägten Gemeinschaft und ihrer entsprechenden politischen Ordnung abbilden lassen. So begründete beispielsweise die saudische Delegation ihre Stimmenthaltung 1948 mit der normativen Verschränkung von religiösen Glaubensinhalten (wie der Autorität des Mannes über die Frau und seine Dominanz in der Öffentlichkeit; zur muslimischen Auseinandersetzung mit den Menschenrechten vgl. z. B. Bielefeldt 2007 und Schirrmacher 2007) und bestehenden Ordnungsstrukturen (wie der patriarchalischen Eigentumsverteilung, die das Recht der Frau auf freie Partnerwahl einschränkt; vgl. Ignatieff 2002, 79–82).

Darüber hinaus wird gegen die Religionsfreiheit, die laut *Allgemeiner Erklärung* auch die Abkehr von bzw. den Wechsel der Religion umfasst, eingewandt, dass sie – wie die Kolonialisierung und die »westlichen Zivilisierungsmissionen« gezeigt habe – das Risiko beinhalte, als Instrument der Missionierung und im Gefolge der politischen Intervention von außen missbraucht zu werden (als Beispiel einer postkolonialen Argumentation vgl. Dussel 1993, zum »Mythos der Modernität«, 66; zur fortgesetzten Kontroverse um die Religionsfreiheit vgl. auch die Debatte um die Religionsfreiheit als EU-Beitrittskriterium). Weiterhin griffen die ›westlichen‹, auf den von der Gemeinschaft isolierten einzelnen Menschen zugeschnittenen Normen angesichts der global höchst unterschiedlichen Lebensverhältnisse zu kurz, die von einer Vielzahl von moralisch, religiös und säkular begründeten Normen bestimmt werden. Die Menschenrechte in ihrer säkularen Form gefährden nach Ansicht postkolonialer Interpreten die religiöse und kulturelle Identität der politischen Gemeinschaft z. B. islamisch geprägter Staaten (vgl. Menke/Pollmann 2007, 74–79).

Diese Bedenken berühren die Frage nach dem Verhältnis von öffentlichen und privaten Raum in traditionellen, weitgehend homogenen bzw. modernen, pluralistischen Gesellschaften und verbinden sie mit dem häufig konkurrierenden Menschenrechts- und Souveränitätsprinzip (zum Verhältnis dieser beiden Prinzipien vgl. z. B. Habermas 1994; Schmidt 2008). Angesichts von kulturrelativistischen Einwänden gegen den Universalitätsanspruch der Menschenrechte sollte jedoch nicht übersehen werden, dass das wirkmächtige postkoloniale Argument, dass die Menschenrechte häufig als machtpolitisches, entgegen ihres behaupteten universalen Anspruchs von Partikularinteressen geleitetes Instrument eingesetzt werden, nicht nur gegen die Verteidiger/innen der Menschenrechte sondern auch gegen ihre Kritiker/innen greift. Denn sowohl die Berufung auf wie auch die Zurückweisung der Menschenrechte werfen die machtkritische Frage auf, wessen Interessen damit befördert werden bzw. wessen Position übergangen wird. Während die Kritiker/innen der Menschenrechte auf die koloniale Erfahrung hinweisen, dass unter dem Vokabular der Menschenrechte (bzw. der Zivilisation oder der Entwicklung) ›westliche Missionierung‹ oder Interventionen vorangetrieben und bestehende Herrschaftsverhältnisse destabilisiert werden können, bleibt auch die Frage unbeantwortet, wessen Machtinteressen die Zurückweisung der Menschenrechte dient und wem bzw. welchen Gruppen sie die Möglichkeit nimmt, auf andere Legitimationsstandards politischer Ordnungen Bezug zu nehmen, die die Prämissen des Status quo hinterfragen (zum Relativismus als »Alibi der Tyrannei« vgl. Ignatieff 2002, 94). So verstanden sind die Menschenrechte Gegenstand politischer Auseinandersetzungen und nicht eines akademischen Streits um die Universalität der Menschenrechte (zum Vorschlag einer »Praxis der Universalisierung« vgl. Menke/Pollmann 2007, 74–98, hier 74).

Säkularisierung des Sakralen oder Sakralisierung des Säkularen?

Abschließend soll auf einen weiteren Diskussionsstrang des interreligiösen Dialogs hingewiesen werden, der den religiös-säkularen Dissens berührt, ob die Menschenrechte zu einer »Säkularisierung des Sakralen« oder einer »Sakralisierung des Säkularen« (Robbers 2008, 94) beigetragen haben. Nach Ansicht säkularer Menschenrechtler/innen bleibt der Zusammenhang zwischen einer transzendenten Begründung von Menschenrechten und ihrer historischen und damit immanenten Herleitung oder gar Konstruktion unklar. Zwar wird in vielen multinationalen Verträgen (z. B. *Charta der Grundrechte der EU*, 2000) und internationalen Dokumenten (wie in der Präambel der *Allgemeinen Erklärung der Menschenrechte*, 1948 und des *Internationalen Paktes über wirtschaftliche, soziale und kulturelle Rechte*, 1966) ein Transzendenzbezug der Menschenrechte vermieden, um sie kulturindifferent und auch für areligiöse oder religionsfeindliche Staaten anschlussfähig zu gestalten; doch bleibt umstritten, ob nicht gerade dieser Versuch der Säkularisierung Ausdruck westlicher Werte ist. So ist in internationalen Abkommen die Tendenz zu beobachten, semantische Bedeutungsunterschiede sprachlich zu verschleiern, beispielsweise in den diversen Übersetzungen der Präambel der EU-Grundrechtecharta, die in der deutschen Sprachfassung auf das »geistig-religiöse[...] und sittliche[...] Erbe[...] « Bezug nimmt, während in der englischen von »spiritual and moral heritage« und in der französischen von »patrimoine spirituel et moral« (EU-Grundrechtecharta, 2000) die Rede ist. Manche bewerten diese sprachliche Ungenauigkeit als einen »Übersetzungskunstgriff« (zitiert nach Haratsch 2008, 109), andere stellen in Frage, ob die nicht-deutschen Fassungen überhaupt auf Religiosität hinweisen.

Diesen Versuch, Transzendenzbezüge zu neutralisieren, damit Religion zu historisieren und durch ihre Säkularisierung gewissermaßen als verfassungsrechtlich-unbedenklich einrahmen zu lassen, bewerten manche als innerhalb von pluralistischen Gesellschaften notwendiges Angebot an alle Parteiungen, um Religionsstreitigkeiten zu vermeiden und areligiöse Personen mit einzubeziehen. Ob – bei aller Neutralität dennoch – bestimmte Religionen bevorzugt werden und wie das Verhältnis der Religionen zueinander und zum öffentlichen Raum verfassungsrechtlich gestaltet wird, hängt entscheidend vom Verständnis von Säkularisierung ab, das auch innerhalb der EU national geprägt ist und – wie eingangs erwähnt – stark variiert (zum Widerstand Frankreichs gegen die Aufnahme eines Gottesbezuges in der EU-Grundrechtecharta vgl. Franzke 2003).

Wie ›säkular‹ im Sinne von religionsneutral die Menschenrechte dabei überhaupt sein können, ist angesichts ihres multiplen Entstehungshintergrundes umstritten, der geprägt von der Konkurrenz verschiedener Traditionen ist. Besonders der Transzendenzbezug lässt sich nach Ansicht einiger nicht von Begründungsfragen der Menschenrechte trennen (z. B. Robbers 2008). Die Frage nach dem Geltungsgrund der Menschenrechte wird dabei mit deren historischer Genese verbunden, die zumeist mit einer Historisierung von Religion, der zufolge der Beitrag von Religion nur in der Bezugnahme auf bestimmte religiöse Wurzeln bestehe, und ihrer in Europa nachgefolgten Säkularisierung einhergehe.

Dieser Form der säkularen Transzendenzbeschränkung halten andere entgegen, dass auf diesem Wege das Potential religiöser Begründungen von Menschenrechten ausgeblendet werde. In Kombination mit nicht-religiösen Menschenrechtsfundierungen könnten transzendente Begründungen auch zu mehr Toleranz und Offenheit beitragen (vgl. Haratsch 2008, 111–114). Die Berücksichtigung auch von nicht-immanenten, nicht allein auf den Menschen bezogenen Begründungen ermögliche die bessere Einbeziehung religiöser, kulturell anders geprägter Gruppen, indem Korrekturen am beispielsweise von muslimischer Seite (vgl. van der Ven/Dreyer/Pieterse 2004; Schirrmacher 2007) als zu westlich-rationalistisch kritisierten Säkularisierungskonzept vorgenommen werden könnten. ›Säkular‹ meint nach dieser Lesart, dass die Begründungen sowohl religiöser als auch areligiöser und antireligiöser Gruppen nebeneinander zugelassen seien, solange und sofern sie keine der anderen ausschließen. Selbst ein Bezug auf Gott, wie der des deutschen Grundgesetzes, könne die Verantwortlichkeit einer Regierung vor den Menschen um die vor Gott ergänzen, ohne sie damit auf den christlichen Gott zu verengen (Haratsch 2008, 111–114; für einen Überblick über die Risiken einer »Vergötzung« eines rein immanenten Maßstabs vgl. Ignatieff 2002, 102). Nach Ansicht der Befürworter eines Transzendenzbezuges von Menschenrechten müsse demnach die Historisierung von Religion durch eine Aktualisierung des Begründungspotentials von Religion ersetzt werden. Erst die Bezugnahme auf das dem Menschen innewohnende Heilige (s. II.4), das ihm als Geschöpf Gottes zukomme, könne den Schutz von Menschen durch Rechte begründen und belege die religiöse Imprägnierung der Menschenrechte (vgl. z. B. Perry 1998).

Dagegen wenden andere ein, dass der wesentliche Kern der Menschenrechte politisch, d. h. durch die Geschichte und durch Machtansprüche geleitete Aushandlungsprozesse geformt sei und demnach weder Rechte als solche noch die Träger von Rechten etwas Heiliges seien (z. B. Ignatieff 2002, 103). Mit religiösem Vokabular, das in eine transzendente Sphäre von Rechten und Pflichten verweise, um dem menschlichen Handeln unverrückbare Grenzen aufzuerlegen, könne die von Dissens und Konflikten geprägte Praxis von Menschen in der Gemeinschaft mit anderen nicht hinreichend beschrieben werden, da sich in den Menschenrechten die historische Erfahrung niedergeschlagen habe, dass sich der Mensch selbst normenbasierte Beschränkungen auferlegen müsse, um das Leben jedes Einzelnen zu erhalten.

Bei aller Uneinigkeit hinsichtlich der Grundlagen und Inhalte der Menschenrechte ist zumindest festzuhalten, dass sowohl religiöse als auch säkulare Menschenrechtler/innen unter den Bedingungen einer globalisierten, pluralistischen Welt aufgefordert sind, ihre jeweilige Position in die öffentlichen Debatten einzuspeisen und zur Stimmenvielfalt beizutragen. Ob die Menschenrechte nun als Ausdruck einer säkularen Zivilreligion oder einer religiös und säkular argumentierenden Konfliktgeschichte verstanden werden, hängt unter anderem davon ab, welchen Platz man in pluralistischen Gesellschaften den Religionen zuweist und wie (selbst-)reflexiv mit der Säkularisierung umgegangen wird.

Literatur

Beck, Ulrich: Das Zeitalter der Nebenfolgen und die Politisierung der Moderne. In: Ders./Anthony Giddens/Scott Lash (Hg.): *Reflexive Modernisierung. Eine Kontroverse.* Frankfurt a. M. 1996, 19–112.

Bielefeldt, Heiner: *Philosophie der Menschenrechte. Grundlagen eines weltweiten Freiheitsethos.* Darmstadt 1998.

–: *Menschenrechte in der Einwanderungsgesellschaft. Plädoyer für einen aufgeklärten Multikulturalismus.* Bielefeld 2007.

Brunkhorst, Hauke: Weltöffentlichkeit, Menschenrechte und das Janusgesicht des Rechts. In: Eckart Klein/Christoph Menke (Hg.): *Universalität, Schutzmechanismen, Diskriminierungsverbote.* Berlin 2008, 115–133.

– / Köhler, Wolfgang R. /Lutz-Bachmann, Matthias (Hg.): *Recht auf Menschenrechte. Menschenrechte, Demokratie und internationale Politik.* Frankfurt a. M. 1999.

Casanova, José: *Public Religions in the Modern World.* Chicago 1994.

Charta der Grundrechte der Europäischen Union im Amtsblatt der Europäischen Gemeinschaften C 364/01 vom 18.12.2000, http://www.europarl.europa.eu/charter/default_en.htm (7.3.2011).

Dussel, Enrique: Eurocentrism and Modernity. In: *boundary* 2, 20/3 (1993), 65–76.

Franzke, Hans-Georg: Frankreich, seine Laïzität und Europa. In: *Zeitschrift für Rechtspolitik* (2003), 357–359.

Gosepath, Stefan/Lohmann Georg (Hg.): *Philosophie der Menschenrechte.* Frankfurt a. M. 1998.

Habermas, Jürgen: Über den internen Zusammenhang von Rechtsstaat und Demokratie. In: Ulrich K. Preuß (Hg.): *Zum Begriff der Verfassung. Die Ordnung des Politischen.* Frankfurt a. M. 1994, 83–94.

Hadden, Jeffrey K.: Towards Desacralizing Secularization Theory. In: *Social Force* 65 (1987), 587–611.

Haratsch, Andreas: Die Bedeutung von Transzendenzbezügen für den Schutz von Grund- und Menschenrechten. Kommentar. In: Eckart Klein/Christoph Menke (Hg.): *Universalität, Schutzmechanismen, Diskriminierungsverbote.* Berlin 2008, 106–114.

Hoffmann, Stefan-Ludwig: Einführung. Zur Genealogie der Menschenrechte. In: Ders. (Hg.): *Moralpolitik. Geschichte der Menschenrechte im 20. Jahrhundert.* Göttingen 2010, 7–37.

Ignatieff, Michael: *Die Politik der Menschenrechte.* Hamburg 2002.

Lohmann, Georg/Pollmann, Arnd (Hg.): *Menschenrechte. Ein interdisziplinäres Handbuch.* Stuttgart/Weimar 2012.

Luhmann, Niklas: Die Weltgesellschaft. In: *Archiv für Rechts- und Sozialphilosophie* 57 (1971), 1–35.

Mazower, Mark: Ende der Zivilisation und Aufstieg der Menschenrechte. Die konzeptionelle Trennung Mitte des 20. Jahrhunderts. In: Stefan-Ludwig Hoffmann (Hg.): *Moralpolitik. Geschichte der Menschenrechte im 20. Jahrhundert*. Göttingen 2010, 41–62.

Menke, Christoph/Pollmann, Arnd: *Philosophie der Menschenrechte. Zur Einführung.* Hamburg 2007.

Moyn, Samuel: Personalismus, Gemeinschaft und die Ursprünge der Menschenrechte. In: Stefan-Ludwig Hoffmann (Hg.): *Moralpolitik. Geschichte der Menschenrechte im 20. Jahrhundert*. Göttingen 2010, 63–91.

Perry, Michael J.: *The Idea of Human Rights. Four Inquiries*. New York 1998.

Riesebrodt, Martin: *Die Rückkehr der Religionen. Fundamentalismus und der »Kampf der Kulturen«*. München 2001.

Robbers, Gerhard: Zur Bedeutung von Transzendenzbezügen für den Schutz von Grund- und Menschenrechten. In: Eckart Klein/Christoph Menke (Hg.): *Universalität, Schutzmechanismen, Diskriminierungsverbote.* Berlin 2008, 79–105.

Rouner, Leroy S. (Hg.): *Human Rights and the World's Religions*. Notre Dame, Ind. 1988.

Schirrmacher, Christine: *Islamische Menschenrechtserklärungen und ihre Kritiker. Einwände von Muslimen und Nichtmuslimen gegen die Allgültigkeit der Scharia.* Trier 2007.

Schmidt, Thomas M.: Diskursive Verpflichtungen und ethisch-religiöse Überzeugungen. Zur moralischen und politischen Geltung der Menschenrechte. In: Günter Nooke/Georg Lohmann/Gerhard Wahlers (Hg.): *Gelten Menschenrechte universal? Begründungen und Infragestellungen*. Freiburg 2008, 142–165.

Sellars, Kirsten: *The Rise and Rise of Human Rights*. Stroud 2002.

Taylor, Charles: *Sources of the Self. The Making of the Modern Identity*. Cambridge 1989.

Ven, Johannes A. van der/Dreyer, Jaco S./Pieterse, Hendrik J. C.: *Is There a God of Human Rights? The Complex Relationship Between Human Rights and Religion. A South African Case*. Leiden 2004.

Wiesel, Elie: A Tribute to Human Rights. In: Yael Danieli/Elsa Stamatopoulou/Clarence J. Dias (Hg.): *The Universal Declaration of Human Rights: Fifty Years and Beyond*. Amityville, NY 1999, 3 f.

Zimmermann, Rolf: Zur Begründung der Universalität von Menschenrechten. In: Eckart Klein/Christoph Menke (Hg.): *Universalität, Schutzmechanismen, Diskriminierungsverbote*. Berlin 2008, 17–31.

Kirstin Bunge

4. Religion und säkularer Rechtsstaat

Moderne Staaten westlicher Prägung verstehen sich als säkulare Rechtsstaaten, auch wenn Länder wie Frankreich, Deutschland oder die Vereinigten Staaten von Amerika das Prinzip der Säkularität seit jeher unterschiedlich interpretiert haben. Zwar gibt es auch heute nur wenige, die das Prinzip selber infrage stellen, doch seine Interpretation ist umstrittener als noch vor wenigen Jahren.

Der Grund hierfür sind verschiedene Entwicklungen, die dazu geführt haben, dass sich das Phänomen ›Religion‹ heute in Gesellschaft, Politik und Wissenschaft wieder größerer Aufmerksamkeit erfreut, ohne dass über die Deutung dieser Entwicklungen Einigkeit bestünde. Unbestritten ist, dass wir es in westlichen Gesellschaften mit Prozessen der Individualisierung und Pluralisierung von Religion zu tun haben, die ihrerseits mit der Globalisierung zusammenhängen und die dazu führen, dass die etablierten christlichen Kirchen in westlichen Gesellschaften an Bindungskraft und Mitgliedern verlieren, ein Vorgang, den man als De-Institutionalisierung bezeichnen kann. Während die einen keinen Anlass sehen, die klassische Säkularisierungsthese aufgrund dieses Befundes zu verabschieden oder zu revidieren, halten andere genau dies für geboten. Früheren Säkularisierungsprognosen zum Trotz beweise die Religion ein erstaunliches Beharrungsvermögen. Statt zu verschwinden, verändere sie sich und dränge zurück in den öffentlichen Raum, so dass man von einer ›Wiederkehr der Götter‹ (Friedrich Wilhelm Graf) und einem Wandel hin zu einer ›postsäkularen Gesellschaft‹ (Jürgen Habermas) sprechen könne, innerhalb derer die Rolle des Religiösen neu bedacht werden müsse. Auch wer die langfristigen Überlebenschancen von Religion in der Moderne nach wie vor skeptisch beurteilt, kann doch nicht umhin anzuerkennen, dass die Religion und der Diskurs über sie gegenwärtig eine gewisse Konjunktur erleben – sei es positiv als Gegenstand persönlicher Sinnsuche, als Stifterin von Bürgertugenden oder als Reservoir für »[m]oralische

Empfindungen, die bisher nur in religiöser Sprache einen hinreichend differenzierten Ausdruck besitzen« (Habermas 2001, 29), im Kontext biopolitischer Diskurse, sei es negativ als fundamentalistische Bedrohung, insbesondere durch den Islam seit dem 11. September 2001. Dabei hat die Auseinandersetzung mit dem Islam auch das Bewusstsein dafür verstärkt, dass der Prozess der Säkularisierung, der die westliche Welt zutiefst prägt, global gesehen eine Ausnahme darstellt.

Die hier nur schlagwortartig benannten Entwicklungen haben zur Folge, dass über das Verhältnis des säkularen Rechtsstaats zur Religion heute intensiver diskutiert wird als in der Vergangenheit. Umstritten ist dabei nicht die Interpretation des Prinzips der Rechtsstaatlichkeit, sondern diejenige des Prinzips der Säkularität, auf das deshalb im Folgenden der Fokus gerichtet sein wird. Eine umfassende Erörterung des Verhältnisses der Religion zum säkularen Rechtsstaat und umgekehrt, müsste von unterschiedlichen Perspektiven aus erfolgen und politikwissenschaftliche, juristische, soziologische, religionswissenschaftliche, religionsphilosophische, theologische und ethische Gesichtspunkte und Debatten einbeziehen. Die folgenden Überlegungen konzentrieren sich stattdessen darauf, die Thematik aus der Perspektive politischer Ethik zu betrachten und legen einen gewissen Fokus auf die in Deutschland geführten Debatten. Die Gliederung orientiert sich an den Begriffen im Titel dieses Beitrags: Rechtsstaat, Religion und Säkularität.

Rechtsstaat

Als Rechtsstaaten gelten Staaten, in denen die politische Herrschaft an das Recht gebunden ist: Sie üben politische Herrschaft durch das Recht aus, und das Recht setzt der Ausübung politischer Herrschaft durch den Staat Grenzen. Dies beides unterscheidet sie von anderen Staatsformen, wie dem Unrechtsstaat, in dem politische Willkür herrscht, vom absoluten Staat, in dem die Herrschenden sich selber über das Recht stellen, oder von einem Staat, der eine bestimmte Gemeinwohlvorstellung verfolgt, der das Recht zu dienen und der es sich im Konfliktfall zu beugen hat (vgl. Grimm 1991, 159).

Obwohl »zentrale Elemente des Rechtsstaats für die gesamte neuzeitliche politische Philosophie von überragender Bedeutung waren« (Huster 2008, 1094) und obwohl er sich dem Begriff bzw. der Sache nach inzwischen nicht nur im deutschen Grundgesetz, sondern auch in den Verfassungen vieler anderer Länder findet, ist sein Verständnis trotz mancher Gemeinsamkeiten mit der angelsächsischen *rule of law* in besonderer Weise von der Entwicklung des Rechts und des Rechtsdenkens in Deutschland geprägt. Diese Entwicklung hat dazu geführt, dass heute ein materielles Rechtsstaatsverständnis vorherrscht, da man hierin eine Konsequenz sah (und sieht), die es aus dem Scheitern des Rechtspositivismus angesichts des nationalsozialistischen Unrechtsstaates zu ziehen gilt. Im Unterschied zu einem formalen Verständnis, für das sich Rechtsstaatlichkeit im Wesentlichen in der Rechtsbindung staatlicher Gewalt, dem Gesetzesvorbehalt, dem Rechtsschutz sowie der Gewaltenteilung erschöpft, zeichnet sich ein solches materielles Verständnis dadurch aus, dass es darüber hinaus das Prinzip der Rechtsgleichheit sowie vor allem die Achtung individueller Grundrechte als konstitutiv für Rechtsstaatlichkeit erachtet, ohne dass damit die philosophisch und politisch immer wieder diskutierte Frage nach dem genauen Verhältnis von Rechtsstaat und Demokratie bzw. Verfassungsgerichtsbarkeit und Volkssouveränität bereits beantwortet wäre.

Eine andere Frage lautet, ob Rechtsstaatlichkeit im materiellen Sinne zugleich die Säkularität des Staates impliziert, so dass die Rede vom säkularen Rechtsstaat im Grunde ein Pleonasmus wäre. Wie man diese Frage beantwortet, hängt sowohl davon ab, was man unter Rechtsstaatlichkeit versteht, als auch davon, wie man den Begriff der Säkularität fasst. Bestimmt man letzteren so, dass er den Verzicht auf eine religiöse Legitimation des Staates, die Gewährung individueller Religionsfreiheit und in Verbindung damit eine gewisse institutionelle Entzerrung von Staat und Religionsgemeinschaften, nicht aber deren vollständige Trennung beinhaltet, spricht viel für eine Bejahung der Frage. Folgt man nämlich einem materiellen Verständnis von Rechtsstaatlichkeit und versteht die Grundrechte, einschließlich der Religionsfreiheit, als »konstituierendes Moment staatlicher Gewalt« und als Hinweis darauf, »dass der Rechtsstaat seine Ratio in der individuellen Menschenwürde findet und einer transpersonalen Legitimation entbehrt« (Huster 2008, 1095), so bedeutet dies zugleich den Verzicht auf eine religiöse Begründung des Staates – eine Einsicht, die der Forderung nach Rechtsstaatlichkeit von Beginn an eingeschrieben war.

Religion

So geläufig die Rede von Religion ist, so schwierig ist es, eine befriedigende Definition zu finden. Während man substantiell oder essentialistisch orientierten Ansätzen vorhalten kann, sie seien kulturell imprägniert und nicht offen genug für die unterschiedlichen Erscheinungsformen des Religiösen, werfen Kritikerinnen und Kritiker funktionalen Ansätzen vor, sie seien allzu weit gefasst und verwischten dessen Konturen, indem sie alle möglichen funktionalen Äquivalente von Religion in den Religionsbegriff integrierten. Dass es keinen wissenschaftlich fundierten, klar umrissenen und weithin akzeptierten Religionsbegriff gibt, bringt nicht nur die Wissenschaft in Verlegenheit, sondern auch den Staat.

Doch während ein solcher Dissens für die wissenschaftliche Forschung durchaus produktiv sein und diese ihre Begriffe in Form revidierbarer Arbeitshypothesen bilden kann, kommt der Staat nicht umhin, sich von der Religion einen relativ klar umrissenen, weil rechtlich verbindlichen Begriff zu machen. Das gilt auch für den auf Distanz zur Religion bedachten säkularen Rechtsstaat. Insofern dieser nämlich die Religionsfreiheit seiner Bürgerinnen und Bürger gewährleistet, kommt er nicht umhin, eine Entscheidung darüber zu treffen, was in deren Schutzbereich fällt, was also als Religion gelten kann und was zu ihrer Ausübung gehört und was nicht.

Versucht der säkulare Staat diese Fragen von sich aus zu beantworten, gefährdet er damit freilich zugleich seine eigene Säkularität. Denn unabhängig davon, wie man den Begriff der Säkularität im Hinblick auf den Staat im Einzelnen bestimmt, ist angesichts des begrifflichen Gegensatzes von ›säkular‹ und ›religiös‹ klar, dass ein säkularer Staat ein auf Distanz zur Religion bedachter Staat ist, während doch jede Bestimmung von Religion bereits einen Eingriff in den Bereich des Religiösen darstellt, indem sie bestimmte Phänomene ein- und andere ausschließt.

Um dies zu vermeiden, kann sich der säkulare Staat stattdessen am religiösen Selbstverständnis derjenigen orientieren, die das Recht auf Religionsfreiheit für sich in Anspruch nehmen, was freilich die Gefahr einer ausgesprochen extensiven Auslegung des Religionsbegriffs in sich birgt. Zumal in Deutschland, wo die Religionsfreiheit, anders als in den USA und anders als in Art. 9 Abs. 2 der Europäischen Menschenrechtserklärung oder noch in Art. 135 Satz 3 der Weimarer Reichsverfassung, gemäß Art. 4 des Grundgesetzes keinem Gesetzesvorbehalt unterliegt und ihre Inanspruchnahme daher besonders attraktiv ist, wird deswegen häufig davor gewarnt, bei der Interpretation von Religion auf das individuelle Selbstverständnis abzustellen.

Tatsächlich hat man in Deutschland deswegen in den vergangenen Jahrzehnten einen Weg eingeschlagen, der zwischen den beiden zuvor genannten Alternativen liegt, indem man die Garantie der Religionsfreiheit in Form der Glaubens-, Bekenntnis- und Kultusfreiheit durch Art. 4 des Grundgesetzes als säkularen Rahmen interpretiert, dessen Inhalt in Rücksicht auf das religiöse Selbstverständnis der Religionsgemeinschaften bestimmt wird. Diese Lösung hat den Vorzug, dass der Staat sich nicht selber ein direktes Urteil darüber anmaßt, was in den Bereich der religiösen Freiheit fällt und was nicht, sondern sich stattdessen eines externen Maßstabes bedient, was dem säkularen Charakter des Staates besser zu entsprechen scheint.

Allerdings kann sich der Staat des Problems der Bestimmung von Religion und Religionsausübung auf diese Weise nicht vollständig entledigen. Denn zum einen stellt sich die Frage, welche Gemeinschaften als Religionsgemeinschaften gelten und welche nicht, und diese Frage lässt sich nicht allein anhand rein formaler, sondern nur unter Einbeziehung inhaltlicher Kriterien beantworten, womit sich erneut das Problem der Bestimmung von Religion stellt. Strittig ist dies im deutschen Kontext etwa im Hinblick auf Scientology, eine Organisation, die sich selber als Kirche versteht, während die Rechtsprechung in dieser Hinsicht noch nicht zu einem abschließenden Urteil gekommen ist. Erledigt ist das Problem zum anderen aber auch deshalb nicht, weil die in sich durchaus heterogenen Religionsgemeinschaften nicht immer einen eindeutigen Maßstab dafür zur Verfügung stellen, was in den Schutzbereich der Religionsfreiheit fällt und was nicht. Notorisch strittig ist dies etwa im Hinblick auf das Schächten oder das muslimische Kopftuch.

Auch der säkulare, die Religionsfreiheit garantierende Staat kann sich demnach nicht in vollkommener religiöser Abstinenz üben, so dass sich die Frage stellt, was sonst man sich unter einem säkularen Staatswesen vorzustellen hat.

Säkularität

So geläufig die Kategorie der Säkularisierung zur Charakterisierung der modernen Welt ist, so vielschichtig sind ihr Gehalt und so umstritten ihre Interpretation und ihre Bewertung. Als hilfreich erweist sich die von José Casanova vorgenommene Unterscheidung dreier Formen von Säkularisierung: (1) Säkularisierung als Ausdifferenzierung gesellschaftlicher Sphären und damit einhergehend als Emanzipation der Politik und des Staates von der Religion, (2) Säkularisierung als Abnahme religiöser Überzeugungen und Praktiken sowie (3) Säkularisierung als Privatisierung bzw. Marginalisierung von Religion (vgl. Casanova 1994, 19–39). Auch wenn die beiden zuletzt genannten Formen von Säkularisierung durchaus Einfluss auf das Verhältnis von Religion und säkularem Rechtsstaat haben, bildet die Beziehung dieser beiden Größen in erster Linie einen Gegenstand der im Sinne einer Ausdifferenzierung gesellschaftlicher Sphären formulierten Säkularisierungsthese, der man zwar eine gewisse analytische Unschärfe attestieren mag, sofern sie etwa das Phänomen der ›Pfadabhängigkeit‹ außer Acht lässt, deren Kerngehalt mit Blick auf die westliche Welt jedoch kaum zu bestreiten

sein dürfte. Wenn im Folgenden von Säkularisierung oder Säkularität die Rede ist, dann in diesem Sinne. Andere Verwendungsweisen werden als solche gekennzeichnet.

Bis vor wenigen Jahren galt ›Säkularität‹ als ein mehr oder weniger unumstrittenes Charakteristikum moderner Staaten. Inzwischen ist das Bewusstsein dafür, dass nicht alle Staaten der Welt säkular sind oder es in näherer Zukunft sein werden, ebenso gewachsen wie die Einsicht, dass die Staaten der westlichen Welt heute vor Herausforderungen stehen, die sie dazu nötigen, ihr eigenes Verständnis von Säkularität zu überprüfen. Staaten, die als säkular gelten, interpretieren das Prinzip der Säkularität durchaus unterschiedlich (1), was zu verschiedenen Fragen führt: Was spricht eigentlich für die Säkularität des Staates (2), was für die Behauptung, auch säkulare Staaten blieben auf Religion angewiesen (3), inwieweit ist das Deutschland und die meisten anderen europäischen Staaten charakterisierende Modell moderater Säkularität den heutigen Herausforderungen gewachsen (5) und welche Rolle spielt in diesem Zusammenhang das Neutralitätsprinzip (4)?

1. Unterschiedliche Interpretationen des Prinzips der Säkularität: Nicht alle Staaten der Welt sind säkulare Staaten. Zwar haben einer Untersuchung Kurus zufolge die meisten von ihnen eine säkulare Verfassung und ein säkulares Rechtswesen, doch es gibt Ausnahmen, wie z. B. den Iran, Saudi-Arabien oder den Vatikan (Kuru 2009). Eine Reihe anderer Staaten bevorzugt explizit eine bestimmte Religion und kann deshalb allenfalls in einem eingeschränkten Sinne als säkular gelten, darunter Griechenland oder Dänemark. Schließt man darüber hinaus jene wenigen Staaten aus, die wie Nordkorea oder China explizit religionsfeindlich sind, dann bleiben 120 Staaten übrig, in denen Recht und Verfassung säkularen Charakter haben und die keine Religion bevorzugen, so dass sie als säkular in einem engeren Sinne gelten können. Folgt man weiterhin Kuru, dann lassen sie sich in zwei Gruppen einteilen. Staaten wie Frankreich oder die Türkei stehen seines Erachtens für eine aus- oder nachdrückliche Säkularität (*assertive secularism*), die Vereinigten Staaten dagegen für eine passive Säkularität (*passive secularism*), weil sie der Präsenz von religiösen Symbolen in der Öffentlichkeit offen gegenüberstehen.

Kurus Typologie ist hilfreich, wenn es darum geht, sich einen ersten Überblick zu verschaffen. Schaut man genauer hin, zeigt sich freilich, dass die realen Verhältnisse komplexer sind, als seine Typologie es vermuten lässt (vgl. hierzu Bader 2007, 53–62). So gewähren manche der Staaten, die in ihrer Verfassung eine bestimmte Religion bevorzugen und eine Staatskirche kennen, anderen Religionsgemeinschaften durchaus eine gewisse Anerkennung, weshalb es sinnvoll sein dürfte, zwischen starken Staatskirchen-Systemen wie in Griechenland und schwachen wie in England zu unterscheiden. Vergleicht man außerdem einen Staat wie die USA mit Deutschland, wo Religionsgemeinschaften öffentlich-rechtliche Anerkennung und die damit verbundenen Privilegien erlangen können, wird deutlich, dass auch die Gruppe jener Staaten, die Kuru als »passiv säkular« bezeichnet, alles andere als homogen ist. Allzu grob ist seine Typologie aber vor allem deshalb, weil sie sich einzig und allein an der verfassungsmäßigen Ordnung des Verhältnisses von Staat und Religion orientiert und andere Dimensionen dieses Verhältnisses außer Acht lässt. Hierzu zählen, wie Veit Bader zeigt, die Verfassungswirklichkeit, der rechtliche Status von Religionsgemeinschaften, der Grad ihrer Autonomie und ihre Finanzierung sowie die Regulierung und Finanzierung religiöser Bildungseinrichtungen, des Religionsunterrichts an Schulen und von religiösen Sozial- und Fürsorgeeinrichtungen. Und schließlich sollte man nicht nur die institutionellen Beziehungen im Blick haben, sondern auch die vom Staat verfolgten Ziele sowie seine Gesetze und die von ihm verfolgte Politik, wenn man sich ein Bild von seiner Säkularität machen will (so Bhargava 2006, 641).

Bei alldem zeigt sich, dass Pfadabhängigkeiten im Verhältnis des Staates zur Religion und zu den Religionsgemeinschaften eine wichtige Rolle spielen. Wie die verschiedenen Dimensionen dieses Verhältnisses geregelt und gestaltet werden, hängt nicht zuletzt von den jeweiligen historischen Entwicklungen ab, die bis heute nachwirken und die sich wiederum zu gewissen Mustern zusammenfügen lassen.

Politische Säkularität ist ein mehrdimensionales und ein graduelles Phänomen, kann sie doch mehr oder weniger stark ausgeprägt sein. Häufig gilt die wechselseitige Unabhängigkeit von Staat und Religion bzw. Religionsgemeinschaften als Voraussetzung dafür, dass von Säkularität die Rede sein kann. Staat und Religion sind grundsätzlich voneinander getrennt. Getrennt von der Religion zu sein, bedeutet für den Staat in erster Linie, dass er die Legitimation für seine Existenz und für seine Aufgaben nicht in religiösen Vorstellungen findet, sich nicht von religiösen Ideen leiten lässt oder diesen zur Durchsetzung verhilft und religiösen Instanzen keine Rechenschaft über sein Handeln schuldet. Umgekehrt bedeutet, getrennt vom Staat zu sein, für die Religion bzw. die Religionsgemeinschaften, dass sie ihrerseits frei von staatlicher Bevormundung sind, indem der Staat religiöse Freiheit gewährt und die Regelung ihrer Angelegenheiten den Religionsgemeinschaften anheimstellt.

Jenseits dieser Schwelle gibt es verschiedene Grade der Säkularität, die bis zur aktiven Bekämpfung der Religion durch den Staat reichen können. Gänzlich ignorieren kann freilich weder der Staat die Religion noch umgekehrt die Religion den Staat. Beide finden einander vor und müssen sich deshalb in einer wie auch immer bestimmten Weise zueinander verhalten, so dass sich die Frage stellt, welche der verschiedenen Säkularismen den Vorzug verdient. Doch bevor man sich mit ihr auseinandersetzt, sollte man sich zunächst einmal darüber klar zu werden versuchen, was überhaupt für die Säkularität des Staates spricht.

2. Was spricht für die Säkularität des Staates? Historisch betrachtet, wird die Säkularität des Staates gewöhnlich als eine Konsequenz verstanden, die die Staaten der westlichen Welt aus der konfessionellen Spaltung und den Religionskriegen des 16. und 17. Jahrhunderts gezogen haben. Tatsächlich hat die Trennung von politischer und religiöser Sphäre bereits weitaus früher begonnen. Orientiert man sich an Ernst-Wolfgang Böckenfördes viel zitiertem Aufsatz über »Die Entstehung des Staates als Vorgang der Säkularisation«

aus dem Jahr 1967, wird man (zumindest) zwei Stufen des Prozesses der Säkularisierung zu unterscheiden haben: Die erste Stufe dieses Prozesses wird durch der Investiturstreit des 11. und 12. Jahrhunderts markiert, der zu einer Aufspaltung des *Corpus christianum* führte. Wurden Papst und Kaiser bis dahin als Inhaber zweier Ämter innerhalb einer christlich begründeten, geformten und ausgerichteten Ordnung angesehen, so brachte die im Interesse des geistlichen Suprematie-Anspruches von Papst Gregor VII. betriebene »Entsakralisierung des Kaisers« (Böckenförde 2006, 96) zugleich eine Emanzipation des Politischen vom Sakralen mit sich. Diese Eigenständigkeit war, wie Böckenförde betont, freilich keine vollständige, da der weltliche Bereich damit nicht »aus der religiösen Fundierung schlechthin« (ebd., 99) entlassen wurde. Dies änderte sich erst im Gefolge der Glaubensspaltung des 16. Jahrhunderts und den sich daraus ergebenden Religionskriegen, die eine zweite Stufe der Säkularisierung zur Folge hatten: Die staatliche Gewalt emanzipierte sich weiter von der kirchlichen Gewalt, indem sie sich über die streitenden religiösen Parteien stellte, und die religiöse Legitimation des Staates wurde seit Thomas Hobbes' *Leviathan* durch eine säkulare Begründung ergänzt und, wenn auch nicht sofort, so doch nach und nach abgelöst.

Wer nach einem Grund für die Säkularität des Staates sucht, kann auf diese historischen Erfahrungen verweisen. Denn die Lehre, die es aus ihnen zu ziehen gilt, lautet offenbar, dass sich religiöse Zwistigkeiten und Bürgerkriege nur vermeiden lassen, wenn Staat und Kirche getrennt sind und der Staat sich als eine säkulare Institution versteht. Doch nicht alle überzeugt diese Argumentation. Manche verweisen darauf, dass es sich hierbei um spezifisch westliche Erfahrungen handelt, die man nicht ohne weiteres universalisieren dürfe. Das Konzept der Säkularität sei eine Lösung des Westens für spezifisch westliche Probleme, die sich vor dem Hintergrund des Christentums entwickelt hätten. In anderen Kulturen mit anderen religiösen Traditionen hätten sich diese Probleme nicht oder nicht in dieser Schärfe gestellt, so dass man dort zu anderen Lösungen gelangt sei. Dass eine gewisse Trennung von politischer und geistlicher Macht fast überall auf der Welt akzeptiert werde, habe, so z. B. Bader, mit den Erfahrungen des Westens nichts zu tun (vgl. Bader 2007, 47).

Sechs andere, mögliche Argumente für Säkularität nennt Rajeev Bhargava (1998, 489–492): Demnach könnte man argumentieren, dass eine Verbindung von religiösen und politischen Institutionen vermieden werden sollte, weil sie erstens die Autonomie von Individuen, zweitens die gesellschaftliche Gleichheit, drittens die Demokratie und viertens die Klarheit und Rationalität politischer Entscheidungen gefährdet. Ein fünftes Argument wäre, dass staatliche Zwangsgewalt ein untaugliches Mittel ist, um religiöse Überzeugungen zu beeinflussen. Sechstens schließlich könne man darauf verweisen, dass eine Verbindung von Religion und Politik viel Leid hervorrufe. Religion habe es mit höchsten Idealen zu tun, und wenn Ideale dieser Art aufeinanderprallen würden, sei das gewöhnliche Leben, dessen Schutz dem Staat aufgetragen sei, gefährdet:

> »A clash of such ideals has the potential of depriving people of leading even a minimally decent existence, an ordinary life. To secure ordinary life, to protect basic this-wordly goods, all ultimate ideals must be expunged from the affairs of the state whose sole business is to procure for everyone minimum standards of decent living« (ebd., 490 f.)

Bhargava selbst bezeichnet die drei ersten Argumente als perfektionistisch, weil sich in ihnen eine bestimmte Vorstellung des guten Lebens artikuliert, die beiden letzten hingegen als non-perfektionistisch. Gegen perfektionistische Argumente spricht seines Erachtens, dass sie religiösen Überzeugungen gegenüber unsensibel und feindlich eingestellt sind und deshalb bei religiösen Menschen Widerstand hervorrufen. Bei non-perfektionistischen Argumenten hingegen sei dies anders. Vor allem in dem letzten der von ihm genannten Argumente sieht Bhargava eine überzeugende Begründung für einen von ihm in Anlehnung an den Politischen Liberalismus als politisch bezeichneten Säkularismus, gegen den der Vorwurf, er beruhe auf spezifisch europäischen Erfahrungen nicht greife: »It is neither purely Christian nor peculiarly Western.

It grows wherever there is a persistent clash of ultimate ideals perceived to be incompatible« (Bhargava 1998, 498).

Problematisch an dem von Bhargava favorisierten Argument ist freilich seine Behauptung, die Orientierung eines Staates an den höchsten Idealen einer bestimmten Gruppe würde ein Leben in Würde für alle ausschließen, weil er dabei von einem weit anspruchsvolleren Würde-Begriff ausgeht, als dies in der politischen Philosophie gewöhnlich der Fall ist. Plausibler ist eine andere Begründung, die den von Bhargava angestellten Überlegungen durchaus nahesteht. Zu finden ist sie u. a. bei Jocelyn Maclure und Charles Taylor, auch wenn diese statt von ›Säkularität‹ lieber von ›Laizität‹ sprechen, ohne damit freilich dem französischen Modell einer strikten Trennung von Staat und Kirche das Wort zu reden. Während sie mit Säkularisierung einzig das Schwinden des Einflusses von Religion auf das Verhalten von Individuen bezeichnen wollen, betrachten sie Laizität im Unterschied hierzu nicht als ein soziales, sondern als ein auf die Politik bezogenes Konzept, das auf vier Prinzipien beruht (vgl. Maclure/Taylor 2011, 29–38). Zwei dieser vier Prinzipien sind ihrer Auffassung nach grundlegender und moralischer Natur, nämlich das Prinzip der gleichen Achtung aller Bürgerinnen und Bürger sowie das Prinzip der Gewissensfreiheit. Bei den beiden anderen Prinzipien, nämlich der Trennung von Staat und Kirche sowie der Neutralität des Staates gegenüber Religionen bzw. religiösen und anderen Grundüberzeugungen, handle es sich dagegen um nachgeordnete »Verfahrensmodi« (ebd., 30). Zwar seien sie unverzichtbar, aber verschieden interpretierbar, ohne dass die faktisch vorhandenen Differenzen den Blick dafür verstellen dürften, »daß alle liberalen Demokratien mit mehr oder weniger Erfolg die beiden Zwecke der Laizität zu verwirklichen suchen und daß sie alle Elemente der ›Trennung‹ und der ›Verbindung‹ zwischen Staat und Kirche enthalten« (ebd., 38).

Folgt man dieser Analyse, dann sind unterschiedliche Interpretationen einer als Trennung von Staat und Religion verstandenen Säkularität sowie die Rücksicht auf bestehende Pfadabhängigkeiten aus liberaler Sicht durchaus legitim, was freilich nicht bedeutet, dass sie auch in gleicher Weise geeignet wären, den Herausforderungen, denen sich liberale Staaten heute gegenübersehen, zu begegnen. Eine andere, damit zusammenhängende Frage lautet, ob nicht auch säkulare Staaten der Religion in der Weise verbunden bleiben, dass sie auf sie angewiesen sind.

3. Sind auch säkulare Staaten auf Religion angewiesen? Diese Frage ist nicht neu. Aufgeworfen hat sie nicht zuletzt Böckenförde, der in seinem bereits erwähnten Aufsatz aus dem Jahr 1967 nicht nur Stadien, die zur Entstehung des modernen Staates geführt haben, skizziert, sondern auch die seither immer wieder diskutierte Frage aufgeworfen hat, ob nicht auch ein sich als säkular verstehender Staat der Religion als einer sittlichen Ressource bedarf. Staatliche Zwangsgewalt allein könne Bestand und Funktionieren politischer Gemeinwesen nicht verbürgen. Deshalb sei der Staat darauf angewiesen, dass die Bürgerinnen und Bürger das Gemeinwesen aus innerer Überzeugung mittrügen, ohne dabei freilich wie noch im Mittelalter auf das Christentum als verbindliche Grundlage rekurrieren zu können, da er sonst seinen freiheitlichen Charakter aufs Spiel setzen würde. Was an die Stelle der Religion treten könnte, sei, so Böckenförde, freilich ebenso wenig zu erkennen. Denn Ideen wie die der Nation oder die eines die politische Gemeinschaft tragenden Wertekanons hätten sich als untauglich und gefährlich erwiesen, so dass sich eben die Frage stelle, »ob nicht auch der säkularisierte weltliche Staat letztlich aus jenen inneren Antrieben und Bindungskräften leben muß, die der religiöse Glaube seiner Bürger vermittelt« (Böckenförde 2006, 113).

Böckenfördes These, wonach ein freiheitlicher und säkularer Staat *»von Voraussetzungen* [lebt], *die er selbst nicht garantieren kann«* (ebd., 112), und seine Vermutung, die Religion sei am besten geeignet, diese Voraussetzungen zu erbringen, sind auf große Resonanz gestoßen. Das mag überraschen, wenn man bedenkt, dass er bei weitem nicht der erste und auch nicht der letzte Autor gewesen ist, der die positive Bedeutung von Religion für Staat und Gesellschaft hervorgehoben hat. Dass gerade Böckenfördes These in den vergangenen Jahrzehnten immer wieder aufgegriffen und diskutiert worden ist, dürfte weniger darauf zurückzuführen sein, dass es die sittliche Funktion der Religion ist, die mit ihr akzentuiert wird. Zwar werden gerade in öffentlichen Debatten eher die sozialen Leistungen der Religionsgemeinschaften und der mit ihnen verbundenen Einrichtungen hervorgehoben, doch auch der Hinweis auf ihre die Sitten fördernde Bedeutung ist spätestens seit der konstantinischen Wende eine fester Bestandteil jeder politisch adressierten Apologie von Religion. Das Eigentümliche und Herausfordernde der These Böckenfördes besteht vielmehr in der scheinbar paradoxen Behauptung, auch ein freiheitlich-säkularer Staat, der sich die wechselseitige Unabhängigkeit und Unverfügbarkeit von Staat und Religion auf seine Fahnen geschrieben hat, bleibe auf Religion angewiesen. – So formuliert, ist die These mehrdeutig, und wer sich mit ihr befasst, wird zumindest drei mögliche Lesarten unterscheiden müssen.

(1) Wenn von Religion als sittlicher Ressource die Rede ist, so ist damit häufig gemeint, dass Religion das moralische Bewusstsein und Handeln von Menschen positiv beeinflusst. Tatsächlich haben es Religionen in aller Regel nicht nur mit Gott und einer wie auch immer verstandenen Transzendenz, sondern auch mit dem diesseitigen Leben zu tun. Mit ihnen sind bestimmte Vorstellungen davon verbunden, was ein gutes Leben ausmacht, und darüber, wie Menschen ihr Leben führen, wie sie sich anderen gegenüber verhalten sollten und wie ihr Zusammenleben gelingt. Ohne die Augen vor den durchaus vorhandenen Unterschieden zwischen den verschiedenen Religionen verschließen zu wollen, wird man doch sagen können, dass die großen Religionen der Welt darin übereinstimmen, dass der Mensch nicht allein auf seinen persönlichen Vorteil bedacht sein und auf Kosten anderer handeln sollte. So tritt z. B. das Christentum für eine Orientierung am Gemeinwohl, für Tugenden wie Solidarität und Fairness und für moralische Regeln wie die Zehn Gebote ein, die dazu anleiten, andere mit Respekt und Rücksicht zu behandeln. Indem Religionen moralische Werte und Normen wie diese tradieren, tragen sie zu sozialem Frieden und Zusammenhalt bei, und können damit je nach Einfluss eine mehr oder weniger wichtige zivilgesellschaftliche Ressource darstellen. Auf längere Sicht kann sich das religiöse Ethos auf das gesellschaftliche Zusammenleben dabei selbst dort positiv auswirken, wo es in Spannung zu bestimmten sozialen, wirtschaftlichen und politischen Entwicklungen steht und zu Kritik und resistentem Verhalten führt.

Es wäre freilich eine Illusion zu meinen, der Einfluss der Religion sei dem gesellschaftlichen Zusammenleben stets förderlich. Abgesehen davon, dass selbst im Rückblick nicht immer Einigkeit darüber besteht, ob religiös motivierte Ein- oder Zusprüche positiv zu bewerten sind oder nicht, kann eine religiöse Haltung auch zu einer grundsätzlichen Skepsis gegenüber der Welt und zu einem Rückzug aus der Gesellschaft führen. Und schließlich lehrt ein Blick in die Geschichte, dass Religionen immer wieder konfliktfördernd gewirkt haben. Religion als solche ist zwar nicht von Natur aus intolerant, doch Religionen können offensichtlich zu intolerantem Verhalten führen.

Aus der Sicht des Staates stellt Religion deshalb ein Phänomen dar, dessen Wirkung auf die Moral der Bürgergesellschaft zwar nicht in jedem Fall, aber doch häufig positiv ist, ohne dass es sich aufgrund seiner Eigensinnigkeit vereinnahmen ließe, und dessen Unabhängigkeit er um seiner eigenen Säkularität und Freiheitlichkeit willen respektieren muss.

(2) Darüber hinaus lässt sich die These Böckenfördes auch so interpretieren, dass der säkulare Rechtsstaat nicht nur seine Entstehung wesentlich der jüdisch-christlichen Tradition verdankt, sondern um seiner eigenen Legitimität willen gut daran tut, sich dieses Zusammenhangs bewusst zu bleiben. Indem er nämlich als Rechtsstaat die Menschenwürde für unantastbar erklärt und sich an bestimmte Werte bindet, erkennt er die Grenzen seiner eigenen Verfügungsgewalt an und verweist, so etwa Tine Stein, auf einen transpositiven Geltungsgrund positiven Rechts. Zwar werde dieser Geltungsgrund nicht explizit benannt, doch sei jedenfalls die Rechtsordnung des Grundgesetzes, indem sie die Menschenwürde im Sinne »einer letztlich metaphysisch und nicht empirisch oder sozial zu verstehenden Kategorie« zum »archimedischen Punkt für die Rechts-

ordnung« mache, zumindest »offen zur Transzendenz« (Stein 2007, 338). Dabei bewegt sich Stein argumentativ auf einem schmalen Grat: Mag nämlich die von ihr diagnostizierte und postulierte Offenheit hin zur Transzendenz mit der von ihr ebenfalls bejahten Säkularität des Staates auch vereinbar sein, so dürfte dies in dem Moment doch nicht mehr der Fall sein, wo statt Offenheit – etwa unter Berufung auf die in der Verfassung zu findende *Invocatio* oder *Nominatio Dei* – Angewiesenheit postuliert wird. Die meisten Autorinnen und Autoren stehen deshalb auch einer solch weitreichenden Lesart der Böckenförde-These skeptisch gegenüber und vertrauen, sofern sie nicht ohnehin Rechtspositivist/innen sind, darauf, dass die transpositiven Voraussetzungen des Rechtsstaates sich mit den Mitteln der Philosophie zumindest ebenso gut begründen lassen wie mit denen der Theologie.

(3) Letzteres gilt auch für Jürgen Habermas, der für eine dritte Interpretation des Diktums von Böckenförde plädiert, die freilich im Unterschied zu den beiden zuvor genannten bei Böckenförde selber noch nicht angelegt ist. Habermas ist nämlich der Auffassung, dass die moralphilosophische Konzentration auf Fragen des Rechten im Gefolge der Aufklärung für gewisse Leerstellen verantwortlich ist, wie sie heute vor allem im Kontext bioethischer Debatten zutage treten. Im Unterschied zur Philosophie, die Fragen des guten Lebens in der Vergangenheit systematisch ausgeklammert habe, könne die Religion »hinreichend differenzierte Ausdrucksmöglichkeiten und Sensibilitäten für verfehltes Leben, für gesellschaftliche Pathologien, für das Misslingen individueller Lebensentwürfe und die Deformation entstellter Lebenszusammenhänge« (Habermas 2005a, 115) enthalten. Deshalb plädiert Habermas für die Transformation der säkularen in eine post-säkulare Gesellschaft, die sich dem Deutungspotential religiöser Überlieferungen gegenüber lernbereit zeigt und dieses zu nutzen versucht, indem sie den Bedeutungsgehalt religiöser Begriffe in eine säkulare Sprache zu übertragen versucht. Vorbildlich in dieser Hinsicht sei die Übersetzung des biblischen Begriffs der Gottebenbildlichkeit durch den der Menschenwürde, was zeige, dass man »dem Böckenförde-Theorem einen unverfänglichen Sinn geben« (ebd., 116) könne. – Auch wenn die von Habermas vorgeschlagene Interpretation der Böckenförde-These nicht nur unter Theologinnen und Theologen auf Zustimmung gestoßen ist, kann man fragen, ob sie der religiösen Tradition nicht zu viel, anderen kulturellen Ressourcen hingegen zu wenig zutraut.

Böckenfördes viel diskutierte These lässt sich verschieden interpretieren, ohne dass die verschiedenen Interpretationen einander ausschließen müssten. Doch abgesehen davon, dass sich gegen jede von ihnen spezifische Einwände erheben lassen, wird ihre Gültigkeit durch den Verlust und den Wandel von religiösen Bindungen und Überzeugungen zusehends infrage gestellt. Böckenförde selber sieht dies ebenfalls so, hat er doch inzwischen Zweifel daran geäußert, dass der christliche Glaube angesichts der Schwäche der christlichen Kirchen in Zukunft noch in der Lage sein wird, jene Funktion zu erfüllen, die er ihm vierzig Jahre zuvor zugedacht hatte (vgl. Böckenförde 2008, 334–336).

4. Die Rolle des Neutralitätsprinzips: Böckenfördes These war nicht als Einwand gegen die Säkularität gedacht, sondern als eine an den Staat gerichtete Empfehlung, die Beziehung zu den Kirchen um seiner selbst willen auf eine für diese gedeihliche Weise zu gestalten, wie dies in der Bundesrepublik Deutschland seit deren Gründung der Fall ist. Angesichts zunehmender religiöser Pluralität sowie der Bedrohung durch religiösen Fundamentalismus und Fanatismus und des Bedeutungsverlustes der etablierten christlichen Kirchen steht nicht nur Deutschland, sondern stehen auch andere Staaten heute vor der Frage, ob sie ihr Verhältnis zu Religion und Religionsgemeinschaften überdenken und den sich wandelnden Umständen anpassen sollten.

Zwar wird die Gültigkeit der von Maclure und Taylor genannten Prinzipien der gleichen Achtung, der Gewissensfreiheit sowie der Trennung von Staat und Kirche und der Neutralität in den liberalen Demokratien des Westens nicht prinzipiell infrage gestellt, doch ihre Gewichtung in Konfliktfällen und ihre konkrete Bestimmung geben immer wieder Anlass zu Diskussionen. Im

Zentrum vieler Kontroversen steht das Neutralitätsprinzip, wobei man sich darüber im Klaren sein sollte, dass dessen Deutung die Interpretation der Säkularität im engeren Sinne, d. h. der Art und Weise, wie Staat und Religion voneinander getrennt werden, beeinflusst, ohne sie freilich zu determinieren.

Historisch betrachtet, erscheint das Prinzip der Neutralität gegenüber den verschiedenen Konfessionen ebenfalls als eine Lehre, die es aus den Religionskriegen der frühen Neuzeit zu ziehen galt und als ein Gebot der Klugheit, dem sich der Staat mit Rücksicht auf den inneren Frieden und seine eigene Stabilität unterwirft. In Deutschland gilt es heute als eines der zentralen Prinzipien des Religionsverfassungsrechts, auch wenn es in der Verfassung selber nicht auftaucht, sondern vom Bundesverfassungsgericht aus verschiedenen anderen Rechtsnormen abgeleitet worden ist: »Das Grundgesetz legt durch Art. 4 Abs. 1, Art. 3, Abs. 3, Art. 33 Abs. 3 Grundgesetz sowie durch Art. 136 Abs. 1 und 4 und Art. 137 Abs. 1 der Weimarer Reichsverfassung in Verbindung mit Art. 140 Grundgesetz dem Staat als Heimstatt aller Staatsbürger ohne Ansehen der Person weltanschaulich-religiöse Neutralität auf« (Bundesverfassungsgerichtsentscheid 19, 206, 216), heißt es in einer bis heute maßgeblichen Entscheidung aus dem Jahr 1965, die das Prinzip der Neutralität aus dem Grundrecht der Religionsfreiheit, dem Diskriminierungsverbot sowie dem Verbot der Errichtung einer Staatskirche ableitet. – Gleichwohl ist das Neutralitätsprinzip heute nicht unumstritten, und zwar nicht nur in Deutschland, aber auch hier. Dabei empfiehlt es sich, zwei Diskussionsstränge zu unterscheiden: Der eine betrifft Gültigkeit und Relevanz des Neutralitätsprinzips als solchem, der andere seine Interpretation.

Was zunächst die Diskussion um das Neutralitätsprinzip als solches betrifft, so kommt die Kritik von verschiedenen Seiten (vgl. hierzu Heinig 2009; Huster 2010). Es gibt jene, die das Neutralitätsprinzip kritisieren bzw. relativieren, weil es blind für die Differenzen zwischen den verschiedenen Religionen und ihr unterschiedliches Verhältnis zum freiheitlich-demokratischen Rechtsstaat sowie ihre Bedeutung für das Gemeinwohl sei. Statt alle Religionen gleich zu behandeln, solle der Staat Religionsgemeinschaften diesen Differenzen entsprechend fördern, was nicht nur einen ›Kulturvorbehalt‹ zugunsten der etablierten christlichen Kirchen impliziert, sondern auch eine sehr zurückhaltende Lesart des Säkularitätsprinzips. Von untergeordneter Bedeutung ist die staatliche Neutralität gegenüber Religionsgemeinschaften ebenso nach Ansicht liberaler Perfektionisten, die dafür eintreten, dass der Staat sich an einer liberalen Konzeption des Guten orientiert, indem er nicht zuletzt der Autonomie des Individuums einen hohen Stellenwert einräumt. Insofern liberale Perfektionisten dazu neigen, in der Religion eine Bedrohung individueller Autonomie zu sehen, betonen sie die Bedeutung einer Trennung von Staat und Religion, auch wenn das Säkularitätsprinzip für sie keinen intrinsischen Wert besitzt. Wieder andere schließlich sind der Auffassung, dass zwischen Neutralitäts- und Demokratieprinzip eine Spannung besteht, die ihres Erachtens zugunsten der unüberwindbaren Parteilichkeit demokratischer Prozesse aufgelöst werden muss, während die Unparteilichkeit des Staates durch die Grundrechte und das Prinzip der Rechtsstaatlichkeit bereits hinreichend geschützt werde. Ähnlich wie beim ersten und anders als beim zweiten Modell neigen Vertreter dieser Position zu einer weniger strengen Interpretation des Säkularitätsprinzips, nur dass in diesem Fall nicht die gesellschaftliche Nützlichkeit, sondern die öffentliche Präsenz von Religion den Grund dafür bildet.

Ebenso wenig wie die Ablehnung des Neutralitätsprinzips impliziert dessen Bejahung eine bestimmte Lesart des Säkularitätsprinzips. Wer dem Prinzip der staatlichen Neutralität einen eigenständigen Wert beimisst, kann dies nämlich ebenfalls aus unterschiedlichen Gründen und mit unterschiedlicher Akzentsetzung tun, wobei häufig zwischen negativer und positiver Neutralität unterschieden wird. Besondere Beachtung verdient und findet gegenwärtig die vom Politischen Liberalismus vertretene Idee der Begründungsneutralität. Während pragmatische oder sich auf das positive Recht berufende Begründungsversuche aus philosophischer Sicht unbefriedigend und instabil erscheinen, beruft sich der

Politische Liberalismus zur Legitimation des Neutralitätsprinzips auf das Prinzip der gleichen Achtung. Ein Staat, der allen Bürgerinnen und Bürgern gleiche Achtung entgegenbringe, dürfe, so sein Argument, keine der verschiedenen Konfessionen, Religionen oder Weltanschauungen bevorzugen oder benachteiligen, sondern werde sich ihnen bzw. allen Konzeptionen des guten Lebens gegenüber um Neutralität bemühen müssen. Zwar könne diese Neutralität keine vollständige sein, weil ein liberaler Staat nicht umhin könne bestimmte Grundwerte zu vertreten und zu verteidigen und weil die Auswirkungen staatlichen Handeln niemals vollkommen neutral seien. So wäre beispielsweise ein Verbot von Kopfbedeckungen in der Schule nur vordergründig neutral, trifft es doch die Angehörigen mancher Religionen empfindlich, andere hingegen gar nicht. Gleichwohl kann und soll sich der Staat nach Auffassung des Politischen Liberalismus gegenüber Konzeptionen des guten Lebens insofern neutral verhalten, als er Begründungsneutralität übt und seine Entscheidungen auf eine von notorisch divergierenden Konzeptionen des guten Lebens unabhängige Weise rechtfertigt. So und nur so werde dem liberalen Legitimitätsverständnis entsprochen, demzufolge die moralische Legitimität politischer Machtausübung von der hypothetischen Zustimmung aller Bürgerinnen und Bürger abhängt (so Rawls 1998, 14).

Gegenüber positiven oder negativen Interpretationen des Säkularitätsprinzips verhält sich das Konzept der Begründungsneutralität in gewisser Hinsicht »indifferent« (Huster 2010, 356). Zwar schließt es eine Bevorzugung von (bestimmten) Religionsgemeinschaften aus religiösen Gründen aus, nicht aber ihre Förderung aufgrund von säkularen, dem öffentlichen Vernunftgebrauch genügenden Kriterien. Umgekehrt lässt sich Begründungsneutralität geradezu als Ausdruck des Säkularitätsprinzips verstehen, dient sie doch dazu, den Staat von nicht-säkularen Gründen frei zu halten. Wo genau dabei die Grenze verlaufen sollte, ist unter den Anhängern dieses Konzepts umstritten. Während nach Auffassung von John Rawls grundsätzlich alle Bürgerinnen und Bürger zu solcher Selbstbeschränkung verpflichtet sind, urteilt Jürgen Habermas in diesem Punkt zurückhaltender, weil ihm daran liegt, mögliche religiöse Sinnpotentiale nicht vorschnell aus öffentlichen Debatten auszuschließen und weil er anerkennt, dass Selbstbeschränkungsforderungen für die Integrität von religiösen Menschen eine Bedrohung darstellen können. Allerdings gilt auch für ihn: »Jeder muss wissen, dass jenseits der institutionellen Schwelle, die die informelle Öffentlichkeit von Parlamenten, Gerichten, Ministerien und Verwaltungen trennt, nur säkulare Gründe zählen« (Habermas 2005b, 136).

Offen ist ferner, welches Gewicht dem Grundsatz der Begründungsneutralität zukommt. Während manche für eine strenge Interpretation eintreten und die nicht-neutralen Auswirkungen neutral begründeter staatlicher Handlungen in Kauf zu nehmen bereit sind, plädieren andere statt für Differenzblindheit für Differenzsensibilität. So befürworten beispielsweise Maclure und Taylor zwar den Grundsatz der Begründungsneutralität, halten es aber zugleich für notwendig, ihn wegen des grundlegenden liberalen Prinzips der Gewissensfreiheit durch ›vernünftige Ausnahmeregelungen‹ zu ergänzen, die es in ihren Augen erlauben, indirekten Diskriminierungen zu begegnen, die sich aus der Berücksichtigung des historisch-kulturellen Kontextes einer Gesellschaft ergeben können (Maclure/Taylor 2011, 89). Zugleich betonen Maclure und Taylor, dass die Berücksichtigung religiöser Elemente als eines historischen Erbes von einer zur Säkularität des Staates in Widerspruch stehenden Identifikation mit einer bestimmten Religion unterschieden werden kann und muss.

Auch wenn der Gedanke der Begründungsneutralität heute unter Liberalen weit verbreitet ist, ist er doch nicht unumstritten. Kritisiert wird er nicht nur von liberalen Perfektionisten, sondern auch von anderen, die die Neutralitätsthese bejahen, sie aber nicht allein auf die das staatliche Handeln leitenden Gründe, sondern auf sämtliche Aspekte politischer Entscheidungsfindung beziehen wollen, wenn auch nur als eine aus dem Prinzip der gleichen Achtung abgeleiteten Prima-facie-Norm, die indirekte Diskriminierungen ebenfalls zu vermeiden versucht (vgl. Grotefeld 2006, 173–300), wozu es eines gewissen Verständnisses für religiöse Differenzen auf Seiten des Staates bedarf.

Die Konsequenzen, die sich aus alldem für die Interpretation des Säkularitätsprinzips als solchem ergeben, sind nicht sehr weitreichend. Denn unabhängig davon, ob man Neutralität als Begründungsneutralität oder aber als eine auch auf andere Aspekte staatlichen Handelns anzuwendende Prima-facie-Norm versteht, so folgt daraus zwar in beiden Fällen ein mehr oder weniger strenges Gebot der Gleichbehandlung, doch über den Grad an Distanz oder Verbindung von staatlichen und religiösen Institutionen ist damit noch nichts gesagt.

5. Säkularität angesichts aktueller Herausforderungen: Anders als in Frankreich und in den USA praktiziert man in Deutschland und den meisten anderen westeuropäischen Staaten ein Modell, das Tariq Modood als »moderate secularism« bezeichnet und wie folgt charakterisiert hat: »[I]t has developed an historical practice in which, explicitly or implicitly, organised religion is treated as a potential *public good* or *national ressource* (not just a private benefit), which the state can in some circumstances assist to realise« (Modood 2010, 6). Indem sie Religionsgemeinschaften fördern, würden diese Staaten deren soziale, kulturelle, pädagogische und ethische Leistungen, von denen die Gesellschaft als ganze profitiere, anerkennen, ohne dass ihre Säkularität dadurch infrage gestellt werde. Folgt man Modood, dann stehen die betreffenden Staaten heute zwar vor einer wichtigen Herausforderung, doch in einer fundamentalen Krise, die sie dazu nötigen würde, sich von diesem Modell zu verabschieden, stecken sie nicht. Zwar hätten die christlichen Kirchen in den vergangenen Jahrzehnten in Europa Anhänger verloren, doch die moderate Säkularität werde deswegen kaum irgendwo ernsthaft infrage gestellt und die Argumente, die für eine Anerkennung von Religionsgemeinschaften sprächen, hätten deswegen nicht an Gültigkeit verloren. Umso mehr aber gelte es, die mit der nicht-christlichen Zuwanderung verbundene Herausforderung anzunehmen, wobei die richtige Antwort nach Modood nicht in einer Radikalisierung des Säkularitätsprinzips besteht, sondern in einer Pluralisierung bzw. Multikulturalisierung des bewährten Modells moderater Säkularität.

Dem widersprechen nicht nur jene, die für eine strikte Säkularität nach französischem oder amerikanischem Muster eintreten, sondern auch andere zurückhaltende Säkularisten wie Rajeev Bhargava, die Modoods Vorschlag für unzureichend halten, weil er die Unterschiede zwischen den verschiedenen europäischen Staaten verschleiere und die vorherrschende Privilegierung des Christentums übersehe. Europa habe nur wenig Erfahrung mit religiöser Differenz und die Annahme, ein moderater Säkularismus lasse sich ohne weiteres multikulturalisieren, sei naiv. Stattdessen, so Bhargava, tue Europa gut daran, sich an einem Land zu orientieren, das weitaus mehr Erfahrung mit kultureller und religiöser Differenz habe, nämlich an Indien. Dessen Modell prinzipieller Distanz sei von einer klaren Trennung von Staat und Religion auf der Ebene der Staatsziele und der Institutionen, nicht aber auf der Ebene von Politik und Gesetzen bestimmt, was Indien zu einem säkularen Staat mit hoher Kontextsensibilität mache: »The policy of principled distance entails a flexible approach on the inclusion/exclusion of religion and engagement/disengagement of the state, which at the level of law and policy should depend on the context, nature, or current state of relevant religions« (Bhargava 2006, 649). Statt für eine Exklusion von Religion aus dem öffentlichen Raum nach französischem Vorbild oder wie Modood für eine Multikulturalisierung moderater Säkularität plädiert Bhargava für eine von liberalen Werten geleitete Auseinandersetzung mit und Offenheit für Religion in Politik und Recht – eine Offenheit, die beispielsweise zu einer rechtlichen Anerkennung religiöser Trauungen durch den Staat führen könne.

Non- und Post-Säkularität

Während die meisten der an der Debatte über die Säkularität liberaler Staaten beteiligten Autoren für diese oder jene Konzeption von Säkularität plädieren, gibt es auch solche, die es für sinnvoller halten, sich stattdessen vom Konzept der Säkularität zu verabschieden. Einer von ihnen ist Veit Bader, für den entscheidend ist, dass Staaten liberal und demokratisch verfasst sind, ohne dass sie deswegen zugleich auch säkular sein und religiöse Argumente aus politischen Debatten ausschließen sowie staatliche und religiöse Institutionen strikt voneinander trennen müssten (vgl. Bader 2007, 93–125). Vermeiden will Bader den Begriff der Säkularität nicht zuletzt wegen der Aversionen, die er mancherorts hervorruft. Eine gewisse, die Autonomie beider Institutionen gewährleistende Trennung von Staat und Kirche hält allerdings auch er für unumgänglich, und sofern man hierin bereits ein Kennzeichen des Säkularismus sieht, könnte man auch Bader als (überaus moderaten) Säkularisten bezeichnen.

Auf eine bestimmte sich von der Lesart von Jürgen Habermas unterscheidende Version des Post-Säkularismus hingegen trifft dies nicht zu, denn anders als der Non-Säkularismus verhält dieser sich der Religion gegenüber indifferent und verzichtet deshalb auch darauf, sich von ihr abzugrenzen oder sich ihr gegenüber neutral zu verhalten (vgl. Dalferth 2010). – Aus liberaler Sicht wäre ein in diesem Sinne post-säkularer Staat freilich nur im Kontext einer post-säkularen Gesellschaft wünschbar, die selber von religiöser Indifferenz bestimmt ist, was zwar in einigen Ländern Nord- und Ost-Europas der Fall sein mag, nicht aber in den meisten anderen Staaten der westlichen Welt, wie die zahlreichen Kontroversen über die Rolle der Religion in verschiedenen Bereichen der Gesellschaft belegen. Ob sich dies in Zukunft ändert, bleibt abzuwarten. Doch solange dies nicht der Fall ist, werden liberale Staaten nicht aufhören können, sich zugleich in einem wie auch immer näher bestimmten Sinne als säkulare Staaten zu verstehen und sich vor post-säkularer Indifferenz in religiösen Fragen hüten müssen.

Literatur

Bader, Veit: *Secularism or Democracy? Associational Governance of Religious Diversity.* Amsterdam 2007.
Bhargava, Rajeev: What is Secularism For? In: Ders. (Hg.): *Secularism and Its Critics.* Oxford 1998, 486–542.
–: Political Secularism. In: John S. Dryzek/Bonnie Honig/Anne Phillips (Hg.): *The Oxford Handbook of Political Theory.* Oxford 2006, 636–655.
Böckenförde, Ernst-Wolfgang: Die Entstehung des Staates als Vorgang der Säkularisation [1967]. In: Ders.: *Recht, Staat, Freiheit. Studien zur Rechtsphilosophie, Staatstheorie und Verfassungsgeschichte.* Erw. Ausgabe. Frankfurt a. M. 2006, 92–114.
–: Der säkularisierte Staat. Sein Charakter, seine Rechtfertigung und seine Probleme im 21. Jahrhundert. In: Franz-Josef Bormann/Bernd Irlenborn (Hg.): *Religiöse Überzeugungen und öffentliche Vernunft. Zur Rolle des Christentums in der pluralistischen Gesellschaft.* Freiburg i. Br. 2008, 325–345.
Casanova, José: *Public Religions in the Modern World.* Chicago 1994.
Dalferth, Ingolf U.: Post-secular Society: Christiantiy and the Dialectics of the Secular. In: *Journal of the American Academy of Religion* 78 (2010) 317–345.
Grimm, Dieter: Der Wandel der Staatsaufgaben und die Krise des Rechtsstaats. In: Ders.: *Die Zukunft der Verfassung.* Frankfurt a. M. 1991, 159–175.
Grotefeld, Stefan: *Religiöse Überzeugungen im liberalen Staat. Protestantische Ethik und die Anforderungen öffentlicher Vernunft.* Stuttgart 2006.
Habermas, Jürgen: *Glauben und Wissen.* Frankfurt a. M. 2001.
–: Vorpolitische Grundlagen des demokratischen Rechtsstaates? In: Ders.: *Zwischen Naturalismus und Religion. Philosophische Aufsätze.* Frankfurt a. M. 2005a, 106–118.
–: Religion in der Öffentlichkeit. Kognitive Voraussetzungen für den »öffentlichen Vernunftgebrauch« religiöser und säkularer Bürger. In: Ders.: *Zwischen Naturalismus und Religion. Philosophische Aufsätze.* Frankfurt a. M. 2005b, 119–154.
Heinig, Hans Michael: Verschärfung der oder Abschied von der Neutralität? Zwei verfehlte Alternativen in der Debatte um den herkömmlichen Grundsatz religiös-weltanschaulicher Neutralität. In: *JuristenZeitung* 64 (2009) 1136–1140.
Huster, Stefan: *Die ethische Neutralität des Staates.* Tübingen 2002.
–: Rechtsstaat. In: Stephan Gosepath u. a. (Hg.): *Handbuch der Politischen Philosophie und Sozialphilosophie.* Bd. 2. Berlin 2008, 1092–1098.
–: Erwiderung. Neutralität ohne Inhalt? In: *JuristenZeitung* 65 (2010) 354–357.
Kuru, Ahmet T.: *Secularism and State Politics Toward Religion. The United States, France, and Turkey.* Cambridge 2009.
Maclure, Jocelyn/Taylor, Charles: *Laizität und Gewissensfreiheit.* Frankfurt a. M. 2011 (amerik. 2011).
Modood, Tariq: Moderate Secularism, Religion as Identity and Respect for Religion. In: *The Political Quarterly* 81 (2010) 4–14.
Rawls, John: *Politischer Liberalismus.* Frankfurt a. M. 1998 (amerik. 1993).
Stein, Tine: *Himmlische Quellen und irdisches Recht. Religiöse Voraussetzungen des freiheitlichen Verfassungsstaates.* Frankfurt a. M. 2007.

Stefan Grotefeld

5. Säkularisierung und Weltgesellschaft

Weltgesellschaft und Globalisierung

Globale Veränderungen prägen seit vielen Jahren das Zusammenleben der Menschen weltweit. Das Leben in der globalisierten Welt ist dabei einem enorm schnellen Wandel unterzogen: Neue Technologien eröffnen ungeahnte Kommunikations- und Informationsmöglichkeiten, das Zusammenwachsen der Handelsräume lässt eine globale Ökonomie mit hoher Eigendynamik entstehen, und die politischen Diskussionen um die Rolle der Vereinten Nationen sind ein Beleg für die wachsende Bedeutung weltpolitischer Institutionen. In dieser globalisierten Welt tauchen in den vergangenen Jahren aber auch nicht wenige Problemfelder auf. Der 11. September und der Afghanistan- oder Irakkrieg sind sicherlich nur eine Spitze des Eisbergs globaler Konflikte. Gleichzeitig ist Armut nach wie vor ein gravierendes Problem: Weltweit leben über eine Milliarde Menschen unterhalb der Armutsgrenze, das heißt sie haben weniger als 1,25 US-Dollar pro Tag zum Leben. Aber auch in vielen anderen Bereichen zeichnen sich Konfliktfelder ab. Die Diskussionen über den Klimawandel, insbesondere seine Auswirkungen auf die Entwicklungsländer, werden noch in den kommenden Jahren weltpolitisch brisant bleiben.

Schon der kurze Blick auf diese globalen Herausforderungen macht deutlich, dass Gesellschaften heute mehr und mehr abhängig voneinander werden. In unterschiedlichen Bereichen (Ökonomie, Politik, Recht, aber auch Kultur oder Wissenschaft) haben sich globale Zusammenhänge herausgebildet, durch die Gesellschaften miteinander vernetzt werden. Aus systemtheoretischer Perspektive hatte Niklas Luhmann deshalb bereits in den 1970er Jahren betont, dass die funktionale Ausdifferenzierung von Systemen globalen Charakter hat und man von der Weltgesellschaft sprechen sollte. Im Zuge dessen argumentieren heute viele Disziplinen mit der Weltgesellschaft als Kommunikationshorizont globaler Prozesse.

Zur Beschreibung der Weltgesellschaft wird dabei häufig der Begriff ›Globalisierung‹ verwendet. Dieser schillernde Begriff bezeichnet ganz allgemein die Verdichtung und Beschleunigung grenzüberschreitender Beziehungen in unterschiedlichsten Bereichen wie der Politik, Ökonomie oder Kultur. Der Begriff zur Charakterisierung der Weltgesellschaft impliziert dabei drei zentrale Annahmen (vgl. Reder 2009). Im Gegensatz zur Phase der Internationalisierung spielen heute erstens viele neue Akteure eine wichtige Rolle in weltgesellschaftlichen Prozessen. Neben den Staaten nehmen nicht nur Institutionen der Vereinten Nationen und supranationaler Organisationen einen wichtigen Platz ein, sondern es nehmen viele weitere Akteure Einfluss auf die Gestaltung der Weltgesellschaft. Neben transnationalen Unternehmen und Nichtregierungsorganisationen, sind dies beispielsweise Terrornetzwerke oder das Olympische Komitee. Auch Religionsgemeinschaften sind in dieser Hinsicht wichtige globale Akteure. Zweitens sind weltgesellschaftliche Prozesse, die zwischen diesen Akteuren ablaufen, enorm heterogen und dynamisch. Teilweise finden genau gegensätzliche Entwicklungen gleichzeitig statt, wie beispielsweise der Neologismus *Glo-kalisierung* zum Ausdruck bringt. Auch in diesem Sinne weisen Religionen typische Merkmale der globalen Welt auf, denn oftmals werden sie einerseits als Weltreligionen wahrgenommen und implizieren andererseits die Betonung lokaler Gegebenheiten. Unter dieser Hinsicht sind sie Paradebeispiele für den Prozess der ›Glokalisierung‹. Schlussendlich ist die Weltgesellschaft drittens durch die Etablierung vieler Steuerungsmechanismen gekennzeichnet, mit denen globale Herausforderungen bewältigt werden sollen. Hierbei werden teilweise staatlich-rechtliche Instrumente auf die globale Ebene übertragen (z. B. in der EU) oder neue Organisationsformen etabliert. Im Bereich der Weltwirtschaft sind Selbstverpflichtungsinstrumente wie der *UN Global Compact* Beispiele hierfür.

Globalisierung als zentraler Prozess der Weltgesellschaft ist normativ betrachtet, wie viele andere gesellschaftliche Phänomene, ambivalent. In den unterschiedlichen Bereichen finden sich

Vor- und Nachteile, teilweise kompliziert ineinander verschränkt. So konnte in der Weltgesellschaft weder Frieden umfassend hergestellt noch Armut als globales Problem überwunden werden. Gleichzeitig tragen weltwirtschaftliche Impulse aber zu einer nachhaltigen Entwicklung in vielen Ländern bei, beispielsweise in Ostasien. Auch haben die vielfältigen Bemühungen der Vereinten Nationen (man denke beispielsweise an die Weltkonferenzen zu unterschiedlichsten Themen wie Nachhaltigkeit oder Genderfragen) ein globales Problembewusstsein geschaffen und manche politischen Entscheidungen auf den Weg bringen können. Zentral für diese Bemühungen ist oftmals, dass zur Lösung globaler Probleme von partikularen, d. h. kulturellen oder religiösen Annahmen abstrahiert wird, um eine global einheitliche Basis für Weltpolitik entwickeln zu können. Welche Rolle Religionen in diesen Prozessen spielen und wie sich vor diesem Hintergrund das Verhältnis von Säkularisierung und Weltgesellschaft erklären lässt, ist Thema der folgenden Überlegungen.

Religionen als Global Player in der Weltgesellschaft

Religionen spielen heute in fast allen Regionen der Welt, aber auch auf globaler Ebene eine wichtige gesellschaftliche Rolle. Sie prägen individuelle Handlungseinstellungen von religiösen Menschen, formen das kulturelle Leben von Gesellschaften und sind Teil öffentlicher Diskurse und politischer Prozesse. Dabei beeinflussen Religionen die Weltgesellschaft auf unterschiedlichen Ebenen: Auf der Mikroebene geben Religionen Menschen Orientierung zur Ausgestaltung individueller Lebensentwürfe. In den Vorstellungen von einem gelungenen Leben transportieren sie weltweit wichtige Impulse für die Gestaltung von Lebenswelten. Gleichzeitig bilden Religionen auf der Mesoebene eigene institutionelle Formen und Leitbilder aus, durch die weltgesellschaftliche Prozesse ebenfalls beeinflusst werden. Und schlussendlich spielen sie auch auf der Makroebene eine zentrale Rolle, indem sie als Diskursform oder Akteur in globalen Prozessen in Erscheinung treten – man denke an die Bedeutung des Islam bei der Diskussion um das westlich geprägte Zivilisationsmodell. Aus systemtheoretischer Perspektive deutet Luhmann deshalb Religionen als Teil eines globalen Funktionssystems, das in allen Gesellschaften der Welt einen Code zur Verarbeitung des Verhältnisses von Transzendenz und Immanenz bereitstellt und damit Einfluss auf die Weltgesellschaft nimmt.

Globalisierung ist in diesem Zusammenhang kein Phänomen, das auf die Religionen nur von außen zukommt. Ganz im Gegenteil, Globalisierung ist in mancher Hinsicht geradezu ein konstitutives Merkmal der Religionen, insofern sich diese von ihrem Ursprung und von ihrer Sendung her als Global Player verstehen, was sich exemplarisch in dem Missionsbewusstsein ausdrückt, das viele Religionen implizieren. Die großen Religionen haben sich selbst immer schon als Weltreligionen verstanden und als solche gewirkt. Dies beinhaltet aber fast unvermeidlich, dass die Grundprobleme der Globalisierung, vor allem was ihre sozio-kulturelle Seite angeht, auch Probleme der inneren Struktur von Religionen sind. So müssen sich alle Religionen dem Problem stellen, wie sie ihre universale Ausrichtung mit der Präsenz in partikularen Kulturen verbinden können.

Mit dem Blick auf das Verhältnis von Religion und Weltgesellschaft wird auch in Erinnerung gerufen, dass die Globalisierung keineswegs nur ein wirtschaftlicher Prozess ist, auch wenn sie oft verkürzt so verstanden wird. Globalisierung ist vielmehr ein höchst komplexer Vorgang mit vielfältigen Facetten. Sie umfasst ökonomische, sozio-kulturelle und politische Aspekte, die vor allem in ihren Wechselwirkungen zu sehen sind (vgl. Niederberger/Schink 2011). Ein wichtiger Faktor bzw. Akteur sind dabei die Religionen. Europa in seiner global einzigartig säkularisierten Gestalt steht teilweise in Gefahr, diese Perspektive außer Acht zu lassen.

Die technischen Veränderungen der vergangenen 20 Jahre (Mobilität, Informations- und Kommunikationstechnologie) haben zudem zu einer verstärkten Wahrnehmbarkeit der Pluralität der Religionen geführt. Die Globalisierung, die immer mehr alle Lebensbereiche durchdringt, ist ein so umfassender Prozess, dass auch die Religionen davon nicht unberührt bleiben. Zumindest die großen Weltreligionen sind in den letzten Jahrzehnten in einem bisher nie gegebenen Maß einander nähergerückt, so dass heute fast alle Gesellschaften religiös sehr viel pluraler geworden sind. Dies zeigt etwa die Präsenz des Islam oder des Buddhismus in Europa. Solche pluralen Konstellationen sind typisch für viele Regionen der Weltgesellschaft. Medien schaffen dabei eine weltweite Öffentlichkeit und wechselseitige Wahrnehmung von Religionen, was konstruktive, aber auch konfliktträchtige Folgen nach sich zieht. Noch vor wenigen Jahrzehnten hätten jedenfalls die Mohammed-Karikaturen in Dänemark bestenfalls lokale Reaktionen hervorgerufen.

Ausdifferenzierung und Verflüssigung im religiösen Feld der Weltgesellschaft

Der Blick auf die religiöse Landschaft im globalen Maßstab zeigt zwei Entwicklungen besonders deutlich, die Religionswissenschaftler auch für die säkularen Gesellschaften des Westens diagnostizieren: die *Ausdifferenzierung* der Religionen und die gleichzeitige *Vervielfältigung* bzw. *Verflüssigung* des religiösen Feldes. Die Einschätzungen zu diesen beiden Phänomenen lassen gleichzeitig die Konfliktlinien erkennen, die in den wissenschaftlichen Debatten um die Rolle von Religion in der Weltgesellschaft gezogen werden.

Charakteristisch für viele Gesellschaften und auch für die Weltgesellschaft als Ganze ist erstens eine enorme Ausdifferenzierung der Religionsgemeinschaften. Dieser Prozess ist grundsätzlich nicht neu, denn die Geschichte der Religionen, insbesondere der Weltreligionen, ist von jeher auch eine Geschichte der Aufspaltung und Ausdifferenzierung. In diesen Prozessen haben sich Religionen immer mit kulturellen Traditionen verbunden, wodurch verschiedene, teils synkretistische Religionsformen entstanden sind. Die Geschichte des Christentums in den ersten Jahrhunderten ist ein ebenso eindrucksvolles Beispiel hierfür wie die Anpassung des Christentums an die kulturellen Traditionen Lateinamerikas. Diese Prozesse der kulturellen Ausdifferenzierung und Pluralisierung haben sich in den vergangenen Jahrzehnten fortgesetzt und intensiviert. Im Zuge dieser Entwicklung haben sich Gruppierungen von den Weltreligionen abgespalten oder neben ihnen etabliert, die oftmals eher informell agieren, und dabei eine Vielzahl von Menschen ansprechen. Der Zulauf evangelikaler Gruppierungen in Lateinamerika, aber auch in Afrika und Asien ist im Zuge dessen beispielsweise zu einem globalen Phänomen geworden.

Diese Pluralisierung von mehr oder weniger institutionell verfassten Religionsgemeinschaften hat auch dazu geführt, dass sich Menschen individuell für eine Religion entscheiden oder aus verschiedenen religiösen Traditionen ihre eigene Patchwork-Religion zusammensetzen können. Religionsökonomische Ansätze erklären diese Pluralisierung mit dem Marktmodell, d.h. die neue Aufmerksamkeit für Religion spiegelt dann die Konstellation eines globalen Marktes religiöser Angebote wider. Auf diesem globalen Markt konkurrieren unterschiedliche religiöse Formen, aus denen Menschen das für sie überzeugendste Angebot auswählen können.

Umstritten an dieser Erklärung ist zweierlei: Erstens wird angefragt, ob die religionsökonomische These die weltgesellschaftlichen Konstellationen angemessen erklären kann. Es wird kritisiert, dass religiöse Überzeugungen ihre Plausibilität oft aus kulturellen Traditionen beziehen, in denen Menschen immer schon stehen. Insofern handelt es sich bei der Ausdifferenzierung des religiösen Feldes auf globaler Ebene weniger um eine Wahl analog einer Präferenzentscheidung, sondern es spielen viele weitere, vor allem kulturelle Faktoren eine wichtige Rolle.

In der soziologischen Forschung wird außerdem diskutiert, wie sich die Ausdifferenzierung des religiösen Feldes auf die Vitalität von Religionen insgesamt auswirkt. Detlef Pollack beispielsweise ist vor dem Hintergrund seiner Forschungen zur Säkularisierung in westlichen Gesellschaften skeptisch gegenüber dieser These und betont, dass »die Effekte religiöser und kultureller Pluralisierung auf das religiöse Feld [...]

überwiegend eher negativ zu sein« (Pollack 2003, 12) scheinen. Wenn sich religiöse Vorstellungen vervielfältigen, verlieren sie auch ihre Orientierungsfunktion, wodurch die Bedeutung der Religion tendenziell eher abnehme. Auch wenn diese These für Europa zutreffen mag, so ist allerdings fraglich, ob sie auch mit Blick auf nichteuropäische Regionen richtig ist.

Im Zuge dieser Veränderungen im Bereich der institutionalisierten Religionsgemeinschaften ist zweitens eine facettenreiche Transformation des Religiösen zu beobachten, denn religiöse Symbole und Sprachspiele wurden in den vergangenen Jahrzehnten in viele andere Bereiche übertragen. Weltweit finden sich Anleihen bei religiösen Traditionen, wie ein Blick auf das kulturelle Leben vieler Gesellschaften oder die pseudo-religiöse Inszenierung politischer Ereignisse oder Musikevents zeigt. Gerade dadurch entstehen im transformierten religiösen Feld neue Varianten von Religiosität. Aus dieser Perspektive lässt sich das Verdunsten der traditionellen Religion genauso beobachten wie ihre Transformation in globale Populärkultur oder neue Lifestyle-Formen. Die Adaption buddhistischer Elemente in den globalen Esoterikmarkt ist in dieser Hinsicht nicht nur ein europäisches Phänomen. Die semantischen und symbolischen Potenziale der Religionen prägen im Zuge dieser Transformationen kulturelles Leben der Weltgesellschaft, ohne aber dezidiert als Religion wahrnehmbar zu sein. Dies gilt für viele Länder weltweit, in denen sich unterschiedliche Mischformen kultureller Religiosität herausgebildet haben.

Solche Transformationsprozesse haben sowohl in kultureller als auch in politischer Hinsicht eine lange Geschichte. Insbesondere in Europa werden schon seit vielen Jahrhunderten religiöse Ideen und Semantiken in politische Diskurse, Institutionen und Symbole übersetzt und in diese integriert, was beispielhaft Friedrich W. Graf an der Nationenbildung aufgezeigt hat. Aber auch der aktuelle Diskurs über Globalisierung selbst weist an einigen Stellen religiöse Signaturen auf, was gleichermaßen die Sprachspiele der liberalen Befürworter der Globalisierung wie die ihrer Gegner betrifft. »Die liberale Beschreibung tendiert zur Reproduktion calvinistischer Rhetorik, denn der Liberalismus baut auf calvinistischem Vokabular auf und gelangt historisch in Verbindung mit ihm zur Blüte. [...] Dem stehen verschiedene Vertreter einer Betrachtung der Globalisierung entgegen. [...] Sie verweisen regulär auf Marx, in dem wiederum prominente Verweise auf prophetische Erzählungen identifiziert werden können, die ihrerseits Luther beeinflussten. So sind Muster, die als lutheranisch gesehen werden können, nun als Befreiungserzählungen in der Globalisierungskritik angekommen« (Dellwing 2008, 149).

In dieser Debatte über die Vervielfältigung und Verflüssigung des religiösen Feldes zeigt sich eine Konfliktlinie, die den Diskurs über Säkularisierung im Kontext der Weltgesellschaft insgesamt prägt. Bei dieser Analyse ist nämlich umstritten, ab wann von einem religiösen Phänomen die Rede sein kann und wann es sich letztlich um quasi-religiöse Formen handelt. Inwieweit werden also, so lässt sich fragen, im Zuge der kulturellen Transformation des religiösen Feldes die spezifischen Elemente des Religiösen erhalten? Oder handelt es sich hierbei lediglich um lebensweltliche, politische oder kulturelle Phänomene, denen von außen religiöse Signaturen zugeschrieben werden? In diesem Zusammenhang wird kritisch angemerkt, dass in den Verflüssigungsprozessen oftmals der für viele Religionen charakteristische Transzendenzbezug vollkommen unklar oder sogar sinnentleert wird.

Die Suche nach einem global anschlussfähigen Religionsverständnis

Vor dem Hintergrund der Ausdifferenzierung und Verflüssigung des religiösen Feldes wird gegenwärtig in verschiedenen Disziplinen über ein global anschlussfähiges Religionsverständnis diskutiert. In der Debatte über die Säkularisierung im Kontext der Weltgesellschaft ist es in diesem Zusammenhang wichtig, den Religionsbegriff selbst in den Blick zu nehmen. Autoren wie Jacques Derrida haben darauf aufmerksam gemacht, dass bereits mit der Verwendung des Begriffs ›Religion‹ theoretische Vorentscheidungen verbunden sind, die es zu reflektieren gilt.

Hervorgehoben wird hierbei, dass im globalen Diskurs meist ein christliches Religionsverständnis verallgemeinert wird, wodurch die Vielfalt religiöser Formen und Sprachspiele nicht adäquat erfasst werden kann. Beispielsweise ist der christliche Transzendenzbegriff nur bedingt geeignet, um hinduistische oder buddhistische Traditionen zu beschreiben. »Die Übertragung des Begriffs auf andere Zivilisationskomplexe trifft auf das Problem, dass diese Zivilisationen in ihrem Selbstverständnis über keinen eigenständigen Religionsbegriff verfügen, der dem europäischen Religionsbegriff äquivalent wäre« (Hildebrandt/Brocker 2008, 10).

Angesichts der Vielfalt und Ausdifferenzierung des religiösen Feldes ist es deshalb gerade in interkultureller Hinsicht nicht plausibel, vorab mit einer festen Religionsdefinition zu operieren. Im Anschluss an Wittgensteins Theorie der Familienähnlichkeiten wird deshalb von einigen Autoren (vgl. Löffler 2006) auf Gemeinsamkeiten der unterschiedlichen *Religionsspiele* und ihrer theoretischen Konzeptualisierungen geachtet, um die Vielfalt bestmöglich verarbeiten und ein überzeugendes Erklärungsmodell der Rolle von Religion in globaler Hinsicht liefern zu können. Dabei wird außerdem betont, dass Religionen nicht als kulturlose Phänomene konzeptualisiert werden sollten, weil diese weder als abstrakt-individuelle Entscheidungen eines religiösen Menschen noch als rein theoretische Systeme religiöser Überzeugungen interpretiert werden können.

Religion und Kultur als Querschnittsperspektive

Mit Blick auf die interkulturellen Prozesse auf globaler Ebene ist bei der Suche nach einem global anschlussfähigen Religionsverständnis eine Reflexion auf das Verhältnis von Religion und Kultur besonders wichtig (vgl. Stegemann 2003). Kulturen können in diesem Zusammenhang als Verschmelzungen unterschiedlicher Einflüsse gedeutet werden, weshalb sie ein heterogenes und dynamisches Interaktionsgeflecht bilden. Religion ist ein Faktor kultureller Prozesse, der in vielen Regionen der Welt eine wichtige Rolle spielt. Religionen sind dabei eigenständige Bereiche menschlicher Vergesellschaftung, die immer in einem Wechselverhältnis zur Kultur stehen, weshalb Clifford Geertz sie auch als »kulturelle Systeme« bezeichnet. Sie prägen die jeweiligen Kulturen, beispielsweise deren Verständnis von Wirklichkeit, Zeit oder Sittlichkeit, und sind gleichzeitig beeinflusst von den Kulturen, in denen sie gesellschaftlich beheimatet sind. Die einzelnen Religionen stehen deshalb in einem Wechselverhältnis zu den kulturellen Traditionen. Dabei darf weder Religion auf Kultur (oder Kultur auf Religion) reduziert, noch dürfen beide aus der Analyse weltgesellschaftlicher Strukturen ausgeschlossen werden.

Religionsphilosophisch lässt sich ein wichtiges Argument für dieses Verhältnis von Religion und Kultur anführen, auf das bereits Autoren wie Friedrich Schleiermacher oder Ernst Troeltsch aufmerksam gemacht haben. Weil menschliches – und d.h. endliches – Sprechen über das Transzendente notwendig an Grenzen stößt, sind Aussagen darüber kontingent. Daraus folgt, dass Äußerungen der Religion immer auf kulturell plurale Formen bezogen sind. Religion und Kultur stehen »in einem sehr engen Zusammenhang. Religionen gibt es nämlich nie in Reinform, sondern nur in bestimmter soziokultureller Gestalt, da Menschen nur auf diese Weise denken und miteinander sprechen können« (Müller 2007, 128). Das Nachdenken über Religion im Kontext der Weltgesellschaft ist deshalb immer auch eine Beschäftigung mit dem Denken und Fühlen der Menschen in ihren kulturellen Kontexten und damit Kulturphilosophie. Michael Walzer argumentiert vor dem Hintergrund seiner kommunitaristischen Konzeption, dass Kultur ein dynamischer Prozess ist, in dem religiöse Weltsichten und Moralvorstellungen immer schon eine Rolle spielen. Seine Analyse des Judentums – sowohl in der biblischen Fassung als auch in der historischen Ausgestaltung – verdeutlicht die Verwobenheit dieser Religion mit unterschiedlichen kulturellen Prozessen (vgl. Walzer 2001).

Aufgrund des Verhältnisses von Religion und Kultur sollten Religionen deshalb intern als kulturell ausdifferenzierte Gebilde beschrieben werden – dies gilt nicht nur für das europäische

Christentum, sondern auch für andere Religionen wie den Islam. Beispielhaft kann auf die indonesische Region Java verwiesen werden, denn die religiösen Traditionen dort zeigen, dass sich auch der Islam in unterschiedliche kulturelle Formen ausdifferenziert, was für ein wechselseitiges Bedingungsverhältnis von Religion und Kultur in dieser Religion und Region spricht. Darauf hat Clifford Geertz mit seinen Studien bereits in den 1960er Jahren hingewiesen. Eine Deutung des Islam als global-einheitliches Gebilde erscheint vor diesem Hintergrund nicht der Realität zu entsprechen. Insbesondere in westlichen Gesellschaften wird allerdings meist eine einseitige Sichtweise auf den Islam vertreten, welche genau diese internen Differenzierungen kaum beachtet. Dies entspricht allerdings nicht den Ausdifferenzierungs- und Transformationsprozessen von Religionen in der Weltgesellschaft.

Die kulturelle Ausdifferenzierung der Religion steht religionsphilosophisch betrachtet allerdings wiederum in einem Spannungsverhältnis zum absoluten Geltungsanspruch, den Religionen meist erheben. Auch dies ist eine wichtige Einsicht für die Säkularisierungsdebatte, die aus der Analyse weltgesellschaftlicher Entwicklungen gezogen werden kann. Gleichzeitig ist die Tatsache, dass religiöse Botschaften Menschen über Kulturen und Zeiten hinweg ansprechen, ein Hinweis darauf, dass Religionen nicht *nur* an Kultur gebunden sind, sondern auch einen universalen Anspruch implizieren. Weder lässt sich also eine als universell verstandene Wahrheit vollständig losgelöst von ihren kulturell partikularen Darstellungsformen betrachten, noch sind die jeweils in einer Kultur formulierten religiösen Wahrheiten so abgeschlossen, dass sie in einer anderen Kultur nicht vermittelbar wären. Diese Einsicht spricht sowohl gegen einen falsch verstandenen Universalismus als auch gegen die Auffassung, dass Religionen oder Kulturen einander nicht verstehen könnten.

In der gegenwärtigen Diskussion wird diese Einsicht oftmals nicht adäquat beachtet. Es wird dann entweder aus Sicht einzelner Religionsgemeinschaften der Wahrheitsanspruch verabsolutiert. Oder es wird aus einer relativistischen Perspektive auf die Beliebigkeit der jeweiligen religiös-kulturellen Überzeugungen hingewiesen. Vor dem Hintergrund des hier skizzierten Verhältnisses von Religion und Kultur kann gegenüber beiden Positionen argumentiert werden, dass Religionen für sich keinen Wahrheitsanspruch in einem objektivistischen oder monistischen in Anspruch nehmen können, weil sie damit ihre eigene kulturelle Ausdifferenzierung missachten würden. Umgekehrt darf allerdings der Wahrheitsanspruch religiöser Überzeugungen nicht im Sinne eines starken Liberalismus vollständig aufgelöst werden, denn damit würden Differenzen religiöser Überzeugungen nivelliert. Ansätze der negativen Theologie, wie sie z. B. Nikolaus von Kues entworfen haben und bis heute bei Autoren wie Jacques Derrida oder Niklas Luhmann eine wichtige Rolle spielen, erscheinen in diesem Zusammenhang als überzeugend. Mit diesem Zugang zur Religion ist ein nicht mehr exklusivistisches Wahrheitsverständnis verbunden, das es den Religionen ermöglicht, am eigenen Wahrheitsanspruch festzuhalten, ohne dadurch andere religiöse oder säkulare Geltungsansprüche abzuwerten. Dies ist eine überzeugende religionsphilosophische Grundlegung, um die Pluralität der Religionen im Kontext der Weltgesellschaft zu erklären und damit politisch umzugehen.

Potenziale von Religionen angesichts globaler Krisen

Nachdem das Wechselverhältnis von Religion und Kultur als eine Querschnittsperspektive zur Beschreibung und Erklärung von Religion im Kontext der Weltgesellschaft ausgewiesen wurde, gilt es nun im Folgenden, die vielfältigen Funktionen von Religion im globalen Maßstab zu beschreiben und zu erklären. Hierzu ist ein Blick auf die eingangs benannten Krisen der Weltgesellschaft hilfreich. Um nämlich die Funktion von Religionen in der Weltgesellschaft erfassen zu können, ist zu fragen, ob und wenn ja durch welche Funktionen Religionen einen Beitrag zur (politischen) Bearbeitung globaler Herausforderungen leisten. In der aktuellen Debatte über die Weltgesellschaft wird beispielsweise diskutiert, welchen Beitrag Religionen zur Diskussion der globalen Klimakrise leisten können. Diese weltgesellschaftliche Krise soll exemplarisch herangezogen werden, um die Funktionen von Religionen in der Weltgesellschaft genauer erklären zu können.

Ein erster Beitrag, den Religionen heute in den Diskussionen um die Folgen des Klimawandels leisten, ist die Rückbindung von politischen Zielen an ein Natur- und Weltverständnis (vgl. Gardner 2006). Interkulturelle Studien zeigen, dass Menschen in vielen Regionen der Welt vor dem Hintergrund unterschiedlicher religiöser Traditionen oftmals politische Ideen auf kulturell-religiöse Weltkonzepte beziehen. So findet sich in nahezu allen Religionen ein Schöpfungsverständnis, das den Schutz der Natur herausstellt. Indem Natur als von Gott geschaffen verstanden wird, hat sie einen besonderen Wert. In einem solchen Schöpfungsverständnis wird immer auch die soziale Dimension des Menschen – religiös formuliert: seine Geschöpflichkeit – mitbedacht.

Religiöse Deutungen von Natur und Menschsein unterscheiden sich zwar je nach Religion, weisen dabei aber vielfältige Übereinstimmungen auf. Die islamische Lehre vom Menschen als »Kalifen (Statthalter) Gottes« und die biblische Schöpfungslehre von der »Treuhänderschaft des Menschen« sind Beispiele für solche Gemeinsamkeiten. Beide Bilder betonen die Notwendigkeit eines verantwortungsvollen Umgangs mit der Umwelt und begründen damit auch die Wichtigkeit des Klimaschutzes. Eine ähnliche Einschätzung findet sich im Judentum, in dem der Mensch als Treuhänder eingesetzt ist, damit er den Boden bebaue und bewahre. Dies verbietet eine rücksichtslose und willkürliche Ausbeutung und Zerstörung der Schöpfung. Im Hinduismus wie Buddhismus findet sich ebenfalls eine starke Naturverbundenheit. Im Zentrum einer ökologisch-buddhistischen Ethik steht das Gebot des Nicht-Verletzens (*ahimsa*). Der Buddhist ist gehalten, allen fühlenden Wesen emphatisch zu begegnen und ihnen kein Leid zuzufügen.

In den Diskussionen der globalen Öffentlichkeit werden solche religiösen Weltbilder vorgetragen und geben Menschen Orientierung zur Deutung globaler Herausforderungen. Dabei haben Religionen auch eine nicht zu unterschätzende Identität stiftende Funktion, die durch diese Weltbilder ausgedrückt werden. »Religiöskulturelle Ressourcen erhalten bei der Suche nach und der Bestimmung von individuellen wie kollektiven Identitäten eine wachsende Bedeutung« (Gabriel 2007, 40).

Religionen beinhalten aber nicht nur eine Weltbildfunktion, sondern sie implizieren auch ein je eigenes Moralverständnis. Indem Religionen Vorstellungen von einem guten Leben anbieten, besitzen sie eine ethische Orientierungsfunktion. So findet sich in allen Religionen beispielsweise ein Gebot, das zu solidarischem Handeln anleitet. Solche religiös-ethischen Gebote können die Anhänger der jeweiligen Gemeinschaft in besonderer Weise motivieren, da die Normen in einer transzendenten Dimension verankert werden. Die ethischen Forderungen der Religionen richten sich dabei an Institutionen wie an einzelne Menschen. Zum einen liefern sie ethische Argumente für eine politisch-institutionelle Gestaltung globaler Strukturen. Zum anderen bieten Religionen ihren Mitgliedern Orientierungen für ihren individuellen Lebensstil. In dieser Perspektive haben sie eine Scharnierfunktion zwischen der Lebenswelt der Menschen und der politischen Gestaltung der Weltgesellschaft.

Aufbauend auf den religiösen Weltbildern und Moralvorstellungen haben Religionen in der Weltgesellschaft schlussendlich eine praktisch-politische Funktion. Diese lässt sich mit dem Konzept des Sozialkapitals erklären. Denn durch ihre vielfältigen sozialen Beziehungen und Formen des Engagements, die aus dem Vertrauen innerhalb der Gemeinschaft entstehen, sind Religionen mit die wichtigsten Träger und Förderer von Sozialkapital. Innerhalb der Religionsgemeinschaften gibt es soziale Netzwerke, die wechselseitigen Kontakt und Austausch zwischen den einzelnen lokalen Gemeinschaften weltweit ermöglichen. Sie bieten für den Einzelnen Zugang zu Anerkennung, Kontakten, Wissen sowie solidarischer Hilfe. Insofern haben Religionen dank ihrer Netzwerke der Solidarität ein hohes Potenzial, Maßnahmen zum Umgang mit den Folgen des Klimawandels zu unterstützen. Diese Netzwerke sind vielschichtig, insofern sie einerseits basisnah sind, andererseits aber auch global agieren können. Zudem fördern Religionsgemeinschaften durch vielfältige Partnerschaften zwischen Gemeinden und Gemeinschaften in Nord und Süd, oft über weite Entfernungen hinweg, gemeinsames solidarisches Handeln.

Religion und globale Zivilgesellschaft – ein ambivalentes Verhältnis

Religionen sind in der eröffneten Hinsicht Akteure der globalen Zivilgesellschaft. Sie schaffen unter ihren Mitgliedern (und oft weit darüber hinaus) ein Bewusstsein für global relevante Probleme und entwickeln Vorschläge zu ihrer politischen Lösung. So waren in westlichen Industriestaaten die christlichen Kirchen in den 1980er und 1990er Jahren neben anderen zivilgesellschaftlichen Akteuren ein wichtiger Impulsgeber für die ökologische Bewegung. Aber nicht nur christliche Religionen in Europa, sondern viele Religionsgemeinschaften – seien sie islamisch, buddhistisch, hinduistisch – treten überall in der Welt als zivilgesellschaftliche Akteure auf, die sich in politischen Debatten einmischen. Religionen nehmen in diesem Zusammenhang nicht nur zu bereits etablierten politischen oder ethischen Diskussionen Stellung, sondern sie setzen auch eigene, genuin religiöse Themen auf die Tagesordnung weltgesellschaftlicher Diskurse.

Religionen als zivilgesellschaftliche Akteure haben allerdings in keiner Region der Welt per se eine positive Wirkung, sondern sind immer ambivalent (vgl. Oberdorfer/Waldmann 2008). Sie können einerseits Frieden nachhaltig fördern, beispielsweise indem sie Sozialkapital aufbauen und sich aufgrund bestimmter religiös begründeter Werte für ein friedvolles Zusammenleben der Menschen einsetzen. Andererseits können sie auch gewalttätige Konflikte verstärken, vor allem wenn unter Bezugnahme auf einen exklusiven Zugang zum Absoluten Mitglieder anderer Religionen oder Nichtgläubige als Gegner konzeptualisiert werden. Verbunden mit der globalen Ausdifferenzierung des religiösen Feldes ist deshalb teilweise auch eine »radikale Re-Politisierung der Religion, zumindest in dem Sinne, dass sie im öffentlichen Raum selbstbewusster auftritt, bisweilen auch in einer fundamentalistischen Attacke auf die Trennung von Staat und Kirche und in einem damit verbundenen Anwachsen intoleranter und gewalttätiger Strömungen« (Leggewie 2007, 18). So wird in der gegenwärtigen Debatte über die globale Renaissance der Religion nicht selten betont, dass diese Wiederkehr mit religiös begründeten Konflikten und Intoleranz gegenüber anderen weltanschaulichen Überzeugungen verbunden ist.

Diese Ambivalenz der Religion zeigt sich in weltgesellschaftlicher Hinsicht auf zwei Ebenen: Erstens kann die Ausdifferenzierung des religiösen Feldes zu innerreligiösen Spannungen führen, die heute bereits in vielen Regionen der Welt deutlich zutagetreten. In Indonesien findet zurzeit beispielsweise unter Muslimen eine höchst kontroverse Debatte darüber statt, inwieweit die arabisch-kulturelle Form des Islam maßgeblich ist und wie viel ›indonesischen Islam‹ es geben darf und soll (vgl. Müller 2007). Im Rahmen dieser Auseinandersetzung über das Verhältnis von islamischer Religion und Kultur wird – auch in der Türkei oder in einigen afrikanischen Ländern – harsche Kritik am arabischen Imperialismus geübt.

Spannungen treten zweitens auch zwischen unterschiedlichen Religionen oder zwischen Religionen und dem (säkularen) Staat auf. In diesem Zusammenhang kann man mit dem Politologen Karsten Fischer festhalten, dass die Unterscheidung von Politik und Religion grundsätzlich immer eine Provokation für die Religion selbst ist, weil sie damit ihre Vorrangstellung verliert (vgl. Fischer 2009). Diese Provokation verstärkt sich auf weltgesellschaftlicher Ebene, wenn in weltpolitischen Prozessen dezidiert von kulturellen oder religiösen Traditionen abstrahiert wird. Religionen stehen nicht zuletzt deshalb Gesellschaftsverhältnissen dezidiert kritisch gegenüber und wollen sich nicht in den Kanon der als gültig anerkannten Argumente im säkularen politischen Raum integrieren. Dies betrifft auch und im Besonderen die Haltung der meisten Religionen zur Globalisierung. Gerade deswegen suchen Religionen den Konflikt mit herrschenden Gruppierungen oder auch der Weltgesellschaft und ihrem vorherrschenden Zivilisationsmodell als Ganzem. Die Option für die Armen der christlichen Kirchen wie die islamische Kritik am kapitalistischen Zivilisationsmodell sind Spiegelbilder hierfür. Weil diese Kritiken mit Verweis auf eine umfassende Transzendenz begründet werden und deshalb ein großes Motivationspotenzial freisetzen können, implizieren Religionen auch einen gewissen Hang zu Konflikten.

Diesbezüglich spielt außerdem die Gefahr einer gewalttätigen Instrumentalisierung von Religion eine wichtige Rolle. Denn »Unterschiede zwischen wie auch innerhalb von Religionen sind zäh und konfliktträchtig und lassen sich für fast jede Art von Zwecken instrumentalisieren, ohne dass dies tatsächlich dem Geist der Religionen entsprechen muss« (Müller 2007, 130). Religionen werden oft für solche Konflikte instrumentalisiert, obwohl sie empirisch betrachtet selten die eigentliche Ursache sind.

> »Religiöse Überlieferungen sind in kriegerischen Auseinandersetzungen nur selten der primäre Konfliktgegenstand. Vielmehr werden Kriege in aller Regel aus politischen und ökonomischen Gründen geführt. [...] Deshalb lassen sich internationale Gewaltkonflikte nach wie vor plausibel als Macht- und Interessensrivalitäten interpretieren, die mit religiösen Differenzen einhergehen können, es aber nicht müssen« (Hasenclever/De Juan 2007, 10 f.).

Religiöser Fanatismus als globale Herausforderung

Religionen sind als kulturell ausdifferenzierte Akteure in gesellschaftlicher Hinsicht also oftmals ambivalent. Diese Ambivalenz kann auch in religiösen Fanatismus bzw. Fundamentalismus umschlagen, wenn Religionsgemeinschaften ihre Überzeugungen vehement – teilweise mit Gewalt – durchsetzen wollen. Religiöser Fanatismus ist in den vergangenen Jahren insbesondere im Kontext der Globalisierung zu einem zentralen Thema der Forschung geworden (angefangen vom sogenannten Islamismus bis hin zum globalen Einfluss von Sekten) und soll deshalb noch einmal explizit thematisiert werden. Wie das Verhältnis von Fundamentalismus zu säkularer Weltgesellschaft genau zu deuten ist, ist nämlich gegenwärtig umstritten. Im wissenschaftlichen Diskurs können vor allem drei Deutungen des religiösen Fundamentalismus unterschieden werden.

Eine erste Gruppe von Ansätzen (z. B. Martin Greiffenhagen) interpretiert den religiösen Fundamentalismus als eine Gegenbewegung zur Moderne mit ihren Entwicklungen der Individualisierung und Pluralisierung. Religiöser Fundamentalismus wird in dieser Hinsicht als Versuch gedeutet, mit Bezug auf ein Absolutes den Menschen einen sicheren Halt in Zeiten eines tiefgreifenden weltgesellschaftlichen Wandels zu geben. Überzeugend ist an diesen Erklärungsmodellen, dass sie auf eine innere Verbindung von Moderne und religiösem Fundamentalismus hinweisen. Die facettenreichen weltgesellschaftlichen und geistesgeschichtlichen Umbrüche, die seit der Neuzeit menschliches Zusammenleben prägen, führen notwendig zu der Suche nach neuen Modellen von Sozialität. Der religiöse Fundamentalismus erscheint in diesem Kontext wie eine konsequente Reaktion auf die Globalisierung gesellschaftlicher Prozesse, weil er in eben diesen Umbruchphasen Menschen Sicherheit gibt. Problematisch an diesen Ansätzen ist allerdings, dass sie nur unzureichend erklären, was Religion und religiösen Fundamentalismus voneinander unterscheidet. Damit wird dieser Erklärungstyp auf der analytischen Ebene teilweise unscharf.

Eine zweite Interpretation des religiösen Fundamentalismus ist an einer kulturhistorischen Perspektive orientiert und setzt bei der inneren Logik der Religionen selbst an. Diese Ansätze legen nahe, dass die Bezugnahme auf ein Absolutes per se fundamentalistische Tendenzen impliziere, weil dadurch andere Deutungen des Absoluten automatisch abgewertet oder ganz ausgeschlossen würden. Autoren wie Jan Assmann argumentieren, dass insbesondere die monotheistischen Religionen eine grundlegende Tendenz zur Gewalt implizieren und damit die Entstehung fundamentalistischer Bewegungen entscheidend befördern:

»Monotheismus heißt zunächst einmal absolute, alle anderen Bindungen hintansetzende Treue zu einem einzigen Gott. Das bedeutet, man darf sich keine Bilder machen, weil jedes Bild die Tendenz hat, als ein anderer Gott verehrt zu werden, und man darf sich nicht mit denen einlassen, die andere Götter verehren und einen zu deren Verehrung verführen könnten. Die Treue zu Gott verlangt, dass man mit Gewalt gegen Bilder und Bildverehrer vorgeht. Man darf sie nicht verschonen« (Assmann 2006, 480).

Diese Neigung zur gewalttätigen Verabsolutierung religiöser Wahrheiten sieht Assmann in der ausschließlichen Bindung des Menschen an einen Gott begründet. In dieser Sichtweise wird allerdings die Gewalttendenz der monotheistischen Weltreligionen zu sehr betont, ohne ihre positiven Wirkungen auf weltgesellschaftliche Prozesse angemessen in den Blick zu nehmen.

Daneben steht eine dritte Gruppe von Ansätzen, welche die These vom religiösen Fundamentalismus als Gegenbewegung zur Moderne aufgreift, aber dezidiert in den Kontext des Verhältnisses von Religion und Kultur einordnet. Religiöser Fundamentalismus, so das Argument, ist eine Form religiösen Glaubens, der sich von seinen kulturellen Wurzeln entfernt hat. Wenn sich aber Religion von der Kultur abtrennt, dann wird sie nur noch zu einem beliebigen Gefühl, das immer weniger auf vernünftige Plausibilität hin überprüft werden kann. Im Zuge dessen wird Religion mehr und mehr zu einem Werbeslogan, was der französische Politologe Olivier Roy als *Heilige Einfalt* (2010) bezeichnet. Religiöser Fundamentalismus entsteht meist dann, so seine zentrale These, wenn sich der Glaube von der Kultur ablöst – d. h. *tabula rasa* mit den kulturellen Traditionen macht – und damit die in der Religion integrierten Wissensbestände vergessen oder negiert werden. Weitergegeben wird dann »vor allem ein Gefühl; man möchte beim anderen das gleiche religiöse Erleben wecken, das man selbst empfindet, aber man macht einen Bogen um alles diskursive Wissen, denn das erscheint als Zeitverlust oder als Gefahr, sich in säkularer Selbstgefälligkeit zu verlieren« (ebd., 242).

Die Herausforderungen des religiösen Fundamentalismus werden die Weltgesellschaft mit Sicherheit noch eine lange Zeit beschäftigen. Vor dem Hintergrund des skizzierten Wechselverhältnisses von Religion und Kultur erscheint das dritte Erklärungsmodell des religiösen Fundamentalismus am überzeugendsten. Gerade für eine friedfertige Einbindung der Religionen in gesellschaftliche Prozesse ist es daher wichtig, auf die kulturellen Ausdifferenzierungen der Religion zu achten und diese innerhalb der Religion zu thematisieren. Wenn diese Einsicht in das Selbstverständnis der Religionen integriert wird, ist eine konstruktive Einbindung in politische Prozesse und eine Abwehr politischer Instrumentalisierungen von Religion leichter möglich.

Bedeutung des interreligiösen Dialogs für die Weltgesellschaft

Wenn die These zutrifft, dass Religionen in den skizzierten Hinsichten heute wichtige Funktionen innerhalb weltgesellschaftlicher Prozesse zukommen, gilt es auch zu diskutieren, wie das Verhältnis der Religionen untereinander gestaltet werden kann. Hierbei kommt den Möglichkeiten und Bedingungen eines interreligiösen Dialogs eine zentrale Rolle zu.

Autoren, die in der Tradition des Liberalismus stehen, sind oft skeptisch gegenüber den Möglichkeiten eines solchen Dialogs der Religionen. Der US-amerikanische Philosoph Richard Rorty plädiert beispielsweise dezidiert für die Vorzüge des säkularen Gesellschaftsmodells, das von den anderen Kulturen anzuerkennen ist. Religionsvertreter sollten nicht länger dem Konzept der liberalen Ironikerin misstrauen, sondern dieses als Ziel zukünftiger Politik annehmen: »Wir können dem Rest der Welt immer noch sagen: Schickt eure Leute auf unsere Universitäten, macht euch mit unseren Traditionen vertraut und ihr werdet schließlich die Vorteile einer demokratischen Lebensweise erkennen« (Rorty 2006, 85). Weil Religionen weltweit weitreichende metaphysische und anthropologische Annahmen implizieren, die ausschließlich privaten Charakter tragen, sollten sie nur sehr beschränkt in öffentliche Prozesse der Weltgesellschaft integriert werden. Der interreligiöse Dialog ist daher letztlich nur eine private Angelegenheit einzelner religiöser Menschen.

Sicherlich berechtigt an diesem Argument ist, dass Religionen aufgrund der aufgewiesenen Ambivalenz nicht automatisch eine positive weltgesellschaftliche Wirkung implizieren. Religionen können gerade im interreligiösen Kontakt so tun, als wüssten nur sie, wie über das Absolute adäquat zu sprechen sei. Dann werden andere Religionen schnell als Feinde interpretiert. Diese Gefahr wird dadurch verstärkt, dass im Zentrum der Religion oft heilige Schriften stehen, die entsprechend einer hermeneutischen Logik kulturoffen sind, weshalb man in religiösen Quellen »sowohl für ein positives wie für ein negatives Urteil Belege wie Gegenbelege finden [kann]. Insofern ist die Bezugnahme auf solche Quellen nur sehr bedingt hilfreich, da sie für höchst unterschiedliche Interpretationen offen sind« (Müller 2007, 123).

Gerade aus diesem Grund ist eine Auseinandersetzung mit dem Wechselverhältnis von Religion und Kultur für Religionen und ihr Verhältnis zu anderen Religionen von zentraler Bedeutung. Wenn Religionen die erkenntnistheoretischen Grenzen ihrer Überzeugungen reflektieren und diese anerkennen, kann ein interreligiöser Dialog konstruktive Impulse für die Weltgesellschaft implizieren – so lässt sich gegen eine rein liberale Position argumentieren. Hierzu ist allerdings ein hermeneutisches Verständnis heiliger Quellen notwendig, um das aus diesen Quellen begründete religiöse Weltbild nicht zu verabsolutieren.

Die damit verbundene Anerkennung des Wechselverhältnisses von Religion und Kultur ist auch ein nicht zu unterschätzender Faktor für Selbstkritik und Anpassungsfähigkeit, der es den Religionen ermöglicht, über die Zeit hinweg Bestand zu haben. In der Auseinandersetzung mit der je partikularen Kultur einerseits, in der die Religionen verankert sind, und dem kulturübergreifenden religiösen oder ethischen Anspruch der Religionen andererseits liegt eine wichtige Kraft zur soziokulturellen Innovation sowie zur inneren Reform im Sinne einer Stärkung des eigenen Kritik- und Aufklärungspotenzials:

> »Das Bemühen um Verständigung und Konkordanz wird vor allem von innen heraus begründet, aus dem vernünftigen Selbstverständnis der Religion, mit allen ihren Vollzügen auf einen […] erfahrenen Absolutheitsanspruch […] zu antworten, in konsequenter Anerkennung der epistemologischen Grundsituation perspektivischer Einschränkung. Durch die Konfrontation mit konkurrierenden Weltdeutungen wird eine Religion zu einer Reifung herausgefordert, die ihre Identität zu vertiefen und zu erweitern geeignet ist« (Riedenauer 2009, 30).

In diesem Zusammenhang sei abschließend noch auf einen anderen Aspekt hingewiesen, auf den die interreligiöse Entwicklungszusammenarbeit aufmerksam macht. Dort, wo in einem interreligiösen Dialog, beispielsweise über heilige Schriften, auf einer abstrakten Ebene diskutiert wird, verschärfen sich oft Abgrenzungstendenzen zwischen den Religionen. Wenn der interreligiöse Dialog allerdings an den pluralen Lebenswelten der Menschen und ihren sozialen Problemen ansetzt, fällt die Auseinandersetzung oft leichter, weil diese konkreten Lebenswelten eine konstruktive Basis für Verständigung sind (vgl. Müller 2007, 134 f.).

Fazit: Säkularisierung im Kontext der Weltgesellschaft

Welche Konsequenzen lassen sich abschließend aus den vorangegangenen Überlegungen für das Verständnis von Säkularisierung im Zeitalter der Globalisierung ziehen? Auf der einen Seite stehen Autoren, die aus dem Blickwinkel einer liberalen Gesellschaftsauffassung skeptisch gegenüber einer Transformation des Säkularisierungsparadigmas im Kontext der Weltgesellschaft sind. Diese Skepsis liegt vor allem darin begründet, dass mit einer stärkeren Anerkennung der Religionen als weltgesellschaftliche Akteure die Errungenschaften der Demokratie in Gefahr geraten könnten. So erscheint Religion dem Soziologen Ulrich Beck zum Beispiel trotz aller soziologischen Neugier und Betonung der reflexiven Moderne als ein Fremdkörper, der die Errungenschaften der Aufklärung mehr anzugreifen als zu unterstützen scheint. Solche eher liberal geprägten Ansätze betonen den privaten Charakter religiöser Überzeugungen und die Notwendigkeit von positiver wie negativer Religionsfreiheit – auch auf weltgesellschaftlicher Ebene. Nicht zuletzt durch die global deutlich wahrnehmbare Ambivalenz von Religionen plädieren sie für eine Beschränkung der Beteiligung von Religionen in den öffentlichen Arenen der Weltgesellschaft. Der Verweis auf die politische Ambivalenz des Islam nach dem 11. September wird oftmals als Argument hierfür angeführt.

Demgegenüber spielen im aktuellen Diskurs allerdings empirische wie normative Argumente eine wichtige Rolle, die für eine Transformation dieses Paradigmas mit Blick auf weltgesellschaftliche Veränderungsprozesse sprechen. Die skizzierte Ausdifferenzierung und Pluralisierung des religiösen Feldes, die von soziologischer Seite für viele Regionen der Welt erforscht wird, führt zu der These, dass Religionen (nach wie vor) eine wichtige weltgesellschaftliche Rolle spielen. Einige Ansätze gehen sogar so weit, dass sie grundsätzlich in Frage stellen, ob man überhaupt von einem Prozess der Säkularisierung im Kontext der Weltgesellschaft sprechen kann; in der abgeschwächten Variante des Arguments wird gerade mit Blick auf weltgesellschaftliche Entwicklungen zumindest die Linearitätsthese der Säkularisierung kritisch in Frage gestellt.

Bei allen Unterschieden innerhalb dieser Ansätze, scheint es also mit Blick auf die Studien zur Weltgesellschaft trotz nach wie vor anhaltender Säkularisierungstendenzen in einigen Regionen nicht überzeugend, von einem bevorstehenden Aussterben der Religionen oder des Religiösen zu sprechen. Religionen haben sich zwar stark gewandelt und teilweise transformiert; ihnen kommt aber eine weltgesellschaftliche Bedeutung zu. Säkularisierung führt deshalb nicht notwendig zu einem Ende der Religion, vielmehr wird der religiöse Glaube zu einer Option des gerechten Zusammenlebens und gelungenen Lebens unter vielen im Konzert globaler Meinungen. Dabei sollte auch die weltgesellschaftliche Vergangenheit nicht religiös verklärt werden, um die heutige Zeit als säkulare Phase sichtbar werden zu lassen, denn dies würde nur bedingt den empirischen Gegebenheiten der Weltgesellschaft entsprechen. Dies zeigt sich beispielsweise mit Blick auf die europäische Säkularisierungsdebatte:

»Die Säkularisierungstheoretiker gehen meist von einer völligen Überschätzung der tatsächlichen Religiosität in Europa vor dem Beginn des modernen Säkularisierungsprozesses dort aus. Das Glaubenswissen war aber sogar beim Klerus (und erst recht bei den Laien) lange Zeit in einem beklagenswerten, um nicht zu sagen grotesk unterentwickelten Zustand« (Joas 2007, 17).

Insgesamt votieren diese Ansätze in unterschiedlicher Reichweite für die Revision eines starken Säkularisierungsparadigmas und für eine neue Aufmerksamkeit für Religion in weltgesellschaftlichen Kontexten. Soziologisch betrachtet, wird dabei die gesellschaftliche Rolle von Religion in unterschiedlichen Bereichen des gesellschaftlichen Lebens (politisch, diskursiv, medial usw.) herausgearbeitet. Insbesondere enthalten Religionen, so eine wichtige Schlussfolgerung, Motive, die als eine Kritik und teilweise auch als eine Transformation der Trennung zwischen Privatem und Öffentlichem interpretiert werden können (vgl. Gabriel 2007). Religionen sind in dieser Hinsicht nicht per se eine Gefahr für die Weltgesellschaft, sondern sie können sehr wohl vielfache positive Wirkungen entfalten – beispielsweise durch ihre Weltbilder, Moralvorstellungen oder ihr Sozialkapital. Solche Chancen öffentlicher Religionen sind zum Beispiel die Verteidigung der Menschenrechte durch Religionsgemeinschaften oder die Einbindung normativ-religiöser Argumente in gesellschaftliche Aushandlungsprozesse zu Themen wie Gemeinwohl oder Solidarität (Casanova 2004, 290 ff.). Aufgrund der Ambivalenz der Religion sind allerdings Maßnahmen zu treffen, welche mögliche Instrumentalisierungen von Religion in Konflikten verhindern.

Die Überlegungen zu den Transformationen der Religion angesichts globaler Entwicklungsprozesse weisen also auf die Notwendigkeit hin, einen differenzierten Säkularisierungsbegriff zu entwickeln und damit die (welt-)gesellschaftliche Bedeutung der Religion und des Religiösen zu bedenken. Dafür ist »anstelle einer Säkularisierungstheorie, die als religionssoziologische ›Supertheorie‹ [...] auftritt, ein Theoriedesign zu entwerfen, das höchst divergente und heterogene Transformationsprozesse des Religiösen erfasst« (Höhn 2007, 31). Solche Transformationen der

Religion und ihre Wechselwirkung mit der Säkularisierung nehmen in den verschiedenen Regionen der Welt unterschiedliche Formen an, denn die Prozesse der Säkularisierung laufen überall anders ab. Es gibt keinen einheitlichen Umgang säkularer Gesellschaften mit der Religion – dies ist die überzeugende Schlussfolgerung des Religionssoziologen David Martin, die er aus seinen Überlegungen zur Säkularisierung auf globaler Ebene anstellt (vgl. Martin 2005). Säkularisierung im Kontext der Weltgesellschaft muss daher als ein ausdifferenzierter Prozess verstanden werden. Eine Theorie der Säkularisierung sollte offen für die verschiedenen kulturellen Kontexte sein und an die darin implizierten religiösen Standpunkte angepasst werden (vgl. Joas/Wiegandt 2007).

Literatur

Assmann, Jan: Gesetz, Gewalt und Monotheismus. In: *Theologische Zeitschrift* 4/62 (2006), 475–486.

Casanova, Jose: Religion und Öffentlichkeit. Ein Ost-/Westvergleich. In: Karl Gabriel/Hans-Richard Reiter (Hg.): *Religion und Gesellschaft. Texte zur Religionssoziologie*. Paderborn 2004, 271–293.

Dellwing, Michael: *Globalisierung und religiöse Rhetorik. Heilsgeschichtliche Aspekte in der Globalisierungsdebatte*. Frankfurt a. M. u. a. 2008.

Fischer, Karsten: *Die Zukunft einer Provokation. Religion im liberalen Staat*. Berlin 2009.

Gabriel, Karl: Von der Religion zum Religiösen. Zur Bedeutung der Erfahrung in der gegenwärtigen (religiösen) Szene des Westens. Genese und Diagnose. In: Gerd Haeffner (Hg.): *Religiöse Erfahrung II*. Stuttgart 2007, 29–41.

Gardner, Gary T.: *Inspiring Progress. Religions' Contributions to Sustainable Development*. Washington 2006.

Hasenclever, Andreas/De Juan, Alexander: Religionen in Konflikten – eine Herausforderung für die Friedenspolitik. In: *Aus Politik und Zeitgeschichte* 6 (2007), 10–16.

Hildebrandt, Mathias/Brocker, Manfred (Hg.): *Der Begriff der Religion. interdisziplinäre Perspektiven*. Wiesbaden 2008.

Höhn, Hans-Joachim: *Postsäkular. Gesellschaft im Umbruch – Religion im Wandel*. Paderborn u. a. 2007.

Joas, Hans: Führt Modernisierung zur Säkularisierung. In: Peter Walter (Hg.): *Gottesrede in postsäkularer Kultur*. Freiburg u. a. 2007, 10–18.

– / Wiegandt, Klaus (Hg.): *Säkularisierung und die Weltreligionen*. Frankfurt a. M. 2007.

Leggewie, Claus: Religion und Globalisierung. In: Johannes Müller/Michael Reder/Tobias Karcher (Hg.): *Religionen und Globalisierung*. Stuttgart u. a. 2007, 12–20.

Löffler, Winfried: *Einführung in die Religionsphilosophie*. Darmstadt 2006.

Martin, David: *On Secularization. Towards a Revised General Theory*. Aldershot/Burlington 2005.

Müller, Johannes: Religionen – Quelle von Gewalt oder Anwalt der Menschen? Überlegungen zu den Ursachen der Ambivalenz von Religionen. In: Ders./Michael Reder/Tobias Karcher (Hg.): *Religionen und Globalisierung*. Stuttgart u. a. 2007, 119–137.

Niederberger, Andreas/Schink, Philipp (Hg.): *Globalisierung. Ein interdisziplinäres Handbuch*. Stuttgart/Weimar 2011.

Oberdorfer, Bernd/Waldmann, Peter (Hg.): *Die Ambivalenz des Religiösen. Religionen als Friedensstifter und Gewalterzeuger*. Freiburg 2008.

Pollack, Detlef: *Säkularisierung – ein moderner Mythos? Studien zum religiösen Wandel in Deutschland*. Tübingen 2003.

Reder, Michael: *Globalisierung und Philosophie. Eine Einführung*. Darmstadt 2009.

Riedenauer, Markus: Aufgeklärte Religion als Bedingung interreligiösen Diskurses nach Nikolaus Cusanus. In: *polylog. Zeitschrift für interkulturelles Philosophieren* 21 (2009), 21–34.

Rorty, Richard: Antiklerikalismus und Atheismus. In: Ders./Gianni Vattimo: *Die Zukunft der Religion*. Hg. von Santiago Zabala. Frankfurt a. M. 2006, 33–47.

Roy, Olivier: *Heilige Einfalt. Über die politischen Gefahren entwurzelter Religionen*. München 2010.

Stegemann, Wolfgang/Strecker, Christian (Hg.): *Religion und Kultur. Aufbruch in eine neue Beziehung*. Stuttgart u. a. 2003.

Walzer, Michael: *Exilpolitik in der Hebräischen Bibel*. Hg. von Volker Drehsen. Tübingen 2001.

Michael Reder

6. Säkularisierung und die Weltreligionen

Einleitung: ›Mythen der Aufklärung‹

In einem Disput mit Jürgen Habermas aus dem Jahr 2011 plädiert Charles Taylor für eine »radical redefinition of secularism« (Taylor 2011b). Vor allem wendet er sich dabei gegen die vorherrschende Ansicht, ›Religion‹ wäre im öffentlichen Raum moderner Demokratien als ein »special case« (ebd., 37) zu betrachten, auf der Basis einer hierarchischen Unterscheidung zwischen ›religiösen‹ und ›nichtreligiösen‹ Begründungsstrukturen. Taylor sieht darin »a myth of the enlightenment« (ebd., 52), ein für die gegenwärtige Situation hinderliches Erbe aus der Entstehungsgeschichte des Säkularisierungsbegriffs im Kontext der europäischen Moderne. Diese Überlegungen Taylors können als Ausdruck einer selbstreflexiven Verschärfung der Säkularisierungsdebatte gewertet werden, wo es nicht nur darum geht, wie weit unsere und andere Gesellschaften tatsächlich ›säkular‹ sind oder nicht, vielmehr zielt die Kritik hier auf ›Säkularisierung‹ als Begriff. Hinterfragt wird nicht das Bestehen oder Nichtbestehen eines Sachverhaltes, sondern die Möglichkeit seiner theoretischen Beschreibung. Anlass dafür sind Konflikte, die wesentlich mit dem Verhältnis von Säkularisierung und den Weltreligionen zu tun haben.

Hier klingen Diskurse nach, die Teil einer ›Radikalisierung der Moderne‹ sind und seit den 1960er Jahren eine kritische Hinterfragung vieler humanwissenschaftlicher Leitbegriffe einleiteten, vor allem, wenn es um deren transkulturelle Anwendung geht. Die selbstkritische Wende ist eng verbunden mit einer globalen Öffnung der Perspektive. Im Fall von ›Säkularisierung‹ sowie dem Gegenbegriff ›Religion‹ zeigt sich, dass diese und andere Begriffe in der ›Moderne‹ Teil einer europäischen Verhältnisbestimmung zu anderen Kulturen waren, bzw. eben den nichtchristlichen sogenannten ›Weltreligionen‹. Die Forderung nach einer Neudefinition ist u. a. eine Reaktion auf veränderte Sinnbedingungen im Zuge eines Wandels interkultureller Begegnung (vgl. Asad 2003, 192 f.; Masuzawa 2005, 20; Zachhuber 2007, 12 f.; Mahmood 2010, 285 f.; Casanova 2011, 61 ff.).

Im Folgenden werden zunächst zwei Hauptkonfliktlinien unterschieden. Beide ergeben sich aus der Kritik an den ›klassischen‹ Säkularisierungstheorien des frühen 20. Jahrhunderts im Anschluss an vor allem Max Webers Erklärung der Moderne als Rationalisierungsprozess verbunden mit ›Entzauberung‹ und Ausdifferenzierung gesellschaftlicher ›Wertsphären‹ sowie Émile Durkheims Analysen der sozialintegrativen Funktion von Religion und deren Relevanzverlust angesichts moderner Privatisierungstendenzen (vgl. Zachhuber 2007, 14 f.). Dabei lassen sich für unsere Zwecke zwei Hauptaspekte der Kritik benennen, in denen zum einen die kulturellen, zum anderen die politischen Dimensionen von Modernisierungsprozessen im Vordergrund stehen: Zunächst betrachten wir die *deskriptive* Frage nach dem Rückgang von Religion in der gesellschaftlichen Öffentlichkeit und der individuellen Glaubensbindung weltweit, dann die *normative* Gleichsetzung von ›moderner‹ und ›säkularer‹ Gesellschaft auf der Basis einer Trennung von Religion und Politik im Verhältnis zu außereuropäischen Säkularisierungsformen. Zur weiteren Konkretisierung dient ein begriffsgeschichtlicher Blick auf ›Säkularisierung‹, ›Religion‹ und ›Moderne‹ in Bezug auf außereuropäische Kulturen. Anschließend geht es um die historischen Veränderungen, die zu einer selbstreflexiven Hinterfragung von ›Säkularisierung‹ als theoretischem Konzept Anlass gaben, gefolgt von abschließenden Überlegungen zu Konsequenzen für die Forschung.

Kulturelle Dimension: Säkularisierung als Rückgang von Religion

Eine umfassende Säkularisierungsdebatte unter diesem Namen setze erst in den 1950er Jahren ein. In den stärksten Versionen der Säkularisierungsthese kommt allen Religionen ein Status des Unzeitgemäßen zu; eine moderne Gesellschaft sei notwendig mit einem Rückgang, letztlich sogar mit einem Verschwinden von Religion verbunden, wobei die USA als merkwürdiger

Sonderfall galten (vgl. Zachhuber 2007, 15 f.; Pollack 2009, 63 ff.). Europäische Kritiker bemängelten in den 1960er und 70er Jahren zunächst die sozialwissenschaftliche Gleichsetzung von Religion mit Kirchenzugehörigkeit und verwiesen auf zu wenig beachtete Veränderungen der Sozialform (z. B. Luckmann 1963, 1991). Von amerikanischer Seite wurden ab den späten 1980er Jahren ökonomische Modelle populär, welche die dortige Glaubenspersistenz auf der Basis einer liberalen Konkurrenzsituation der Religionsgemeinschaften erklärten und Europa als Sonderfall darstellten (u. a. Roger Finke, Rodney Stark, Lawrence R. Iannaccone, William Sims Bainbridge). Stärker und regional weiter gefasst wurde die Kritik in den 1990er Jahren. Einflussreich war José Casanovas Konstatierung einer bleibenden Präsenz von Religion in der Öffentlichkeit moderner Gesellschaften, mit Blick auf Europa, Nord- und Süd-Amerika (Casanova 1994) oder Peter L. Bergers Revidierung seiner eigenen Säkularisierungsthese mit Beispielen weltweit (Berger 1999). In der heute verbreiteten Rede von einer ›Rückkehr der Religionen‹ (Martin Riesebrodt), ›Wiederkehr der Götter‹ (Friedrich Wilhelm Graf) oder ›postsäkularen Gesellschaft‹ (Jürgen Habermas) scheint der deskriptive Aspekt von ›Säkularisierung‹ für viele bereits obsolet zu sein, besonders global betrachtet. Nach dem Befund von Detlef Pollack möchte kaum einer noch »das Wort Säkularisierung in den Mund nehmen« (Pollack 2009, 61).

Eine genaue empirische Überprüfung des tatsächlichen Grades von ›Religiosität‹ bzw. ›Säkularisierung‹ von Gesellschaften in globalem Umfang steht vor enormen konzeptionellen und logistischen Schwierigkeiten, angefangen von hermeneutischen Problemen einer traditionsübergreifenden Bestimmung der relevanten Begriffe bis zu den lokalen Widrigkeiten in der konkreten Durchführung der Befragungen. Die meisten Untersuchungen konzentrieren sich auf Europa und die USA, jenseits davon sind die Erhebungen überwiegend punktuell und beschränkt auf die leichter zugänglichen urbanen Räume. Auch fehlt in der Regel für die Erfassung von Langzeitentwicklungen hinreichend zurückliegendes Vergleichsmaterial.

Eine umfangreiche Studie zur Überprüfung der These eines allgemeinen Rückgangs von Religion auf der Makro- und Mikroebene weltweit haben Pippa Norris und Ronald Inglehart vorgelegt (Norris/Inglehart 2009). Ein grober Blick auf die religionsspezifische Verteilung weist überwiegend islamische Länder als meist stärker religiös aus (z. B. Nigeria, Indonesien, Iran, Algerien, Ägypten, Jordanien), Länder mit ›östlichen‹ Traditionen mit Ausnahme Indiens als tendenziell weniger religiös (China, Süd-Korea, Thailand, Japan) und die christlichen Denominationen in einem mittleren Bereich verteilt, mit einer stärkeren religiösen Tendenz bei katholisch geprägten Ländern gegenüber solchen mit größerem Anteil an Protestanten, mit Ausnahme der USA (vgl. ebd., 226). In weitgehender Übereinstimmung mit dem klassischen Säkularisierungsaxiom bestünde ein Zusammenhang von rückläufiger Glaubensbindung und fortschreitender Modernisierung, näher charakterisiert als Industrialisierung, Urbanisierung, höherer Bildungsgrad und steigender Wohlstand (vgl. ebd., 25). Keine Anzeichen sehen die Autoren jedoch für ein Verschwinden von Religion. Zum einen, weil sich in den postindustriellen Gesellschaften ein Anstieg individueller ›Spiritualität‹ und ein steigendes Interesse an Sinnfragen abzeichnet (vgl. ebd., 74 f.), zum anderen aufgrund höherer Geburtenraten in den stärker religiösen Ländern, wodurch der Gesamtanteil religiöser Menschen sogar steigt (vgl. ebd., 22 ff.).

Eine andere Studie ist der *Religionsmonitor 2008* der Bertelsmann Stiftung. Die repräsentativen Erhebungen fanden 2007 statt und umfassten 21 Länder. In knappster Form fasst Heiner Meulemann die Ergebnisse wie folgt zusammen: Die Studie zeige, »dass sich die Säkularisierungsthese empirisch durchaus untermauern lässt, nicht aber die Vorstellung von einer religiösen Erneuerung«; und weiter: »die Säkularisierung hat in christlichen, nicht aber in muslimischen und hinduistischen/buddhistischen Gesellschaften stattgefunden« (Meulemann 2009, 721). Wir können die Ergebnisse hier nicht im Einzelnen vergleichen, für unsere Zwecke aufschlussreich sind jedoch Unterschiede in der Einschätzung der ›östlichen‹ Religionen. Die folgenden Ausführungen konzentrieren sich auf den Religionsmonitor, weil sich hier zeigt, wie verschiedene Autoren mit Bezug auf dieselben Daten zu widersprüchlichen Ergebnissen kommen, je nach den zugrunde gelegten Begrifflichkeiten.

Zur Auswertung der Daten geht Meulemann von der »religiösen Frage« aus. Aufgrund seiner Sterblichkeit unterscheide der Mensch zwischen Diesseits und Jenseits, Immanenz und Transzendenz, worin weitere Fragen enthalten sind nach Ursprung, Ziel und Sinn des Menschen bzw. der Welt (ebd., 692). Weiter benennt er fünf »Weltanschauungen« als mögliche Stellungsnahmen zu dieser Frage: Theismus, Deismus, Naturalismus, Existenzialismus und Agnostizismus. Die ersten beiden suchen nach Antworten auf die Frage im Bereich der Transzendenz und seien damit Indikatoren für Religiosität, die nächsten beiden im Raum der Immanenz, der Agnostizismus lehnt die Möglichkeit einer Antwort überhaupt ab. Menschen die den letzten drei zustimmen gelten als säkular (vgl. ebd., 693 ff.).

Interessant sind die Ergebnisse zu Indien und Thailand. So gibt Michael von Brück an, dass in Indien 99 % und in Thailand 95 % der Befragten sich als ›religiös‹ bezeichneten (Brück 2008, 230). Maßgeblich für die gesamte Studie ist dabei ein Religionsbegriff mit dem Bedeutungskern »Bezug zur Transzendenz« (Huber 2008, 19). Da die Studie mit einer zweiwertigen Logik innerhalb der Dichotomie ›Säkularisierung‹/›Religiosität‹ operiert (also nicht mit der Möglichkeit von etwas Drittem rechnet), legt das Ergebnis im Umkehrschluss einen äußerst geringen Grad von Säkularisierung nahe. Entsprechend dem Deutungsschema Meulemanns ergibt sich jedoch, dass diese Aussagen in hohem Maße mit den von ihm benannten immanentistisch-säkularen Positionen korrelieren. ›Religion‹ ist in den dort vorherrschenden hinduistischen und buddhistischen Lehren offenbar nicht klar als Transzendenzbezug charakterisiert. Er bezeichnet Hinduismus und Buddhismus auch als »Innerlichkeitslehren«, die das »Göttliche innerhalb des Menschen suchen«, und sie lehren etwas, »was man auf einer vom Monotheismus ausgehenden Säkularisierungsskala als naturalistische Weltanschauung bezeichnen würde« (Meulemann 2009, 697). Der empirische Befund mache deutlich: »Das Verständnis transzendenter Weltanschauungen als religiöser [sic] Einstellungen, das für viele Menschen in jüdisch-christlichen Gesellschaften so selbstverständlich ist, wird in nicht vom jüdisch-christlichen Glauben geprägten Gesellschaften nicht geteilt« (ebd., 712).

Tatsächlich besteht z. B. eine dominante Tendenz besonders nichtdualistischer Erlösungswege in Indien und Asien darin, die Welt als einen Erfahrungs- oder Bewusstseinsraum anzusprechen und unter dem Heilsziel vor allem eine Bewusstseinsveränderung zu verstehen – weg von einem leidvollen und hin zu einem leidfreien Daseinserleben auch schon im Hier und Jetzt. Ermöglicht werden soll dies auf dem Weg einer Überwindung der mentalen Ursachen des Leidens, vor allem durch das Vermeiden emotionaler Bindungen gegenüber den als unverfügbar erkannten Daseinsgegebenheiten. Die Betonung der Erfahrung führt dazu, das ›Göttliche‹ mit dem angestrebten erlösten (Bewusstseins-)Zustand gleichzusetzen und dabei die Unterscheidung zwischen einem ›religiösen‹ Subjekt und Objekt, bzw. zwischen ›Immanenz‹ und ›Transzendenz‹ als aufgehoben zu betrachten. Im Unterschied zu jüdischen, christlichen und islamischen Vorstellungen sind die erlösungsbedürftige Welt, die Erlösung und das ›Göttliche‹ als Manifestation der Erlösung stärker aus einer Immanenz-Perspektive bestimmt. In den Analysen des Religionsmonitors ergibt sich nun das paradoxe Ergebnis, dass sich einerseits die überwiegende Zahl der Menschen in Indien und Thailand als ›religiös‹ bezeichnet, andererseits jedoch, bei Meulemann, ihre ›Weltanschauung‹ dem an der Unterscheidung Immanenz/Transzendenz orientierten Religionsbegriff widerspricht, sie also zugleich auch sehr säkular eingestellt scheinen.

Das hat Folgen für die Studie und die Frage der Untersuchbarkeit von Säkularisierungsgraden in den nicht-christlichen Weltreligionen, denn mit dem unpassenden Religionsbegriff wird auch ein davon abhängiger Säkularisierungsbegriff unbrauchbar (vgl. ebd., 697).

Einer Kritik an solchen theoretischen Engführungen hat der einflussreiche Anthropologe Talal

Asad einen großen Teil seiner Arbeiten gewidmet. Er plädiert für eine kontextualisierte Betrachtung von ›Säkularisierung‹ und ›Religion‹ in den jeweiligen lebenspraktischen Einlassungen (vgl. z. B. Asad 2003, 17). ›Religion‹ und ›Säkularisierung‹ sind keine festen Begriffe, sondern definieren sich gegenseitig entsprechend kontingenter situativer Gegebenheiten, die zunächst dem Kontext der europäischen Moderne entstammen (vgl. ebd., 25 f.). Besonders kritisch sieht Asad daher auch die Möglichkeit allgemeiner Religionsdefinitionen (vgl. Asad 1993, 27–54; Scott/Hirschkind 2006, 7). Die Übertragung auf andere Kulturräume erfordert ein hohes Maß an situationsbezogener Flexibilität und Differenziertheit im Umgang mit diesen und anderen theoretischen Konzepten. Dabei kann sich auch herausstellen, dass die Dichotomie ›Säkularisierung‹/›Religiosität‹ bzw. ›Immanenz‹/›Transzendenz‹ in einigen Kontexten einer starken Reformulierung bedarf oder eben kein geeignetes Beschreibungsinstrument ist.

Politische Dimension: Säkularisierung als Trennung von Staat und Religion

Neben dem kulturellen Aspekt des Rückgangs von Religiosität, und weiteren wie Privatisierung von Religion, gilt die Trennung von politischen und religiösen Institutionen als ein zentrales Konstituens von Säkularisierung und als eine Voraussetzung demokratischer Gesellschaften (vgl. z. B. Casanova 1994, 8 f.). Mit Blick auf die nicht-christlichen Weltreligionen ergibt sich ein Konfliktpotenzial bezüglich der normativen Frage nach dem richtigen Verhältnis von Religion und Politik, z. B. angesichts des Anspruchs von Staaten außerhalb des europäisch geprägten Kulturraumes, in nicht- ›westlicher‹ Weise aber mit gleichem Recht ›modern‹ und ›demokratisch‹ zu sein. Dazu gehört die Frage, ob es nur ein richtiges Modell geben kann und ob Europa bzw. Amerika hierfür den Maßstab bilden. Als weiteren vielfach diskutierten Konfliktpunkt lässt sich anschließen, dass vor allem dem Islam häufig eine weitgehende Säkularisierungs- und Demokratieresistenz vorgeworfen wird.

Eine hilfreiche Darstellung hierzu bietet Alfred Stepan. Unverzichtbar für eine funktionierende Demokratie ist für ihn die wechselseitige Toleranz (*twin tolerations*) im Verhältnis von Religion und Politik (vgl. Stepan 2011, 114). Diese Bedingung kann jedoch auf sehr unterschiedliche Weise erfüllt werden, weshalb Stepan betont, man könne nur von »multiple secularisms« sprechen (ebd.). Er diskutiert die Vor- und Nachteile von vier existenten Mustern solcher Verwirklichung, wobei deutlich wird, dass schon auf ›westlicher‹ Seite große Unterschiede bestehen.

(1) Ein separatistisches Modell (*separatist pattern*) wie in Frankreich und den USA: Aufgrund der historischen Bedeutung der dortigen Revolutionen erscheinen beide im Narrativ der Moderne oft als Höhepunkte menschlicher Emanzipationsgeschichte, und ihre starke Trennung der Bereiche Religion und Politik erhielt einen normbildenden Stellenwert für demokratische Staaten. Durch die Umstände der Entstehungsgeschichte ist diese Trennung unterschiedlich ausgerichtet. Die enge Verbindung von Krone und katholischem Klerus führte in Frankreich zu einem Konzept von *laïcité* mit Betonung der Freiheit des Staates von kirchlichem Einfluss. Der erste Zusatzartikel zur Verfassung der USA soll dagegen vor allem die Freiheit der religiösen Denominationen vor staatlicher Dominanz gewährleisten (vgl. ebd., 117 ff.). Beide Systeme erzeugen ihre charakteristischen Probleme. So ist in Frankreich die staatliche Unterstützung religiöser Gruppierungen praktisch ausgeschlossen, was z. B. spezifische Bedürfnisse der muslimischen Bürger zweiter und dritter Generation aus den ehemaligen Kolonien trifft, die insgesamt häufig benachteiligt werden. Starker staatlicher Einfluss restriktiver Art zeigt sich in Hinblick auf das Verbot von Kopftüchern an öffentlichen Schulen und bürokratischen Hürden beim Bau von Moscheen (vgl. ebd., 118). Gemäß der *wall of separation* kennen auch die USA keine staatliche Unterstützung der Religionsgemeinschaften. Umgekehrt fällt es durch die Betonung des Schutzes der Religion vor dem Staat aber auch schwer, gesetzlich gegen religiöse Gruppen vorzugehen, wo es nötig wäre (vgl. ebd., 118 f.). Grundsätzlich ist der Separatismus nicht an Demokratie gebunden und kein

Garant für religiöse und sonstige Freiheit (z. B. China).

(2) Das Modell einer Staatsreligion (*established religion model*): Auch dieses Modell kann in den unterschiedlichsten politischen Systemen realisiert sein. Meist ergeben sich für die entsprechende Religion staatliche Privilegien, was in demokratischen Ländern wie England, Dänemark, Norwegen oder Griechenland einem sehr hohen Maß an Religionsfreiheit nicht widerspricht, in anderen Systemen aber auch mit großen Repressalien gegen religiöse Minderheiten verbunden sein kann, z. B. in Saudi Arabien (vgl. ebd., 121 ff.).

(3) Staatlich geförderte ›Beherbergung‹ von Religionen (*positive accommodation model*): Diese Struktur ist typisch für multikonfessionelle Staaten in Europa wie Niederlande, Belgien, Schweiz und Deutschland – historisch erwachsen als eine Übereinkunft der Regierungen mit den größeren Kirchen anlässlich innerchristlicher Konflikte. Dieses Rechtsverhältnis setzt auf religiöser Seite das Vorhandensein eines vertragsfähigen Rechtskörpers voraus, was z. B. bei Minderheiten wie den muslimischen Gruppierungen in Deutschland meist nicht gegeben ist. Daher profitieren von staatlichen Leistungen überwiegend die etablierten Kirchen der Mehrheitsreligion, und weniger organisierte religiöse Minderheiten lassen sich schwer integrieren (vgl. ebd., 123 ff.).

(4) Dem letzten Modell gibt Stepan den langen Namen *respect all, positive cooperation, principled distance model*, sinngemäß übersetzbar vielleicht als ›Respekt gegenüber allen, aktive Zusammenarbeit, prinzipiengeleitete Distanz‹ im Verhältnis von Religion und Politik: Hauptvertreter dieses Modells sind Indien und Indonesien (auch Senegal). Die Situation beider Staaten ist historisch von einem hohen Grad religiöser Heterogenität bestimmt, was bei der Übertragung der europäisch-amerikanischen Modelle bestehende Konflikte eher verstärken würde. Obwohl mehrheitlich hinduistisch bzw. muslimisch, konnten sich in Indien und Indonesien die Stimmen für eine Staatsreligion nicht durchsetzen (vgl. ebd., 129), auch sind öffentliche und private ›Religiosität‹ gesellschaftlich schwer trennbar und z. B. die Förderung von Seiten der Herrschaft traditionell zu stark verankert, als dass ein streng separatistisches Konzept Anklang fände (vgl. ebd., 132). Die europäischen *positive accommodation*-Modelle sind unter völlig anderen historischen Bedingungen entstanden und zu sehr an eine Religion gebunden, um den Erfordernissen gerecht zu werden (vgl. ebd., 129). Alle Traditionen sollen im Prinzip gleichermaßen in den Genuss staatlicher Leistungen kommen, finanzielle und bürokratische Unterstützung erhalten im Ausrichten von Religionsunterricht an öffentlichen Schulen oder dem Bau von Tempeln, Moscheen, Kirchen etc. Dies drückt sich auch in den Regelungen für gesetzlich festgelegte bezahlte Feiertage aus, bei denen die Minderheitsreligionen genauso Beachtung finden wie die der Mehrheiten. In den meisten europäischen Ländern und den USA dagegen gibt es unter den bezahlten religiösen Feiertagen nur christliche (vgl. ebd., 127).

Der bei Stepan von dem indischen Politikwissenschaftler Rajeev Bhargava übernommene Begriff der ›prinzipiengeleiteten Distanz‹ (*principled distance*) hat in die internationalen Säkularisierungsdebatten Eingang gefunden als Alternativkonzept zum strengen Separatismus, den die klassischen Modernisierungstheorien meist als Maßstab benennen. In außereuropäischen Gesellschaften wie Indien sind deutlich andere Denk- und Sozialstrukturen wirksam mit Unterscheidungen, die sich den ›westlichen‹ Begriffsstrukturen nachhaltig entziehen (lehrreich hierzu Beek 2012, 75–99). Bhargava plädiert daher für einen situativ-prozessionalisierten »contextual secularism«, der in den jeweiligen Umständen mit inneren Spannungen umgehen muss, diese aber, um der pluralen Lebendigkeit der Gesellschaften gerecht zu werden, nicht homogenisierend überformen darf (Bhargava 2011, 94). Der Grundsatz ›prinzipiengeleiteter Distanz‹ beschreibt einen Mittelweg, der ›religiöse‹ bzw. traditionelle Argumente nicht grundsätzlich vom öffentlichen Raum ausschließt und auf allen Ebenen flexibel Verbindungen zulassen kann, letztlich aber traditionsunabhängigen demokratisch-freiheitlichen Prinzipien verpflichtet ist und Maßnahmen des Staates zu deren Schutz vorsieht (vgl. z. B. Bhargava 2010, 4 ff.; 2011 105 ff.). Das kann in Indien tiefe Eingriffe in das Traditionsgefüge mit sich bringen, wie z. B. gesetzliche Regelungen gegen Diskriminierungen aufgrund der Kastenzugehörigkeit.

Ein ähnliches Modell ist auch in Indonesien erkennbar. Die dortigen Leitprinzipien benennt der aus dem Sanskrit stammende Begriff *pancasila* (gesprochen: pantschaschila, ›fünf [moralische] Grundsätze‹), nämlich: Grundsatz der All-Einen Göttlichen Herrschaft, Humanismus und Internationalismus, nationale Einheit, Demokratie, soziale Gerechtigkeit (vgl. Stepan 2011, 130; Bubandt 2012, 185). Verbunden damit ist allerdings die Forderung nach Mitgliedschaft in einer der großen Traditionen Islam, Buddhismus, Hinduismus, Katholizismus, Protestantismus und Konfuzianismus. Lokale animistische Gruppen sind dadurch benachteiligt, und es kommt zu Anklagen gegen öffentlich bekennende Atheisten. Darüber hinaus dominiert auf Drängen der muslimischen Mehrheit mit dem ersten Grundsatz ein monotheistisches Element, was z. B. die dortigen Buddhisten zu Anpassungen zwingt. Bezogen auf die Frage nach der Demokratiefähigkeit des Islam ist aber erwähnenswert, dass Indonesien, das Land mit der größten muslimischen Bevölkerung weltweit, in internationalen Vergleichsstudien wie »Polity IV« und dem »Freedom in the World Index« mit sehr hohen Werten abschneidet – Indien, mit der drittgrößten Zahl von Muslimen, erreicht annähernd die gleichen Werte wie Europa und Amerika. Beide Länder arbeiten mit einem Säkularisierungsmodell, das ausdrücklich keine strenge Trennung von Religion und Politik vorsieht (vgl. Stepan 2011, 125 f.). Deutlich undemokratisch ist dagegen die überwiegende Zahl der anderen islamischen Länder, mit Ausnahmen wie z. B. der Türkei.

Die obigen Beispiele eines deskriptiven und normativen Zugangs zu Säkularisierung im Zusammenhang mit den Weltreligionen zeigt zunächst zweierlei: Zum einen die Probleme der Übertragung ›westlicher‹ Begrifflichkeiten auf andere kulturelle Kontexte, sowie zum anderen die Globalisierung der wissenschaftlichen Perspektive. Das hat Auswirkungen auf das Verständnis von ›Säkularisierung‹ selbst und die Möglichkeiten der Forschung. Die Ursachen der jetzigen Konflikte auf theoretischer Ebene werden deutlicher, wenn man die Entstehungsgeschichte des Begriffs ›Säkularisierung‹ und damit verbundener Begriffe wie ›Religion‹ und ›Moderne‹ betrachtet – im Verhältnis zur Begegnung mit anderen Kulturen, denn aus der Veränderung dieses Verhältnisses ergeben sich die Probleme.

Säkularisierung, Religion, Moderne im Verhältnis zur außereuropäischen Welt

Bekanntlich ist *saecularisatio* ursprünglich ein kirchen- bzw. staatskirchenrechtlicher Begriff und meint seit dem 16. Jahrhundert den Vorgang des Übertritts eines Ordensangehörigen (*regularis*) in den Stand eines Weltgeistlichen (*canonicus*), vor allem ab dem 17. Jahrhundert auch die Enteignung kirchlicher Güter. Ohne direkten Zusammenhang dazu wurden ›Säkularisation‹, ›Säkularisierung‹ und ›Säkularismus‹ (Ende des 20. Jahrhundert hat sich im Deutschen ›Säkularisierung‹ durchgesetzt; vgl. Lehmann 2007, 36–56) später aufgenommen zur zeitdiagnostischen Beschreibung kultureller Transformationen in der europäischen Neuzeit und Moderne: der Trennung staatlicher und kirchlicher Institutionen bzw. allgemein dem Rückgang des christlichen Einflusses auf die Gesellschaft – entweder als Verlust beklagt oder als Fortschritt empfunden (vgl. Schröder 2007; Joas 2007, 16 f.). Spezifisch christlich stehen dahinter zwei ineinander verschachtelte Unterscheidungen: Zum einen *saeculum* als das weltliche Zeitalter zwischen dem paradiesischen Zustand und der *parousia* im Unterschied zur Ewigkeit des Göttlichen, im weiteren Sinne die Bereiche des ›Weltlichen‹ und ›Geistigen‹, ›Diesseits‹ und ›Jenseits‹, ›Immanenz‹ und ›Transzendenz‹ – zum anderen (vor allem im Katholizismus) die Spiegelung dieser Unterscheidung in den ›weltlichen‹ Bereich und die Gesellschaft mit begrifflichen Zuordnungen wie ›heilig‹ und ›profan‹ etc. (vgl. Casanova 1994, 14 f.; Schröder 2007, 61 f.; Taylor 2011a, 32 f.). Nach Webers prominenter ›Entzauberungsthese‹ ist der säkulare Rationalismus, der zu den modernen Konzepten von Staat, Wissenschaft und

Kapitalismus geführt hat, im jüdisch-christlichen Monotheismus bereits angelegt. Durch die Betonung der Transzendenz Gottes öffnet sich ein diesseitiger Raum regiert von eigenen Gesetzen, deren Kenntnis die Natur beherrschbar macht (vgl. Asad 2003, 27; Taylor 2007, 15). Zugleich bildet diese Differenz aus heutiger Sicht ein zentrales Definiens von ›Religion‹, die dann einerseits ein Oberbegriff ist für alle auf Transzendenz gerichteten Lehren, Praktiken und Institutionen, sowie andererseits eine traditionsbildende Differenzkategorie in Hinblick auf die unterschiedlichen ›Religionen‹. Entgegen der lateinischen *religio* sind diese Bedeutungen jedoch erst das Ergebnis einer Neubestimmung von ›Religion‹ als Gegenbegriff zu der sich neuzeitlich etablierenden Domäne des ›Säkularen‹.

Vereinfacht kann man sagen, dass sich der antike Gebrauch von *religio* traditionsunspezifisch konzentrierte auf den kultischen Aspekt der sorgfältigen Beachtung öffentlicher ritueller Vollzüge gegenüber den Göttern, was christlich gewendet im Mittelalter über die Neuzeit und weitgehend noch durch das 17. Jahrhundert die Hauptbedeutung ausmachte (vgl. Rudolph 2003, 37f.; Feil 2003, 53, 56). Neue Impulse ergaben sich z. B. durch den Fall des byzantinischen Reiches Mitte des 15 Jahrhunderts und die verstärkte Konfrontation mit dem Islam, wodurch nach Burkhard Gladigow die anderen Traditionen wie der Islam »seit der Renaissance das zentrale Problem einer Europäischen Religionsgeschichte« wurden (Gladigow 2009, 19; vgl. ebd., 18f.). Theologisch erfolgte die Auseinandersetzung aber noch nicht unter einer Leitkategorie ›Religion‹ bezogen auf etwas allen Traditionen Gemeinsamem in unterschiedlicher Ausformung. In transkultureller Verwendung diente *religio* mit obigem Bedeutungsschwerpunkt lediglich als nebengeordnete Alternative zu Begriffen wie *doctrina*, *secta* oder *lex*. Die bevorzugte christliche Selbstbezeichnung war *fides*, wogegen man alles Nichtchristliche gerne ablehnend *superstitio* nannte (vgl. Feil 1986, 78). Im Humanismus der Renaissance förderte ein neuplatonisches Deutungsschema einen offeneren Blick auf andere Traditionen und auf die Einheit in der Vielfalt, etwa bei Cusanus oder dem florentinischen Humanisten Marsilio Ficino, der *religio* umdeutete als ein allen Menschen angeborenes Vernunftvermögen in verschiedener Gestalt (vgl. Gladigow 2009, 18f.). Zunächst nur eine marginale Nebenbedeutung, bestimmte dieser Gedanke im Weiteren wesentlich die Aufklärung des 17. und 18. Jahrhunderts, mit der Vorstellung einer ›natürlichen Religion‹/*religio naturalis* als Vernunftreligion. Die Assoziation mit Vernunft leitete eine Verinnerlichung und Subjektbezogenheit ein, entgegen dem gebräuchlichen Fokus auf die öffentlichen Vollzüge (vgl. Rudolph 2003, 41). Zugleich jedoch geriet *religio*/Religion ab der Aufklärung auch immer mehr in Konflikt mit der Vernunft.

In tiefgreifenden Umwälzungen, zentriert um den Vorrang der Vernunft, die naturwissenschaftliche Verfügbarmachung von Natur, Mensch und Gesellschaft sowie der Betonung der Autonomie des Individuums, kulminierten gegen Ende des 18. Jahrhunderts mit der Renaissance eingeleitete Transformationsprozesse, für die zusammenfassend im 19. Jahrhundert der Epochenbegriff ›Moderne‹ gebräuchlich wird (vgl. Eisenstadt 2011, 24f.). Nach Ernst Feil (2003, 54) vollendete sich im 18. und 19. Jahrhundert simultan zum Epochenwechsel der Moderne eine Zäsur zwischen der klassischen *religio* und einem neuen Verständnis von ›Religion‹. Innerhalb einer Gegenbewegung zum säkularen Rationalismus verschob sich primär in einem protestantischen Umfeld und geprägt von der Romantik der bedeutungskonstituierende Kern von ›Religion‹ endgültig aus den Bereichen des öffentlichen Ritus und einer vernunftbasierten anthropologischen Konstante in die Innerlichkeit eines spezifischen Gefühls (vgl. Rudolph 2003, 41f.). In der Darstellung Feils konstituiert diese Ablösung ›Religion‹ in heutiger Verwendung als einen eigenständigen Bereich menschlichen Erlebens, der als solcher die Erfahrungen der europäischen Neuzeit und Moderne zum Ausdruck bringt. Es entsteht, was man im Unterschied zur klassisch-lateinischen *religio* als das klassische Verständnis von ›Religion‹ bezeichnen könnte – Feil geht so weit zu sagen, dass ›Religion‹ in diesem Sinne eine »neuzeitlich-protestantische Schöpfung« darstellt (Feil 2003, 61). ›Religion‹

wird zu einer Kategorie *sui generis*, die später einen abgegrenzten Forschungsbereich markieren kann, den ›Religions‹-Wissenschaft, -Geschichte, -Soziologie, -Philosophie usw. mit eigenen Schwerpunkten bearbeiten.

Neben der Bedeutung als Ausdruck einer europäisch-neuzeitlichen Erfahrung im Rahmen von ›Säkularisierung‹ und ›Moderne‹ gewinnt ›Religion‹ wesentliche semantische Konturen im Verhältnis zu außereuropäischen Traditionen (vgl. Casanova 2011, 62). Erleichtert durch die Erosion eines christlichen Monopols der Weltdeutung, die anthropologische Perspektive von Renaissance und Aufklärung sowie die koloniale Ausweitung des europäischen Machtraumes ereignete sich ab der zweiten Hälfte des 18. Jahrhunderts eine sprunghafte philologische Erschließung außereuropäischer Texte verbunden mit sprachvergleichenden Studien. Entsprechend der internen Konflikte im kulturellen Transformationsprozess Europas war die Rezeption der anderen ›Religionen‹ jedoch ambivalent. Je stärker sich die Forschung an einer aufgeklärten Vernunft orientierte, desto mehr verfielen auch die nicht-christlichen Traditionen der Religionskritik, mit partieller Ausnahme des frühen Buddhismus und Konfuzianismus, die man dann seltener ›Religion‹, sondern lieber ›Philosophie‹ oder ›Ethik‹ nannte. Das änderte sich in dem Maße, wie der Vernunftzentrismus selbst in die Kritik geriet. Während die durch Handel beförderten interkulturellen Kontakte vom 16. bis 18. Jahrhundert immer auch exotische Moden hervorbrachten (z. B. Türkenmode), die jedoch oberflächlich blieben, gewann der ›Orient‹ unter dem Einfluss der Romantik an ernsthafter Attraktivität als Quelle eines alternativen Weltentwurfs. Einige Gebildete setzten ihre Hoffnung vorübergehend sogar auf eine (im 19. Jahrhundert sogenannte) ›orientalische Renaissance‹. Wie vorher die neuzeitliche ›Wiedergeburt‹ der griechischen und römischen Antike, so sollten die übersetzten Texte aus dem Osten einen neuen Humanismus begründen und helfen, die Schattenseiten der Moderne zu kompensieren (vgl. Kippenberg 1997, 50 f.).

In diesem Zusammenhang erhielt der Religionsbegriff die Funktion einer Ausgrenzungskategorie. Die sich selbst als ›säkular‹ verstehende europäische Moderne fasste mit dem Oberbegriff ›Religion‹ die Vielfalt aller ›vor-modernen‹ und ›nicht-säkularen‹ Vorstellungen, Praktiken und Institutionen zu übergeordneten Einheiten der ›Religionen‹ zusammen: Das betraf zunächst offensichtlich den eigenen jüdisch-christlichen Hintergrund, zugleich galt ›religiös‹ zu sein aber auch als bestimmendes Merkmal aller Gesellschaften jenseits des Abendlandes. Ungeachtet der internen Vielfalt nannte man diese dann ›islamisch‹ – ›hinduistisch‹ – ›buddhistisch‹ – ›konfuzianistisch‹ etc. (vgl. Masuzawa 2005, 16 ff.). Es ist nicht übertrieben zu behaupten, dass Judentum, Christentum, Hinduismus, Buddhismus, Islam konzeptionell als ›Religionen‹ hier erst entstanden – d. h. in europäischer Wahrnehmung im Sinne von entwicklungsgeschichtlich zusammengehörenden Teilen eines Gesamtphänomens ›Religion‹ in Opposition zu ›Säkularisierung‹ und ›Moderne‹ einerseits sowie andererseits einem verbindenden Bedeutungskern in Gestalt des ›modernen‹ Religionsbegriffs und seiner Derivate wissenschaftlicher Definitionen.

Das hat weitreichende Konsequenzen für die Rezeption der ›Religionen‹, denn durch diese Bezeichnung wurden spezifisch monotheistische, christliche bzw. neuzeitlich-religiöse Motive häufig unreflektiert übertragen: Nämlich der Glaube oder ein Gefühl als Kern jeder Religion bzw. Unterscheidungen wie Immanenz/Transzendenz, heilig/profan (vgl. Casanova 2011, 62 f.). Weiter differenzierte dann die Religionswissenschaft des 19. Jahrhunderts zwischen ›primitiven‹ und ›Hochreligionen‹. Die Unterscheidung markiert den relativen Abstand zum europäischen Zivilisationsideal, u. a. mit dem Schriftbesitz als Kriterium. Die Hochreligionen wiederum unterteilten sich in regional beschränkte ›Landesreligionen‹ und überregionale ›Weltreligionen‹ (vgl. Masuzawa 2005, 108 ff.).

Umgekehrt prägten diese Diskurse aber auch die ›Religionen‹ selbst. Zunächst Judentum und Christentum, ab dem 19. Jahrhundert führte die globale Ausweitung des modern-religiösen/säkularen Referenzrahmens aber auch zu u. a. islamischen, hinduistischen, buddhistischen, shintoistischen Neubestimmungen der eigenen traditionellen Grundlagen in Auseinandersetzung mit christlicher Mission und säkularer Staatsform vor allem in den Kolonien. Technischer Fortschritt ermöglichte intensivierte Reise und Kommunikationsmöglichkeiten und beförderte das Entstehen von »imagined communities« (Bayly 2004, 333), wodurch der ›westliche‹ Einfluss zum Entstehen überregional verbundener ›Weltreligion‹ beitrug. So kann prämodern z. B. von einem ›Hinduismus‹ nicht wirklich gesprochen werden. Erst die politisch motivierte moderne *hindutva*-Bewegung (skr. ›Hindutum‹) führte zu einer vorher nie in diesem Maße angestrebten Systematisierung höchst diversifizierter indischer Traditionslinien, wobei zugleich neue Konflikte aufbrachen wie zwischen Hindus und Muslimen oder Brahmanischen Hinduismus und Dalit-Bewegung. Indirekt bildet der Kolonialismus somit einen wichtigen Faktor in der Ausformung der heutigen ›Weltreligionen‹, in dem Maße, wie sie sich in Übernahme und Absetzung an den Konstrukten westlicher Religionswissenschaft ausrichteten (vgl. Bayly 2004, 325).

Insgesamt zeigt sich eine zumindest dreistellige historische und semantische Abhängigkeit zwischen ›Säkularisierung‹, ›Religion‹ und ›Moderne‹; d. h. ›Säkularisierung‹ ist das Produkt innerchristlicher Entwicklungen – im Referenzrahmen der ›Säkularisierung‹ wiederum bildet sich ein neuer Begriff von ›Religion‹ – und beide sind Teile der europäischen ›Moderne‹. Der ganze Prozess wiederum steht seit der frühen Neuzeit, verstärkt durch europäische Expansionspolitik und philologische Forschung, permanent unter dem Eindruck außereuropäischer Traditionen (vgl. Mahmood 2010, 285 ff.). Die Sinnbedingungen von ›Religion‹, ›Moderne‹ und ›Säkularisierung‹ sind daher von Anfang an geprägt von der Verhältnisbestimmung Europas zum Rest der Welt. Seit den 1960er Jahren bewirkte eine Veränderung dieses Verhältnisses auch einen Wandel der Sinnbedingungen, mit Auswirkungen auf die theoretischen Begrifflichkeiten.

Interkulturelle Begegnung im Wandel

Eine in unterschiedlicher Weise motivierte Vorstellung von der eigenen Überlegenheit prägte und prägt weitgehend jede interkulturelle Wahrnehmung. Im sich verändernden Selbstverständnis der Gesellschaften, die sich auf das europäische Erbe berufen, gründete diese Vorstellung zunächst im Christentum und der antiken Philosophie, später in den kulturellen und wissenschaftlichen Errungenschaften von Renaissance und Aufklärung, den politischen Umbrüchen der amerikanischen und französischen Revolutionen, im technischen Fortschritt, Industrialisierung sowie der kapitalistischen Marktwirtschaft. Während noch im 18. Jahrhundert die Europäer von Reichtum, Macht und Zivilisationsgrad des Osmanischen Reiches oder Chinas beeindruckt waren und die ›abendländische‹ Kultur durch Übersetzungen ›orientalischer‹ Texte gleichwertige Konkurrenz erhielt, so war getragen von politisch-kulturellen Umbrüchen im Verbund mit technischer, militärischer und wirtschaftlicher Stärke spätestens im 19. Jahrhundert das europäische Selbstverständnis geprägt von deutlichen Hegemonialansprüchen. Nach der Französischen Revolution setzte sich die Vorstellung einer singulären Universalgeschichte durch, die ausgehend von in die griechisch-römische Antike zurückreichenden Besonderheiten in den neuzeitlichen Entwicklungen Europas ihren Höhepunkt findet. Europa galt als dynamisch, fortschrittlich und emanzipiert, der Rest der Welt dagegen als stagnierend, rückständig und despotisch (vgl. Marks 2006, 13 ff.). Neben den primär merkantilen und strategischen Interessen leitete sich daraus auch die moralische Autorität ab, die Moderne mit der kolonialen Expansion zu verbreiten und gegen die Widerstände einheimischer Traditionen durchzusetzen.

Später, in der Neuordnung der Welt nach dem Zweiten Weltkrieg und der sukzessiven Selbständigkeit der Kolonien, verkörperte immer mehr Amerika die Vollendung der Geschichte. Der Autoritätsanspruch verband sich dann vor allem mit einer pluralistisch-demokratischen Staatsform, liberaler Marktwirtschaft, Innovations- und Produktionskraft sowie militärischer Überlegenheit. Bis heute perpetuierten sich häufig ›neokoloniale‹ Machtstrukturen. Besonders auf ökonomischer Ebene geht z. B. über die Institutionen Weltbank und IWF von den westlichen Industrienationen ein erheblicher Anpassungsdruck aus, legitimiert durch die Behauptung eines Kausalzusammenhangs zwischen freiem Markt, Wohlstand und Menschenrechten.

In diesem Umfeld ging auch die Forschung fast einhellig von einem homogenen Verständnis der Moderne aus, deren Ausbreitung verbunden sei mit selbstidentischen strukturellen, institutionellen und kulturellen Ausprägungen, was erst ab den 1960er Jahren kritisch hinterfragt wurde (vgl. Eisenstadt 2011, 10 f.). Gleiches gilt für ›Säkularisierung‹ als einem Definiens von ›Moderne‹. Das klassische Säkularisierungsparadigma mit Bezug auf u. a. Max Weber und Émile Durkheim geht davon aus, dass in dem Maße, wie andere Gesellschaften an der sich globalisierenden westlichen Moderne partizipieren wollen, sie die gleichen Prozesse gesellschaftlicher Transformation vollziehen müssten (vgl. Zachhuber 2007, 14 f.). Analog zu ›Moderne‹ und ›Säkularisierung‹ war schließlich auch die wissenschaftliche Thematisierung von ›Religion‹ bis mindestens in die 1960er Jahre dominiert von einer homogenisierenden Betrachtung (vgl. Rudolph 2003, 41).

Die Homogenisierungstendenz insgesamt ist ein Erbe der europäischen Geistesgeschichte, namentlich der Metaphysik. Charakteristisch dafür ist u. a. ein auf Einheitlichkeit ausgerichteter, totalisierender Ansatz auf der Basis der Annahme eines absoluten Erkenntnisfundaments, was sich subjektivistisch gewendet auch in den theoretischen Grundlagen der Moderne fortsetzt (vgl. Habermas 1997, 36–47). In unterschiedlicher Weise geht man davon aus, wie Richard Rorty es treffend formuliert, »einen privilegierten Kontakt zur Wirklichkeit« zu haben (Rorty 1997, 392), wodurch den jeweiligen Theorien und ihren Leitbegriffen ein emphatischer Anspruch zukommt bezüglich Reichweite und Geltung. Erkenntnisfundamentalistisch überhöht, erscheint die Sicht auf die Dinge alternativlos, sowohl in Hinblick auf das was ist, als auch auf das, was sein soll. Eine konsequente Radikalisierung der Ansätze, die in Renaissance und Aufklärung die Moderne einleiteten, führte im Weiteren jedoch dazu, das ›Projekt der Moderne‹ selbst und vor allem seine metaphysischen Restbestände in Frage zu stellen – entscheidenden Einfluss darauf hatte ein sich veränderndes Verhältnis zu anderen Kulturen.

Anthony Giddens charakterisiert diesen Prozess als ein zunehmendes Reflexivwerden des Denkens in der Moderne. Die christlich-metaphysisch verbürgte Gewissheit findet sich neuzeitlich verdrängt durch ein naturwissenschaftliches Vorgehen, das auf der Grundlage von Beobachtung und der Kohärenz des wissenschaftlichen Verfahrens seine Erkenntnisse gewinnt (vgl. Giddens 1999, 66). Diese Erkenntnisse erhoben zwar ebenfalls häufig den Anspruch auf Letztgültigkeit, gerieten aber auch selbst immer wieder in den Sog der Reflexivität und blieben prinzipiell revidierbar, weshalb nach Giddens »die Reflexivität der Moderne im Grunde die Vernunft untergräbt, jedenfalls dort, wo Vernunft im Sinne des Erwerbs unumstößlich sicheren Wissens aufgefaßt wird« (ebd., 55). Dieser Aspekt war begleitet von einer globalen Verfügbarmachung lokaler Lebenswelten (vgl. ebd., 28–43). Giddens spricht von »Entbettung«, wodurch vormals örtlich und zeitlich begrenzte Konzepte sich in einen allgemein zugänglichen Wissensbestand integrieren. Zur vollen Blüte gelangt diese Entwicklung in der zweiten Hälfte des 20. Jahrhunderts. Aufgrund des Fortschritts der Informations- und Kommunikationsmedien, der Globalisierung des Handels, intensiviertem kulturellen Austausch, Zuwanderung und Tourismus wird das wertneutrale Konstatieren der Heterogenität menschlicher Weltdeutung zum Bestandteil jeder wissenschaftlichen Gegenwartsanalyse und öffnet den Blick auf Differenz und Pluralität, wofür die ethnographische Forschung reichhaltige Beispiele bietet.

Dies in Verbund mit der selbstkritischen Bestandsaufnahme der westlichen Welt schuf nach dem Zweiten Weltkrieg einen historischen Rahmen, wo mit Bezeichnungen wie ›Postmoderne‹, ›radikalisierte Moderne‹, ›zweite Moderne‹, ›reflexive Moderne‹ u. a. eine Kritik an den universalen Geltungsansprüchen der ›westlichen‹ Ratio Breitenwirkung gewann. Innerhalb von Hermeneutik, pragmatisch gewendeter Sprachphilosophie, Poststrukturalismus und Dekonstruktivismus vollendet sich die Abkehr vom metaphysischen Erbe. Die in der Aufklärung als in sich selbst fundiert gedachte einheitliche Vernunft erschien nun situiert in einer Vielfalt in Lebenspraxis verankerter Symbolsysteme mit spezifischer Eigenlogik und begrenzter epistemischer Reichweite, außerdem durchdrungen von Herrschaftsinteressen – etwa in Gestalt von Rechtfertigungsnarrativen europäischer Überlegenheit. ›Ethno‹- bzw. ›Eurozentrismus‹ geriet zum wissenschaftlichen Schimpfwort im Rahmen methodologischer Neuausrichtungen in Philosophie, Kulturanthropologie, Religions- und Sozialwissenschaften. Hergebrachte hierarchische Unterscheidungen wie Einheit und Vielfalt, Allgemeines und Besonderes, Notwendigkeit und Kontingenz, Theorie und Praxis, kehrten sich um, und der Blick richtete sich auf das vorher marginalisierte ›Andere‹. Letztlich standen alle Versuche kulturübergreifender Metasprache und totalisierender Theoriebildung zur Disposition mit der Konsequenz von Bedrohungsszenarien bezüglich epistemischer Inkommensurabilität und moralischem Relativismus.

Wesentliche Impulse ergaben sich dafür seit den späten 1970er Jahren z. B. aus den ›Postcolonial Studies‹. Im ›westlichen‹ Wissenschaftssystem etablierte einflussreiche Autoren wie Edward Said, Homi Bhabha, und Gayatri Chakravorty Spivak – Intellektuelle mit kulturellen Wurzeln in ehemals kolonisierten Regionen – stießen weitreichende Diskussionen an (vgl. Bachmann-Medick 2007, 184–237). Hier zeigt sich, wie sehr transkulturell ausgerichtete Wissenschaftszweige es nicht mehr nur mit entfernten Forschungsobjekten zu tun haben, die sich einer ›westlichen‹ Zentralperspektive mit ihrer theoretischen Metasprache passiv präsentieren, sondern mit kompetenten Gesprächspartnern, die in eben dieser Metasprache deren europäisch geprägte Leitbegriffe in der Selbstbeschreibung zwar übernehmen, sie zugleich aber modifizieren oder kritisieren und in veränderter Gestalt an die akademischen Diskurse zurückspielen. Damit verbindet sich insgesamt eine Dispersion der Definitionshoheit aus dem zumindest kulturell relativ homogenen Zentrum ›westlicher‹ Wissenschaft in die heterogene Peripherie globalisierter Diskurse. Der zentrifugalen Ausweitung einer englisch dominierten internationalen Wissenschaftssprache folgt eine zentripetale Rückkopplung, wobei sich die semantische Multivalenz der Begriffe erhöht angesichts der Vielfalt der im Diskurs beteiligten kulturspezifischen Zentralperspektiven.

Das Zusammenwirken zunächst ›westlich‹-wissenschaftsinterner Zentrismuskritik mit der Globalisierung der akademischen Diskurse resultierte in einer Pluralisierung vieler theoretischer Leitbegriffe, besonders in den Humanwissenschaften. Unmittelbar betroffen ist z. B. die Religionswissenschaft in ihrem Bemühen, einen einheitlichen Gegenstandsbereich ›Religion‹ zu bestimmen und damit auch ihre eigene Existenz zu rechtfertigen. Die geschichtlichen Bedeutungswandel von *religio*/Religion, die schwer zu tilgenden christlich-monotheistischen Implikationen und das überwiegende Fehlen begrifflicher Äquivalente in den nichtchristlichen Traditionen machen jeden Definitionsversuch anfechtbar und führen faktisch zu einer Vielzahl provisorischer Religionsbegriffe (vgl. z. B. Kippenberg/von Stuckrad 2003, 38). Ein ähnliches »Ende der Eindeutigkeit« charakterisiert den Begriff der ›Moderne‹ (vgl. Knöbl 2001). Einflussreich sieht Shmuel N. Eisenstadt die klassische ›Konvergenzannahme‹ einer gleichförmigen Entwicklung moderner Gesellschaften nicht bestätigt. Vielmehr zeigen sich nach seinen Untersuchungen sogar in Regionen mit ähnlich verlaufener wirtschaftlicher Entwicklung wie den großen Industrienationen sehr unterschiedliche Formen von ›Moderne‹ – weshalb grundsätzlich von einer ›Vielfalt der Moderne‹ (*multiple modernities*) zu sprechen sei (Beispiel Japan, vgl. Eisenstadt 2011, 110–173). In der ganzen Welt tauchen »neue Visionen von Moderne, von moderner Zivilisation auf, sei es im Westen – in Europa, den Vereinigten Staaten –, wo sich das erste Programm entwickelte, oder in asiatischen, lateinamerikanischen und afrikanischen Gesellschaften« (ebd., 11 f.).

Ebenso deutlich ist diese Pluralisierungstendenz im Fall von ›Säkularisierung‹. In der gegenwärtigen Konjunktur der Debatte um diesen Begriff perpetuieren sich die Probleme um u. a.

›Moderne‹ und ›Religion‹ unter nachmetaphysischen Vorzeichen. So fällt auf, dass viele neue Veröffentlichungen über Säkularisierung bzw. *secularism* schon im Titel die Vielfalt betonen, z. B.: *Secularisms* (Jakobsen/Pellegrini 2008), *Comparative Secularisms in a Global Age* (Cady/Hurd 2010), *Varieties of Secularism in an Secular Age* (Warner/Van Antwerpen/Calhoun 2010), *Varieties of Secularism in Asia* (Bubandt/Beek 2012). Konsensfähig ist daher die Aussage von Casanova: In der dynamischen Komplexität des ganzen Feldes sowohl im ›Westen‹ selbst und umso mehr jenseits davon könne wie von »multiple modernities« auch nur noch von »multiple secularisms« die Rede sein (vgl. Casanova 2011, 63, ebenso z. B. Taylor 2007, 21). Die globale Ausweitung der Diskurse und die Stimmen aus den anderen Kulturen verweisen die je eigenen Begrifflichkeiten auf ihre Partikularität und Perspektivität, worauf der wissenschaftliche Sprachgebrauch angemessen reagieren muss.

Konsequenzen für die Forschung

Die Veränderung der Sinnbedingungen lässt sich wie folgt zusammenfassen: Die Entstehungsphase der Begriffe ›Säkularisierung‹, ›Religion‹ und ›Moderne‹ war dominiert von einer eurozentrischen Perspektive und der Vorstellung von Einheit – damit verbunden Absolutheit und Universalisierbarkeit. Durch zunehmendes Wissen über die globale Heterogenität menschlicher Weltdeutung und Lebensgestaltung, begleitet von einer internen Pluralisierung der europäisch geprägten Gesellschaften und der Internationalisierung wissenschaftlicher Diskurse, dominiert dagegen der Eindruck von Vielfalt. In Frage stehen dann ursprünglich hochgesteckte theoretische Ansprüche nach allgemeiner Gültigkeit, Klarheit und Neutralität der Begrifflichkeiten mit der Konsequenz, dass diese sich kontextuell pluralisieren, genealogisch relativieren, Demarkationslinien hybridisieren, hierarchische Unterscheidungen invertieren, dass es nötig wird, teleologische Globalprognosen zu revidieren und die Konzepte schließlich pragmatisch zu prozessualisieren – wenn man am Ende überhaupt noch an ihnen festhalten möchte.

Viele ursprüngliche Bedeutungen von ›Säkularisierung‹ und ›Religion‹ erscheinen nun als ›Mythen der Aufklärung‹ und es entsteht die Forderung nach Neudefinitionen – wie im eingangs angesprochenen Disput zwischen Habermas und Taylor. Bezogen auf die oben dargestellten zwei Konfliktlinien eines deskriptiven und normativen Zugangs zum Thema ›Säkularisierung und die Weltreligionen‹ können wir zwei solche ›Mythen‹ hervorheben: in Hinblick auf die kulturelle Dimension die universale Anwendbarkeit von Dichotomien wie ›religiös‹/›säkular‹ oder ›Transzendenz‹/›Immanenz‹, bzw. die Vorstellung einer traditionsübergreifenden Religionsdefinition überhaupt – analog für die politische Dimension der strenge Separatismus von ›Staat‹ und ›Religion‹ als Bedingung einer demokratischen Gesellschaft.

Insgesamt hilfreich sind Taylors Überlegungen zum zweiten Aspekt. So betont er, dass es keine »timeless principles« gibt und »situations differ very much« (Taylor 2011b, 35). Wie Asad, Bhargava, Casanova u. a. plädiert er daher für einen kontextbewussteren flexiblen Umgang mit den theoretischen Begrifflichkeiten und vor allem dafür, die jeweiligen Ziele klarer ins Auge zu fassen (vgl. ebd., 36 f.). Zur Bestimmung der Grundlagen von Demokratie solle man sich konzentrieren auf die Frage des angemessenen Umgangs eines Staates mit gesellschaftlicher Diversität (vgl. ebd., 36), ohne dabei auf vielleicht überkommene Vorstellungen wie die einer hierarchischen Unterscheidbarkeit von religiösen und nicht-religiösen Argumenten fixiert zu sein.

Übertragen auf die Erforschung der kulturellen Dimension weltweit wäre anzuregen, sich auch hier von entsprechenden Fixierungen auf begriffliche Dichotomien wie ›religiös‹/›säkular‹, ›Immanenz‹/›Transzendenz‹ zu lösen, die in vielen Kulturen einfach nicht passen. Eine offenere Fragestellung könnte z. B. untersuchen, in welcher Weise die jeweiligen traditionellen Denk- und Lebensformen im Kontakt mit der globalisierten Moderne von Transformationsprozessen betroffen sind. Die eigentliche Frage wäre die nach der Traditionsgebundenheit, egal ob man diese Traditionen dann ›Religionen‹ nennen will oder nicht.

Literatur

Asad, Talal: *Genealogies of Religion. Discipline and Reasons of Power in Christianity and Islam*. Baltimore 1993.
–: *Formations of the Secular. Christianity, Islam, Modernity*. Stanford 2003.
Bachmann-Medick, Doris: *Cultural Turns. Neuorientierungen in den Kulturwissenschaften* [2006]. Reinbek bei Hamburg ²2007.
Bayly, Christopher Alan: *The Birth of the Modern World. 1780–1914. Global Connections and Comparisons*. Malden u. a. 2004.
Beek, Martijn van: Enlightened Democracy. Normative Secularism and Spiritual Authority on the Margins of Indian Politics. In: Bubandt/Ders. 2012, 75–99.
Berger, Peter L. (Hg.): *Desecularisation of the World. Resurgent Religion and World Politics*. Washington D. C. 1999.
Bhargava, Rajeev: Säkularer Staat und multireligiöse Gesellschaft. Vom indischen Modell lernen. In: *Transit* 39 (Sommer 2010), 112–127.
–: Rehabilitating Secularism. In: Craig Calhoun/Mark Juergensmeyer/Jonathan Van Antwerpen (Hg.): *Rethinking Secularism*. Oxford 2011, 92–113.
Brück, Michael von: Meditation und Toleranz. Anmerkungen zu den ersten Ergebnissen des Religionsmonitors in Indien und Thailand. In: Bertelsmann Stiftung (Hg.): *Religionsmonitor 2008*. Gütersloh 2008, 230–236.
Bubandt, Nils: Shadows of Secularism. Money Politics, Spirit Politics and the Law in an Indonesian Election. In: Ders./Beek 2012, 183–207.
– / Beek, Martijn van (Hg.): *Varieties of Secularism in Asia. Anthropological Explorations of Religion, Politics and the Spiritual*. Abingdon/New York 2012.
Cady, Linell E./Hurd, Elizabeth Shakman (Hg.): *Comparative Secularisms in a Global Age*. New York 2010.
Casanova, José: *Public Religions in the Modern World*. Chicago 1994.
–: The Secular, Secularizations, Secularisms. In: Craig Calhoun/Mark Juergensmeyer/Jonathan Van Antwerpen (Hg.): *Rethinking Secularism*. Oxford 2011, 54–74.
Eisenstadt, Shmuel N.: *Die Vielfalt der Moderne* [2000]. Weilerswist ³2011.
Feil, Ernst: *Religio. Bd. I: Die Geschichte eines neuzeitlichen Grundbegriffs vom Frühchristentum bis zur Reformation*. Göttingen 1986.
–: Religion – Begriffsgeschichtliche Analysen und systematische Konsequenzen. In: Hans-Michael Haußig/Bernd M. Scherer (Hg.): *Religion – eine europäisch-christliche Erfindung?* Berlin/Wien 2003, 49–66.
Giddens, Anthony: *Konsequenzen der Moderne*. Frankfurt a. M. ³1999 (engl. 1990).
Gladigow, Burkhard: Europäische Religionsgeschichte der Neuzeit. In: Hans G. Kippenberg/Jörg Rüpke/Kocku von Stuckrad (Hg.): *Europäische Religionsgeschichte. Ein mehrfacher Pluralismus*. Bd. I. Göttingen 2009, 15–37.
Habermas, Jürgen: *Nachmetaphysisches Denken* [1988]. Frankfurt a. M. ²1997.
Huber, Stefan: Aufbau und strukturierende Prinzipien des Religionsmonitors. In: Bertelsmann Stiftung (Hg.): *Religionsmonitor 2008*. Gütersloh 2008, 19–29.
Jakobsen, Janet R./Pellegrini, Ann (Hg.): *Secularisms*. Durham/London 2008.
Joas, Hans: Gesellschaft, Staat und Religion. Ihr Verhältnis in der Sicht der Weltreligionen. Eine Einleitung. In: Ders./Klaus Wiegandt (Hg.): *Säkularisierung und die Weltreligionen*. Frankfurt a. M. 2007, 9–43.
Kippenberg, Hans G.: *Die Entdeckung der Religionsgeschichte. Religionswissenschaft und Moderne*. München 1997.
– / Stuckrad, Kocku von: *Einführung in die Religionswissenschaft. Gegenstände und Begriffe*. München 2003.
Knöbl, Wolfgang: *Spielräume der Moderne. Das Ende der Eindeutigkeit*. Weilerswist 2001.
Lehmann, Hartmut: *Säkularisierung. Der europäische Sonderweg in Sachen Religion*. Göttingen ²2007.
Luckmann, Thomas: *Das Problem der Religion in der modernen Gesellschaft. Institution, Person und Weltanschauung*. Freiburg 1963.
–: *Die unsichtbare Religion*. Frankfurt a. M. 1991.
Mahmood, Saba: Can Secularism be Other-wise? In: Warner/Van Antwerpen/Calhoun 2010, 282–299.
Marks, Robert. B.: *Die Ursprünge der modernen Welt. Eine globale Weltgeschichte*. Darmstadt 2006.
Masuzawa, Tomoko: *The Invention of World Religions. Or How European Universalism Was Preserved in the Language of Pluralism*. Chicago/London 2005.
Meulemann, Heiner: Säkularisierung oder religiöse Erneuerung? Weltanschauungen in 22 Gesellschaften: Befunde und Hinweise einer Querschnittserhebung. In: Bertelsmann Stiftung (Hg.): *Woran glaubt die Welt? Analysen und Kommentare zum Religionsmonitor 2008*. Gütersloh 2009, 691–723.
Norris, Pippa/Inglehart, Ronald: *Sacred and Secular. Religion and Politics Worldwide* [2004]. Cambridge u. a. ⁸2009.
Pollack, Detlef: Säkularisierung – Konzept und empirische Befunde. In: Hans G. Kippenberg/Jörg Rüpke/Kocku von Stuckrad (Hg.): *Europäische Religionsgeschichte. Ein mehrfacher Pluralismus*. Bd. I. Göttingen 2009, 61–86.
Rorty, Richard: *Der Spiegel der Natur. Eine Kritik der Philosophie*. Frankfurt a. M. ⁴1997 (engl. 1979).
Rudolph, Kurt: Schwierigkeiten der Verwendung des Begriffs ›Religion‹ und Möglichkeiten ihrer Lösung. In: Hans-Michael Haußig/Bernd M. Scherer (Hg.): *Religion – eine europäisch-christliche Erfindung?* Berlin/Wien 2003, 37–48.

Schröder, Richard: Säkularisierung: Ursprung und Entwicklung eines umstrittenen Begriffs. In: Christina von Braun/Wilhelm Gräb/Johannes Zachhuber (Hg.): *Säkularisierung. Bilanz und Perspektiven einer umstrittenen These*. Berlin 2007, 61–73.

Scott, David/Hirschkind, Charles: Introduction: The Anthropological Skeptisism of Talal Asad. In: Dies. (Hg.): *Powers of the Secular Modern. Talal Asad and His Interlocutors*. Stanford 2006, 1–11.

Stepan, Alfred C.: The Multiple Secularisms of Modern Democratic and Non-democratic Regimes. In: Craig Calhoun/Mark Juergensmeyer/Jonathan Van Antwerpen (Hg.): *Rethinking Secularism*. Oxford 2011, 114–144.

Taylor, Charles: *A Secular Age*. Cambridge 2007.

–: Western Secularity. In: Craig Calhoun/Mark Juergensmeyer/Jonathan Van Antwerpen (Hg.): *Rethinking Secularism*. Oxford 2011a, 31–53.

–: Why We Need a Radical Redefinition of Secularism. In: Eduardo Mendieta/Jonathan Van Antwerpen (Hg.): *The Power of Religion in the Public Sphere*. New York 2011b, 34–59.

Warner, Michael/Van Antwerpen, Jonathan/Calhoun, Craig (Hg.): *Varieties of Secularism in an Secular Age*. Cambridge 2010.

Zachhuber, Johannes: Säkularisierung am Beginn des 21. Jahrhunderts. In: Christina von Braun/Wilhelm Gräb/Ders. (Hg.): *Säkularisierung. Bilanz und Perspektiven einer umstrittenen These*. Berlin 2007, 11–42.

Karsten Schmidt

V. Anhang

1. Auswahlbibliographie

Ariens, Eike/König, Helmut/Sicking, Manfred (Hg.): *Glaubensfragen in Europa. Religion und Politik im Konflikt*. Bielefeld 2011.

Berger, Peter L. (Hg.): *The Desecularization of the World*. Grand Rapids 2005.

Bormann, Franz-Josef/Irlenborn, Bernd (Hg.): *Religiöse Überzeugungen und öffentliche Vernunft. Zur Rolle des Christentums in der pluralistischen Gesellschaft*. Freiburg 2008.

Bruce, Steve: *Secularization. In Defence of an Unfashionable Theory*. New York 2013.

Casanova, Jose: *Public Religions in the Modern World*. Chicago 1994.

Dethloff, Klaus/Nagl, Ludwig/Wolfram, Friedrich (Hg.): *Religion, Moderne, Postmoderne. Philosophisch-theologische Erkundungen*. Berlin 2002.

Dobbelaere, Karel: *Secularization: An Analysis at Three Levels*. Brüssel 2002.

Franzmann, Manuel/Gärtner, Christel/Köck, Nicole (Hg.): *Religiosität in der säkularen Welt. Theoretische und empirische Beiträge zur Säkularisierungsdebatte in der Religionssoziologie*. Wiesbaden 2006.

Gabriel, Karl/Gärtner, Christel/Pollack, Detlef (Hg.): *Umstrittene Säkularisierung. Soziologische und historische Analysen zur Differenzierung von Rligion und Politik*. Berlin 2012.

Graf, Friedrich-Wilhelm: *Die Wiederkehr der Götter. Religion in der modernen Kultur*. München 2004.

Höhn, Hans-Joachim: *Postsäkular. Gesellschaft im Umbruch – Religion im Wandel*. Paderborn 2007.

Joas, Hans/Wiegandt, Klaus (Hg.): *Säkularisierung und die Weltreligionen*. Frankfurt a. M. 2007.

Kallscheuer, Otto (Hg.): *Das Europa der Religionen. Ein Kontinent zwischen Säkularisierung und Fundamentalismus*. Frankfurt a. M. 1996.

Kandel, Johannes/Mörschel, Tobias: *Religion in der politischen Kultur der Gegenwart*. Göttingen 2005.

Krech, Volkhard: *Götterdämmerung. Auf der Suche nach Religion*. Bielefeld 2003

Lehmann, Hartmut: *Der europäische Sonderweg in Sachen Religion*. Göttingen 2004.

– (Hg.): *Säkularisierung, Dechristianisierung, Rechristianisierung im neuzeitlichen Europa: Bilanz und Perspektiven der Forschung*. Göttingen 1997.

Lübbe, Hermann: *Säkularisierung: Geschichte eines ideenpolitischen Begriffs*. Freiburg 1975.

Norris, Pippa/Inglehart, Ronald: *Sacred and Secular. Religion and Politics Worldwide*. Cambridge 2004.

Pollack, Detlef/Olson, Daniel V. A. (Hg.): *The Role of Religion in Modern Societies*. New York 2008.

Reder, Michael: *Religion in säkularer Gesellschaft. Über die neue Aufmerksamkeit für Religion in der Politischen Philosophie*. Freiburg 2014.

Riesebrodt, Martin: *Die Rückkehr der Religionen. Fundamentalismus und der ›Kampf der Kulturen‹*. München 2000.

Schmidt, Thomas M./Parker, Michael (Hg.): *Religion in der pluralistischen Öffentlichkeit*. Würzburg 2008.

Transit. Europäische Revue 39 (2010): *Den Säkularismus neu denken. Religion und Politik in Zeiten der Globalisierung*. Frankfurt a. M. 2010.

Tschannen, Oliver: The Secularization Paradigm. A Systematization. In: *Journal for the Scientific Study of Religion* 30 (1991), 395–415.

Walter, Peter (Hg.): *Gottesrede in postsäkularer Kultur*. Freiburg 2007.

Warner, Michael/VanAntwerpen, Jonathan/Calhoun, Craig (Hg.): *Varieties of Secularism in a Secular Age*. Cambridge/London 2010.

Werkner, Ines-Jaqueline/Liedhegener, Antonius/Hildebrandt, Mathias (Hg): *Religionen und Demokratie. Beiträge zu Genese, Geltung und Wirkung eines aktuellen politischen Spannungsfeldes*. Wiesbaden 2009.

2. Die Autorinnen und Autoren

Andreas Anter, Professor für Politische Bildung an der Universität Erfurt (II.2 Entzauberung der Welt und okzidentale Rationalisierung (Weber)).

Eike Bohlken, Dr., Privatdozent für Philosophie an der Eberhard-Karls-Universität Tübingen (III.2 Fortschritt).

Kirstin Bunge, Dr. des., Projektleiterin am Institut für Theologie und Frieden Hamburg (IV.3 Religion und Menschenrechte).

Dagmar Comtesse, Dr. des., Johann Wolfgang Goethe-Universität Frankfurt am Main, Wissenschaftliche Mitarbeiterin im Exzellenzcluster »Die Herausbildung normativer Ordnungen« (II.7 Zivilreligion (Rousseau); III.1 Das Böse).

Jörg Dierken, Professor für Systematische Theologie (Ethik) an der Martin-Luther-Universität Halle-Wittenberg (II.4 Säkularisierung als immanente Eschatologie? (Hegel, Troeltsch, Löwith)).

Ursula Diewald Rodriguez, Dipl.-Theol., M.A., Ludwig-Maximilians-Universität München, Katholisch-Theologische Fakultät, Lehrstuhl für Fundamentaltheologie München (III.8 Moral).

Dominik Finkelde SJ, Dr., Dozent für politische Philosophie und Kulturphilosophie an der Hochschule für Philosophie München (III.13 Religiosität, zus. mit Michael Reder).

Rainer Forst, Professor für Politische Theorie und Philosophie an der Johann Wolfgang Goethe-Universität Frankfurt am Main (III.15 Toleranz).

Jürgen Goldstein, Professor für Philosophie an der Universität Koblenz-Landau (III.10 Öffentlichkeit).

Hermann-Josef Große Kracht, apl. Professor am Institut für Theologie und Sozialethik an der Technischen Universität Darmstadt (II.10 Öffentliche Religionen im säkularen Staat (Casanova)).

Stefan Grotefeld, Privatdozent für Systematische Theologie (Ethik) an der Universität Zürich (IV.4 Religion und säkularer Rechtsstaat).

Hans-Joachim Höhn, Professor für Systematische Theologie und Religionsphilosophie an der Universität zu Köln (II.13 Postsäkulare Gesellschaft? Zur Dialektik von Säkularisierung und De-Säkularisierung).

Tom Kaden, Dr. des., Mitglied im Graduiertenkolleg »Religiöser Nonkonformismus und kulturelle Dynamik« an der Universität Leipzig (III.4 Fundamentalismus).

Volkhard Krech, Professor für Religionswissenschaft an der Ruhr-Universität Bochum (II.8 Religion in der Perspektive der Systemtheorie Luhmanns).

Michael Kühnlein, Dr., Lehrbeauftragter am Institut für Philosophie der Johann Wolfgang Goethe-Universität Frankfurt am Main (II.11 Immanente Ausdeutung und religiöse Option: Zur Expressivität des säkularen Zeitalters (Taylor)).

Sebastian Maly, Dr., Noviziat der deutschsprachigen Jesuitenprovinzen, Nürnberg (IV.1 Glauben und Wissen).

Michael Moxter, Professor für Dogmatik an der Universität Hamburg (II.5 Eigenständigkeit der Moderne (Blumenberg)).

Annette Pitschmann, Wissenschaftliche Mitarbeiterin an der Professur für Religionsphilosophie an der Johann Wolfgang Goethe-Universität Frankfurt am Main (II.9 Religion als Sinn für das Mögliche (James, Dewey)); III.12 Rationalität).

Christian Polke, Dr., Wissenschaftlicher Mitarbeiter am Institut für Systematische Theologie an der Universität Hamburg (III.9 Neutralisierung/Neutralität; III.17 Werte).

Francesca Raimondi, Dr., Wissenschaftliche Mitarbeiterin am Lehrstuhl für Praktische Philosophie und im Exzellenzcluster »Die Herausbildung normativer Ordnungen« an der Johann Wolfgang Goethe-Universität Frankfurt am Main (III.14 Souveränität).

Michael Reder, Professor für Sozial- und Religionsphilosophie an der Hochschule für Philosophie München (III.6 Kritik; III.13 Religiosität, zus. mit Dominik Finkelde; IV.5 Säkularisierung und Weltgesellschaft).

Arvi Särkelä, Doktorand am Institut für Philosophie sowie am Sozialforschung an der Johann Wolfgang Goethe-Universität Frankfurt am Main (II.1 Säkularisierung ohne Profanisierung? Durkheim über die integrative Kraft religiöser Erfahrung).

Jörg Schaub, Dr., Lecturer für Philosophie an der Universität Essex (III.11 Pluralismus).

Magnus Schlette, PD Dr., Referent für Philosophie und Leiter des Arbeitsbereichs »Theologie und Naturwissenschaft« an der Forschungsstätte der Evangelischen Studiengemeinschaft (FEST) Heidelberg; Privatdozent für Philosophie an der Universität Erfurt (III.5 Das Heilige).

Karsten Schmidt, Dr., Wissenschaftlicher Mitarbeiter an der Professur für Religionswissenschaft an der Johann Wolfgang Goethe-Universität Frankfurt am Main (IV.6 Säkularisierung und die Weltreligionen).

Thomas M. Schmidt, Professor für Religionsphilosophie an der Johann Wolfgang Goethe-Universität Frankfurt am Main (II.3 Rationalisierung der Gesellschaft als Versprachlichung des Sakralen (Habermas)).

Thomas Schmidt-Lux, Dr., Wissenschaftlicher Mitarbeiter am Institut für Kulturwissenschaften an der Universität Leipzig (IV.2 Religion und Wissenschaft).

Sebastian Schüler, Juniorprofessor für Religionswissenschaft an der Universität Leipzig (Religiöser Pluralismus und unsichtbare Religion (II.6 Religiöser Pluralismus und unsichtbare Religion in der säkularen Gesellschaft (Berger, Luckmann)).

Knut Wenzel, Professor für Fundamentaltheologie und Dogmatik an der Goethe-Universität Frankfurt am Main (III.3 Freiheit; III.16 Welt).

Julien Winandy, Dr. des., Wissenschaftlicher Mitarbeiter am Exzellenzcluster »Die Herausbildung normativer Ordnungen« an der Johann Wolfgang Goethe-Universität Frankfurt am Main (II.12 Wiederkehr der Götter? Die These von der Revitalisierung der Religion (Riesebrodt, Pollack); II.14 Multiple Modernities (Eisenstadt); III.7 Moderne).

3. Personenregister

Abaelardus, Petrus 273
Adorno, Theodor W. 131, 178, 185, 255
Alston, William P. 294
Angel, Hans-Ferdinand 258
Anselm von Canterbury von 251
Anter, Andreas 18
Apel, Karl-Otto 250, 255
Arato, Andrew 115
Arendt, Hannah 173, 175, 176, 179, 242, 260
Aristoteles 53
Armstrong, Karen 194, 197
Arndt, Ernst Moritz 204
Asad, Talal 1, 356, 359, 362, 367
Asal, Sonja 85
Assmann, Jan 351, 352
Augustinus 60, 272, 294, 296, 300
Augustinus von Hippo 180, 181, 183
Austin, John L. 23
Averroes 273
Ayer, Alfred Jules 284

Baader, Franz von 61
Bachmann, Lutz 211
Bachmann-Medick, Doris 366
Bachofen, Blaise 83
Bacon, Francis 181, 201
Bader, Veit 334, 335, 341, 342
Baier, Annette 228
Bainbridge, William Sims 357
Barbour, Ian G. 315, 316
Baronio, Cesare 315
Barry, Brian 235
Barth, Hans 201
Barth, Karl 278
Basinger, David 248
Bataille, Georges 176, 208
Baudelaire, Charles 176, 178
Bauer, Bruno 13
Bauman, Zygmunt 221
Baumann, Peter 293
Baumgartner, Hans Michael 250
Bayle, Pierre 80, 240, 273, 274
Bayly, Christopher Alan 364
Beck, Ulrich 73, 156, 319, 353
Beckermann, Ansgar 294
Beek, Martijn van 360, 367
Bell, Daniel 118
Bellah, Robert N. 35, 86, 87, 88, 122, 166, 208, 288

Benedikt XVI. (Papst), siehe Ratzinger, Joseph
Benhabib, Seyla 115
Benz, Ernst 61
Berger, Peter L. 1, 4, 63, 64, 65, 66, 67, 68, 69, 70, 71, 72, 73, 75, 133, 139, 222, 226, 316, 357
Berghoff, Peter 204
Berlin, Isaiah 244, 245, 286
Besier, Gerhard 272
Bethge, Eberhard 58
Bhabha, Homi 366
Bhargava, Rajeev 334, 335, 336, 341, 360, 367
Bielefeldt, Hainer 326, 327
Bigalke, Bernadett 72
Blumenberg, Hans 4, 49, 50, 51, 52, 53, 54, 55, 56, 57, 58, 59, 60, 61, 62, 135, 191, 268, 279
Bochinger, Christoph 74
Böckenförde, Ernst-Wolfgang 235, 236, 246, 334, 335, 336, 337, 338
Bodin, Jean 233, 265, 266, 273
Bonhoeffer, Dietrich 58, 59, 277, 280
Bonss, Wolfgang 156
Borutta, Manuel 75
Brandom, Robert 99
Braun, Christina von 151
Breuer, Stefan 15, 19, 207
Brocker, Manfred 347
Brooke, John Hedley 315
Bruce, Steve 133, 139, 140, 169, 222, 316
Brück, Michael 358
Brumlik, Micha 266
Brunkhorst, Hauke 319, 322, 326
Bruno, Giordano 315
Bultmann, Rudolf 57, 59, 280
Burchardt, Marian 75
Burckhardt, Jacob 46
Buren, Paul van 280
Bürger, Peter 208

Cady, Lenall E. 367
Calhoun, Craig 367
Calvin, Johannes 61, 298
Campe, Johann Heinrich 14
Camus, Albert 131
Candaux, Jean-Daniel 77
Casanova, José 74, 97, 114, 115, 116, 117, 118, 119, 120, 121, 122, 123, 124, 125, 126, 127, 133, 169, 195, 223, 226, 318, 333, 354, 356, 357, 359, 361, 363, 367
Cassirer, Ernst 54
Castello, Sebastian 273
Castoriadis, Cornelius 86, 128
Ceppa, Leonardo 25

Chenu, Marie-Dominique 281
Chevalier de la Barre, Jean-François 83
Cicero, Marcus Tullius 180
Clarke, Samuel 315
Cohen, Hermann 56
Cohen, Jean 115
Colpe, Carsten 202, 206
Comte, Auguste 183, 184, 307, 308, 311, 313, 316
Condillac, Étienne Bonnot de 201
Condorcet, Marie Jean Antoine Nicolas Caritat de (Marquis) 182, 184
Copan, Paul 299
Cottingham, John 303
Cox, Harvey 280
Cyprian 272

D'Alembert, Jean-Baptiste le Rond 173, 240
Dalferth, Ingolf U. 342
Damasio, Antonio 231
Daniélou, Jean 281
Dante Alighieri 239
Darwin, Charles 101, 102, 103, 112, 176, 184, 306, 309, 312
Davie, Grace 69, 169
Dawkins, Richard 176, 210, 211, 231, 307, 308, 314
De Juan, Alexander 351
Degele, Nina 252
Deibl, Jakob Helmut 261
Dellwing, Michael 346
Dennett, Daniel C. 231
Derathé, Robert 77
Derrida, Jacques 213, 214, 215, 216, 260, 261, 262, 346, 348
Descartes, René 53, 217, 218
Dewey, John 13, 99, 100, 101, 102, 103, 104, 105, 106, 107, 108, 109, 110, 111, 112, 113, 227, 256, 257, 283, 287
Diderot, Denis 240
Dilthey, Wilhelm 277
Dobbelaere, Karel 140, 222
Douglas, Mary 115
Dreyer, Jaco S. 328
Dürer, Albrecht 279
Durkheim, Émile 4, 7, 8, 9, 10, 11, 12, 13, 22, 23, 24, 25, 34, 95, 113, 122, 125, 139, 177, 178, 204, 207, 208, 217, 221, 222, 356, 365
Dussel, Enrique 327
Dux, Günter 316
Dworkin, Ronald M. 235

Eagleton, Terry 227, 230, 231, 232
Eichmann, Adolf 175
Eisenstadt, Shmuel N. 75, 153, 164, 165, 166, 167, 168, 169, 170, 218, 220, 288, 362, 365, 366
Eitler, Pascal 72
Eldridge, Michael 104
Eliade, Mircea 205, 206
Endreß, Martin 129
Engelbrecht, Martin 74

Feil, Ernst 362, 363
Feuerbach, Ludwig 132, 158, 210, 253
Fichte, Johann Gottlieb 182, 183, 184
Ficino, Marsilio 362
Finke, Roger 140, 223, 357
Fiore, Joachim von 57
Fischer, Karsten 350
Fokas, Effie 69
Foley, Richard 297
Forst, Rainer 235, 244, 272, 275, 276
Forster, Georg 237
Foucault, Michel 131, 135, 211, 212, 213, 216, 233, 260, 262
Fraenkel, Ernst 244
Franzke, Hans-Georg 328
Fraser, Nancy 245
Frazer, James 307
Frege, Gottlob 283
Freud, Sigmund 132, 158, 177, 201, 253
Fuller, Robert 74

Gabriel, Karl 69, 71, 349, 354
Gaier, Ulrich 203
Galilei, Galileo 217, 306, 307, 308, 309, 315
Gardner, Gary T. 349
Gärtner, Christel 69
Gebhardt, Winfried 74
Geertz, Clifford 347, 348
Gehlen, Arnold 311
Gerhardt, Volker 133
Gettier, Edmund 293
Gibellini, Rosino 278, 279
Giddens, Anthony 217, 221, 365
Gladigow, Burkhard 362
Goffman, Erving 95
Gogarten, Friedrich 58, 59, 277, 278, 279, 280, 281
Goldstein, Jürgen 239
Gollwitzer, Helmut 59
Gosepath, Stefan 319
Gothein, Eberhard 17
Graf, Friedrich Wilhelm 19, 330, 346, 357

Gregor VII. (Papst) 335
Greiffenhagen, Martin 351
Grimm, Dieter 265, 331
Grotefeld, Stefan 340
Gruen, Arno 177
Grundmann, Thomas 293
Guardini, Romano 279
Guénard, Florent 84, 86

Habermas, Jürgen 1, 20, 21, 22, 23, 24, 25, 26, 27, 28, 29, 30, 31, 32, 33, 34, 35, 90, 92, 115, 130, 132, 133, 134, 137, 146, 153, 154, 155, 159, 160, 161, 162, 217, 225, 226, 231, 232, 237, 238, 240, 241, 242, 243, 247, 252, 253, 254, 263, 264, 276, 286, 287, 291, 302, 318, 327, 330, 331, 338, 340, 342, 356, 357, 365, 367
Hadden, Jeffrey K. 318
Haeckel, Ernst 312
Haeffner, Gerd 214
Hamilton, Malcom 308
Haratsch, Andreas 328, 329
Hardenberg, Friedrich von 203
Häring, Hermann 178
Harnack, Adolf von 60
Hartmann, Nicolai 284, 287
Hasenclever, Andreas 351
Heelas, Paul 74
Hegel, Georg Wilhelm Friedrich 4, 36, 37, 38, 39, 40, 41, 42, 43, 44, 45, 46, 47, 130, 131, 182, 183, 184, 202, 242, 262, 263, 283
Heidegger, Martin 129, 130, 259, 260, 262
Heinig, Hans Michael 339
Heinrich, Klaus 90
Helm, Paul 298
Helvétius, Claude Adrien 201
Hennis, Wilhelm 267
Herder, Johann Gottfried 203
Herms, Eilert 236
Hervieu-Léger, Danièle 223
Heyd, David 275
Hildebrandt, Mathias 347
Hildegard von Bingen 154
Hinsley, Francis H. 265
Hirschkind, Charles 359
Hitzler, Ronald 73
Hobbes, Thomas 80, 83, 177, 226, 240, 266, 269, 335
Hoff, Johannes 212, 214
Höffe, Ottfried 225
Hoffmann, Stefan-Ludwig 319, 320, 321, 322, 323, 324, 326
Höhn, Hans-Joachim 154, 155, 231, 257, 354
Hoibraten, Helge 21, 33

Holbach, Paul Henri Thiry d' 181, 201
Höllinger, Franz 72, 74
Honnefelder, Ludger 224, 225, 226
Honneth, Axel 245
Horkheimer, Max 28, 131, 178, 185
Horster, Detlef 226
Hösle, Vittorio 134
Huber, Stefan 358
Huff, Toby 217
Hume, David 210, 228, 253
Hunsinger, George 200, 201
Hurd, Elizabeth Shakman 367
Huster, Stefan 234, 331, 332, 339, 340
Huxley, Thomas H. 231

Iannaccone, Lawrence R. 357
Ignatieff, Michael 319, 322, 323, 324, 325, 326, 327, 329
Illich, Ivan 131
Inglehart, Ronald 284, 357

Jacob, Joachim 203
Jakobsen, Janet R. 367
James, William 99, 100, 101, 102, 103, 104, 105, 106, 107, 108, 109, 110, 111, 112, 113, 131, 134, 204, 206, 208, 244, 259, 287
Jaspers, Karl 35, 132, 166
Jefferson, Thomas 274
Jenkins, Richard 19
Jesus Christus 296, 297
Joas, Hans 1, 104, 133, 134, 136, 164, 166, 167, 169, 206, 207, 208, 219, 222, 226, 285, 287, 288, 354, 355, 361
Johannes Paul II. (Papst) 125, 306, 308, 315
John, Ottmar 280, 283
Jonas, Hans 185, 186
Jüngel, Eberhard 284
Jüssen, Gabriel 224

Kaiser, Gerhard 203
Kamper, Dietmar 208
Kant, Immanuel 10, 22, 27, 42, 52, 57, 128, 129, 130, 173, 174, 175, 177, 178, 181, 182, 183, 184, 185, 201, 202, 208, 212, 214, 217, 218, 225, 238, 246, 249, 251, 262, 274, 286, 300, 301, 302, 303, 304
Karpov, Vyacheslav 75
Karstein, Uta 316
Kelsen, Hans 267, 269, 275
Kierkegaard, Søren 131, 301, 302, 303, 304
Kippenberg, Hans G. 208, 363, 366
Klein, Matthäus 313
Klopstock, Friedrich Gottlieb 203

Klostermann, Götz 241
Kluckhohn, Clyde 286
Knöbl, Wolfgang 164, 165, 167, 207, 217, 219, 366
Knoblauch, Hubert 72, 74, 75
Kobusch, Theo 300
Kohlberg, Lawrence 178
Köhler, Wolfgang R. 319, 326
Kołakowski, Leszek 165
König, Matthias 133
Kopernikus, Nikolaus 306
Koselleck, Reinhart 180, 181, 183
Koslowski, Peter 178
Krech, Volkhard 1
Krings, Hermann 188, 193
Krüggeler, Michael 72, 73
Kühnlein, Michael 25, 128, 130, 134, 135
Kunert, Jeannine 72
Kuru, Ahmet T. 333, 334
Kutschera, Franz von 295, 297

Lacan, Jacques 263
Laffitte, Pierre 311
Lange, Samuel Gotthold 203
Laski, Harold Joseph 244
Laube, Johannes 200
Lefort, Claude 271
Leggewie, Claus 350
Lehmann, Hartmut 19, 69, 152, 361
Lehner, Daniel 252
Lerner, Daniel 164, 219
Lessing, Gotthold Ephraim 274
Leuww, Herardus van der 204
Levinas, Emmanuel 262
Locke, John 83, 226, 273, 274
Löffler, Winfried 347
Lohmann, Georg 319
Lorenz, Konrad 176
Lotze, Hermann 283
Lovejoy, Arthur Oncken 133
Löwith, Karl 36, 37, 45, 46, 47, 49, 56, 57, 58
Lübbe, Hermann 77, 87, 88, 146, 226
Luckmann, Thomas 4, 63, 64, 65, 67, 69, 70, 71, 72, 73, 74, 75, 94, 118, 133, 310, 357
Lucrecius Carus, Titus 180
Luhmann, Niklas 87, 88, 90, 91, 92, 93, 94, 95, 96, 97, 98, 122, 146, 178, 219, 226, 252, 253, 254, 256, 308, 318, 343, 344, 348
Lullus, Raimundus 273
Luther, Martin 61, 240, 273, 285, 346
Lutz-Bachmann, Matthias 319, 326
Lyotard, Jean-François 221, 255

Machiavelli, Niccolò 240
MacIntyre, Alasdair 128, 227, 229, 230, 231, 232
Mackie, John Leslie 284
Maclure, Jocelyn 291, 336, 338, 340
Mahmood, Saba 356, 364
Maier, Hans 77
Maimonides, Moses 273
Mannheim, Karl 64
Marcion 60
Marcuse, Herbert 275
Marett, Robert Ranulph 204, 206, 207
Marks, Robert B. 364
Marquard, Odo 90
Marsh, James L. 25
Marsilius von Padua 181, 239
Martin, David 133, 355
Marx, Karl 46, 57, 132, 158, 183, 184, 210, 217, 253, 346
Masson, Pierre-Maurice 85
Masuzawa, Tomoko 356, 363
Maturana, Humberto Romesín 90
McClelland, David 164, 219
McKim, Robert 249
Mead, George Herbert 287
Meeker, Kevin 249
Meier, Christoph 180, 181, 183
Meister, Chad 247, 299
Mendelssohn, Moses 185, 315
Mendus, Susan 275
Menke, Christoph 319, 322, 324, 325, 326, 327
Merleau-Ponty, Maurice 129
Merton, Robert K. 64
Metz, Johann Baptist 242, 282
Metzinger, Thomas 231
Meulemann, Heiner 357, 358
Mill, John Stuart 246, 274, 275
Miller, David 245
Mirabeau, Honoré-Gabriel de Riquetti de 274
Mitteis, Heinrich 188
Modood, Tariq 341
Moebius, Stephan 208
Moltmann, Jürgen 278, 279
Montesquieu, Charles Louis de Secondat de (Baron) 274
Moyn, Samuel 325, 326
Müller, Johannes 347, 350, 351, 353

Nagel, Thomas 128
Nassehi, Armin 232, 259
Needham, Joseph 217
Neef, Katharina 72

Neidhardt, Friedhelm 95
Neuhouser, Frederick 84, 174
Neumann, Erich 177
Newton, Isaac 53, 217, 315
Niederberger, Andreas 344
Nietzsche, Friedrich 46, 127, 131, 132, 158, 173, 185, 210, 259, 260, 262, 283, 285, 294, 299
Nikolaus von Kues (Cusanus) 273, 348, 362
Norris, Pippa 357

Oberdorfer, Bernd 350
Ockham, Wilhelm von 61
Oestreich, Gerhard 233
Oexle, Otto G. 312
Otto, Rudolf 69, 204, 205, 206, 208, 259

Parsons, Talcott 90, 286, 287
Paulus (von Tarsus) 300
Pavan, Pietro 191
Peirce, Charles S. 99, 100
Pellegrini, Ann 367
Perrault, Charles 181
Perry, Michael J. 329
Peterson, Erik 55, 58, 59
Philipp, Thomas 154
Piaget, Jean 178
Pico della Mirandola, Giovanni 239
Pieper, Annemarie 174, 178
Pieterse, Hendrik J.C. 328
Pius IX. (Papst) 241
Plack, Arno 177, 178
Plantinga, Alvin 249, 298, 299, 300, 302
Platon 268, 293
Plé, Bernhard 311, 312
Polke, Christian 235
Polkinghorne, John 315, 316
Pollack, Detlef 2, 3, 69, 140, 145, 146, 147, 148, 149, 150, 163, 169, 252, 345, 346, 357
Pollmann, Arnd 319, 322, 324, 325, 326, 327
Pries, Christine 204
Ptolemäus, Claudius 306
Putnam, Hilary 99, 244, 286, 287
Pyra, Jakob Immanuel 203

Quaritsch, Helmut 265
Quinn, Philip 249
Qutb, Sayyid 196

Radkau, Joachim 19
Rahner, Karl 241, 281, 282
Ratzinger, Joseph (Papst Benedikt XVI.) 3, 32, 153, 231, 232, 299, 300, 301, 302

Rawls, John 30, 31, 134, 227, 235, 238, 244, 245, 246, 264, 276, 340
Reagan, Ronald 194
Reder, Michael 343
Redlow, Götz 313
Reese-Schäfer, Walter 254
Rehm, Michaela 84
Reichenbach, Hans 113
Rentsch, Thomas 129, 257
Reuter, Hans-Richard 71
Ricken, Friedo 303
Rickert, Heinrich 184, 185
Ricœur, Paul 188, 287
Riedenauer, Markus 353
Riedler, Alois 312
Riesebrodt, Martin 1, 19, 140, 141, 142, 143, 144, 145, 146, 149, 150, 169, 199, 223, 318, 357
Robbers, Gerhard 328
Robinson, John Arthur Thomas (Bischof) 280
Rohbeck, Johannes 182
Rorty, Richard 99, 210, 211, 227, 228, 229, 231, 232, 352, 365
Rosa, Hartmut 132, 137
Roth, Gütnher 207
Rotteck, Carl von 275
Rousseau, Jean-Jacques 77, 78, 79, 80, 81, 82, 83, 84, 85, 86, 87, 88, 173, 174, 175, 177, 185, 226, 266, 274
Roy, Olivier 352
Rudolph, Kurt 362, 365
Ruthven, Malise 195

Sade, Donatien Alphonse François de 176
Said, Edward 366
Saint-Simon, Graf de Rouvroy Claude Henri 183, 311
Sandel, Michael 235
Sandkühler, Hans Jörg 244
Santayana, George 113
Sartre, Jean-Paul 176, 178
Sauerländer, Willibald 209
Scheler, Max 64, 284, 285, 287
Schelsky, Helmut 90
Schink, Philipp 344
Schirrmacher, Christine 327, 328
Schlegel, Friedrich 203
Schleiermacher, Friedrich 67, 202, 203, 205, 206, 259, 260, 347
Schlesier, Renate 201
Schlette, Magnus 200, 202, 203, 206, 208
Schlick, Moritz 284
Schluchter, Wolfgang 16, 19

3. Personenregister

Schmidt-Lux, Thomas 311, 316
Schmidt, Thomas M. 248, 251, 327
Schmitt, Carl 49, 54, 55, 56, 57, 58, 61, 235, 236, 241, 266, 267, 268, 269, 270, 284
Schnädelbach, Herbert 255, 283
Schneewind, Jerome B. 225
Scholem, Gershom 57
Schöne, Albrecht 203
Schreiner, Klaus 272
Schröder, Richard 361
Schubart, Christian Friedrich Daniel 240
Schupp, Franz 115
Schütz, Alfred 64, 68
Schweitzer, Michael 233
Scott, David 359
Searle, John 23
Seiwert, Hubert 309
Sellars, Kirsten 319
Sellars, Wilfrid 227, 228
Sen, Amartya Kumar 245
Seneca, Lucius Annaeus 180
Shils, Edward 207
Siebenrock, Roman 191
Singer, Wolf 179
Smelser, Neil J. 164, 219
Söderblom, Nathan 204, 205
Sohm, Rudolph 206
Sölle, Dorothee 256, 257
Sombart, Werner 17
Sorel, Georges Eugène 185
Spencer, Herbert 184
Spinoza, Baruch de 42, 273, 315
Spivak, Gayatri Chakravorty 366
Stark, Rodney 140, 223, 357
Stegemann, Wolfgang 347
Stein, Tine 337, 338
Steinfath, Holmer 127
Stepan, Alfred C. 121, 359, 360, 361
Sternberger, Dolf 275
Stocker, Michael 245
Strauss, Leo 266, 268, 269, 270
Streib, Heinz 201
Stuckrad, Kocku von 366

Taeger, Jens-Wilhelm 200
Talmon, Jacob Leib 77
Taylor, Charles 4, 127, 128, 129, 130, 131, 132, 133, 134, 135, 136, 137, 169, 196, 200, 203, 223, 238, 248, 254, 287, 288, 291, 320, 336, 338, 340, 356, 361, 362, 367
Tenbruck, Friedrich 307, 313, 314, 315, 316
Tertullian 272

Thomas von Aquin 181, 251, 272
Tillich, Paul 59
Tiryakian, Edward 168
Tönnies, Ferdinand 279
Toulmin, Stephen 217, 218
Trautsch, Asmus 21
Tripold, Thomas 72, 74
Troeltsch, Ernst 17, 37, 41, 42, 43, 44, 45, 46, 47, 259, 278, 347
Tronchin, Jean-Robert 81
Tugendhat, Ernst 224, 226
Turgot, Anne Robert Jacques (Baron) 181
Tyrell, Hartmann 95

Uerlings, Herbert 203

Van Antwerpen, Jonathan 367
Varela, Francisco Javier 90
Vasak, Karel 323
Vattimo, Gianni 259, 260, 261, 262, 263, 264, 265, 294
Ven, Johannes A. van der 328
Vietta, Silvio 203
Virchow, Rudolf 312
Voegelin, Eric 59, 266, 269, 270, 271
Voltaire, François-Marie Arouet 57, 78, 79, 83, 181, 182, 274
Vries, Hent de 129

Waldmann, Peter 350
Waldron, Jeremy 275
Walsham, Alexandra 18
Walzer, Michael 127, 347
Warburton, William 81
Warner, Michael 367
Waterlot, Ghislain 84, 85, 86
Weber, Max 14, 15, 16, 17, 18, 19, 21, 22, 25, 26, 42, 43, 63, 66, 127, 131, 132, 135, 139, 178, 204, 206, 207, 208, 217, 221, 222, 226, 251, 252, 253, 254, 259, 278, 305, 306, 308, 311, 315, 317, 356, 361, 365
Weithman, Paul 247
Weizsäcker, Carl Friedrich von 53, 54
Welsch, Wolfgang 252, 255
Wenzel, Knut 191
Wiegandt, Klaus 355
Wieland, Christoph Martin 14
Wilhelm von Ockham 239
Willhoite, Fred 85
Williams, Melissa S. 275
Wilson, Bryan 139, 308
Windelband, Wilhelm 202, 205, 284
Wittgenstein, Ludwig 136, 347

Wohlrab-Sahr, Monika 72, 73, 75, 316
Woodhead, Linda 74
Wuketits, Franz 177

Zachhuber, Johannes 356, 357, 365
Zagzebski, Linda T. 297, 301
Žižek, Slavoj 259, 262, 263, 264

MIX
Papier aus verantwortungsvollen Quellen
Paper from responsible sources
FSC® C105338

If you have any concerns about our products,
you can contact us on
ProductSafety@springernature.com

In case Publisher is established outside the EU,
the EU authorized representative is:
**Springer Nature Customer Service Center GmbH
Europaplatz 3, 69115 Heidelberg, Germany**

Printed by Libri Plureos GmbH
in Hamburg, Germany